THE JOURNAL OF CHAOSHAN HISTORY AND CULTURE STUDIES

潮汕历史文化研究中心主办

潮青學刊

第 一 辑

陈景熙 主编

社会科学文献出版社
SOCIAL SCIENCES ACADEMIC PRESS (CHINA)

青年委員會

選堂

· 饶宗颐教授为潮汕历史文化研究中心青年委员会赐匾

· 潮汕历史文化研究中心青年委员会2012年会暨第一期学术讲座合影

潮汕历史文化研究中心青年委员会2012年会暨第一期学术讲座　　8月24日于汕头

序　一

陈春声[*]

2012 年夏天，潮汕历史文化研究中心罗仰鹏理事长履新以来，在往届理事会工作成果的基础上，励精图治，出台了一系列嘉惠学林的工作计划，其中尤为令人深受鼓舞的是，潮汕历史文化研究中心重新启动青年委员会，邀请中国社会科学院博士后、华侨大学华侨华人研究院硕士生导师陈景熙博士组织新一届青年委员会开展学术活动。

20 余年前，饶宗颐先生曾在潮汕历史文献与文化学术讨论会发表演讲，对潮汕文化历史研究期望殷殷："随着地下文物的不断出现，新的史料日益丰富，关心和有志于地方文献的人才亦越来越多，如果能在旧有的基础上进一步提高地方志的质和量，在史料采用的综合性和科学性方面，在思想内容的广度和深度上，进行开掘拓展，相信在地方文献和文化学术的研究上，必能超迈前人，取得更加丰硕的成果。"

诚如先生所言，在前辈学者筚路蓝缕、积累丰厚的基础上，近 20 年来有志于潮汕地方文化和地域文化研究的青年人才越来越多，饶先生对乡邦更多后辈学者参与研究，取得更多"超迈前人"成果的期待，也日渐实现。而潮汕历史文化研究在若干领域中，已经对中国历史的整体解释，提出了许多富于挑战性的问题。

潮学研究正处于一个承前启后的关键时期，后来者任重而道远。也许我们应该从这样的高度，去理解新一届潮汕历史文化研究中心青年委员会的责任与使命，而且有理由对达成几代学者共同的愿景充满信心。

兹值潮汕历史文化研究中心青年委员会学术集刊《潮青学刊》（第一辑）即将刊行于世之际，景熙学弟请序于余，谨撰此表示深深的期待之情。

2012 年 10 月 20 日于美国旅次

---

* 陈春声，中山大学党委常务副书记兼副校长、潮汕历史文化研究中心青年委员会首席顾问。

序　二

罗仰鹏*

潮汕历史文化研究中心青年委员会（以下简称青委会），成立于 2000 年 6 月，由林伦伦教授担任主任委员。首批委员由来自汕（头）潮（州）揭（阳）三市的专家、学者和有关部门领导担任。至 2002 年，青委会成员发展到 42 名，遍布三市各地，形成了一个初具规模的潮学研究网络。期间，青委会组织了学术讲座、学术考察活动，为联络潮学研究者、促进学术研究做出了贡献。

10 年来，由于人事变动等原因，青委会未能经常举行活动。现在新的一届中心理事会决定重新构建青委会的组织机构，广纳青年才俊，开展学术活动。

青委会是潮汕历史文化研究中心属下的工作机构，任务是：开展潮汕历史文化的学术研究，举办各项专题研讨活动；团结联系海内外潮人青年团体和青年学者，开展适合青年特点的文化交流传播活动。

从我们 2012 年 8 月 1 日在媒体登出启事征集青年委员至今，已有海内外百余名热心人士填表报名。大家反应之踊跃，热情之高涨，超出我们的预料，可见潮汕文化、潮学研究深受大家的喜爱，大家对我们这片土地，对这片土地上的优秀文化遗产，情有独钟，并乐于为潮汕历史文化的学术研究、文化传承做出贡献，这是振奋人心的事情。

对于青委会，我们有如下几点希望：

一、和衷共济，实现我们的共同目标，为繁荣潮汕历史文化研究做出贡献。希望青委会的成员们，不要分彼此，汕潮揭本来就是一个文化整体，不要画地为牢，搞无谓的争论；大家本是一家人，我们要有纯粹的研究学术、传承文化的胸怀，我们要形成互相促进、互相交流、互相切磋、互相激励、互相追赶、互相扶持的生动活泼的局面。

二、放开胸襟，做好潮汕历史文化研究。一是文化研究要做深入，要高规格，要出精品，要出有全国甚至有世界影响的厚重的成果。希望我们年轻人当中，将来能出国家级、世界级的学者；二是要扩大研究领域，敢于探索，敢于尝试，走在学科的前端，不要让地域局限了我们的学术眼光，我们潮人的先辈，足迹早已遍布全国、全世界，我们要追随先

---

* 罗仰鹏，潮汕历史文化研究中心理事长。

辈的脚步，继承先辈的胆略和胸襟，把学问做到全国、全世界。三是不要自我封闭，要加强对外的学术交流，请进来，走出去，吸取国内外先进的学术理论和研究方法，融入到国内外的学术潮流中去。

三、传承和弘扬潮汕优秀文化传统。潮汕文化源远流长，有许多文化瑰宝，历代以来潮汕就出过许多名贤，如翁万达、林大钦、薛侃等；民间也不乏文化宝藏，例如我们的侨批文化、善堂文化、潮商文化，我们的潮剧、潮乐、潮绣、剪纸等，这些优秀而深厚的文化传统，亟待我们去深入、系统地研究、整理、传承、弘扬。希望我们青委会能在这方面大有作为。

诸位青年委员都是潮汕文化的研究者、热心人，相信只要我们齐心协力，扎扎实实，坚持不懈，我们一定会把潮学研究推向深入，让潮汕文化的优良传统发扬光大，为建设文化强国做出我们的贡献！

值此《潮青学刊》（第一辑）问世前夕，谨撰此序，与青年委员会诸君共勉。

2012 年 11 月 20 日于潮汕历史文化研究中心

目 录
CONTENTS

侨批侨汇

文 化 遗 产

历 史 文 献

潮 籍 贤 哲

教 育 事 业

宗 教 信 仰

附　录

方言　歌谣　灯谜

从翁辉东《潮汕方言》
看 70 年来潮州话词语的变化

杜 奋 林伦伦*

摘 要：本文以翁辉东先生 1943 年在上海出版的《潮汕方言》中的 1000 多条词语为调查比较蓝本，对现在的老派和新派潮州话进行了调查，并与其进行了比较分析。发现由于社会经济的进步和发展，潮州话的词汇系统也发生了很大的变化。本文举例简要地分析了词语变化发展的现象，并对产生变化发展的社会文化原因做了粗浅的探讨。

关键词：翁辉东 《潮汕方言》 词汇 变化发展 比较研究

一 翁辉东及其《潮汕方言》

翁辉东（1885～1965），字子光，又字梓关，别号止观居士，潮安金石人。翁先生出身贫寒，青年时向往新学，为同文师范毕业生。1907 年执教于广东潮安东凤育材学堂。1908 年秘密参加同盟会。1909 年执教于龙溪肇敏学堂。曾与黄人雄合编潮州乡土历史、地理教科书，经清政府核准发行，各学堂通用，为州人自编教科书之肇端。1910 年，赴广州高等农业学校深造。次年辛亥革命爆发，出任粤东革命军司令部参议，积极参与潮汕光复活动。稍后任潮州农林试验场场长兼蚕桑所所长。1913 年，执教于惠潮梅师范学校（今韩山师范学院前身），曾任学监，1915 年 8 月任代理校长。当时处于革命军政时期，政局不稳，战事频仍，政府无暇顾及教育。他与教职员工一道，为学校渡过难关而尽责尽力。1922 年执教于省立第四中学，旋又出任汕头汉英中学校长、潮州红十字会医院附设医专教员。1924 年初，以其系同盟会员被粤军总指挥部委派为大埔县县长，任职仅三数

---

* 杜奋，1984 年生，韩山师范学院潮学研究院职员，法学硕士；林伦伦，1957 年生，韩山师范学院院长、教授。本文原载于《韩山师范学院学报》2013 年第 1 期。

月，因不屑屈服于当地邪恶势力而断然辞职。1927 年赴江苏海州（今连云港）任职盐务；1929 年任上海医学院生物学教授。此后在上海潜心著述及整理出版旧作。抗日战争爆发后，他不为汪伪分子的利诱所动，一心协助叶恭绰编纂屈大均的《皇明四朝成仁录》、《屈翁山文集》，保持了民族气节。抗战胜利后，饶宗颐于汕头总纂《潮州志》，函邀他回潮参与编纂工作。1947 年，任潮州文献馆主任。新中国成立后被聘为广东文史馆馆员，在垂暮之年仍致力于地方文献的收集整理与研究。其著述除潮州乡土历史、地理教科书外，尚有《海阳县乡土志》《得闲居士年谱》《翁氏家谱》《燕鲁纪游》《潮州风俗志》《潮州文物图志》及校编辑录的《唐明二翁诗集》等。另有《潮州文概》，荟集遴选潮汕先哲遗著之概要，加以新标点，首开用新方法整理本地古籍之先河。而《潮州茶经·功夫茶》系专述潮州功夫茶之力作，突出了潮州功夫茶以"品"为主的井然有序的饮茶程式，内容详尽，使潮州功夫茶程序之体系得以体现，是潮州功夫茶艺最早的总结性著作。当然，影响最大的还是他的《潮汕方言》一书。①

翁辉东先生的《潮汕方言》，是最早研究潮汕方言词语的著作之一。该书刊行于 1943 年，为上海涵晖楼丛书之一。翁氏有感于"语言变迁，罔一可穷诘。虽假壤遐陬，田夫野老，宥于乡音而语不失方，转与雅、记故事相合……而潮之寡识者，不推识始原，反自怪其语言为无字"，"执管操觚，不知所谓"。因而"不恤饥寒，穷年握管"，"偕蟫鱼并隐，与落叶同堆，置饿寒，冒溽暑，撄疾病，忘岁时，侷处海壖，漫翻丛帙"，"尽将潮人风俗语言，根据古籍，解释音义。"②《潮汕方言》效法章太炎（炳麟）《新方言》体例，全书分成释词、释言·单字、释言·两字、释言·多字、释言·叠字、释身、释亲、释宫、释食、释服、释器、释天、释地、释鸟兽、释虫鱼、释草木等 16 卷，约有词条过千，凡 11 万多字。

《潮汕方言》作为一本潮州方言词语研究的早期著作，其语言研究价值当然值得重视，但该书还有它的社会、文化价值。语言既是交际和思维的工具，也是思想的直接表现者。而词汇作为语言三要素之一，它反映社会文化最直接、最全面，也最客观。了解一种方言的词汇系统，往往有助于我们了解同时代的社会文化风貌。而《潮汕方言》所记录、考释的过千词条，是新中国成立之前潮州方言的常用词语。研究这些词语，将其与现在的词语做对比，可以追踪近 70 年来潮州话词语的发展变化，从而也可以研究潮汕社会、经济、文化的发展和变化。我们希望能在语言与文化，语言与社会的研究上有所贡献，至少是弥补潮汕文献与文化研究的一项空白。

翁著《潮汕方言》一书反映了 20 世纪 40 年代潮州方言的词汇概貌，对于该书的研究较少，可从文化和语言两个角度来看：

从文化的角度看，翁著《潮汕方言》记录和保留 20 世纪中叶的潮汕文化风俗。詹伯

① 陈贤武：《历代校长风采系列之三——惠潮梅师范学校代理校长翁辉东》，《韩山师范学院学报》2010 年第 3 期。
② 翁辉东：《潮汕方言》，上海：涵晖楼，1943。

慧（1994）在《小议潮汕方言的宏观研究》中对翁辉东先生的著作给予了充分的肯定，说此书"是一部有相当分量的专著，对潮汕文化的研究很有价值"①。王伟深、林伦伦（1990）在《翁著〈潮汕方言〉的文化内涵》中指出，《潮汕方言》所记录、考释的近千词条，是新中国成立之前潮汕方言的常用词语。研究这些词语的文化内涵，对研究潮汕方言与文化的发展很有价值。②

从语言学角度看，翁著《潮汕方言》记录和考释一部分潮汕方言词语，在潮汕地区方言词汇和历史文化的研究上作出了重大的贡献。胡华（1988）在《〈潮汕方言〉指瑕录》中指出，《潮汕方言》是一本方言词汇考释的开山之作，既无前人之作可供参考，翁氏本身也非专业语言学家；但纵观全书，析音释义考源可靠者条目近半，难能可贵。③

当然，翁著《潮汕方言》也存在其不足之处。李新魁（1964）在《潮州方言词考源》中指出："由于作者没有运用严格论证的原则，……因此，他考求出来的本词就很多不准确"④。詹伯慧（1994）在《小议潮汕方言的宏观研究》一文中指出了翁辉东先生著作的不足，《潮汕方言》"考古稽今，属于传统'小学'研究的范畴，尚未能将潮汕方言进行现代语言学的科学描写和剖析"⑤。

无论如何，《潮汕方言》一书不仅包含着当时潮汕地区的历史文化面貌，而且体现出它独特的语言资料价值。本文即以其为70年前的潮州话的"标本"，与现在的潮州话词语进行历时的比较，以期考察70年来潮州话词语的变化和发展。

二 70年来潮州话词语的发展变化

本文主要运用文献学、统计学和社会语言学的研究方法，以翁著《潮汕方言》中词条为对比依据，运用量化分析的方法对潮州府城人中新派（出生于1982～1992，20～30岁）和老派（出生于1952～1962，50～60岁）两个年龄层的词语使用情况进行调查；利用 EXCEL 表格统计整理出翁著《潮汕方言》中各卷近70来的词语演变情况，并进一步分析研究这种变化发生的社会原因。

（一）完全不变，至今仍然保留的词语

潮汕方言在词汇上保留了大量的古语词，对研究古汉语词义、词汇史和语法史都有着十分重要的价值。⑥许多词语的说法从《潮汕方言》成书至今还保留原有说法，下面列举

---

① 詹伯慧：《小议潮汕方言的宏观研究》，《学术研究》1994年第5期，第106～108页。
② 林伦伦、王伟深：《翁著〈潮汕方言〉的文化内涵》，《韩山师专学报》1990年第2期，第55～59页。
③ 胡华：《翁著〈潮汕方言〉指瑕录》，《韩山师专学报》1988年第2期，第98～106页。
④ 李新魁：《潮州方言词考源》，《学术研究》1964年第3期，第91～102页。
⑤ 詹伯慧：《小议潮汕方言的宏观研究》，《学术研究》1994年第5期，第106～108页。
⑥ 为了保持引用资料的原貌，引文采用繁体字。为了节省篇幅，每个方面举例不多于5例。

几例，以为说明：

1.【阿】發語詞也，氣之舒也。嬰孩學語，衝口曰阿。今呼人者，皆冠以阿。如阿公、阿母、阿伯、阿弟等。（卷一·釋詞）

2.【終歸】終歸，結果也。……俗常曰：某某終歸失敗。或曰：我等終歸是一家人。（卷一·釋詞）

3.【硬否】俗謂一定不然之詞稱曰：硬否。（的確否定也）或曰：……硬否。謂絕對否定也。久之，詞意有變，今義衹爲絕對，而非絕對否定。爰有應用於絕對可及絕對不可之兩方面，所以有〔硬否是〕與〔硬否不是〕之兩名詞。（卷一·釋詞）

4.【目莿毛】俗稱睫毛曰：目莿毛。其狀如植物之針莿。案《五燈會元》：僧問蔣山佛慧曰：如何是急切。慧答曰：火燒目毛。亦即燃眉之意。（卷六·釋身）

5.【鼎】俗呼煮飯之器為鼎，蓋即釜也。或以潮人呼釜為鼎，疑為不當，詎知是乃沿用古語，正是雅尚。……其言蓋甚古也。（卷十一·釋器）

《潮汕方言》一书所记词条有过半词语属于完全不变的，但在完全不变的词语当中，根据其使用情况又有着新老两派不同的区分，经过初步统计整理之后，表1。

表1　保留词语的新老派比例比较表

篇　目	共有条目	现存条目		现存比例（%）	
		新派	老派	新派	老派
卷一：释词	42	39	40	92.86	95.24
卷二：释言·单字	105	80	101	76.19	96.19
卷三：释言·两字	210	107	158	50.95	75.24
卷四：释言·多字	58	25	48	43.10	82.76
卷五：释言·叠字	45	24	41	53.33	91.11
卷六：释身	123	78	112	63.41	91.06
卷七：释亲	65	29	48	44.62	73.85
卷八：释宫	29	19	26	65.52	89.66
卷九：释食	54	36	50	66.67	92.59
卷十：释服	36	12	26	33.33	72.22
卷十一：释器	72	29	61	40.28	84.72
卷十二：释天	34	24	27	70.59	79.41
卷十三：释地	59	41	55	69.49	93.22
卷十四：释鸟兽	39	26	34	66.67	87.18
卷十五：释虫鱼	79	62	73	78.48	92.41
卷十六：释草木	75	49	60	65.33	80.00
总　计	1125	680	960	60.44	85.33

从表 1 我们可以看出，新老两派中完全不变的词语变化率在 60.44%，此变化率取新老两派在每卷中现存词条数较少的一方，相累加后再除以总词条数得出。由表 1 可以看出，新老两派中完全不变的词语集中于释词、释言·单字和释虫鱼 3 卷。除此之外，新老两派词语存在比例相差了 24.89%，新派中词语完全不变比例在 60% 以上的是释身（63.41%）、释宫（65.52%）、释食（66.67%）、释天（70.59%）和释地（69.49%）；而老派中词语完全不变比例低于 80% 的只有释言·两字（75.24%）、释亲（73.85%）、释服（72.22%）和释天（79.41%）这 4 卷，其他各卷均高于 80%，释言·单字（96.19%）、释言·叠字（91.11%）、释身（91.06%）、释食（92.59%）和释地（93.22%）5 卷比例更高达 90% 以上。这就说明，《潮汕方言》出版后的近 70 年来，前 30 年潮州话词语发生的变化还是比较少的，只有 15% 左右；而后 30 多年，也可以说是改革开放以来，潮州话词语发生的变化比较大，接近 40%。

（二）词语依旧使用，但有新说法的词语

在《潮汕方言》一书中有一类词语，今天依旧使用，但是同时也有了跟旧词同义的新说法，也即产生了代表同一概念的新词语，这些新词语主要是青年人在使用。因而，这些同义的不同词语就成了区分新派老派的特征。下面列举几例说明之（"—"前面为老派词语，后面为新派词语）：

6.【飯料—飯匙】飯料，俗呼添飯器為飯貯，應作料。音似門，貯門一聲之轉。《說文》：料，勺也。而勺字下云：挹取也。象形字。謂其中有實也。俗改易其形，不為勺狀之器，而為扁平狀之葫蘆，用以添飯。名曰飯料。（卷十一·釋器）

7.【狗咬風—旋風】俗呼旋風為狗咬風。……謂被瘋犬咬者必中風。口必過斜。又謂被旋風吹著者。口亦過斜。遂視旋風如瘋犬。視中風者等於狗咬。爰謂之狗咬風。（旋風起時，人必走避，兒童群呼曰狗咬，是視旋風如瘋犬之證。）（卷十二·釋天）

8.【東司（東池）—廁所】東池，俗呼廁所為東司，應作東池。案：《詩·陳風》：東門之池。……然池多於東西寨門外僻處鑿之，避人蹤跡也。遙知古亦設池於東門，潮俗蓋古俗也。（卷十三·釋地）

9.【老鷹婆—老鷹】老鷹婆，鷹，俗呼老鷹婆。案：物之大者，俗每冠以"老"或"婆"字。如老虎、老蟲、老石斧是。……俗凡張大呼婆者，不一而足。如：蝠婆、蛤婆、大耳婆、雙手婆婆。（卷十四·釋鳥獸）

10.【陵鯉—穿山甲】俗呼蠟鯉，應作陵鯉。陵蠟音轉。因形似鯉，而居山陵。故名。案：《吳都賦》：陵鯉若獸。劉逵注：陵鯉四足，鱗甲似鯉，居土穴中，性好食蟻。是物遇敵則縮其頭足，以甲裹之。狀如拳，從山巔輥於山麓。（卷十五·釋虫魚）

（三）依旧使用，但词义产生变化的词语

近 70 年来潮州话词语的某一个具体词义内部的演变，主要集中体现在词义的扩大

（丰富和深化）、词义的缩小和词义的转移三个方面。

第一，词义的扩大。词义的扩大是指词的某一个意义在外延不变的情况下，在内涵方面发生了由简单到复杂、由肤浅到深刻、由不正确到正确，词义所指范围有所扩大的变化和发展。例如：

11.【浣缨】人當最得意時，形於容貌，人呼之曰"浣缨"。（卷三·釋言·兩字）"浣缨"现在除了用来形容"人当最得意时"外，还有小孩撒娇、调皮不听话之意。

12.【有身份】俗以懷孕為有身份。……案：章太炎《嶺外三州語》：《大雅》云：大妊有身。傳曰：身重也。三州謂懷妊為有身。……《大雅》詩箋云：重者謂懷孕也。（卷六·釋身）"有身份"现在除了指怀孕之外，还指出身和社会地位好的人。

13.【花娘】俗呼娼妓為花娘。案：梅聖喻詩：花娘十四能歌舞。古韓江上游多設花艇居其中，稱蛋家姨，亦曰花娘。（見張潮《韓江風月記》）因此凡女人招搖過市者，人呼"花娘花艇"。（卷七·釋親）由"花娘"一词的本质特征进而扩展到对时下打扮潮流、风骚的女性的带贬义的形容，不再特指娼妓了。

第二，词义的缩小。可能是词汇发展的规律就是词义扩大的词语多，也可能是《潮汕方言》中记录词义时义项比较单一，因而词义缩小的例子不多，仅举几例。如：

14.【搦】俗呼大權在握曰搦。同搭。若曰搭得住。案搭。海篇。[昵角切。音搦。手搭也。]而搦爲昵格切音踏。（亦如納）說文。[按也。]廣韻。[捉搦也。]錢做小詞云。[金鳳欲飛遭掣搦。]西廂記。[柳腰兒。恰一搦。]搭者。捉住之意。又與把。握。□。扼。搞。搵。義同。音異。（卷二·釋言·單字）现在"搦"只指用手握，并无特指大权在握之意。

15.【翹楚】俗稱特達之人為翹楚。案詩廣漢章。[翹翹錯薪。言刈其楚。]注。[翹。秀起貌。楚木名。]（卷三·釋言·兩字）"翹楚"原来被用以指出类拔萃者；在潮州话的口语中，现在多被用来指儿童的调皮捣蛋者。

16.【崽】俗稱有二音：一音宰，流氓呼爛崽（音宰）；一呼栽（平聲），如豬崽、魚崽、花崽。是皆羸弱之義，原無分別。……今人呼侍役為侍崽。《正字通》：崽囝音義通。（卷七·釋親）现在"崽"一般只表示猪崽、鱼崽的"崽"，表示人用"囝"。

第三，词义的转移。近70年来，潮汕方言的有些词语，词义发生了转移，不再指示原义，而是改指其他意义了。这种词语变化现象与潮汕地区社会发展带来的文化交流、经济生产方式的改变等方面相关，下面列举几例：

17.【少禮】俗以饋贈不豐，而自呼曰少禮。（音同小李）引申之。儀禮不莊，容貌不揚，亦曰少禮。案：是語本於禮[不加少而為多]之句。原為謙抑之詞。凡饋遺不丰者，不加多意也。（卷三·释言·两字）"少礼"，潮州音［siao² li²］，现在一般指害羞、内向，跟礼物多寡无关。也许本来就跟礼物无关，只是翁辉东对词源的猜测。

18.【熒熒星】俗以眼光招展、视觉奕奕为"影影（下上声）星"，应作"熒熒星"。此譬喻语也。（卷六·释身）"荧荧星"，潮州音［iã¹ iã¹ cê¹］，现在指的是说话做事慌张、失去方寸之意。

19.【頭家】俗呼賭館首事人曰頭家。案：《吹景集》：博戲，立一人司勝負為頭家。（卷七·释亲）现在"头家"指的是做生意的老板。

20.【膠襞】疊黏舊布，用制鞋底，俗謂膠襞。……案：襞，《韻會》：音壁，俗音柏。柏壁雙聲。徐鉉曰：衣襞責如瓣也，又疊衣也。故舊布黏膠成襞曰膠襞。（卷十·释服）现在的"膠襞"指的是硬纸皮、纸板，也叫"膠襞板"。

（四）消亡了的词语

词义随着社会的发展而发展，随着一些词语所反映的事物的消亡，词语也会跟着被淘汰。当然，词语的消亡不等于语言的死亡。词语的更替和消亡只是一种历史现象，也是历时语言学的研究内容。近70年来，《潮汕方言》中现在已经消亡的词语，可以分为两类。第一类，旧词消亡。即旧词已经不用，也基本没有产生替换它们的词语。例如：

21.【囟鬈】俗呼小兒額囟余毛為囟桃。桃應作鬈。案：《正韻》：音朵。俗同桃。《玉篇》：小兒發剪為鬈。……《禮·內則》：剪髮為鬈。注：所遺髮也。疏：三月剪髮，所留不剪者為鬈。俗留在後者稱鱉尾，留在左右者稱鍋嘴。（音垂、上平。）因形而名，是亦同氄。（卷六·释身）现在的小孩没有这种理发习俗，自然此词就不用了。

22.【搯脚】纏腳之制，仿自六朝。三十餘年前婦女放足，設天足會。（應作搯足會）案：搯，他刀切，音叨，上聲如討。《說文》：抒也，抒，取出也。凡物結束，取出曰搯。（卷六·释身）"搯脚"，潮州音［thau² ka¹］，字亦做"敨脚"，即"放足"。缠脚之俗今已成历史，此词也就跟着进了历史博物馆了。

23.【梅香】俗呼婢為梅香。案：《西厢傳奇》：偌大個宅堂，怕没個兒郎，要梅香说勾當。……本是私名，後以名此者多，遂成婢女類名。又如丫頭，亦是私名，今亦成類名矣。今潮安呼婢爲走鬼（竈紀），城內人呼爲赤腳仔，潮陽呼花仔，又曰囝仔（音如港領）。（卷七·释亲）"婢女""梅香"等之说，随着新中国的成立，已经不复使用，成为了历史词，只在古装潮剧中能听到。

24.【小帽】俗呼瓜皮帽為小帽。案：《日知錄·豫章漫抄》：今人所戴小帽，以六瓣合縫，下綴以簷如筒。閭閻言為太祖所制，若曰六合統一者。又以便於折疊，謂之折帽。惟潮所制，不似瓜皮，呼為橄欖帽。（卷十·释服）"小帽"作为清朝子民的象征，随着宣统皇帝的被推翻，也就只能退出历史的舞台，只在古装戏中出现了。平常生活中都不见，也就不说了。

25.【蒟葉】俗每用蒟葉、茶米、檳榔以祀神。因有仔細過責蒟葉之諺。案：《西溪叢語》：閩廣人食檳榔，每切作片蘸蠣灰。以蒟葉裹嚼之。商務《辭源》"蒟"字下雲：蔓草名，產嶺南。其嫩者，謂之蔞葉。土人食檳榔者，以此葉及蚌灰同嚼，謂可以避瘴癘。實名蒟子，可以調食。亦作蒟醬。輝東案：潮陽四郊，多種蒟葉。（卷十六 • 釋草木）嚼食檳榔之俗，今潮汕已不见，檳榔和蒟叶这两种植物也在潮汕绝迹。

第二类，是事物仍然存在，指代它的旧词语被淘汰了，替之以新词语。可以认为是词语自身的吐旧纳新。词语的替换既属于旧词的消亡，又属于新词的产生。以下举例旧新词之间用斜线隔开："／"前为旧词，后为取代它的新词。例如：

26.【跕鞋／拖鞋】跕鞋，俗呼踏倒爭鞋為拖鞋（音如獺獺鞋），应作跕鞋。案：跕音貼，少如塌。《史記 • 貨殖傳》：為娼优女士，則鳴瑟跕鞋。注：躡跟為跕也。（卷十 • 釋服）现在只叫"拖鞋"，或者倒序叫"鞋拖"，不叫"跕鞋"。

27.【手記／手信】手記，俗呼送與情人之飾物曰手記，或曰古記。案：《詩箋》：後妃群妾，以禮進禦。女史書其日月，授之以環，以進退之。生子月辰，以金環退之。當禦者，以銀環進之，著於左手。既禦者，著於右手。謂之手記，亦曰指環。今世婚事，男女交換戒指。濫觴於是。然其旨則相遠。（卷十一 • 釋器）

表2　70年来词语消失新派老派比较表

篇目	共有条目	消失条目		消失比例（%）	
		新派	老派	新派	老派
卷一：释词	42	2	2	4.76	4.76
卷二：释言 • 单字	105	23	2	21.90	1.90
卷三：释言 • 两字	210	98	48	46.67	22.86
卷四：释言 • 多字	58	33	10	56.90	17.24
卷五：释言 • 叠字	45	21	4	46.67	8.89
卷六：释身	123	41	9	33.33	7.32
卷七：释亲	65	32	13	49.23	20.00
卷八：释宫	29	10	3	34.48	10.34
卷九：释食	54	18	4	33.33	7.41
卷十：释服	36	22	9	61.11	25.00
卷十一：释器	72	42	11	58.33	15.28
卷十二：释天	34	7	6	20.59	17.65
卷十三：释地	59	17	4	28.81	6.78
卷十四：释鸟兽	39	11	5	28.21	12.82
卷十五：释虫鱼	79	16	6	20.25	7.59
卷十六：释草木	75	24	14	32.00	18.67
总　计	1125	417	150	37.07	13.33

从表 1、表 2 看，《潮汕方言》现存词语条目数新派的为 680 条，而老派的为 960 条；从词语的替换、新旧词并用和新词的产生看，潮汕方言受到共同语的影响很大，其中已经不用的词语新派有 417 个，消失比例为 37.07%；老派有 150 个，消失比例仅为 13.33%，因为老派受普通话的影响比较小。

三　70 年来潮州话词语变化的社会原因

根据初步的调查分析，可以看到近 70 年来潮汕方言词语发生了明显的变化，新派的词汇使用情况，变化率在 39.56%。也就是说，有将近一半左右的词语发生了变化。如果把《潮汕方言》中不存在而今天经常说的反映政治、经济、文化、教育等新词语算进去，词语的变化发展就更多，远远超过了一半。语言发展演变的原因主要是社会的发展。语言作为人类最重要的交际工具，是社会化的产物。它不是孤立存在的，必须适应因社会的发展而产生的新的交际需要，与社会的发展保持一致。任何社会变动，如社会的进步、科学技术的发展、社会体制的变化、社会生活的变化，乃至人们的思想意识的变化，不同地域人们经济文化的交流等都会促进语言的发展。社会由低级到高级、由简单到复杂、由落后到先进的发展，都会推动词汇的发展。新事物、新概念不断产生，人们的思维也越来越细致复杂，会向词汇提出新的要求。语言就会不断产生新词，丰富词汇。同样，随着生活习惯的改变，物质生活的日益丰富，一些表现旧事物、旧意识、旧习惯、旧文化的词语，随着这些旧事物的消亡而逐渐失去立足之地，逐步被淘汰，也是理所当然的。①

可以说，每个时代的客观社会生活，决定了每个时代的语言内容，语言的内容反映出某一时代社会生活的缩影。社会的现象，由经济生活到全部社会意识，都沉淀在丰富多彩的词汇中。《潮汕方言》中潮汕方言词语的变化反映了近 70 年来尤其是近 30 年来潮汕人民物质生活的变化以及观念的变化。社会文化因素影响制约着词语的发展变化。科学技术的发展、社会历史的进步是促使词语演变的重要因素。② 如果把这种重要因素详细地做分析，可以分为以下几个方面。

（一）民俗文化发展的原因

潮汕地区一直以来民间习俗丰富多彩，宗教迷信活动较为频繁，但随着社会文化的发展，潮汕人在意识形态、风俗习惯和文化心态等方面发生新变化，有些迷信活动渐渐地被人所淡化，以至不再有人提起，此所谓"移风易俗"。风俗变化了，词语也就肯定跟着发生变化。如：

28.【解紙】又呼還願為解紙。民俗於二月朔日，用金紙一束，中夾願語，紮於

---

① 李泓萍：《试论社会文化对汉语词语变化的影响》，《兰州大学学报（社会科学版）》2000 年第 2 期，第 77~81 页。
② 王苹：《词语的发展变化与社会文化》，《浙江海洋学院学报（人文科学版）》2000 年第 1 期，第 59~63 页。

神座，求平安。至冬則以牲禮報之，如閣族舉辦者，則大演戲劇，謂之謝平安，將所繫之紙解除，是為解紙。此春祈秋報之意。（卷三·釋言·兩字）此俗今已不見，此词也就自然消亡了。

29.【靖油火】進宅之前晚，必請師公，以鍋盛油，煮沸噴灑，遍及各室，迨及最後，鳴鑼執磬，並擎餘油，狂趨歧路，傾盆澄去，名靖油火，亦曰出火。（卷四·釋言·多字）今人"入宅"也有一定的仪式，但简单得多，"靖油火"之俗已经很少见，青年人都不懂此词。

30.【聽暗卦】俗于除夕，潛步出門，竊聽人語以辨吉凶，曰聽暗卦。案：《潮州府志·歲時篇》："饒平辭歲，更闌人靜，抱鏡出門，潛聽市人語。以卜來年休咎，謂之響卜。"潮安曰：聽暗卦。（卷四·釋言·多字）科学技术和医学的发展，使得潮汕人民对于一些民间习俗逐渐有了科学的、正确的认识，提倡科学的文明的民间习俗和节庆，有利于传承传统文化；[①] 而对于过去的一些近于愚昧的民俗活动，也就自然不再进行了，反映这种民俗活动的词语也就不再使用了。

31.【開嚅】故事，嬰孩產後十日舉行開葷。開葷先期必須開嚅，法取曆書上八卦圖一頁，生蔥二樅、吉貝二條、龍眼乾二枚，烏糖、鹹菜各少許，盛于柳盤。延高壽婦人以中指裹菜葉搵糖納小兒口拭之，說吉祥語，名曰開嚅。（卷六·釋身）

32.【憩臘】嬰兒始生，七日之內，戒勿震動，俗謂憩臘。"憩"讀如"腔"下去聲。過期而獲安全，謂之過臘。案：田藝衡《春雨逸響》云："人之初生。以七日為臘，死以七日為忌。一臘而一魄成，一忌而一魄散。"又嬰兒于臘內死亡者，謂之著鎖。（卷十二·釋天）

由于潮汕地区行业结构的变化，一些旧时职业现已名存实亡；有小部分还是有所保留，但行业规模逐渐变小，或被其他行业词语替代，旧称谓消失或转移了。

（二）经济生产方式转变的原因

与北方的重农轻商不同，潮人的传统意识既重视农业，也重视商业。但旧式的农业经济模式和商业经济模式发展到现在已经发生了很大的变化，因而反映它们的词语也有相当程度的变化和发展。下面仅以制衣行业的三个术语为例：

33.【摻衫】製衣術語。除紩衫外，且有摻衫一語。案：摻，同纖。《詩》："摻摻女子，可以縫裳。"傳：猶纖纖也。疏：好手。古詩："纖纖出素手。"摻衫者，使表裏合一也。（卷十·釋服）现在已经没有这种制衣的方法，此词自然也就消失了。

34.【鉸衫】俗呼製衣工人為裁縫。案：裁，剪也。裁用剪刀，兩刃相交，因名交刀，亦即鉸刀。故呼剪衣為鉸衫。李賀詩："細束龍須鉸刀剪。"（卷十·釋服）

---

① 陈友义：《试析潮汕传统节庆习俗的社会文化意义》，《汕头日报》2006年3月20日，B02版。

旧谓布料商店买衣料或者裁缝师傅剪裁衣服都叫"铰衫",但现在已经很少(几乎没有)自己缝制衣服了,所以此词新派也很少人再提起了。

35.【勾雲】俗呼女衣襟角之捲曲飾物為勾雲,狀如雲頭之相勾連也。案:邑人楊洪簡《詠翁襄敏公》詩:"眉末兩勾雲。"(卷十·釋服)

(三)生活习惯变化的原因

潮人的饮食起居等生活习惯,70 年来也发生了很大的变化,因而这方面的词语也发生了较大的变化。例如民间建筑方面,一部分词语保留得比较好,因为旧式民居至今还在使用,如火巷、外庭、天井等;但也有一些词语,由于新式民居很少出现这样的建筑模式,那些词语便被逐渐淡忘,年轻人已经不懂得这些词语了。如:

36.【春手】屋旁南北廳,俗呼春手,或作伸手。春伸疊韻。案:春字本義,為動為出。動者伸也,出亦伸也。春手,或為出手。伸與春與出,固相同也。《周禮·考工記》:"張皮侯而棲鵠。則春以功。"注:"春讀為蠢。蠢,作也,出也。"《說文》。"蠢,動也。"動亦伸也。俗呼春手,猶言可以伸動也。(卷八·釋宮)旧式潮汕民居所谓"春手",即北方民居的所谓"厢房",要在"四点金"、"四马拖车"的大宅子里才能有。现在这种旧式建筑多已经破落不堪而不住人了,所以年轻人不懂,尤其是住在商品房里的年轻人更不懂。

37.【吉貝】俗呼棉花為膠播,應作吉貝。紡成條狀者,呼吉貝尾,今呼棉花,上海僅稱曰花。案:《輟耕錄》:"閩廣多種植木棉,紡織為布名曰吉貝。"商務《辭源》云:《唐書》吉貝草也,緝其花為布,粗曰貝,精曰氈。亦作古貝。《南史》云:林邑國出古貝。古貝者。樹名也。其華成時如鵝毳,抽其緒紡之作布,與紵布不殊,亦染成五色,織為斑布。按即今之棉花。《南史》以為木本。《唐書》以為草木耳。(卷十·釋服)民间今已无纺织棉花之俗,"吉贝"之称老派仍记得,新派已无人知晓。

38.【水櫛】救火水筒,呼曰水櫛,仇下入聲,狀似樸枳銃。……其制。外管內桿,密切如櫛。(卷十一·釋器)现在消防队救火,有新式装备,自然不用此物,故此词也自然消亡。

四 小结

从词汇使用上看,《潮汕方言》中的词语近 70 年来发生了很大变化,新派变化率约在 39.56%。但老派的变化不大,只有 14.67%,映射出近 30 年来社会的急剧变化导致潮汕方言词语的快速变化。

从词汇变化的途径来看，潮汕方言词语变化主要是旧词的消亡，新词的产生，词语的替换，词义的扩大、缩小和转移。其中旧词的消亡和新词的产生最多，以新派为例，不用的词语是 417 个，占 37.07%，词义缩小的情况也较为少见。

词汇发展变化是不平衡的，从词语义类分布上看，《潮汕方言》中新派现存词语比例变化最大的卷数依次是释服（33.33%）、释器（40.28%）、释言·多字（43.10%）、释亲（44.62%）、释言·两字（50.95%）、释言·叠字（53.33%）等，而释身（63.41%）、释草木（65.33%）、释宫（65.52%）、释食（66.67%）、释鸟兽（66.67%）、释地（69.49%）、释天（70.59%）、释言·单字（76.19%）、释虫鱼（78.48%）、释词（92.86%）等卷数则表现比较稳定。

语言发展的不平衡还表现在不同年龄层次的变化不同，老派的变化小且慢，新派的变化大且快；同年龄的新派如果与老派同住，其变化也小一些，不同住的变化相对更快。

潮州方言词语发展变化的趋势是明显向共同语靠拢。词汇发展变化的主要原因是社会的发展和进步。透过潮州方言词语近 70 年来的演变，我们不难看出潮州人在物质生活、文化生活、语言生活和思维方式等方面的发展演变。反过来说，正是这些社会生活的变迁，造成了潮州方言词语近 70 年来的兴替变化。

当然，本文只就《潮汕方言》的 1000 余条词语来做比较，充其量也就是个案分析而已。而潮州话词语的全面发展变化，在政治、经济、科技、文化、教育方面，产生了大量的新词。如果取样调查的词表是 5000 条，把这方面的词语都包括进去的话，发展变化的比例更大，新派的词语与 70 年前的潮州话相比，变化率可能会达到 70% 左右。

责任编辑：陈景熙

广东澄海闽方言量词的语法特点

陈凡凡　林伦伦*

摘　要：广东澄海方言是粤东闽南方言的一个小分支，它在语音、词汇和语法等方面都与普通话有很大的差别。这种差别同样体现在日常用语使用频率很高的量词上。澄海方言的量词有一整套有别于普通话的特殊用法。

关键词：澄海闽方言　量词　主观量范畴　语法特点

一　量词同形容词的组合

澄海话量词（M）可受形容词（A）的修饰，组成"AM 结构"。这种结构有两种情况：一种是和数词一起组成数量词语修饰名词，如"食了一大碗饭""行了一大段路"，这和普通话基本相同；另一种则是形容词单独修饰量词，这是澄海话的特殊表达方式。这里为了叙述方便，将第一种记为 AM_1，将第二种记为 AM_2。

（一）AM_1 和 AM_2 的组合特点

1. AM_2 的表意特点

AM_1 和 AM_2 在表意方面是不同的。AM_2 重在描写事物的形状，AM_1 重在同数词的结合，指明事物的数量。例如：

①伊尊物比我还大尊（她那一瓶比我的大）。

②我个苹果细个过伊（我的苹果比他的小）。

例①中的"大尊"指的是瓶子的体积、容量大；例②的"细个"是指苹果的个小，

---

* 陈凡凡，1981 年生，文学博士，汕头大学文学院副教授；林伦伦，1957 年生，韩山师范学院院长、教授。本文原载于《汕头大学学报（人文社会科学版）》2003 年增刊。

它们都与事物的数量无关，其中的量词起着表明事物所存在的形态的作用。

2. AM₂ 的结构特点

能进入 AM_2 的 M 都是物量词，且大多为个体量词、部分集合量词（如"撮""把""缚""副"）和一些临时量词（如"碗""桶"等）。能进入 AM_2 的 M 有度量词、准量词（如"站""年"等）。如不说"伊斤苹果大斤过我个"。

一般来说，能进入 AM_2 的通常是能够表示某种单位状态下物体的形状，且所表形状有大小、长短、粗细之分的量词。如"缚"指束在一起的东西，可以构成 AM_2"大/小缚"。而像度量词"尺"、"米"、"斤"等，它所表的单位量是固定的，并没有什么大小、长短之分，因而能用于 AM_2 的结构。

能进入 AM_2 中的 A 最常见的有"大""小"，偶尔也用"粗""细"等。例如：

③细条个阿铅正易拗（细一点的铁丝才容易弯曲）。

因为能进入 AM_2 的 A，同 M 的组合能力不太强，这是由于 A 对 M、M 对 A 都有词类义上的选择性。如量词"桶"不可能和形容"长""短"之类组合。

3. AM₂ 的语法特点

AM_2 并不是纯粹的计量单位，它不能直接用在数词后、名词前。如只说"买了二尊细尊个可乐"而不说"买了二细尊可乐"。

由于 AM_2 用于表示形状，性质与形容词类似，故 AM_2 之前可受副词特别是程度副词修饰。如例①中"大尊"前用的"还"。AM_2 之后也可以加补语，如"大个呢团"的"大个"后还加了补语"呢团"。

（二）从句法功能看，AM₂ 可以在句中充当定语、谓语、补语等

1. 做定语

AM_2 做定语时有时可以直接修饰名词性词语，如例③中的"细条个阿铅"。有时也可带上状语或补语后再做定语。如"愈大只个（蟹）愈好食"（个头越大的蟹越好吃），"大个呢团个（花）愈好看"（大一点的花更好看）。

从上面例子可以看出，AM_2 不论是直接做定语，还是带上状语或补语后再修饰名词，都必须用上结构助词"个"，结构助词"个"后的名词有时可以省略，这当然是在有上文联系，说话对象已明确知道说话者的意思的时候才能这样省略。此时的"AM_2＋个"的用法就有如普通话中"形容词＋'的'"表一类事物的用法一样。

2. 做谓语

AM_2 可直接做谓语，如"你手擎本物大本，我本物细本"中的"大本""细本"都是作为谓语用的。也可以带上状语或补语后再做谓语。如例①中的"还大尊"，又如"你个苹果比我大个呢团"中的"大个呢团"就是带上补语后再做谓语的。

3. 做补语

AM_2 做补语一般都是带上状语或补语后再充当补语的。如"撮猪肉截来过大花"（那些猪肉切得太大片了）、"截细花呢团"，其中的"过大花"和"细花呢团"都是这种情况。

前面谈到澄海话中量词受形容词的修饰的第一种情况 AM₁ 跟普通话相似，在表示大的一类，只要在数词和量词之间加进一个性状词"大"就行了。如"食了一大碗饭""行了一大段路"。但是如果表示小的一类的话，就不能采取这种加性状词的方式，而要在量词之后加上一个"团"字充当量词的补语。例如"一碗团饭""一袋团米"分别指的是"一小碗饭""一小袋子米"。

二　数量短语中的省略及其语法功能和意义特征

澄海话中数量短语用于句子中，通常有两种情况可以省略。

普通话的"一＋量词 M"的结构，广东闽、粤方言数量短语"〔一〕M"往往可以省去"一"。省去"一"后的"一 M"可记为"〔一〕M"。本节主要讨论这类数量短语的省略及其句法功能和意义特征。

"〔一〕M"在普通话中，一般只用于做介词和动词的宾语。而在澄海话中，它在句子中的位置相当灵活，可做主语、谓语、介词宾语、动词宾语、兼语等。

澄海话中的"〔一〕M"表示的意义，有两种情况。一种是表确切数量的省略，一种是表不确定数量的省略。

1. 表确切数目的"〔一〕M"

由于量词前的数词为"一"，因而常省略不讲，但它所表示的数目却是不变的、确定的。表确切数目的，在句中一般是做主语、谓语和宾语。

（1）做主语。"〔一〕M"做主语，在普通话中是没有这种用法的，而在澄海话中却经常出现。例如：

个钟头就够（一个小时就够了）；点钟还做未了（一个小时还做不完）；把外米就够食（一把多米就够吃了）。

上例中的"〔一〕M"都是表确切数目的"一 M"的省略。M 多为量词结构都重读，而且"〔一〕M"做主语可以用于肯定句，也可用于否定句。

（2）做谓语。"〔一〕M"做谓语，一般都出现在名词性谓语句中。如：

二本个银；尾鱼斤外；个人碗面。

这些例子中的"〔一〕M"都表示一般的数量关系，意思是"两本本子一块钱""一条鱼重一斤多""每人一碗面"。

（3）做宾语。表确切数目的"〔一〕M"在普通话中做宾语时，一般都不省略数词"一"。而在澄海话中却经常省略"一"。如普通话中的"吃了一碗面""走了一公里多路"，在澄海话中都可省略为"食了碗面""行了公里外路"。又如：

食了杯外水（喝了一杯多水）；企了年外（住了一年多）；等了个外钟（等了一个多钟头）；洗了桶外衫（洗了一桶多衣服）；过了站就到（过一个站就到了）；来碗饭，碗汤，合个包（来一碗饭，一碗汤，和一个包子）。

普通话的"〔一〕M"做宾语时，有两种情况，可以是表不确定的数目，也可以是表确切的数目。如上面举的"吃了一碗面"（Ⅰ）是表确切数目的。如果表达成"吃碗面"（Ⅱ），这时（Ⅰ）和（Ⅱ）表达的意思是完全不同的。（Ⅱ）只泛指吃了面，而并不强调其数量为"一碗"。普通话（Ⅱ）类用法通常不加时态助词，如"洗个澡""喘口气"等。加了时态助词如"洗了个澡""喘了口气"等说法，强调的是确切的数量，而非表不确定数目。不加时态助词的说法强调的是一个事实，表不确定的数目。就其读音的轻重，也可以看出其差别。（Ⅰ）的重音在数词"一"；（Ⅱ）的重音在"面"。因此不能将（Ⅱ）看成是（Ⅰ）的省略。

而在澄海话中，无论"〔一〕M"前有没有时态助词，它都可表示确切的数目。

2. 表不确定数目的"〔一〕M"

表不确定数目的"〔一〕M"的使用范围和使用频率都比表确切数目的"〔一〕M"要大。它也可在句中充当主语、介词宾语、动词宾语、补语和兼语。

（1）做主语。"〔一〕M"做主语时，既可用于肯定句，也可用于否定句。用于肯定句，一般用于名词谓语句中。如：

碗面五个（银）（一碗面五块钱）；个银五块（一块钱五张）；斤半一条（一斤半一条）；页票60（银）（一张票60块钱）。

用于否定句，如：

（去迟了）个影啰看无（连个人影也见不着）；杯水还食未了就着行（一杯水还没喝完就走了）；分钱拢无乞〔k ^{31}〕（一分钱也没给）；只椅坐未烧就行（凳子还没坐暖人就走了）。

"〔一〕M"做主语用于否定句中，一般动词前都有表示"都""还（也）"等意思的副词。澄海话中用"拢""还"等表示。如前三例。而最后一例中虽没有，但也可以补出"拢"和"还"来，而意思不变。如"只椅还坐未烧就行"。

"〔一〕M"做主语用于否定句中，虽"〔一〕M"表示的是不确定的数目，但在整句话中却起强调的作用。意思是"（连）一M都/还V"，如"连个人影都见不着""烧杯水都还没喝完"。

（2）做介词宾语。如：

伊乞条柱撞着（他被一根柱子撞到了）；伊对本薄个伊□〔haŋ^{53}〕掉（他把本子扔掉）；伊乞只的咬着（他被一条狗咬到了）。

上例中的"〔一〕M"都是泛指，句中强调的都是后面的动词，读时也是读重音。翻译成普通话时，一般都可译成被动句或"把"字句。

（3）做动词宾语。如：

个你呾句话（跟你说句话）；倒杯水乞我；坐落来食碗面（坐下来吃碗面）；做个衫（做一件衣服）。

（4）做补语。"〔一〕M"做补语，一般M都为动量词。如：

乞我看下（给我看一下）；作唔试下（你不试一下？）；叫我下（叫我一下）；要匝就晓（玩一次就懂了）；坐下（坐一下）。

这些例子在普通话中都不能省略"一"。

（5）做兼语的定语或兼语的一部分。如：

伊叫个奴囝去洗浴（他叫一个小孩去洗澡）；伊叫个同学去买水（他叫一个同学去买水）。

（6）在表无定的"［一］M"处于宾语、兼语位置时，所修饰的 N 是不言而喻或不是很强调 N 时，N 常省略。如上面第二例中"个同学"，便可以省去"同学"变成"伊叫个去买水"，表示的只是他叫了一个人去买水这么一个事实。至于是谁去买，并不重要。在这种情况下，"［一］M"在形式上直接充当兼语。又如：

挈只来榔（拿只凳子过来垫垫）；挈个来食（拿一个来吃）。

因为"榔"和"只"两个义项规定了"只"所修饰的中心语只能是桌子或是凳子；而"食"和"个"两个义项也同时规定"个"之后的名词可能是"面包"或者其他可以食用的东西。因而，句中便可省略这些不言自明的名词，使语句简练明了。

3. 表确切数量的"［一］M"和表不确定数量的"［一］M"的区别

上面讲到的表确切数量的"［一］M"和表不确定数量的"［一］M"都可以通过补回省略了的"一"而句意不变。无论是省略了的还是补回了的，两种情况下的表现形式都是相同的，但它们强调的内容却不同。表确切数量的"［一］M"，强调的是数量，一般 M 都要重读。而表不确定数量的"［一］M"强调的却不是数量，而是"［一］M"及其后 N 所表示的这么一个事实。因而 M 不重读，而对 N 重读。

值得注意的还有另外一类似"［一］M"的情况，由于"指＋MN"结构前面的指示代词省略，使 M 带有特指作用，类似英语的定冠词，说成普通话时要加上指示代词来对应。例如：

只船沉去（那条船沉了）；只鸟飞去（那只鸟飞走了）；粒球破去（那个球破了）。

有时候只能根据语境来判断，究竟是表数量的"［一］M"结构还是表定指的 M。下面的例子表示的是数量，请比较：

二只船只船沉去，只船好好（两条船一条沉了，一条好好的）；

二只鸟只鸟飞去，只鸟跋落来（两只鸟一只飞走了，一只掉了下来）。

4. 数量短语"一 M"不省略数词"一"的情况

在下面的几种情况中，数量短语"一 M"中的数词"一"不能省略。

（1）表确切数目的数量短语中，如果量词为动量词时，"一"不能省略。如：

只车半路歇一次（那辆车在半路停了一次）；张牌清好你看一次（那张牌只能让你看一遍）；一个词清好填一匝（一个词只能填一次）。

例中的"一次""一匝"都表确切的数量，"一"都不能省略，它们一起做动词"歇""看""填"的补语。

（2）在表不确定数量的"［一］M"中，动量词 M 除充当动词补语时可省略外，其余情况下的动量词"一 M"都不能省略。如：

一匝就好【主语】（一次就好了）；看一匝还晤够【宾语】（看一次还不够）。

都不说成"匝就好""看匝还晤够"。

（3）当"一M"中的"一"表示"全""满"时，"一"不省略。如：

食了一肚水（喝了一肚子水）；流到一身是汗（流得满身是汗）；放到一间净是书（书放得满屋都是）。

其中的"一"都表示"全""满"的意思，而非确切数目或不确定数目。在这种情况下，"一"不能换成其他数词，而可以替换的词是表示周遍的"通"。例如：

食到通肚加减是水；流到通身汗；放到通间书。

（4）当"一M"中的"一"表序数时，不能省略。如：

伊只次挈了一名（他这次得了第一名）；伊编入一班（他被编入一班）。

其中的"一"都念 $[ik^{22}]$，表示"第一"，因而不能省略。

三 "指·量＋名"结构中指示代词的省略及其语法特点

在普通话里，特指某个事物时，一般都是以"指·量＋名"的完整形式出现的。在澄海话中则不然。前面的指示代词通常被省略掉，而只剩量词M和名词N。省略了指示代词的形式记为M'N。

（一）表特指的"M'N"的句法功能

表特指的"M'N"在句中的位置十分灵活，几乎可以充当所有的句子成分。例如：

④件衫百外银（这件衣服一百多块钱）。【主语】

⑤丛树个叶黄去（那棵树的叶子黄了）。【名词性成分的修饰语】

⑥外口个窗无关（外面的那个窗没关）。【受修饰语限制的主语】

⑦叫个物来相辅（叫那个人过来帮忙）。【兼语】

⑧叫粒球个伊踢无去（把那个球给踢空了）。【介词宾语】

⑨搬掉只椅（搬掉那张凳子）。【动词宾语】

其中的M'N都是表特指的："这件衣服""那棵树""那个窗""那个人""那个球""那张凳子"。

省略指示代词的M'N，由于其表现形式以及充当的句子成分与表无定的"[一]M"极为相似，因此区分是省略指示代词还是表无定的，可用"只"$[tsi^{52}]$、"许"$[h\ ^{52}]$两个指示代词套进去。所有省略指示代词的M'N都可以补回指示代词，而表无定的"[一]M"则不行。如"丛树个叶黄去"可以说成"许丛树个叶黄去"。而"个银五张"不可以说成"只/许个银五张"，只能说"一个银五张"。

通常指示代词修饰"量＋名"时，不管处于句中的哪个位置，它都可以省略指示代词而意思不变。而当指示代词修饰的是动量词时，这时的指示代词不能省略。例如：

⑩只次我头次看着伊（这次是我第一次见到她）。

⑪伊只阵正去（她刚刚才走）。

其中的"只次""只阵"都不能省略成"次""阵"。

（二）省略"M'N"中的N

在 M'N 做主语、兼语、介词宾语时，有一种特殊情况，可以省略 M' 后的 N，而同样表特指。这时，M' 或读升调或重读。如：

个〔kai^{35}〕啰哭（那个人在哭）；粒〔liak^{35}〕无用去（这一颗没有用了）；身〔siŋ^{35}〕□□〔hiou^{214}hiou^{55}〕（那个人有点怪）。

这种情况的 M 后的 N 都可以补回来。它的省略条件是因为句中的其他义项的限制，使其 M' 在单独使用时，也能明确地表示出其后省略了的名词 N 所表的义项，或是上文中已有提及，这时的省略是自然的，不言而喻的。如"哭"规定了一定是"人"，"身"也规定了一定是"人"，"用"则规定了一定是东西，而这东西应该是上文提及的。

四　量词的后缀"物"

澄海话的量词，不管是名量词还是动量词，后面都可以跟一个后缀"物"。"物"有代指谈话人双方都知道的名词的功能。有了"物"之后，名词就不能再出现。所以，如果没有语境，读者只能根据量词来猜测"物"所指代的名词。如果一个量词可以配合多个名词，那就很难猜测了。如"只物过大只"中的"只物"可以是"那条船/狗，那张床/桌子/椅子，那架飞机，那头牛，那匹马，那个人（的块头）"等等。

"量+物"结构是一个名物化的短语结构，通常在句子中充当主语或宾语。充当主语的，如：

条物过长（那条东西很长）；析物过大析（那块肉很大，或指人块头很大）；个物无大无细（那家伙没大没小）；许次物就物直了（那一次就搞好了）。

充当宾语的，如：

就是许只物（就是那东西）；伊在研究只报物（他在研究这些东西）；伊骂许个物骂到无块好（他把那家伙骂个狗血淋头）；考来上好就是只次物（考得最好是这一次）。

"物"还可以附加在"量+团"结构后面，表示小（少）等附加意义。如：

只团物无二两（很小的一只，不到二两重）；锅团物无够三人食（就这么一小锅，不够三个人吃）；你正食只碗团物定（你才吃这么一小碗）；乞人拍只团物了就着在哭（才被轻轻打了一下就哭了）。

"物"还可以加在"呢团/块团/滴团/些团"后面，表示量（包括重量、质量、体积和面积等）的极小。如：

只呢团/块团/滴团/些团　物我枵你个（就这么丁点儿谁要你的）。

只呢团/块团/滴团/些团　物你还食唔了（就这么一点你都吃不完）。

五　澄海话量词特点探源

澄海话数量词的表达为什么会跟普通话有这么大的差异呢？这要追溯到澄海方言的形成过程。澄海方言是闽南方言的一支。闽南方言是现今最古老的汉语方言之一。早在秦汉时，潮汕地区便接受了中原汉语和古闽语的影响，至魏晋南北朝时期，闽语已在潮汕地区流行。作为闽南方言的一支的澄海话，至今依然保留着古吴越语和古汉语的一些成分和特点。下面，试从上文所述数量词的用法中，从称法和用法两方面举例来论述和印证这个问题。

（一）称法探源例释

澄海话中与普通话有别的数词的读音、量词的用法等，都是从古台语（吴越语的底层语也是古台语一系的少数民族语言）、古汉语中沿袭下来的。举例如下。

条　用于做"事情"量词的"条"，在《宋书·百官志》便有这样的记载："咸康中，分置三录，王导录其一，荀崧、陆晔各录六条事。……其后每置二录，辄云各掌六条事，又是止有十二条也。……江右张华、江左庾亮并经关尚书七条，则亦不知皆何事也。"《论语·颜渊》皇疏："恐樊犹未晓，故又举一条事。"而用于做"歌曲""舞蹈"量词时，应该是"条"作为"事情"量词这种抽象用法的引申。

尾　以"尾"称鱼的称法，早在唐朝时便已出现此用法。唐代柳宗元《游黄溪记》："有鱼数百尾，方来会石下。"宋代李觏《寄祖秘丞》诗："肥鱼斫千尾。"宋代吴曾《能改斋漫录》卷二："鱼亦可以称尾，……柳世隆鱼三十尾。"《水浒》第十五回："阮小七道：'若是每常要三五十尾也有，莫说是数个。'"明代粲花主人《画中人》（传奇）上："这一大尾鲜鱼嘎饭尽够了。"《喻世明言·任孝子烈性为神》："周得霎时买得一尾鱼，一只猪蹄。"《警世通言·福禄寿三星度世》："本道又惊又喜，打得一尾赤梢金色鲤鱼。"

落　作为一栋建筑物的量词，原先是由名词发展而来的。《后汉书·仇览传》："庐落整顿。"注："落，居也。"唐代王维《渭川田家》诗："斜光照墟落，穷巷牛羊归。""落"用作量词可能是较后起的。"落"在古汉语指的是村落，澄海话只指院落的量词，词义有所缩小。

丛　"丛"作为量词，由"丛聚"义而来。《说文解字》云："丛，聚也。"《汉书·高后纪》："赵王宫丛台灾"，颜注："连聚非一，故名丛台"。"丛"用作量词，多见于古诗文中。南朝梁陶弘景《真诰·运象篇》："小道直入其间，有六丛杉树。"北朝周庾信的《谢滕王集序启》："若夫甘泉宫里，玉树一丛。"又《春赋》："一丛香草足碍人，数尺游丝即横路。"南朝陈阴铿《侍宴赋得夹池竹诗》："夹池一丛竹，垂翠不惊寒。"南朝梁沈约《修竹弹甘蕉文》："切寻苏台前甘蕉一丛。"南朝梁简文帝《梅花赋》："草木万品，庶草千丛。"东晋陶渊明《问来使》："我屋南窗下，今生几丛菊？"唐代白居易《买花》："一丛深色花，十户中人赋。"这些"丛"都相当于今天澄海话中的量词"丛"。

领 "领"字做量词，在两汉时代就已经使用，在后世文言文中也依然通用。《汉书·霍光传》有"绣被百领"。它本是衣裳之类的量词，后来词义扩大到一些由棉纱、麻、竹、草之类编织的或加工缝制之后的成品，甚至扩大到从动物身上剥下来的皮也可以称"领"。

帖 宋代叶绍翁《四朝闻见录》丙卷："宁王每命尚医止进一药，戒以不分作三四帖。"唐代白居易《闻微之江陵卧病，以大通中散、碧腴垂云膏寄之因题四韵》诗："已题一帖红消散，又封一合碧云英。"《醒世恒言·李道人独步云门》："只有李清这老儿古怪，不肖自到病人家里切脉看病，只要说个症候怎么模样，便随手撮上一帖药，也不论这药料有贵有贱，也不论见效不见效，但是一帖药一百个钱。若讨他两帖的，便道：'我的药，怎么还用两帖？'情愿退还药钱，连一帖也不发。"

身 偶像的量词，尊。《佛国记》："王便夹道两边作菩萨五百身。"

廉 "廉"在先秦时代便已出现，当时作棱角讲。《荀子·不苟》："廉而不刿。"注："廉，棱也。"《论语·阳货》："古之矜也廉。"皇疏："廉，隅也。""廉隅"即廉角。《诗经·小雅·斯干》："知矢斯棘。"毛传："棘，棱廉也。"《玉篇·广部》："廉，……棱也，又箭有三廉也。""箭有三廉"谓箭呈三棱形，与澄海话称杨桃五廉意思相同。现在说"廉"的用法也扩大到"一廉柑""一廉柚"，这应该是由于其形状与"一廉杨桃"相似而得此称法。

员 "员"原本指货币单位，大致等于今天的"圆"。《说文·贝部》："员，物数也。"段注云："本为物数，引申为人数，……数木曰枚，曰梃。数竹曰箇。数丝曰紽，曰緫。数物曰员。"《广韵》平声仙韵："员……物数也，王权切。"音义皆合。

搭 "搭"用作量词，最迟唐代已有。唐代卢仝《月蚀》诗："摧环破璧眼看尽，当天一搭如煤炱。"元朝白朴《梧桐雨》第三折："隐隐天涯，剩水残山五六搭。"《水浒》第十二回："生得七尺五六身材，脸皮上老大一搭青记，肋边微露赤须。"又第十四回："晁盖把灯照那人脸时，赤黑阔脸，鬓边一搭朱砂记，上面生一片黑黄毛。"《警世通言·皂角林大王假形》："妈妈道：'生那儿时，脊背下有一搭红记。'""搭"也通"答"。元朝王实甫《西厢记》第二本第二折："下场头那答儿发付我。""那答儿"犹言那一处，澄海话谓"许搭"。《金瓶梅词话》第五十四回："今日在那答儿吃酒？""那答儿"这里是疑问代词，表哪一处，澄海话称"底搭"。

腰 "腰"用作裙子、裤子的量词，古汉语早已有之。《旧唐书·五行志》："安乐公主造百鸟毛裙两腰。"《隋书·柳裘传》："后以奉使功，赐丝三百匹，金九环带一腰。"

副 唐温庭筠《干撰子》附《崔尉子》："母见欣然，遂留歇数日，临行赠资粮，兼与衣一副。"《汉书·昭帝纪》"赐衣被一袭。"注："一袭，一称也，犹今言一副也。"

橛 原指短木棍，《说文·木部》："橛，弋也"，《广韵》入声月韵："橛，杙也。居月切。"橛，原来是指插在地上可以系牛的一段木头（或者是断树的下部）。《列子·黄帝》："吾处也，若橛株驹。"注："崔撰曰：'橛株驹，断树也。'"（方言）卷五："橛，燕之东北、朝鲜洌水之间谓之椵。"《广雅》卷七："椵、橛……杙也。"王念孙疏：

"椴之言段也，今人言木一段两段是也。"王说正与澄海话合。又《景德传灯录·石头希迁大师》："汝从南岳负一橛柴来，岂不是有力？"宋黄庭坚《跋白兆语后》："伏惟烂木一橛，佛与众生不别。"又"橛"《广韵》、《集韵》音均作"居月切"，也与澄海音 [kue?^{5}] 吻合。

片　《说文·片部》："片，判木也，从半木。"段注："谓一分为二之木。"《广韵》去声霰韵："片，半也……普面切。"

摆　古汉语中没有将"摆"用为动量词的用法。澄海话"摆"字的这种用法，实是源于古台语。今布依语、壮语、侗语均谓"次"为 [pai]。

过　"过"用作动量词表一般动作的次数，始见于魏晋南北朝时期。《三国志·吴志·赵达传》："吾久废不复省之，今爱思论一过，数目当以相与。"《高僧传·译经篇》："香汤洗数十过。"《神仙传》："元因徐徐以脂揩屋栋数十过。"《抱朴子·杂应篇》："清晨建齿三百过者，永不摇动。"《世说新语·方正篇》："龟中路左顾者数过。"

下　"下"作为动量词，也是始于魏晋南北朝时期。开始时为表示动作向下进行的次数。《三国志·蜀志·先主纪》："缚之着数，鞭杖百余下。"《魏书·北海王传》："母乃杖祥背及两脚百余下。"《魏书·毛修之传》："昔在蜀中，闻长老言：寿曾为诸葛亮门下书佐，被捷百下。"《三国志·吴志·孙奋传》："奋不受药，叩头千下。"现在澄海话中词义扩大为表次数的都可用"下"。

斗　"斗"在古汉语中只作为物量词用，现在澄海话中却可用为动量词。这是澄海话从古台语中沿用过来的。今布依语、状语、侗语谓"次"为 [ta：u]。

责任编辑：杜式敏

粤东闽语*与福建闽南方言
疑问句比较研究

吴　芳**

摘　要：本文通过粤东闽语（主要以潮州话为代表）与福建闽南方言（主要是厦门话和泉州话）两地的特殊问句、是非问句、选择问句和正反问句等四种疑问句对比研究，一方面表现出闽南方言内部的一致性，另一方面凸现粤东闽语自身的特点，认为不同的行政区划和周边方言的影响是造成两者差异的重要原因。

关键词：粤东闽语　闽南方言　疑问句　比较

粤东地区与福建毗邻，当地的闽语（粤东闽语）属于闽南方言的一支，从地理位置和移民史的角度可以看出两地关系密切。但由于两地行政划分的不同且语言接触渗透影响上的差异，各自发展必然呈现异同。本文通过对两地疑问句的比较研究，从异同中凸现粤东闽语自身发展的特点，希望能为闽南方言的发展研究提供可借鉴的材料。

一　特殊疑问句

特殊疑问句一般是由疑问词引出，疑问词上的不同正是粤东闽语与福建闽南方言的差异。

（一）底

古汉语的疑问代词"底"是闽南方言常用的疑问代词。厦门话中：

---

* 如无特别指出，本文粤东闽语的记音是以潮州府城话为准，相关语料以第一手调查为主。福建闽南方言则以厦门话为代表，语料来自于周长楫、欧阳忆耘《厦门方言研究》（福州：福建人民出版社，1998）。泉州话语料来自于王建设、张甘荔《泉州方言与文化》（厦门：鹭江出版社，1994）及本文作者调查。

** 吴芳，1981 年生，广东揭阳人，韩山师范学院中文系博士。

问人用"底一个",如：①底一个未食饱？

问地点用"底落"，如：②汝要去底落？

问时间用"底时"，如：③底时开车？

潮州话中，问人与厦门话一样可用"底一个（哪一个）"，但"一"常省略，除非强调数量是"一个"。

④阿公合阿嬷底（一）个无爱去？（爷爷和奶奶哪一个不想去？）

"底个"除了问人外，还可问物：

⑤几个菜，底个先请？（几道菜，哪道先上？）

此外，在问人时，还常用"底□［tia⁵⁵］"、"底人"。"底□［tia⁵⁵］"这个疑问词形式，我们认为是从"底人"演变而来，并经过语音的"合音－衍音"而成。首先，□［tia⁵⁵］来自"底人［ti¹¹na⁵⁵］"的合音。"人［na⁵⁵］"在语流中声母［n］脱落，再与"底"合音后形成的。由于从两个音节合成一个音节造成了语音形式的改变，人们心理上可能并不认同这个音节与原有表达的意义是一致，为此又再重新添加一个音节"底"，以达到表示疑问的目的。这种情况在许多方言中是常见的，例如粤语一些次方言的人称代词复数就存在着在曲折变调的基础上再加上一个词缀的情况。如：

江门市鹤山沙坪镇杰洲村一带"我、你、他"的单数分别：33、li33、ky33，相应的复数形式是：21 tsy35、21 tsy35、ky35 tsy35。在声调曲折的同时再加后缀 tsy35 构成。

这同样也是一种衍音现象。

"底□［tia⁵⁵］"可用于句首提问，但□［tia⁵⁵］则要发生变调。如：

⑥底□［tia¹¹］还爱去？（谁还要去？）

也可以放在句尾，不发生变调。如：

⑦汝个底□［tia⁵⁵］？（你是谁？）

而"底人"一般只用在句首提问，用法相当于普通话的"哪位"。如：

⑧底人［na⁵⁵⁻¹¹］无来？（谁没来？）

"底"用作问地点提问时，搭配结构是"底块"①。如：

⑨间店在底块？（那间店在哪里？）

潮州话一般用"天时"表示时间时令，询问时间用"底天时"②。如：

⑩汝底天时来广州？（你什么时候来广州？）

（二）几、若（侪）

在询问数量时，潮州话与厦门话比较一致，这种疑问词的用法格式与普通话的"几""多（少）"也基本一致。如：

---

① "块"是训读字，音［ko²¹³］。

② 在潮州与揭阳等地，"底天时"说成［ti¹¹ tia³³ si⁵⁵］，当中"天"的读音应该是受到疑问词"底"不送气的同化作用读为不送气。

问年龄：⑪汝几岁？/汝若侪岁？/汝若大？（你几岁/多少岁/多大？）

问重量：⑫撮菜几斤？/撮菜若侪斤？/撮菜若重？（这些菜几斤/多少斤/多重？）

仅问数量多少，一般只有两种说法：

⑬爱几个者够？/若侪个会够？（要几/多少个才够？）

（三）怎生（样）、做呢

在询问情状上，潮州话与厦门话相似，都可用"怎"，但搭配上略有差异。"怎"是一个古汉语疑问词，古诗词小说中也常出现"怎样""怎生"等疑问词形式，可见，现代闽南方言与古汉语保持一致。厦门话一般用"怎样"或"安怎"，泉州话用"怎款"，相当于普通话中的"怎样""怎么"。如：

⑭着怎样做则好？伊近来安怎？（厦门话）

⑮即字怎款写？（泉州话）

而潮州话一般则说成：

⑯功课做到怎生了？/伊呾来怎生样？（功课做得怎样了？/他是怎么说的？）

在粤东的惠来地区，询问情况上与厦门话较为接近，也用"怎样"。如：

⑰汝做到怎样了？（你做得怎样了？）

如果是询问具体的动作方式方法，厦门话、泉州话仍用"怎"，但潮州话却用"做呢"，后面一般跟动词。如：

⑱做呢物？/者件事做呢办？（怎么做？这件事怎么办呢？）

在粤东其他地方还有类似的说法，如惠来和揭西棉湖一带用"做呢样"，南澳说"做呢生"等。此外，粤东闽语中表示原因"为什么"的疑问词还可用"做呢"。如：

⑲汝做呢无爱来？（你为什么不来呢？）

"做呢"并不是一个新词，这个词在粤东现存的歌册、潮剧剧本中大量存在，至于其语源出处，本文暂不做考证。但从两地在询问情状上的差异可以看出，虽然同源于闽方言闽文化，但潮汕和厦漳泉毕竟分属于两个不同的省份，受到不同的影响，必然各自有着相对独立的发展方向。

（四）乜

表示"什么"，厦门话用"甚物"，潮州话多用"乜［meʔ²］"，如：

⑳汝叫乜名？（你叫什么名字？）

㉑伊是汝乜人？（他是你什么人？）

㉒汝做乜无做作业？（你为什么没做作业？）

㉓汝为乜爱相互伊啊？（你为什么要帮他？）

㉔汝爱做乜个？（你要干什么？）

潮州话中的"乜"也可以替换为"甚物"："汝叫甚物名？"，"伊是汝甚物人？"，"汝做甚物做作业？"，"汝为甚物爱相互伊啊？"，"汝爱做甚物个？"。只是替换成"甚物"时较为文绉绉，在口语中不常用。事实上，广东境内三大方言表示"什么"的疑问词在语音和用法上相当接近。如：

广州话：你叫乜（嘢）/咩名？

　　　　佢是你乜（嘢）/咩人？

　　　　你做乜/咩冇做功课？

　　　　你为乜（嘢）/咩要帮佢啊？

梅州话：汝做脉个唔去？

　　　　脉个时候来？

　　　　汝讲脉个？

　　　　脉个事？

广州话中"乜"音 $[m\,t^5]$，梅州话"脉"音 $[mak^5]$，而潮州话"乜"音 $[me^{\sim 2}]$。我们认为，这三者之间联系密切，应为同源。由此可见，由于行政划分的不同，广东省内粤客闽三大方言相互影响渗透比较明显，这在一定程度上使得粤东闽语独立于福建闽南方言发展，成为两地方言差异的一个主要原因。

（五）语气助词提问

特殊疑问句除了用疑问代词表示外，还有一种不需要疑问代词，只需在句末加上一个语气助词提问，这种形式是潮州话与厦门话共有的。

比方问去处：㉕"本书呢?"（书呢?）。

问方式：㉖"汝呢?（你怎样了?）"

这些情况在全国许多方言中也同样存在。对这类句子，我们认为应属于一种省略句。

二　是非疑问句

（一）句末升调

与许多方言一样，在句末利用升调的形式提问，也是潮州话的是非问采用的一种格式，如：

㉗汝是伊阿爸↗?（你是他爸爸吗?）

（二）句末加疑问语气词

是非疑问句中最主要的形式是以疑问语气词提问，但由于闽语的末尾语气词并不发达，因而严格意义上的以语气词表达是非疑问句的情况并不丰富①。闽南与粤东两地只是

---

① 不少疑问语气词是从否定副词语音弱化而逐渐形成的，由于闽语的否定词比较发达，一些放置在句末的否定词往往也有疑问语气的作用，本文暂不将此类形式作为句末语气词探讨。

在语气词上略有不同，厦门话一般用"吓"［he˜³²］，泉州话中用"乎"，粤东地区汕头、潮州、揭阳的许多地方都有两个语气词：□［he³⁵］、□［ho⁵³］。如：

㉘伊今日去北京□［he³⁵］／［ho⁵³］？（他今天去北京吗?）

□［he³⁵］、□［ho⁵³］这两个词应该与厦泉两地的"吓""乎"相对应，从语音上看，几个疑问语气词声母一致，相互之间也应有同源关系。

粤东一些地方也有其他疑问语气词，如汕头南澳话用"啊"：

㉙伊今日返来啊？（他今天回来吗?）

（三）语气词轻读

在泉州话中，有一种疑问代词读轻声的特殊是非问句，句末仍带疑问语气词"乎"。粤东闽语与泉州话情况一致，存在着这种特殊是非问句，同样，这类问句疑问代词和句末的疑问语气词一般读轻声，且回答时用"是"或"不是"。这种是非问句的主要特点是：问者对问话内容略知一二，带有要对方确认问话内容是否属实的含义。如：

㉚汝（是）爱去底块□［he¹¹］？（你是要去哪里么?）

㉛伊（是）在揣乜个□［he¹¹］？（他是在找什么东西么?）

这种说法普通话也有相应的格式。除了□［he¹¹］，粤东闽语区有些地方如惠来也用"啊"［a¹¹］。

三　选择疑问句

潮州话中的选择疑问句形式比较简单，与厦门话相近，一般也采取："是……抑是……？""抑"多读为［a⁵³］或［ha⁵³］，写成"阿"或"还"，两者只是语流音变，当为同源。如：

㉜汝来，阿是我去？（你来还是我去?）

㉝汝爱食甜还是爱食咸？（你要吃甜的还是要吃咸的?）

如果选择的前后两部分都是名词，厦门话中还可以用简单的"抑"连接。如：

㉞饭抑糜？

在潮州话中则尚未语音脱落到这种形式，"抑"后面的"是"一般还是存在的。如：

㉟饭抑是糜？

四　反复疑问句（正反疑问句）

厦门方言的正反疑问句有三种形式。

甲类：VP + neg + VP：肯定形式和否定形式并列。

㊱小王会拍字妿［boi³⁵］拍字？

乙类：VP + neg：否定词在句末，形成一种省略式的否定形式。

㊲伊要来伓？

丙类：肯定否定两个简单的词并列。

㊳伊来恁兜是伓？

厦门话的这三种形式在潮州话中普遍存在，如：

甲类：㊴厝内有无人？（房子里有没有人？）

㊵伊是唔是今日来汕头？（他是不是今天来汕头？）

㊶我好孬返去学校？（我回学校好不好？）

乙类：㊷厝内有人（啊）无？

㊸伊是今日来汕头（啊）䀸［mi^35］？

㊹我好返去学校（啊）孬？

丙类：㊺粒糖给汝食爱媛［mai^213］？（这粒糖你要不要吃？）

㊻伊今日来汕头是䀸？

㊼我返去学校好孬？

施其生教授在《汕头方言的反复问句》（1990）一文中论述："反复问句的形式在现代汕头方言里呈现更丰富的共存现象，有'可 VP'型、'VP 不 VP'型、'可 VP'与'VP 不 VP'混合型。各型的具体形式又不止一个"①。

施教授认为汕头方言的反复问句如果只针对谓语部分设疑，可以细分成五种结构②；如果只针对补语设疑，则可以细分成八种结构③。

事实上，这些结构当中有些在包括汕头市周边地区的其他地区的口语里并不常见，而在其他粤东闽语区结构也相对比较简单，像潮州、揭阳等地针对谓语设疑的比较多用的是：

㊽A　今日可有来？（今天来了没有？）

㊾B1　今日有来啊无？

㊿AB1　今日可有来啊无？

针对补语设疑的较多使用的是：

(51)a1　票可有买着？（票买到了没有？）

(52)b1　票有买着啊无？

(53)a1b1　票可有买着啊无？

(54)a1b2　票可有买着有啊无？

---

① 施其生：《汕头方言的反复问句》，《中国语文》1990 年第 2 期，第 182 页。

② A 身顶可有钱？（身上有没有钱？）

B1　身顶有钱啊无？

B2 身顶有钱有啊无？

AB1 身顶可有钱啊无？

AB2 身顶可有钱有啊无？

③ a1　鸟枪可借有来？（猎枪借来了没有？）

a2 鸟枪借可有来？

b1　鸟枪借有来啊无？

b2 鸟枪借有来有啊无？

a1b1 鸟枪可借有来啊无？

a2b1 鸟枪借可有来啊无？

a1b2 鸟枪可借有来有啊无？

a2ba 鸟枪借可有来有啊无？

有些地方甚至起连接作用的发音词"啊"在问话中时常简化不说。这些情况一方面可能是为了说话简洁方便，过于反复繁杂的形式一般口语中不多用；另一方面可能是由于语流音变引起例如发音词的省略这样的情况。

此外，还有一种结构普遍存在粤东闽语中，这种结构中没有否定词，有时连肯定词也可省去：

⑤老师可（爱）来？（老师来不来？）

⑤伊可（会）食荽椒？（他吃不吃辣椒？）

⑤苹果可（会）熟了？（苹果熟不熟？）

⑤伊阿爸可（是）在潮州过来？（他爸爸是不是从潮州过来的？）

这类结构中，句子里必须有动词或助动词，由于句中没有否定词，因此要表疑问时必须在动词之前加上一个疑问副词"可"或"可是"（"是"经常被省略），"可"和"可是"在句中都可以解释为"是不是"，充当的是疑问的成分。

"可VP"型和"VP不VP"型在许多汉语方言中大多不能同时存在，但在粤东闽语中共存的情况比较普遍，形式也比较多样，除了上文的几种形式，"可"还可用在双重否定句中：

⑤阿玲玲可唔喜欢者本书？（玲玲是不是不喜欢这本书？）

⑥我冥晚可免去？（我晚上是不是不用去？）

"可"本身有"是不是"的含义，因此粤东闽语中就不存在"可VP不VP"的形式：

⑥＊伊可食唔食荽椒？

⑥＊阿明可喜唔喜欢者本书？

一些地方"可VP"中疑问副词不用"可"，如揭阳惠来话中用［liau⁵³］（我们记做"了"）：

⑥汝了（是）爱去？（你是不是要去？）

⑥汝了（是）食过下昼？（你是不是吃过午饭了？）

⑥者本书了是汝写的？（这本书是不是你写的？）

惠来话"了"的语法功能基本与汕头话"可"的语法功能一致，两者仅仅是语音形式上的区别。可见，"可VP"型在粤东闽语中是常见的语法结构。

五　余论

不可否认，粤东闽语和福建闽南方言的疑问句应是同出一源。具体来说，两地的是非问句和选择问句比较接近，而特殊问句和正反问句中，既有相同之处，也呈现出自身的特点。相对而言，是非问句和选择问句的形式在整个闽语中比较简单，因此变异的情况不大，区别仅仅在于语气词选择上的差异以及个别形式上不同的省略，总体的语法功能基本是一致的。

而特殊问句和正反问句由于自身形式多样，比较容易产生变异。在特殊疑问句上，粤东闽语同样也保留了许多古汉语的特点，只是一些疑问词的形式与福建闽南话不尽相同。

通过比较分析，我们可以发现这些差异不少都是可以用语流音变来解释。因此，可以认为粤东闽语疑问句的情况代表了闽南方言疑问句发展的一种趋势，这种趋势是由语言社会决定的。此外，邻近一些方言对粤东闽语的影响也是不可忽视的力量。

在正反问句中，"可 VP"型是粤东闽语中较为突出的一种结构形式，从形式上看，"可"后可以跟动词（助动词）、形容词甚至介词，但"可"的结构实际上是"可是"，动词"是"在口语中常被省略，所以带"可"的正反疑问句原本的结构就是"可 VP"。据朱德熙先生（1985）考证："'可 VP'型反复问句大量出现在明清时代的白话小说里"[1]。我们知道，明清时期，南北戏曲文学不断渗透影响，各种文学相互模仿是在所难免的。对于粤东闽语的"可 VP"型疑问句的出现，这方面的因素可能排除不了。明清正是粤东地区的戏曲文学繁盛时期，潮州戏文说唱流行对当时粤东地区语言的影响是相当大的。当然，这需要我们做进一步调查考证。

责任编辑：杨姝

参考文献

甘于恩、邵慧君：《汉语部分南方方言否定副词的类型比较》，载《第四届国际闽方言研讨会论文集》，汕头大学出版社，1996。

欧阳觉亚、绕秉才、周耀文、周无忌编著《广州话、客家话、潮汕话与普通话对照词典》，广东人民出版社，2005。

邵敬敏：《现代汉语疑问句研究》，上海教育出版社，1996。

施其生：《汕头方言的反复问句》，《中国语文》1990 年第 2 期。

王建设、张甘荔：《泉州方言与文化》，鹭江出版社，1994。

周长楫：《厦门话疑问句末的"不"、"无"、"勿会"、"未"》，载《第五届国际闽方言研讨会论文集》，暨南大学出版社，1999。

朱德熙：《汉语方言里的两种反复问句》，《中国语文》1985 年第 1 期。

---

[1] 朱德熙：《汉语方言里的两种反复问句》，《中国语文》1985 年第 1 期，第 14 页。

依托潮汕童谣进行潮汕方言
教学的思考和探索

许晓晖*

摘　要：鉴于目前潮汕方言的使用存在着日渐萎缩的情况，本文试图探讨依托潮汕童谣进行潮汕方言教学的必要性、可行性和有效性，并且把潮汕方言教学纳入幼儿园课程教学的轨道中，希望由此探索出一条适合方言区进行方言教学的路子，达到既保护地方方言，又保护地方文化的目的。
关键词：潮汕童谣　潮汕方言教学　课程教学

一　依托潮汕童谣进行潮汕方言教学的必要性

（一）为什么要进行潮汕方言教学

地方方言是地方文化的载体。潮汕方言作为潮汕人的第一母语，它承载着潮汕地区的历史文化，彰显出潮汕地区的城市人文特色，它同时还是联结海内外几千万潮人的感情纽带。潮汕方言教学既有学术的价值，又有现实的意义。

当前潮汕方言的使用有日趋萎缩的趋势。随着南北交往的频繁，主流媒体影响的扩大，以及推广普通话政策的持续实施，在潮汕地区的80后、90后中，出现了与50后、60后截然不同的情况，即普通话说得比潮汕话标准、流利，当用潮汕话无法准确表达时，往往用普通话代替。《新潮汕字典》的编纂者张晓山先生在谈到编写潮音字典的目的时提到："相当部分的潮汕小学生不会讲准确、流利而又生动的潮州话口语，而只会拗着口，用潮州话的读音念着既像是普通话书面语又夹杂着潮州话特点的半文不白的毫无生气的

---

* 许晓晖，1969年生，汕头职业技术学院高级讲师。

'硬译'的书面潮州话,有的甚至连这'硬译'的潮州话都说不全!"① 其实,这种情况又何止出现在小学生身上!而且,这种情况,都市比城镇明显,城镇比乡村明显。

这种情况应该引起足够的重视。很难想象,一个连母语都说得磕磕巴巴的人会热爱自己的家乡,会热爱自己家乡的文化。随着潮汕方言的日渐萎缩,具有显著特色的潮汕文化也会日渐式微,汕头这座城市会变得没有个性和光彩,最终也会失去对其他地区的人甚至海外潮人的吸引力。

这种情况已经引起了有识之士的重视。对此,潮汕地区的电视、电台等新闻媒介已经有所作为,如开办潮汕话节目,创作、传唱潮语歌曲等,来扩大潮汕话的影响面。但是,除汕头电视台的《今日视线》外,其他节目的影响力都不大。而担负着下一代的培养任务的基础教育机构还没有对此作出反应。

(二) 为什么要借助潮汕童谣进行潮汕方言教学

有感于此,本文试图把潮汕方言教学纳入幼儿园课程教学的轨道中,以潮汕童谣为切入点,借助潮汕童谣进行潮汕方言教学,由此探索方言教学的路子。

杜松年在《潮汕大文化》中提到,根据"汕头市文化部门初步收集,潮汕谚语有7000多条,歌谣8000多首(其中有许多重复)。潮汕民谚歌谣内容丰富,喻物形象,语言生动,含蓄幽默,隐含哲理,词多押韵,朗朗上口,易记易传,是一大文化资源"②。如果借助潮汕童谣进行潮汕方言教学可行而且有效,那么就能够达到既保护地方方言,又保护地方文化的目的。

利用潮汕童谣进行潮汕方言教学,符合幼儿学习语言的规律。

首先,它是一种情境化的教学,即提供一定的语言环境,让幼儿在语言环境中学习语言,包括词汇和句式。词汇是幼儿语言的内容,也是幼儿语言的材料。潮汕童谣是由潮汕方言词汇组合而成的语言艺术作品,吟诵潮汕童谣,能够扩大幼儿潮汕方言的词汇量,帮助幼儿掌握潮汕方言词汇的内容以及表达方式。对幼儿来说,一首包含若干个新词的童谣,因为上下文中有幼儿原有的经验内容,借助这个语言环境,幼儿可以迅速掌握新词的读音,把握新词的大概意思。"已有的研究证明,幼儿在上下文中学习的新词比较容易记住,而单独教的词则比较容易遗忘。"③

根据这个原理,方言词汇和句式的学习还可以借助方言歌曲来进行。不采用方言歌曲,是因为在方言教学中,声调的把握非常重要,尤其是潮汕方言,有8个声调之多。而声调教学,通过方言歌曲是没办法进行的。

其次,它还是一种动作化教学。"幼儿园的语言文学活动,不仅仅是让幼儿听个故事,念个儿歌,而是往往为幼儿提供了操作和表现语言的机会。对于某些词义比较复杂,并且有一定

① 张晓山:《新潮汕字典》,广东人民出版社,2009,第2页。
② 杜松年:《潮汕大文化》,中国科学技术出版社,1994,第252页。
③ 周兢:《幼儿园语言文学教育活动》,中国广播电视出版社,1992,第6页。

抽象意味的新词，通过动作和活动来表现出词义，效果好于使用语言解释语言的教学方式，因而也就有利于幼儿的理解和记忆。当然，活动更有利于幼儿运用所学的新词，在重复和动作表现的过程中巩固和掌握。"[①] 潮汕童谣多为游戏儿歌，在吟诵的过程中，配合某些手势、动作或者其他体态语言，既可以调动幼儿学习的积极性，又可以帮助他们理解，从而加深记忆。

"学龄前期是儿童语言发展和其他方面发展的关键时期，在这段时间里，儿童口头语言基本习得，并为进一步发展书面语言打下基础。"[②] 所以，利用这一时期进行潮汕方言教学是必要的。

二　依托潮汕童谣进行潮汕方言教学的学理依据

从接受者的角度看，依托潮汕童谣进行潮汕方言教学是可行的；那么，现成的潮汕童谣在内容和形式上是否能够满足潮汕方言教学的需要呢？

（一）潮汕童谣的内容是否能够满足潮汕方言教学的需要

一种语言的学习，最重要的是词汇和句式。因此，要看潮汕童谣中的词汇和句式是否能够满足潮汕方言的表达和交流的需要。首先，要看潮汕童谣中所包含的词汇和句式是否能够为幼儿提供规范的语言样本，"可以让幼儿模仿、记忆并且创造性地运用到生活的其他场合里去"[③]；其次，要看潮汕童谣中所包含的词汇和句式是否可以提供足够的语言样本，可以满足幼儿学习、掌握一门语言的需要，满足幼儿日常表达和交流的需要。本文选用了《潮汕童谣唱不停》进行研究。这是一套上、下两集的音像资料，包含了大家比较熟悉的潮汕童谣109首，曾经在汕头电台新闻资讯之声《快乐123》中播出，后来又由广西文化音像出版社出版发行，是近年来影响比较大比较广的潮汕童谣集。

先看词汇。词汇是语言三要素中变化最明显，最能够反映时代风貌的，也是最具地域特色的。对《潮汕童谣唱不停》的研究显示，相当一部分的词汇反映的是当代儿童尤其是城市儿童不认识、不理解甚至是已经不复存在的事物、现象和行为，例如洗衫枋、铁钳、舂米、镶金齿、拍鬉鬖等等，这些事物、现象和行为，由于在现实生活中已经消失，代表该事物的词汇也已经成为历史词汇，不再在现实生活中使用。也就是说，这部分方言词汇作为潮汕方言样本的意义已经消失，幼儿无法在自己的方言表达和交流中直接利用。而近年来大量出现的新生事物、现象和行为在传统的潮汕童谣中又没有得到体现，即找不到对应的词汇。还有一些词汇，例如把聊天称作"锯弦"，把吵架称作"冤家"等等，虽然代表的事物、现象和行为依然存在，而且形象生动，表情达意能力非常强，有些甚至普通话词汇中也很难找到意义精准的对应词语，这一部分应该是最具潮汕方言特色的，也是

---

① 周兢：《幼儿园语言文学教育活动》，第6页。
② 周兢：《幼儿园语言文学教育活动》，第2页。
③ 周兢：《幼儿园语言文学教育活动》，第3页。

方言词汇教学的重点。但是由于与普通话词汇差别较大，而且长期以来只出现在一些比较低俗的场合，如骂街，已经恶俗化，逐渐失去了在有一定文化水平的年轻一代中的群众基础。这部分方言词汇作为潮汕方言样本的意义也逐渐淡化。这样，利用潮汕童谣进行潮汕方言词汇教学的作用已经不大。

再看句式。相对于词汇，语法的变化要小得多，而且，童谣也是口语文学的一种，所以，潮汕童谣中的句式结构还是可资借鉴。例如，"阿姊气到面红红"，"人呾贴了平平安安不唔见"，等等，跟日常口语中的句式几乎一模一样。但是又应该看到，它毕竟是一种诗歌类的文学作品，为了适应合辙押韵的特点，必定做一些处理。所以，它的句式与日常口语中的句式还是有一定的距离。例如，"扇仔有一支，谁敢偷我扇"，等等，在日常口语中应该表达为"有支扇"，"地人敢偷揽我个扇"。

这样看来，潮汕童谣所提供的语言样本不够多，又不够规范，因此，不能满足幼儿日常表达和交流的需要。

（二）潮汕童谣的形式是否能够满足潮汕方言教学的需要

方言童谣属于地方民间口语文学，千百年来在地方人士中口耳相传，它句式匀整，音调和谐，具体通俗，形象生动；依托方言童谣进行方言教学是一种韵律化的教学，是符合幼儿的认知特点和接受水平的。

"成人可以促进婴幼儿语言发展的基本方式有两种：第一，提供丰富多样的口头语言的样本。第二，为婴幼儿创设各种使用语言的机会。"[1] 前者侧重于语言的输入，后者侧重于语言的输出。相对于普通话和英语，方言母语在学习资源和实践机会方面有不可比拟的优势。家庭以及社会的很多非正式的场合，都可以成为方言母语操练的场所，而且作为教师、家长和社会上的其他人士，也可以时时处处地给予指导。但是，这些场合中的方言的运用随意性大，效率低下，效果不尽如人意。为了提高学习效率，应该在一定目标的指导下有意识地开展。而利用方言童谣来学习方言，在一定程度上弥补了这种缺陷。

传统的潮汕童谣毕竟是一定历史时期的产物，艺术价值不高，或者说，它的附属功能不多。"一首儿歌……对学龄前儿童而言，往往意味着不同层次的学习。首先，聆听或吟诵的时候，由各种语言符号联结起来的文学作品本身，是第一层次的学习，幼儿必须理解一个个具体的语言符号以及它们所代表的各个概念。其次，透过语言和概念去认识文学作品所表现的一定社会生活内容，实际上是借助于语言文学作品来认识周围的世界，这是第二层次的学习。最后，文学作品是语言艺术的结晶体，幼儿在学习各种语言符号和概念，认识文学作品所展示的生活的同时，还可以感受到艺术地结构语言符号的不同方式，这是又一层次的学习。"[2] 如果能够发掘方言童谣中的历史、道德、知识、人情尤其是人性的美好，使方言教育和文学熏陶双管齐下，水乳交融，是最理想的状态。而潮汕童谣除了具

---

① 周兢：《幼儿园语言文学教育活动》，第 2 页。
② 周兢：《幼儿园语言文学教育活动》，第 1 页。

有第一层次的部分作用，即概念学习的作用外，基本上不具备第二、第三层次的作用。这种情况，也使得潮汕童谣缺乏生命力，在传播中遭到冷遇。

由此可见，依托潮汕童谣的形式来进行潮汕方言教学可以操作，但目前传统的潮汕童谣存在着不少问题，未能满足潮汕方言教学的需要。

三　依托潮汕童谣进行潮汕方言教学的设计和构想

因此，要使依托潮汕童谣进行潮汕方言教行可行且有效，必须对传统的潮汕童谣进行一番改造。具体应该包括以下三个方面。

（一）实行标准化的方言教学

方言教学要达到哪种程度，才能够适应方言表达和交流的需要？是单纯的语音教学，还是语音、语汇和语法的教学同时进行？本文认为，作为全面铺开的教学的第一步，应该实行标准化的方言教学。

所谓标准化的方言，指的是采用方言的读书音和正式口语体。这是由潮汕方言的发展情况决定的。

"几乎每个方言都有文白读音的分歧，但是复杂程度没有一个方言赶得上闽南话。闽南话读书音和白话音几乎各自形成了一个语音系统。为什么闽南话的读书音和白话音会有这样严重的分歧呢？这主要是由于闽南话在语音上与民族共同语有很大的距离。加上闽南话的方言文学不很发达（比不上吴方言和粤方言）。闽南人口头说的是闽南话，看的写的却是全民共同的文学语言。读书时，一方面继续传统的比较接近中古《切韵》音系的某些字音，一方面也接受'官话'影响而'改造'了某些字音。长期以来，这套读书音跟白话音形成了双轨并存的现象。白话音代表闽南话自身长期发展形成的方言独特面貌，读书音却表现出坚守传统和'向民族共同语靠拢'的两种相矛盾的趋势。但由于文学语言对方言的影响不断加强，目前闽南话已经有不少读书音与白话音交错的现象，有的原来只能用以念书的音，现在也用到口语里来了，这也就相对地减少了文白之间的分歧。"①

先来看看历史上的情况。在五四新文化运动中，在推广汉民族共同语的过程中，现代白话文逐渐确立了它的统治地位。这是现代白话文的特点决定的。现代白话文既有口语的活泼，又有文言文的典雅。这种风格，与口语的关系表现为"不即不离"。不即，是不同于口语，比口语多了内容的精粹，以及表达的精炼。不离，是它的格局为口语，词语等也来自口语，像话，却又比口语纯粹。这种特点也是它的优势，使得它最终获得了绝大多数人尤其是有相当文化水准的人的认可和接纳，成为流行的交际用语。

再来看看各地的情况。以北京人的口语表达为例。北京口语可以分成三种不同的语体：一种是家常口语体；一种是正式口语体；还有一种是典雅口语体。三种口语体主要表

---

① 袁家骅等：《汉语方言概要》（第二版），文字改革出版社，1989，第249页。

现在对词语的要求和选择的不同。家常口语体要求词语通俗易懂、诙谐有趣，其中俚俗成分多；典雅口语体要求词语准确、庄重，接近书面语；正式口语体则介乎两者之间，要求合乎规范，不能太土，也不能太文。正式口语体的适用度最宽，它既可以用于一般交际场合，也可以用于比较随意的场合和比较隆重的场合，也就是说，三种场合都适用。而家常口语体和典雅口语体的适用度就比较窄，一些家常口语体只能用于比较随意的场合，一些还能用于一般交际的场合，如果用于比较隆重的场合，就会显得不够得体。典雅口语体与之刚好相反。一些典雅口语体只能用于比较隆重的场合，一些还能用于一般交际的场合，如果用于比较随意的场合，就会给人文绉绉、掉书袋的感觉，同样会显得不够得体。也就是说，家常口语体和典雅口语体最多只能适用于两种场合。不同词语的运用不仅要适应不同的交际场合，同时也要恰当地反映出人们的社会身份、文化程度和生活经历。接受过一定教育的北京人一般都能掌握上述三种语体。而平时运用得最多的，就是这种既排除俚俗成分又排除文绉绉的书面语成分的正式口语体。

这种做法，同样可供潮汕方言的词汇教学借鉴。实际上，这种做法在实践中也已经得到验证。潮汕方言类节目《今日视线》开播以来，收视率一直稳居汕头电视台各类节目之冠。之所以能够拥有广大的观众群，上至高校师生，下至市井人家，各个阶层鲜有不能接受的，其中很重要的原因，就是它采用了潮汕方言的正式口语体。

毋庸讳言，这种方言的标准化教学，其实就是张晓山先生提到的"'硬译'的潮州话"，它规范有余，生动不足，跟家常口语体的潮汕方言尚有一定的距离，它把潮汕方言中一些很土很俗，但在表情达意方面又非常生动形象很有表现力的词汇排除在外，这种方言的标准化教学，多少会影响潮汕方言的描绘功能。但是，从语言学习的角度，首先应该追求正确，然后才是流利，最后才是生动。所谓的正确，既包括遣词造句正确，也包括发音正确。例如，普通话中的"我很高兴"，潮汕方言中应该说成"我怪（guê）欢喜"。不仅发音不同，用词也大不相同。方言的标准化学习正是基于这种考虑。这种标准化的方言教学应该能够满足一般交际的需要，实现潮汕方言作为生活语言的功能。作为全面铺开的教学，只能采用这种形式。至于"生动"的方言表达，只能通过展示方言的优势和魅力之后，有志之士去寻求进一步的学习了。

还应该看到的是，一味地追求方言中的俚俗成分，其实不是学习方言的正确方法。长此以往，会使方言变得低俗，最终失去了它在有一定文化水平的年青一代中的群众基础，导致方言教学不可能走得更远。

最近一段时间，有关"潮汕神兽"的系列漫画在网上热传。所谓"潮汕神兽"，即是把潮汕话中的一些俚俗用语，取其谐音，用漫画的形式表示出来，并配以时尚幽默的文字。这种做法，用现代艺术表现手法的外壳包裹地方传统文化的内核，迎合了现代年轻人追求时尚、标新立异的心理，不失为一种推广方言的途径。但是，它最多只能起到引发兴趣的作用，无法完成方言的推广任务。

基于这种认识，就要"旧瓶装新酒"，对传统的潮汕童谣进行一番改造，包括对传统的潮汕童谣进行整理修订，改写经典的普通话儿歌，以及创作符合要求的潮汕新童谣等等。通过这些手段，让传统的潮汕方言童谣焕发出生命力，以满足潮汕方言教学和方言推广的需要。

（二）克服方言教学的随意性

方言童谣的形式有利于方言教学，但传统的潮汕童谣的内容又已经远远地滞后于时代的发展，所以，可以借助童谣这种幼儿喜闻乐见的形式，赋予它鲜活的时代内容。为了克服方言教学的随意性，应该把学前儿童必须掌握的词汇进行统计，建立学前儿童必须掌握词汇的词汇库，统计出常用字词的使用频率，然后据此来进行童谣的创作。其实，对于一些比较常用的字词，绝大多数人还是能够正确地发音的，例如"吃饭"的"吃"，一般都会发成"食"的。应该发动一切可以发动的力量，包括各级各类学校的教师、岭海诗社的成员、潮剧的编剧、潮语歌曲的词作者以及社会上其他热心地方教育和文化工作的人士，都来为未来的一代创作潮汕方言童谣。或者在报刊、电视电台或网络发起潮汕新童谣的创作活动，吸引更多的人参与其中，创作一批内容和艺术水平都比较高的作品，为幼儿园实施潮汕方言教学提供足够的语言材料。2005 年 7 月，汕头特区晚报专刊副刊部与汕头电信局联合举办现代公民教育潮语童谣大型征文活动。活动持续了将近半年的时间，在报纸上陆续刊登出 70 多首潮汕新童谣，最后有 26 首作品分获一、二、三等奖和优秀奖。这就是一次很好的尝试。只是这些作品过于强调道德教育的因素，总体的艺术性不高，再加上缺乏宣传和推广，绝大多数新童谣都只是"昙花一现"，没有发挥它应有的作用。

（三）纳入教学课程体系中

方言童谣要在方言教学中更好地发挥作用，必须明确地将方言教学纳入课程体系和教学计划中，游离于课程体系和教学计划之外的教学，很难走上制度化、规范化的道路，也很难持久，更很难见效。在实施方言教学的各种途径中，通过课程来实施，应该成为主渠道。可以把有关的方言童谣作品编纂成册，作为原本教材使用。教材的编纂既要符合教学内容，又要具有课程体系，还要便于课堂教学实施。此外，还可以通过开发课程资源，形成比较系统的教学课程体系，比如，录制方言童谣的音像资料，方便幼儿园进行多媒体教学；设计各种各样的形式来表演方言童谣，比如舞蹈、健身操、拍手歌、跳绳歌等。总之，利用一切吸引幼儿兴趣、方便教师教学的手段，使方言教学能够真正地落到实处。

此外，还应该确定评价标准，用以检验方言童谣的教学效果，使方言童谣的教学真正地走上规范化、科学化的道路。

四　结论

由此可见，依托潮汕传统的方言童谣来进行潮汕方言的教学，从理论层面看，是必要的，可行的，也是有效的。但是，从实践层面看，还有相当多的工作要做。方言教学和推广作为一个系统工程，它需要全民合力，全盘统筹，全情投入，全程跟进，才有可能让年青一代真正掌握，并得以传承下去。

责任编辑：卢颐

论潮汕方言歌谣收集整理的
原则与方法

林朝虹[*]

摘　要：潮汕方言歌谣是一种具有较高文学价值、历史价值、民俗价值的民间口头文学，是一笔难得的人类文化遗产。以前此歌谣集和资料本存在着收集数量偏少，对象界定模糊，体式界定不清，用字不究、少有注释，版本不同、面目有异等问题。而明确歌谣结构形式，界定体式；采用合理方式选取歌谣，取舍有据；遵循用字原则，通过比较辨析，统一歌谣用字；运用方言学研究成果进行歌谣的注释以及按照歌谣主题，兼顾表达形式进行分类，这五个方面是在对上千首歌谣进行整理的基础上概括出来的原则和方法。总之，从语言与文化、民俗结合的角度对歌谣进行收集整理，将还原失真了的材料，使歌谣文本更接近原生态，更具研究价值，更有利于传承。

关键词：潮汕歌谣　收集　整理

　　歌、谣分称最早见《诗经·魏风·园有桃》："心之忧矣，我歌且谣。"《毛传》："曲合乐曰歌，徒歌曰谣。"《韩诗章句》："有章曲曰歌，无章曲曰谣。"[①] 也就是说，是否"合乐"是歌和谣的最大区别。潮汕方言歌谣，丘玉麟在1929年出版的《潮州歌谣》代序中称之为"潮州歌谣"[②]，在其1958年出版的《潮汕歌谣集》中称为"潮汕歌谣"[③]；金天民称"潮

　＊　林朝虹，1970年生，广东揭西人，韩山师范学院潮州师范分院高级讲师。本文发表于《暨南学报》（哲学社会科学版）2012年第5期；系广东省哲学社会科学"十二五"规划项目"潮汕方言歌谣收集整理与资料库建设"（批准号：GD11DL01）阶段性成果。

　①　马瑞辰：《毛诗传笺通释》，中华书局，1989，第323页。
　②　丘玉麟：《潮州歌谣》（1929年）。
　③　丘玉麟：《潮汕歌谣集》，广东人民出版社，1958。

歌"；陈亿琇在《潮州民歌新集》前言中称为"潮州民歌"①，简称"潮歌"；马风在《潮州歌谣选》代序中称"潮州歌谣"②；潮汕地区群众习惯叫做"畲歌"或"歌册"。

这种流行于潮汕地区的民间口头文学形式究竟是"歌"还是"谣"？

据杨方笙研究，他认为："现在尚在流行或可见的潮汕歌谣明显是'谣'多而'歌'少。潮汕传统婚礼上的'青娘歌'因为是仪式的一部分，保守性强，因而还保存着歌的传统。其余的不论是儿歌、生活歌、爱情歌还是时政歌，多是只念不唱或只诵不唱的，那便只能叫做'谣'了。"③ 据笔者从小至今所接触的歌谣，除了专门谱曲歌唱之外，民间口耳相传的、大人唱给小孩的也都是"徒歌"。正因为潮汕这种民间歌谣是谣，不是歌，因此叫"潮歌"或"潮州民歌"都不甚恰当。

旧时还将潮汕地区的民间歌谣叫做"畲歌"，例如歌谣"畲歌畲嘻嘻，我有畲歌一簸箕"。"畲歌"的得名，杨方笙在《潮汕歌谣》中引用学者的解释："潮汕历史上有过一段较长的民族融合过程。夏商周时期，潮汕属于南蛮；秦汉至南北朝，潮汕的土著先民是越族的一部分；隋唐以后，生活在潮汕土地上的便有畲族和疍族；到了宋代，中原的汉族移民以及汉族文化已在潮汕获得优势和主导地位，但山中的畲族和水上的疍族影响还是不小。中原汉族文化、畲族文化和疍族文化相互间既有碰撞、又有融合。"④ 这符合文化上的交互规律，潮汕汉人喜爱畲歌的某些表达形式，甚至把融合了某些畲歌特点的歌谣叫做"畲歌"，也不足为奇，但不甚准确，容易与畲族自己的民间歌谣相混。

把潮汕地区的民间歌谣称为"潮州歌谣"或"潮汕歌谣"，都是以地域命名，不太准确，因为潮汕地区还有客家山歌和畲族歌谣；叫"潮语歌谣"或许妥当些，称"潮汕方言歌谣"则更为准确。

一　潮汕方言歌谣收集整理历史概述

潮汕歌谣的收集整理有两个高潮期。

一是 20 世纪 20 年代至新中国成立前，中国民间歌谣活动的高潮时期。毕业于北京大学的潮人丘玉麟于 1929 年出版了第一部《潮州歌谣》（下称丘本 1），称得上是筚路蓝缕的开山之作。金天民于 1929 年秋出版《潮歌》。同年，中山大学民俗研究会《民俗》杂志分期刊登了昌祚、鸣盛合编的《潮州儿童歌》。1945 年林德侯编写《潮州歌谣》。这一时期是潮汕歌谣的初步整理阶段，做了许多属于比较筛选、正音正字等研究的前期工作。

1958 年丘玉麟选注的较为完善准确的《潮汕歌谣集》（下称丘本 2）由广东人民出版社正式出版。

二是 20 世纪八九十年代，国家发起的自上而下的民间文学采风时期。80 年代国家编

①　陈亿琇、陈放：《潮州民歌新集》，香港南粤出版社，1985。
②　马风、洪潮：《潮州歌谣选》，新加坡潮州八邑会馆，1988。
③　杨方笙：《潮汕歌谣》，香港：艺苑出版社，2001，第 2 页。
④　杨方笙：《潮汕歌谣》，第 5 页。

撰《中国歌谣集成》，当时潮汕各县市编辑了潮汕歌谣资料本，共采录了上千首歌谣。八九十年代还陆续出版了几本歌谣集，如王云昌、孙淑彦《潮汕歌谣选注》①（下称王本），马风、洪潮《潮州歌谣选》（下称马本），陈亿琇、陈放《潮州民歌新集》（下称陈本），黄正经《音释潮州儿歌撷萃》②（下称黄本），林伦伦主编《潮汕歌谣新注》③（下称林本）。这一时期是潮汕歌谣收集的鼎盛时期，对歌谣的分类和表现手法做了初步探究。

21 世纪以来，编选歌谣集的人少了，就笔者所见，仅此二种：蔡绍彬于 2003 年编辑出版了《潮汕歌谣集》④（下称蔡本），很是难得；杨景文于 2010 年以"歌册"之名出版了《短篇潮州歌册选》⑤（下称杨本），但其中多为歌谣，也可视为歌谣选集本。

二　歌谣收集整理的现实意义

如从语言与文化、民俗结合的角度去收集整理数量上千首的，不掺杂畲族歌谣、客家山歌的《潮汕方言歌谣评注》，对民间歌谣乃至潮汕文化的传承将有较大的现实意义。

（一）作为非物质文化遗产的潮汕歌谣，渐渐失去了生存空间，处于濒危状态，必须及时做抢救性的搜集整理

潮汕方言歌谣是潮汕文化传承的一种载体，具有明显的民系族群地域特征，也具有较高的文学价值、历史价值和民俗价值，属于非物质文化遗产的"民间文学"类别。保护潮汕方言歌谣，守望民族精神家园，就是保护人民的智慧和传统。

以前，潮汕地区大人哄小孩时可能会唱起歌谣，小孩最先学会背诵的也许就是潮汕歌谣，孩子们还可能边做游戏边唱歌谣。而随着经济的全球化，人们对传统文化的尊重和重视程度越来越淡漠，小孩进入幼儿园唱的也是普通话的儿歌，潮汕歌谣已失去了生存的语言环境和社会文化环境，这对歌谣的传承是致命的一击。

据笔者 2011 年 9 月在韩山师范学院潮州师范分院中文专业二年级潮州、汕头、揭阳、汕尾籍部分学生中所做的问卷调查，对于"畲歌畲嘻嘻，我有畲歌一簸箕"这样的经典歌谣，竟然只有 9% 的学生知道是潮汕歌谣，25.8% 的潮汕学生从未唱过任何一首潮汕歌谣，孩子们已不知道"畲歌"为何物了。如今，许多潮汕年轻人对自己民系的歌谣非常陌生，甚至在潮汕老人中也很难找到那种原生态的口头歌谣。

潮汕歌谣已处于濒危状态，抢救与保护濒危文化遗产迫在眉睫。著名语言学家、潮汕文化研究专家林伦伦教授 2011 年接受《天下潮商》记者独家专访时再次呼吁"在幼儿

① 王云昌、孙淑彦：《潮汕歌谣选注》，揭阳县民间文学研究会，1987。
② 黄正经：《音释潮州儿歌撷萃》，新加坡潮州八邑会馆，1995。
③ 林伦伦：《潮汕歌谣新注》，广东高等教育出版社，1997。
④ 蔡绍彬：《潮汕歌谣集》，香港东方文化中心，2003。
⑤ 杨景文：《短篇潮州歌册选》，香港：天马出版有限公司，2010。

园，多教教孩子们学唱潮汕歌谣"①。对现有潮汕歌谣进行收集整理、结集出版，录音存档，建设数字化资料库，将是留给子孙后代的弥足珍贵的精神财富。

（二）从语言与文化、民俗结合的角度整理歌谣，还原失真了的材料，使歌谣文本更接近原生态、更具研究价值

如能着重从语言与文化、民俗结合的角度去整理，将能解决以往歌谣集无法解决的俚俗土语的记录与整理等一系列问题。通过多本歌谣集和资料本的比较研究，运用方言学知识，对歌谣中方言字词的音、形、义进行辨析，确定歌谣用字原则，进行歌谣用字整理；按照合理的方式选取篇章，有所取舍进行收集，并分类整理；同时运用权威专家对潮汕方言词的考释成果，对歌谣中的方言词进行详细注释。这样的歌谣集将使一些失真的歌谣材料得以还原，使歌谣文本更真实、更原汁原味、更接近原生态，更具有研究价值；也将为后人从方言、民俗、文学、文化各个角度研究潮汕歌谣提供更翔实更宝贵的方言语料，保存的意义更大些，留传的价值更高些。

三　现行歌谣集本存在的问题

各种潮汕歌谣集或各县市民间歌谣资料本为歌谣的传承作出了贡献，但迄今为止，各版本在收集整理方面或多或少存在着一些不尽如人意的地方。

（一）收集数量偏少

表 1 中的数字，林本、蔡本是编者标记的，其他是笔者统计的。从表 1 统计的数字上看，资料本收集的歌谣较多，但实际上除了揭阳资料本只收集潮汕歌谣以外，汕头、潮州资料本都把畲族歌谣和客家山歌收入其中，这两本集子的 413 首与 475 首都包括了三种民间歌谣。而揭阳资料本责任编辑王云昌在序言中提到"我们在负责编纂《揭阳歌谣集成》（资料本）的时候，共搜集到揭阳歌谣几千首，然后遴选了 700 多首，编成这本集子"。其实按照笔者的统计方法，只有 380 首，数量相差太大。同样的统计问题也出现在王本，王本序言认为选编了 200 余首，笔者统计却为 100 余首。这里涉及下文讲到的体式问题。

表 1　潮汕歌谣集、民间歌谣资料本收集歌谣统计表

歌谣集	丘本 1	丘本 2	王本	马本	陈本	林本	蔡本	黄本
收集歌谣	300 首	244 首	128 首	264 首	293 首	115 首	761 首	42 首
资料本	汕头资料本 *			潮州资料本 **			揭阳资料本 ***	
收集歌谣	413 首			475 首			380 首	

* 《中国民间歌谣集成广东卷汕头市资料本》（1987 年）。

** 《中国民间歌谣集成广东卷潮州市资料本》（1987 年）。

*** 《中国民间文学三套集成广东卷揭阳资料本》（1987 年）。

---

① 陈少斌、蓝逸飞：《多元文化利于社会发展》，《天下潮商》2011 年 7 月 29 日。

王本、丘本、马本、陈本、林本、黄本虽然收集的歌谣数量较少，但都是以潮汕歌谣为收集对象；收集歌谣数量庞大的蔡本，在收集对象、歌谣体式上却有一些值得商榷的问题，将在下文阐述。

（二）对象界定问题

汕头、潮州资料本虽然把潮汕歌谣、畲族歌谣和客家山歌作为收集对象，但我们不能说是对象界定有误。因为 20 世纪 80 年代大面积的歌谣调查，收集的标准与范围都没有统一，而冠以"民间歌谣"的资料本，在潮汕揭三市，严格来讲，包括潮汕歌谣、畲族歌谣和客家山歌这三种歌谣才是全面的。

而本文的研究对象"潮汕歌谣"是指以潮汕方言为载体的一种流行于广东潮州、汕头、揭阳、汕尾海丰中部的潮语歌谣，不包括畲族歌谣和客家山歌。

蔡本书名曰"潮汕歌谣集"，收集的 700 多首歌谣却包括了畲族歌谣，有畲族情歌、生活歌、长篇叙事歌如《高皇歌》等。笔者认为，这就是收集对象界定问题，如蔡氏所收集的歌谣，其实是"潮汕地区歌谣集"，并非潮语歌谣集。

另外，"歌谣"与"歌册"也是两个不同的概念。歌册以描述故事、刻画人物为主要特点，内容复杂，篇幅长，能够独立成册。两者还有诸多的不同。譬如体制不同：歌谣是口头文学，属于民歌；歌册是说唱文学，属曲艺类。艺术形式不同：歌谣句式自由，长短不一，单双句不论；歌册则必须偶句，除说白外，往往是四句一节，每句七言。杨景文的《短篇潮州歌册选》中的《百屏花灯》《正月思君在外方》《正月点灯笼》等其实都是歌谣，这些也是其他版本歌谣集所收录的。杨本选录的 70 几首"歌册"绝大部分是潮汕歌谣，因此本文把它纳入研究对象。

（三）体式界定不清

潮汕歌谣有诗体、变体、叠体、曲体等结构形式，其中叠体是潮汕歌谣中最具特色的结构形式。我国近现代各地的民间歌谣中，重章叠句、往复重沓的形式极为少见，而在潮汕歌谣中却非常普遍。1923 年 12 月《歌谣》载有刘声绎投寄的潮汕歌谣，其中"门前一丛柑，数来数去三百三；欢喜阿兄会选［bou⁵³］（俗称妻子），选个长短脚。门脚一丛梨，数来数去三百个；欢喜阿兄会选［bou⁵³］，选个无下颏（下颏：下巴）"。这是一首两章叠体歌谣，但编者却把它作为两首，就是不大懂得潮汕叠体歌谣的结构特点。

上文讲到王本和揭阳资料本在歌谣数量上与笔者的统计相差一半，细读王本，可以发现是因为王氏在叠体歌谣的认识上有偏差，导致在歌谣结构形式特点上把握不准或者说歌谣体式界定不清。譬如王本的《蜘蛛》：

蜘蛛食饱坫瓦槽，自幼缀着父母无；也无糜饭好食饱，也无闲工好踢跎。
蜘蛛食饱坫瓦窗，自幼缀着父母穷；也无糜饭食到饱，也无闲工伴同寅。

蜘蛛食饱站瓦楣，十五十六做风台；风台吹掉蜘蛛布，蜘蛛无布哭哀哀。

蜘蛛食饱站瓦墘，十五十六做风时；风时吹掉蜘蛛布，蜘蛛无布哭啼啼。

上面应该是两首叠体歌谣，前八句为一首，后八句为一首，每首都是两章叠体。然而王氏在"解题"中却说："前二首是一位贫穷子女对生活的哀叹。后二首寓意自然灾难对生活的摧毁。"① 很显然，他是将两首叠体歌谣当成四首诗体歌谣统计，却又只给一个标题。

同样的问题也出现在蔡本，譬如蔡本前 16 首是来自 1814 年修的《澄海县志·风俗》：

悠悠溪水七丈深，七个鲤鱼头带金；七条丝线钓唔起，钓鱼哥儿空费心。

悠悠溪水七丈浏*，七个鲤鱼游过沟；七条丝线钓唔起，钓鱼哥儿空费劳。②

（*浏：应是"流"，流：白读为 [lau⁵⁵]。）

这里蔡氏是把它作为两首标记，但蔡氏应该明白叠体的结构形式，在后面又说《澄海县志》中的歌谣后来演变成：

七丈溪水七丈深，七尾鲤鱼头带金；七条丝线钓唔起，钓鱼阿哥空费心。

七丈溪水七丈高*，七尾鲤鱼泅过沟；七条丝线钓唔起，钓鱼阿哥空费劳。③

（*高：这里应是白读为 [lau⁵⁵] 的"流"，群众不知"浏"如何读，文人按押韵改为"高"。）

这样就把一首叠体歌谣标记成了三首，蔡本上述标记的 24 首歌谣，其实只能算 8 首叠体歌谣；又譬如把一首《二十四孝歌》④ 标记成了 25 首歌谣，等等这些，再加上潮汕歌谣本不应包括畲族歌谣，蔡本的 761 首歌谣中，真正的潮汕歌谣首数就要比标记的更少些。

（四）用字不究，少有注释

以往歌谣集和资料本多数在用字上不甚讲究，同一方言字（词）或用方言同音字、近音字代替，或用方言近义字代替，或用普通话近义字代替，甚至是同一版本的不同篇章中还有不同的用字。譬如经常唱到的"晏夗"，晏 [143]⑤：白读为 [ua⁻²¹³]，迟；《礼

---

① 王云昌、孙淑彦：《潮汕歌谣选注》，第 21 页。
② 蔡绍彬：《潮汕歌谣集》，第 11 页。
③ 蔡绍彬：《潮汕歌谣集》，第 13 页。
④ 蔡绍彬：《潮汕歌谣集》，第 22 ~ 24 页。
⑤ 李新魁、林伦伦：《潮汕方言词考释》，广东人民出版社，1992，第 143 页。

记·内则》："孺子早寝晏起"。夗 [e˜ʔ⁵]①：睡觉；《说文·夕部》："夗，转卧也"，都是本字（词）。

而各版本记录是"暗睡（丘本2②、王本③）、暗睏（蔡本④）、晏觖（陈本⑤）、暗夗（林本⑥、黄本）"等。

显然，用"睡"代替"夗"，是用普通话同义词替代的方法；用"觖 [uk⁵]"则是方言俗字；用"睏（困）"是方言近义字替代。

而"暗夗"和"晏夗"，潮汕方言都有这两种说法，但"晏"、"暗"不同音，前者不闭口，收 – ng，后者收 – m 尾。"晏"是迟、晚，"暗"是黑暗，所以用"晏"更准确，更具潮汕俚俗味，但好几个版本却用了"暗"字。

在以往歌谣集中，用方言同音或近音字代替是个较普遍的现象，譬如"经布"记成"耕布"，"底个"记成"地个"，"蛇蚤"记成"胶蚤"等等。而据《潮汕方言词考释》考证，经 [ke˜³³]，《说文·糸部》："经，织也。"底 [ti¹¹]：疑问代词，什么，何；唐杜荀鹤《钓叟》诗："渠将底物为香饵，一度抬竿一个鱼。"蛇蚤 [ka³³tsau⁵³]：跳蚤；《元曲选·桃花女》："哈叭狗儿咬蛇蚤，也有咬着时，也有咬不着时。"⑦ 像上文《蜘蛛》，不少版本都把"坫瓦槽"中的"坫"记成同音字"店"。

网络上的歌谣，用同音字的现象更为严重，新欧洲网站——战斗在法国 – 典藏室——"潮州文化"栏目中的歌谣基本上是用同音字记录的，譬如其中一首"鹿日生掏卡铃，卡买响盗住匠，住匠依担昧昧昧，掏行掏棒吥"，很难看得懂。经过仔细研读，笔者把它整理为"值日生，偷敲铃；敲响，投组长；组长伊呾□□，头行头放屁"。

在以往的歌谣集中，也少有注释。注释得最规范和较为详细的，是林本，但该书由于受丛书字数、篇幅统一的限制，所收歌谣较少，仅为115首。现有资料本基本没有注释和解题，丘本、陈本、孙本、马本等对方言词的注释都很不够，过于简单。

（五）版本不同，面目有异

由于尚没有潮汕方言通用字表，且前人对于民间歌谣的整理研究，大部分基于文化、民俗的角度，而不是从文化、民俗、语言结合的角度，不少人缺少方言专业知识，因此对歌谣这种口头文学的记录，同一个词、同一篇章都可能有不同的形式。譬如表示游玩，玩耍的方言词"踢跎 [t'ik²⁽⁵⁾t'o⁵⁵]"，有"敕桃""踘跎""踢跎""秃桃"等不同版本的不同记录；又如"新妇""媳妇"，各版本各自选用，甚至同一版本在不同篇章中的记

---

① 林伦伦：《新编潮州音字典》，汕头大学出版社，1997，第221页。
② 丘玉麟：《潮汕歌谣集》，1958，第34页。
③ 王云昌、孙淑彦：《潮汕歌谣选注》，第8页。
④ 蔡绍彬：《潮汕歌谣集》，第71页。
⑤ 陈亿琇、陈放：《潮州民歌新集》，第46页。
⑥ 林伦伦：《潮汕歌谣新注》，第52页。
⑦ 李新魁、林伦伦：《潮汕方言词考释》，第207、266、161页。

录也有不同，这些都增加了阅读的难度。

还有，由于歌谣这种口头文学在民间的口耳相授，或者唱者甲唱者乙，或者甲地乙地，或者此时彼时，由于人、地、时的差异，都可能导致唱出的歌谣内容基本相同但表达上略有不同，或者起兴不同，或者个别词句不同，或者句式稍有不同等等，这样使得同一首歌谣在不同版本中有不同的面目。如何处理好版本不同、面目有异的歌谣，即做好内容基本相同的歌谣的取舍工作，是收集整理数量较多的歌谣必须面对和解决的问题。

四　歌谣收集整理的原则与方法

笔者在收集整理大量潮汕歌谣的过程中，遵循了下面的原则与方法。

（一）明确潮汕歌谣结构形式，界定体式，这是收集整理的前提

如果对歌谣的结构特点不清楚，体式界定不很明了，可能连自己收集整理了多少首潮汕歌谣这样简单的问题都回答不了。潮汕歌谣可以分为诗体歌谣、变体歌谣、曲体歌谣和叠体歌谣等四个类别。诗体歌谣是指在同一首歌谣中只有一类句式，或三言、四言、五言、七言，句式统一、句数不限的歌谣。变体歌谣是指在同一首歌谣中有两至三类句式，但以一种句式为主，其余句式只出现在个别诗句中，这一类歌谣可以看成是诗体的变通形式，称为变体歌谣。曲体歌谣是指在同一首歌谣中有三类及以上句式，类似民间歌谣的"小曲"，这一类歌谣称为曲体歌谣。叠体歌谣是指或诗体或变体或曲体通过往复重沓而成为意思相近或相反的两个及以上章节的歌谣，类似于诗经的复沓体，这一类歌谣称为叠体歌谣。笔者曾对845首歌谣进行考察分类、统计，结果如表2。

表2　潮汕歌谣各种体式统计

体式	诗体歌谣	变体歌谣	曲体歌谣	叠体歌谣
首数	277 首	146 首	131 首	291 首
比例	32.9%	17.3%	15.5%	34.4%
例子	一只船囝二支篙， 爱载娘囝去踢跎； 一阵大风四面报， 二个性命险险无。	行桥是行桥， 手掣书册入书场； 又爱一目观两字， 一心想着房内娘。	雨落落， 阿公去栅箔， 栅着鲤鱼共"苦初"； 阿公哩爱煏， 阿婆哩爱㷅， 两人相打相挽毛； 挽去见老爹， 老爹笑呵呵， 咀怎二老好笑绝。	畲歌畲嘻嘻， 我有畲歌一簸箕； 一千八百哩来斗， 一百八十勿磨边。 畲歌畲嗨嗨， 我有畲歌一米筛； 一千八百哩来斗， 一百八十勿磨来。

从表2可以看出，诗体歌谣和叠体歌谣是潮汕歌谣两大体式，各占歌谣总量的1/3左右。明确歌谣体式，才不至于将一首叠体歌谣当成两首或几首诗体歌谣或变体歌谣。像表

中《畲歌畲嘻嘻》，这首歌谣是由变体往复重沓而成意思相近的两章叠体歌谣，并不是两首歌谣。明确歌谣篇章结构形式，界定歌谣体式，不仅仅关系着歌谣的统计，也关系着歌谣的取舍和分类，所以说它是收集整理的前提。

（二）采用合理方式选取歌谣，取舍有据，这是收集整理的基础

笔者参考了十几本歌谣集和资料本共 2000 多首歌谣，通过合理方式取舍，最后收进歌谣集的有 1003 首。舍去的除了不是潮汕歌谣以外，就是内容相同、重复的歌谣，内容基本相同的歌谣则是有所取舍的。如不进行取舍，一味地"取"会有重复收录之嫌，一味地"舍"也会有"遗珠"之憾。主要遵循以下四个取舍依据。

1. 只有起兴不同的歌谣，只保留一首

如林本第 75 首《天顶一粒星》①：

天顶一粒星，孕着雅妐又后生。三顿食饭免物配，一头看 一头扒。

陈本《龙眼叶，青又青》②：

龙眼叶，青又青，孕着雅妐又后生。三顿食饭免物配，一头看 一头扒。

诸如这一类只有起兴不同的歌谣，没必要两首同时保留。

2. 内容基本一致且主题相同的歌谣，只保留一首

如南澳资料本《人呾有缘做亲姆》③：

一把红箸五十双，专请亲姆坐厅中；人呾有缘做亲姆，囝儿有缘结成双。
一把红箸五十枝，专请亲姆坐厅边；人呾有缘做亲姆，囝儿有缘结夫妻。

陈本《一把红箸》④：

一把红箸五十双，专请青姆坐厅中；人呾有缘做青姆，仔儿有缘结成双。
一把红箸五十枝，专请青姆坐厅边；人呾有缘做青姆，仔儿有缘做夫妻。

林本第 26 首《俺今有缘做亲姆》⑤：

① 林伦伦：《潮汕歌谣新注》，第 83 页。
② 陈亿琇、陈放：《潮州民歌新集》，第 31 页。
③ 《中国民间文学三套集成广东卷南澳县资料本》，第 60 页。
④ 陈亿琇、陈放：《潮州民歌新集》，第 59 页。
⑤ 林伦伦：《潮汕歌谣新注》，第 32 页。

一把银箸有十双，放在桌上团团红；俺今有缘做亲姆，囝儿有缘结成双。
一把银箸二十支，放在桌上团团圆；俺今有缘做亲姆，囝儿有缘做夫妻。

像这样在不同版本中面目有异的歌谣，内容基本相同，只是表达上有些变化如起兴和个别词语、歌句不同的，是同时保留还是只选取一首，主要依据主题。如果主题完全相同的歌谣，像此例，唱的都是男女双方老人在儿女婚事谈成之后的快乐心情，就保留其中的一首；如主题略有不同的，则分别保留，见下例。

3. 内容基本一致，但主题有所不同的，可同时保留

如林本第 55 首《臼头舂米心头青》[①]：

白头舂米心头青，怨父怨母怨大家；怨我爹娘收人聘，叫我细细做呢会理家？
白头舂米目圈红，怨父怨母怨媒人；怨我爹娘收人聘，叫我细细做呢会做人？

林本第 56 首《一把红箸廿四支》[②]：

一把红箸廿四支，怨父怨母怨媒姨；怨父怨母收人聘，叫我细细嫁了爱做呢？
一把红箸廿四双，怨父怨母怨媒人；怨父怨母收人聘，叫我细细就嫁人。

这两首歌谣内容基本相同，从主题看，都是旧时妇女埋怨早嫁的歌谣，但《白头舂米心头青》还透露了早嫁之后必须担负起繁重的家务劳动，抒写了不堪重负的怨言。这一类歌谣，可以同时收集保留。

4. 内容基本一致但体式不同的，可同时保留

陈本《天乌乌》[③]：

天乌乌，擎枝雨伞等阿姑；阿姑有钱唔坐轿，跋到一身尽是塗。

丘本 2《一只鸡囝喁喁呼》[④]：

一只鸡囝喁喁呼，走去大路待阿姑；阿姑有钱唔坐轿，跋到一身生撮塗。
一只鸡囝喁喁啼，走去大路待阿姨；阿姨有钱唔坐轿，跋到一身生撮泥。

这两首童谣都是用孩子的眼光看事情，认为大人有钱不坐轿子弄得一身泥巴，真是不

---

① 林伦伦：《潮汕歌谣新注》，第 61 页。
② 林伦伦：《潮汕歌谣新注》，第 62 页。
③ 陈亿琇、陈放：《潮州民歌新集》，第 68 页。
④ 丘玉麟：《潮州歌谣》，1958，第 54 页。

值得，语言诙谐，充满童趣。但体式不同，前者是变体歌谣，后者是叠体歌谣。由于往复重沓，内容更为丰富，因此这样的歌谣也可以同时保留。

（三）遵循用字原则，通过比较辨析，统一用字，这是收集整理的重点难点

以往一些材料有失真现象，如陈本、孙本、吴嚷注本等版本记录潮人在冬至搓汤圆的习俗叫"春圆"或"春丸"，实际上潮人不说"春［tseŋ³³］圆"，而说"挲［so³³］圆"（林伦伦《汕头方言词汇（二）》第十二"饮食起居"，记为"挲［so³³］圆"，解释为"用两个手掌搓汤圆"）；又如表示"怎么"的方言词，丘本、陈本、王本、普宁资料本都记为"怎呢"，甚至王本在一处还写成"如何"，吴嚷注本、南澳资料本则前后不同，有的记成"怎呢"，有的写成"做呢"，按照方言词读音辨析，"怎呢"是读为"［tsa²¹³］呢"，而潮人往往不说成"［tsa²¹³］呢"，而说"［tso²¹³］呢"，因此记录为"做呢"更容易为百姓所接受。总之，笔者在收集整理时，尽量还原一些失真材料，使之更接近原生态。

在整理歌谣，确定用字时笔者遵循下面四个原则。首先，如有老百姓已经知道的通用字就用通用字，包括训读字和土造的方言俗字，如用"嘴"不用"喙"，用"脚"不用"骹"。群众普遍使用的方言字，一般予以保留，如"□（娶）""□（妻子）"等。其次，用专家已经考证出来的大家能够接受的本字，如"囝（孩子）""夗（睡觉）"等。再次，在字典上查找不到且不是群众已经通用的字，则笔者大胆创新，自己造字，如"叶埔□（蝉）"的"□"，"□（挖）"等。最后才使用同音替代的办法。

至于上文提到的"不同版本，面目有异"，甚至同一版本有不同记录的问题，在整理时可以通过不同版本用字的比较，从音、形、义方面进行辨析，从而统一用字，一以贯之，以避免不同记录造成阅读难度的增大。如表示［tʻik²⁽⁵⁾tʻo⁵⁵］，丘本记成"敕桃"，南澳资料本记为"秃桃"，孙本、陈本皆记为"踢跎"，有的版本前后不一致，有时用"踙跎"，有时用"踢跎"，笔者认为表"游玩"用"足"旁更合理，而"踢跎"比"踙跎"更接近［tʻik²⁽⁵⁾tʻo⁵⁵］方音，因此统一记录为"踢跎"。

做这样的用字整理工作，必须具备一定方言学知识，掌握记音方法，熟悉方言字词，整理者还得是本方言区人，才能做得更原汁原味。

（四）运用方言学研究成果进行歌谣的注释，这是收集整理的另一重点

仅仅收集歌谣，还是不够，还得做好歌谣的注释工作，这是另一项大工程。民间歌谣这种口头文学，代代相传，收集整理的一大目的就是让本方言区的后人都能看懂读懂，以便更好地保护和传承。一些在口语中已经消失或即将消失的词语在歌谣中却很好地保留着，譬如在实际生活中已经消失、潮汕年轻人比较生疏的方言词像"媠妠""阿舍""屐桃"等等，在歌谣中都保留着，"生做媠妠也是儿"，"阿舍读书中探花"，"花生脚裤绿屐桃"，如何让后人读懂这些歌谣，就必须进行词语注释。

而作为地域性民间文学的潮汕歌谣，如何能走出潮汕，让外地人也能一睹潮汕民间俗文化的风姿，离开了注释别无他法。所以说，一本没有注释的歌谣集是残缺的，是走不远的。

还有，潮汕歌谣是以潮汕方言为载体，潮汕话是一种古朴典雅的方言，如能把方言学的研究成果运用到歌谣注释中，还能让读者感受到潮汕歌谣的语言魅力。如"猪肉未曾割"、"割猪肉"的说法，不少潮人认为很土，其实"割"特指买卖猪肉等，陆澹安《戏曲词语汇释》："宋元人称切肉为割"①。可见，"割"是一个很有历史的古语词，不是很土，而是很古。

（五）按照歌谣主题，兼顾表达形式进行分类，这是收集整理的必要环节

潮汕歌谣的分类，前人做了许多工作。在歌谣集、资料本以及有关潮汕歌谣的论著和论文中都有不同的分类。笔者根据歌谣主题，兼顾表达形式，将千首歌谣分为爱情之歌、时政之歌、生活之歌、过番之歌、仪式之歌、滑稽之歌、儿童之歌和风物之歌等8大类，除了数量较少的过番歌以外，其余每一类再根据内容细分成2~5小类。过番歌是潮汕歌谣特有的，仪式歌也很有特色，滑稽歌和儿歌是潮汕歌谣中两大类别，生活歌是潮汕歌谣中最具表现力的也是最大的种类，而情歌却不怎么发达，情歌中相当一部分是婚后的爱歌，所以把情歌又分为"恋爱中的情歌""结婚后的恋歌""婚姻价值观歌"等3小类。诸如此类的具体划分，将另文阐述。

总之，潮汕歌谣吸收了历代诗、经、乐、歌、谣的艺术精华，是一种具有较高文学价值、历史价值、民俗价值的口头文学，是一笔不可多得的人类文化遗产。潮汕歌谣通过华语电台、报纸、书刊、网络等多种传媒，曾在海外尤其是东南亚一带流布，"发挥了东西方文化交融贯通的作用"②。从语言与文化、民俗结合的角度对潮汕歌谣进行收集整理，将具有较大的现实意义和历史意义。

责任编辑：杨姝

---

① 李新魁、林伦伦：《潮汕方言词考释》，第171页。
② 杨方笙：《潮汕歌谣》，第22页。

月明潮汕　光耀灯谜

——潮汕灯谜文化从整体认同迈向整体发展刍议

陈伟滨[*]

摘　要： 潮汕灯谜根植潮汕大地，经过长期的孕育发展，形成了鲜明的潮汕灯谜文化特色并融汇入中华灯谜的主流之中。潮汕灯谜是潮汕文化不可或缺的一部分，潮汕谜人通过不懈努力，在弘扬、传承灯谜文化的过程中不断创新，形成潮汕灯谜文化整体认同的共识，从整体认同迈向整体发展是新时期大潮汕灯谜文化发展的趋势。汕潮揭一体化必将助推潮汕灯谜文化整体发展，机遇与挑战同在，潮汕各级灯谜组织必须调整思路、务实创新，在新的历史时期将潮汕灯谜文化品牌活动提升到更高层次。

关键词： 潮汕灯谜　整体认同　汕潮揭同城化　整体发展

俗话说："一方水土养活一方人。"文化是人类活动的产物，形成于一定的地域中，因此，文化总是与特定的地域相联系，即各地形成了不同特色的地域文化。潮汕地区包括当前汕头、潮州、揭阳三市辖属区域，位于广东省东南部，素有"海滨邹鲁""岭海名邦"之誉。在人文荟萃、文化资源众多的潮汕大地上，语言、宗教、风俗习惯、艺术特点等文化因素组合形成潮汕文化的特色。潮人勤劳朴实又富有创意和闯劲，既脚踏实地又敢立潮头，不管身在何处，都带有难以抹去的潮人传统文化印记，如在这块神奇的大地上形成的潮州方言，以及潮剧、潮绣、潮州音乐、潮州菜、潮州木雕、潮州功夫茶、潮州剪纸、潮汕牛肉丸……无不浸育着潮人文雅气质的精髓，凝聚着潮汕劳动人民的智慧结晶。潮汕揭三市人民同根、同源，文化、生活习惯一样。而潮汕灯谜，作为潮汕民俗文化的一朵奇葩，根植历史文化底蕴深厚的潮汕大地，深入民间，长期以来为广

---

* 陈伟滨，1979年生，潮州人，潮州市民间文艺家协会会员，潮安县庵埠灯谜协会常务理事兼副秘书长。

大人民群众喜闻乐见。特别是改革开放以来，潮汕灯谜活动盛况空前，群众性谜事活动蓬勃发展。

一

灯谜是中华民族独有的一门历史悠久的传统综合性艺术，潮汕灯谜是中华灯谜组成部分。据学者推断，潮汕灯谜早在唐宋时期就开始流行传播了："从潮汕灯谜活动延续下来的击鼓鸣锣开猜这一中原古风来看，基本可以断定潮汕灯谜是由中原地区传入的，而且传入的时间应该不会晚于唐代，至迟不会晚于宋代"①。灯谜艺术具有顽强的生命力，扎根潮汕大地，汲取潮汕地域民俗文化的灵秀之气，融会贯通，在保留中原灯谜文化传统的基础上形成了潮汕灯谜文化特色，有些甚至一直沿袭到现在。

（一）灯谜活动场景布置郑重其事，诸如花灯悬猜、布搭谜棚、击鼓导猜、配置谜联等样式，创意地糅合了花灯、锣鼓乐器、书法、对联等其他潮汕民俗文化因素，显示出潮汕灯谜艺术的民俗文化综合性

灯谜，顾名思义，灯曾经是谜语首选的传播载体。清代同治年间潮阳知县、大兴（北京）监生陈坤在《潮州元宵》诗就生动描述当时潮州灯谜活动的盛况："上元灯火六街红，人影衣香处处同，一笑相逢无别讯，谁家灯虎制来工？"②诗中所用"灯虎"一词，就是指写在花灯上供人猜射的谜语。可见，直到清代，花灯悬猜的灯谜活动形式仍然是潮汕灯谜活动的形式之一。

潮汕各地开展灯谜活动，不论级别大小，总是郑重其事，要请专人布搭谜棚，大型的谜棚要像做大戏一样搭谜台挂布为背景，做足工夫，还要布置灯光设备、配置彩篮，谜棚左右两侧悬挂书写好的工整押韵的对联，谜棚前准备好大鼓和鼓槌。悬挂在谜棚上的供群众猜射的谜笺一般由灯谜作者或是请书法高手将灯谜作者的谜号、谜文（谜面）、谜目（猜射范围）书写在各种颜色的长方形纸张或是印制有灯谜组织标识的专用谜纸上。"打鼓师傅工"，现场灯谜活动一般让德高望重之灯谜师长主枰司鼓，由主播者击鼓三通表示猜灯谜活动正式开始。灯谜活动猜射过程是一种互动的游戏形式，谜棚脚的猜众报猜谜作，按照主播者的司鼓引示，依次报出谜号、谜面、谜目、谜底并进行解释，如报猜解释正确，主播人击鼓三通并将谜笺和谜赏一并送给猜中灯谜的报猜者。

"潮汕人种田如绣花"，这句俗语传神地形容潮汕农民在耕种田地上花下的心思，种田是辛苦干，只能靠花足心思、下足工夫在有限的田地上耕种，才能确保有更丰厚的收获

---

① 张红雄：《海内外潮人灯谜精品评注》，香港天马出版有限公司，2009，第1页。
② 陈坤：《潮州元宵》，载潮州市文化古城保护建设委员会办公室编《潮州历代诗选》，广东人民出版社，1987，第164页。

回报，创造物质财富；这句俗语也从另一个侧面反映出潮汕人的刻苦耐劳、心灵手巧的行为气质，嫁接到创造精神财富的灯谜文化活动上来，从开展灯谜活动的形式上看，在这里加用一句"潮汕人猜谜似做戏"来形容，实不为过也。

（二）潮汕谜人结合潮汕地域语言、文化特征，因地制宜，开发本土谜材，创制独具潮汕特色的灯谜作品，保留和传承潮汕特色谜种，丰富和充实了潮汕灯谜文化活动

"灯谜是汉文化的特有产物，它是以汉字的一字多音、多义、多部为依据来进行的文字游戏"①。潮汕人讲的潮州话，也称潮语、潮汕方言，是潮汕人的母语。潮汕谜人巧妙地回避潮语与汉语存在的差异，将潮汕方言俗语带入灯谜这种文字游戏，如："明月照疏林。猜潮汕俗语——株株有影"、"奈何只有二字。猜潮汕俗语——无大无小"、"目汁枕头垂。猜字一——湘"、"仰泳比赛。土音，猜潮汕小食——浮游迫（一种油炸小食品）"……这类灯谜作品幽默风趣，更具潮汕乡土特色，贴近生活气息，深受群众的喜欢。韩山师范学院院长林伦伦教授如是说："我对方言熟语的了解，是从少年时期猜谜语开始的。""后来上了大学，学了方言学，没曾想这些东西（指潮汕民间俗语等本土谜材在内的灯谜知识）倒成了我关于民俗语言的启蒙课程。"②

另外，在灯谜创作实践中，潮汕谜人就地取材，创作了大量潮汕题材的灯谜作品，如以潮汕地名景点、潮汕历史人物、潮汕工艺和潮汕礼仪习俗等为题材的灯谜作品，以灯谜的形式宣传、弘扬潮汕风土人情和优秀的传统文化。还有，潮汕谜人在灯谜创作过程中，将其与诗、词、赋、联等结合起来，并逐步形成了潮州赋体谜、潮州韵谜、揭阳诗钟谜、普宁大谜等独具潮汕地域特色的谜种，至今仍得到较好的保留和传承；在魏育涛的著作《潮汕灯谜史》③ 以及张红雄的著作《海内外潮人灯谜精品评注》④ 等潮汕谜书中都专门对潮汕特色谜种进行了介绍。再有就是，潮汕灯谜作品以直接或隐晦的表现形式广泛地存在于潮剧戏曲、掌故传说等其他形式的文化载体中，黄继钊（梅隐）遗著《梅隐诗文谜总集》⑤ 中就辑录了《妙趣横生的戏中"虎"》以及《吴殿邦消"灾"赠"福"》《黄锦的"拐杖谜"》等文并作了介绍。

二

汕头、潮州、揭阳三市相毗邻，地缘相接壤，独特的地理位置确定了潮汕揭三市

---

① 郑百川：《百川谜薮续集》，闻风室丛书，2010，第32页。

② 林伦伦：《潮汕方言：潮人的精神家园》，暨南大学出版社，2012，第084~085页。

③ 魏育涛：《潮汕灯谜史》，中国文史出版社，2006。

④ 张红雄：《海内外潮人灯谜精品评注》，香港：天马出版有限公司，2009。

⑤ 李志浦主编，黄继钊著《梅隐诗文谜总集》，出版单位不详，2010。

人文风俗存在必然的渊源和互补融合的关系，表现在文化意识形态上产生的共识和认同。灯谜是潮汕民间传统文化的奇葩，尤其是每逢节庆，灯谜活动遍及潮汕城乡，灯谜开猜活动十分频繁，灯谜艺术活动历来在潮汕大地有广泛的群众基础，在全省乃至全国都有一定的影响力。其中，澄海灯谜尤其出色，灯谜活动形成了经久不衰的人文盛况，1999 年被广东省文化厅命名为"广东省民族民间灯谜艺术之乡"，2000 年又被国家文化部命名为全国仅有的三个"中国民间灯谜艺术之乡"之一，为潮汕灯谜争得了荣誉。

为整合地域资源，推动和提升潮汕灯谜发展水平，提升潮汕灯谜传统文化知名度和影响力，潮汕谜人通过不懈努力，积极致力于传承灯谜艺术，弘扬潮汕灯谜文化，从潮汕灯谜典籍整理、潮汕谜艺研究、发起组织潮汕地区大型谜事活动等方面做出创举，让"潮汕谜艺是大潮汕人民共有的文化资源"的理念深入人心，得到潮汕谜人的整体认同。

（一）潮汕灯谜典籍整理，让潮汕灯谜先贤的谜艺著作流传于世，发扬光大潮汕灯谜前辈先进的灯谜艺术思想，启迪后学

2005 年 11 月，潮州市灯谜协会组织重印近代杰出谜家、潮籍谜学前辈谢会心居士编次的《评注灯虎辩类》①。谢会心居士（1873～1943），谜号（笔名）慧因子，潮州人。毕生好谜，其谜学专著《评注灯虎辩类》于 1929 年出版后，风行谜坛，被誉为"后学津梁"，视为中华谜学中空前完备的"类书"。该书较为系统地介绍猜谜制谜的"法门"和格式，开篇提出"六书原理"，利用汉字"六书"之义（即象形、指事、会意、谐声、转注、假借）造谜，影响了现代谜坛 70 多年，几乎成为谜界约定俗成、普遍接受的一个理论框架。全书引例 1000 余则，并逐一加以注释，是我国第一部较为系统的灯谜创作法门工具书。谢会心居士《评注灯虎辩类》至今仍备受灯谜界推崇和肯定，郑百川就这样指出："作为中华谜学的第一部较系统，较完整的以类书形式出现的谜籍，为前人的灯谜创作做了分辨性的总结，对后世谜学之发展有着不可低估的指导作用，其分类方法与诸般见解论断，至今还为谜界作者接受运用。"②

自 2008 年至 2012 年 5 月，由许锦创、刘秋大、杨文琦等主编，汕头市澄海区隆都镇文化服务中心、隆都侨乡谜社编印的《廖坛遗韵》系列书籍已经出版印行了五辑，③ 分别辑录胡寄云《怀蝶室谜存》，吴浩水《盲索居谜存》，潮安林伯源，饶平余楚标，澄海林璧，揭东方旭东，潮安许其祥，汕头李春明、王应钦、陈加益，汕头（祖籍澄海）余植华、吴和鸿，南澳（祖籍澄海）陈传贤、郑仲章，汕头（祖籍澄海）高永宽等已故谜人的灯谜作品。谜集中每位谜人的作品之前均附有谜作者的从谜简介。《廖坛遗韵》系列谜

---

① 谢会心编次《评注灯虎辩类》，潮州市灯谜协会，2005。
② 郑百川：《百川谜薮续集》，闻风室丛书，2010。第 3 页。
③ 许锦创等主编《廖坛遗韵》（第一至第五辑），汕头市澄海区隆都镇文化服务中心、隆都侨乡谜社编印，2008～2012。

集的印行，诚如魏育涛先生在其《半醉亦疏狂》博文中写道："它的印行，为我们深入地研究潮汕灯谜，提供了弥足珍贵的历史资料。"①

2010 年 10 月，汕头市文学艺术界联合会主办，市民间文艺家协会灯谜学术委员会承办的"黄辉孝艺术人生"座谈会在龙湖宾馆举行，来自福建三明谜友，以及潮汕揭三市的谜界代表和文艺界嘉宾共 60 多人出席座谈会。黄辉孝是潮汕著名老一辈灯谜艺术家和活动家，生前是南澳县灯谜协会名誉会长，素有"海岛虎痴"之誉，他为潮汕灯谜活动的繁荣做出了突出贡献。黄辉孝对灯谜事业执著追求和无私奉献的精神，给潮汕谜坛留下了深刻的印记，是潮汕后学学习的楷模。随后，汕头市民间文艺家协会灯谜学术委员会、南澳县灯谜协会联合编印《解读黄辉孝》一书，分为"读人""读谜""读诗"三大部分，解读黄辉孝，纪念黄辉孝无怨无悔为弘扬中华谜艺的奉献精神。②

2011 年 4 月，潮州灯谜名家黄继钊（梅隐）遗著《梅隐诗文谜总集》③ 刊行问世，这是继 2006 年《梅隐诗文谜选集》刊行之后，又一部汇集黄继钊先生一生心血的力作。广东省职工灯谜协会副会长、潮州市职工灯谜协会常务副会长郑健民，汕头著名老谜家黄炳华，以及北京程荣林为书作序。本书共分为六部分：（1）师友惠赠诗词联；（2）师友题评谜作；（3）师友报道、随笔文章；（4）谜园余韵；（5）文苑丛谈；（6）诗坛漫咏，为研究梅隐先生从谜轨迹和谜作特色提供翔实的资料，书中的大量诗文也为探究潮汕灯谜活动痕迹提供了强有力的帮助。

（二）老中青知名灯谜师友深入开展潮汕谜艺研究，理论联系实际，积极撰写潮汕灯谜学术论文，出版刊印潮汕谜艺著作，探索潮汕谜艺历史渊源和发展趋向，逐步形成潮汕灯谜学术概念

2004 年庵埠谜协作为发起单位之一，与澄海职工谜协、汕头职工谜协联合三地谜报创办《潮汕谜学研究》④，为潮汕谜学研究开辟了理论文化阵地。汕头郑镇凯是潮汕谜艺研究的中坚代表，他先后于 1999 年和 2001 年出版了《潮汕谜艺》和《潮谜评析八百则》两本谜著⑤，对潮汕灯谜艺术进行全面的系统性研究，率先以专门的学术著作将"潮汕灯谜""潮谜"进行解读和推介。

近年来，潮汕地区各级灯谜组织积极编印协会谜刊谜报，《谜潮》《饶平谜苑》《海阳谜苑》《庵埠谜艺》《汕头灯谜》《澄海灯谜》《隆都谜花》《三江虎啸》《普宁谜苑》《惠

---

① 魏育涛：《半醉亦疏狂》，新浪博客，http://blog.sina.com.cn/s/blog_49b457cb0100vmam.html。
② 汕头市民间文艺家协会灯谜学术委员会、南澳县灯谜协会编，郑镇凯、黄秦奇主编，《解读黄辉孝》，2010。
③ 李志浦主编，黄继钊著《梅隐诗文谜选集》，出版单位不详，2006。
④ 汕头市职工灯谜协会、澄海区职工灯谜协会、潮安县庵埠镇灯谜协会编《潮汕谜学研究》（谜报）1~3 (2004~2007 年)。
⑤ 郑镇凯：《潮汕谜艺》，花城出版社，1999；郑镇凯：《潮谜评析八百则》，汕头大学出版社，2001。

来谜苑》① 等谜刊谜报越编越精致出色；潮汕揭三市老中青年龄阶层灯谜师友积极撰写潮汕灯谜学术论文，部分知名灯谜师友还出版刊印个人谜艺论著，形成"百家争鸣，百花齐放"的潮汕灯谜学术氛围。这些极具潮汕灯谜学术研究价值的个人谜艺论著代表作品，包括潮州郑百川的《郑百川灯谜选注》、《百川谜薮》和《百川谜薮（续集）》②，枫溪吴旭初的《红楼韵谜》和《水泊雄风》③，潮安庵埠邓家乐与杨国强合著的庵埠官里小学灯谜校本教材《走进谜宫》④，饶平张红雄的《海内外潮人灯谜精品评注》⑤；汕头澄海张哲源的《阿源谜谭》⑥、杨文琦的《灯谜甲乙篇》⑦、许锦创的《灯谜品》⑧、达濠杨基平的《达濠灯谜》⑨；揭阳姚喜林主编，范敬忠、高树凯等担任编委的揭阳电台《开心小谜台》谜作选辑《谜苑奇葩》⑩，虎影的《碧玉魔箫》和陈锡池主编的《逍遥虎影》⑪ 等灯谜专著。

　　在所有出版印发的潮汕灯谜著作中，最为令人瞩目的，全面系统整理介绍潮汕灯谜历史的，将潮汕灯谜提升到空前高度的灯谜著作是 2007 年魏育涛所著的《潮汕灯谜史》⑫。《潮汕灯谜史》由中国文史出版社出版发行，作为潮汕历史文化研究中心《潮汕文库》系列丛书之一，《潮汕灯谜史》系统地研究和阐述了潮汕地区灯谜的形成和发展历程，及其在海外的传播和发展的情况，表现出强烈的潮汕灯谜文化特征，是一部潮汕灯谜的创业史，是中国灯谜研究的重要著作。"作者从地域文化的角度，在潮汕社会发展的大背景和中国灯谜发展的大背景中，以自己创造的独特写作体例，为读者较为全面地了解和研究潮汕灯谜的过去和现状，奉献了一本重要参考著作。它的出版填补了地方灯谜史正式出版物的空白，也为潮学研究增添了新的内涵。"⑬《潮汕灯谜史》成为潮汕灯谜的里程碑，当之

---

① 《谜潮》1～29（潮州市灯谜协会，1984～2012年）、《饶平谜苑》1～5（饶平县灯谜协会等，1989～2011年）、《海阳谜苑》1～2（香港：天马出版有限公司，2010～2011年）、《庵埠谜艺》1～6（谜报）（潮安县庵埠镇灯谜协会，2002～2004年）、《汕头灯谜》1～2（汕头市民间文艺家协会，2007～2011年）、《澄海灯谜》1～18（澄海灯谜协会，1986～2011年）、《隆都谜花》（澄海隆都镇侨乡谜社等）、《三江虎啸》1～2（揭阳市灯谜协会，2002～2009年）、《普宁谜苑》（普宁县（市）灯谜协会，1990～2010年）、《惠来谜苑》1～3（惠来县灯谜协会，1992～2010年）。
② 隋晶编著《郑百川灯谜选注》，辽宁科学技术出版社，1994；郑百川；《百川谜薮》，闻风室丛书，2001；郑百川：《百川谜薮（续集）》，闻风室丛书，2010。
③ 吴旭初：《红楼韵谜》，出版单位不详，2004；吴旭初《水泊雄风》，出版单位不详，2007。
④ 邓家乐、杨国强：《走进谜宫》（校本教材），香港：天马出版有限公司，2007。
⑤ 张红雄：《海内外潮人灯谜精品评注》，香港天马出版有限公司，2009。
⑥ 张哲源：《阿源谜谭》，高雄漳州文虎基金会，2006。
⑦ 杨文琦：《灯谜甲乙篇》，香港天马出版有限公司，2010。
⑧ 灯谜吧，网络资料：http://tieba.baidu.com/f? kz=1522905737。
⑨ 杨基平编著《达濠灯谜》，香港：艺苑出版社，2010。
⑩ 姚喜林主编《谜苑奇葩》，香港：中华文苑出版社，2011。
⑪ 虎影：《碧玉魔箫》，香港天马图书有限公司，2010；陈锡池主编《逍遥虎踪》，普宁市民间文艺家协会谜学研究会，2010。
⑫ 魏育涛：《潮汕灯谜史》，中国文史出版社，2006。
⑬ 苏德友：《一部潮汕谜的创业史：评〈潮汕灯谜史〉》，网络资料：http://www.ydtz.com/news/shownews.asp? id=33208。

无愧地荣膺广东省第三届民间文艺著作奖一等奖，"2007 年度汕头文艺奖"作品奖一等奖等殊荣。

（三）潮汕各地灯谜组织发起举办潮汕地区上规模、上档次、有影响力的大型灯谜活动，以"大潮汕谜会"为主导，辐射大粤东、闽粤港台等地区，交流谜艺、增进谜友友谊，打响潮汕灯谜文化品牌

时逢盛世谜事兴。近年来，潮汕地区上规模、上档次、有影响力的大型灯谜活动在潮汕揭三市各地持续开展，极好地弘扬潮汕谜艺，促进潮汕灯谜事业发展，加深潮汕灯谜的融汇交流，推进潮汕谜艺和周边地区乃至省内、国内外灯谜组织、灯谜师友的进一步学习沟通，打响潮汕灯谜文化品牌，推动潮汕谜艺融进中华灯谜的主流当中。

如已经举办了七届的大潮汕谜会，每年在潮州、汕头、揭阳和汕尾四市轮流举办；潮安庵埠也举办了潮汕揭三市职工灯谜大会猜、粤东职工灯谜会猜、大粤东灯谜会等区域性谜会；饶平县灯谜协会成功举办 2010 年闽粤港台饶平灯谜邀请赛，澄海溪南谜艺社成立十周年闽粤边界四市谜会，澄海程洋岗千年宝光谜会，隆都侨乡谜社成立年会暨闽粤灯谜联谊会，汕头市总工会 2012 年庆五一潮汕揭三市职工灯谜大会猜，揭阳棉湖兴道书院潮汕谜友暨虎林群友联谊谜会……这些谜会主办方均会邀请潮汕揭三市以及其他地区灯谜组织代表和活跃谜事的灯谜师友作为嘉宾共赴盛会，除了举办灯谜展猜、会猜活动之外，有些还会举办灯谜竞猜、灯谜创作赛、论文赛等活动，在资金条件允许的情况下，还会编辑出版谜会专辑谜书谜报，为传播潮汕灯谜文化留下永久的纪念。

值得回味的是，2011 年 3 月开始，汕头市文学艺术界联合会、汕头市民间文艺家协会主办，汕头市民间文艺家协会灯谜学术委员会承办每月一次的"幸福汕头，和谐家园"灯谜进社区活动，选择有浓郁文化氛围的优秀社区开展群众性展猜活动，实现灯谜文化在社区的创新和传承；也就在 2011 年中秋，汕头市金平区鮀浦崇德堂、汕头市浮西小学等单位举办盛大的"月明社区"灯谜联欢会，更是颇有创意地推出了讲程式、重礼仪、仿古秀的灯谜大联猜，开猜作品有品种繁多的花色谜，包括"舞狮节目谜""故事谜""三句半节目谜""秀歌谜""动作谜""实物谜""画谜""书法谜""谜母"等等，互动过程施行古式礼仪——传呼、击鼓导猜、捧桶盘送谜赏、猜众接礼回谢，"看演出，猜灯谜"，进行艺术嫁接，是潮汕灯谜文化的创举，更将社区灯谜文化活动推向一个新的层次。

又是一年月最明，今天又逢中秋、国庆双节佳庆。2011 年，省委提出汕潮揭一体化的战略部署，潮汕文化是一个整体，是大潮汕谜界的文化认同。潮汕历史文化研究中心、汕头市民间文艺家协会、中国移动汕头分公司等部门联合举办大潮汕"月明潮汕"灯谜文化节大型文化活动，潮汕谜友迎来又一次灯谜盛会。月明潮汕，光耀灯谜。这次大潮汕"月明潮汕"灯谜文化节充分展示新时期潮汕灯谜文化的艺术风采和实力，也标志着潮汕灯谜从整体认同迈向整体发展，这必将鼓舞和激励潮汕各级灯谜组织和广大灯谜师友，为繁荣潮汕灯谜文化，发展潮汕灯谜艺术继续努力！

结　语

一个地域的文化并不是固定不变的，而是不断发展变化的，但在一定阶段具有相对的稳定性，即地域文化总是反映当时的时代特征。政治、经济决定了文化发展的水平，纵观潮汕灯谜发展历程的各个时期，只有政治稳定、经济发展才能促进灯谜文化事业的起步和繁荣。自1991年潮汕行政区域调整以来，汕潮揭三市政治、经济、文化各方面建设得到长足的发展，潮汕灯谜文化在这样的大背景下，在党和政府各级有关部门的大力支持、社会各界的热心关注下，潮汕揭三市灯谜组织和广大灯谜师友围绕着弘扬潮汕灯谜文化的共同愿景，灯谜成为潮汕谜友的共同语言，协力同心把潮汕灯谜这朵民间文艺百花园中的美丽花朵浇灌得更加娇艳动人。

随着汕潮揭一体化战略部署逐步展开，同城化、一体化惠民措施的实施，将迎来粤东经济的腾飞发展。潮汕灯谜也要借助发展良机，在全新的时代背景下创新思路、助推潮汕灯谜文化整体发展。潮汕各级灯谜组织有必要整合文化资源，共同推动潮汕灯谜整体发展，形成合力，互相协作，互相对接，互相推动，错位发展。积极配合当地党政宣传，做好"弘扬新时期广东精神""三打两建""幸福广东"等主题灯谜活动，启动灯谜文化服务民生活动，利用灯谜活动的形式贴近生活、贴近群众；充分利用现有优势，着力发展网络灯谜、手机灯谜活动；继续深化推进灯谜进社区、进企业、进学校，开展形式多样的灯谜活动。在搞好自身活动建设的同时，潮汕各级灯谜组织应该加深谜艺交流，共同探讨、研究适应新时期的灯谜文化课题；在举办灯谜活动特别是大型谜事活动时，要从潮汕灯谜整体发展的立场出发，创新形式，资源共享、联合举办，加深与海内外灯谜社团的文化交流，把潮汕灯谜做得更有影响力，将潮汕灯谜文化品牌提升到更高层次。

责任编辑：陈贤武

潮 剧 艺 术

台湾皮影戏"潮调"唱腔与潮剧、白字戏、正字戏的关系

郑守治*

摘　要： 台湾皮影戏"潮调"和潮剧、白字戏唱腔在重六、活五、轻六、反线的分类及其特性上是完全一致的。与潮剧、白字戏一样，潮调部分唱腔形态和正字戏正音曲相同或相近，其源头应该是正字戏。唱潮调的台湾皮影、唱白字戏的陆丰皮影和唱潮剧的饶平皮影，在唱腔上都属"潮调系统"。

关键词： 台湾皮影戏　潮调　潮剧　白字戏　正字戏

　　台湾皮影戏，也叫纸影戏、皮猴戏，流行于台湾南部的高雄、台南、屏东一带，声腔为"潮调"（"潮州调"）。一般认为台湾皮影属潮州影系，在清代自粤东潮州一带传入[①]。而关于皮影如何由潮州传入台湾，既无确切的历史记载，所流传下来的几种说法也不知所自。其次，迄今多数学者的相关论著中，大多是对台湾皮影历史、现状和艺术形态的一般描述。关于潮调的剧本、唱腔和发源地粤东的剧种、声腔的渊源关系，还未见有效的考证。近年来笔者在粤东的田野调查中，搜集了不少粤东正字戏、潮剧、白字戏的剧本、音像资料。又通过师友馈赠、网络搜索，浏览了不少台湾皮影的剧本、音像资料和论著，对潮调有了新的认识。本文比较、分析了潮调与粤东潮剧、白字戏、正字戏的唱腔（旋律）。在此基础上，确认潮调的声腔渊源，对台湾皮影归属于"潮州影系"给予确证。

　　台湾皮影潮调和潮剧、白字戏、正字戏（正音曲）的唱腔，依曲调（旋律）特点大

---

* 　郑守治，1980年生，广东陆丰人，韩山师范学院潮学研究院助理研究员。本文摘录自郑守治著《正字戏潮剧剧本唱腔研究》（中国戏剧出版社，2010年12月）中的《台湾皮影戏"潮调"剧目、唱腔渊源初探》一节，有删改。

① 　邱一峰整理总结的皮影入台路线说法有五种，见邱一峰《闽台偶戏研究·台湾的皮影戏》，台湾政治大学博士学位论文，2003，第241～242页。

体都可分为重三六调（重六调）、活三五调（活五调）、轻三六调（轻六调）、反线调（含轻三重六调）四类。潮调和潮剧、白字戏同名曲牌的旋律特点和分类一般也相同，如［四朝元］、［下山虎］属重六调，［红纳袄］、［哭相思］属轻六调，"十三腔"属反线调，［锁南枝］则是轻三重六调。本文通过摘录潮调和白字戏、潮剧、正字戏（正音曲）曲牌中重要、常见的腔型（曲谱），分重六、活五、轻六、反线四种类型进行比较、分析。

一　重六调

A1.　5　4̂2 | 5 ⁴2̃5 6̲5̲ | 4̲6̲ 5 | 2̲1̲ 5̲1̲ | 5̲1̲ 2 |
　　　即　忙　行　　　　　　（行）．　　起

潮调《高良德》［四朝元］

资料来源：复兴阁皮影戏团录像《高良德》，台湾传统艺术中心，1996。见台湾"国家文化资料库"网站 http：//nrch.cca.gov.tw/ccahome/。

A2.　5　4̂2 | 5 5 6̲5̲ | 4̲ 2̲4̲ 5 | 2̲3̲2̲1̲ 1̲5̲ | 1̲7̲1̲ 2 |
　　　云　山　飘　　　　　（飘）　渺

白字戏《扫窗会》［四朝元］

资料来源：卓孝智、许凤歧唱，白字戏《扫窗会》唱片（中国唱片厂出品，1959 年）。

A3.　5̂ 5̲2̲4̲ — | 5 — 5̲0̲ 6̲5̲ | 4̲4̲5̲ 2̲4̲ 5 3 | 2̲ 2̲1̲ 7̲ 1̲2̲ | 3̲ 3̲2̲ — | 2 |
　　　云　山　飘　　　　　　　　（飘）．　　渺

潮剧《扫窗会》［四朝元］（或作［下山虎］）

资料来源：汕头戏曲学校编《潮剧传统曲牌集成》，内部刊印，2008，第 29 页。

以上腔型板拍、旋律无大差异。唱法基本都是由高韵转至低韵。第一逗起首为重拍的"5"，结束落在弱拍的"5"，潮剧只是多了过渡的"3"。第二逗起首和结束都是"2"。这种腔型是潮调、潮剧、白字戏［四朝元］、［下山虎］曲牌的特征腔型。潮剧腔型插入

了轻六音"3",产生了色彩的变化;采用头板以达到加花放慢的效果,风格比较委婉流利。潮调、白字戏采用二板形式,行腔相对较快而显得质朴、刚健。这个腔型也是正字戏常用的,如:

A4. 5 4 2 | 5 5 65 | 4 24 5 | 2421 1 5 | 1 4 2 |
　　 茂 盛 槐　　　　　　　　 （槐）　　荫

正字戏《槐荫别》

资料来源:黄汉琼、陈舜卿唱,正字戏《槐荫别》唱片,中国唱片厂出品,1959。

潮调、白字戏腔型与此更为相近,应该都较直接地袭自正字戏。

二　活五调

B1. 5 1 71 | 11 55 | 1 57 | 55 1 71 | 1 57 25 | 4 |
　　 祈求我主 江 山　　固,祈求 我 主 （个）江

　　 21 71 | 1 57 | 47 1 | 1 — ‖
　　 山　　　固。(嘻　吓啊)

潮调《割股》[驻云飞]结束句

资料来源:《割股》曲谱均依永兴乐皮影戏团演出录像《割股》记录。录像《割股》见台湾"国家文化资料库"网站 http://nrch.cca.gov.tw/ccahome/。

B2. 1 5 | 5 1 17 | 51 7 57 | 1 1 5 | 51 5 57 | 11 2 |
　　 欲 到　　木 街(啊多) 卖 诗(啊) 对,欲到 木街(嗳) 卖

　　 1217 5 7 | 1 21 17 | 5727 1 | 1 — ‖
　　 诗　(啊)对 (嗳嗳 嗳咦 嗳)

白字戏《张四姐下凡》[驻云飞]结束句

资料来源:陆丰市南塘镇环林皮影戏剧团,《张四姐下凡》录像,广州电视台,2005。下同。

B3. 顷刻之间 到 家 庭，顷刻之间 到 家 庭。

潮剧《刘龙图》[驻云飞]（[云飞]） 结束句

资料来源：汕头戏曲学校编《潮剧传统曲牌集成》，内部刊印，2008，第112页。

潮调、白字戏、潮剧的 [驻云飞]（整支曲牌）都属于活五调，旋律总体相近，在句数、每句字数、重句和每句落音上彼此都基本相同。以上腔型都是末尾重句，第一句重拍起唱，末尾一字落于重拍，重复一句在弱拍起唱，都是宫调式（落音"1"）。潮剧第一句字位和潮调完全相同，用高韵唱法（落音"5"）。如采用低韵，落音也是"1"：

B3-2. 顷刻之间 到 家 庭

正字戏与此相近的腔型也很常见，如：

B4. 且看何人 招东床，且看何人 招 东 床。

资料来源：据正字戏艺人庄子福先生唱腔录音记谱。

此和潮调、潮剧一样都以重句收尾。潮调等两句都是宫调式，而正字戏的前后两句的徵、宫调式之间形成对比。但末尾落音都是"1"，后句都以"1 71"为框架生成旋律。正字戏的不同还在于两句都是正板（重拍）起唱。其实在正字戏的轻六调正音曲中，也常以重句收尾，且一般都是前句重拍起唱、结束于重拍，后句弱拍起唱。如正字戏的一个收尾重句腔型：

B5. 声声 叫 得 故 交 好，声声 叫 得 故 交 好。

正字戏《金貂记·遇友》

资料来源：刘彩口传、陈茂孝记录，《遇友》曲谱之前言，油印本，1991。

以上每句七字，字位可表示为：△ △｜△ △｜△ △｜△，△△｜△△｜△—｜△— ｜△—｜———｜｜。（"△"表示曲文每字起唱位置）这种字位，和白字戏"欲到"两句 完全一致。潮剧除起首"顷刻之间"四字节奏压缩一倍外，其余字位也与正字戏的吻合。 潮调除"我主（个）江"外，其余也都与正字戏、潮剧的较一致。"江"字应该是唱走 板了。总之，潮调、白字戏、潮剧重句收尾的腔型都应该是由正字戏变化、发展而成的。

三　轻六调

C1.

5̇5̇ 2̇5̇ | 1̇2 1̇6 | 5̇1 2̇321 | 5̇5̇ 1̂ | 1̇2 5̇3 | 3̇2 1̇3 |
闻　知（啊）今科　　到（啊）年（啊）期，　家　中（啊）之（啊）

2 1̂ | 1̇2 1̇5 | 3↓ 1̇5 | 2̇1 3̇5 | 1 6̇5 | 5̇1 5 6̇5 | 6 — ‖
事（啊），家中之事 你 （呵）　你料理（啊）

潮调《割股》[红纳袄]

C2.

5̇5̇ 6/4 1̇ 1 | 6̇1 6̇5 | 5̇1 2̇1 | 1̇5 1 | 6̇5 |
恼（啊）恨（啊）干戈（哦喂）扰（啊）乱　　世，

1̇2 3̇3 | 3̇2 2̇3 | 3̇2 1 | 6̇5 | 5̇3 2̇3 |
抛（啊）撒（啊）　　妻（啊）身　　　抛撒　妻身

3·2 1̇32 | 2̇6 5̇5 | 2̇3 2̇1 | 1̇21 6 | 6̇5 6̇116 | 5 — |
来　（唉咦唉　啊）到（啊）此　（唉唉唉咦咦 唉　唉咦 唉咦　唉）。

白字戏《张四姐下凡》[红纳袄]

C3.

1 7̇6 5̇ 1̇23 | 2 2̇0 2̇2 1̇1 | 0̇3 2̇7 6 — | 6 0̇7 6̇5 6̇1 5 |
厅　　边

潮剧《大难陈三》[红纳袄]

资料来源：广东省戏曲研究会汕头专区分会编《潮剧音乐》，花城出版社，1983，第198页。

以上潮调、白字戏腔型都出现于［红纳袄］曲牌中间部分，都是上下句体；板拍、旋律极为相近，其中第一句、第二句的旋律都基本一样。白字戏中间 $\frac{1}{4}$ 拍子的"65"为过渡音。潮剧［红纳袄］腔型末尾的"07　65　61 ｜ 5"和白字戏末尾拉腔的"65　6116 ｜ 5"极相近。潮剧和白字戏的腔型框架相对更一致，第二句末尾接三韵，落音分别是"2""6""5"，发展更进一步，总体上属徵调式。潮调只以"6"结音，属羽调式，显得稍简朴。以上轻六腔型，在正字戏正音曲中暂未发现相近者。

四　反线调

D1.
| 22 62 | 52 66 | 26 1 16 | 51 66 | 51 6 | 42 11 | 55 4 ‖
观尽花灯心　欢　喜(啊)观尽　花灯(来)心　欢　喜。

潮调"十三腔"［折桂令］结束句

资料来源：复兴阁皮影戏团录像《司马都》。见台湾"国家文化资料库"网站 http://nrch.cca.gov.tw/ccahome/。

D2.
| 15 15 | 1·6 56 | 1 26 | 2⁶4 16 | 4·5 6 | 4·2 14 | 5 65 4 ‖
速寻客店安　身　己·速寻客店　安　身　己。

白字戏《双玉鱼》"十三腔"结束句

资料来源：香港惠州剧团，白字戏《双玉鱼》录音带（文志唱片公司出品，1980 年）。

D3.
| 66 11 | 1 — 1 — | 2 — 66 | 11 — 65 |
直到 京中 赴 科 期， 直到 京中 赴
| 4 57 6 — | 4 42 12 | 6 5 4 — ‖
赴 科 期。

潮剧《双玉鱼》"十三腔"［罗汉云］结束句

资料来源：汕头戏曲学校编《潮剧传统曲牌集成》（内部刊印，2008 年），第 123～124 页。

以上三个腔型都为曲牌收尾的重句，板拍、旋律都很一致，结音都是"4"（实际为宫调式）。都是第一逗唱低韵，重拍起唱，末字落重拍；第二逗先唱低韵后接高韵，弱拍

起唱，末字落重拍。三个腔型的字位与上文三个活五调腔型也都基本一致。

潮调、白字戏和潮剧都有"十三腔"套曲，都属反线调。潮调的"十三腔"曲牌有［新水令］、［步步娇］、［折桂令］等。潮剧反线曲的"十三腔"则包括［新水令］、［步步娇］等。白字戏"十三腔"曲牌只存一支［十三腔］。正字戏的正音曲和昆腔也都有"十三腔"套曲（"新水令套"）①。正字戏《金貂记·遇友》、《古城记·过三关》、《草庐记·张飞归家》都用正音曲"十三腔"（除起首的［新水令］外，其余牌名全失）。《遇友》"十三腔"常见的一个腔型是：

正字戏《遇友》

如果按照"反线"的记谱法，就是：

白字戏《扫窗会》［四朝元］

这种腔型，实际和上揭潮调、白字戏、潮剧的"十三腔"腔型（特别是旋律韵尾）是基本相同的，只是个别乐音有调整。又如上揭《遇友》的B5腔型（"声声"）依反线可记为：

正字戏《遇友》

① 陈茂孝根据先辈艺人刘彩的说法，认为《遇友》唱的是正音曲的"十三腔"。见《遇友》曲谱之前言。

以上和反线腔型 D1、D2、D3 相比，在板拍、句逗、旋律线、落音、调式等都一致或相近，乐感酷似，且都是完整的重句、收尾腔句。据此推断，潮调等的反线调"十三腔"源头应是正音曲"十三腔"。此外，潮调、正音曲部分腔型与正字戏昆腔的"十三腔"相近。如与上文 D4 - 1 "说破"腔型相近的是：

A3. 云 山 飘 (飘) 渺

潮剧《扫窗会》[四朝元](或作[下山虎])

资料来源：黄汉琼、陈舜卿、王秀卿唱，正字戏《掷钗》唱片，中国唱片社出品，1959。

正字戏昆腔"十三腔"属"南北曲合套"，牌子是［新水令］、［步步娇］、［折桂令］、［江儿水］、［雁儿落］、［侥侥令］、［收江南］、［园林好］、［沽美酒］、［清江引］、［尾声］。其中部分牌名与潮调、潮剧"十三腔"曲牌同名。故可推断，潮调、潮剧、正音曲"十三腔"应该最终都是从正字戏昆腔"十三腔"发展、变化过来的。

此外，潮调和潮剧、白字戏传统曲谱都使用古老的"二四谱"。潮调的主奏乐器叫"椰胡"或"潮州弦"，音色近似潮剧、白字戏过去使用的"竹弦"。"椰胡"和潮剧、白字戏主奏乐器二弦都是四度定弦"5 - 1"。另外，潮调后场乐器较简单，乐器一般只有"椰胡"、鼓、板、锣、钹等几种。乐员一般为三人，一人拉"椰胡"，一人打鼓、板，一人打锣、钹。这与 1949 年前白字戏的乐队体制类似。现在海陆丰福建道师公做法事时，仍沿用类似乐队体制，音响效果与潮调相近。潮调演唱拉腔时众人齐声帮腔，配以锣鼓；过门、过场只用较简短弦乐。这也和传统白字戏一致。潮调和白字戏一样行腔多用"来""个""啊""是""了"做衬字。潮调旋律末尾的拉腔多用"啊""咿""耶""呵"等，比较随意。白字戏拉腔较固定地用"嗳咿嗳"（ai i ai）。两种拉腔方法根本上是相通的。另外，潮调常见假声高八度的帮腔，保留了早期正字戏高腔流入粤东时的原始特点，这点未见于潮剧、白字戏，正字戏也已少见。

台湾学者李婉淳认为，台湾皮影潮调的音乐样貌多与潮剧大不相同，其相同性只见于曲牌的使用，其曲调内容也大不相同①。以往学者也未发现潮调唱腔旋律有重六、活五、轻六、反线的性质和分类。通过实际谱例的比较，可以发现潮调和潮剧、白字戏唱腔的常用曲牌基本腔型大体相同；在重六、活五、轻六、反线的分类及其特性上也是一致的。与潮剧、白字戏一样，潮调部分唱腔形态和正字戏正音曲相同或相近，其源头应该是正字戏。相对而言，皮影潮调、白字戏吸收、保留了更多早期正字戏高腔的成

---

① 李婉淳：《台湾皮影戏音乐研究》，硕士学位论文，台湾师范大学，2004，第 12 页。

分和特色,变化相对缓慢,形态也都比较原始、质朴。而潮剧的唱腔形态后期则变化较大,不断地向高雅化发展,面貌也新鲜、典丽。总之,和白字戏、潮剧一样,潮调的部分唱腔吸收自正字戏。"潮调系统"的潮调、潮剧和白字戏,在唱腔上的本质特征是统一的。因此,唱潮调的台湾皮影、唱白字戏的陆丰皮影和唱潮剧的饶平皮影,在唱腔上都属于"潮调系统"。这是台湾皮影、饶平皮影和陆丰皮影都归属于"潮州影系"的重要依据。

责任编辑: 杨姝

潮剧戏文《汕头角石案》的
发现与校订

马庆贤　郭豫奇*

摘　要：清末民国间，发生在潮汕一带的公案故事甚多。这些公案故事，反映了彼时海内外的社会状况。然典籍多不刊载，只通过潮剧曲册或潮州歌册等通俗读物在民间流传。这些旧籍至今也已濒临消亡，仅存的堪称孤本。本文仅以潮剧戏文《汕头角石案》为例，阐述其发现和整理情况，评说其历史和文化价值。并将该戏文予以校订，期望可以为潮剧剧目填补缺漏。

关键词：潮剧戏文　汕头角石案　发现　校订

一　概说

被新加坡潮籍学术界誉为"民俗研究专家"的郭马风同志，早在 20 世纪 60 年代初就已致力于潮汕民间文学、民间艺术和民俗等方面的资料搜集和评介工作，他对潮州歌册的旧版本及源流等作了多方研究，整理了《旧潮州歌册版本初步调查清册》（计共 223 部）、《潮剧流行摘锦曲目及其他杂歌目录》等，可惜在"文革"时期都被查没而化为乌有了。及至 20 世纪 80 年代初，为了让有志于研究歌册者作参考，又重起炉灶，撰《潮州歌册——潮汕俗文学的一宗丰富遗产》等文及另辑《旧潮州歌册版本初步调查目录》（共 221 部），先后发表于 1982 年出版的《汕头地方文化艺术史资料汇编》等刊物和一些论文集上。但他意犹未尽，于 2003 年以后，还陆续在报刊和潮学研讨会上发表了论文《寻找几部旧版潮州歌册》，呼唤各界同好者共同来搜寻诸如《过番歌》《官硕案》《陈三五娘》《方大人全歌》

* 马庆贤，1965 年生，工程师，汕头市民政局副科长；郭豫奇，1931 年生，退休教师，潮汕历史文化研究中心工作人员。

《礐石案》等遗佚的旧歌册。他这种孜孜矻矻的精神，值得我辈敬佩。

本文作者之一马庆贤，终于在 2009 年 12 月，通过华南师范大学肖少宋博士从中山大学中国非物质文化遗产研究中心的馆藏中，获得了潮剧戏文《汕头角石案》的数码照片，并承其立即寄赠。私忖此本虽是戏文，或许与郭马风同志心仪的《礐石案》歌册中的故事有近似之处。经展读后，发现这两种版本不是同一回事。据郭马风同志依稀的回忆，他要寻找的歌册《礐石案》，其故事情节是"清末民初时，汕头埠一对有点文化的青年男女相悦，因为错综复杂的社会原因不能如愿结合，在礐石水洞跳水殉情，引起双方家长等的一场官司命案"。他在其文章中指出："《礐石案》代表着近代半封建半殖民地的旧中国，被帝国主义的大炮打开了的开放口岸汕头埠，彼时西风涌入，汕头外马路洋商会馆里红灯下扶腰对对，礐石山上的洋楼小径情影双双，《礐石案》中这对情种，公然朗然你亲我热，他们低估了没落社会的余威，最终被迫得魂归水洞，物我皆空……自汕头开埠以来，礐石山麓密林岩洞不知葬送了多少痴男怨女……"从郭马风同志所描述的内容看来，与笔者所得的戏文《礐石案》原来是截然不同的两种版本。

笔者所得的《汕头角石案》一剧，以前未见《潮剧剧目汇考》等的著录，后仅见肖少宋著录①，足见它是稀有之本，具有较高的文献价值。剧本的书名页，署有"汕头角石案""中一枝香""李万利出版""住潮州义安马路门牌百二三号"字样。卷端则标示"新造汕头角石案""李万利藏板"字样。一共四集四册。第一集有 1 ~ 12.5 页；第二集有 1 ~ 8.5 页；第三集有 1 ~ 11 页；第四集有 1 ~ 11 页；共 43 页。半页 9 行，行 18 字。书品尺寸为 100mm × 160mm。

剧本的内容，叙述的是 1921 年左右，潮阳县所属的"城子山"村黄家（剧中用"皇"字代替"黄"字），有寡妇林氏，育有两男，长名"菜头"，次名"娘当"。当菜头成年后，其母便延媒为其娶来河浦棉花村（今濠江区礐石街道棉花社区）钟阿额之妹钟氏。但钟氏婚后一直没有产育，因之从其兄钟阿额处领来一女抚养，取名"菜脯"。后来，黄菜头便带同妻女到四方辐辏的角石寄居和经商。黄菜头天天忙于生意。而钟氏却在赌风甚炽的影响下，不时溜入赌场，沉湎于赌"万六"（即用扑克牌赌博）的"二十一点"。当养女菜脯年当二八之时，在媒婆的说合下，菜头夫妇便招赘下牙村（今濠江区玉新街道下衙社区）的曾大荣为婿。按家乡俗例，凡上年生男孩或新婚之家，都应于次年元宵节到祖祠"吊灯"（即悬挂花灯）和"做丁桌"（也叫"做丁酒"）。菜头便于元宵节前，偕同妻女及女婿回到"城子山"老家，逐一操办了备五牲粿品祭祖和做丁酒宴请上岁数者。元宵之夜，黄菜头与女儿前往祠堂前观戏，钟氏和女婿在家留守。不料水性杨花的钟氏，竟趁此机会勾引了女婿，与之苟合成奸。及至翌晨菜头与女儿观戏后返抵家门时，发现了诸多蹊跷迹象，便勃然发火。但考虑到"家丑不可外扬"，且女婿已不知去向，只好憋着气带妻女返回角石。而钟氏犹不知收敛，在庄三老之妻丘氏开设的赌场中滥赌，欠下了一笔赌债。当黄菜头觉察后，气愤地将钟氏拷打。适庄三老路过，遂上前劝

---

① 肖少宋：《国立中山大学"风俗物品陈列室"旧藏潮州曲册百种叙录》，未刊稿，作者赠阅，谨表谢忱！

阻。菜头正在气头上，故对庄三老诸多顶撞。庄三老恼羞成怒，便将菜头扭送公堂，指控菜头赖债不还。经聆讯后，礐石第七区公所民事庭遂将黄菜头收押。黄菜脯闻知亲爹被拘押，便连夜往央人寻找躲匿在外的丈夫回来，以期共商解救亲爹之策。剧情至此便戛然而止，结局如何？没有下文，留下了悬念。

角石，又称礐石，属现在的汕头市濠江区礐石街道。礐石开发较晚，明嘉靖四十三年（1564 年）蜈田（明称牛田）有乡民聚居。明末清初，苏安、上人家、磊口、棉花、松仔山陆续形成村落。汕头开埠（1860 年）后，礐石人烟逐渐稠密。明清时属潮阳县砂浦都，民国初隶潮阳县第三区。1921 年汕头政厅成立后，礐石被划入汕头市第六区。1925年礐石设置区建制，称汕头市第六区。

《汕头角石案》中说它是第七区，应属虚构或笔误。该剧中把"黄"姓讹为"皇"姓，当是有所顾忌。剧中的情节铺叙，有点松散和遗漏，如叙及黄菜头携眷回村"做丁桌"，就没有出现其亲弟的身影。而当钟氏与女婿乱伦时，又何来"子儿跌落床下啼哭"？凡此种种，令人费解。情节上的遗漏，或许是编剧者的疏失，或者剧本在刊刻中的缺漏或删除。至于这宗《汕头角石案》厥后会不会横生出什么枝节来？该剧何以没续编？这也是一个悬疑。

剧本中所提及的"第七区公所"，即"汕头第六（礐石）区公所"，设于 1921 年。可见"角石案"的故事应是发生在 1921 年之后。1860 年汕头开埠时，礐石便因其依山傍海的美丽景观而出名。1920 年礐石区公所成立前后，西方侵略者已先后在礐石建设领事馆、住宅、教堂、学校等。礐石的那些洋楼至今尚在，是当时礐石繁盛的一个掠影。随着西方文化的传入，诸多赌技如赛马、扑克、彩票、轮盘赌等也相继传入中国各个口岸，当时礐石的赌风也十分炽烈。如从剧中叙三奶丘氏招引钟氏及众人到其家中聚赌的场景中，说道："终日清闲无事机，引诱邻右来赌钱，婶姆若是到此地，公道照点无相欺"便可概见。钟氏之所以有悖于其母教诲的"女箴""闺训"，应是受当时滋生的社会恶习所侵蚀有关。《汕头角石案》所反映的，正是当时人们的嗜赌风气和由此造成的心态扭曲。

1919 年"五四"运动之后，白话剧已流入潮汕，称为"文明戏"。随着城市商业的发达，演出市场的壮大，各潮剧各戏班竞争激烈。为了吸引观众和巩固演出市场，各戏班除了搬演传统的古装戏外，还相继推出以时事逸闻为题材和由电影改编的时装戏（亦称文明戏）。如《群芳楼》《绛玉掼粿》《火烧红莲寺》，以及稍后编演的《姐妹花》《人道》《空谷兰》等。众多的剧目，内容芜杂，良莠并存。有的是暴露社会黑暗，反对包办婚姻，带有鲜明的民主思想、动人心弦的佳品，亦有不少带有荒诞、惊险、色情等色彩，草率编演，存在结构松散、粗制滥造的现象。《汕头角石案》作为这个时期的作品，在人物与情节的安排上，也存有诸多纰漏和荒诞，对色情也有过多渲染之处。如三集第四折中，敷衍钟氏与女婿苟合时的唱白与科介，竟达到诱人入邪的程度。例如："俺对对风箫象板，琴瑟鸾笙。正是推之月老，定之赤绳。感蒙娘你恩情，吾身愿滴一点风流，报答你身""感戴君你风流开，惜妾牡丹之相爱。双双相会碧纱帐，襄王一梦楚阳台""楚阳台，你半推半就，吾又惊又爱""又惊又爱，妾之牡丹任君采，鱼水得和谐""鱼水和谐。春至人间花弄色，望娘柳腰款摆"。"柳腰款摆，钮儿来扣下，香罗带解开"。"香罗带解开，软玉温香，香抱满怀，刘阮到天台"。"到天台。俺双双，同上床，成就了今宵欢爱"。于此可见当时戏风趋向颓靡和纯投机性的动态。

《汕头角石案》的编者为谁？经查考，其编剧者，是"潮剧泰斗"林如烈。据 1988 年 8 月出版的《潮州戏剧志·人物篇》载：

> 　　林如烈（1906～1981），潮剧名教戏。海阳县上莆都鼓楼乡（即今潮州市金石区鼓楼乡）人。
>
> 　　如烈读过三年小学，10 岁（1919）由演丑的父亲带到新加坡。12 岁（1921）卖入老赛永丰班为伶。期满后任该班铜锣兼抄写剧本，因此得以向潮剧作家洪逊（1887～1934）学编剧。班主惜才，将婢女送他为妻。
>
> 　　22 岁（1928）到老正顺，教《滴滴泪》等戏，他在教自编的《罾石案》一戏，更显露出才华。24 岁（1930）到老怡梨，教《袁金龙》一戏出了名，被誉为"怡梨越""如烈越"（越是指唱腔）。第三年随班赴暹罗，他教的《田七郎》《卓文君》等扬名暹京。
>
> 　　1934 年在泰国加入中一枝香班。不久，该班便红极暹京，班子奖赏他大笔钱，他便在汕头建造房屋，并在家乡置六亩田，使父母生活无忧。
>
> 　　1938 年，因虐待童伶，被暹罗政府驱逐出境，而到香港老正兴班任大薄（班主代理人）兼教戏，不久，随班回汕。
>
> 　　1948 年后，他到新加坡赛桃等班任教，后与同仁李来利等组建织云班，任编导。70 年代初中风偏瘫，靠退休金生活，但在家仍不时口述，由妻女代笔记成剧本，送戏班排演。
>
> 　　如烈继承业师徐乌辫的大喉，有着粗犷的特色。其唱腔以传统为基础，发展创新，无论曲调的引句、过门和拖腔的运用，既具有潮剧风味，又是新的唱腔，故能蜚声剧坛，为潮汕人们所推崇。《袁金龙》等的唱腔，至今仍是传唱不衰。由于他比其他教戏多了编剧和善创新腔，在同行中被誉为土才子和全才。
>
> 　　1981 年 1 月 6 日，林如烈于新加坡逝世。①

从上述资料看来，林如烈 1928 年到老正顺班任教戏先生，1930 年到老怡梨班，后随班到泰国，1934 年加入暹罗的中一枝香班。《汕头角石案》一戏，当是 1928 年由他编导和以后巡回于东南亚和潮汕各地演出的。也可见潮州书坊老万利刊行的《汕头角石案》戏文，是在 1928～1934 年间出现，那时正是文明戏热演的年份。

《汕头角石案》这出戏，其题材是以本土的真人实事为原型而进行艺术加工的。由于有所忌讳，故其中的情节也有不少虚构。其内容所反映的是当时城乡的民风民俗与错综复

---

① 《潮州市戏剧志》编写组编著《潮州市戏剧志》，1988，第 224～225 页。

杂的纠葛，如婚姻由父母包办；元宵节有吊灯和做丁酒等习俗；广场戏的演出通宵达旦；市井之间以至家内外都聚赌成风，参赌者不分男女老幼；在呼卢喝雉的狂热中，往往出现了高利贷剥削、夫妻反目、债主将负债者扭送公堂的案例；乱伦丧行、恃强凌弱、荡废家资、斗殴争讼均由此而起，最终酿成严重的社会弊病与流毒。

这出戏文，其艺术构思、谋篇布局，结构显得有点紊乱，材料组织不够严密，存在着剧情有开头而没有结尾的缺陷和渲染色情的瑕疵等。但从其所反映的社会现实来看，恰如衿上时代印记的"浮世绘"，是一出具有地方特色和讽喻意义的时装剧。

二　校订《汕头角石案》凡例

校订凡例：

1. 戏文按角色出场先后点校、排版。

2. 原本曲文用"∠"号标示，今改（唱）；原本"婆∠"，今改［婆唱］；原本"生白"，今改［生白］；原本"白"，今改（白）；原本"科"，今改（科）。

3. 原本重句用"ヒヒ"号标示，今改【重句】。

4. 原本漫漶、缺漏之处，能考证出来的，以〖　〗符号标出。

5. 原本没有分"折"，今按出入场分段，以厘清其场次。

6. 原本出现的通假字、别字、异体字等，笔者概用（　）符号标出，部分常见的异体字，则径自改正。

三　校订《汕头角石案》戏文全文

（一）新造汕头角（礐）石案头集

　　［婆生］咳。（唱）寒来暑往数秋期，光阴迅速猛如弦。人生好比浮云过，人老不能转少年【重句】。

　　［生白］咳。（唱）但愿母亲祝古寿，鹤算重赠（增）人钦视。四时安乐家吉庆，蟠桃赴会福来添【重句】。（白）母亲万福。

　　［婆白］吾子（仔）不用，两旁坐下。

　　［生白］从命。

　　［婆白］老身林氏。

　　［生白］在下菜头。

　　［生白］在下娘当。

　　［婆白］皇（黄）门不幸，良人早丧，产下二子，幸喜长成，任农为业。长儿对亲河浦棉花乡钟阿额之妹，年已及笈（笄），意欲命媒前去讨亲，与儿完其花烛。未知吾儿如何意见？

〔生白〕婚姻大事，全凭母亲主意。

〔婆白〕不错，果然贤孝。听吾咀来。

〔生白〕从命。

〔婆白〕儿吓。（唱）自从尔（你）爹早去世，使吾日夜【重句】愁心机。幸喜儿恁长成大，方改（解）为娘忧作喜【重句】。人生须欲从正道，外头不可惹非是。

〔生白〕母亲休得愁心机，谨领娘言不敢非是。农工耕作儿勤苦，不敢抛离一片时。自恨阮身多愚昧，不能尽孝奉甘旨。

〔婆唱〕儿你贤孝吾知机，可比前朝，五色斑衣，堂前舞彩，娱亲喜（嬉）戏，名香万古人传世。

〔生唱〕莱子先朝一贤人，为儿作怎敢比他身。但愿亲娘身安乐，报答养育理当应。立心耕作养亲德，三年乳哺恩万重。

〔婆唱〕儿你再听吾言因，须当谨记在心胸。伊尹乃是耕夫子，扶助孤王栋樑臣。大舜亦是农人辈，贤良孝道，尧帝退位与他身。士农工商欲有志，公侯将相本无种。人生须当任一业，一举成名显其身。太公独钓渭水上，扶助周王坐龙亭。

〔生唱〕说起太公未得时，买粉遭马实惨棲（凄），后来路头来卖卜，琵琶前来戏弄伊。三遭四难渭水上，幸遇文王能得志。

〔婆唱〕吾儿果然孝义贤，略解为娘忧心伤。兄弟须当相敬爱，同气连枝勿相煎。曹丕迫弟之才学，煮荳燃枝闻泪连（涟）。后人衿衣之言语，万世芳名人传扬。

〔生唱〕母亲教训儿当依，世间手足亲兄弟。圣贤一言说得好，妻子衣服，兄弟手足。衣服穿破尚可补，手足断之难相逢。伯夷、叔齐相让位，首阳山中送其终。

〔婆唱〕细听吾儿之言章，政（正）使为娘喜眉扬，言词句句谦让，性情贤良，济弱扶倾相携持，不可造次乱弗离，上和下睦是为贵，九世同居张公义，皇上赐梨相打探，当殿就来考问伊。公义一本一一奏，煎水分发，不敢相欺。

〔生唱〕母亲家训世间希（稀），治家之道人难比，为儿当听娘教训，留心恭听，不敢拖（托）辞。但愿皇天相保庇，福寿绵长永万年。

〔婆唱〕再比一人儿知道，孟母择僯（邻）来住棲（栖），句句训儿实言语，全无一句说荒唐。后来孟子辍学而归，被他母亲觉出，将机打断，京（惊）动伊人。他就知过必改，留心正业，一举成名，归入圣贤之班。映雪家贫好勤读，萤火作灯苦用工。买臣家贫学不弃，斩柴读书，后来成人。燕山教子有道，五子登科名声香。

〔生唱〕母亲比古论今，为儿听闻喜在心。圣贤尚且勤苦读，何况俺是贫家之人。看许上天日月，昼夜轮转不停。人皇天子乃是一国之君。五更登殿，劳心费神，理尽了士庶公卿，读书之人，只望青云得路，改换门廷（庭）。俺乃农家之辈，所望五谷丰登，玉粒加增。

〔同白〕咳。

〔婆唱〕玉粒加增，只欲恁兄弟和气，上和下睦，相敬相爱，手足相亲。

〔同唱〕手足相亲，但愿母亲，鹤颜寿算，福德绵长，子孙昌盛。

　　［婆唱］子孙昌盛，为娘听恁，言词安定，喜在心胸。

　　［同唱］喜在心胸，人之兴败，不由人力。岂由自爱，由天註成（注定）。

　　［婆唱］由天註成（注定），人之种德，存心济世，积善之家，必有余庆。

　　［同唱］必有余庆，天地不负。良善之家，自有报应。

　　［婆唱］自有报应，为娘恭祝，天地神明，保佑儿身。许时节，老身有所靠，祖宗有余庆。

　　［同唱］祖有余庆，一家人，喜气自生。祖宗作荣，重改门庭。

　　［婆唱］重改门庭，门阑霭瑞，喜气重重。

　　［同白］喜气重重。

　　［同白］咳。（唱）喜气重重，满门飘香。一家人，共大福禄，母慈子孝，弟敬兄恭，喜气扬扬（洋洋）【重句】。

　　［婆白］不错，吾仔，前日为母，命了冰人向钟家讨亲，至今未见回伏（复）。俺可少（稍）坐片时。

　　［生白］从命。

　　［媒白］行起。（唱）脚根（跟）无踪如转蓬，一直欲到黄家中。他家亲事已允诺，择日迎娶结系（丝）桐【重句】。（白）老身媒姨便是。前日奉了黄家之命，向河浦讨亲。他家经已允诺。老身欲到黄家复命，就此行上。（唱）与人作戈（伐）作冰人，说合两家结朱陈。秦晋如今已成就，使吾老身喜心胸【重句】。（白）到此便是他家，进入来去。黄妈在上，老身有礼。

　　［婆白］阿姨到来，椅中且（请）坐。

　　［媒白］妈唅坐坐。

　　［婆白］阿姨，前日命你向钟家讨亲，不知他如何应答否？

　　［媒白］妈妈，他家今已允诺，你可择日迎娶。

　　［婆白］见（既）然如此，老身自当择日与他，有劳阿姨，另日通知他家。

　　［姨白］好说了。妈妈，老身告回，请了。

　　［婆白］阿姨请。他去了。吾仔入内，候择吉日，迎娶你妻。

　　［生白］从命。母亲请进。

　　［同唱］母女相随乐熙熙，双双步出绣房边。闲来无事厅上坐，把将针线绣花枝【重句】。

　　［旦白］母亲万福。

　　［妈白］不用，一旁坐下。

　　［旦白］从命。

　　［妈白］老年（身）钟妈便是，产下一男一女。吾儿往外经商，以安日费之用。女子匹配黄家。前日媒姨所说，择定今天吉日，欲来迎娶吾女，看看日已晏了，吾仔你可入内梳粧才是。

　　［旦白］女儿从命。

〔妈白〕听吾吩咐。

〔旦白〕从命。

〔妈唱〕娇女细听因依，听母一言对你持（提）。女子到底学作媳，出嫁不比在家时。尊（遵）从儿夫勿执性，孝敬公姑礼当宜。万事须欲从容，上和下睦，相亲邻里。不枉你母留心教训，名声不败，人人钦视。

〔旦唱〕母亲教训儿当依，谨聆五中，不敢忘记。恕儿不孝之罪，离了膝下，不能奉侍甘旨。正是生女无所靠，母你留心教训，费尽心机。今日一别分开去，使奴想着两泪滴。

〔妈唱〕吾儿不必两泪滴，保重身体理当宜。女子长成须当嫁，男女配合同相栖。你身当学三从四德，女经闺训，不可抛离。在家从父教养，出嫁从夫，不可反目相欺。夫亡子大当从子，料理家计宽心相依。女子四德之论，一欲欢容满面，不可恶形与人相见。二欲德行端正，济弱扶倾，不可欺贫重富，看人儿戏。牛马有料人无料，一朝得志升上天。三欲谨守闺房，用作女工，半步勿出门闾。四欲言词安定，不可般（搬）唆是非，害人生嗔，岂不罪于此，败了四德。须欲隐恶扬善，与人遮盖，免致口讼之生。与之行上加德，上天报应分明。

〔旦唱〕母亲言词珍重，教训女儿之工。《女经》、《闺训》奴颇晓，劝母不用愁心中。一别之间离母膝，孩儿再（怎）不两泪浓【重句】。

〔妈白〕女儿吾仔，不必悲泪。日以（已）晏了，你可入内梳粧才是。

〔旦白〕女儿从命。

〔媒白〕大家行起。

〔什白〕来去。

〔媒白〕咳。（唱）奉命起程【重句】。与人作伐娶新人，月老推排无错对，夗央（鸳鸯）双双凤鸾笙【重句】。（白）老身媒姨便是。奉了黄家之命，欲到钟家娶亲。大家行上。咳。（唱）大家相随速起离，欲到钟家无延迟【重句】。（白）到只便是，待老身进入来去。妈妈在上，老身有礼。

〔妈白〕咦。原来阿姨到来，椅中请坐。

〔媒白〕告坐。妈唅，花轿来在门外，未知令爱有梳粧齐备？

〔妈白〕姨唅，吾女梳粧好了。

〔媒白〕既是梳粧好，请阿娘上轿。

〔妈白〕吾知。女儿吾仔，花轿来在门外，你可收什（拾）上轿才是。

〔旦白〕从命。

〔媒白〕大家行起。

〔妈白〕咦吓。花轿去了，入内才是。

〔婆白〕结彩铺毡【重句】，今日吾仔完亲宜，四亲六眷来庆贺，使吾老身喜心机【重句】。（白）老身黄妈，今日吾儿完亲，花轿为何至今未见到来？

〔生白〕母亲，谅时间亦到，俺可稍坐片时。

［婆白］好，稍坐片时。

［媒白］大家行起。（科）到只便是。恁可请在门外，老身入内呾知。妈妈、大舍在上，老身有礼。

［同白］原来阿姨到来。

［媒白］正是。

［婆白］阿姨，花轿岂有到来？

［媒白］就在门外。

［婆白］既是来在门外，吾乃（儿）出去挞（踢）轿才是。

［生白］从命。（科）

［媒白］妈妈请了，老身告回。

［婆白］阿姨请口异。今日媳妇到家，真是欢喜在。入内才是。

［丑白］咳。闲来无事不从容，睡觉东窗日已红。万物尽观皆自得，四时佳兴与人同【重句】。

［旦唱］亏你睡得好蒙（朦）胧，喜得家内柴米丰。若是用着你赚食，岂不被你饿到愦【重句】。

［丑白］在下钟阿额。

［占白］妾身彭氏。

［丑白］爹娘生吾兄妹二人。吾阿妹于归黄家，今有数春，未有产下男女。前日吾身到他家探亲，吾妹叫吾抹一女子，与他过继，以为螟蛉之子。今乃上吉日子，吾身意欲抱儿与他，不知贤妻意下如何？

［占白］夫君既是有意与他，任凭主意。

［丑白］不错，果然贤会（惠）。女儿吾抱，就此行起。咳。（唱）吾今将儿抱起程，欲与吾妹承香灯。

［旦唱］但愿此去身安乐，免俺夫妻挂心胸【重句】。

［丑白］贤妻入内。

［旦白］从命。

［婆白］咳。（唱）门前喜鹊祝佳辰，化日光天乐又清。但愿祖宗有灵应，推抹男孙传香灯。

［生旦］母妈亲不必愁心胸，子媳（息）迟早命生成。托天保庇母妈安乐，福如东海享遐龄【重句】。

［婆白］老身黄妈便是，且喜〖长男〗今已完全花烛，但是大媳妇过门数春，并〖无产〗下男女，使吾愁挂。

［生旦］母妈亲不必愁挂，前日吾旧（舅）到来探亲，阮有言叫他抹一女子，来与俺家抚养，当（倘）得成人，亦好承其一门香灯。今不见到来，俺可稍坐片时。

［丑白］行起。（唱）手中抱儿步匆匆，欲到吾妹个家中。三步欲作二步走，举目便是他门蓬【重句】。（白）到只便是，进入来去。亲姆在上，吾身有礼。

　　〔婆白〕原来阿舅到来。

　　〔丑白〕正是。

　　〔婆白〕阿舅到来，椅中请坐。

　　〔丑白〕是。

　　〔婆白〕阿舅到来何事？

　　〔丑白〕亲姆有所不知，前日吾妹说道，叫吾抹一女儿，与他过继。今天吉日，带女前来。

　　〔婆白〕果有此事。

　　〔丑白〕正是。

　　〔婆白〕今在何处？

　　〔丑白〕在只。

　　〔婆白〕接上。不错，眉清眼秀，一表非凡。媳妇你可来接上。

　　〔旦白〕从命。

　　〔丑白〕亲姆、阿郎请坐，吾身告回。

　　〔同白〕阿舅既欲回家，不敢强留。请了。

　　〔丑白〕请。

　　〔生白〕告禀母亲得知，儿欲往礐石作其生理，不知母亲肯允从？

　　〔婆白〕吾儿既欲往礐石，寻作生涯，为娘岂有不从之理？可同你妻一齐随往。

　　〔生白〕从命。贤妻可入内收拾行旅。

　　〔旦白〕吾知。

　　〔生白〕贤弟可听为兄吩咐。

　　〔当白〕哥哥有何吩咐？

　　〔生白〕听吾呾来。（唱）贤弟听起【重句】。听吾一言说知机，为兄今欲礐石去，家中诸事你料理。母亲甘旨不可缺，为兄知你大恩宜【重句】。

　　〔当唱〕哥哥不用再叮咛，甘旨之事弟奉承。你可收拾礐石去，生理得利早回程【重句】。

　　〔旦白〕官人，行旅收付（拾）好了。

　　〔生白〕既是齐备，俺可拜别起程【重句】。

　　〔旦白〕从命。

　　〔同白〕母妈亲请上，受阮拜别起程。

　　〔婆白〕吾仔不用。

　　〔同白〕请上。（唱）拜别母妈亲出门闾，恕儿不孝失甘旨。

　　〔婆唱〕但愿此去平安乐，早寄佳音母知机【重句】。

　　〔同白〕母妈亲请入内。

　　〔婆白〕去罢。吾仔，你儿（兄）去了，俺可入内才是。

　　〔当白〕从命。

[生旦] 行起,咳。(唱)双双起离【重句】,一乡过了又一里。迢迢欲到礐石去,寻作生理好度饥【重句】。只见许,碧色前程,野地川生。林烟暮暮(霭霭),百鸟歌鸣。吾只得,忙移步,直往礐石莫迟停【重句】。行起。

[生白] 贤妻,到只就是,俺可开锁头,然后进入来去。

[旦白] 是。

[生白] 贤妻,你吾入内,收拾家司(私),然后正可作其生理。

[旦白] 官人说得有理,可一同入内收拾才是。

[曾白] 咳。(唱)今晚月朗星又稀,东风冷冷水凄凄。闲来无事睡不得,四处玩赏各景地【重句】。(白)小生曾大荣,今晚闲来无事,不免四处玩赏。来罢,咳。(唱)玉宇无尘【重句】,四处玩赏乐心清。又听见林中鸟歌唱深林,鹿鸣清风来相送,异花扑鼻清。鱼(渔)翁同作乐,清歌在前程。举步踏上山岭去,观看四处便分明【重句】。(白)行上来罢。

[花白] 咳。(唱)夜静寂寞真无聊,思想才郎心头焦。自恨爹娘将奴搁,使吾独枕冷春宵【重句】。(白)奴乃菜脯,年当二八。吾爹菜头,母亲钟氏,在此礐石作其生理。命中孤贵,单生奴身,并无手足。爹娘意欲将奴留住家中,接其香灯。但是吾爹日日出门经商,母亲每日不理家计,只是睹(赌)场以为乐事,将奴婚姻全不持(提)起。想着起来,甲(教)奴再不愁也。今晚月色光辉,不免往外玩赏一番。来罢。(唱)轻移莲步出房中,玩赏七夕解愁烦。满天银河泻影,月色横空。风弄绿竹,节节摇风。又听见那子规,声啼明月当中。草虫声叫,寒蛩音胧。四壁寂寞,铁马丁(叮)咚。月移花影,照在阑杆;清歌送下,琴韵响动。奴仔细再听,原来是思结丝桐。忽然间,使奴一时情逸,芳心难警(禁)。举步听明,内中情衷。其声高似风清,月朗鹤唳空。其声低似儿女语,小窗中喁喁。其声壮似铁骑,刀枪冗冗。其声幽似落花,流水溶溶。琴音细听,好似黄鹤醉翁。又似泣𪊽(麟)悲风。一字字是更长漏永,一声声是衣宽带双(鬆)。歌声和唱,把奴个芳心打动。自思爹娘心古,把奴姻亲暗埋,并无才郎相逢。吾爹在外经营,母亲家计丢开,日日寻赌,有始无终。使奴思情纷纷,茶饭少思,发茹蓬松。辰昏(神魂)颠倒,闷闷不乐,愁锁眉峰。不知佳期谁家子,再得才郎结鸾凤【重句】。

[生白] 咳。(唱)月下观见一娇娥,貌似西施世间无。不知此女谁姓氏,定欲与他结丝罗【重句】。

[花唱] 听见高峰有声言,不知何人在许间。更深转身归回返,移步进入绣阁中【重句】。(白)回房便了。

[生白] 口昇,他去了。咳。(唱)举步匆匆【重句】。回归店中下高峰。访问佳人谁家女,托媒与他结鸾凤【重句】。(白)且住。念吾曾大荣,观见此女,不觉一时,作乜神魂缥渺(缈)。无非似是相思发起,速速回归,明天托媒才是。有理。咳!(唱)观见佳人貌清奇,宛似嫦娥下凡地,使吾一见情难舍,魂儿渺渺飞半天【重句】。(白)回来去罢。

（二）新造汕头礐石案贰集

[媒白] 咳！（唱）今日天气已晴明，使吾老身喜心胸。正好出门觅讨赚，许时方可度日辰【重句】。（白）老身媒姨便是。今早起来，天气清和，意欲往外觅赚才（财）利，不免稍坐片时，然后再行，岂不是好？吓！有理【重句】！稍坐片时。

[生白] 行起，咳！（唱）夜来玩赏到峰中，女子生来世无双。吾今托媒求佳偶，免得相思来相牵【重句】。（白）口异吓！胜（信）步到此，便是媒人门户，不免待吾进入来去。媒人岂在内【重句】？

[媒白] 是谁？原来大爷到来。

[生白] 正是。

[媒白] 大爷到来，椅中请坐。

[生白] 同坐。

[媒白] 未知大爷今日到此，有何金言教谕？

[生白] 好说了。吾身到此，非为别事，意欲托你执柯。此亲若是成就，自当重谢与你。未知你身岂能行得？

[媒白] 大爷，此是谁家之女？望祈说明。

[生白] 听吾咀来。（唱）老姆听吾说因依，听吾一言咀你知机。吾身夜来去游赏，观见一女在许自栖。生来一貌天姿色，使吾一见魂被迷。今来托你求佳偶，望你协力来牵圆。吾身反问已明白，此是菜头之女儿。此亲若亦说得就，你之功恩大如天【重句】。

[媒白] 呵。原来为着此女么？

[生白] 正是。

[媒白] 大爷哈，此女并无兄弟。吾听他爹娘所说，意欲留住家中，以承一门香灯。未知大爷岂纳否？

[生白] 老姆，此女若欲招婿，吾身情愿受招。

[媒白] 既是愿招，老身就好与你说合。

[生白] 如此有劳了。吾身暂且告回，后日再得佳音。

[媒白] 大爷言之有理，请了。口异！他去了。不免待老身到他家中，说合此亲，岂不是好？有理，吾来去，行起。咳！（唱）移步匆匆【重句】，欲到他家结丝桐。此亲若是说得就，牵合两家鸾倒凤【重句】。（白）行起。

[菜白] 女儿年纪已长成，理当与他择乘龙。

[占唱] 官人言语说得是，免误娇儿之终身【重句】。

[花白] 爹娘在上，女儿有礼。

[同白] 吾仔，家无常礼，一旁坐下。

[花白] 从命。

[菜白] 在下黄菜头。

[占白] 妾身钟氏。

　　[花白] 奴家菜脯。

　　[菜白] 命中孤贵，男女不产，幸吾之姻兄，抹来此女，承其吾门香灯。女儿年已及笄，理当与他择婿，岂不是好？贤妻，为夫意欲与女择婿，你意下如何？

　　[占白] 官人言之有理，任凭主意就是。俺可稍坐片时。

　　[媒白] 行起，咳。（唱）心忙忙，步匆匆，欲到黄家之门蓬。若是此亲说得就，喜杀（煞）老身眉头峰【重句】。（白）到此便是黄家，待吾进来去。财主、财主娘在上，老身有礼。

　　[同白] 口异吓。原来阿姨到来。

　　[媒白] 正是。

　　[同白] 阿姨到来，椅中请坐。

　　[媒白] 有坐。

　　[同白] 未知阿姨到此，有何金言请教？

　　[媒白] 财主，老身此来，非为别事，尚（专）欲与你令爱作伐，未知恁等意下如何？

　　[同白] 听你之言，正合吾意。未知谁家之子？姓氏名谁？作何工业？望祈说知。

　　[媒白] 财主二位，听吾咀来。（唱）告财主、头家娘，细听因依。此人才貌真出众，眉清眼秀，一表好威仪。伊祖出身是潮阳，来此居住下牙（衙）乡。姓曾大荣他名字。工艺察（凿）花度日时。他的居住之所在，就在塗坪住宿栖。年纪约有将二九，真是一表好男儿。未知二位岂合意？若是允纳，说吾知机【重句】。

　　[同白] 听你说来，正合吾意。

　　[媒白] 既是合意，聘金若多？

　　[同白] 二聘就好。

　　[媒白] 既然如此，老身与你回复，择日就亲，岂好么？

　　[同白] 阿姨所说甚妙，阮等听从。

　　[媒白] 老身告回，请了。

　　[同白] 阿姨请。

　　[菜白] 口异吓。他去了。贤妻可入内，预备他来完亲。

　　[占白] 是。

　　[生白] 咳。（唱）阿婆一去未返员（圆），不知说亲是再年。若是如从吾之愿，许时方免病相思【重句】。（白）小生曾大荣，出祖潮阳县人氏，来此礐石下牙（衙）乡居住，夜来观见菜头之女，生得貌赛西施，使吾一见心神被迷。今日托了阿婆，前去说亲，为何未见回话？使吾愈待愈难奈（耐）。阿婆你好回来了！（唱）夜来观见女佳人，空使吾，灵魂儿，飞在半天庭。使吾欲睡睡不得，反（翻）来复去不成眠。坐卧不安立不得，左思右想无别策，正托媒婆去说亲。为何日午未回返？思思想想不安能（宁）【重句】。

　　[媒白] 行起。（唱）移步将将【重句】，回复阿舍得知详。且已亲事已成就，报乞伊人知情常【重句】。（白）到了，待吾进入来去。

〔生白〕原来阿姨回来了。

〔媒白〕正是。

〔生白〕亲事如何?

〔媒白〕听吾呾来。(唱)一言与你呾知机,正是七夕相会期。凭吾三寸不烂舌,说得此女肯相依【重句】。

〔生白〕作年呾,他身肯允么?

〔媒白〕正是。他说择日定亲,未知何日订定?

〔生白〕吾身日已择定。八月廿九日捧定,九月初十日完亲。

〔媒白〕如此,待老身与你回复。

〔生白〕有劳了。此亲若是完全,自当重谢你身。

〔媒白〕多谢〖大舍〗。

〔生白〕好说了。

〔媒白〕大舍请,老身告回。

〔生白〕请。口异!他去了。今日亲事已经定着,放心了。日呵!你可快些到。入内罢。

〔婆白〕可怜媳妇丧阴司,使吾老身两泪滴。

〔当唱〕劝母不用多愁叹,须当保重你老年【重句】。

〔婆白〕老身黄妈。

〔当唱〕在下娘当。

〔婆白〕产下二子,大儿移家在礐石居住,次子在家耕作,与媳奉侍老身。谁知天遭不幸。二媳妇致生一病,服药无效,一命哀哉。正是家门不幸,使老身再不痛杀吾也。

〔当白〕母亲,如今人之已死,愁也无益,为儿意欲往礐石与吾兄报知,亦好取多少银项前来帮理。

〔婆白〕吾儿说来亦是。你可收拾前去,与你兄呾知,速去速回才是。

〔当白〕为儿从命,母亲请入内。

〔婆白〕去罢,咳。(唱)儿你此去礐石地,报乞你兄得知机。只欲速去速回返,免吾为母倚门闾【重句】。

〔当唱〕领了母亲之命言,匆匆欲去礐石中。迢迢不辞路跋踄(涉),报乞吾兄知形藏【重句】。(白)母亲请入内。

〔媒白〕大舍,行起。

〔生白〕行起,咳。(唱)今天乃是好日子,九月初十就到边,欲到黄家成佳偶,鸾凤双双到百年【重句】。(白)小生曾大荣,今天乃是九月初十吉日。伴同媒姨欲到黄家就亲,老姆行起。(唱)为着佳人只路移,欲与黄氏结罗丝。但愿天地相保佑,夫唱妇随乐雍熙【重句】。

〔媒白〕大舍,来去。

〔生白〕行起。

〔菜唱〕今日便是初十天，吾女受招东床儿。老汉想着真喜乐，门庭结采（彩）共铺毡。

〔占唱〕正是男女都一体，长成就能继宗支。圣人择配成夫妇，两姓结合同相栖【重句】。

〔菜白〕老汉黄菜头，今日女儿受招东床。贤妻，俺可收拾厅堂，时间亲友一到，方成喜事之象呵！

〔占白〕官人，妾已收采好了，俺可稍坐片时。

〔菜白〕是。

〔媒白〕大舍，行起。

〔生白〕引进，咳。（唱）吾身欲到黄家中，与那佳人结成双，多蒙老姆之鼎力，可比针儿将线牵【重句】。

〔媒白〕大舍，到只便是他家，你可稍待，老身入内报知。

〔生白〕快些。

〔媒白〕自然。进入内去。

〔菜占〕口异吓，阿姨你来了。伊人岂有到来？

〔媒白〕在门外。

〔菜占〕既在门外，引他进来。

〔媒白〕吾知。有请大舍进见。

〔生白〕待来。

〔媒白〕可近前拜见你岳父、岳母。

〔生白〕从命。岳父、岳母请上，受小婿一拜。

〔同白〕贤婿，吾仔不用。

〔生白〕皆（该）然。（唱）一礼拜见二大人，寿比南山日日增，福如东海深万丈，真原重增有余庆。

〔同唱〕贤婿果然礼贤明，二老一见喜心胸。但愿少年早显达，光祖耀宗改门庭【重句】。

〔媒白〕老身且喜贺喜佳儿佳婿，成其夫妇。老身告回，请了。

〔同白〕有劳阿姨作成，阮等有薄仪，你可来收起。

〔媒白〕大贪了，二位请。

〔同白〕阿姨请。口异！他去了。贤婿入内才是。

〔生白〕从命。

〔丑白〕走。（唱）心忙如矢【重句】，可怜吾妻丧少年。匆匆欲往礐石去，报乞吾兄得知机【重句】。（白）念吾娘当，今日欲往礐石，与吾兄报知吾妻身故，就此行起。（唱）中年失偶实惨凄，如车无轮之可比。正是比翼来拆散，一行一想暗泪啼【重句】。（白）行起。

〔菜唱〕且喜女儿招乘龙，使吾老汉安心胸。

〔占唱〕正是月老先注定，两家配合结成亲。

〔生白〕鸳鸯双双同匹配，赤绳系足在前程。

〔菜白〕老汉黄菜头。

〔占白〕妾身钟氏。

〔生白〕小生曾大荣。

〔旦白〕奴乃菜脯。

〔菜白〕在只礐石居住十有余年，且喜女儿年已长成，招了东床之婿，今已数月，使吾老汉喜之不胜也。贤妻，想俺离家日久，吾弟又无到此，不知家中事情如何，使吾愁挂。

〔占白〕官人，且喜妈亲壮健，谅必安乐可知呵。

〔菜白〕是。俺可稍坐片时。

〔丑白〕走咳。（唱）速步登程【重句】，欲报吾兄得知情。自叹中年来失偶，此是家门大不幸【重句】。（白）口昪 吓！到此便是吾兄店中，待吾进入来去。哥嫂在上，为弟有礼。

〔同白〕呵，贤弟叔叔 到来，椅中请坐。

〔丑白〕是。

〔同白〕贤婿、女儿吾仔，你可向前与你叔叔见礼。

〔生花〕从命。叔叔有礼。

〔当白〕有礼相还。哥哥，此位是谁？望祈说知。

〔菜白〕贤弟，此乃是你侄婿。

〔丑白〕呵，原来是阿郎。

〔生白〕不敢，是侄婿。

〔菜白〕贤弟，为兄看你此来，面容不乐，此是何故？

〔丑白〕哥嫂，事体不好了。

〔同白〕呵，何事？

〔丑白〕吾妻一命丧于无常了。

〔同白〕做年咁？你妻登仙去了么？

〔丑白〕正是死去了。

〔菜白〕咳，真真可伤【重句】！贤弟，为兄料理银子，你可收起，回家调理丧事才是。

〔丑白〕从命，为弟告回。

〔菜白〕去罢。贤妻、吾仔，入内才是。

〔同白〕从命。

〔丘唱〕终日清闲无事机，引诱邻右来赌钱。婶姆若是到此地，公道照点无相欺【重句】。（白）妾身丘氏，配夫庄非光，在此乡中称为长者，这亦不消说了。今日天气清和，大家婶姆伙！妾身意欲与恁赌万六。菜头姆为何日晏未见到来？

〔众白〕三奶唅，谅必他事多，正未到此。不如阮众人，前去叫他，岂好吗？

〔丘白〕众位肯移玉步更妙，敢劳一往。

　　［众白］好说了，三奶请进。

　　［丘白］请。

　　［众白］大家来去呵！行起。（唱）俺一齐，相随移，直往他家无延迟。叫了邻居菜头姆，同往三奶家中来赌钱【重句】。（白）行起。

（三）新刊汕头碣石案叁集（老万利藏板）

　　［占白］来去呵。（唱）心中慢（慌）忙【重句】，欲到三奶伊家中，与他一众赌万叻（六）。瞒过夫君不知道，假言稍叙相坐谈【重句】。（白）妾身钟氏，夫君菜头，今欲往三奶家中赌万六，就此行上。

　　［众白］行起。（唱）相随急步速起离，欲叫钟氏来赌钱【重句】。（白）呵，前面来的可是菜头姆。

　　［占白］正是，大家婶姆，欲往那（哪）里？

　　［众白］欲到你家相请。

　　［占白］好说了，就此同往。

　　［众白］好，同往。行起咳。（唱）相随相伴同心机，直到他家赌银钱【重句】。（白）行起。

　　［奶唱］咳。独坐厅中无事机，众人为何未返圆【重句】？

　　［众白］行起。（唱）相随相伴步迢迢，玩赏四方乐逍遥。真是碣石好景致，逢人到此忧愁消【重句】。（白）到此便是他家，进入来去。三奶请了。

　　［奶白］大家婶姆到来，椅中请坐。

　　［众白］奶哙，同坐。

　　［奶白］大家婶姆来齐，岂欲赌万六？

　　［众白］到来便是欲。

　　［奶白］如此，何人作庄？

　　［众白］奶哙，可与菜头姆作庄，岂好么？

　　［奶白］如此更妙。

　　［众白］菜头姆，阮等举你作庄，你岂纳意？

　　［占白］既蒙大家所举，妾身太占了。

　　［众白］好说了，就此摆上。呵。（唱）举起万六在手中，一张一张分上众人，各欲公道勿诡诈，输营（赢）红在片中【重句】。（白）各各献牌。

　　［众白］这个自然。吾哩二十点；吾哩廿一点；吾哩十九点。（白）菜头姆，你若干点？

　　［占白］待吾看来。呵，衰到迷，二十二点。各各陪（赔），共凑输去一十七元。三奶，你可二十元生乞吾身？候卖猪还你，岂好么？

　　［奶白］吓好，你猪若是卖成，切着还吾，不可悔呵。

　　［占白］这个自然，作（怎）敢相负？

　　［奶白］二十元在此，你可来收起。

〔占白〕接上，大家姊姆，妾身之银，各各分赔清楚。妾身暂且告回，下日再来见一胜负。

〔众白〕吓好，请了。三奶，阮身各欲回归。

〔奶白〕大家既欲回家，吾身不敢强留。请了。口异，他众人去了。入内罢。

〔菜白〕咳。（唱）冬去春来又一年，正月元宵就到边，乡里规例作喜酒，新婚作桌定无辞【重句】。（白）念吾黄菜头，在只礐石居住。客岁吾女招了新婚佳婿，今乃正月十五将近，理宜收拾回家，有理。待吾叫妻儿出来咀知。贤妻、贤婿、女儿，一齐出来。

〔同白〕来。

〔占白〕官人叫阮出来，有何事情？

〔菜白〕贤妻，叫恁出来，非为别事，只因元宵将到，俺家着作新婚酒。吾身意欲收拾回家，带恁一齐同往，未知恁身意下如何？

〔占白〕官人既欲回家，阮身自当同往。

〔菜白〕既欲同往。可收拾回归才是。

〔同白〕从命。（科）行李收拾齐备了。

〔菜白〕既是齐备，就此行起。

〔同白〕从命。咳。（唱）一家相随同返圆，回返家中无延迟。今天乃是元宵节，家家户户各嬉戏【重句】。（白）行起。

〔婆白〕咳。（唱）儿媳礐石未返圆，今日乃是佳节期。新婚新丁作喜酒，使吾老身挂心机【重句】。

〔菜同〕行起，咳。（唱）红日当空塔影圆，速速回家莫延迟。路今虽远行来近，看看便是家门间【重句】。

〔菜白〕贤婿吾仔，到此便是俺家门首，俺可进入来去。

〔生白〕从命。（科）

〔菜占〕母妈亲万福。

〔婆白〕吾仔不用。

〔同白〕从命。贤婿，你可向前拜见老妈。

〔生白〕从命。老妈在上，孙婿拜见。

〔婆白〕呵，孙婿不用。（科）不错，果然一表非俗。

〔菜白〕母亲，今乃元宵佳节，儿欲往祠堂作其新婚喜酒。

〔婆白〕儿吓，这个自然，礼当办理还公才是。

〔菜白〕女儿吾仔，祠堂戏还未歇鼓，为父伴你同往看戏，岂好么？

〔旦白〕爹爹既欲伴女同去，女儿从命。

〔菜白〕吓好，母亲请入内，儿欲往祠堂钉（订）了桌位。

〔婆白〕儿吓，作你伴孙儿同去。

〔菜白〕从命。女儿行起。

〔旦白〕从命。

[婆白] 媳妇、孙婿吾仔,入内才是。

[同白] 从命。

[什白] 大家来去祠堂看戏。

[同白] 来去咳!(唱)俺今众人相随移,来去棚前块(快)看戏。人生若是不玩乐,老来不能转少年【重句】。(白)行起。

[占白] 口异吓。(唱)心中纷纷如醉痴,思想女婿心昏迷。使吾日夜情难舍,定欲与他来结缔【重句】。(白)且住,念妾钟氏,前日观见女婿,一表出众,使妾有思他之意。今日来此城子山,作其新婚喜酒。老狗伴女前去看戏,今晚乘了明月光辉,不免到他房中,调戏他身,岂不是好?有理,行起。(唱)明月光辉悦人间,满园花香卜(扑)鼻馨。参商二星各分别,七夕相离隔河中。比翼二鸟成双对,连理二树接相牵。鸾凤成双昌百世,雌雄相随情贪贪。妾前日观那女婿,貌赛潘安。使妾情思纷纷,有意相移。今晚移步向前去,与他作合交凤凰。吾今密密移莲步,举目便是他房中【重句】。(白)口异,到只便是他房,待妾敲门便了。贤婿开门【重句】。

[生白] 来。(唱)一时纷纷(昏昏)醉梦间。不知何人敲吾门中。吾今近前将他问,你是何人对吾言?

[占唱] 吾身非是何等人,是你岳母到此间。今晚闲暇无事,欲来与你言谈。

[生唱] 元(原)来岳母之声音,使吾想着自沉吟。为何更深来到只,未知何事来相寻?开口便把岳母问,有乜事情对吾陈?

[占唱] 贤婿不必问情形,开门便知内中情。夜深寒风吹冷冷,速速开门勿迟停【重句】。

[生白] 口异吓。岳母到来,待吾来开。(科)岳母到来,请进。

[占白] 是。

[生白] 岳母到来,椅中请坐。

[占白] 贤婿同坐。

[生白] 岳母更深到此,有何金言教示?

[占白] 贤婿,我身到此,非为别事,听吾咀来。(唱)贤婿听吾说形藏,非为别事到此间。今乃元宵佳节,人人玩赏乐心中。老个与你妻子,棚前游戏,不在房中。吾身独坐无聊,步出赏月,经过对你此间。正有敲门相探,欲来与你言谈。

[生唱] 听着岳母之言因,其中必然别事情。开言便把岳母叫,更深你好回房庭。时间寒风冷冷起,恐你弱质难受形(刑)。

[占唱] 贤婿言语礼甚明,出口温良有情人。不亏吾女与你配合,妾身见之动春情。本当不畏耻来启口,半吞半吐在心胸。

[生唱] 听他之言有跷蹊(欹),半吞半吐在心机。待吾缓缓打探看,他与(有)何来说起?开口便把岳母叫,有乜言语可实提?

[占唱] 贤婿听吾说一言,妾身欲咀难又难。本当说起偷香语,正有暗藏在肚中。不怕耻辱开口说,叫声贤婿细听言。妾身被你貌吊刘,吾之神魂被你牵。今晚正有到此,欲

来与你结合成双。

[生唱] 听他所说此言因，岳母说来礼不明。世间岂有这等事，劝你切勿来乱陈。倘若外人闻知道，许时岂不名不清？

[旦唱] 劝你不用疑心胸，你吾私合何人知情？速速上床阳台会，襄阳一睡千金情。

[生唱] 岳母切勿多言陈，欲吾苟且万万不能。倘若岳父闻知道，吾身许时着受刑。若欲叫吾从此事，依允二字，不敢应承。

[占唱] 看你果然无用人，鸡腿在你口边香。你身全全不知味，真正是个痴呆人。丈姆子婿私作合，纷纷难说满世间。劝你不用来惊恐，双双云雨结凤鸾。

[生唱] 你今不必相交缠，乱伦之事吾不依。奸淫二字非小可，败害圣训乱纲纪。倘若名教一败出，许时却被人传议。劝你把定心神，无耻之言勿乱提。

[占唱] 听着言语气塞胸，看你真是不通情。亏吾一心思想你，云（魂）儿杳杳随你身。俺比作风箫象板，琴瑟鸾笙。吾身如此多情，看你这样薄倖。今晚不由你自主，定欲与你合欢庆。

[生唱] 言语说来真正奇，骂吾薄倖礼何施？你说苟且私邂近，非是小生情不依。万事须欲从容，不可一时错主见。倘若一朝情败，许时收悔又太迟。岳母须当三思定，三思三想，再思可矣！

[占唱] 贤婿主见礼亦明，非是吾身骂你薄倖。无奈被你所迷，亏吾辰（晨）昏无策，难近你身。只是魁苦过日，无机可乘。今日你妻与那老狗，棚前去看戏，吾身正能到此房边。意望与你作合，谁知你就声声无情。

[生唱] 非是吾身无情，事有嫌疑，岂可姆婿作鸾笙？劝声岳母好回返，免得在只多言陈。欲吾与你私合，倘若外人一知道，许时难免名不清。

[占唱] 你话说来真呆痴，你吾之事，何人知机？况又房中并无他人，在夜深什（更）静，惟有明月作见。劝你不必心孩（骇）怕，双双上床结罗丝。你若苦苦不依允，想你难免生事机。

[生唱] 听他言语心惊疑，说乜欲来生事机。使吾欲进进不得，欲退不能难张治（递）。待吾一言来拒绝，看他何言来说起。开口含笑对他说，叫声岳母听因依。你看那明月移西，四处金鸡唱啼。劝你速速回房去，姆婿难以同住栖。若欲说起私情语，此事劝你切勿提。劝你回心返意，切勿思东想西。

[占唱] 听着言语兀了胸，言词不投费心情。待吾将言对他嚇，看他如何来条陈。叫声无情你想定，日后勿来恨吾身。劝你好好听吾咀，双双谐（偕）老结秦晋。你若一言有不顺，包管明天祸不轻。定欲掠你公堂去，难免食罪受重刑。

[生唱] 吾身无罪又无过，安分守己过日辰。你欲诬吾公堂去，你有何言之口供？任你搉（纵）有苏张舌，亦难动吾之心胸。快赶月明好回返，邂近二字切勿陈。

[占唱] 看他举动心性坪，手艺不展亦不惊。待吾与他说明白，无情你当听言因。休怪吾身无情分，使吾一时恶心生。明天与你岳父说，诬你不仁，下贱举行。半夜进吾闺房内，搦吾二乳，调戏吾身。看你何言来对答，许时难免无祸根。你若好好相怜念，包管你

身免受刑。

[生唱] 听他言语吃一惊，使吾何计来施行。此事若不听他呾，吾身难免食罪名。若是欲听他言语，外头岂不名不佳。左思右想无计策，罢罢罢，到（倒）不如将身来依从，免得伊人费心中。事到头来不得已，只得与他结凤鸾。叫声岳母勿生气，小婿愿从你心中。感你恩情相敬爱，双双会合结丝桐【重句】。（白）岳母，小婿听从了。

[占白] 既是听从就好。贤婿唅。（唱）俺今双双凤鸾笙，一宵美景，风流佳庆。正中是鸳鸯明月销金帐，两行是孔雀春宵软玉屏。

[生唱] 俺对对风箫象板，琴瑟鸾笙。正是推之月老，定之赤绳。感蒙娘你恩情，吾身愿滴一点风流，报答你身。

[占唱] 感戴君你风流开，惜妾牡丹之相爱。双双上（相）会碧纱帐，襄王一梦楚阳台。

[生唱] 楚阳台，你半推半就，吾又惊又爱。

[占唱] 又惊又爱，妾之牡丹任君采，鱼水得和谐。

[生唱] 鱼水和谐。春至人间花弄色，望娘柳腰款摆。

[占唱] 柳腰款摆，钮儿来扣下，香罗带解开。

[生唱] 香罗带解开，软玉温香，香抱满怀，刘阮到天台。

[同唱] 到天台。俺双双，同上床，成就了今宵欢爱【重句】。

[占白] 贤婿，更深了，俺可上床睡罢。

[生白] 岳母请。（科）大家伙，你看吾岳母之情，比许主后生个更深。列位恕者，上床睡罢。妙呵！

[菜白] 回来去，行起咳！父女双双同游（看）戏，天明收拾归返圆。且喜公事理明白，使吾想着喜心机【重句】。

[菜白] 在下黄菜头，昨晚祠堂看戏，作还公事新婚桌。今早无事，父女回家。吾仔，俺可回家才是。

[旦白] 从命。

[同白] 咳。（唱）父女双双同返圆，看看便是家门间【重句】。（白）到了自家门首，进入内去。

[菜白] 呵！内面作乜小儿之声啼哭？待吾入房看来。呵！吾仔为何在地啼哭？

[儿白] 阿爸，吾母亲昨夜无来伴吾哩。

[菜白] 你母亲往哪里去？

[儿白] 去共阿郎伴睡。

[菜白] 果有此事么？

[儿白] 正是。

[菜白] 待吾叫来。贤妻的处？上来！

[占白] 来了，官人你回来了。

[菜白] 是。

［占白］官人为何满脸怒容？此是何故？

［菜白］吾且问你？仔儿跌落床下啼哭，你昨夜往哪里去？

［占白］我么，去这个……

［菜白］去的处？

［占白］去那个……

［菜白］是那个？贱人吓！贱人你敢作出败伦之事，有何面目与人相见【重句】么贱人吓！（唱）骂声贱人礼不明，好与女婿来私情。为何作出败伦事？辱吾家声败门庭【重句】。

［占唱］官人不必气塞胸，暂且宽容息雷霆。听吾一言细说上，自恨一时错条（调）停。不该出房来赏月，致出一时动心情。万望官人且宽恕，世世不敢忘恩情【重句】。

［菜白］来，吾且问你。那畜生岂在房中？

［占白］他已着惊，先走去了。

［菜白］他既先走就好，收拾回归礜石便了。

［占白］从命。

［同白］母妈亲有请。

［婆白］来，吾仔你回来了。

［同白］正是。告禀母亲得知，儿就欲往礜石了。

［婆白］吾儿，为何障速？

［菜白］店中有事，因此速回。

［婆白］既是欲去，为娘不敢强留。媳妇吾仔，你可收拾才是。

［占白］从命。

［同白］母妈亲请进。

［婆白］去罢。

［菜白］来去。

［婆白］口异吓，他夫妻去了，入内罢。

［生白］走。（唱）可恨岳母礼不明，无端与吾来私情。今被岳父伊知道，他定有罪归吾身【重句】。（白）且住。想吾曾大荣，不该与岳母私合，今被岳父觉知，甲（教）吾如何了得？不如暂避邻居，看他如何举动，然后再作道理。行起。（唱）可恨岳母作不明，无端调戏吾一身，吾今足舀（踏）破玉笼飞彩凤，顿开金锁走蛟龙【重句】。（白）走罢。

（四）新刊汕头礜石案四集（老万利藏板）

［末白］咳。（唱）闲来无事寄怡情，玩赏四方乐心清。山岭叠叠路平坦，逢人到此喜气生【重句】。（白）小老庄非光，祖居礜石，家资颇裕。这亦不消说了。今早起来，清闲无事，意欲往各处游玩。就此行起。（唱）山绿水远向前程，野草闲花满地生。四壁歌馆声细细，清音妙舞惹人兴【重句】。（白）行起。

[菜白] 咳。（唱）怒气腾腾【重句】。街方（坊）传说一事情，说是吾妻欠人情（债），不知此事假共真【重句】。（白）念吾黄菜头，自同前日，回归磐石。人人传说吾妻日日往庄三老家中赌万六，欠他银子甚多。不知此事虚实，不免回归家中，驳问一番便了。（唱）倘若此事不虚说，定欲与他办假真【重句】。（白）到只便是，进入来去。钟氏的处？上来！

[占白] 来。官人唤妾出来，有何事情？

[菜白] 唉！吾且问你，终日家计不理，胆敢常常往三老家中赌钱，今欠他银子甚多，如此不守妇道么？贱人吓！（唱）想着起来气冲天，骂声贱人【重句】敢障年。不守妇道败闺训，丢离家计【重句】理赌钱。若不将你来刑法，枉吾男儿好作也【重句】？唔，贱人罢了。你这无耻之妇！想俺乃是过乡之人，又是村俗无知之体，胆敢来此与人斗赌，好似以卵扣石，可有一比。况他居住大地面，以赌过日不时离，今日自投罗网，置之死地。

[占唱] 官人不必气冲天，暂且宽容息怒气。容妾身一言告上。自怨一时错了主见。可恨邻人无好引，正有致出此事机。今日妾身已知过，知过必改回心意。万望持起高抬手，免被外人来笑耻。

[菜唱] 贱人出言太不该，那怨邻右礼何来？自怨你身作不是，败害家声辱吾门眉（楣）。愈思想来愈受气，定欲将你来责害。

[旦唱] 劝爹休得气冲天，听儿一言说因依。母亲虽然作不是，亦着忍耐回心机。不可性急不容忍，切须从权勿生气。又道家声勿外出，被人闻知来笑耻。

[占唱] 官人勿得气冲冲，自怨妾身心朦胧，今日醒悮（悟）方知错，必改前非回心中。日后若敢来如此，任凭你身来凌辱。望祈宽容且怜念，须念结发之始终。

[菜唱] 贱人做事大无知，今日难容你身已。定欲将你来凌辱，出吾心中一腹气。前日之事宽容你，看你这样胆包天。如今好言亦无益，欲吾回心言勿持。

[占唱] 看你如此之所行，王魁王允之心情。任你侥心乱横作，欲刣欲刘吾不惊。此时当今个世界，男女平权咀你听。若是区区无情分，定欲与你见输赢。

[菜唱] 欲见输赢来就来，你这贱人还来言东西。手持家法再毒打，定欲将你深塗坮（埋）【重句】。（白）贱人看打。

[旦白] 爹爹不可。

[末白] 咳。（唱）一山游过一岭来，观看四方把心开。胜步行近前村去，忽闻人声闹猜猜【重句】。（白）口异吓，前面作也有人声啼哭，不免向前看个明白便了。咳。（唱）移步行近向前程，观看何事便分明【重句】。口异吓！原来此屋乃是菜头兄寓所。为何作也妇人啼哭之声？不免待吾向前看来便了。有理，进入来去。呵！菜头兄请了。

[菜白] 三老请了。

[末白] 为何毒打嫂嫂？此是何故？

[菜白] 三老哪里知道？这贱人不守妇道，屡次不法，因此拷打他身。

[末白] 原来如此。嫂嫂为何与你丈夫强词？此是何故？

　　〔占白〕三老。妾里知知过失，苦苦好言相求。谁知那薄倖，半言无情，将妾毒打。亏妾受刑不得了。苦吓！

　　〔末白〕嫂嫂勿哭，有乜事情咀来吾听？吾好劝他回心。

　　〔占白〕三老。一言难尽，听吾咀来。

　　〔末白〕嫂嫂，缓缓说来。

　　〔占白〕罢了。吓！（唱）荷蒙动问说事因，容一言仔细说分明。自恨贱命不逢时，今日正遇这薄倖。无端将妾毒打，不容好言来饶情。

　　〔末唱〕听着此言未分明，内中一定必有因。世间岂有这等事，小小之过闹家庭？回头便把兄台问，作乜苦打嫂嫂身？有乜事情且宽恕，勿得浊糁且容情。

　　〔菜唱〕三老非你知细情，可恨这个臭贱人，屡次不守女闺训，败害声名辱门庭。正有将他凌辱，方解心头之恨，开吾心胸。

　　〔占唱〕狂徒真正毒心机，声声无情是何意？虽然吾身有过失，不容哀求礼何施？不念夫妇之情分，如此举行毒倖亻止（止）。

　　〔末唱〕嫂嫂休得悲泪啼，夫妇口角是儿戏。万事当听夫嘱付（咐），妇人从夫是正理。不可恶言相斗，外人闻知不雅意。兄台休得来执迷，听吾相劝回心机。万事须当从容，家道和气乐雍熙。老汉偶遇从此过，前来相劝勿生气。有乜事情说明白，须当从容来相议。是非曲直对吾说，家内相闹礼不宜。

　　〔菜唱〕非是吾身礼不宜，提起此事气冲天。妇人礼宜守妇道，闲游过日理赌钱。今日难容野贱妇，定打他身难容伊。

　　〔占唱〕如此所为贼心胸，不容三老来讨保，还来恶言辱吾身。今日与你来刈别，吾非你妻休相亲。

　　〔末唱〕嫂嫂休得言多的，你夫亦非作不是。自怨你身作太过，那怨谁是？须当好言相劝，休欲性急相斗气。开口便把兄台叫，听吾相劝回心机。当看老汉之薄面，忍气和平乐怡怡。

　　〔菜唱〕再骂一声野贱人，吾乃堂堂丈夫身。说欲与吾来刈别，如此刁讼之情刑（形）。今日一定难容你，激得吾身气塞胸。岂有容你来斗口，败辱家声名不清。三老休得来相怪，一时铁面便无情。定将贱人来凌辱，略改吾心胸。

　　〔末唱〕兄台所言礼不明，说欲凌辱保无情。如此欺人真太甚，看吾不在你的眼睛。这些小事保不得，这样看将起来，是欲与吾结仇情是真！

　　〔菜唱〕三老说话有不明，说乜结仇之情。你乃一族之长者，岂有逆你之金面？你言以公正直，并无半点私曲。无奈贱人不守法，难消吾心头之恨。定欲食他肉，喫（啃）他骨，方消满腹之心胸。

　　〔占唱〕冤家真正太胡塗（糊涂），肉眼看来全无珠。三老与你何仇隙？还出恶言将他污。不容相劝到（倒）亦罢，说乜食肉啃骨。真是不明不白之狂徒。他身又是长者，恶言失辱礼何如？

　　〔末唱〕骂声菜头太不该，不识抬举的奴才。不容相劝到（倒）亦罢，将吾失辱礼何来？喜（善）言谆谆逆你目，真是狂汉不自在。枉你生居一男子，时务不晓欲那个？想着起来真受气，定欲将你深塾坮（埋）。

　　[菜唱]三老不必气昂昂，听吾仔细说一言。非是吾身无情分，贱人真真不是人。

　　[占唱]狂徒出言太相欺，如此薄倖，天知地见。三老美言相劝计，你就苦苦言不依。

　　[末唱]菜头如此恶心胸，招呼你身无人情。作年好你亦无益，吾今打扫门前雪，休管他人个事因。欠吾银子快理楚，不得延搁半时辰。

　　[菜唱]三老不必气廷廷（腾腾），勿得发怒且容情。吾今手内无寸铁，那有钱银还你身？

　　[末唱]骂声菜头有一声，赖吾银子礼不明。今日若是无还吾，定欲与你办假真。

　　[占唱]三老人情不可依，看他如何来举止？若是此银无还你，与那狂徒见非是。

　　[菜唱]贱人真正恶心机，教唆他身是何意？礼当好言相求缓，还来赠口礼不宜。

　　[末唱]菜头不必多言陈，快拏（拿）银子归吾身。今日不容你拖欠，延缓一刻祸临身。

　　[菜唱]三老出言太无情，望你宽容且作情。待吾从中觅还你，容加一年来还清。

　　[末唱]欲吾容你实不能，拒绝不还是何因？若不与你见定着，难容狂汉挺其能。定欲与你见胜负，公堂之中办假真。

　　[菜唱]吾身明明都无钱，掠吾见官亦无奇。公堂之中从公论，非是与你有亲宜。开口说欲公堂去，以势压吾事可见。

　　[末唱]何用以势欺你身，还将言词来相凌。你无定欲讨到有，偁心恶倖实不仁。

　　[菜白]吾身非是会不人（仁），三老不肯作人情。分明为着不平事，讨银相迫情是真。今日无银却畏死，何怕公堂去受刑？开口便把三老叫，明明无银还你身。

　　[末唱]听着言语气冲天，声声句句说无钱。若是不来变一面，伊身如何惊心机。举手便把菜头拿，同去公堂办非是【重句】。（白）菜头吓菜头！所欠之数，岂欲还清么？

　　[菜唱]吾身今无寸铁，那有甚银还你？望其暂且容缓，岂好么？

　　[末白]吓！看你如此狡猾，斗口亦是无益，来去公堂，便知分晓。

　　[菜白]欲去便去，何用举手扣拿？

　　[末白]来去。

　　[旦白]三老不可【重句】！呵，吾爹被三老所拿，同到公堂，不知事情如何！母亲，事到如今，作年注意！

　　[占白]吾仔，老狗自己惹祸，俺休管他，入内才是。

　　[旦白]从命，罢了吓。

　　[末白]来去。到只便是公堂。待吾近前传上。告禀头人得知，烦劳代吾传上先生。说黄菜头欠吾银子，拒绝不还，如今被小人拿到，欲求先生判明。

　　[什白]你且稍待，与你回上。

　　[末白]有劳了。

〔什白〕告禀先生得知，外面有二汉子，为着数（账）项，到来求先生与他判明。

〔官白〕吩咐，升堂伺候！

〔什白〕从命！传下。

〔什白〕何事？

〔什白〕升堂伺候！

〔什白〕呼呵！

〔官白〕为官理民费心机，不敢受贿半文钱。万事只欲从公判，但愿国太（泰）庆丰年。本员在只礐石第七区掌管民事，今有欠银一案，到来判断。吩咐将二汉子带上来。

〔什白〕从命。汉子进入来去。

〔同白〕待来。先生可怜吓！

〔官白〕汉子，你二人为着何事？姓甚名谁？原、被一一诉来。

〔末白〕小人庄非光。

〔菜白〕小人黄菜头。

〔官白〕何处人氏？

〔同白〕本处人氏。

〔官白〕为着何事？原告先诉。

〔末白〕从命。（唱）告先生，容禀起。小人祖居在礐石，姓庄非光吾名字。只因菜头欠吾数（账），拒绝不还礼不宜。登门推（催）讨被失辱，今求先生作主施。追回小人原之母，感恩戴德大如天【重句】。

〔官白〕菜头，你欠他之银，礼（理）当还他。作（怎）好拒绝，该当何罪？

〔菜白〕先生容禀。

〔官白〕诉来。

〔菜白〕咳。（唱）先生瑞（端）坐正中央，容吾一言细禀上。为因吾女招佳婿，生他银子度岁年。今日三老欲收讨，吾有好言相求伊。他身苦苦无情分，正有到此见青天。万望先生从公判，世世不敢忘恩宜（谊）【重句】。

〔官白〕庄非光。

〔末白〕在。

〔官白〕你被他欠有若干？

〔末白〕他欠小人一百二十八元。

〔官白〕菜头，你欠非光一百二十八元，岂是么？

〔菜白〕小人前日欠他七十余元，并无欠他一百二十八元。

〔官白〕【非】光！菜头说欠你七十余元是实，并无一百二十八元。

〔末白〕先生，此银是他妻与吾借的，问他妻子便知。

〔官白〕菜头，非光说他此银，是你妻子与他借的。岂是么？

〔菜白〕既是吾妻与他生借，待吾问明，便知分晓。

〔官白〕如是有借，你岂欲还？

　　［菜白］有借自当认人家。

　　［官白］既是愿认，限你一月还清，你岂尊（遵）么？

　　［菜白］小人家无寸铁，哪能一月可还？

　　［官白］既是不遵，庄非光，你今回家，明天再来听审。

　　［末白］从命。

　　［官白］吩咐将菜头暂且押下，明天再来判明。

　　［什白］从命。

　　［官白］吩咐退堂。

　　［什白］呵！

　　［旦白］咳！（唱）夜深寂寞静沉沉，孤床独枕不成眠。可恨吾爹良心丧，害吾恩爱拆两程。自叹红颜真薄命，今来只影伴青灯。使奴行坐不安，立不稳，卧而又困。又看那灯儿不明，梦儿又不成。想前日，大开东阁，柳遮花映，雾遮云屏。到今日，夜阑人静，思想风流加（嘉）庆，美满之情。到如今，独自只影，冷冷青青（清清）。不知何时云见日，重整阳台结恩情。恨杀吾母作不是，不该前去戏他身。后被吾爹闻知觉，吾夫着惊逃出外程。到今日，鱼沉雁杳，鸾凤各栖，并无想起恩爱之情。母亲为人不正，日日寻赌，以为乐事生平。又被吾爹觉知，噪（吵）闹家庭。三老近前相劝，吾爹半言不依，有辱他身。三老闻言无情分，遂时起了毒心胸。反面迫讨他借数（账），不容延搁半时辰。被（彼）时两人生口角，致出争讼之刑。吾爹无银可还彼，不料受禁牢狱之庭。使奴闻言惊恐，再得吾爹脱了苦滕（藤）。可叹吾夫已逃出，并不思归，可会一面。使奴闷闷不乐，愁锁眉峰，心又不清。意欲叫他归回返，救吾爹爹出狱庭。明天直到五婶家中去，叫那曾生归回程【重句】。（白）奴乃禾（菜）脯便是，自同前日曾生去后，吾爹遭难，使奴晨昏不安。意欲托那五婶，跟寻曾郎回家，设法可救吾爹出狱，岂不是好！有礼（理），不免赶此月朗，速往他家便了。行起。（唱）速移莲步出房庭，到他家中无迟停，托伊寻夫归回返，救了吾爹脱狱刑【重句】。

责任编辑：林立

经典、观众与政策

——传统潮剧锦出《大难陈三》参加 1952 年中南会演

林 立[*]

摘　要：本文以《大难陈三》参加 1952 年中南会演为例，试图运用历史人类学的视角，透过细致的描述说明经典（包括经典的传承者教戏师父和演出的童伶）、观众（包括一般群众、知识阶层和从艺人员等）与政策（包括政策本身和政策的执行者）等社会文化因素之间是如何互相影响、互相作用的。同时也揭示对以后潮剧发展影响深远的种种变化是如何就此发端的。

关键词：经典　观众　政策　大难陈三　中南会演

一　引言

　　潮剧从 20 世纪初至 60 年代发生了很大的改变，这种变化大多发生在新中国成立后，从戏班到剧团，从童伶生旦到成人生旦，从师徒的口传心授到戏曲学校的老师教学，从先生行戏到导演排戏等等，这是从变迁的角度来看问题的。如对比 20 世纪 30 年代和 60 年代，我们会看到潮剧呈现两种不同的风貌。如果我们只是这样看，我们可以得到潮剧从一种风貌到另一种的变迁。然而，当我们结合史料对当事人进行访谈时，会发现一切比我们最初得到的要详细、生动得多。如当我们面对某一种变化，我们会问是什么导致了它的出现？是谁在其中起了重要作用？他们为什么是这么做的？追寻下去，我们会发现一个个具体的人，一件件事情的细节。这些具体的人，这些细节我们是否应该将其省略？

　　耶鲁大学人类学系教授萧凤霞曾经写道："我们一直以来往往不必要地把'结构'和

---

　　* 林立，1967 年生，供职于汕头市社会科学联合会，中山大学历史系历史人类学专业博士生。本文原载《安徽文学》（研究评论版）2007 年第 11 期。

'变迁'这两个概念截然二分。实际上,我们要明白'个人'在分析研究过程中所发挥的'作用',要了解的不是'结构'(structure),而是'结构过程'(structuring)。个人透过他们有目的的行动,织造了关系和意义(结构)的网络,这网络又进一步帮助或限制他们作出某些行动;这是一个永无止境的过程。"①

萧教授的这段话,使我当初写作这篇习作时朦胧的追求变得清晰起来,因为我意识到某种变迁实际上是一个过程,这个过程交织着复杂的人和事。若将某种变迁结果视为一种"结构",我们要了解的当然不止是这个"结构",而是这个结构形成的过程,进而了解这个过程中复杂的人和事是如何相互影响和作用的。这里萧教授特别强调了"个人透过他们有目的的行动"。其实萧教授在写这段话之前是这样写的:

> 在1970年代风风火火的革命日子里,"人"的因素竟不知不觉地被埋没了。我在进行自己的研究时,也有着同样的盲点。在当时那种学术氛围中,我把"人"视为"群众""农民"或"革命主体"等抽象集体,而没有把"人"视为活生生的、有利害关系的、懂得运用文化策略的、具有历史经验、有矛盾心理和情绪的"人"。②

探索个人和他们有目的的行动,其实正是我这篇习作追求的目标之一。探索"关系和意义(结构)的网络",以及"这网络"如何"进一步帮助或限制他们作出某些行动"这样"一个永无止境的过程"③,是我追求的另一个目标。中山大学历史系刘志伟教授在《地域社会与文化的结构过程——珠江三角洲研究的历史学与人类学对话》④ 回顾了他在史学研究中运用人类学理论,与人类学对话,拓展研究新视野的过程。作为学步者,下面的文章便是试图运用上述视角的初步探索。

二　解放之初对潮剧的改造

1949年10月潮汕地区解放,经历抗日战争与解放战争之后潮剧甚为凋零,"当时,潮汕地区仅存七个职业潮剧班,其中五个大班,即老正顺香、老玉梨香、老源正兴、老怡梨春、三正顺香,二个中班,即老赛宝丰、老玉春香。此外,尚有三个设备陈旧,没有正常演出的小班。从业人员约八九百人。"⑤ 面对这样的局面,新政府采取的措施是改造。

1950年4月,成立不久的潮汕文学艺术联合会就在汕头召开第一次潮剧座谈会,参加会议的有各戏班的编剧、教戏、头手,以及艺人的代表,其中就有名编剧谢吟,名教戏黄玉斗,名编曲、名乐师黄钦赐、杨其国、胡昭等人。会议的中心内容就是听取和讨论当

① 萧凤霞:《廿载华南研究之旅》,《清华社会学评论》2001年第1期。
② 萧凤霞:《廿载华南研究之旅》,《清华社会学评论》2001年第1期。
③ 萧凤霞:《廿载华南研究之旅》,《清华社会学评论》2001年第1期。
④ 刘志伟:《地域社会与文化的结构过程——珠江三角洲研究的历史学与人类学对话》,《历史研究》2003年第1期。
⑤ 林淳钧:《潮剧闻见录》,中山大学出版社,1993,第194~195页。

时文联主任林山在会上作的《改造潮剧的几个问题》的报告。这个报告，按林淳钧先生的说法就是"实际上传达了政府对潮剧改革的方针、政策、步骤。50 年代初期潮剧的改革，基本上是按这个报告的内容而开展的"[①]。

那么这个报告的内容是怎样的呢？《潮剧闻见录》录有其内容摘要，我们节录如下：

报告共七个问题：一、对潮剧的看法和态度；二、对剧目的态度；三、历史剧和现代戏；四、新剧本问题；五、团结和学习问题；六、童伶问题；七、潮剧的前途。

对潮剧的看法和态度：潮剧有它的群众性和可以保留的地方，……。但潮剧有它有害的一面，内容不必说了，多数是宣传封建意识。形式上缺点也很多，特别是奴隶式的童伶制更不合理。……我们的看法是这样：改造潮剧应该大胆的保留和采取它合理部分，并加以发扬；同时，也应该大胆的革除，消灭它的不合理部分。

对旧剧目的态度：我们对它的处理，不是一律禁止或废除，但也不能让它照旧演下去，而是分别好坏，对人民有益的，加以发扬推广；对人民有害的，就应该禁演或经过重大修改。至于那些无害的，当然可以演，这就是我们处理旧戏的基本原则。

关于历史戏和现代戏：我们改造潮剧，也不是简单的提倡演现代戏。我们认为，历史戏也好，现代戏也好，都可以教育人民，潮剧班如果对演现代戏还没有把握，就先来演新的历史戏，这也是一种改革。

对新剧本问题：根据各地的经验，大量供应适合戏班演出的、能教育观众、受观众欢迎的新剧本，是开展旧戏改革的关键。审查剧目是消极的，积极的办法是多编新戏。目前，新剧本还不多，新潮剧剧本更是少得可怜。解决剧本问题，是今后改革的中心工作。怎样解决呢？我们想到的有三种办法：一是翻译，选择别处出版的剧本翻译成潮州话并根据潮剧的特点加以修改；二是改编旧剧本；三就是创作。就目前情况看，新文艺工作者编的潮剧，一般不大适合戏班演出，所以，最好的办法是新旧文艺工作者合作，也就是集体创作。

对潮剧的前途问题：潮剧有没有前途呢，我们的看法是这样：不改造，对人民有害就一定没有前途；改造了，并且改造得很好，对人民有利，就一定有前途。换句话说：旧潮剧一定会被淘汰，新潮剧一定会存在。[②]

我们可以看到，讲话的中心就是强调对潮剧的改造，认为这是关乎潮剧前途、生死的问题，提出了"旧潮剧"和"新潮剧"的概念。旧潮剧当然是指当时存在的从旧社会过来，未经改造的潮剧。而新潮剧是什么呢？在当时来说还是一个不明确的事物，有一点可以明确，就是从对旧潮剧的改造而来。改造既有内容上的，又有形式上的，正如讲话所说的，旧潮剧"有它有害的一面，内容不必说了，多数是宣传封建意识。形式上缺点也很多，特别是奴隶式的童伶制更不合理"。内容"多数是宣传封建意识"这是个不容忽视的

---

①　林淳钧：《潮剧闻见录》，第 194 页。
②　林淳钧：《潮剧闻见录》，第 195 ~ 196 页。

问题，要解决，当然涉及剧本问题，因此，讲话的第二点"剧目"，第三点"历史剧和现代戏"，第四点"新剧本"，均在讲剧本的问题，也就是"大量供应适合戏班演出的、能教育观众、受观众欢迎的新剧本，是开展旧戏改革的关键"。

潮剧新与否，不合理的制度改造固然重要，但首要的是剧目要新，即使仍是那些戏班，那些演员，但剧目新了，也就给人焕然一新的感觉。因此讲话才将"新剧本"提到了"开展旧戏改革的关键"的位置。说明潮剧的改造者意识到新剧本对新潮剧的关键性作用，但他们也明确地感到新文艺工作者一时难以完全熟悉并介入潮剧领域，才会说："就目前情况看，新文艺工作者编的潮剧，一般不大适合戏班演出，所以，最好的办法是新旧文艺工作者合作，也就是集体创作。"

这次座谈会还通过了成立"潮剧改进会（筹备会）"，进行改人、改戏、改制的戏改工作。经过一年的改造，到1951年，潮剧出现一些新情况，据《潮剧闻见录》的记载：一是长连戏受到抵制，日渐衰微，二是新戏纷纷出台。所谓新戏，就是以新的观点编写或根据歌剧和其他剧种改编移植的单集（与长连戏相对而言）的古装剧目。率先出台的是老怡梨春班的《农家苦》，还有老源正兴班的《李闯王》、三正顺香班的《月照穷人家》，老正顺香班的《长城白骨》、老玉梨香班的《逼上梁山》，有影响的五大班，新戏均先后出台。这五个新编剧目，都是以反霸反压迫为主题，带有鲜明的政治教育意义。而1950年下半年至1951年，短短的时间内，相继上演的新戏还有《九件衣》《红娘子》《穷人恨》等23部。[①] 这说明，潮剧改造确实按照讲话的要求在不折不扣地落实，出新戏的速度是相当惊人的。

三　观众与艺人的反应

《潮剧闻见录》中《潮剧改革第一年见闻》一文引述林紫《一年多来的新潮剧》记载：新戏最先演出，困难颇多，观众接受不了新的东西。有人说新戏场面冷，人物少，戏出短，很不耐看。导演和演员，由于过去演惯了长连戏，在处理新戏时，开始也感到吃力，不习惯，有些艺人因而情绪受了影响，对新戏信心不强，而（文艺界）有些知识分子，存在片面的、脱离实际的艺术观点，看不起新生的、但还粗糙、不调和的东西，……可以看出，不管是观众、从业人员还是知识分子其实对新戏都是有些意见的。就是该文在后面也提到：生硬地吸取其他艺术品种的手法或素材，是这批新戏常见的毛病，比如给剧中人物生硬地贴上阶级标签；古人说今话。在《愁龙苦凤两翻身》剧中出现喊：打倒地主恶霸，把财产分给贫农的口号，《红娘子》中，剧中人李俊囚禁在狱中的唱段，采用"没有共产党就没有新中国"的乐曲。[②] 如此这般，难怪观众不喜欢，演员、文艺界知识分子不习惯了。

除了上述新编古装戏之外，还有一批现代戏，如《洪厝埔血案》《汕头老虎廖鹤洲》等8个戏。它们以潮汕真人真事为题材，配合农村土地改革和城市民主改革编写而成，它们的编写

① 林淳钧：《潮剧改革第一年见闻》，《潮剧闻见录》，第197页。
② 林淳钧：《潮剧改革第一年见闻》，《潮剧闻见录》，第197~201页。

者，有的就是参加土改的文化干部，如《洪厝埔血案》的作者吴伙和黄一清。尽管同样有艺术粗糙的问题，《洪厝埔血案》、《汕头老虎廖鹤洲》却成为轰动一时的剧目。《洪厝埔血案》由老正顺香班于 1951 年 6 月开始演出，出台 3 个月，演出 70 多场，打破当时卖座纪录。①

四　经典与新戏之间的选择

在新编古装剧和现代剧纷纷上演之时，1952 年潮剧开始准备参加"中南区第一届戏曲观摩会演大会"（简称中南会演）。这是潮剧第一次走出去与中南区 6 省 2 市（河南、湖北、湖南、江西、广东、广西和武汉、广州）的 17 个地方剧种同台演出。在此之前，潮剧虽说也到过上海，漂洋到东南亚演出，但那多是在潮人圈里演出，参加这样的艺术盛会却是从来也没有过的，而此时的潮剧在潮人圈之外可以说是基本不为人知。我们可以想象，当时的主事者在选择参会剧目时是如何的慎之又慎，考虑周详。最后选定参加的剧目是《大难陈三》，潮剧的传统锦出戏。

为什么潮剧要选一个传统锦出戏参加会演，而不选新编的古装戏或轰动一时的现代戏呢？我想这里面有两个原因，一是新编的古装戏和现代戏虽经报纸宣传，有关部门大力推动，甚至税务部门减税扶持，轰动一时，但从上面的分析我们可以看出，这些戏的水平还是有限的，尽管持这种观点的人当时可能被斥为"片面的，脱离实际的艺术观点"，但主事的人其实心里明白，要靠它们去代表潮剧恐怕不行；二是既然代表潮剧，就必须有潮汕的地方特色。本来，潮剧传统的锦出戏当时还保留了一些，也是相当著名的，如《扫窗会》（源出弋阳首本《珍珠衫》的"书馆逢夫"一出）②、《井边会》（源自明传奇《白兔记》一出）③、《刺梁骥》（源出明传奇《渔家乐》）④，这些都是潮剧相当有艺术特色的锦出戏，成为潮剧行当的首本戏。《扫窗会》是青衣唱工戏，《刺梁骥》是丑行的做工戏，两者后来均代表潮剧上北京演出。《扫窗会》在首次上京时更在中南海怀仁堂为毛泽东做过演出，⑤可见它们完全能代表潮剧的水平。而选中《大难陈三》，一是它本身就是生、旦（大旦、彩罗旦）的唱工戏，又是潮剧小锣戏的代表，⑥二是主要还在于剧本的地方特色，也就是它是完全出自本地的故事，而不像上述的锦出戏，其故事是从外间流传而来。

五　作为经典的《大难陈三》

《大难陈三》这出戏讲的是陈三卖身入黄府三年，苦于无机会与五娘倾吐真情，故托

---

① 林淳钧：《潮剧闻见录》，第 218 ~ 225 页。
② 《潮剧志》编辑委员会：《潮剧志》，汕头大学出版社，1995，第 46 ~ 47 页。
③ 林淳钧、陈历明：《潮剧剧目汇考》，广东人民出版社，1999，第 193 ~ 194 页。
④ 林淳钧、陈历明：《潮剧剧目汇考》，第 899 ~ 900 页。
⑤ 《潮剧志》编辑委员会：《潮剧志》，第 28 ~ 30 页。
⑥ 口述史料：广东潮剧院原艺术研究室副主任，郑志伟（1942 年生），2012 年 9 月 24 日，商业街郑氏寓所。有关潮剧伴奏小锣组合可参见《潮剧志》，第 1466 页。

益春带书信到五娘绣房，五娘见书，追问益春，益春道出陈三相思成疾。五娘让益春出主意，益春要五娘学《西厢记》。五娘遂让益春叫来陈三，在对陈三的责难、刁难之中，五娘逐渐接受了陈三的情意并与之盟誓约定当晚相会成其姻缘。

清末民初潮州财利堂有刻本《荔枝记》，其封面除有《荔枝记》题目外，还刻有其内的出目共八出：陈三相思，挑花大难，益春递书，陈三同房，林大逼娶，闻报断约，粉墙相待，同走园外。《大难陈三》与内中的《挑花大难》情节基本相同。① 对照明嘉靖刻本《荔镜记》② 发现与第二十六出"五娘刺绣"剧情相同，对照明万历刻本《荔枝记》发现与第二十四出的剧情相同。③ 也就是说，这是源出于明本《荔镜记》和《荔枝记》）的一个摘锦戏。至于其如何在漫长的演出过程中逐渐独立出来成为一个锦出戏，具体情况就难以确知了。

对于这出戏的演出情况，史料的记载很少。《潮剧志》在"剧目"这一章并未提到《大难陈三》，只是在"机构"这一章介绍老正顺香班演出的剧目时提到："著名的有《扫窗》《拒父离婚》……《大难陈三》"；介绍三正顺香班时提到："该班先后拥有编剧谢吟、名教戏师傅林如烈、卢吟词、黄玉斗等。演出剧目以传统戏《大难陈三》、时装戏《人道》等著称。……《大难陈三》演出四十年不断。"④ 从这里我们知道，《大难陈三》是老正顺香班与三正顺香班演出的著名剧目。老正顺香班创立于光绪年间，三正顺香班组建于清末。我们不知道老正顺香班的《大难陈三》这一剧目演出是否具有连续性，但关于三正顺香班，《潮剧志》明确记载"《大难陈三》演出四十年不断"。2005 年 10 月 1日，我采访原广东潮剧院艺术研究室副主任郑志伟先生，他明确谈到了这些情况："潮剧《大难陈三》这出戏，大约在清中期已经形成了。我问过童伶时代在三正顺香班演过《大难陈三》的翁銮金先生，他说，旧时戏班有一行规，当童伶一到变声期，要离开戏班之时，他必须将他会的戏传给别的童伶。据他说，《大难陈三》是从他的师兄水木那里传承而来，他说此戏到他身上已传了五代。"如果以一个童伶卖身期 7 年 10 个月计算，五代正好 40 年，这就与上述《潮剧志》的记载可以互相印证。从 1949 年往上推 40 年是 1909年，也就是清朝末年。我们基本可以肯定，从清末到 1949 年解放，在三正顺香班，《大难陈三》这出戏是传承、演出均不断的。

根据叶清发先生的回忆，1952 年准备会演，主要传授人是黄玉斗先生。⑤ 玉斗先生1905 年生，15 岁卖入三正顺香班，也是在这个班上得到《大难陈三》的传授。根据年龄的计算，玉斗先生在翁銮金先生之前。玉斗先生 1958 年在汕头戏曲学校任教，郑志伟先生是他的弟子。据郑志伟的回忆，玉斗先生确实在三正顺香班演过《大难陈三》中的五娘一角。⑥ 加之他是名教戏，《大难陈三》由他来传授是理所当然的。

① 《荔枝记》（潮州府城内，财利堂藏版，年代不详，原件由陈景熙博士收藏）。

② 吴守礼校注《明嘉靖刊荔镜记戏文校理》，台北：从宜工作室，2001，第 115～129 页。

③ 吴守礼校注《明嘉靖刊荔镜记戏文校理》，第 94～107 页。

④ 《潮剧志》编辑委员会：《潮剧志》，第 273～275 页。

⑤ 口述资料：叶清发（1935 年生），广东潮剧院演员、导演，2005 年 10 月 7 日，汕头瑞平路叶宅。

⑥ 口述史料：广东潮剧院原艺术研究室副主任，郑志伟（1942 年生），2005 年 10 月 1 日，商业街郑氏寓所。

关于《大难陈三》，郑志伟先生说："该戏也和其他一些有名的摘锦戏一样用来训练童伶，演正旦的学五娘，演小生的学陈三，演彩罗旦的学益春，一旦学成，就有了角色行当的'格'了，以后演这一行当就有了基础。《大难陈三》和《扫窗会》称为潮剧的'二难'。旧时戏班师傅（教戏、乐师、鼓师）如会这两出，则可成大师傅，身价不同一般。"

郑志伟先生又说："乌辫先生是潮剧打破传统曲牌体，创立板腔体的顶峰人物，人称教戏王，他创造的'大喉曲'突破了潮剧传统的声腔路线，应该说是与板腔体相适应的。玉斗先生并非师承乌辫，他代表了更为传统的一派。讲究唱工，演唱细腻婉转，这种唱法是无法用板腔体的，其发声共鸣在上，唱时上唇不动，下腭动，不得露齿。如教唱时，童伶露齿，则要挨先生的打。而乌辫的'大喉曲'则要放开喉咙唱，唱时开口很大，声音比较洪亮，是一种打破传统的唱法。玉斗先生所传授的《大难陈三》其实代表的是这种更为古老、典雅的潮剧传统。"[1]郑志伟先生在他的《略论潮州古戏文曲腔演进》一文中提出这种曲腔来自昆曲，其特点是"磨腔"和"雅唱"，他所举的例子正是至今尚能演唱的《大难陈三》。[2] 从上面的分析我们可以明白，小小的一出《大难陈三》其实大有来头，它承载着潮剧长期积淀深厚的传统。这就是为什么旧时的戏班那么重视它的原因，也是它作为一出旧剧，在当时能成为潮剧的唯一代表剧目参加中南会演的原因。

六　参加中南会演

2005 年 10 月 7 日，我采访了叶清发先生。叶先生 1935 年生，13 岁卖入老源正兴班当童伶。1952 年参加中南会演扮演陈三。叶先生回忆："1952 年汕头潮剧只剩六个班，由于中南会演的需要，从各班抽人，我当时在老源正兴班，被抽选到，在德兴里（现已改建了）那里排练《大难陈三》。当时相当重视，集中了六个班的一手音乐、演员，当时排练每个角色都有两个演员。但到中南会演是我演陈三，陈楚钿演益春，林玉英演五娘。当时（在外地）潮剧基本无人知道，是地方小剧种。大家十分齐心，主要传授是黄玉斗，其他还有（林）和忍、马飞、（黄）钦赐、胡昭等。我当时 17 岁，还是童伶。"

从六个班中抽选最好的演员，最好的师傅，组织排练《大难陈三》，可见重视的程度，可以说是志在必得。像黄玉斗、林和忍、马飞、黄钦赐、胡昭都是潮剧史上赫赫有名、各有绝艺、独当一面的大师傅，他们打破不同戏班的藩篱，济济一堂，协力合作来排一个摘锦戏，这是前所未有的。在新中国成立前，各戏班互相竞争，互相封锁，这种情况根本无法想象，新体制的优越性在这里充分展现出来了。

《大难陈三》在参加中南会演之前作了一些改动。由于玉斗先生和新中国成立前演过这出戏的老先生都已作古，也没有新中国成立前演出的影像资料，具体作了哪些改动，不得而知。叶清发先生虽演陈三，但新中国成立前他没有演过，是为了准备会演才由玉斗先生传授的。据

① 口述史料：广东潮剧院原艺术研究室副主任，郑志伟（1942 年生），2012 年 9 月 24 日，商业街郑氏寓所。
② 郑志伟：《潮乐论文集》，中国戏剧出版社，2010，第 94 页。

他的回忆:"当时演出,剧本有些小修改,以前这个戏人们认为有点色情,这些都改去了。……但音乐上不可能有大的改动,就是王江流对《大难陈三》整体上也难以改动。"①郑志伟先生也说:"1952年《大难陈三》经过整理,删去了一些打情骂俏的不雅的东西,才参加中南会演。"②看来,应该只作一些词句上的小修改,基本保持原貌。音乐更是保持不变。从保存在上海音像资料馆的1936年灌制、由三正顺香的水木(演陈三)、锦乐(演五娘)演出的《大难陈三》的录音片断与1958年的录音比较,虽前者是童伶演唱,后者是成年演员演唱,风味不同,但唱词与音乐基本一致。可以说上述叶、郑二人的说法是准确的。

经过精打细磨,集中了当时潮剧名师之力的《大难陈三》终于出台了。叶清发先生回忆了当时的情形:"先到广州向省领导汇报(演出),再到武汉,当时是六省二市,人太多,潮剧与粤剧合成一个代表团。潮剧约三十多人,戏只有一个《大难陈三》,还有一个是英歌舞,……开演时,锣鼓未响全场静静的,但深波一响,下面唧唧喳喳,我们心里也怪,为什么深波一响这么反应。但音乐响后,大家又静下来,演员出台了,都是童伶,大家没见过,音乐、打击乐,整台戏非常和谐。因为整个会演二十多天,没有轮到演出时,我们要看戏、评戏,接触到各种别的剧种,面很广,感受非常深。借鉴别人的东西,我在表演上即兴做了一些改进。当时由于是童伶,很多演出是机械的,如陈三出场之后,五娘骂他'做奴',陈三应'做奴,做奴,唉。'之后唱:'做奴也是无奈何,千谋百计受尽苦楚……'这一段,但唱之前,有一段长长的过门,陈三这时就没事了,在台上走来走去,等这个介头,五娘就在一旁坐着。会演时,我就给陈三加了一些动作来表达他当时的心情。因为他等了三年,等来这个机会与五娘见面,见了面,五娘又不给他好言语,他心里委屈、有气,又不好发作,我就做一些动作,翻水袖等等,将他的心情表达出来。别人看不出我的改动,但玉斗先生知道,他很高兴,演出结束后,他心情很好,对我说:'弟啊弟,等会演结束我再教一出《凤仪亭》给你演。'"③

七 获奖的偶然与必然

《大难陈三》参加中南会演获得成功,潮剧获得了两项奖励:优秀节目奖和音乐奖。这次会演,是新中国成立后中南区六省一次最大的戏曲盛会。会后,中南区文化部副部长陈荒煤作了总结报告,是对六省戏曲改革工作的总结。他在报告中纠正了改革中的"以新代旧"的倾向:"以新代旧的做法,就是不耐心,不细心去整理、审定、修改旧剧目,而是企图以新戏来代替旧戏";"在新剧目的创作上,只强调演新戏,忽视了旧剧的审改与整理;使不少好的节目与优秀传统几濒于失传……其次还表现了反历史主义与公式主义的倾向,如要求历史故事与民间故事传说符合当时的所谓正史,不适当地要求历史人物、历史事件符合今天的要求。"④

---

① 口述史料:叶清发,2005年10月7日,汕头瑞平路叶宅。
② 口述史料:郑志伟,2012年9月24日,商业街郑氏寓所。
③ 口述史料:叶清发,2005年10月7日,汕头瑞平路叶宅。
④ 林淳钧:《潮剧闻见录》,第226页。

我们来看《大难陈三》，它似乎基本符合了上述纠正的要求。第一，它是一个旧剧、传统剧目。第二，它经过了一些改造。第三，它的故事主题刚好符合当时反封建、追求男女婚姻自由的要求。这一层有点歪打正着，因为《大难陈三》的改造，还是十分轻微的。陈三和五娘的故事，从一个角度说，是一个才子佳人故事，但从另一个角度说，又是一个反封建、追求婚姻自由的故事，这就看你如何去解读了。而作为摘锦戏，故事不完整，更有利于这种解读。《潮剧闻见录》中有当时《大难陈三》参加会演的本事（说明书），抄录如下：

> 在封建统治下，黄五娘由父母之命，媒妁之言，配给海阳（即潮安）城南豪族林大鼻，五娘以林非其对象，虽处封建门庭，终存反抗之心。一日，陈伯卿（陈三）由黄家楼前经过，时五娘适在楼上，一见钟情，但因拘于礼教，未便接谈，遂以手帕包荔枝，掷与伯卿。伯卿接手帕及荔枝，知五娘物中有意，但五娘深藏闺阁，有情难达，感两情之所钟，不顾任何艰辛，乃向城中新街头之磨镜匠学习磨镜技术，寻机进入黄家为佣人，密托五娘贴身婢女益春，代为传书，五娘见书，遣益春引陈三进房，试探其心，知其用情之专，即许以终身大事，约期同逃，摆脱封建枷锁，达到婚姻自主之目的。[①]

我们看到，当时恰恰就是以反封建的角度来解读的。其中的"摆脱封建枷锁，达到婚姻自主之目的"正是关键之所在，不管此剧当初用意如何，这是后人在当时的环境下对它的一种新的解读。

而同时到中南演出的粤剧似乎没有这么幸运。粤剧选送的是《三春审父》和《爱国丰产大歌舞》，后者受到了好评，而前者虽是粤剧多年演出的流行剧目，很受观众欢迎，却受到严厉的批评，说这个戏演员虽然表演不错，唱得好，但剧本不好，因为它不是反封建而是维护封建。有的人认为，演出用闪闪发光的胶片制的戏服，而不是用顾绣做戏服，以及剧中使用金碧辉煌的布景，都离开了传统和剧情的需要。尤其重要的是，从北京来指导中南会演的田汉发言说："我们今天已经明确的是我们需要的是反封建的戏曲，而不是要维护封建的道德，鼓吹封建意识的戏曲。像《三春审父》这样一个剧目，作者主观上应该是企图反封建，但表现出来恰恰相反。我们主要地反对什么？赞成什么？批评什么？歌颂什么？对此，各个剧种都要有足够的注意。"他认为这个戏"从反对封建家庭，到反对黑暗朝廷，都是不严肃不彻底的。说明作者没有能够集中主题，解决一个问题，因为追求一些世俗效果，某些地方反而成了封建说教的东西，这是我们必须加以反对的"[②]。

"会演期间，六省戏曲改革工作的检查与总结，对潮剧的改革也有较大的影响。"[③]我们推断，参加会演的剧改干部林紫，还有编剧谢吟、马飞等潮剧界人士一定接受到潮剧下来如何改革的强烈信息。一个是不能简单地"以新代旧"，不能忽视旧剧的整理，但是粤

---

① 林淳钧：《潮剧闻见录》，第228页。
② 傅谨：《新中国戏剧史》，湖南美术出版社，2002，第38页。
③ 林淳钧：《潮剧闻见录》，第226页。

剧的受批评，也说明在旧剧的问题上，反封建的主题是个关键，不能主题模糊不清，起了"维护"封建意识的作用。

在剧目得奖的同时，也有一点小遗憾。那就是，虽在1951年就烧掉童伶卖身契，恢复童伶的人身自由，但整个演出不论唱腔、音乐还是表演还保留原来童伶时代的特色。这一点引起大家的惊讶和议论，这使参加会演的人意识到还要重点培养新的成年的演员。因此回来之后培养新演员的问题提到了议事日程上来，提出今后6个班可推选几个有经验的老艺人和导演，统一负责培养。① 这种培养制度其实从准备《大难陈三》参加会演已经发端，但它的正式确立还是有很大意义，因为这标志着戏班各自为政，潮剧艺人师徒相传的制度已经打破。

为贯彻中南会演的基本精神，1952年10月12日至14日，潮汕戏曲改进会召开戏曲代表会议，6个潮剧班选出老艺人、主要演员和编导的代表共46人参加。会上代表们认为，潮剧在前段的改革工作中，对旧剧没有及时进行整理、保留，没有进一步对民族遗产进行整理、发掘；干部产生急躁情绪，企图以新代旧。② 这不难看出，若没有中南会演的纠偏，③ 也不会有代表提出的这些意见。总的来说，中南会演的成功，中南区文化领导的讲话精神，粤剧的教训，应该会使潮剧界领导人意识到一个改革的方向，那就是：不能简单地以新代旧，要重视旧剧的整理改造，同时整理改造不能学粤剧那样，要注意主题和思想性，要有反封建主题。而一个直接的信息就是，像《大难陈三》这样的旧剧，可以利用解读的角度不同，经过改造达到既符合新形势的需要，又合乎观众的口味，在两者之间找到一种平衡。这样就不会像新戏一样，虽意识形态上不犯错误，但观众难以接受。或像粤剧《三春审父》一样，虽观众欢迎，但受到批评。

八 结论

在刚解放短短的二三年中，对潮剧影响最大的因素是当时的文艺政策，这种影响是透过文艺政策的执行者来实现的。虽说对文艺政策及其执行者而言，观众及艺人是改造和引导的对象，但他们毕竟是受众和具体表演的人，其反应还是一定程度地影响到了政策的执行者。经典剧目是改造的对象，但悠长、深厚的历史，广泛的社会影响，却是难以一下子消除的。几种因素的作用下，有关的文艺领导当然明白，像《大难陈三》这样的旧剧，可以利用解读角度的不同，经过改造达到既符合新形势的需要，又合乎观众的口味，在两者之间找到一种平衡。

责任编辑：陈景熙

---

① 林淳钧：《潮剧闻见录》，第227~230页。
② 林淳钧：《潮剧闻见录》，第225~227页。
③ 傅谨：《新中国戏剧史》，第17~30页，"纠偏"是对当时各地禁戏过多过滥的纠正，是文化部戏曲改进委员会进行的全国性工作。

潮剧的"味道"和"乌衫"

梁卫群*

摘　要：潮剧是国家非物质文化遗产，它不是供于博物馆里的摆设，而是活着的艺术，它的发展演变与受众紧密相关，这两者之间是互相影响的。作为一种古老的传统艺术，它的身上留有文化遗响，同时，生存于当下，又让它妥协于现实。潮剧的形态结合了诸多方面，是一种合力的呈现，既有历史留下的痕迹，有潮人文化审美的要求，还有现实生活的干预。潮剧近几十年来，特别是近 20 年来，面貌形态发生了变化，而这种变化背后，有着让人深思的东西。

关键词：潮剧气质　表演风格　水袖　乌衫

潮剧的味道

早些年，就听到慨叹：潮剧不像潮剧了。

潮剧怎么就不像潮剧了？

看戏的感觉不一样了。拜科技之所赐，我们至今能听到 20 世纪二三十年代以来的潮剧唱腔和音乐。[①] 对于老百姓，不消说得太专业，那样的戏曲，是跟心灵贴着的，跟感情贴着的，是水一样流淌进听者的耳朵，再流淌进他们的心里。没一点勉强，更没一点暴力。你情我愿，温婉而自然，有种相知相识的平常，及由此带来的满足。有研究这方面的专家朋友说：他认为 20 世纪五六十年代以前的潮剧唱腔，才能充分表达出潮州话的美感。[②] 我们看到，从 20 世纪 60 年代，特别是样板戏之后，潮剧明显就激昂起

---

*　梁卫群，1973 年生，汕头市广播电视台编辑。

①　林淳钧：《潮剧闻见录》，中山大学出版社，1993，第 89～90 页。

②　林立观点。

来，胸膛就挺起来，动作、音乐等就大刀阔斧起来。同样一出戏，比如《赵氏孤儿》下集中的庄姬，20世纪80年代初，青衣范泽华唱"未亡人三炷清香心一片，七尺素练头上缠"，是很明显很到位的乌衫路子。《赵氏孤儿》是中国经典传统剧目，现在的潮剧舞台上仍演它，但现在我们看到的中年庄姬却少了传统乌衫的味道。然后，我们看到的舞台也就纷繁起来。

应该客观看待"纷繁"。"纷繁"意味着元素多起来，当这众多的元素归拢于一个主题，一个方向，它的表现能力就非常强大，这需要一个前提条件，就是极强的驾驭者，他有能力安排好每一处，每一个环节，让它们服务于一个指向；相反，若是能力稍欠，"纷繁"的结果，是各个元素互相抵消，还不如简单的好。

所以，当我们拥有现代社会诸多先进的技术和手段的时候，很多人就这个也舍不得那个也舍不得，都用上，结果势必导致一堆技术手段堆积在一起，却只是累赘，而不能变成有用的东西。所以，当我们的手段多起来之后，我们更需要一个冷静和清醒的头脑，哪些是当用的，哪些是不当用的。

比如说水袖。潮剧舞台上的水袖是越来越长了。以前的潮剧舞台上，水袖通常在一尺四到一尺六之间，贫寒之人，如《芦林会》中的姜诗，水袖宜短；而富足人家，水袖可稍长。但大体就在这个幅度之间。水袖的长短是决定表演的一个重要因素，比如说，水袖短的姜诗，他的动作就相对局促，这与他的寒士身份与拘谨僵硬的性格是匹配的，官家公子、少年秀士水袖就可以长点，表演显得潇洒些。[①] 总体而言，在一尺六以内的水袖长度，是不可能有太花哨、太炫耀的表演技巧的。与此相协调的是，潮剧整个表演风格上的平和，比如，潮剧舞台上的人物，（样板戏的不说）他们的举止总体是柔和的，圆融的；而乌面行当（即净行）因刚烈的审美决定了行当的程式是撑开的，拉架势，这另作别论；其他行当的表演，含胸垂肩，更为随和。所有这些，包括唱腔上的娓娓道来，轻婉自然，服饰和表演上的不过火，不张扬，留有余地，都与潮人的审美和民性相关，即含蓄、内敛、抑止。

潮剧为什么有生命力，是因为它有这样一种文化特质，即存在这个族群文化深处一种互相认同的标识。它不只是一种简单的文艺形式，身上承载着更多深层的东西。

所以，当我们的手段丰富起来之后，我们应该记住自己是谁，别把自己搞得面目全非了。如现在潮剧舞台上的水袖，特别是旦角的水袖，有的已经很长了，为了把水袖用足，观众就看到演员在舞台上一甩几米长的水袖，一收，这一把布就揪入掌中。问题是，抓着这一把水袖，演员细腻的指式就不能表现了。尤其应该注意到的是，这样大开大合的动作，是伤了潮剧的蕴藉之美的，不足取。

潮剧舞台不见乌衫

潮剧舞台不见乌衫久矣。

---

① 语出广东潮剧院服装设计师吴筱南，国家二级舞美设计师。

对于这句话，人们也许会有质疑，是的，这样的言论并非是在完全掌握潮剧的演出情况并做了相应的统计而得出的，但我的表达，我的发现，仍然有着确凿的事实基础。

当下潮剧常被诟病的一个问题是，潮剧失去潮剧味，其中很重要的一项是行当的模糊。小剧团、业余剧团就不去说它了，就是专业剧团也存在相同的问题，程度深浅之别而已。

乌衫，是潮剧对已出嫁的中青年妇女的特定称谓，多属贤妻良母或贞节烈女，重唱工，多为悲剧人物。潮剧的旦行是这样划分界定的，除乌衫之外，还有蓝衫旦，扮演官宦的千金小姐或富家的闺秀，相当于通常的闺门旦；衫裙旦，扮演富家小姐或风骚少妇，不带水袖，表演多风骚娇艳；彩罗衣旦，也称花旦，扮演村姑或婢女，穿窄袖衣衫，系腰带，多属天真乖巧、聪明伶俐的喜剧人物；老旦，扮演年迈的老妇，包括皇亲贵妇，以及民间贫妇；武旦，扮演江湖侠女或巾帼英雄，多为机智豪爽的正面人物。[①]按戏曲界的行当划分，潮剧的乌衫和蓝衫都应纳入青衣的范畴。青衣，戏曲史上另有名曰"正旦"。[②]中国的戏曲行当划分，既是明确的，也是模糊的，或者说，主体部分是明确的，但边缘交叉处就模糊了，打个比方，青衣和花旦，青衣的年龄跨度是从未出阁的少女到中年妇女，花旦的年龄是少女，那么青衣与花旦在年龄上显然存在交叉部分。如何界定这个年龄段角色的行当呢？这倒是难不倒观众的，是青衣还是花旦，稍看过一些戏的观众就能判断，因为两者的表演形态，或者气质是迥异的，端庄的就是青衣，俏丽活泼的则是花旦。把年轻的这段拿掉，青衣更重要的还是它涵盖了中年妇女这个年龄段，为什么说是"更重要"呢？因为在中国戏曲中，中年妇女的戏份是很大的，很多经典的传统戏中都有她们的身影。但中年妇女的差别也是相当大的，一是身份差别，如《赵氏孤儿》中的庄姬，贵为公主；如《芦林会》中的庞三娘，却为贫妇；如《穆桂英挂帅》中的穆桂英，非上述之纤纤弱质。二是性情色彩差别，如《白兔记》中同为刘知远妻子的李三娘和岳秀英，一个悲苦，一个温婉，一个受尽折磨，一个养尊处优，她们都是"青衣"。

我不知道，在潮剧行当归类引进"青衣"之前，按潮剧的传统行当划分，即在乌衫旦、蓝衫旦、衫裙旦、彩罗衣旦、老旦和武旦中，岳秀英这个角色应归于何处。以排除法，貌似归入乌衫旦为宜。李三娘无疑可纳入"乌衫"中，但岳秀英怎么会是"乌衫"呢？她的身份是多么尊贵。

在以前潮剧旦行的行当划分中，中年妇女这个年龄段只有一个"乌衫"，显然不能容纳这个年龄段对应的所有角色。其实，戏曲界惯用"青衣"来代表中年妇女，也有以偏概全之嫌，着青褶子者，往往正在经受磨难。但字面感觉上，还是要比潮剧的"乌衫"好，在潮剧中，最明艳的闺门旦被称为"蓝衫"，也颇不明艳。就是这样明亮美好的年龄，也要压抑着它，是有意还是无意？让人遐思。

有些事情，追问一下，还是有意思的。"正旦"与"青衣"是对同一个行当的称谓，

① 《潮剧志》编辑委员会：《潮剧志》，汕头大学出版社，1995，第 228 ~ 229 页。
② 吴同宾、周亚勋主编《京剧知识词典》，天津人民出版社，1990，第 6 页。

在命名上，"正旦""花旦"的旦行序列，是以风格、性格气质而分的，这可能更具概括性，更分得清。"青衣"的说法，来自于扮相，而且是"苦扮相"。中年妇女者，当然有着青衣的，也有着锦衣的，却以青衣代替锦衣，这就有审美倾向了。

而现在的潮剧舞台上，满台青衣戏，却再难见到这种形象朴素到极点的乌衫了。现在的女主角，也是青衣，却往往盛装，气势气场都不小，让人很怀念那个外在质朴无华、卑微纤细而内涵丰富的乌衫。她的出场，是把自己放得非常非常的低，低到尘埃里去了，但她最后却亭亭立于观众的心中，在人们的脑海里明灭。从潮剧的乌衫旦身上，可以明了一个道理：原来一个人，把自己放得很低，她的升腾空间就会变得很大。现在的演员，谁能有这样的底气，把自己弄得如此不起眼，倒是反过来，恨不得一出场，就控住全场。然后，观众就在一场接一场的激昂和亢奋的带领下，变得疲劳而麻木。这板子不能全打到剧团身上，现在的曲子为什么不敢慢，因为生怕观众不耐烦。无论如何，传统文化总需要某些坚守，至少是某种程度的坚守。

乌衫，是潮剧非常重要的一个行当，乌衫以唱工见长，其低回、委婉、细腻的唱腔及情致极好地体现了潮剧的特色，为人们所深爱，在有记载的资料中，不少是唱乌衫曲出名的演员。[1] 所以，乌衫不见于潮剧舞台，就让人关切。我们熟悉且喜爱的王金真、李三娘、庞三娘，莫非只能在以前的录像录音中翻寻了？试问今日，还有谁能执帚西廊，或肩挑桶儿、井台积泪，或一曲芦林会，可以动观众心弦的呢？

责任编辑：陈景熙

---

[1] 林淳钧：《潮剧闻见录》，中山大学出版社，1993，第90~95页。

区域历史

南宋元朝时期潮州驿道
建设的政治功能

陈泽芳[*]

摘　要： 南宋和元朝时期，潮州的驿道建设有很大发展。潮州驿道的建设体现了王朝加强其统治的需要。通过驿道，中央王朝不仅加强了对偏处岭东一隅的潮州的统治，也加强了对岭南地区的统治。

关键词： 南宋元朝时期　潮州　驿道建设　政治功能

　　潮州地区进入南宋以后，陆路交通建设的速度明显加快，不仅对旧有驿道进行了整修和改造，也开始了新驿道的建设。已有学者对此问题进行过探讨，如陈伟明的《宋代岭南交通路线变化考略》一文在讨论整个宋代岭南地区交通发展时，指出南宋潮州地区新驿道的开辟是宋代岭南交通格局的明显变化之一。[①] 黄挺、陈占山的《潮汕史》对这一时期潮州地区的交通发展，也曾立有专节进行全面而深入的介绍。[②]颜广文的《元代隆兴至潮州新驿道的开辟及对赣闽粤三省省界开发的影响》对元代新开辟的隆兴（今江西南昌）至潮州的驿道进行了详尽的考证。[③] 但是，这些研究大多只注重从交通建设与经济发展的关系方面立论，而基本没有论述到驿道建设的政治功能。如陈伟明认为"到了宋代，岭南交通的重要功能开始向经济型转变"[④]；颜广文在阐述元代隆兴至潮州新驿道的影响时指出"从驿道间南北山海货物互易的大增和驿道沿线大大小小工商城镇崛起的事实，我们就可以清楚地估计月的迷失开驿的巨大

---

　*　陈泽芳，1971 年生，汕头职业技术学院副教授。本文原载于《韩山师范学院学报》2009 年第 1 期。

　①　陈伟明：《宋代岭南交通路线变化考略》，《学术研究》1989 年第 3 期，第 68 ~ 71 页。

　②　黄挺、陈占山：《潮汕史》，广东人民出版社，2001，第 114 ~ 121 页。

　③　颜广文：《元代隆兴至潮州新驿道的开辟及对赣闽粤三省省界开发的影响》，《中国边疆史地研究》1998 年第 2 期，第 11 ~ 18 页。

　④　陈伟明：《宋代岭南交通路线变化考略》，《学术研究》1989 年第 3 期，第 70 页。

经济效益了"①。诚然，南宋以后，我国的经济重心完成了从北方到南方的转移，包括潮州在内的岭南地区得到进一步开发。经济的发展也必然地要求交通建设的加快。因此，驿道交通建设与经济发展的关系自然是非常密切的。然而，另一方面，笔者认为，中央王朝通过地方官府组织对驿道开辟和建设的初衷，更多的是从加强中央王朝对地方的管理和控制的角度出发的。特别是像潮州这样离王朝的统治中心较远的偏僻地区，驿道的政治功能就更为明显。而且，从驿道建设及其使用的实际效果来看，其政治功能也是显而易见的。

一　南宋以前潮州地区简陋的驿道建设

唐代及以前的潮州地区，还比较蛮荒，史料的记载及保存尤其缺乏，故对于唐代以前潮州地区的驿道情况，我们几乎不得而知。但是《永乐大典》残卷中保留的《三阳志》潮字头相关部分，为我们提供了宋代潮州地区的一些史料。综合《三阳志》和其他史料的记载，南宋以前潮州地区的驿道主要有三条。一是潮漳道，现存的史料没有对这条驿道开辟的时间进行具体记载，它主要起到沟通潮州与闽南地区交通的作用。二是由潮州"南自潮阳，历惠之海丰"一直抵达广州府的潮惠下路。这条驿道似乎很早就有，从《三阳志》记载来看，南宋初年，它即与其北面并行的潮梅循水道对称为"上、下路"了，因为广州在唐宋时期一直是岭南的政治、经济、文化中心，且此路"坦荡，烟岚稀远，行人都喜由之"②，因此这条驿道是潮州与外界最重要的一条陆上交通线。第三条驿道为纯山路，由潮州经揭阳至龙川，③ 由于地理条件的限制，其地位与作用皆不及前几条驿道。从南宋初二三十年的记载来看，这些道路情况也不甚理想，不仅设施破败简陋，管理制度也存在许多问题。对于条件相对较好，且通往广州府的潮惠下路，时任广南东路转运使林安宅有如下真切详尽的描述：

> 自有下路以来，役保甲为亭役子。亭驿距保甲之家且远，客至则扶老携幼，具荐席，给薪水，朝夕执役如公家之吏，不敢须臾离焉，候其行乃去。客未至则尉之弓手，巡检之土兵，预以符来，需求百出。客或他之，则计薪刍、尽镏铢，取资直而去。民以为苦。此其不便一也。官兵商贾鱼肉百姓，编氓远徙，不敢作舍道旁，行人无所呼闻以求水火。长堤旷野，绝无荫樾，炎天烈日，顶踵如焚，莫可休息。渴则饮恶溪之水，其不病者鲜。此其不便二也。驿可宿，亭不可宿，日行至于三四十里，过是则投夜无所。桥道颓毁，积水不泄，春霖秋潦，横流暴涨，行人病涉，往往多露宿，以待涸而后进。此其不便三也。沙汀弥望，杳无人烟。盗贼乘之，白昼剽劫，呼号莫闻，受御者不一，而州县莫之知。此其不便四也。④

---

① 颜广文：《元代隆兴至潮州新驿道的开辟及对赣闽粤三省省界开发的影响》，《中国边疆史地研究》1998 年第 2 期，第 18 页。
② 解缙：《永乐大典》，中华书局，1986，卷 5343，《潮州府一》，第 2460 页。
③ 同上。
④ 林安宅：《潮惠下路修驿植木记》，载黄挺、马明达编《潮汕金石文徵》，广东人民出版社，1999，第 94 页。

广州府作为广南东路的首府和整个岭南地区的政治、经济、文化中心，与潮州连接的道路尚且如此简陋，通往潮州的其他道路的情况想必更加不堪。之所以会产生这样的情况，除了与北宋时期潮州经济社会发展的程度有关之外，更重要的原因是潮州在岭南地区处于相对次要的政治地位。自秦汉至北宋时期，岭南地区的交通建设的重点是加强广州与统治中心的联系，因为广州自秦汉以来一直是岭南地区政治、经济、文化的中心，也是中央王朝对岭南实行统治的最重要基地。王朝要加强对岭南的统治就必须建立起统治中心（首都）与广州之间便捷和完善的交通线。随着中原王朝的统治中心由秦汉时代的关中地区转移到北宋时期的开封地区，岭南地区与中原最重要的交通线也经历了三次东移，到北宋时期固定在大庾岭路。[1] 这条道路的质量之高，整修之及时，都表明政治因素对北宋政府驿道建设决策中的重要性。而潮州偏处岭东一隅，开发也比较晚。唐代潮州的开发程度还是很低，生存环境仍旧恶劣。韩江三角洲许多地方还没有淤积成陆，中原移民对此地高温多雨的湿热气候很不适应。一直到北宋时期，潮州仍然是犯罪官员的贬窜之地，交通运输的需求量不大。再加上唐代岭南道和北宋广南东路治所一直都设在广州，潮州也一直属于广东这一地域范围内。所以，直到北宋时期，潮州与内地的交通联系主要通过广州进行，并没有与内地联系的主要交通线，故通往广州的驿道也很简陋。

二　南宋潮州驿道的整修改造

北宋灭亡后，南宋建立者宋高宗将都城（当时称为"行在"）定在临安，宋朝的统治中心由中原地区转移到以两浙为中心的长江中下游地区，因此岭南地区通往统治中心临安及东南两浙地区的交通极为重要，岭南地区与临安之间最短的陆上联系通道，当属沿海岸线东北而上的道路，其基本走向是广州—潮州—漳州—泉州—福州—临安，潮州成为联系都城临安与岭南之间的交通要道。如上文所述，潮州通往外界的驿道简陋不堪，根本无法满足这种需要。因此对潮州通往广州与漳州的驿道进行改造和整修就成为迫在眉睫的工程。

在潮州与外界沟通的几条重要的驿道中，最先得到整修的是潮惠下路，因为它是潮州与外界沟通最重要的交通线。这项工程自从南宋绍兴二十八年（1158 年）开始，由新任广东路转运使林安宅发起主持，潮、惠两州州县长官具体负责。工程完成的时间史无明文记载，故无从考察，但最迟在绍兴二十九年（1159 年）七月前就已竣工。因为在这年八月初，林安宅撰《潮惠下路修驿植木记》，对此道改造情形进行了颇为明确的叙述：

> 创盖铺驿，增培水窟，夹道植木，跨河为梁。诱劝乡民，移居边道，而海丰令陈光，又唱增置铺兵之说于予；而潮惠二守深以为然。每亭驿各差兵士以供执役之劳，而百姓之为亭驿子者，率皆罢去。……予又刷上路驿铺之冗兵，以益下路。依闽中温

---

[1]　蔡良军：《唐宋岭南联系内地交通线路的变迁与该地区经济重心的转移》，《中国社会经济史研究》1992 年第 3 期，第 33 ~ 42 页。

陵上下路各置铺驿，闻于朝廷。①

由此可知，这次大规模的整顿完全是针对前述此道的种种缺陷与不足展开的。潮惠下路经过这番改造，交通条件大为改善。林安宅是这样描述改造的结果的：

> 铺兵与居民相为依倚，道旁列肆，为酒食以待行人，来者如归，略无前日之患。②

这当然有些自夸的成分，但是现存《永乐大典》所引《三阳志》的记载说潮州"虽为岭海小郡，而假道者无虚日"，"凡趋广者，糜不经焉"③。杨万里也有诗称赞潮惠下路"厌穿山径石嵚崎，喜见山原路坦夷。更着两行围树子，引人行远不教知。地平如掌树成行，野有邮亭浦有梁。旧日潮州底处所，如今风物冠南方"④。可见由林氏主持的这次改造确有成效。

对潮惠下路的改造完成以后，潮州当地的地方官员又对潮漳道进行了改造，工程分两次进行。第一次是在南宋庆元末年（1200 年），现存史料对这次工程的记载语焉不详，只是提到改造的原因是"漳潮界上道路硗确"，知府林□"捐金砌石，以便往来"⑤；第二次是在南宋淳祐年间（1241～1250 年），文献对改造前这条驿道的情况有比较详细的描述：

> 蹊道硗确流断绝，旧桥砌以石者，仅秋溪一，思古亭一，后增十有余所。大率规模苟就，阅历未几，颓仆继之，其路又多泥淖，间或筑砌，第累小石，才遇淫潦，行者涉者病焉。⑥

针对上述情形，知州陈圭"捐金市石，依私值偶工。石而桥者一十三所，砌而路者三百余丈"⑦，工程规模不小。经此兴筑，这条驿路也畅通无阻了，"憧憧往来，无复畏途病涉之患"⑧。

经过整修和维护，这两条道路在联系南宋中央王朝与岭南之间起到了极为重要的作用，南宋时期广州与临安的繁忙交通往来和大规模物资运输活动，多由下路至潮州经漳泉至临安。中央王朝在维护对地方的统治中，政令的畅通是非常重要的，而政令主要靠各种文书传达。因漳、潮分属于福建路和广南东路，管辖权属不同，曾经在一定程度上造成了文书转达和道路维护的不及时。为了加强临安与广东各地的信息传递和物资运输，协调两路地方道路行政管理机关的权限，南宋嘉定六年（1213 年），监登闻鼓院张镐言：

---

① 林安宅：《潮惠下路修驿植木记》，载黄挺、马明达编《潮汕金石文微》，第 94 页。
② 林安宅：《潮惠下路修驿植木记》，载黄挺、马明达编《潮汕金石文微》，第 94 页。
③ 解缙：《永乐大典》卷 5343《潮州府一》，第 2460 页。
④ 杨万里：《诚斋集》卷 17《揭阳道中》，收入《四库全书》，台北：商务印书馆，1983。
⑤ 解缙：《永乐大典》卷 5343《潮州府一》，第 2453 页。
⑥ 解缙：《永乐大典》卷 5343《潮州府一》，第 2453 页。
⑦ 解缙：《永乐大典》卷 5343《潮州府一》，第 2453 页。
⑧ 解缙：《永乐大典》卷 5343《潮州府一》，第 2453 页。

　　潮州属广东，若取本路递角，则自江西至广州而后达潮，其路为迂。故多由福建路转达，取其便速也。惟是福建路递铺官兵与潮州不相统属，故每每有沉匿之患。乞朝廷深酌以福建路漳、泉州提辖递铺官至任满罢，令从潮州报明批书，广东路潮梅州巡辖递铺道路任满罢，即从漳州报明批书。异时赴部注拟，得以点对递角有无通滞以为升点，庶几，两路互有统摄。①

　　南宋政府采纳了他的意见，由福建至潮州段增设了递铺，并协调了两地的交通管理机构的职责。

　　南宋时期潮州地区通往广州府和漳州的驿道都得到了整修。通过整修改造，不仅方便了临安与广州之间的人员、物资、文书的往来与传递，也加强了中央王朝对岭南地区的有效统治。

三　元朝时期潮州新驿道的修建

　　宋元政权鼎革之际，潮州原有的交通设施遭受了较大的破坏，特别是铺驿馆舍，损失殆尽，"以上铺驿庵亭，世变后皆废，不复存矣"②。由于南宋的灭亡，潮州失去了其联系岭南与中央王朝的交通要道地位，但因其地处粤闽交界，仍是从广州至福建福州、泉州这条最便捷道路上的必经之地。因此，各种设施在元初经过重建后，③ 尚能继续发挥作用。

　　元代的统治者不仅修复了原有的交通设施，而且新建了一条驿道来维护和巩固其对潮州的统治。新驿道于至元二十一年（1284 年）开辟，自隆兴（江西南昌），经抚州（江西临川）、邵武（福建邵武）、汀州（福建长汀）至潮州。全程"径道一千六百余里"，"立站一十七处"④。有关此一驿道，颜广文《元代隆兴至潮州新驿道的开辟及对赣闽粤三省省界开发的影响》一文已有详细的考订，⑤ 本文不赘。这里仅是进一步探讨新驿道的修筑对元王朝政治上的功能和意义。

　　元代潮州的社会经济发展水平与南宋相比，不仅没有进步，反而有所倒退。从人口数字来看，元代中后期潮州人口在 50 万上下，比南宋时期潮州的人口还要少一些；从工商业而言，在宋代时潮州极为发达的陶瓷业完全消失，剩下盐业也仅能满足本地的需要。⑥因此，笔者认为促使元朝下大力气修建一条从江西经福建到达潮州的驿道，并不是因为经济发展的需要，而完全是出于政治上的考虑，即为巩固元朝对潮州地区和东南地区的统治。

① 徐松：《宋会要辑稿》，中华书局，1957，第 7519 页。
② 解缙：《永乐大典》卷 5343《潮州府一》，第 2460 页。
③ 解缙：《永乐大典》卷 5343《潮州府一》，第 2453、2462 页。
④ 解缙：《永乐大典》卷 19418《经世大典·站赤三》，第 7207 页。
⑤ 颜广文：《元代隆兴至潮州新驿道的开辟及对赣闽粤三省省界开发的影响》，《中国边疆史地研究》1998 年第 2 期，第 11～18 页。
⑥ 黄挺、杜经国：《潮汕地区人口的发展（唐－元）》，《韩山师范学院学报》1995 年第 1 期，第 24～35 页；黄挺、陈占山：《潮汕史》，第 250 页。

　　首先，如前所述，唐宋时期，潮州分别属于岭南道和广南东路，它们的治所一直都设在广州，潮州也一直属于广东这一地域范围内。然而，元代的行政区划有了较大变化，潮州在元代被划入了江西行省，省治为隆兴。可是，隆兴与潮州之间却没有道路直接相通。如此一来，如果官员、公文要从省治到潮州，就必须先从隆兴到广州，再转潮州，绕了一个大弯，需浪费大量时间。对远在隆兴的江西行省而言，如何管理潮州就成了一个很棘手的问题。更令元朝统治者头疼的是，因为黎德、欧南喜领导的大规模农民起义持续了好几年，起义队伍一度包围了广州城，元朝军队只能龟缩在广州城中。从隆兴到潮州的驿道就只好改道从江西出福建，绕福州、泉州、漳州，抵潮州了。这样一来不仅给往来的官员和文书的传递带来了极大的不便，而且也削弱了元朝政府对潮州的统治。亲身走过此道的广东道宣慰使月的迷失上言："抚州至潮州，经由汀梅，径道一千六百余里，比之福建近便七百五十余里。若于汀梅往道立站，官民利便。"① 在这种情况下，江西行省向元朝中央政府核呈了修建新驿道的议疏，最后"都省议得，准拟回咨"。"如委便，当就于附近驿站内，量拨驿马安置，若有不敷，差拨相应户计充之"②。于是，江西、福建各方有关官员开始了修驿工程。③

　　其次，元朝政府之所以会如此迅速地批准这一计划并着手实施，这与元朝的统治策略有密切关系。元代是历代王朝中统辖区域最广的一个朝代，元人自谓："开辟以来，幅员之广，莫若我朝。东极三韩，南尽交趾，药贡不虚岁；西逾于阗，北逾阴山，不知各几。"④ 作为一个入主中原的草原游牧民族，要在如此广大的疆域里，在一个以汉文化为主体的国家里成功实现其统治，以最快的速度实现政令通达和各地信息反馈是其关键所在。为此，元朝政府十分重视道路交通网络的建设。尤其是在驿道的建设、管理和使用上成效显著。在驿道建设上，元朝政府继承和利用了南宋原有的官道道路交通体系，加强了对边远地区的驿道和驿站建设，形成了以大都为中心的四通八达的交通网络，借此巩固对边疆地区的统治："盖使九州四海之广大，穷边辅邑之远近，文书期会络绎周流，如人之血脉贯通于一身，诚有国者之要务也。"⑤ 潮州正是一个地处偏远，距元朝统治中心较远的地区。可以说，修建通往潮州的驿道不仅是因为旧有驿道的通行状况受阻，也是其统治国策的贯彻。

　　再次，元朝初年潮州错综复杂的政治形势也是促使元朝统治者作出这一决策的重要原因。元兵在追击逃亡的南宋小朝廷的过程中，于1278年攻陷潮州城，但并没有久驻，而是随即撤离，将潮州地方事务交由陈五虎兄弟主持。所谓陈五虎就是海阳人陈懿及其兄弟忠、义、勇、昱的合称。陈氏本是当地豪强，在宋元易代之际，他们选择了助元兵攻潮州城，并从元兵征崖山。元朝也承认了其在潮州地区的统治。陈氏得以割据潮州是利用了元

---

① 解缙：《永乐大典》卷19418《经世大典·站赤三》，第7207页。
② 解缙：《永乐大典》卷19418《经世大典·站赤三》，第7207页。
③ 颜广文：《元代隆兴至潮州新驿道的开辟及对赣闽粤三省省界开发的影响》，《中国边疆史地研究》1998年第2期，第11~18页。
④ 许有壬：《至正集》卷31《大元本草序》，收入《四库全书》，台北：商务印书馆，1983。
⑤ 刘诜：《桂隐文集》卷1《螺川重修马驿》，收入《四库全书》，台北：商务印书馆，1983。

兵初下江南，各地反抗势力层出不穷，元兵疲于应付的特殊局面。元朝一旦稳定了形势，就不会容忍这一割据势力的存在。短短几年以后，元朝政府于 1284 年就开始对潮州进行直接统治。主持修建驿道的月的迷失正是元朝政府派来取代陈氏兄弟管理潮州的广东宣慰使，他的修驿活动正是为了加强中央王朝对潮州的直接统治。

最后，新驿道还与元代海上交通运输相连接。元代统治不稳定，内陆农民起义频仍。尤其是元后期，长江中下游驿道全塞。不少官员到广东、江西等地上任就是利用海道抵潮州，通过新驿道到隆兴，再转赴各地。如至元二十年（1283 年），朝廷任命朵列不花为江西行省平章，是时"武昌、湖南诸处，道里不通，遂远涉海洋，几万余里，而至于潮"①，然后到隆兴上任的。

综合看来，元朝重视驿道建设的既有国策及元初潮州复杂的政治形势促使了新驿道的建设，而经济因素在其决策考虑中所起的作用并不大。新驿道的修建，主要是为了加强中央王朝对潮州乃至岭南地区的统治，其对巩固新王朝的政治权力有着重大的政治意义。

岭南独特的地理位置决定了中央王朝要维持其在这一地区的政治统治，必须建立发达的驿道系统，以利于文书传递、人员流动，并在必要时通过驿道调配军队、给养。所以，相对于内地来说，道路交通的发展对远在南疆，与首都远隔千里的岭南地区的社会经济文化发展的意义更为重大。宋代以前，潮州地区经济社会不甚发达，与外界交流的需求也不大，加上文献的缺失，我们很难考察当时国家是如何通过驿道扩大潮州与外界交流，加强其对潮州的统治的。南宋以来，关于驿道建设的文献记载相对较丰富，我们也可以对此问题进行较深入的探讨。事实说明，南宋和元朝政府都十分重视对驿道的建设，以此来加强其对潮州乃至整个岭南地区的统治。南宋时期潮州与广州府和福建漳州之间的驿道建设得到了整顿和改造，这是因为南宋定都临安，潮州是从广州往来临安最便捷陆上交通线上的必经之地。加强潮州的驿道建设，不仅密切了潮州与广州的联系，也方便了广州与南宋朝廷之间的联系，因而有利于加强中央王朝对岭南的统治。而元代则更加重视潮州与江西行省省治隆兴之间的交通，隆兴是元代东南的政治中心，潮州的地理位置相对偏僻，与中央王朝首都的距离很远，没有直接的交通线，中央王朝的统治权威只能通过在隆兴的行省机构贯彻到处在边疆的潮州。中央王朝为了加强对潮州的统治，就只能而且必须加强潮州与广州和隆兴之间的驿道建设。虽然，南宋和元朝时期行政区域划分与政治形势迥然不同，驿道修筑的模式也存在着差异，但是，无论南宋还是元朝，驿道的整顿、改造和修建都是出于朝廷对潮州乃至岭南地区统治的目的，其政治功能应该是先于经济功能的。

责任编辑：卢颐

---

① 戴良：《九灵山房集》卷 12《关丁郎中赴京师诗序》，收入《四库全书》，台北：商务印书馆，1983。

明代中期潮州地方士绅的
兴起与卫所地方化

——以潮州大城守御千户所为例

杨培娜[*]

摘　要：本文以地处闽粤边界的潮州大城千户所为关注点，考察其自明初到明代中期的设置、管理上的变化，及其与地方社会变迁之间的关系，试图展现明代中期东南沿海卫所在地方上实际存在形态的一个侧面。文章认为，明代潮州大城所，在明初是政府设置在地方上的一个军事堡垒，属于明初东南海防体系的一部分，到了明代中期，随着制度的演变，以及地方社会士绅力量的兴起，经济形态、社会组织结构的转变，大城所正逐步地方化，进而成为地方文化和市场的中心。

关键词：卫所　闽粤沿海　潮州　大城所　灶户　士绅

研究明代军制史的学者认为，卫所制度自宣德年间开始出现危机，屯田崩坏，卫军逃逸，卫所缺额，战斗力下降，卫所军制逐渐被营兵制所取代。[①] 学者们的讨论主要立足于军事制度层面来理解卫所制度发展的趋势，且取得了令人瞩目的成就。而另一方面，笔者也以为，作为身处在一个具体社会环境中的卫所，它在地方上的意义应不仅仅是军事上的，如果把卫所放回具体的地方社会发展脉络中，看身处地方中的卫所，随着制度本身的演化和周围环境的变化，所引发的军民关系、宗教信仰和贸易交

---

*　杨培娜，1980年生，中山大学历史系博士后。本文原刊于《潮学研究》第14辑。

①　参见王莉《明代营兵制初探》，《北京师范大学学报》1992年第2期，第85～93页；于志嘉：《明代江西兵制的演变》，载《"中央研究院"历史语言研究所集刊》第六十六本，第四部分，1995，第995～1063页。

通等问题，也是值得探讨的。笔者希望以万历初年当地士绅陈天资所纂修的《东里志》[①]为核心材料，结合其他文献，释读史料中所反映的明代中期东界半岛的社会状况及大城所在东界地方的社会角色，以期从另一个侧面探讨明代中期东南沿海卫所与地方社会发展的关系。

一　明初潮州大城所的设置与地方社会组织形态

潮州大城所，全称"潮州大城守御千户所"，位于闽粤海陆交界一个半岛上，该半岛当地人称"东界"或"东里"。明清时期，东界属广东潮州府饶平县宣化都[②]管辖，民国以后，乡镇级行政建置更改频繁，至1986年，半岛分辖于饶平县所城、大埕和柘林三镇，行政格局基本稳定，大城所属所城镇管辖。

大城所创设于明洪武二十七年（1394年），属潮州卫管辖。洪武二十七年，朱元璋命吴杰等往广东训练沿海卫所官军，以备倭寇。[③] 都指挥同知花茂奏设广东沿海二十四卫所，大城所为其中之一。[④]

大城所的选址，与其地理位置直接相关。其所在东界半岛，与福建仅一线之隔，南端的柘林与南澳岛隔海相望，南澳岛之外就是外洋。所以在以帆船为主要海上交通工具的时代，柘林与南澳之间的水道是浙江、福建船只顺风南下进入广东的必经之路。洪武年间，迁南澳居民上陆居住，[⑤] 南澳弃守，柘林成为从福建进入广东的水上第一个门户。明初的沿海布局以防为重，东界半岛上设立大城所驻扎军队，柘林等地属在外烽堠，派军防守。同时，又令水寨兼哨柘林，称为"提督东路"。在每年四月初到九月底的季风期，大城所

---

① 陈天资，东界上里村人，嘉靖十四年（1535年）进士，历任户部主事、兵部郎中、叙州府知府、辽东道监察御史、湖广左布政使司等职。协助陈天资撰修《东里志》的还有另外两位乡绅：吴少松，东界下湾人，嘉靖三十六年（1557年）贡生，曾任浙江宜山教谕；刘健庵，东界下湾人，嘉靖四十三年（1564年）举人，曾任岳州通判。所谓东里，就是指东界地方，但是《东里志》的记事范围实际上并不限于当地，而且包括了相邻的同县信宁都部分地区和隔海相望的南澳岛。这部独特的志书编修的动机，直接与嘉靖以后该地区社会激烈动荡的环境有关。具体参见陈春声《嘉靖"倭患"与潮州地方文献编修之关系——以《东里志》的研究为中心》，载黄挺主编《潮学研究》第5辑，汕头大学出版社，1996。
② 明成化十四年（1478年）年饶平置县，之前属海阳县。
③ 《明太祖实录》卷234，台北："中央研究院"历史语言研究所，1962，第3415页："（洪武二十七年八月甲戌）命安陆侯吴杰、永定侯张佺等率致仕武官往广东训练沿海卫所官军，以备倭寇。"
④ 《明史》卷134《花茂传》，中华书局，1974，第3908页："……又请设沿海依山广海、碣石、神电等二十四卫所，筑城浚池，收集海岛隐料无籍等军，仍于山海要害地立堡屯军，以备不虞。皆报可。"又，嘉靖《广东通志》卷31《政事四·兵署》，第7页："大城守御千户所，在饶平县宣化都，洪武二十七年都指挥花茂奏设。"
⑤ 南澳的迁民行动，在洪武和永乐年间各有一次，具体时间各地方志记载不一，但可以肯定的是，大城所设置之时，南澳属弃守状态。参见陈天资纂修《东里志》卷1《疆域·澳屿》，潮州市地方志办公室，2004年影印汕头市档案馆藏民国抄本，第21页："洪武二十四年，以居民顽梗，近发充海门千户所。"乾隆《南澳志》卷3《建置》，收入《中国地方志集成·广东省府县志辑》第27册，第394页："明洪武二十年，信国公汤和经略海上，徙澳民于内地。永乐二年拨澳民复回原籍耕种。永乐七年，迁澳民于饶平县之苏湾，墟其地。时倭数为中国患，南澳倭之巢穴也。"

官军连同潮州卫其他官军共 600 名驻守柘林等处巡哨。① 由此可知，自明代初期开始，东界半岛为广东东部沿海的一个军防重地。

大城所的军额为 1225 名，若假定明初军伍足额，以明初的屯三守七，则守城军应为 857 名，屯军为 368 名。其屯田有 11 处：东洋、漳溪、南洋、黄竹洋、梅花阪、双溪、溪南、西洋、秋溪岗、上寨和黄大潭。东界半岛田地稀少，故此 11 处屯田都不在所城附近，而是分布于东界西面黄冈河沿岸的玄歌、秋溪和隆眼城等都，共田一十顷零三十亩，子粒米二百四十六石一斗六升五合。②

顾诚先生在 20 世纪 80 年代末提出了卫所系统也是帝国疆土管理体系中的一种，都司卫所在绝大多数情况下也是一种地理单位，负责管辖不属行政系统的大片帝国疆土。同时他也认为，"在绝大多数情况下，某一地区划归创建的卫所后，原住居民随即脱离行政系统，改归卫所代管。"③ 顾先生的讨论主要立足于边地卫所，即那些原先没有设立行政组织架构的地区。但是，从作为东南沿海卫所之一的大城所看来，情况并非如此。④ 笔者已有的研究表明，就从大城所所在的东里地区而言，鱼盐之利是当地人主要的经济形态，而在当地真正拥有实力的就是一些"耆民"或"土豪"，这些人很可能就掌握或控制了当地主要的利益。卫所设立之后，作为地方重要资源的盐场以及盐户的管理仍处在行政体系之内，其地方基层组织称为"栅"。而且，更为重要的是，真正控制地方的人也并未因为军队的入驻而有所改变，仍然是原来地方上的土豪。卫所在当地修筑城池，实际上可视为一种王朝军事力量强力介入地方，它与当地社会、周边地区可能存在相当复杂的关系。而且更重要的是，二者之间的拉锯、交融，也会影响着当地社会发展的轨迹。

二　明代中期地方士绅的兴起与大城所的地方化

（一）从"奏迁大城所"事件中看东里士大夫力量的兴起

万历时期编修的《东里志》言及大城所的位置时说：

> 东里旧名太平乡。东则上里、东埕、大埕，南则神前、岭后、长美、上湾、下湾、柘林、下岱，北则高埕，西有大港。而大城屹立于诸村之中。⑤

---

① 嘉靖《广东通志初稿》卷 215《海寇》，北京图书馆古籍珍本丛刊第 31 册，书目文献出版社，1991，第 578 页。

② 参见嘉靖《潮州府志》卷 2《建置志》，潮州市地方志办公室，2003 年编印本，第 39 页；卷 8《杂志·村名》，第 122 页。

③ 顾诚：《明帝国的疆土管理体制》，《历史研究》1989 年第 3 期，第 148 页。

④ 关于明初潮州大城所与地方社会组织的关系的详细讨论，参见杨培娜《明代潮州大城所之演变与地方社会变迁关系初探》，载黄挺编《潮学研究》第 13 辑，汕头大学出版社，2006，第 25~66 页。

⑤ 陈天资纂修《东里志》卷 1《村落》，潮州市地方志办公室，2004 年缩印本，第 32 页。

寥寥数字，勾勒出大城所地处内腹、周围村庄绵密的图景。只是这样的一种地理环境，是否跟大城所的海防功能存在矛盾？事实上，在嘉靖时期，这种情形已经引起了地方官员和当地士绅们的诟病。嘉靖二十一年（1542年），饶平县知县罗胤凯奏议：

> 窃惟柘林前金门一道，上据白沙墩，下距黄芒、南洋，外跨隆、南、云、青四澳，内则延袤黄冈、海山、钱塘、樟林等处乡村，闽货广舟所经，本地鱼盐所萃，颇有贸易之利……而大城一所，又深居腹里，名虽备寇，实则虚糜粮食。……今将水寨移之黄芒，将大城所移之陈旗，大全门多置战舰器械，练习水战，以备不虞。①

在这位知县眼中，大城所并没有发挥其应有的作用，卫所军士只是在浪费粮食，徒增负担而已，所以他建议把大城所移驻到陈旗，也就是柘林湾湾口的一个小岛上②。这样的建议并没有得到实施，12年后，嘉靖三十三年（1554年）时任饶平县令徐梓再次提出奏议：

> 国初倭寇为患，沿海多设备倭官军，故于宣化、柘林之东北，特建大城备倭之千户所，而今则无益矣。盖以地理论之，东界一方，北负尖峰峻岭，而大城乃岭之下，东有大埕，西有大港，南有柘林、上下湾、下岱、神前、岭后诸村，四面环居，隐处内地，去柘林十里之遥。海寇登岸劫掠，尚不知闻，是何益于有无之数也。③

在这份奏议中，徐梓意旨更加清楚，即认为从军事的角度而言，隐处内地的大城所已经可有可无了。

只是，这两位知县如此情辞恳切的奏议最后都没有得以实施。究其原因，可从地方军备的角度来考虑。

到嘉靖年间，大城所军额缺失严重，军力下降。但是若相较于洪武年间，则嘉靖初年，潮州地区，尤其是东界半岛，在军备上已经得到很大程度的加强。首先，在正德年间，因为海寇金章作乱海上，调官军戍守大城所。④ 其次，嘉靖初年，大城所官军奏免征调，不需借调到梧州戍守，专一守备地方。⑤ 另一方面，"嘉靖年间藩司因佛郎机之虑，定岁募舟兵十余艘，以协防其处（按：即柘林）。"⑥ 这些招募来的兵丁共有300名，多为

---

① 陈天资纂修《东里志》卷4《公移文·议地方》，潮州市地方志办公室，2004年缩印本，第122页。

② 今天该岛已经同陆地相连，当地人称"旗头"。

③ 陈天资纂修《东里志》卷4《公移文·议地方》，潮州市地方志办公室，2004年缩印本，第122页。

④ 陈天资纂修《东里志》卷2《境事》，潮州市地方志办公室，2004年缩印本。

⑤ 参见《潮州耆旧集》卷19《陈侍郎集》，第336页。

⑥ 嘉靖《广东通志初稿》卷34《营堡·关津》，北京图书馆古籍珍本丛刊第31册，第563页。所谓佛郎机之虑，或指正德嘉靖年间佛郎机在沿海地方的活动，尤其嘉靖十四年，佛郎机占有澳门。（参见《明史》卷225《佛郎机列传》）。

当地熟习水性之民，每年在汛期与官军协同哨守，下班则挈散。① 到了嘉靖二十八年（1549年）的时候，根据罗胤凯的提议，还在饶平沿海的另一个军事重地，距大城所约30里处的黄冈设立了海防馆，驻通判一名，兼辖东里。② 此外，另一股力量也不可忽视，那就是地方社会自身的武装组织——乡兵。③

也就是说，到了明代中期，东界地方的总体军事力量其实并没有因为大城所卫所军队力量的削弱而下降，反之是有所加强的，只是这个时候地方的军事重心已经从大城所转移到了其南面10里的海口柘林。

饶宗颐先生在《柘林在海外交通史上的地位》一文中，指出柘林在置寨之前兵防薄弱，④ 随着嘉靖年间海上寇盗活动的加剧，柘林在海防上的地位迅速提升。嘉靖十四年（1535年）戴璟在编撰《广东通志初稿》时说：

> ……独柘林濒海，最为沿边要害之地。漳州番舶北风过洋必经此路，水寨去此尚离一日之程，彼处海贼出没，水寨一时何知。倘视我无备，乘虚而入，无柘林是无水寨矣。

从嘉靖十四年开始，风汛期间军兵在柘林澳往来巡捕，下班之后，军兵"定以柘林为堡，阻其咽喉之路，且附近大城所官军互相哨守，庶可以保无虞"⑤。尔后，在嘉靖四十三年（1564年）柘林兵士因拖欠军饷造反后，⑥ 嘉靖四十五年（1566年）提督侍郎吴桂芳提设柘林水寨，设守备柘林水寨指挥一员，领船大小53只，官兵1714员名。⑦ 也就是说，在整个大的军事重心转移的趋势下，当地官员提请把大城所迁置到更为重要的柘林是无可厚非的。⑧

但是，细读材料，仍可发现其间颇具玩味之处。从明代中期惠潮东路的兵力布置来看，因为卫所发展自身存在的问题和地区海防重心的前移，大城所在军事上不再具备优势，但是，它也并非如两位知县所强调的那么可有可无。例如当时防守东路的募兵，"其工食议于本府军饷银内支给，口粮就于大城所逐月关领。"⑨ 或者可以说，大城所似乎成

---

① 参见嘉靖《广东通志初稿》卷215《海寇·增减夫船新议》，北京图书馆古籍珍本丛刊第31册，第577~578页。
② 陈天资纂修《东里志》卷1《沿革》，潮州市地方志办公室，2004年缩印本，第10页。
③ 如嘉靖十二年（1533），"河头贼攻掠大埕富民陈胜家。东里乡兵四集，并大城所官军，共追至狮山。贼败，擒杀殆尽。其走匿山谷者，三四日歼焉。"参见陈天资纂修《东里志》卷2《境事》，潮州市地方志办公室，2004。
④ 饶宗颐：《柘林在海外交通史上的地位》，载黄挺编《饶宗颐潮汕地方史论集》，汕头大学出版社，1996，第283页。
⑤ 嘉靖《广东通志初稿》卷215《海寇·增减夫船新议》，北京图书馆古籍珍本丛刊第31册，第578~579页。
⑥ 参见郭子章《潮中杂纪》卷11《国朝平寇考下》，潮州市地方志办公室，2004年缩印本，第80页。
⑦ 凌云翼：《苍梧总督军门志》卷6《兵防二·武官》，第98页。
⑧ 关于柘林在明代潮州海防地位的演变，可参见饶宗颐先生《柘林在海外交通史上的地位》一文。
⑨ 嘉靖《广东通志初稿》卷215《海寇·增减夫船新议》，北京图书馆古籍珍本丛刊第31册，第578页。

为前方军事重地的后勤基地了。而且，在隆庆年间，朝廷甚至还考虑在大城所添设参将一员，统管闽粤交界的铜山、玄钟和柘林等处兵力，由名将胡守仁担任，只是后来因为考虑到官员沉冗互相牵制而作罢。① 也就是说，中央大员与地方官员在对大城所的建置管理意见上可能存在分歧。

那么，当地官员为什么如此强烈批评大城所的选址设置呢？笔者以为，军饷是其中一个重要的因素。在罗胤凯的奏议中，他强调：

> 大城一所，……名虽备寇，实则虚糜粮食。况本所近以奏免征调，专以守御为事，顾置之空间，方且外募兵夫，岁给千金，月支百石，以资顽恶，岁月无穷，公帛易耗，几何不至于上下俱疲耶。②

也就是说，身为饶平县知县，罗氏最为不满的其实就是需要支付双重军费，因为如前所议，大城所仓已经归并饶平县管辖，民运粮也已经成为军卫屯粮的重要补给方式，那么军官的俸粮和募兵的月粮都需要饶平县来负担。如果大城所迁至柘林，依明代中期军制改革的趋势而言③，则极可能所军会被抽选为兵，即所谓的"军兵"，那么军费开支可以减少，饶平县的兵饷负担就可以不像之前那么沉重。

除此之外，笔者也认为，如此奏议的提出，当地士绅扮演了极为重要的角色。

在嘉靖三十三年（1554 年）知县徐梓关于迁置大城所的奏议中，他说：

> 近时乡官陈琛、苏信奏欲迁所于海滨，诚是也。④

也就是说，这样的奏议极有可能是在当地士绅的建议之下提出的。

陈琛、苏信何许人也？

陈琛是位于大城所西面的大港栅磁窑村人，弘治甲子（弘治十七年，1504 年）解元，"官南京户部员外郎"⑤。其间，他卷入了张璁、桂萼和夏言的党争之中，嘉靖十二年（1533 年）"归家安食"⑥。苏信，"少有文名，登正德丁丑（正德十二年，1517 年）进士，擢留台御史，复除北道巡按闽省。"⑦ 苏信的生卒年限不详，从零碎的材料中可知他

---

① 参见谭纶《谭襄敏奏议》卷 3《议处添设将官便督调以安地方疏》，文渊阁四库全书第 429 册，第 637～638 页。
② 陈天资纂修《东里志》卷 4《公移文·议地方》，潮州市地方志办公室，2004 年缩印本，第 122 页。
③ 参见王莉《明代营兵制初探》，《北京师范大学学报》1992 年第 2 期，第 85～93 页。
④ 陈天资纂修《东里志》卷 4《公移文·议地方》，潮州市地方志办公室，2004 年缩印本，第 122 页。
⑤ 陈天资纂修《东里志》卷 3《乡举》，饶平档案馆所藏宣统抄本，第 12 页。
⑥ 参见《东里志·艺文·铭》；雍正《广西通志·职官》，文渊阁四库全书第 324 册；雍正《浙江通志·职官七》，文渊阁四库全书第 522 册；李舜臣：《愚谷集·杂著》，文渊阁四库全书第 1273 册；等等。
⑦ 陈天资纂修《东里志》卷 3《乡贤》饶平档案馆所藏宣统抄本，第 22 页。

为大埕乡人，进士题名碑记录他的户籍为灶籍。① 苏信在正德五年（1510 年）中举，正德十二年（1517 年）登舒芬榜进士，嘉靖十一年（1532 年）时曾任经筵侍讲，陕西道监察御史，其间任巡按福建监察御史。在任福建巡按期间，还为当地官员刊刻的朱熹《晦庵集》作序。尔后，致仕归家，乡居多年，着意地方事务。②

苏信致仕确切时间不明。但嘉靖十四年（1535 年）他应该已经回到东里，因为就在这一年发生的一次寇乱中，他成了主角。《东里志·境事》中载：

> （嘉靖）十四年（1535 年）海寇郭老寇大城所。掳乡官御史苏信浮海以去。年余索金帛甚多。③

苏信在被掳期间曾作诗《被倭掳将终作》：

> 三月暮春景和时，胡虏长叹任播离。鱼雁有缘频附信，金银无意出孙儿。一生艰苦勤劳事，万古埋冤天地知。东北小岩溪夹口，英雄无计念慈悲。④

诗中将那种心惊肉跳、几欲将死的心情表露无遗。曾为侍经筵日讲官的致仕御史在千户所中被掳走、遭勒索钱财，这一事件在当时应是引起了极大的轰动。掳人事件发生在三月，四月份汛期到了，除原该备倭官军出海巡捕外，再加募海夫 300 名，同时要求汛期结束后军兵须在柘林等紧要之地戍守。⑤ 但是，兵力的加强并没有解决掳人事件，最后事件的平息颇富戏剧性。贼船"抵琼南，陡遇飓风，舟将覆。信拜祷，风息，贼惊，以为神，乃释归"⑥。惊魂未定的苏信最终平安回到家乡，自此之后，我们可经常在地方事务上窥见他的身影。

嘉靖十八年（1539 年），大城所重修。虽然这次所城重修在文献中未见具体记载，但日前笔者在所城内发现一块嘉靖十八年苏信所立的匾额，估计跟当年重修所城应有所关联。另外，苏信还奏免大城所班军戍守梧州，⑦ 专以镇守所城。同时，他还在大城所的北门外买了一座荒山，"盖之以归支贫而无告者，人谓之泽及枯骨云。"⑧ 最后，就是要求把大城所迁至东界海口柘林。但是，他所要求迁走的可能只是军士，而所城城池还是留在原位，只是主人改变了而已。何以言之？

---

① （清）李周望辑《国朝历科题名碑录初集》（北京图书馆古籍珍本丛刊第 116 册，集部总集），第 719 页："明正德十二年进士题名碑录 丁丑科　赐同进士出身第三甲二百二十一名……苏信，广东潮州府饶平县，灶籍。"
② 参见陈天资纂修《东里志》；乾隆《福建通志》，文渊阁四库全书第 527 册；夏言：《南宫奏稿》卷 2《诏令奏议二》，文渊阁四库全书第 429 册；苏信：《晦庵集·序》，文渊阁四库全书第 1143 册。
③ 陈天资纂修《东里志》卷 2《境事》，潮州市地方志办公室，2004 年缩印本，第 54 页。
④ 陈天资纂修《东里志》（饶平县档案馆藏宣统抄本），《艺文集》，第 31 页。
⑤ 参见嘉靖《广东通志初稿》卷 215《海寇·增减夫船新议》，北京图书馆古籍珍本丛刊第 31 册，第 578 页。
⑥ 乾隆《潮州府志》卷 38《征抚》，潮州市地方志办公室、潮州市档案馆，2001 年缩印本，第 926 页。
⑦ 参见《潮州耆旧集》卷 19《陈侍郎集·为盗贼纵横悬乞天恩复回守御以急救生灵疏》，第 336 页："……嘉靖初年，饶平县乡官苏御史奏准，大城所旗军永免调征，迄今本地赖以安妥。"
⑧ 陈天资纂修《东里志》卷 3《乡贤》，饶平档案馆所藏宣统抄本，第 22 页。

《东里志·坊市》中载:

> 宪台坊,在大城南门内。御史苏公信立于家堂前。①

由此可知,苏信居于所城之内。按文献中记载,苏信是大埕人,也就是大城所外东面的村落,为什么他可以居住在所城里呢?

翻检史料,我们发现,苏信并非唯一的例外。周用,明代东里地区第一个进士,也是大埕人,其墓志铭即苏信所撰。嘉靖五年(1526 年)三月十三日,周用避寇所城,其间有朋友来访,他在所城中接待他们并作诗唱和。② 由此或可推知,周用虽是大埕乡人,但他在大城所中应有较为固定的住所,以让他在避寇之时仍有闲暇待客酬唱。另外,时至今日,在所城中有一处大屋,乡人称之为"陈衙",耆老们说那是明代大官陈布政的府第。陈布政,就是《东里志》的作者陈天资,大城所东面上里乡人,因其官至湖广左布政使,故名。周用、苏信、陈天资正好是东里地区弘治、正德、嘉靖年间的三位进士。此三者与所城的联系暗示着明代中期士大夫阶层的兴起与卫所所城在地方上角色的转换。

大城所在创设之初,城池规制完整,其内官署营房供官军及家人居住其中。有贼寇来犯时,周围村落的居民或可避居其中。然而,城墙内外还是军民分隔。③ 但是,卫所制度在设计时并没有很好的管理卫所军户的政策,卫所人口增加之后,多余军舍余丁可以附籍地方。④ 这些人可以通过在卫所附近购置田产,安居乐业,除了要负担一部分军役之外,他们也跟民户一样在有司纳粮当差,可以从事各行各业,可以参加科举,只是需报上军籍。⑤ 而另一方面,随着时间的推移,真正居住在卫所所城内的人员身份变得复杂起来,像苏信、周用等身份的人就可以进入所城内居住。也就是说,卫所与周围村落的人群流动可以是双向的。

又如《东里志·祠庙》中记道:

> 观音堂,在大城内西南隅。嘉靖四十五年,生员林芳奋、陈守化、周文翰等呈为会馆,蒙宗师罗批,前任君子举有成规,兴废补弊,望贤有司加之意耳,据

① 陈天资纂修《东里志》卷 1《坊市》,潮州市地方志办公室,2004 年缩印本,第 32 页。
② 大埕《周氏族谱》,1994 年按道光年间手抄本重录,《贺刘监州七十生二子·序》:"丙戌三月十三日,避寇于所城,郑别驾同刘监州来访。郑道刘有二子之喜。刘年已七十,因道与□□七十二生子。噫,刘强哉矫。"
③ 《东里志》中记载了洪武三十一年的一次事件:当倭寇来袭,周围村民"趋避城内"。但是,面对周围百姓蜂拥而至的情形下,只有驻守所城东门的百户"开门纳之",其他三门都"闭门不纳"。参见陈天资纂修《东里志》卷 2《境事》,潮州市地方志办公室,2004 年缩印本,第 48 页。
④ 参见于志嘉《论明代的附籍军户与军户分户》,载《文集》编委会编《顾诚先生纪念暨明清史研究文集》,中州古籍出版社,2005,第 80~104 页。
⑤ 需要说明的是,此处笔者的论述仅就制度层面,在实际运作中冒籍、脱军为民、改民为军或干脆逃户等现象层出不穷,内容复杂,笔者在此不作深入论述。

呈庞千区等惑众建祠，得罪名教大矣，仰县查勘，如再违碍，本官并参夺。知县杨批，据呈淫祠理应拆毁，但地原为陈乡官所买，林芳奋等呈为欲造书馆，未审彼肯与否？仰县查勘，如无违碍，许造书堂毋违。蒙管知县札陆巡检勘丈四十余丈无碍，缴依准讫。今生员即门建立小斋五间，肄业其中。观音像并堂为风雨毁废矣。①

需要注意的是，生员林芳奋、陈守化和周文翰都是周边村落人，而非所城中人。② 但是，他们可以呈请在所城内修造书馆，供生员们读书聚会。另外，文中还提到，观音堂这块地方"原为陈乡官所买"，"陈乡官"具体何指尚未明确，但从上下文及《东里志》中所涉的内容，这位"陈乡官"应是所城外的人，且从明代中期东里地区的文人网络来看，有可能就是与苏信一并奏迁所城的陈珖。总之，材料提示我们，明代中期，入居所城的人可以是周围村落的具有一定身份地位的人，他们可以在所城内买地、建屋、聚会。城里城外的界限被打破，所城作为王朝军事堡垒的性质已经改变了，它与周围村落的融合、人员的流动由此可见一斑。而例如陈珖、苏信这样的人居住在所城内，他们的力量甚至试图影响王朝制度下卫所军伍的设置。

苏信，可视为自明代中期以来东里地区士大夫力量兴起的代表。明代是东里地区人文最为兴盛的时期。自成化十四年（1478 年）饶平置县之后，有明一代，共有举人 108 人，进士 14 名，东里地区有举人 37 人，占全县 34% 强，进士 7 人，占了一半，③ 其中又以上里、大埕，也就是半岛的东部地区最盛，明代当地共有 20 个举人，5 个进士，还有大批的生员。陈理、苏信、周用、张存诚、陈天资、黄锦等在当地极具影响力的士绅，都是上里、大埕人。这批文人士大夫之间，彼此都有师承、同年或姻亲关系④，同时他们也多与其他地区的文人如林大钦、薛侃等相交甚好，与地方军政官员也关系紧密。⑤ 此外，这个时间段的饶平县令也频频有诗文唱和，对这个地方示好。东里地区到现在仍流传一句话："欲知朝内事，需问东里人"，正可见"东里人"特殊的地位。

这样一批文人士大夫自成化年间兴起后，他们大多有一段时间进入仕途，但似乎时间都不久，更多时间的乡居生活，让他们有机会用他们理想的方式改造身边的事务。一方

---

① 陈天资纂修《东里志》卷 1《疆域·祠庙》，潮州市地方志办公室，2004，第 38 ~ 39 页。
② 参见陈天资纂修《东里志》（饶平县档案馆藏民国抄本），卷 3《人物志》："林芳奋，万历三十一年（1603）年拔贡生，南山人。""陈守化，下岱人。隆庆六年（1572）贡生，字时孚，号见宇，入太学。官隆林、龙岩二县丞。"另，"周文翰，大埕人，邑庠生"，入《人物志·孝友》。
③ 参见《东里志·人物志》，康熙《饶平县志·选举志》。
④ 例如陈理是饶平置县后的第一批举人，他跟周用的族兄周献交好，周用是陈理的学生，陈解元陈珖又是周用的妹婿。
⑤ 《东里志》中收有陈天资所作之《贺守备陈龙厓华诞序》，陈龙厓就是当时柘林的守备。又，万历三年，戚继光的部将王如龙领浙兵一营来戍守所城，陈天资于是作《贺凤山王君镇守东里序》（王凤山即王如龙）表示欢迎。

面，他们修建祠堂，聚宗会族；另一方面，他们结社聚会，开馆授徒，并且留意地方事务。例如大埕士绅陈理主持的乡约：

> 东里旧有乡约，通一方之人。凡年高者，皆赴大埕三山国王庙演行。以致仕陈大尹和斋、吴教授梅窝为约正。府若县皆雅重焉。①

材料中的陈和斋就是陈理，和斋是他的号；吴梅窝，即指吴良栋，弘治十一年（1498 年）贡生。

这批主要集中于半岛东部的士大夫，他们热心于地方事务，并在地方事务中日益掌握了主导权。所以，到了苏信的时代，伴随着来自海上盗寇侵犯的加剧以及大城所城日渐的民居化，苏信要求迁置大城所又似乎在情理之中了。

（二）经济形态、社会组织形式的转变与大城所角色的转换

明初，东界半岛的盐场管理按四栅组织起来，其产盐区的分布基本与四栅的地理位置吻合。东部为大埕栅，东南部为高埕栅，南部是柘林栅，西部是大港栅。但是，百年之间，沧海桑田。《东里志·疆域志》中记录了明初到明代中期东界半岛地理环境的变化。兹以大城所东门外的两条港道为例。

> 东门港，在大城东门外，有水二条，俱发源于尖峰山下。由高埕而南，至神前合流，经赤墩山下，由下湾前入海。往来潮长，此小港可扁舟通往来。近潮水渐塞，小舟时有至者，大舟不能行矣。
>
> 湾港，在下湾东南，港口有山，曰虎屿、狮屿，二兽屹然雄踞海口。海水由此而入，经红螺山、江浦镇通于东门港。昔时水深可容千斛之舟，江浦屯兵以镇其地。今水浅镇废，江浦村为沙场矣。沧海桑田，令人有感。②

文中所提到的东门港和湾港，实际上是属于半岛东部到东南部的同一条港道。淡水从大城所东北面的尖峰山蜿蜒而下，流经大城所东门外，再继续向南偏东，从下湾湾港口出海。湾港位于柘林湾的东面，与柘林湾不同的是，柘林港属内海，但湾港出海之后就是外海，水深浪高，须在港口屯驻兵力。但是，到了明代中期，就可见海岸线外移、河道湮塞严重，原先的驻兵之地也化为沙场。沧海桑田，变化如此之快，除了自然地理因素之外，可能跟地方人口增加等因素也有关系，尤其是一个军事据点建在这里，对当地的经济和生态都会有所影响。例如大城所的东门外，到了嘉靖年间已经衍生出一个新村落，称为"所东门"，"附于大城之闉外"③。

---

① 陈天资纂修《东里志》卷3《风俗志·乡约》，潮州市地方志办公室，2004 年缩印本，第 73 页。
② 陈天资纂修《东里志》卷1《疆域·川》，潮州市地方志办公室，2004 年缩印本，第 18 页。
③ 参见嘉靖《潮州府志》卷8《村名》，潮州市地方志办公室，2003 年编印本，第 122 页；陈天资纂修《东里志》卷1《村落》，潮州市地方志办公室，2004 年缩印本，第 32 页。

该村落的出现应与卫所的存在有着直接的联系。可以说，明代应该是东界地方，尤其是半岛东部迅速屯垦的时期，其主要的动力跟大城所在当地的设置不无关系。

沧海桑田的变化中，地方资源的竞争也会日益激烈。

东界地方最重要的资源——盐场，因为地理环境的变迁而发生变化。柘林湾的形成与东界盐场的分布跟东界西面的黄冈河冲积有直接的关联。在明清时代，伴随着半岛东部的屯垦，东界的产盐区也存在逐渐向西倾斜的趋势，越发靠近黄冈河方向。原先的四栅到了嘉靖年间，东部的"大埕栅，计漏千余，迩来海浪排沙，壅塞沟港，淡潦潴蓄，埕漏淹没已尽"。东南部高埕栅已经未见记录，南部柘林栅"水决潮深，间或沉没不可复砌"。而西部的大港、新村、下寮等栅，"水浅汐平，埕围岁增，举望极目"①。到了清代乾隆年间，大埕栅最终与柘林栅合并，② 而大港等栅的盐区却一直延续到新中国成立后的围海造田时期。

总之，明代中期，东部盐场湮没，但盐课仍照旧按栅追征，即以四栅为单位分派盐课，引起了大埕栅和柘林栅的不满，多次要求改革盐课的追征制度。嘉靖中期，下岱的生员程尔荣（属柘林栅）等提请要求变革盐课征纳制度，同时提及在此之前，问题已经存在。他说：

> 往者乡官张存诚在南道时，痛切此弊，奏欲就埕征纳。③

按，张存诚是上里人，属于半岛东部的大埕栅。他在嘉靖"十六年十二月行取授南京山东道监察御史，十七年实授……二十三年三月升江西九江府知府"④。则张氏奏请时间当在嘉靖十七年到二十三年之间。他所谓的"就埕征纳"就是要求突破四栅的限制，直接按单位盐埕征税，"奈多丁漏者不愿结，少丁漏者欲结不能，停搁不行"，"又前盐法道亲临，案行惠潮各属盐场，各行计漏追征，不果而去"⑤。

如果按埕漏来征税，那么日益萎缩的东部盐区课税定然减轻，而扩张中的西部大港等盐区就必然加重。这样的建议定当遭到西部盐区，尤其是拥有多数盐埕者的反对，所以最终也都没有得到实施。

产盐区的转移，同时又会导致半岛东部对田地、水利资源的争夺更加激烈。东界半岛土地贫瘠，少良田，水源缺乏，田地灌溉主要依靠发源于东北面两座大山——尖峰山和大幕山上的溪流，所以粮田主要集中在两座山下的高埕、大埕和上里等村。这几大村落之间为了争夺水源，彼此间曾有过较大的冲突。而在这一过程当中，日益发展起来的士绅阶层

---

① 陈天资纂修《东里志》卷4《公移文·议征盐》，潮州市地方志办公室，2004 年缩印本，第 111 页。
② 参见乾隆《潮州府志》卷 13《都图》，潮州市地方志办公室，2001 年缩印本，第 155 页。
③ 陈天资纂修《东里志》卷4《公移文·议征盐》，潮州市地方志办公室，2004 年缩印本，第 112 页。
④ 陈天资纂修《东里志》卷 6《艺文·中宪大夫知九江府知府前南京山东道监察御史尚里张公存诚行状》，潮州市地方志办公室，2004 年缩印本，第 197 页。
⑤ 陈天资纂修《东里志》卷4《公移文·议征盐》，潮州市地方志办公室，2004 年缩印本，第 111 页。

又会在其中起组织、调和作用，其地位也相应加强。位于上里和大埕之交的陈百陂，是东里地区最大的水利工程。"陈白陂，灌田数千亩。往时二村民争水利，至于斗殴死伤。弘治中，知县张浚亲至陂所勘处，以息其争。正德初，乡官陈和斋复会二乡耆老，为之分班轮流，申张公之约。人始贴然。"①

此外，当地水田稻种也在明中后期有所改善。《东里志·物产志》中记录有一种水稻，叫"快种赤"，该稻种是在万历中后期由大埕人李日新引进东界半岛的：

> 按快种赤一种，乃李日新公宦耒阳县时带归。后人每每思其德云。盖是种宜于窪田，吾里之田多窪，故至今其种不断。②

按，"李日新，大埕人，万历三十七年（1609 年）举人。字举仁，号怀玉。习书。官湖广耒阳县知县。"③ 因为《东里志》成书之后并没有刊刻，所以世之所传皆为手抄本，而在传抄过程中，后人也对之进行增补。此则材料就是后来增补进去的，其具体写作时间不明，但由此也可见稻种改良在东界半岛的重要性。

因此，笔者认为，因为各方面的因素，到了明代中期，东界半岛东西部的经济形态出现分化，地方社会的组织形态也相应发生着转变，在此期间，我们见到的大多是那些文人士大夫的身影。通过对明代东里地区几个最有影响力的士大夫的户籍进行考察，我们发现，明代东里地方三个进士——周用、苏信和陈天资都是灶户户籍。下面以周用家族为例。

周氏家族，自成化年间出了举人周猷之后，家族发展极为迅速，尤其正德年间家族出了明代东里地区第一个进士——周用之后，其家族组织迅速建立起来，④ 同时家族产业极大，到嘉靖中后期，即使是嘉靖四十年（1562 年）遭受极大的兵祸冲击，⑤ 仍有"家资数千金者十有余人"。结合东界半岛的经济形态，其产业应多属鱼盐。也就是说，虽然在明中期，周氏家族所在之大埕本地盐区已然萎缩，但是并不妨碍他们掌握地方上重要的经济命脉，当然可能包括半岛西部扩张中的盐区。由此，我们再来考虑嘉靖中后期部分生员要求改革盐税征收制度时受阻的事情，也许就能够有一些理解了。或许，正是科举与财富的交相作用使得他们在地方上的势力如此庞大，乃至经历了清初的迁界等重大打击之后，

---

① 参见陈天资纂修《东里志》卷 1《水利》，潮州市地方志办公室，2004 年缩印本，第 19~21 页。
② 陈天资纂修《东里志》卷 4《物产志·谷》，潮州市地方志办公室，2004 年缩印本，第 91 页。
③ 陈天资纂修《东里志》卷 3《乡举》，饶平县档案馆藏民国抄本，第 13 页。
④ 笔者在调查中看到，大埕"周氏家庙"为周用所建，位于大埕乡的中心位置。另外，大埕周氏始祖的墓地也是周猷、周用、周舜卿三兄弟所修。
⑤ 明嘉靖四十年（1562 年）正月，大城所被攻破，城池陷落达一个月之久。大城所，或者说是整个东里地区遭受了前所未有的打击。参见陈天资纂修《东里志》卷 2《境事》，潮州市地方志办公室，2004 年缩印本，第 58 页。

周氏家族已然衰微,① 但其存留在地方上的影响仍不可忽视。②

就在半岛东西部的经济形态发生转变,地方社会中士绅力量迅速膨胀的过程中,大城所在地方上的地位也在发生改变。

除上文所提到的,明代中期的大城所可以成为士绅、生员们的活动舞台外,《东里志·坊市》中还提示了大城所存在的另外一种角色:

> 大城所仓前市,行者挑贩鱼鲜瓜果,居者聚收布匹麻铁杂货等物。东里家用食物,皆贸易于此。③
>
> 大港,接横山之海水,入自南饪前,经大港、西寨至磁窑,而接东山涧水,商船凑集于此,就此觅车起货至大城,或肩挑至大埕、上里、岭后、神前、上下湾诸村。④

大城所仓,在所城西门内。大港则是大城所货物运输的重要水道,位于大城所西面,其港道自南饪海口可直达大城所西门外的大溪。这些货物中,多为民生用品,以满足资源缺乏的东界半岛居民的需求。而事实上,除了材料中所举的物品之外,在这里交易的还有另一大宗——粮食。

《东里志·公移文》收录了一篇名为《辩诬枉》的文章,提及明朝中期之后东里地区的粮食来源:

> 又况生齿日繁,地狭人多,居宣化之乡,食玄歌之粟。⑤

东界半岛地少人多,不论是卫所的屯田还是居民的食粮都没有办法自给,而只能靠外部输入。从文中即可看到,明代中期,当地的粮食供给主要来自玄歌都,也就是饶平县治所在之三饶等地,通过黄冈河运到黄冈出海,由水路向东运到南饪,再从大港直运至大城所西门外,随后进入市集。

总之,随着地方经济的发展⑥,到了明代中期,在大城所西门内,已经形成了一个相当兴盛的集市,大城所成为整个东界半岛日常贸易和货物转运的中心。地方上商业贸易频

---

① 据周氏族谱材料所反映出来的情况,大埕周氏自清康熙之后,其下子孙零散,族谱记录成为简单的世系图,大异于前。

② 据笔者于 2006 年在大埕当地的田野笔记。大埕乡现有人口一万多人,乡民有九成为陈姓,其次是周姓和黄姓、汤姓、吴姓、范姓等小姓。每年大埕最重要的仪式——元宵三山国王出巡时,周姓老大要走在最前面。

③ 陈天资纂修《东里志》卷 1《坊市》,潮州市地方志办公室,2004 年缩印本,第 32 页。

④ 陈天资纂修《东里志》卷 1《疆域·水》,潮州市地方志办公室,2004 年缩印本,第 18 页。

⑤ 陈天资纂修《东里志》卷 4《公移文·辩诬枉》,潮州市地方志办公室,2004 年缩印本,第 116 页。

⑥ 关于明代中期整个潮州地区商品经济的发展及其影响,可参见黄挺《明清时期的韩江流域经济区》,《中国社会经济史研究》1999 年第 2 期,第 27~34 页;《明代中期潮州工商业重兴与民风之转变》,《汕头大学学报》2000 年第 4 期,第 79~87 页。

繁，人员流动频密，大城所作为王朝军事堡垒的色彩正在逐渐淡化，其在地方上的角色也在悄然发生着变化。

三　结语：乡村军事化与卫所地方化

由上可知，到了明代中期，大城所所在的东界半岛正经历着经济形态的转变，地方上盗寇动荡与文化兴盛并存，一批新兴的当地士大夫在地方事务上掌握了越来越多的主动权。

陈春声认为，自明代中期开始，整个潮州地区正在经历社会结构的转型，而在社会激烈动荡的过程当中，"明代嘉靖以后，潮州沿海地区的聚落形态发生了很大的变化，许多散居的小村落消失了，出现了一座座墙高濠深的军事性城寨。"①

那么，在这个原本就是一个军防重地，朝廷在这里设置有军事卫所的地方，又发生了什么事情？从上文中我们可以看到，以苏信、陈天资为代表的东里士绅们在对地方事务的积极参与当中，也包括了对大城所这一原本属于朝廷军事堡垒的改造。

首先，所城与周围村落在长期的交融之中，存在着人员的双向流动。不论是在制度上，还是在实际运作中，所城军户人口都可以融入到地方当中，而越来越多在地方上具有影响力的人也可以通过某种方式，例如在城内买地，入住到所城中。城池内外，军民界线其实可以很模糊。而像苏信这样拥有实力的士绅居住在所城中，他甚至可以影响所城的发展方向。笔者以为，嘉靖中期的奏迁大城所事件，实际上就是当地迅速发展的士绅们要求迁走朝廷军士，而保留卫所城池作为地方自身的军事防御堡垒的一次动作。最后，虽然这样的努力最终没有得到朝廷的同意，但是嘉靖中期以后，东界半岛的地方军备确实加强了，大城所在朝廷的军事设计中成了后勤基地。

而从当地社会的角度来说，潮州大城所，在明初是政府设置在地方上的一个军事堡垒，属于明初东南海防体系的一部分，到了明代中期，随着制度的演变，以及地方社会士绅力量的兴起，经济形态、社会组织结构的转变，大城所正逐步地方化，进而成为地方文化和市场的中心。也可以说，自明代中期以后，地方社会秩序正在重组，地方上人群的流动，身份的重新定位，此时都可见端倪。而在这一过程中，大城所，这个明初朝廷的军事堡垒，正在逐渐地方化，成为东里人的所城。

责任编辑：欧俊勇

---

① 陈春声：《从"倭乱"到"迁海"——明末清初潮州地方动乱与乡村社会变迁》，载朱诚如、王天有主编《明清论丛》（第2辑），紫禁城出版社，2001，第85页。

明代潮州抗倭问题探析

黄素龙[*]

摘　要： 明代时期，倭寇经常侵扰中国沿海地区，倭患成了明代最大的外患。处于东南沿海的潮州是倭寇劫掠的重点地区之一，这是由于潮州的经济、特定的地理条件以及中国海盗与倭寇相勾结和明朝统治者的错误决策所造成的。倭寇对潮州的危害极大，所到之处必定是烧杀劫掠，毁坏文物；破坏生产，阻碍发展；导致潮州加建村寨，造成隐患。潮州的抗倭斗争从时间上看，几乎与整个明王朝相始终，从战线上看，几乎涉及整个潮州地区。由于俞大猷和戚继光的直接指挥和参战，乡宦士绅和人民直接投入到抗倭斗争中，保证了潮州抗倭斗争的最终胜利。

关键词： 明代潮州　倭患　抗倭

倭寇，原是对日本海盗的称呼，但它所包含的成分却十分复杂。[①] 明代时期，倭寇经常侵扰中国沿海地区，倭患是明代最大的外患。处于东南沿海的潮州是倭寇劫掠的重点地区之一。倭寇主要是和当地的海盗、山寇等相勾结，其中最为出名的数吴平、林凤、林道乾、许朝光、曾一本等。其构成较为复杂，形成一支由中、日流氓，海盗和海盗式武装商人纠集的海上武装势力。《潮州志·大事志》中记载明代潮州盗寇倭祸及官军平寇御倭事件一共有120多宗。[②] 潮州海盗首领与外来倭寇相依倚，纵横闽广沿海，肆行劫掠，乃至"北虏南潮"一时代替了"北虏南倭"之论。[③] 可见潮州的倭患相当严重，危害极大，抗倭斗争也非常激烈。

---

* 黄素龙，1985 年生，汕头市潮阳第四中学教师。

① 詹子庆：《中国古代史（下册）》，高等教育出版社，2003，第 280 页。
② 黄挺、陈占山：《潮汕史（上册）》，广东人民出版社，2001，第 284 页。
③ 冷东：《戚继光视野下的明代潮州社会》，《广州大学学报（社会科学版）》2004 年第 3 期。

一 明代潮州倭患久烈之原因

首先，发达、繁荣的经济是造成倭患久烈的重要原因。明初，日本正处于南北朝内乱时期，日本的海盗、奸商、浪人、流民及亡命之徒组成了庞杂的"专门从事杀人越货的海盗行为"[①]的集团。因其国"米粟不足以养其生灵，盐铁不足以济其用"[②]，因此仅对国内的掠夺远远不能满足他们的贪欲，于是便把掠夺的矛头对准了当时比日本富庶的中国，潮州则成为他们掠夺的对象之一。

唐宋以来，潮州的经济日趋繁荣，逐步形成了独特的区域经济。[③] 工商业经济发展非常迅速，宋仁宗嘉祐年间（1056～1063年），其商税就从10799贯猛升至30283贯；至南宋初，仅潮州盐场每年课利就在10万贯以上。[④] 宋时潮州笔架山（韩山）窑，居广南陶瓷生产之冠，有"白瓷窑""百窑村"之名，所出产品不仅为广瓷代表作，也是国内罕见珍品，并远销东西洋。明朝时潮州工商业继续发展，嘉靖年间（1522～1566年）有圩市41个。[⑤] 饶平九村窑村和揭阳等处多产青花瓷器，为海外贸易中备受欢迎的商品。农业也有较快的发展，潮州平原的耕地和粮食生产都有一定增加。洪武二十四年（1391年），潮州府亩均税粮5.62斗，在华南诸府县中最高。缴纳税粮较多的潮州，成为产粮较多的地方。[⑥] 此外，明代潮州多织绢、抽纱，丝织业发达，潮绣为中国名绣之一；石刻、金饰品等也相当著名。盛产丝、瓷、金饰品等物质的富庶的潮州便成为倭寇重点劫掠的对象之一。

其次，特定的地理条件为倭寇在潮州劫掠提供了便利。潮州府"当闽南西越之界，西北接赣汀漳三郡，限以高山叠嶂，合赣汀漳所处之水会绕州治之东以趋于海。内包沃野，川原广衍，实广惠之襟喉，岭东之巨镇"[⑦]。清雍正年间普宁兼署潮阳令的蓝鼎元也曾对潮州的地理位置有极剀切的分析：

> 潮郡东南皆海也。左控闽、漳，右临惠、广，壮全潮之形势，为两省之屏藩，浩浩乎大观也哉。春秋之交，南风盛发，扬帆北上，经闽省，出烽火、流江，翱翔乎宁波、上海，然后穷尽山花鸟，过黑水大洋，游弋登莱、关东、天津间不过旬有五日耳。秋冬以后，北风劲烈，顺流南下，碣石、大鹏、香山、崖山、高雷、琼崖，三日可历遍也。外则占城、暹罗，一苇可航；葛啰吧、吕宋、琉球，如在几席；东洋日

---

① 中村新太郎：《日中两千年》，吉林人民出版社，1980，第186页。
② 余绍宋：《重修浙江通志稿》第94册《军事·防倭之役下》。
③ 《宋会要辑稿》，卷12《食货》，中华书局，1957年影印本。
④ 《宋会要辑稿》卷12《食货》。
⑤ 黄佐：《广东通志》卷2，香港大东图书公司，1977年影印嘉靖刻本。
⑥ 王双怀：《明代华南农业地理研究》，中华书局，2002，第238页。
⑦ 姚虞：《岭南海舆图·潮州府图说》。

本，不难扼其吭而捣其穴也。①

这样特定的地理条件不仅有利于倭寇在海上窥探时机，随时上岸劫掠，而且也便于其随地藏匿和逃逸。

再次，中国海盗和倭寇相勾结，加剧了潮州的倭患。假如没有吴平等内奸为倭奴爪牙，潮州的倭患或许不会那么严重，因为倭寇不熟悉潮州的地理环境，又缺乏给养，他们只能临时在沿海劫掠而不可能长久停留。史载："倭寇䑸艘在海中者，亦无菽粟火药，往往食尽自遁。"②"倭寇拥众而来，初以千万计而非能自至也，由内地奸人接济之也，济以水米，然后敢久延；济以货物，然后敢贸易；济以向导，然后敢深入海洋。"③ 倭寇与中国海盗勾结如恶虎添翼，导致潮州倭患更加严重。曾出使日本的浙江新安人郑舜功写道："倭寇闽广，则归此澳（南澳岛），掠得财货人口，许朝光等则预备大船市之，同贼众将载而归；劫得金银，同赴伊市而去。"④ 海盗和倭寇相勾结使倭寇的劫掠往往能够得逞，这无疑加重了潮州的倭患。

最后，明朝统治者的错误决策也导致潮州倭患严重。明朝建国之初，朱元璋因方国珍、张士诚等与倭寇相勾结，恐其坐大，威胁东南，故派信国公汤和巡海，遂定迁海之策。洪武十九年至二十年（1386～1387 年），勒令南澳居民内迁。但及后海事稍靖，复于成祖永乐二年（1404 年）下令南澳民回籍耕种。不料永乐七年（1409 年）倭患又起，又迁南澳民于苏湾，墟其地。这样的决策就轻易地将南澳当成荒岛而弃于茫茫绿波之间。位于韩江入海口外的南澳岛，独立于大陆之外，扼海外交通之枢纽，"四面阻水，可三百里，潮则通柘林，漳则通玄钟，历代居民率致巨富。"⑤ 南澳岛港湾交错，有田可耕，有险可依，"其山四面蔽风，大潭据中，可以藏舟"，"内宽外险，腊屿、赤屿还处其外，一门通舟，中容千艘，番舶寇舟多泊焉。"⑥ 明政府对南澳的弃守，就为倭寇和海盗集团提供极好的躲避和抵御官军的良好根据地，使南澳成为倭寇和海盗的罪恶渊薮，"时倭数为患。南澳，倭之巢穴也"⑦，"广捕之急则奔闽，闽捕之急则奔广，再急则奔海外。"⑧

二　明代倭寇劫掠潮州的危害

（一）烧杀劫掠，毁坏文物

倭寇在入侵潮州地区的过程中，杀人、放火、劫财可以说是随处可见，随时都有的。

---

① 蓝鼎元：《鹿洲初集》卷 12《潮州海防图说》，收入《近代中国史料丛刊》续辑第 403 册，台北：文海出版社，1976 年影印光绪六年版。
② 《明经世文编》卷 27。
③ 《明经世文编》卷 267。
④ 《筹海图编》卷 3、4《嘉靖东南平倭录》。
⑤ 何乔远：《闽书》卷 40，崇祯二年刻本。
⑥ 顾祖禹：《读史方舆举要》卷 103，洪氏出版社，1981。
⑦ 饶宗颐：《潮州志汇编•大事志》，香港：龙门书店，1965。
⑧ 茅元仪：《武备志》卷 213，商务印书馆，1946。

嘉靖三十二年（1553 年）八月，以何亚八为向导的倭寇劫掠柘林、大港、下岱、大城等地，官兵败走，倭寇在沿海劫掠，使大城之西、神泉之南俱无人烟，庐舍无人烟，庐舍被焚十之一二；嘉靖三十七年（1558 年），倭屯荆陇，劫洋尾 4 村，杀村民男女数千人。隆庆五年（1571 年），曾为倭寇导引的海贼杨老攻破甲子城，掳走男女尽系舟中，船为台风打翻，杨老及所掳男女尽被溺毙。最为惨烈的是嘉靖四十年（1561 年）春，海盗吴平为向导，勾引 5000 名倭寇陷大城所，"贼恣意焚烧，凡东里累世积蓄、书籍文史、前贤名作、家谱典故烧毁无存，积尸如山。至二月三日，始移营诏安四都，死者相属于道。次日，抚贼许朝光至，将残民擒杀报功，资械搬载而去。其夏疫疠大作，俘遗之民，死又过半。于是硗田一斗种，易米一斗。丁口耗散，十之六七。"①

倭寇所到之处必定会掳掠人口，男女均抢，成人儿童都难以幸免。倭寇掳掠人口有多项目的。第一，用于作战。倭寇"随处掠劫人口，男则导行，战则令先驱"②。进攻和防御都以这些老百姓做他们的挡箭牌。第二，为其工作，供其淫乐。倭寇随处劫掠人口，"妇人昼则缲茧，夜则聚而淫之"③，"所掠蚕茧，令妇女在寺缲丝。裸形戏辱之状，惨不可言"④。第三，索取赎金。倭寇以所掠的人口为人质，向被掳的家属索取赎金，以达到其劫掠财富的目的。倭寇"掳男妇巢中，索赎始还"⑤。第四，带回日本国内，转卖为奴。被掳的大部分人是没钱将其赎回的，不是被杀、被折磨死，就是被带往日本国内，转卖为奴隶或奴婢。正是由于掠夺人口对倭寇大有用途，所以倭寇所到之地没有不掳掠人口的。

寇乱迭起，社会动荡，百姓流离，地方官吏忙于补苴罅漏，文教之事，也就无暇顾及。隆庆四年（1570 年）张存诚撰《重修饶平县儒学记》慨叹文教废弛，县学荒芜，说：

> 逊自兵以来，民疲财拙，长邑者惟防御供亿之急，于学政未之遑及。故士散教驰，学宫日就颓毁陵夷，至隆庆已极矣。⑥

万历三年（1575 年）林大春撰《重修潮阳县庙学记》也表现出同样悲哀的感受：

> 嘉靖己未之变，其文运之厄乎！属者豺虎纵横，元元失业，靡所底戾，多栖止殿下堂庑。榱题芜秽不治，庭除鞠为茂草。此讲业邹鲁之英，望之所为兴悲；谈经河洛之儒，即之而慨焉窴叹者也。⑦

---

① 陈天资：《东里志》卷 2《境事志·灾异》。
② 采九德：《倭变事略》，神州国光社，1951，第 86 页。
③ 采九德：《倭变事略》，第 86 页。
④ 采九德：《倭变事略》，第 99 页。
⑤ 采九德：《倭变事略》，第 97 页。
⑥ 饶宗颐：《潮州志·教育志（上）》潮州修志馆，1949，第 15 页。
⑦ 潮阳县地方志编纂委员会：《潮阳县志》，广东人民出版社，1997，第 517 页。

（二）破坏生产，阻碍发展

倭寇的烧杀劫掠极大地破坏了潮州地区的社会生产。人们从事社会生产要有生产的环境，这首先需要有一个和平的环境。倭寇到处烧杀劫掠，老百姓没有和平的环境。一些人为躲避倭寇不得不抛弃农田，背井离乡，逃到深山穷谷，而一些大的富户则跑到府州县城，农田荒废。被倭寇劫掠的城镇其荒凉程度就更不用说了，人们常常以"乐土一旦丘墟"来描述当时的惨状。倭寇烧杀劫掠之后又带来了大的瘟疫，对潮州人民来说更是雪上加霜。为了抗击倭寇，明朝政府不得不增加赋税，"而派常赋之外，海防未已，而继之以提编均徭，提编未已，而又加以民兵工食。"[①] 所有这些都是由倭寇作乱引起的。

明朝时，潮州地区开始有了资本主义的萌芽，而倭寇对商业繁华的城镇的摧毁是严重的，店铺被其烧毁，货物被其抢光，商贾辐辏的城镇一日之间成为丘墟，资本一蹶不振。应该说商业的发展对当时经济的发展、对当时微弱的资本主义生产关系萌芽的产生和发展都有着重要意义，对商业的摧残就是对潮州地区比较先进的生产力的摧残，严重地破坏了先进生产力的发展。

其次，倭寇劫掠掳去了大量的潮州人口。世间一切事物中，人是最宝贵的。在生产力中决定性的因素是人而不是物。倭寇的烧杀抢劫，特别是大量劫掠人口，使潮州某些地区人口大量减少，严重影响了生产的发展。

再次，生产和扩大再生产，都需要资金，资本主义的萌芽即商业的发展同样需要资金。倭寇劫掠去潮州地区的大量财富，百姓的生活以至于生存都有很大的困难，根本没有钱去发展农业、手工业和商业，生产力也不可能得到发展。

（三）加建村寨，造成隐患

倭寇作乱加剧了潮州地区大村寨的建立。这些村寨本来是为了防寇防兵而筑。因其时倭寇，往往以万数千计，肆行杀戮，而剿寇之兵也恃势劫掠，元元不堪其苦，于是高墙深堑，武装自保。立于嘉靖三十七年（1558年）的塘湖刘公御倭保障碑记录塘湖（今名龙湖）建寨情况，略曰：

> 海阳隆津都之市镇曰塘湖，平畴百里，烟庐万井，实衍沃奥区。嘉靖丁巳之秋，盗起邻境，凡密迩本镇村落，咸被荼毒。乡大夫小参刘见湖先生乃谋诸乡耆老，建堡立甲，置栅设堠，鼓以勇义，申严约束，相率捍卫，民赖以宁居。值戊午首春，倭寇突至，恣行劫掠，祸乱置惨，近古所无。先生乃与乡人约，视产高下，敛九则之金，以为防守之费。相要害之处，重设栅闸；度可乘之隙，高筑战栅。率其丁壮，各分信地，更番防守。以故倭寇肆掠于邻近村落者，警报日至，独于是镇迄不敢犯。是以邻

---

① 郑若曾：《筹海图编》卷11。

乡之民，以塘湖为晏土，扶老携幼以就，籍其余庇者，其数十百家。①

塘湖是潮州乡村建寨之较早者，其后本地乡村多仿效之，或一村一堡，或数村合一寨。这种做法，使潮州农村形成一批人口高度密集的大聚落。村寨之大者，如和平、鸥汀、庵埠、塘湖、冠陇、南洋、樟林等，聚众多以万数。大型村寨的形成和自立，导致官府对地方控制力的削弱，引起了明末直至清代潮州地方一系列的宗族械斗，会党造反等事件。清同治三年（1864 年）任潮阳知县冒澄曾论及此：

> 明末海盗纵横，民多筑围建堡以自卫，久而乡无不寨，高墙厚栅，处处皆然。其弊也，莠民藉以负固，敢于拒捕抗粮。官吏捕治为难，半由于此。②
> 郡地滨海，其民多贾贩，不知诗书，有赀百万不识一字者。以防海盗故，乡□筑砦，编户聚族，以万数千计。置兵储粮，坚壁足自守。村落相接，一语睚眦，辄合斗杀，伤或数百人。其豪集亡命，肆剽掠，探丸□网，猝不可捕。逋赋自若，催科之吏不敢入砦门。又有卤盐之利，奸民水陆转贩，利兵火器与之俱，吏卒熟视，莫敢谁何。③

这些地区割据的局势，助长了潮州地区民间"打冤家"的陋俗：

> 潮俗强悍，负气轻生，小不相能，动辄斗杀，名曰打冤家。④
> 潮郡依山附海，民又杂霸之风，性情劲悍，习尚纷嚣，其大较也。
> 负气喜争，好勇尚斗，睚眦小嫌，即率所亲而关，至以兵刀相格，如临大敌。强者凌弱，众者暴寡，而歃血拜盟之风，村村仿效。多以豪爽误致杀人，因或藉名抄掠，自杀图赖，视为奇货；投环饮鸩，刎颈沉河，曾不少顾惜焉。⑤

同时也进一步导致潮州民风大坏。时人曾这样描述嘉靖时期的社会风气：

> 力讦之风近来颇炽，怨在睚眦必兴讼词。事本织微，至诬人命。情暧万状，不能悉言，而犹可恶者则扛尸图赖一事。盖当初死之际，呼集亲党百十为群，持执凶器，扛抬身尸，径至所仇之家，打毁房屋，搜括家财，掠其男妇，肆意凌虐，或行反缚，或加乱捶，或压以死人，或灌以秽物，极其苦楚，几于踣毙，必使供应酒食、打发钱

---

① 转引自黄挺《海禁政策对明代潮州社会的影响》，《韩山师范学院学报》1996 年第 1 期。
② 转引自黄挺《海禁政策对明代潮州社会的影响》，《韩山师范学院学报》1996 年第 1 期。
③ 冒澄：《潮胪偶存·序》。
④ 梁绍壬：《两般秋雨庵随笔》卷 5《潮州乐府》。
⑤ 蓝鼎元：《鹿洲初集》卷 14《潮州风俗考》。

银满足所欲。①

至万历年间，潮州更是风俗尽坏。"四境之内，土地拓于流民，豪强恣于兼并，物力尽绌，供费日浮"，"可骇可谔可痛之事非一，视嘉隆间，波愈下矣。"②

三 明代潮州抗倭之久烈

从时间上看，明代潮州抗倭斗争几乎与整个明王朝相始终。以激烈程度来分，大致有三个时期。第一个时期，自洪武二年至正德年间（1369～1521 年）。"倭寇惠潮诸州"③，这个时期倭寇"少有抄盗，不为害也"④。抗倭主要以防御为主。第二个时期，嘉靖年间（1522～1566 年）。这个时期是潮州倭患空前严重的时期。仅在嘉靖年间潮州遭受倭寇进犯就有 43 次。⑤ 这种局面引起了明朝廷的重视，也激起了广大爱国官兵的无比愤慨。因此，潮州抗倭斗争进入积极反击阶段。这一阶段尤以俞大猷和戚继光在潮州的抗倭斗争最为突出。由于此前潮州抗倭斗争未能取得决定性的胜利，面对这种情况，明政府于嘉靖四十三年（1564 年）调派俞大猷到广东出任广东总兵。同年三月俞大猷便率领官兵及潮州人民取得了潮州抗倭史上的一次重要的战役胜利。⑥ 嘉靖四十四年（1565 年），明政府派浙江都督戚继光入粤协助俞大猷抗倭。两人在南澳消灭著名的吴平海盗集团，成为明朝平定潮州"海寇之患"的一次关键战役。⑦ 第三个时期，自隆庆年间至崇祯年间（1567～1644 年）。此时虽说大规模的倭寇侵扰已经基本平息，但零星的余倭仍不断骚扰。由于倭寇大势已去，因此"倭寇出没"已"不至为患"⑧。

从战线上看，明代潮州抗倭斗争几乎涉及整个潮州地区。嘉靖三十七年（1558 年）十月，御史王钫到潮州，适倭寇占据饶平黄冈镇，他即命副使林懋和知府李春芳、参将钟绅秀，调集官兵，分路出击围剿，俘斩倭寇共 146 人；嘉靖三十八年（1559 年）十二月，倭寇进犯辟望港、下外莆都，又窜犯和平桥、赤寮，后抄掠揭阳锦湖寨与惠来甲子镇，为官兵堵截邀击，共俘斩 380 多名；嘉靖三十九年（1560 年）二月上旬和下旬，倭寇集结6000 余人，流劫潮州等处，在大窖桥为官兵奋勇阻击而溃逃，四月又为官军会击，两次共歼灭倭寇 1160 多名；嘉靖四十三年（1564 年）春三月，有倭寇 20000 多人，被提督吴桂芳调狼兵 45000 人，福兵 15000 人，以总兵俞大猷为统帅，派金事徐甫为监军，与倭寇

---

① 《潮州耆旧集》卷 15 《萧御史集》。
② 《潮州耆旧集》卷 27 《周大理集》。
③ 郭子章：《潮中杂记》卷 10 《国朝平寇考（上）》。
④ 佚名，《倭变事略》，上海书店，1982。
⑤ 汤开建：《明代潮州海防考述》，载潮汕历史文化研究中心、汕头大学潮汕文化研究中心编《潮学研究（第 7 辑）》，花城出版社，1999，第 78～80 页。
⑥ 郑智勇：《论明代潮州抗倭的"邹堂之捷"》，《汕头史志》1996 年第 3 期。
⑦ 刘聿鑫、凌丽华：《戚继光年谱》，山东大学出版社，1999，第 115～135 页。
⑧ 余绍宋：《重修浙江通志稿》第 94 册《军事·防倭之役下》。

初战便俘斩倭寇 1100 多名，六月再战于海丰大德港，又俘斩倭寇 1300 多名，倭寇遁海溃逃时，又被追斩 1660 多名，余下的残寇，夺船窜逃出大海，在海上忽遇飓风，船翻而溺毙殆尽。这次在潮州剿倭寇，是一次最大的胜利，既鼓舞官军的士气，也激励和提高潮州人民抗倭的信心。隆庆二年（1568 年）二月，有倭寇 200 多人，突闯到外砂南湾，弃舟登岸，想作殊死攻寨劫掠，外砂乡民群起阻击，结果倭寇陷入重重包围中，200 多人全被击杀，这也可以看出群众对倭寇的痛恨。到万历三十一年（1603 年），倭寇侵犯海门，被军民击退之后，潮州沿海的倭患便基本结束。

四 明代潮州抗倭胜利之原因

首先，俞大猷和戚继光的直接指挥和参战，是取胜的重要原因。俞大猷，明嘉靖十四年（1535 年）中武进士，熟悉军事，战功赫赫，声名远扬。戚继光出身将门，戚家长期的军事实践为他提供了丰富的军事知识和战斗经验。他自幼饱读兵书，从小立下“封侯非我意，但愿海波平”①的志向。两人并称“俞龙戚虎”，是明朝一代的抗倭英雄。嘉靖四十三年（1564 年）三月俞大猷率领潮州军民取得的“邹堂之捷”是明代潮州军民抗倭力量由弱转强的重要标志，是一次“划时期”的大胜仗。“邹堂之捷”后，俞大猷与吴桂芳等名将联手，取得了“海丰之捷”。翌年，俞大猷、戚继光又取得了“南澳之捷”，剿平了大海盗吴平。惠潮间连续的“三大战役”，既重创了倭寇的有生力量，又铲除了引倭的一大祸根，沉重地打击了倭寇，倭势也自此由盛转弱，迨万历以后逐渐消歇。这与戚继光和俞大猷的直接指挥和参战不无关系。

其次，乡宦士绅的抗倭斗争所起的作用也是很大的。对于倭寇的入侵，乡宦、大姓等反应强烈，积极采取各种方式进行抵御。海阳县著名士绅刘子兴（即刘见湖）在重要的市镇塘湖防御倭寇入侵中发挥了核心性作用。当塘湖面临倭寇侵逼的危险时，刘子兴“谋诸乡耆老，建堡立甲，置栅设堠，鼓以义勇，申严约束，相率捍御，民赖以宁居”。不久之后，又有倭寇逼近塘湖，刘子兴“乃与乡人约，视产高下，敛九则之金，以为防守之费”，他“相要害之处，重设栅闸；度可乘之隙，高筑战栅。率其丁壮，各分信地，更番防守”，“以故倭寇之肆掠于邻近村落者，警报日至，独于是镇迄不敢犯”。在他筹措防守经费时，有些人从中作梗，经他“谕以大义”，居民才“咸乐信从”②。像刘子兴这样的乡宦士绅有很多，这些人抗倭都不是单个人的行为，他们或组织乡勇或建立防御系统，具有发动群众、组织民众共同抗倭的特点。这样，他们在抗倭中所起的作用就很大了。

最后，人民直接投入抗倭斗争。倭寇长期在潮州烧杀劫掠，使人们遭受无限灾难，歼灭倭寇是人民的迫切要求和共同愿望。因此在抗倭斗争中，广大人民都积极投身到抗倭斗争当中。嘉靖四十二年（1563 年），倭寇围攻潮阳县城，县令郭梦得依照林大春的建议，

① 《戚少保谱耆编》卷1。
② 万明：《晚明社会变迁：问题与研究》，商务印书馆，2005，第295页。

招募强悍善战的勇士保卫县城，当时从达濠招募的勇士就有 400 多人入城御寇，庄淑礼、胡世和两人也在应募之列。当时倭寇以全部精锐从西南进攻县城，用云梯十道攀登城垛，庄淑礼、胡世和两人当先奋勇抗击，斩寇数十人，击退倭寇，两人虽身负重伤，仍跳下城继续战斗，不幸中鸟枪而死。庄淑礼的父亲抚其尸说："儿虽死，而城能保全，还有什么遗憾呢！"并忍痛令他的幼子也上城抗战。[①] 像这样英勇抵抗倭寇入侵的百姓有很多，人们总是要采取各种办法来消灭他们，这客观上加快了明代潮州抗倭斗争的胜利进程。

责任编辑： 陈嘉顺

---

① 潮阳县地方志编纂委员会：《潮阳县志》，第 1059 页。

陈坤《如不及斋丛书》与
晚清潮州社会

谢　湜[*]

摘　要： 晚清刻本《如不及斋丛书》，由同治初年潮阳知县陈坤编著而成，是一部较少被注意的地方文献。透过陈坤的见闻和见解，参以其他史料，我们可对晚清潮州社会情势的发展试作探讨。道光以后，潮州地方行政权力已难以达至基层。咸同时期地方军事化形成的团练结社，接续了村落串合械斗的积弊。同治年间，陈坤、冒澄、方耀等有识官员，力图通过拆社分乡、强绅办乡等措施，重建乡村秩序，这一趋向给地方权势提供了更多的上升空间，也影响了清末民初基层行政的转变。

关键词： 晚清　潮州　陈坤　如不及斋丛书　会乡

　　太平天国运动前后的粤东社会史，近年来得到不少研究者的关注，相关论文主要有黄挺《地方文献与区域历史研究——以晚清海阳吴忠恕事件为例》[①]，以及李益杰、盛芳、黄瑾瑜关于该时期粤东地区会党的几篇专述文章[②]等。黄挺以吴忠恕事件为例，通过不同类型文献的爬梳，在探寻史实的同时，对如何利用"杂史"和歌册等文献，体味晚清潮汕地方政治生态与社会观念的变迁，提出了富有意义的学术主张。上述论文大都运用了同治年间潮阳知县陈坤所撰的《潮乘备采录》《粤东剿匪纪略》这两部文献，黄挺教授对二

---

* 　谢湜，1980 年生，中山大学历史学系副教授。本文初稿曾于第七届潮学国际研讨会上发表，蒙周修东先生指出其中两处人名考证错误，令笔者得以修正误见，后发表于《中国社会历史评论》2009 年第 10 卷。

① 　黄挺：《地方文献与区域历史研究——以晚清海阳吴忠恕事件为例》，载黄挺编《潮学研究》第 11 辑，汕头大学出版社，2004，第 45~74 页。

② 　盛芳、李益杰：《论太平天国时期粤东天地会起义的特点和历史作用》，《韩山师范学院学报》1997 年第 3 期；黄瑾瑜：《略谈清代潮州会党》，《广东史志》2000 年第 1 期；李益杰：《论太平天国时期粤东反清斗争》，《天府新论》2001 年第 4 期。

者的编撰关系，以及写作立场与时代变迁的关系已作了较为深入的讨论。

笔者在上海图书馆览得晚清刻本《如不及斋丛书》（以下简称《丛书》），《丛书》共包括十部文献，首先是陈坤校刊的两部官箴书：元代张养浩撰《为政忠告》、清初梁文科撰《日省录》，其次是陈坤校刊的明末陈瑚所著《大学日程》，其余是陈坤本人诸著述：《鳄渚回澜记》《治潮刍言》《粤东剿匪纪略》《如不及斋诗钞》《如不及斋咏史诗评》《古井遗忠集》《岭南杂事诗钞》，另外还有其早逝的女儿陈钲所著（身后由其兄弟辑成）《寒碧轩诗存》。这些文献卷帙不繁，内容却颇为丰富，撰写时间大多在咸丰、同治年间，记录了陈坤及其亲朋的见闻和见解。总体看来，《丛书》兼有官方文献与私人著述的色彩，值得玩味，结合其他史料，我们可对咸丰、同治年间的潮州社会试作窥探。

一 鳄渚回澜·古井遗忠——陈坤其人其书

陈坤字子厚，祖籍钱塘，自幼便随祖父来到潮州，窘于举业，后来纳粟入官，道光二十四年（1844 年）任大埔县典史，二十五年转任海阳县典史，咸丰六年（1856 年）在海阳任县丞，九年署理大埔知县，同治元年（1862 年）升任潮阳知县。[①] 陈坤居潮卅余载，《丛书》及其他著述是其丰富阅历的见证。

在《丛书》诸篇中，陈坤将其校刊的《大学日程》和两部官箴书置于前列。其中《大学日程》最早刊刻，据徐焘所作序言，陈坤曾自诸城李方赤处得《大学日程》一书集录本，因明季太仓陈瑚先生"经济博通于河渠漕运、农田水利、兵法阵图，无不研贯"，于是陈坤"常置案头以奉圭臬"，并在道光年间将之重梓。[②] 陈瑚的著述成为习文学政的陈坤的基础读本，伴随其多年为幕任吏。江有灿在为陈坤刊刻的《日省录》所作之跋语中，褒赞陈坤"为人谨然寡言，持躬恳实，官粤东三十余年，每以勤慎结长官知，殆所谓安静之吏，恒恒无华"[③]。

丛书所录《鳄渚回澜记》，则是陈坤辅助县官、经理地方水利的经验总结：

> （咸丰）丙辰冬，邑侯汪公政，宽筹经费，大兴工役，亲临水次而董治之。坤适权尉事，奉檄往襄。审度地形，测观水性，稽成法之得失，辨众论之否臧，应塞应疏，实事求是，怨劳周避，赏罚兼行。凡八阅月而告成，水归故道，民复其业。因就其经验者，振笔记之，分为八则。上两章专论本事，中五章概言通治，末一章杂录存参。考订再三，将以质诸君子，极知僭窃，无所逃罪，然于后之堤防，未必小补云。[④]

---

① 饶宗颐总纂《潮州志》潮州市地方志办公室，2005 年影印本），《古瀛志乘丛编》第 1 册，《大事记》，第 355 页；第 5 册，《职官志》，第 2305～2306、2323、2408～2409 页。

② （清）陈瑚著，（清）陈坤刊《大学日程》，收入《如不及斋丛书》，第 1b～2a 页。

③ （清）梁文科辑，（清）陈坤刊《日省录》，收入《如不及斋丛书》，第 62a 页。

④ （清）陈坤：《鳄渚回澜记》，收入《如不及斋丛书》，第 1a～b 页。

《鳄渚回澜记》所述甚为精要，并无空疏之言，颇见陈坤用力之深，辅政之勤。效仿官箴，身体力行，常常是基层官吏的佐治良法。除了《日省录》，陈坤也将其推崇的元代张养浩所作官箴《为政忠告》收入《丛书》。他认为："《忠告》一书切实近理，其言皆本诸阅历，不涉迂阔，可为居官法则，惜传本颇少，世不多见"，于是，陈坤于广州"偶得此册，因校缮重刊，以广其传，并志向往之意"①。也许正是这种"向往之意"，促使陈坤撰著不辍，总成《丛书》。由其汇公牍而成编者，如《粤东剿匪记略》以及另外单行的《潮乘备采录》；其阐论言志者，如《治潮刍言》。

自幼南迁，陈坤在岭南大地度过了一生的大部分光阴，不知他是否已通晓粤地方言，尽管陈坤在著述中多自称"钱唐陈坤子厚"，潮州方志中又常记为"陈坤，顺天府人"，但仅称其为客寓之士恐怕不符其实。学幕为官之余，陈坤对岭南文史、粤地风物情有独钟，《丛书》所收《岭南杂事诗钞》便是典型著作。诗钞皇皇八大卷，所记风物几乎遍及岭南，而且大部分是其亲历见闻，山川物产，古迹民风，靡不涉及。每一诗后，又常有详细注释，俨然一部小百科全书。此前不少潮学研究者就曾引用陈坤所著《岭南杂事诗钞》中述及潮汕功夫茶、皮影戏、元宵灯会等诗篇，研究潮汕民俗。②《丛书》乃陈坤晚年时（大约在光绪三年），由其三子汇编并付省城西湖街艺苑楼刊印而成，其中，《岭南杂事诗钞》是最后收入之书：

> 家大人从公余暇，采其山川胜迹，物土民风，分题赋咏，积而成集，其殆有长言，咏叹不容自已者乎。兹值《如不及斋集》告成，钊等请并刻之，家大人不欲，曰："吾仕于粤者垂四十年，不能稍有裨益，徒以空言寄意，吾滋惭矣，尔辈所请不益增吾过耶？"钊等复进而请曰："大人作此诗，劝惩具备，意在寓箴规于吟咏也。今秘而不彰，则此意隐矣。且此诗出，安知不有輶轩之采用，作刍荛之献，以有造于斯土乎？"家大人遹然笑曰："有是哉，如若所言，吾又何靳而不就正有道，以冀一当耶。"因得汇辑成编，付诸手民，而记原委于此。男铨、钊、铿谨跋。③

《岭南杂事诗钞》的内容和风格，确如其子所言，重在规讽，而不图尚文藻。其友俞洵庆在序中亦称，"子厚仁兄所咏杂事诗，凡粤中风俗事迹，无不备记，其事之悖于礼者，悉以名句微词，用作棒喝"④。这种吟咏风格在陈坤的《如不及斋诗钞》中也有直接体现，而诸多诗篇实际上也见证了陈坤在动荡不安的时局下辗转奔走的生涯。其女陈钲在跋语中称：

> 父性聪颖，童岁能诗。顾家苦贫，为衣食计，遂弃书读律，橐笔游郡邑间，一时

---

① （元）张养浩著，（清）陈坤校刊《为政忠告》卷4，收入《如不及斋丛书》，第11b页。
② 杨树彬：《〈岭南杂事诗钞〉中潮事考释》，《潮州文化研究》2006年第3~4期。
③ （清）陈坤：《岭南杂事诗钞》卷8，收入《如不及斋丛书》，第47a~b页。
④ （清）陈坤：《岭南杂事诗钞》，收入《如不及斋丛书》，第3b页。

有惊座之称。洎长，以时方多故，请缨入仕，讲求吏治，亟亟不遑。然公余手辑一编，不废吟咏，积四十余载，衰然成帙。①

陈钲对其父之褒赞固然缘自尽孝之心，但陈坤"寓箴规于吟咏"的文风，及其对时局之关切，显然对其子女产生了深刻影响，此点从陈钲《寒碧轩诗存》中五言古诗《夜听诸弟读书作》②、七言古诗《遣怀》③、七绝《羊城竹枝词二首》④ 等诗篇便可得知。陈钲的聪颖通达及其对父亲的理解和认同，令陈坤对其怜爱有加。无奈天妒才媛，同治十一年（1872 年），陈钲为父亲的《如不及斋诗钞》敬撰跋语并付梓，随后归瑯玡夫家，一年后遽罹产厄，年仅二十三。⑤ 陈坤悲痛不已，回首一生戎马倥偬，晚年竟不得父女天伦。陈钲曾作五律《忆家大人时在东江军中》曰：

橐笔从戎去，匆匆又一年。重围闻已合，好梦计将圆。军旅宜仁恕，朝廷重俊贤。红旗看报捷，鞭着祖生先。⑥

陈坤再读此诗，必定是老泪纵横，既悲怜小女之早去，又憾叹"劳生况更苦兵戈"⑦的境遇。实际上，心怀宏图大志，却生逢多舛，无奈投身兵戎者，又何止陈坤一人。

关于道光、咸丰、同治年间粤东兵事，观《粤东剿匪记略》及《潮州志·大事记》便可知概貌。粗阅《潮州志·职官志》所列此期间各县官员状况，我们最直接的印象是正印佐杂均无长任，多随战事调动，佐贰官员或是一年一换，或是奔走署职。黄挺教授在其研究中考察了吴忠恕事件中陈坤与海阳知县汪政等官员的关系，及其对文献编选可能造成的影响，他认为，陈坤其时担任汪政的副手，又同是顺天府人，编撰《潮乘备采录》时，有意识地突出自己和汪政的作用，有其个人的功利因素。⑧ 这一推断应是合乎当时情势，而通读陈坤诗文，其功利求进之余，心绪或许更为复杂。

据后事来看，咸丰三年、四年镇压吴忠恕、陈阿十等乱，是汪政和陈坤结下战斗友谊的机缘，更是他们仕途提升的重要转折点。咸丰三年汪政任潮阳县令，四年以功代署海阳知县，陈坤也在咸丰六年任海阳县丞。前文所引《鳄渚回澜记》叙述的便是咸丰六年，陈坤初到海阳辅佐知县汪政治水的经过。汪政"宽筹经费"、亲董其事的魄力，令陈坤的才干有了用武之地。咸丰九年，陈坤得署大埔知县，同治元年署潮阳知县，不知是否得益

① （清）陈坤：《如不及斋诗钞》，收入《如不及斋丛书》，第 32a 页。
② （清）陈钲：《寒碧轩诗存》，收入《如不及斋丛书》，第 6b ~ 7b 页。
③ （清）陈钲：《寒碧轩诗存》，收入《如不及斋丛书》，第 9a ~ 10a 页。
④ （清）陈钲：《寒碧轩诗存》，收入《如不及斋丛书》，第 14a 页。
⑤ （清）陈钲：《寒碧轩诗存》，收入《如不及斋丛书》，第 16a ~ b 页。
⑥ （清）陈钲：《忆家大人时在东江军中》，《寒碧轩诗存》，收入《如不及斋丛书》，第 11a 页。
⑦ （清）陈坤：《九日感怀》，《如不及斋诗钞》，收入《如不及斋丛书》，第 16 a 页。
⑧ 黄挺：《地方文献与区域历史研究——以晚清海阳吴忠恕事件为例》，载黄挺编《潮学研究》第 11 辑，汕头大学出版社，2004，第 51 ~ 55 页。

于汪政的暗力相助，陈坤曾在其梅州留别诗文中一表衷怀："平生知遇最拳拳，患难相随况六年。"① 后来陈坤在给汪政的《奉和汪敬斋太守重襄军务感旧四首》等诗文中，再次表达了对其知遇的敬意：

> 出处何常定，为官贵致身。公原甘淡泊，我亦知艰辛。知足忘荣辱，交情见旧新。讵无邦国计，爱惜老成人。②

当然，和章赠诗难免也有逢迎之嫌，毕竟熟读官箴的陈坤应是深知，出身监生，为幕任吏，分差佐杂，又逢仕途多变，欲于宦海沉浮中有所寸进，须盼正官惜才提携。"乱世"从军为官，只有知人之仁，方有谋国之忠。"受恩容易受知难"的心境，在陈坤的诗中常常流露出来：

> 十载戎机屡共参，功名事业属奇男。消残战血春遗镞，劳苦攻心雪满篸。投笔莫轻班定远，拥旄尝重济平南。黄粱未熟邯郸道，梦到浓时睡自酣。
>
> 惭愧年年说故吾，忌才人众爱才孤。情犹潭影空何在，与比秋花淡欲无。至竟薰莸成异味，未妨牛马任相呼。扁舟待结樵青伴，水淼云深入五湖。③

同治元年署理潮阳知县，实际上已达到了陈坤在潮州任官的顶峰。同治三年，陈坤调离，由江苏如皋人冒澄接任潮阳知县。潮阳二年任内，陈坤完成了《丛书》中较为独特的一部题词汇编《古井遗忠集》，此事在饶宗颐《潮州志》中有记载：

> 潮阳县署旁有黄老相公祠，香火甚盛，读壁间碑，乃知讳安，字定公，号石斋。七赴乡闱，不售。崇祯壬午，潮阳令孟应春聘为幕客。甲申三月，帝死社稷，六月二十日，石斋闻变，北望恸哭，投署西偏井中，死之年六十有三。时值海氛，孟为填土成塚。后应春御寇，赴海殉难。顺治间王令觉民为作记，以昭节义。……陈子厚令潮阳，以传记题词，刻一册，曰"古井遗忠录"。④

明清鼎革之际，黄安殉节，孟侯殉职，此类忠节事迹无疑是士大夫讴歌铭志的常用主题。在陈坤之前，嘉庆年间郑昌时撰《韩江闻见录》，已略载了黄安"义士祠"的由来，

---

① （清）陈坤：《中秋夜月怀汪敬斋司马政》，《如不及斋诗钞》，收入《如不及斋丛书》，第17b～18a页。
② （清）陈坤：《奉和汪敬斋太守重襄军务感旧四首》，《如不及斋诗钞》，收入《如不及斋丛书》，第22b～23a页。
③ （清）陈坤：《感遇》，《如不及斋诗钞》，收入《如不及斋丛书》，第24a～b页。
④ 饶宗颐总纂《潮州志》第6册《丛谈志二·古井遗忠录》，潮州市地方志办公室，2005年影印本，第2927页。

并作诗凭吊，叹曰"王公及难，责有难辞，而幕士之殉，所未前闻"①。祭祠香火未熄，历代题咏犹在，同治元年新上任的陈坤对此颇受触动，而其心绪或许又与郑昌时不同。陈坤将陶文鼎②所撰之叙置于卷首第一篇。陶叙追述了这一细节，即是崇祯壬午孟应春聘黄安入幕后，"旋值海寇搆乱，同列多去，而先生独相助为理"。第二篇叙言则是汪政所作，亦提及主宾相知共难之情。③ 陈坤在书中仅列入自己一首凭吊诗，"孤忠犹有幕中人，鲁连蹈海心同烈"④ 之吟，或是追忆十年倥偬中主官幕友的惺惺相惜，或是权篆潮邑后仍觉前路堪虞，我们无从得知其心境，也许《古井遗忠录》的编录本身，便蕴涵着复杂的情愫。

陈坤在诸多诗篇中，亦常缅怀道光咸丰年间叱咤潮州的知府吴均。吴均是钱塘进士，道光年间先后在惠来、揭阳、潮阳任官。道光二十四年（1844 年），吴均任海阳县令，二十六年署理运同兼潮州守。⑤ 道光二十五年，陈坤曾任海阳典史，与这位"同乡"长官应已谋面。道光末咸丰初，黄悟空双刀会、陈娘康、吴忠恕等乱，都是吴均指挥御战，前面提到汪政与陈坤并肩援战潮阳，正是吴均的指派。咸丰四年（1854 年）十一月，吴均在任上积疾而卒，后来受追赠并崇祀名宦。⑥ 接任陈坤任潮阳知县的冒澄，后来在光绪五年（1879 年）将其公牍文书汇编成《潮牍偶存》，不知是否经陈坤介绍，凑巧也在广州西湖街艺苑楼刊刻。汪琼为冒澄所撰序中认为，潮固难治，数十年来守令"惟钱塘吴公称最"，次则冒澄。⑦ 暂不论其对冒澄之褒扬是否过之，至少说明这位资深名幕同样对吴均评价甚高。

吴均逝世后，陈坤曾作挽章二首，其一曰："廿年潮郡宦游频，遐迩人歌有脚春。刑乱由来宜重典，谕名从此竟成仁。九重特达孚明主，一息犹存尽老臣。未了丹心留后补，生儿已有报恩人。"⑧ 吴均的英勇善战，为陈坤所敬重和向往。在这一点上，陈坤的精神世界又是复杂的，既希图太平光景以便一展治理之才，又羡叹"十载戎机屡共参，功名事业属奇男"，以"投笔莫轻班定远"自勉，渴求建功立业。吴均对他的启示，或许正在于乱世须用重典，兵者固凶，在此时却是守土之基，施政之需。

实际上，咸丰同治年间吴均的征战并非一帆风顺，所向披靡。道光二十四年攻揭

---

① （清）郑昌时著，吴二持校注《韩江闻见录》，上海古籍出版社，1995，第 8 页。
② 陶文鼎，字卿田，其先会稽人，流寓番禺，后占籍。同治初年曾作潮阳知县冒澄之幕客，后又曾为广东巡抚蒋益澧延为幕宾。事见（清）冒澄：《禀本府、道会营查办十五社匪徒暨营兵滋事由》陶文鼎之识语，《潮牍偶存》（清光绪刻本），第 14a 页；汪兆镛纂录，《碑传集三编（三）》卷 44，收入《清代传记丛刊》综录类，台北：明文书局，1985，第 653～654 页。
③ （清）陈坤编纂《古井遗忠录》，收入《如不及斋丛书》，第 1a～4a 页。
④ （清）陈坤编纂《古井遗忠录》，收入《如不及斋丛书》，《弔黄石斋先生诗》，第 12a 页。
⑤ 饶宗颐总纂《潮州志》第 5 册《职官志》，潮州市地方志办公室，2005 年影印本，第 2320、2347、2389、2478 页。
⑥ 光绪《海阳县志》卷 33《列传二》，收入《中国方志丛书》广东省第 64 号，台北：成文出版社，1967，第 358 页。光绪《潮阳县志》卷 16《宦迹列传》，收入《中国方志丛书》广东省第 12 号，台北：成文出版社，1966，第 262 页。
⑦ （清）冒澄：《潮牍偶存》，收入《如不及斋丛书》，第 4a 页。
⑧ （清）陈坤：《挽吴云帆夫子均》，《如不及斋诗钞》，收入《如不及斋丛书》，第 15a～b 页。

阳县而被吴均带兵讨平的黄悟空，其实是此前抗粮拒捕的潮阳直浦土豪黄银生的亲信。据《揭阳县续志》称，黄银生曾破吴均之兵，后来黄悟空杀黄银生，重组成双刀会，声势渐大。道宪遂命时任海阳知县的吴均带兵驰抵揭阳城下，而吴均大概心有余悸，又怀疑揭阳民心有异，不肯入城，被城中人嘲笑，吴均一怒之下欲轰城，揭阳知县王治溥力争朝夕，保百姓不反，吴均遂引兵入城戒严。后来揭阳县丞王皆春及时地探得双刀会攻城的密谋，官军击敌成功。① 这段颇为难得的细节记载，反映了吴均等官员在会匪渐盛的时局下，对揭阳民情的某种不信任心结，折射出军事化局势之下社会情态的某些变化。

道光以来粤东的风俗迁移和世态发展，促使究心吏治的陈坤在辗转"剿匪"之余，不断地思考治潮之道。同治元年，陈坤终掌知县正印，其后不久，太平军屡犯大埔、饶平，潮州又逢兵警。仓促署政之间，陈坤未能如愿整饬治务，几年后便调离潮汕大地，远赴海南。他在《琼台留别》一诗末尾自叙："同治九年二月，县属三江一带匪徒欲图结会滋事，适余捧檄抵篆，雷琼道王公，琼州府冯公即饬会督兵役……"②。

或许是命中注定，陈坤以戎旅终其仕途。也许出于未尽之抱负，在同治七年（1868年），陈坤将其三十余载在潮学幕入吏、佐政为官的心得，汇为《治潮刍言》一小册，授诸后来之治潮者。他或许并未意料到，一个多世纪后的人们得益于他的书作，探寻着晚清潮州社会的嬗变。

二 从"会乡"到团练：县际"剿匪"与乡村社会情态

伤哉大陵小，约从而连衡。胡为乡族中，倡谋结会盟。潮人多尚气，强弱势相倾。两造佃输租，欲壑难取盈。贱贫有羞恶，丰歉无重轻。积怨日以深，从此厉阶成。众寡既莫敌，尤效复求赢。一方各树党，累岁互纷争。杀伤等儿戏，天地犹好生。率土古作贡，国课亦递征。剥肤岂共占，藉口竟同声。讵无催租吏，且用屈人兵。蔓延芟不尽，机伏祸旋萌。莫如责佃乡，受业自经营。复占原产数，交易订章程。追欠终未已，追价除弊清。后来别有置，就近择承耕。马牛弗相及，鹬蚌可分明。尝闻先儒言，弦废必须更。更端非所易，或以致太平。

——陈坤《会乡行》③

潮汕有句俗语："乱过会乡。"用以形容乱七八糟的情形。"会乡"实际上是历史时期潮州地区村落串合械斗的一种特定现象。不少研究者认为，此现象始于明中后期，当时战

① （清）王崧等修，（清）李星辉等纂，光绪《揭阳县续志》卷4《风俗志·事纪下》，收入《中国方志丛书》华南地方第188号，台北：成文出版社，1974，第440~442页。
② （清）陈坤：《琼台留别》，《如不及斋诗钞》，收入《如不及斋丛书》，第28b~29a页。
③ （清）陈坤：《会乡行》，《如不及斋诗钞》，收入《如不及斋丛书》，第14a~15a页。

争频仍，寇盗兴乱，社会动荡，村落间、乡族间弱肉强食的械斗屡见不鲜。一些村落为了增强势力，纷纷寻找联合，组成会乡进行械斗，有的还筑建了堡寨。也许是土风相沿成习，"会乡"现象成为村落间长期存在的敌对气氛，一触即发，乃至演变为村族势力对抗官府统治常用的一种组织传统。清代前期蓝鼎元治潮之时，便剖析了潮地乡村的生态："既不怀刑，遂轻宪纲，而有包侵略国赋，抗拒征输，积逋连年，妄希肆赦。负气喜争，好勇尚斗，睚眦小嫌，即率所亲而关，至以刀兵相格，如临大敌。强者凌弱，众者暴寡，而歃血拜盟之风，村村仿效。"于是，蓝鼎元将潮州民俗总结为"潮郡依山附海，民有杂霸之风。性情劲悍，习尚纷嚣"①。此论虽贬多于褒，却多少道出了地方风气的实情。

降至19世纪初，海阳县上莆都仙圃寨决定在每年正月抓阄选出"灯首"，从1801年开始，带领寨民组织游神活动，崇祀"风雨圣者"，而实际上，该信仰方始于三年前即嘉庆三年（1798年），举寨游神的目的很明确：

> 有鉴于各地会乡之风甚盛，为增全寨团结，共御外侮。②

在19世纪的潮州地方官眼中，"会乡"已是司空见惯而且普遍存在的乡村恶习。嘉庆道光以来，会乡械斗之风有增无减，上引陈坤《会乡行》一诗反映了这种积弊。他在《治潮刍言》中也将"会乡"列为治潮"四难"之一，他更指出：

> 一乡之事，尚不难于排解，会乡既多，头绪愈繁，此依彼违，朝三暮四，如始丝也而棼之，清釐更弗易矣。③

一乡之纠纷，官府尚有调解之自信，而实际上，道光以来，潮州地方官经常须依靠称为"公亲"的地方绅耆来维持乡间秩序，陈坤诗中有述：

> 排难解纷告诫谆，苦口苦心再三陈。一方式化敦和睦，难得乡间造福人。
> 潮人固尚气喜争，若秉公排解，亦知悦服。凡乡间素有声望，众所推重者，不论绅耆，遇邻里斗争之事，出而调处，自可寝息，故俗尊之曰公亲。道光以来，地方官皆用之，公亲之称，登诸公牍矣。④

在陈坤看来，潮郡地方有洪水、洋人、风俗大患者，而洋人尚属未然之患，唯风俗颇

---

① （清）蓝鼎元：《鹿洲初集》卷14《潮州风俗考》，收入《鹿洲全集》，厦门大学出版社，1995，第295~296页。

② 潮安仙圃圣庙石刻：《潮州仙圃寨风雨圣者史略》，转引自翁泽琴《民间信仰与社区整合——以仙圃寨风雨圣者信仰为中心的调查研究》，《韩山师范学院学报》2002年第4期。

③ （清）陈坤：《治潮刍言》，收入《如不及斋丛书》，第2b页。

④ （清）陈坤：《公亲》，《岭南杂事诗钞》卷7，收入《如不及斋丛书》，第2a页。

靡最为严重。"降乩童、打花会、设娥场、开人当、结会乡、吞租谷、截河私抽、拦途抢剥、明火撞劫、掳人勒赎，皆为利也"，"纠众械斗、杀人肢解、挖坟毁骸、奸淫妇女，皆为气也"①，陈坤在杂事诗中还描述了当时会乡械斗的不少细节，譬如"乡里少年咸习鸟枪，邻村有事角争，辄招助斗，目为铳手，日授饷，值伤则调理就痊，死则补致身价洋银七八十元至百元不等"②。会乡之风相沿，绝非一朝一夕之患矣。

19世纪下半叶，潮州地方官府一望四野，只得一幅合纵连横的会乡图，日常的治安维护则是难上加难。据陈坤叙述，当时还有许多积恶之徒常混入营伍，作为护身符，从此恣肆里间，"拘之不得，提之不来，抗粮庇匪，复事事与地方官作梗"，此"匪兵"之弊潮阳、惠来最甚，海阳等邑次之，③投鼠忌器，更添掣肘之虞。而且每每官兵下乡办案，便有无赖之徒尾随其后，乘机混行攫抢，俗呼为"火鸟"，④官兵失去威信，更加导致乡民的抗拒。这样的治安效果，当然更无法撼动"会乡"的积弊，而且加大了咸丰以后官府的各种"剿匪"行动的困难，因为一旦兴师，便是"动众"，几乎就进入了会乡的汪洋大海，触及乡族的势力。

陈春声教授在研究中曾指出，歌册在文学化的叙述之中，常常保留了不易获见的关于民间仪式、村际关系、官民关系、社会心态等方面的宝贵材料，他举了《吴忠恕全歌》的一段记载为例：

> 亮师闻问回音答，内洋一派之乡村，欲算庵埠上有钱，庵埠一得有主施。陈杨二姓皆古富，欲勒谁人敢不依。若是不听报言因，许一过去就踏沉。有钱谁人俱畏事，必着赠报之白金。陈杨王林一相听，下畔还有月浦佘。渔洲陈蔡共吴李，南面不远蓬洲城。……⑤

由此看来，即便是骁勇善战的吴忠恕军队，都须面临着乡族林立，形同割据的乡村社会情态。那么官府是否能有所作为？

安徽进士姚柬之是道光、咸丰年间一位比较有名的潮州地方官，他于道光十三年（1833年）任揭阳知县，十五年再度莅任。光绪《揭阳县续志》曾记载其靖匪技巧的典型"案例"：

> 土人久沿漳泉械斗之习，痼病日深。加以累朝宽厚之余，有司粉饰治平，务为姑息，至于抗官玩法，政令不行，柬之甫下车，即痛惩烂匪讼棍，民稍知畏法。有黄姓者，因案逃匿，吏持之急，即率众拒捕汹汹。柬之念营勇弓兵举不足恃，即申牒大府

① （清）陈坤：《治潮刍言》，收入《如不及斋丛书》，第1b～2a页。
② （清）陈坤：《岭南杂事诗钞》卷7《铳手》，收入《如不及斋丛书》，第7b～8a页。
③ （清）陈坤：《治潮刍言》，收入《如不及斋丛书》，第2a页。
④ （清）陈坤：《岭南杂事诗钞》卷7《火鸟》，收入《如不及斋丛书》，第8b页。
⑤ 陈春声：《从〈游火帝歌〉看清代樟林社会——兼论潮州歌册的社会史资料价值》，载黄挺编《潮学研究》（第1辑），汕头大学出版社，1993，第100页。

未必遽发兵，度不如以计制之便。乃驾小舟，从数役，以绳量江面，如是者再。众不测其意，询役。役言，公请于上宪，已得报，不日即有省兵，虑届时无船，拟设浮桥三，以济之，此绳所以度广狭也。黄姓闻之，大惊，乃擒献拒捕者，泥首请命，案遂结。其他权略多类此。由是颂声四起，催科所至，民咸乐输，为十余年来所未见。①

县志的此般描绘多少带有点传奇色彩，但姚柬之的"奇招"可能透露出道光中期以后较为普遍的情态。县级官员面对严峻的治安任务，十几年间却一直苦于无兵无钱的尴尬境地，姚柬之过人的权略绝非仅仅为了博得四起的颂声，只盼能使"催科所至，民咸乐输"。抗粮拒捕不仅使官府颜面尽失，而且危及官府的正常税收乃至整个基层政府的日常运作。太平天国起事后，社会秩序更加混乱，各县政府更是捉襟见肘。陈坤将"经费"和"赔累"与前面提到的"会乡""匪兵"同列为四难，凸显了了问题的严重性：

一曰经费。道光年间，一二差役至乡，即可拘拏烂匪，催征钱粮。（眉批：筹兵先筹饷，近今惟胡文忠公抚楚北，最善经划，亦所处之地足以有为）迨甲寅逆匪滋事以后，民情愈坏，动辄纠众肆抗，始而委员，或亲督差勇，前往围捕，尚知慑服。继亦恃其寨坚铳利，负固不服，势必多备勇役，请发大炮，声威所播，俨然征讨之师。然犹有抗敌者，非捣穴擒渠，终不俛首输诚。而征讨已众，经费浩繁，纵使勉力措办，一举之后，难乎为继。（眉批：知此知彼）而乡间深知其情，敛戢不过一时，寒灰复炽，故态愈张。此展布之所以未能裕如也。

一曰赔累。各县终岁所入有常，随时应用无定。自奏减米羡以后，进项益增，支绌之虞，而办事勤者用必繁。即如认真缉捕，亦非重赏花红，安能有效，但一经赔累，不免亏挪，在任既把注而无从，卸事更补苴之难望。②

治安成本的增大又造成了积弊的恶性循环，陈坤坦言："官法之所以穷，由于征收之不旺，征收不旺，则支解绌，用费乏，呼应不灵，渐而因循隐忍，振作弗兴矣"③。而乡间豪强也洞悉了基层政府的窘迫，方敢抗官玩法。对此形势，姚柬之也不得不使出空城计的下策，但他仍清晰地思考着更大的隐患。他一方面上书总督卢坤请求大兵助办揭阳，一方面呼吁"附近各县勿分畛域"。

揭阳县在清代潮州府辖境中处于版图的中心，海阳、潮阳、普宁、丰顺、陆丰、澄海各县均与之接壤，交界的村庄数以百计。一旦匪徒作乱，会乡再起，邻县坐视，穷一县之力也难奈之何。因此，姚柬之在上书中写道：

---

① （清）王崧等修，（清）李星辉等纂光绪《揭阳县续志》卷2《职官志·宦迹》，收入《中国方志丛书》华南地方第188号，台北：成文出版社，1974，第136～138页。
② （清）陈坤：《治潮刍言》，收入《如不及斋丛书》，第2b～3a页。
③ （清）陈坤：《治潮刍言》，收入《如不及斋丛书》，第3b页。

潮属民情悍而不刁，服则骈首不辞，不服则挺而犯上。揭本难治，而邻邑犬牙相错，措治尤难。盖在我尚可禁其不往，而在彼不能遏其不来，如一械斗也，无论德化难孚，不能卖刀买犊，即便此遵约束，彼则日肆干戈。此若伤彼之人，则严拘不贷，彼若伤此之人，则关檄皆空，民心能服乎？一命案也，尸亲多择肥而噬，今且噬及邻封。如上年普邑安仁陈姓与红山陈姓互斗毙命一案，尸主不控本邑之红山，而控邻境之棉湖，罗织多人，全无影响。又揭邑蔡姓为兄报仇杀伤丰顺罗姓一命，凶手畏法自首，质之尸亲，其事不诬，而关查丰顺，加以切函，覆称并无罗姓杀毙蔡姓之案，取具族邻切结而已，蔡姓之应得死罪，自毋庸议，然伊兄之命究竟谁偿在投首者，固宜明正典刑，而漏网者反得置身事外，民心能服乎？①

制府大兵的剿办固然是有力支持，而各县的同心协力其实是重要前提。由此反观道光二十四年（1844 年）吴均率兵援急时对揭邑的不信任一事，便知其犹豫和猜忌并非空穴来风。在帝国经野中，县界作为县级官僚的权限之界，在日常的行政中已常常造成内耗，在办案乃至"剿匪"的非常时期，行政机制上的积弊进一步呈现出来。假如会乡之"割据"图再叠加上政区的"畛域"图，流寇逃窜，此起彼伏，官府将丧失对地方秩序的控制。

吴均援揭前，姚柬之已经调离，前文提到的王皆春开始了其十余年的揭阳县丞之任，至咸丰二年任揭阳知县。咸丰三年至四年间，张邦泰和刘镇曾先后任揭阳令，咸丰四年王皆春又复任揭阳知县。不久，"潮嘉道曹履泰援剿揭寇，皆春供给一切资粮，皆预为擘划，不以扰民"，结果成功地歼灭贼首林元恺的武装。不幸的是，王皆春后来在办案时被林元恺的余党吴阿干伏击刺杀，后来吴阿干畏罪逃遁出洋。同治年间吴阿干归乡，正逢军门方耀来揭办积案，缉获吴阿干，斩之以祭王皆春于祠。②

道光、咸丰年间，县际"剿匪"的战果，掩盖不了地域范围内县际行政配合的不合拍现象，像王皆春那样能为官兵"供给一切资粮"，"预为擘划"又"不以扰民"的能宦干吏，毕竟少之又少。即使是姚柬之的锦囊妙计，也无法从根本上达致靖盗安民。

实际上，道光、咸丰时期地方秩序的恶化，与官府的整个治理策略的滞后有很大关系。一开始，会乡的壁立，确实有可能使大规模的匪贼兴乱在各种乡族势力的"博弈"中被压制，无法形成大气候。然而，官府却始终无法限制会乡的规模，一旦坐山观虎斗背后的虚弱被乡间看穿，官府便无法再插足乡村治安的维护。

更有甚者，民众在各种纠纷中也更不信任官府的调解能力，不愿报官。"使民无讼，原系美意，然道光年间，三阳期呈，俱百数十纸，至今不过数纸，岂畴昔之民好讼乎，今不赴愬于官，而自逞其抢掳斗劫耳。"③ 会乡炽盛，匪乱横行，在某种程度上是官府失策

① （清）王崧等修，（清）李星辉等纂光绪《揭阳县续志》卷 2《职官志·宦迹》，收入《中国方志丛书》华南地方第 188 号，第 138 页。
② （清）王崧等修，（清）李星辉等纂光绪《揭阳县续志》卷 2《职官志·宦迹》，收入《中国方志丛书》华南地方第 188 号，第 141～142 页。
③ （清）陈坤：《治潮刍言》，收入《如不及斋丛书》，第 6a 页。

的恶果。世易时移，回天无力，咸丰、同治年间官府面临着一个残局：

> 道光初，或有官利民斗者，今欲其不斗，尚不可得，遑敢言利乎？盛衰异辙，今
> 昔殊形，坐而言即宜起而行，官法民情，图治者可于此觇兴替焉。①

咸丰、同治时期的县际"剿匪"，正是在这样的局势下进行的。它将乡村社会的积弊
和官府行政的致命缺陷暴露无遗。此时，官府需要组织更充足的军事力量来维护统治，
"团练"由此应运而生。

同治元年，陈坤署任潮阳知县，一年多后匆匆离潮，接任的冒澄发现：

> 潮属积弊，潮阳无不有之，如纠结会乡、械斗抢掳、抗粮拒捕等事，相沿已久，
> 竟成锢习。夫莠民何处蔑有，而潮民倍觉强梁。军械则人有所藏，战斗则视为儿戏。
> 心粗胆大，每易生端。乡村聚族而居，丁男动以万计，而且互相勾结，各树党援。盖
> 凡一乡一族之中，均必有烂匪数名，主谋领袖专与官法作梗，而良弱者亦即为其胁
> 制，或且相率效尤。全在公正绅耆随时约束细送，方免滋生事端，无如绅士中明白正
> 派者指不多屈，而恃符藐法者实繁有徒，甚或与烂匪暗相联络，庇纵分肥。地方官非
> 不实力查挐，而若辈党众势强，往往不能缉获。若带兵勇诣办，动辄负隅抗拒，恣逞
> 凶狂，办理稍不得宜，即恐酿成巨患。至若钱粮一项，关系国课军糈，而各蛮乡任意
> 抗违，延不完纳。②

据冒澄所报，陈坤在任内所征得的税课其实不足原额的三成，不敷考成，地方经费短
缺。就在陈坤上任知县的同治元年，潮阳城厢内外开始兴办团练，乡间结社合团，"保固
藩篱，缉挐贼匪"，但"良莠不齐，事权不一"的弊病很快便暴露出来，甚至酿成新的械
斗。令冒澄头疼的是，许多乡村的团练自兴办以来，并未"获一真匪，获一巨盗"，反而
"抢掳斗杀，藐法横行"。更严重的是，潮阳营兵竟有不听冒澄调遣者，阻挠缉匪，甚至
要挟冒澄，③ 自然令冒澄火冒三丈。总体看来，同治年间团练带来的地方普遍军事化，仍
不能改变原有的会乡等积弊格局。

20 世纪 90 年代，哈佛大学孔飞力（Philip A. Kuhn）所著《中华帝国晚期的叛乱及
其敌人：1796～1864 年军事化与社会结构》在中国翻译出版，一度引发了中国史学界的
关注和讨论。孔飞力摆脱了此前美国学者用以解释中国近代史的"冲击-反应"模式，
力图从中国内部事件引发的社会结构变化来探究中国近代的起始。他认为，晚清时期的团
练、地方武装等地方军事化过程，使王朝与地方绅士名流间的权力平衡被打破，名流在地

---

① （清）陈坤：《治潮刍言》，收入《如不及斋丛书》，第 3a～b 页。
② （清）冒澄：《潮牍偶存》卷 1《通禀地方情形（潮阳任内）》，收入《如不及斋丛书》，第 4a～5a 页。
③ （清）冒澄：《潮牍偶存》卷 1《禀本府、道会营查办十五社匪徒暨营兵滋事由》，收入《如不及斋丛书》，第
10a～14a 页。

方政府中开始正式行使权力，由此，咸丰以后王朝的地方权力逐渐旁落。太平天国运动过后，旧秩序衰落，传统国家开始崩溃。尽管孔飞力的不少论断和分析逻辑引起了诸多学者的质疑，但正如王庆成在译作前言中所言，孔飞力的著作着重探索地方军事化的社会史意义，开辟了新领域，扩展了视野，丰富了历史认识的内容，无疑是值得中国史家借鉴的。

在考察中国南部和中部地方武装的结构时，孔飞力尤为重视地方团练结构与其他社会活动和组织模式的关系。他的一个观念前提是：

> 研究中国社会的各个方面——亲属关系、经济、文化生活以及武装力量——的最终结果将产生一个模式，揭示出所有这些活动形式的共同运转水平。这样一种全面的描述将显示出体现了所有社会活动的几种自然的协作规模。①

因此，他认为施坚雅在对农村市场结构的规律性分析中，点明了其他生活领域共同的结构规律。不过，孔飞力并未将论断凝固化，他非常重视不同地方乡村传统的差别。譬如，他认为广东、福建一带特别是潮州、嘉应地区的家族械斗传统，对地方军事化有着重要的影响，这些地区为正统和异端两方提供了械斗经验丰富的人员，诸如湘军中既敢打敢拼而又蛮横抗令的"潮勇"，以及永安之围中为太平军筑下坚实的防御工事的潮嘉地区首领。期间，地方家族常常成为农村武装的基础，在江西一些地方，一些家族便组合成团练组织。而在湖南一带，团练结构则展现出武装形式与集市结构紧密联系，但又不完全取决于集市结构的复杂模式，而在另一些地方，则出现家族力量同时左右商业和军事化而导致的团练结构。②

其实，在这一问题上，孔飞力所面对的并非地方权力结构的转型，而恰恰是地域文化中权力网络的延续。潮州地区的"团练"格局对"会乡"积弊的继承，表明了这一延续。在会乡纵横的情势下，地方行政权力根本难以达至基层，从前引陈坤的叙述来看，这一权力"隔绝"的状态或许早于道光初年便已经出现，而这一隔绝本身，甚于权力的"旁落"。

三 《治潮刍言》与《潮牍偶存》：地方行政形式的转变趋向

陈坤刍言治潮，列三大患、四难、六补救、四说，从形式上，重在釐清积弊，谋求革新之法。同治九年（1870年），琼州知府冯端本为其《治潮刍言》撰序，并作眉批，他赞扬陈坤既列积弊，又示救策："平生最不喜有病无药之论，议论多，成功少，得此庶一

---

① 孔飞力（Philip A. Kuhn）：《中华帝国晚期的叛乱及其敌人：1796~1864年军事化与社会结构》，谢亮生等译，中国社会科学出版社，2002，第76~77页。
② 孔飞力（Philip A. Kuhn）：《中华帝国晚期的叛乱及其敌人：1796~1864年军事化与社会结构》，谢亮生等译，第78~93页。

雪斯言"，同时也慨叹，陈坤居潮卅载尚不能举重若轻，"足见一二年易一官，虽能者亦难奏效"①。后来，冒澄所作《潮牍偶存》则恰好保留了他同治年间接任潮阳知县后的部分施政记录。可以说，《治潮刍言》与《潮牍偶存》代表了一部分有识的地方官整顿潮州吏治、重建地方秩序的思考和尝试。

作为理念的"实践"者，冒澄也许更明瞭改革所面临的限制，他在眉批中并未全然接受陈坤的观点。譬如，对陈坤所言"六补救"中的"严驭书差"，冒澄认为"不必过于操切"；固然"今昔不同"，"为政者贵因时以制宜"，"然谈何容易"。应警无募勇之费，施政多掣肘之虞，即使是清廉之官亦难以设法。

晚清的兵制改革是较为复杂的过程，又因地而异，在广东的许多地方，盗匪问题深刻地影响了军事变革的进程，② 旧式兵制的弊端也逐渐显露出来。前面提到，冒澄办案屡屡受到潮阳营兵中"匪兵"的阻挠，便是突出的事例。其中的最大症结是州县官不辖兵，才导致"事权分而不合"，"有名而无实"③。陈坤在《治潮刍言》中指出：

> 设兵正所以卫民，今则藉兵而反以厉官，亟应申明旧制，严行饬遵，以致兵丁入伍补粮，必须由县验充，庶营中知有纪律，不致作遁逃之薮，于催科缉捕，两有所俾矣。④

为此，陈坤极力主张府县应当"兼辖营伍"，然而潮属绿营置若罔闻，"以为不便己图，竟若弁髦视之"。据冒澄的眉批所言，府县兼辖营伍的改革奏议，此前已经上报，却未能顺利实施。潮阳营卒剽悍结党、桀骜不驯等积习，也是改革无法推行的原因，据陶文鼎称，当时绿营遇事"几有揭竿之势"⑤，也许上级官员考虑到利害关系，为求内稳，不敢在原体制内骤行改革。

正如冒澄眉批所言，"兵无利则有害，到处皆然"⑥，当地方治安恶化，急需经制之兵援护的关头，基层的行政与兵政却无法实现协调。另一方面，地方动乱的持续，使得"剿匪"而崛起的地方勇壮大有用武之地，但勇营的参差不齐却严重限制了其运作效率，而且，会乡械斗的陋习，使得潮州官府在"募勇下乡"问题上慎之又慎，陈坤和冒澄均对"潮勇"这把双刃剑有着较为一致的主张：

> 募勇下乡，在今日潮属有不得不然之势。（眉批：此等处全要熟于情形，否则极

---

① （清）陈坤：《治潮刍言》，收入《如不及斋丛书》，第 1a、8a 页眉批。
② 何文平：《晚清军事变革与地方社会动乱——以广东盗匪问题为中心的探讨》，《清史研究》2006 年第 3 期。
③ （清）陈坤：《治潮刍言》，收入《如不及斋丛书》，卷首，第 2a 页。
④ （清）陈坤：《治潮刍言》，收入《如不及斋丛书》，第 7a 页。
⑤ （清）冒澄：《潮牍偶存》卷 1《禀本府、道会营查办十五社匪徒暨营兵滋事由》，收入《如不及斋丛书》，第 13a ~ b 页。
⑥ （清）陈坤：《治潮刍言》，收入《如不及斋丛书》，第 2a 页眉批。

力办事，反以偾事）然亦须察其为何事何地耳。以仇乡而充选，势必逞其睚眦，藉
伸私怨。是勇壮适成为凶壮矣。若无故而入乡，势必肆其攘夺，激为厉阶，是息事而
反以偾事矣。①

为此，陈坤主张招募"远村越境"之人，并加以约束，方可"除弊服民"。实际上，
在"不得不然"的募勇解难的急势下，陈坤的建议并不容易落实。而且，乡村弭盗牵涉
到乡族利益和矛盾，正如冒澄所言，除非"熟于情形"，官府必不敢轻易带勇下乡。

前面提到，姚柬之在揭阳剿匪时，"念营勇弓兵举不足恃，即申牒大府未必遽发兵，度不
如以计制之便"。可见，姚柬之的"无兵"，既是调兵体制滞后的缺憾，也因为他并不认为营勇
和弓兵可以托付。绿营和勇壮同时存在的弊端，造成了县际"剿匪"时的无可适从。制师不
至，勇壮难恃，姚柬之便只能使出空城计的"下策"。更麻烦的是，各种地方军事力量都"相
应"地染上"会乡"的色彩，以子之矛，攻子之盾，必定难以奏效。况且官府即使能迅速地动
员起军事力量，也未必能克敌制胜。冒澄在潮阳梅花乡一带办案时便发觉：

> 金浦乡距县城数里，与梅花乡界址毗连，均属素著强蛮，最多匪类，而梅花乡为
> 尤甚。近年以来，差役往往不敢轻入其乡，而该乡居民亦不敢入城贸易。每有抢劫重
> 案，地方官督带兵勇亲诣拘挐，该乡自知获罪已深，诚恐兵勇一临，不分玉石，是以
> 动辄聚谋抗拒，匪徒煽惑。其间良弱受其胁制。②

梅花一乡竟成为反抗官府的一个单位，官府俨然"会乡"械斗的另一方，一旦下乡
办案，便会兵戎相见，玉石俱焚，官府不得不掂量轻重。实际上，梅花乡在咸丰十年
（1860 年）已涉及另一案端，事见于英国外交部档案之记录。当时英国商船在潮州境内遭
遇抢劫，英方称接到线报，指明是匪盗郑娘发所为，而潮阳梅花乡将其窝藏。为此，英方
要求潮州府督令潮阳县办案。当时，潮阳县正"在乡督勇办匪"，但认为英方线报含糊，
证据不足，请英方再行调查再作措划，并言明潮阳县并非压置案件，而且"若要敝县常
来船上，敝县事多，不独不胜其劳，亦不能常得闲暇"③。此案已涉及开埠以来潮州官府
在涉外事务中的复杂关系，拙文暂不作探究。总体看来，潮阳官府除非万不得已，并不情
愿陷入梅花乡之办案泥坑。

从陈坤和冒澄的叙述看来，晚清地方军事动员由于直接牵扯到既有社会秩序的积弊，
因此陷入困境。正因为这样，军事改革的推行，促使官府不得不将地方秩序的重建提上日
程。同治年间，冒澄曾尝试在整顿团练之际治理会乡积弊。

---

① （清）陈坤：《治潮刍言》，收入《如不及斋丛书》，第 4a 页。
② （清）冒澄：《潮牍偶存》卷 1《通禀查办梅花乡及禁戢各乡械斗各情形》，收入《如不及斋丛书》，第 21a ~
b 页。
③ 《英国公共档案馆档案》第 3 盒，中山大学历史人类学研究中心所藏复印件，档案号：FO - 228 - 296 part3，
27 ~ 30。

据冒澄所言，同治元年，潮阳开办团练的组织形式主要是乡村联盟，譬如县城南门外便有较出名的团练"十五社"。所谓"十五社"是由南门外的三英宫、后墩、桂桥、后田、双树、火旺围、岭口尾、五显宫、水流巷、蠔镜埕、长春围、吴厝村、纪厝巷、番仔宫、大围内这十五个乡，通过结社，然后合团，倡立章程，以图"保固藩篱，缉拿贼匪"①。这种团练结构在潮州地区应该是较为普遍的，揭阳县早在咸丰四年（1854年）吴忠恕党羽陈阿再兴乱之时，一些乡村便组织起这样的团练。当时桃山、塘边、四扬等乡村最早兴团，不久附近原欲依附陈阿再的乡村也转向联盟，于是"合立十社，按社抽丁壮、出资粮，互为声援"，陈阿再无法在此招引乡民扩充队伍，于是转而北进，威胁府城。②对官府而言，这种"会乡"式的团练固可御敌，有时甚至达到坚壁清野的效果，有助于追剿流寇。但另一方面，"会乡"大有演变为地方割据的危险。诸如潮阳的十五社，自结团以后，根本"未获一真匪、获一巨盗"，甚至在后墩、火旺围等处设立"匪馆"，窝藏盗贼，匪徒更"藉有合社之名"，恃强凌弱，抢劫斗杀。③冒澄也意识到问题的严重性，他认为"十五社之害不除，则荆棘生于肘腋之间，他处更难整顿"。于是，冒澄"饬令各社绅民，一律拆社分乡，以除积弊，并一面会营督率兵差勇壮，于前月十四日五更时候驰赴后墩等处查捕"④。

不过，在冒澄在给陈坤《治潮刍言》所作跋语中，亦坦言"办乡"之难处：

> 县官三月不办乡，即生玩侮。而办理既久，不免有请兵请费，并请益之事。若一不获命，从此便都解体。⑤

"办乡"显然比改革团练更为复杂，也更为艰涩。"拆社分乡"之后，冒澄面临着如何对付乡族强势的难题，他意识到，金浦、梅花、华阳、和平、沙陇、神山等乡，"皆族大丁繁，强蛮素称"，因此办案时必须"审度机宜，逐加整顿，先已劝惩并用"。为此，冒澄开始与各乡绅耆商议办案，达成妥协，彻查乡中强弱房派，敦促乡绅主动捆送匪徒，进而清革各个"匪馆"。⑥

在金浦的办乡"试点"中，冒澄之所以取得成效，在于其接受了乡村既有的乡族权势格局，通过与强势乡绅的妥协达到了办案的效果。据前引陈坤记述，道光年间官府常用"公亲"治乡，然而多限于乡间纠纷调解，降至咸丰、同治时期，官府办案剿匪的过程中，则越来越重视通过妥协而动用"强绅"的权势。从动员"公亲"到妥协

---

① （清）冒澄：《潮牍偶存》卷1《通禀地方情形（潮阳任内）》，收入《如不及斋丛书》版），第6a～b页。
② （清）王崧等修，（清）李星辉等纂光绪《揭阳县续志》卷4《风俗志·事纪》，收入《中国方志丛书》华南地方第188号，第445页。
③ （清）冒澄：《潮牍偶存》，卷1《禀本府、道会营查办十五社匪徒暨营兵滋事由》，收入《如不及斋丛书》，第10a～b页。
④ （清）冒澄：《潮牍偶存》卷1《通禀地方情形（潮阳任内）》，收入《如不及斋丛书》，第6b～7a页。
⑤ （清）陈坤：《治潮刍言》，收入《如不及斋丛书》，第8b页。
⑥ （清）冒澄：《潮牍偶存》卷1《通禀地方情形（潮阳任内）》，收入《如不及斋丛书》，第7b～8b页。

"强绅"的过程，反映了社会变迁的情势下官府行政理念的转变趋向，而并非简单的权力旁落问题。

在嘉庆时期，郑昌时目睹潮州地区乡族睚眦、械斗频繁的时弊，便曾提出重整乡村权力秩序的构想：

> 地无大小，时无今古，皆可详分合之道，以起敬爱。兹请十家之里立甲长，数十家之乡立族长，百家以上之乡立约正。约正以绅士之有德者；族长以耆年之有品者，而副以殷户好善之强有力者；甲长以农民之良善壮佼者。如是以专其任，给之牌戳，再立齿德兼隆者一人为之经理，而以有才力知义者为之贰，日奉扬官长之意，通达闾里之情，则分合交相善，而治具毕张。①

郑昌时显然也清楚绅士有强弱之分，然而其规划仍遵循道德伦理，主张强势殷户辅助有品耆长。固然理之至善，但恐怕行之甚难。会乡械斗本来就是弱肉强食的角逐，非强力难以卫乡，而会乡的发展，进一步导致"强绅"权势延及日常的乡村生活。在上述地方军事化诸如团练的兴办过程中，这种权势实际上成为立社结团的基础，成为一种相对脱离官府治理的主导格局，冒澄办案时所遭遇的乡族包庇乃至窝藏盗贼的现象，便是表现之一。

当然，官无常任，考成难敷，是道光、咸丰、同治时期的普遍情形，对于地方官来说，兴办团练或许更多的只是奉旨执行的权宜之策，然而地方则肆无忌惮地将之改造成新的"会乡"，以新的危机作为团练施行的反馈。面对这种困境，诸如陈坤、冒澄等有识有志的地方官员，尝试将视角切入乡村社会的权力网络。陈坤在《治潮刍言》中便明确表明了"用强绅"的施政主张：

> 一 遴举强房绅士，充当乡族正副。凡绅士中，强者未必正，正者未必强，既强且正，首当其选，此则宁取其强。（眉批：宁取其强，极有理致，绅士正而无用者多，济得甚事，使贪使诈，却要机警）因聚匪之乡，必有最强之匪为之窝主，弱绅不惟不敢缉送，并不敢道及，惟有强绅得以操纵之。而强绅多置身事外，以为未经破案，可以安享其利，即至破案，何患无词搪塞。间有不与匪同者，而害不切身，终不肯出力。（眉批：乡约保甲，吕新吾先生《实政录》最为切实，至纤至悉，得三代政教遗意）故必责令充当乡族正副，给予戳记，严行约束，先事防范纠举。该乡钱粮，亦饬同粮差催追。如果办理认真，地方安静，银米全完，一年，由县给匾，两年，分别功名之有无大小，详请赏给八品六品顶戴，或移赏其父兄子弟，以示奖励。倘仍徇私庇纵，并不禀拏催追，即以治匪并抗粮之罪罪之。至纠举匪徒，亦速密令干役，协

---

① （清）郑昌时：《韩江闻见录》卷6《治都里事宜》，吴二持校注，上海古籍出版社，1995，第206~207页。

同跟踪围捕，务获惩办，以杜后患。①

冯端本在批语中明显赞同陈坤的意见，剿匪破案，宁取强绅，与其虚与委蛇，不如正面接受既有权势，约合授权，赏罚分明，并试图将强绅的权限纳入官府的把握范围。晚清捐纳的"宽松"政策环境，实际上也有利于地方官府拉拢强绅。

在陈坤看来，令强绅更强，目的不仅有利于治安，更可助催征钱粮，以解燃眉之需。孔飞力在对团练组织的考察中，便曾提到，晚清的团练常成为筹饷的附属物。② 从前述诸事来看，基层行政确实宥于经费不济，难为无米之炊。果能巧用强绅，收粮完课，不失为善政。然而，陈坤在同治初年潮阳任内未能立此奇功，留给冒澄的是完课低于原额三成的烂摊子。想必冒澄阅罢陈坤此数句，只能苦笑默存，亦难置赞语。不过，冒澄在与梅花乡毗连的金浦乡"办乡"过程中也开始动员起强绅力量，一方面议立乡规条约，令"绅民一律认真举办"，此外，他认为：

> 该乡幅员辽阔，烟户繁多。材品则愚智不齐，遇事或各怀私见，必须于乡内设立约正、副数人，方足以重责成而资约束，当于通乡各房派中，择其老成正派，素为众所推服，力能钤束一乡者数人，饬令联名公举，仍由卑职查明给戳，立为正、副约正，责成督率乡内各绅，按照乡规实力办理。稽其勤惰，定以赏罚。③

与郑昌时的策划相似，冒澄亦志于将乡间权势格局规范化，不同的是，冒澄明确指出约正必须能以强力服众，由知县正式任命。至于冒澄所言赏罚，实际上并非易事，陈坤对"羁縻强右"之策亦深表忧虑：

> 一 羁縻强右。潮俗以丁多族大者为强，（眉批：历观前史，蛮夷大抵以才力相雄长，治法亦须善为驾驭，惟总要以威信服其心，方为正道）有众可恃，辄欲横行乡曲，甚而抗官拒捕，无恶不为。倘一经束缚驰骤，未尝不可任重致远，然而无生死荣辱之权，难言衔辔鞭箠之用。藐然一县令，赏不能以爵禄，罚不能以诛戮，乌可治夜郎之骄恣也耶？④

咸丰、同治之际，在陈坤、冒澄等知县开始尝试羁縻强绅以办乡的过程中，潮州地区经历了与太平军的战事。太平军曾于咸丰九年、同治三年两度攻陷大埔县，屡犯饶平等

---

① （清）陈坤：《治潮刍言》，收入《如不及斋丛书》，第 6a~7a 页。

② 孔飞力（Philip A. Kuhn）：《中华帝国晚期的叛乱及其敌人：1796~1864 年军事化与社会结构》，谢亮生等译，第 211 页。

③ （清）冒澄：《潮牍偶存》卷 1《通禀查办梅花乡及禁戢各乡械斗各情形》，收入《如不及斋丛书》，第 23a~b 页。

④ （清）陈坤：《治潮刍言》，收入《如不及斋丛书》，第 4a~b 页。

地，同治五年，左宗棠终破太平军于大埔。至于太平军袭潮战事对潮州社会的影响程度，尚待进一步挖掘史料进行考察。除了太平军的威胁，潮汕社会在咸丰、同治之际实际上面临着不少新变局，例如，陈坤将"洋人"列为三患之一，关注的便是外国势力的逐步渗入。在咸丰十年，英国开始在汕头设立领事馆，从前述梅花乡涉外案件不难看出，英国领事馆已意欲插足潮汕地区的秩序重建。乡有势族，埠有强番，潮州的地方行政实际上面临着极大的压力，而且县际剿匪中遗留的大量的刑狱积案，也令官府难任其劳，为此，陈坤力主快刀治狱，勿泥成规：

> 一罪应斩决之犯宜就地正法。大憨巨匪，弋获甚难，若必俟审堪明而后可置于法，则持之又久，未免有瘐毙疏失之虞。（眉批：便宜从事，须接通以出之，牧令当有其权。如今事多格于例，法令太密，几令英雄无用武之地）故县令武健者，每以严刑即时惩办，昭炯戒，快人心也。然而法吏不守法，其如立法何？似应嗣后，一切匪犯，罪应斩决者，查照旧章，由县审定，禀明道府，准即就地正法。①

面对地方积重难返之诸弊，欲如冒澄所言，使"英雄"有"用武之地"，朝廷也曾试图施以重典，同治八年后潮州七邑清办积案的举措尤为突出，其事由潮州总兵方耀操刀。方耀，字照轩，普宁人，其所撰《七邑清积案记》见于光绪《潮阳县志》，方耀在记中称：

> 自同治八年至十年，历海、潮、揭、惠、澄、饶、普七县，其怙恶不悛者杀无赦，情有可原者予以自新，而斗风悉除，行旅无丧资之虞，耕农有安堵之乐，若得贤有司从而教养之，则海滨邹鲁将复可见于今焉。……所谓法立知恩，宽猛相济，为政之权舆也。余不敏而适当其会，固不敢谓有当于治道，惟愿吾乡士大夫略其短，而原其心鉴，其无他则，余不幸中之大幸也。爰勒之贞珉，俾后之览者懔履霜冰之戒，毋纵诡随以蹈此覆辙，则幸甚矣！②

辗转七邑办案，其中难度可想而知，方耀之"不幸"或许是某种苦衷之表露。即便真能宽猛相济，彻清积狱，欲臻于海滨邹鲁之郅治仍有相当大的距离。光绪初年，即方耀办案四五年后，揭阳县廪生谢炼向新上任的揭阳知县夏献铭进呈《答夏邑侯论揭阳形势利病书》，其中回顾了同治后期的民情及政事：

> ……幸诸大宪轸恤民艰，洞烛恶习，奏派方提宪彻办斗案，翦除劫匪，风清弊革，四民共庆更新。而且建义学，兴水利，惩蠹差，伸士气，善后事宜一一见诸施行，拾网提纲，虽烦不乱。风俗之美可驯而致。惟赌博之禁未严，图诈之风继起，赛

---

① （清）陈坤：《治潮刍言》，收入《如不及斋丛书》，第5a～b页。
② （清）方耀：《七邑清积案记》卷21《艺文中》，收入光绪《潮阳县志》，第462页。

会之俗不绝，健讼之害未除，而其最为民生之病者则莫如赔垫累户一事。械斗劫掠之风经数十载，差役不敢下乡征收，强邻僻壤，有老死不识催租吏者。一旦复见天日，分烟析产，子孙忘祖父之业，田去粮存，贫绝，贻亲属之累，加以奸胥飞洒奇零，图差射利掩饰，脱丁补丙，移甲就乙，册籍虽存，指索皆虚，下号泣而上咨嗟，其害有不可胜言者，应请速行清丈更造户丁，积弊既除，群纲毕举，学校农桑，教俭教勤，兴仁兴让，诸善政次第施行。①

谢炼既肯定了方耀办案的功绩，也指出了其改革的不彻底。在他看来，此次重典并未从根本上清除弊政，建立秩序。除了这篇《答夏邑侯论揭阳形势利病书》，谢炼的小传亦见于光绪《揭阳县续志·人物志》，志中将其列为贤能。据小传所述，谢炼乃揭阳桃山人，窘于举业，却屡有义举。在同治年间战乱之际，谢炼在乡间颇具威信：

同治甲子，发逆陷闽诏安，近郊风鹤，全潮戒严，乡中殷户思航海往香港避寇，老弱皇皇不知所措，炼闻之，倡言于众曰："是大不可，君等挟重赀泛重洋，无论事多不测，即幸而济，合族男女数千口，忍独善其身而听其膏贼斧乎？我族丁男强壮者择之，可得千余，练成劲旅，所患者器械资粮不足耳。果能富者出资，壮者效力，以是御贼，何畏焉，且声势一振，附近诸乡必有响应者，贼不足破也。"众然其议。集耆老于宗祠，立乡约，人心始安。②

谢炼的形象近乎陈坤心目中的"强绅"，或许是由于地方志撰者的加工，谢炼之言行举止，也颇为符合陈坤及冒澄等地方官以强绅、乡约办乡、以团练御敌的施政设计。即便传记有过度修饰之嫌，也许恰恰代表着官府对谢炼这类有识有力之强绅的重视。此外，小传中还透露了一个细节，即是谢炼与方耀的接触：

桃都向无学舍，乾嘉间文风最盛，都人□月至桃都书院角艺论文，晨往暮归，颇苦跋涉。乡先辈常议创建学舍，嗣以世变风移，习于斗狠，遂无有能行前议者。庚午方军门荡平乱俗，重振文风，炼遂慨然思继乡先生之志，与廪生陈宝请于军门，得拨罚镪二千元，复募捐以益之。时乱风甫戢，殷富尚观望不前，炼与陈宝各出十五金以倡之，曰："吾辈穷秀才，岁入脯脩不过数十洋钱，尚捐此数，君等挟厚资，顾甘以善让人乎？"众闻，与兴起，捐助得二千余金，遂创建宝丰书院，并置租，为院中经费。③

---

① （清）谢炼：《答夏邑侯论揭阳形势利病书》，收入光绪《揭阳县续志》卷4《艺文志·文篇》，第504～505页。

② （清）王崧等修，（清）李星辉等纂，光绪《揭阳县续志》卷3《人物志·贤能》，收入《中国方志丛书》华南地方第188号，第245～246页。

③ （清）王崧等修，（清）李星辉等纂，光绪《揭阳县续志》卷3《人物志·贤能》，收入《中国方志丛书》华南地方第188号，第246～247页。

　　谢炼和陈宝以创建桃都书院学舍为缘起，请得方耀的拨款，并以此招募资金，竟创建了新的宝丰书院，而且置租经营，足见其识力，而方军门的支持比拨款更显得举足轻重。同治后期，方耀在各县兴革施政的具体经过，笔者尚未得悉，但据谢炼的事迹看来，方耀办案中也曾善用地方权势兴利举业，而非仅仅重锤治狱。同治初年，冒澄在查办金浦梅花二乡案件后，便已有类似的措施，"饬令各绅耆公同筹费于乡内，兴建书院、义学为讲信修睦之地，并捐廉以为之倡"①。可以说，方耀其实延续了陈坤和冒澄在同治初年以强绅办乡的基层行政思路，并付诸具体的运作。而这一行政观念转变的趋势，给予了地方权势更多的上升空间。

　　笔者尚缺乏材料追述谢炼的发迹经历，不过，从县志的记载还是可以略窥其他家族的兴起过程，譬如揭阳谢光耀一家。谢光耀为揭邑在城人，在道光十二年（1832 年）捐款设粥厂，大吏"以谊敦任卹㫋其门"，道光十七年又捐资助建文祠。谢光耀有六子，晚年抱病后由长子炳经代持家，咸丰同治年间，谢炳经助县修书院，建文庙，浚城壕，赈饥助饷，还助省城修贡院，卒后与父同赠通奉大夫。炳经之弟一梅，邑庠生，后在籍团练乡勇有功，特授遂溪县教谕。②谢光耀父子的事迹可能有一定的代表性，道光咸丰同治时期的团练、赈饥、兴学等事务的开展，成为一些家族投机的机遇，他们用积累的资力介入地方事务，利用各种赏例捐得功名，实现家族的攀升。从这一过程看来，陈坤和冒澄所主张的"用强绅"也并非权宜之举，而是地方行政方式转变的趋势所在。

四　余论

　　在冒澄办乡、方耀办案的时期，陈坤已经离开粤东，无法亲历潮汕大地的后续变局。居潮卅载，晚年始升正篆，却马上转任，其所撰《宦感》诗曰："一官未达髦先皤，自古名场易辗轲。禄以无言常弗及，知而不遇竟如何。天惟三月春光好，人到中年恨事多，为雨为霖空结愿，云心亦觉恋山阿。"③怨憾之情略有表露。然而，远赴粤西，辗转为官，令陈坤对时局有了更多的了解。在光绪十六年（1890 年），陈坤还刊刻了《岭海异闻录》一丛，收入《澳门纪略》《治黎辑要》《连山厅志》三部文献。在该丛录序言中，陈坤分析了省内各地族群间的冲突，以及洋人入居粤省后的新情形，认为"此二端皆治粤者所当留意也。因其事端绪较繁，传闻难确。坤虽总有意蒐辑，尚未就绪，应俟脱稿之日再行续刊就正……"④。《岭海异闻录》虽仍为风土之蒐，却寄托了陈坤对光绪年间粤省大势之忧虑。纵览陈坤之著述及刻书，即便无所得，亦难免为其执著而动容。

---

① （清）冒澄：《潮牍偶存》，卷 1《通禀查办梅花乡及禁戢各乡械斗各情形》，收入《如不及斋丛书》，第 23b 页。

② （清）王崧等修，（清）李星辉等纂，光绪《揭阳县续志》卷 3《人物志·贤能》，收入《中国方志丛书》，华南地方第 188 号，第 212 页。

③ （清）陈坤：《宦感》，《如不及斋诗钞》，收入《如不及斋丛书》，第 25a～b 页。

④ （清）陈坤：《岭海异闻录》序，清光绪十六年刻本，卷首，第 1a～b 页。

综括拙文，笔者正是希望透过陈坤的视角和观点，尝试体味晚清地方情态，以及基层官员的考量。道光、咸丰、同治年间，潮州社会确有地方军事化所引发的变局，它几乎将所有积弊暴露无遗，既令地方官府左支右绌，又激发了一部分有志有识之官员苦思求变，谋国图强，这正是《治潮刍言》和《潮牍偶存》等文献产生的语境。

已故美国学者芮玛丽曾集中考察了"同治中兴"时期，讨论"中国保守主义的最后抵抗"，探寻"同治中兴"取得成效及其最终失败的原因。[1] 她在书中也讨论了地方行政的重建，分析官府如何通过恢复绅士作用、恢复教育、兴办福利救济等策略，整合传统社会的资源。基于上述考察，笔者更想关注这些"中兴"举措在地方实际运作的方式，因为它不仅反映了官府的地方行政观念的转变，更促使其对权力关系和实际的行政机制进行新的调整。随着这种趋势的持续，官府在让渡基层权力的同时，越来越多将传统的乡绅"义举"合法化、规范化。在清末地方自治的改革时潮中，这些合法化的"义举"事务进一步被纳入乡村行政的具体内容，这种转变过程可能构筑了民国时期基层行政的开端。单薄之拙文尚无力描绘整个潮州社会的近代变迁历程，对于咸丰、同治时期的种种"转变"，与晚清至民国的地方财政改革、开埠后的贸易格局变化、侨乡社会的形成等诸多重要问题的联系，仍须作更深入的探讨。

责任编辑：欧俊勇

---

[1] 芮玛丽（Mary C. Wright）：《同治中兴：中国保守主义的最后抵抗（1862～1874）》，房德邻等译，中国社会科学出版社，2002。

侨批侨汇

战争状态下之金融与传统人文网络

——1939~1945 年潮汕与东南亚间侨汇流通研究

张慧梅[*]

摘　要： 侨汇研究是近年来海外华人研究领域中的重要课题。通过探讨东南亚华人与祖籍地之间的侨汇往来，不仅可以了解两地之间的金融网络，也可以解剖依附于这一网络之上的社会、文化关系。本文通过对海外华人寄予家乡亲人的侨批、邮政局档案等原始资料，探讨 1939~1945 年处于战争状态下的潮汕与东南亚间侨汇流通的若干侧面，剖析非常时期下个人—组织—社会—国家之间关系的变迁、互动及由此所形成的金融与传统人文网络。

关键词： 侨汇　抗日战争　金融网络　潮汕　东南亚

有关侨汇及侨批业的发展，有许多学者作了详细的探讨。[①] 但是，在这些研究中，对

---

[*]　张慧梅，1979 年生，新加坡国立大学中文系博士，南洋理工大学新加坡华文教研中心主编。本文原载《潮学研究》第 11 辑，汕头大学出版社，2004。

[①]　吴承禧：《厦门的华侨汇款与金融组织》，《社会科学杂志》第八卷第 2 期。郑林宽：《福建华侨汇款》福建省政府秘书处统计室，1930。
　　姚曾荫：《广东省的华侨汇款》商务印书馆，1943。
　　陈春声：《近代华侨汇款与侨批业的经营——以潮汕地区的研究为中心》，《中国社会经济史研究》2000 年第 4 期。
　　袁丁、陈丽园：《1946~1949 年间东南亚及美洲侨汇逃避的原因》，《东南亚纵横》2002 年第 2 期；《1946~1949 年广东侨汇逃避问题》，《华侨华人历史研究》2001 年第 2 期；《侨汇逃避问题的终结》，《八桂侨刊》2002 年第 2 期；《战后国民政府侨汇经营体系的重建》，《八桂侨刊》2002 年第 2 期。
　　陈丽园：《1946~1949 年广东侨汇逃避问题》，硕士学位论文，中山大学东南亚研究所藏。
　　钟运荣：《近代侨汇与国家控制——以民国邮政与广东批信局的关系为中心（1925~1945）》，硕士学位论文。
　　杨建成主编《南洋研究史料丛刊》第十五集《侨汇流通之研究》，中华学术院南洋研究所，1984。
　　杨建成主编《南洋研究史料丛刊》第七集《三十年代南洋华侨汇投资调查报告书》，中华学术院南洋研究所，1983。

（转下页注）

于抗日战争时期侨汇的流通很少或几乎没有涉及。而即使是对侨汇的研究，也往往停留在侨汇流通本身，以侨汇论侨汇。很少把侨汇的流通置于大的历史背景之中，置于社会与政治的变迁下加以详细考察，从而去探讨不同的历史背景下，地方社会如何去适应这种环境的变动，社会与国家之间的关系又是如何随之变迁的。

抗日战争时期，是侨汇流通的一个重要阶段。在战争状态之下，不同的地区被不同的政治权力所统治，传统的国家观念发生了变化。不同地区的人民所面对的是不同的政治势力，而不再是一个统一的民族国家。因此，他们对于国家的认同发生了改变，开始依据客观局势的变化以及自己实际的需要，变换对国家的看法，并随之作出反应与自我调节。而在这一战争状态之下，侨汇流通并未因此而受到阻碍。其越过不同的政治区域进行交流，往返于数地区间形成了流动网络。本文主要利用汕头市档案馆、广东省档案馆、广州市档案馆所藏有关抗日战争时期潮汕地区侨汇流通的档案，以及其他一些相关的资料，试图通过对1939~1945年潮汕地区侨汇流通概况的研究，去探讨在历史剧变过程之中，各种不同的势力、机构、政治力量是如何利用传统的资源去维持当时的地方社会秩序，对地方社会进行重新整合，并对侨汇进行沟通，从而形成了一个金融与传统人文网络。

一 1939~1941年潮汕与东南亚间的侨汇流通

潮汕的批局产生于清末，其初期在外洋收集批信后逐帮配轮运汕，携带自由有如货物。自邮政设立后，限制批馆必须装成总包，转寄邮局，再转投给设于汕头的批信局。各县城或农村乡镇的批局，派人到汕头取批和款后，分投给侨眷手中。批信投出后，收齐回批，查对当次发批清单无漏之后，再把回批装成总包，邮寄南洋各批局。银行产生后，有一部分的汇款是通过银行转汇的。因此，在抗日战争之前，潮汕地区的侨汇主要是通过这种方式传递的。

抗日战争爆发，日军于1938年6月开始对潮汕地区发动攻击。汕头、潮州城、澄海城相继沦陷，韩江、榕江、练江出海口被日军控制。[①]在事变后，邮局方面首先恢复侨汇业务。汕头邮局于7月2日（1939年）恢复开局，先行办理平常邮件、挂号、快信等业务，于20日又恢复汇票及投递包裹业务。[②]据汕头邮局复业后各项业务统计可知，从1939年7月3日到8月18日所开发的华侨汇票就有2924件，共319219元。[③]在汕头邮局复业后，潮安等地的邮局也先后恢复正常业务。"潮安局辖下沿铁路线各乡村，侨批甚多，现时不即恢复潮安邮务，长此以往，诚恐影响邮政及侨汇业务甚钜"，"据职员不列

（接上页注①）〔日〕滨下武志：《近代中国的国际契机——朝贡贸易体系与近代亚洲经济圈》，朱荫贵、欧阳菲译，中国社会科学出版社，1999。

林家劲等：《近代广东侨汇研究》，中山大学出版社，1999。

冯元：《侨汇与广东——1950~1957年广东省华侨汇款的考察》，硕士学位论文，中山大学东南亚所藏。

李天赐、王朱唇：《侨批业初探》，《华侨大学学报》1990年第2期。

① 官丽珍：《对和平与人道的肆虐——1937~1945年日军侵粤述略》，中共党史出版社，2001，第73~76页。

② 广东邮政管理局档案，29全宗，2目录，卷139之二，第267，128~131，128~131，121页，广东省档案馆藏。

③ 广东邮政管理局档案，29全宗，2目录，卷139之二，第267，128~131，128~131，121页，广东省档案馆藏。

等邮员高木政雄报称：略以奉本地当局谕知旭日恢复邮局邮务，以利交通等情。"① "庵埠一带人民多靠南洋一汇款为生，现见邮局有投派华侨汇票，故多发函南洋亲朋，追寄汇款，并通知将来汇款须交华侨银行投寄。"②

潮汕地区沦陷后，邮局业务的迅速恢复使华侨汇票的转发与投递重新成为可能。汕头一等邮局复业后，即制定了"投派华侨汇票办法"：

（一）华侨汇票，由各该管局将汇票，现款，汇银人来信，及回批等四项，共扎一套，发下办理，收到时，应即点号数，姓名，银数，如无错误，应立即起程派进（有时汇银人不写来信，则每套只有三项）。

（二）投递时，将汇票，现款，汇银人来信，回批，一齐按址送到收款人家中，查明无误，即请收款人盖章于汇票及回批背后，随将汇款及汇银人来信点交收款人执领。

（三）所谓回批，即信封一个，内附信笺一张，经收款人签收及回信之后，邮局代其免费寄回外洋，用作凭证。回批封套背面左边，专备收款人签收盖章之处（切勿乱盖别处），封套内之空白信笺，应即复收款人书写回信，即时收回，装入原套，如收款人不能即日回信，应先将回批封套收回，留下信笺，约定最快日期，再往收取，如收款人确不愿写回信，可听其便，但以有回信为佳，因汇银人渴望乡音甚切。

（四）回批办妥后，将口封好，经手投派人，应盖章或签字及填注派送年月日于封套背面下边特定之处，随即连同已支汇票，缴回原发局收，切勿延误。

（注意）上述回批办法，指由华侨银行汇寄之华侨票而言，至若由香港信行公司，西贡东亚银行，及其他银行，汇寄之华侨票，现暂不附回批，只用正副收条，或邮局普通回帖，惟派送办法及各项规则，均照同样办理。

收款人如无图章，可用签字，如已盖有图章，则不必再要签字，如收款人并无图章，又不晓写字，而汇款非属巨额者，可由收款人打印指模作据。③

可见，从1939年到1941年太平洋战争爆发前，潮汕地区许多地方虽然相继沦陷，但由于日军在这一地区政治统治体系还未真正稳固，因此其必须首先建立起一套政治、军事统治秩序，然后再把侨汇业务纳入其统治体系之中。另一方面，由于这一时期，东南亚的各个国家还未完全被日军所占领，通信正常。因此这时的侨汇流通得以按照其原有的轨道进行，银行、邮局、批信局等侨汇经营机构也能维持其传统经营。这一现象在当时的批信中也可略见一二，现摘录两封如下：

慈亲大人膝下：

① 广东邮政管理局档案，29全宗，2目录，卷139之二，第267，128~131，128~131，121页，广东省档案馆藏。
② 广东邮政管理局档案，29全宗，2目录，卷139之二，第267，128~131，128~131，121页，广东省档案馆藏。
③ 伪汕头一等邮局档案，12全宗，7目录，卷175，第76页，汕头市档案馆藏。

……视中日战事遥遥无期可直。战争未直之日，粮食以及用物有升无降，祈为深虑一步。外洋粮食高昂，闻家中亲戚有送神口品，此条可叙明。两家使赘钱银无益与事耳，又闻潮州城内人民饿死不知凡几，千祈三思。兹值轮便，付上国币五拾元，至日查收。内抹贰元送交大人以为常赘之用。余以应家中之需 以请
福安

儿陈少石
庚十一月初十日①

母亲大人尊福：

敬禀者。兹接来回批内云一切均悉。家中一切事务皆由母亲大人自理。儿每月皆尽量寄去。况现时批信内所言者惟有持及家用而已，余者不得有言。请代知之。兹逢塘轮之便，奉寄国币贰百另四元正，至时查收，内计贰元与二婶大人收用。简计贰元与三叔婶收用，有贰百元可应家中之用。多托神天之力，两地平安。余虞后禀专此，并祝
福安

儿王惠绵
辛九月初二日寄②

以上两封是 1940 年、1941 年由泰国寄回潮汕的批信。在信中也提及了日军入侵对于潮汕地区的影响。同时，我们也可以从中看到当时东南亚与潮汕地区间的侨汇还是可以依照原有的渠道通过批信局进行流通。1940 年 3 月～1941 年 2 月底一年间经由汕头办理的侨汇数（分按批局及邮局经办列明如下）：

表1 1940 年 3 月～1941 年 2 月经由汕头办理的侨汇数统计

单位：元（法币）

月　别	批局办理	邮局办理	合　计
1940 年 3 月	7680.000	1949.000	9629.000
1940 年 4 月	7691.000	1484.000	9175.000
1940 年 5 月	9863.000	1454.000	11317.000
1940 年 6 月	6228.000	3649.000	9877.000
1940 年 7 月	11614.000	1675.000	13289.000
1940 年 8 月	6759.000	2046.000	8805.000
1940 年 9 月	10589.000	1992.000	12581.000
1940 年 10 月	10370.000	2897.000	13267.000
1940 年 11 月	7853.000	1226.000	9079.000
1940 年 12 月	4328.000	242.000	4570.000

① 泰国陈少石寄回家中的批信，1940 年，潮汕历史文化研究中心藏。
② 泰国王惠绵寄回澄海家中的批信，1941 年，潮汕历史文化研究中心藏。

续表

月　别	批局办理	邮局办理	合　计
1941 年 1 月	9347.000	560.000	9907.000
1941 年 2 月	4419.000	369.000	4815.000
合　计	96741.000	19570.000	116311.000
平　均	8062.000	1631.000	9693.000

资料来源：《三十年代南洋华侨汇投资调查报告书》。

因此，在潮汕沦陷初期，日军的入侵虽对当地的地方社会产生了很大影响，但是侨汇业务还得以进行，侨汇流通并未因此而中断。

二　东南亚的沦陷及与潮汕的侨汇流通

1941 年 12 月，日本偷袭美国在太平洋的海军基地珍珠港，挑起了太平洋战争。之后，香港及东南亚各国相继遭到日军侵略，整个政治格局发生了急剧转变，这对当时的侨汇流通产生了巨大的影响，使其发生了一些新的变化。

在东南亚各国中，只有泰国和越南没有被日军完全占领。泰国当时的披汶政府实行不抵抗政策，以谋求同日本结盟。1941 年 12 月 21 日，泰国以为期 10 年的联盟方式改变了它与日本的关系，这使日军轻易地进驻了泰国首都和全国许多城镇，控制了军事要塞、主要铁路和其他交通枢纽。这也使泰国在很大程度上得以维持原有的社会秩序，许多经济活动能够如常进行。另一方面，当时的越南是属于法属印支联邦，其与日本签订共同防守条约，允许日本驻扎军队，建立基地，建立军事政治同盟关系。但此时日本并未完全取代法国的殖民统治。泰国和越南的特殊情形使它们在太平洋战争爆发后的侨汇流通中占有一个重要的地位。

而日本攻陷东南亚其他诸国后，立即宣布对被占领区的铁路、船舶、港口、航空及邮电部门实行军管，对外贸易和汇兑也实行管制。[①] 东南亚各国的沿海都被日本海军所控制。

因此，在 1941 年 12 月后，作为侨汇来源地的东南亚各国的政治格局发生了急剧转变。他们面对的是一个新的政权，战争和日军的占领改变了东南亚各国的国家自主性，由于遭际的变迁及政府政策的改变，他们必须作出适当的调节。同时，他们面对的中国也不再是一个统一的民族国家，而是在不同政治势力统治下的国统区和沦陷区。这些因素都使太平洋战争后的侨汇流通偏离了原有的轨道，发生了一些变化。

太平洋战争爆发后，侨汇流通曾一度受阻，但不久，各地的侨汇流通即陆续恢复。而日本又根据各地不同的情形，对东南亚日占区和潮汕沦陷区之间的侨汇流通作出了一些规定：

遵查三十年十二月八日以后海上交通一时停顿，所有南洋各地华侨汇票遂告断

[①]　梁英明等主编《近现代东南亚（1511～1992）》，北京大学出版社，1994，第 109 页。

绝,但经过数月,泰国之侨汇即已恢复,办理情形稍有变更,佛印方向之侨汇,经于本年一月间继续开办,昭南岛①方向之侨汇亦于本年六月间开始恢复,但其情形与办理方式均有不同之处,将来有无改善或变更办法,殊难推测,谨将现在办理各方面侨汇情形,查明分陈如次:

(一)依照民国三十一年度登记,汕头段内领有营业执照之批信局共有八十六家,除有二十三家已迁入后方各地继续营业外,在本市营业者共有六十三家,现经当局许可办理侨汇者,计香港四家,泰国二十二家,昭南岛兼荷属十一家,兹造具现经当局许可办理侨汇批局名单一纸(附件第一号)呈请鉴核。

(二)泰国侨汇情形,现仍由各批局自行直接办理,由泰国各地收集侨汇及批信后,汇款交由日系银行汇寄来汕,批信则由邮局运递,在汕各批局由邮局领出批信,即送交汕头侨务局听候检查,认为可以投递者,仍交由各批信局派口携带银币按址投递,否则将其批信及汇款退回汇款人,至于由泰国汇至侨眷家乡之汇率,以前照汇款额征收百分之二,现经改订百分之四,即每千元收取四十元。

(三)佛印方向侨汇情形,以前办法由各批局自由办理,自本年一月间恢复侨汇后,规定由中南公司专办,每户每次汇款额暂限越币五十元以内,汇款由台湾银行汇泉,其批信不经邮局寄递,□交由越南日本公使馆寄交当地日本领事馆转交该公司汕头分行,由该分行印发招领批款通知书,由邮局寄往各取款人,取款人得接通知后携带原通知书及图章来汕并须妥具铺保方能领款,侨眷因收取越南侨汇,开销来回旅费,每每得不偿失,因此对于该公司办理越南侨汇一般舆论,殊不好评。经营越南侨汇业之各批局,以种种特殊原因所限制,迄兹无法恢复营业。

(四)昭南岛及荷属侨汇情形,本年六月十九日第一次昭南岛侨批一百八十一封,侨汇中储券五万六千七百余元,由台湾银行经办到汕,其批信及侨汇由台湾银行分交侨务许可之批局十一家义务分派,投递地点分为九处,由十一家批信局抽签负责派口落乡分发,向收款人取得回批仍交还台湾银行汇寄,当时该行照汇额值百抽取手续费二元,自此以后侨汇陆续到汕,仍照上述办法办理,至第六次侨汇抵汕后,另行改订办法,除台湾银行照汇额中储券一千元扣取手续费纯利五元外,又照汇额中储券一千元再扣九十四元发给各批局作为酬劳金,但各批局获得利益,所有派□投送汇款之旅费伙食工资,回批纸张信封及回批邮费,均略由各批局负责支付。例如侨汇壹单值军票一百元,合中储券五百五十五元,华侨家眷实收汇款五百元,台湾银行扣除手续费二元八角,另付回批邮费二元,批局实得五十元零二角,又如侨汇一张军票十元,合中储券五十五元五角,侨眷实收五十元,台湾银行扣除手续费二角八分,回批邮资二元,批局实得三元二角二分,侨汇数目多少不完,多者军票一百元,少者军票三几元,十一家批局代台湾银行分发侨汇,照上述办法,平均尚有薄利,又查经得昭南岛当局及侨务处特准营业之批局十一家,尚未能恢复三十年十二月以前办法办理侨

① 新加坡沦陷后,被更名为昭南市并划为特别市,派遣日本官员任市长。

汇，等于半停顿状态，若无改善补救，恐各批局无法继续维持。

（五）香港方面侨汇情形，自三十年十二月以后，以情形特殊，潮汕华侨多已疏散，故侨汇情形与前比较大有雪泥之别。

（六）自三十一年一月起，南洋各地侨汇陆续恢复，经办理侨批以和平区域为限。

邮政视察员陈世安
卅二、十二、二

经当局许可办理侨汇各批局名单表

泰国（三十二家）

泰成昌　黄潮兴　陈悦记　广顺利　理元　马合丰　马德发　马源丰　普通　同发利　万兴昌　许福成　协成兴　成顺利　容丰利　振盛兴　义发　陈炳春　振丰盛　万丰发　和合祥　成昌利

昭南岛及荷属（十一家）

李华利　光益裕　有信　光益　洪万丰　永安　普通　裕大　致盛　荣成利　陈炳春

香港（四家）

荣大　致盛　口丰　陈炳春[1]

从上述材料中我们看出，由于泰国当时并未被日军完全占领，因此在战争爆发后数月内，泰国的侨汇即已恢复。而其他一些国家的侨汇大都到1943年才陆续恢复。在1943年之前，这些国家与潮汕地区间的侨汇流通实际上是由香港中转的。事变爆发后，大部分日本海军截断华侨沿海航路，无往如前自由出入厦门、汕头、广东、海口等港口，彼等乃转变方向以香港为根据地。[2] 当时大部分的侨汇先汇集于香港，然后以汇单或法币的形式进入潮汕地区。

1943年以后，南洋部分批局，把侨批款通过日本的"正金"及"台湾"两家银行寄往国内，可是"正金"与"台湾"两家银行只在广州及汕头设分支机构，其他地区的侨眷，须到广州、汕头向两家银行领款，极不方便。汕头邮政储金汇业局在征得广东省邮政管理局同意后，与汕头这两家银行联系，利用邮政遍地设有分支机构的有利条件，同它们协商代投侨汇，最后达成协议，联合收投批信[3]：

为关于南洋等处华侨汇兑事务由。案准贵局卅二年十二月廿二日会字第七一八五七号公函祗悉。查南洋等处华侨汇款，就此间调查所得，口归正金及台湾两家银行集

---

① 广东邮政管理局档案，29全宗，2目录，卷369，广东省档案馆藏。

② 杨建成主编《南洋研究史料丛刊》第七集《三十年代南洋华侨侨汇投资调查报告书》，中华学术院南洋研究所，1983。

③ 邹金盛：《潮帮批信局》，中国艺苑出版社，2001，第72页。

中接收,再交侨务机关审查后兑付。经此统制,邮局方面自不能仿照,从前办法与南洋各商业银行直接办理此项业务。惟广东省内设有正金或台湾银行分行者只有广州及汕头两处,所有由南洋各地接收之华侨汇款其收款人不在该两处者,必须亲赴该两行领款或由该两行委托其他机关代兑,办法既不一致,民众又感不便。按邮政局所遍设各地,倘此项汇款,一经审查许可,即由正金或台湾银行直接通知收款人向当地或附近邮局兑领,则该两银行接收侨汇范围既可扩展而收款人领取汇款又获便利。爰再函请贵局即与广州汕头之正金及台湾银行尽力接洽,务期将并为设有该两行分行之华侨汇款兑付事务概行委托邮局代办,而由邮局收取一项手续,其以增收入。相应函达,即希查照速办并见复为荷。此致

广东邮政管理局

邮政储金汇业局兑处启

中华民国卅三年四月八日①

另一方面,东南亚各国沦陷后,其与国统区之间的原有汇路基本上被切断。因此到国统区的侨汇处于停滞状态,这也导致了1942年"东兴汇路"的开辟。"东兴汇路"是当时为了沟通东南亚各国与国统区之间的侨汇而开辟的。

东兴镇是中国与越南交界的一个小镇。在两者之间有着严密的关卡、哨站,一般华人要有越南身税或东兴镇公所之过街证方得进入,还要经过日本宪兵之严密检查。但当时潮汕人多以偷渡的形式过境。而由于越南当时的特殊地位,东南亚各国的侨汇得以进入越南,这都为"东兴汇路"的开辟提供了可能。"东兴汇路"以海防与河内两座城市为转接侨汇的中转站。当时侨汇汇集路线有四条:西堤线(包括西贡及堤岸两地)、金边线、老挝线、曼谷线。西堤线包括边和、加定、洛宁、藩朗、芽在、平定、新州、广义、砚港、朱笃、芹苴、美荻、茶荣、薄寮、金瓯、蓄臻、龙川等;金边线包括磅湛、暹粒、马德望、犒蒙、菩萨、磅轻扬、茶胶、波罗勉、贡呸、桔井、上丁等;老挝线包括万象、塔曲、素旺、百细等;曼谷线包括巴真、亚栏、大城、戈呶、乌汶、廊开、莫肯、清迈、北大年、宋卡、合艾等。各线之批局、批馆、银信局之负责人把侨汇款越币(泰币亦应事先换成越币)集中之后,才派干员带到北越河内、海防与收汇商(中转站)结价,各中转站把款委托各开赴岳山轮船之买办带到芒街(后来各买办进一步带到东兴)交给驻东兴各个代理收汇者,以便办理汇交潮汕国统区之批局收发。② "东兴汇路"的开辟,使得东南亚各国与潮汕国统区之间的侨汇得以沟通。

1941年12月太平洋战争的爆发是整个抗日战争时期中的一个重大事件。在战争状态下,政治格局发生了急剧变化,边界也随之变动。东南亚的日占区与潮汕的沦陷区之间的

---

① 广东邮政管理局档案,29全宗,2目录,卷655,第17页,广东省档案馆藏。

② 陈植芳:《潮汕侨眷的生命线——记抗战后期开辟的东兴汇路》,《汕头文史》第10辑(1991年10月),第148页。

邮路基本上还是相通的,而其与潮汕国统区之间的邮路却受到了一定影响。面对这种变化,侨汇业务也相应作出调整,在这其中,政府的影子隐约可见,其背后涉及了不同的政治势力对侨汇业务的争夺与竞争,这将在下节作详细探讨。

三 两种政治势力对侨汇业务的参与

在潮汕沦陷期间,国统区面对的是国民政府的统治,而沦陷区面对的是日伪政府的统治,两种政治势力之间的争夺与冲突在这一时期的侨汇流通中表现得相对明显。而国家、社会、地方组织在面对环境的变迁之中又通过一套协调与联系机制,利用传统的人文关系,形成了一个互相依附的金融网络。从中我们也可以看出 1939 ~ 1945 年东南亚与潮汕地区间的侨汇业务的具体运作。

抗日战争发生后,政府急需进口大量军用物资,外汇需要骤增;而出口贸易又因战争关系受到阻碍,增加出口收汇困难,外汇供需差距扩大。因而侨汇对于国民政府就更具有重要意义。因此,在战争一开始,国民政府就努力争取侨汇。中央当局"为保障侨汇安全,便利汇兑起见,特由外交部、海外部、侨委会等三机关会同中华邮政储金汇业局,派干员将新加坡、槟榔屿、马尼拉、吉隆坡等四地之'批业'(即专为劳工侨胞办理汇款经手人)从新组织(按该项劳工汇款,恒年在八万万圆),将汇兑手续,予以简切便利,故由中华邮政储金汇业局及中国、中南、华侨等银行,在新加坡、香港、汕头、厦门等集汇地点办理转兑,沦陷区亦可设法兑取"[①]。为此,国民政府还采取了以下措施:

(一) 集中侨汇收入。中行是特许的国际汇兑银行,在海外又设有分支行处,因此财政部责成中行统筹收集侨汇。并于 1939 年 2 月 11 日发布《银行在国外设立分行吸收侨汇统一办法》,规定各银行在海外设行时,须事前呈报财政部核准;在《办法》施行前各银行在海外已设的机构办理侨汇时,应和中行取得联系,并照中行规定的汇兑行市办理,所收侨汇照原水单转售中行,由中行汇总售与央行。

(二) 解决沦陷区的侨汇问题。财政部通令银钱业公会及海外团体执行《侨胞汇款沦陷区办法》,《办法》规定,汇款交由国营银行及其委托的银行汇寄或者购买当地外币汇票寄香港中行或交行按址转解;也可以交由邮政储金汇业局的代理银行汇至香港邮汇局办事处或购买港币汇票汇寄香港邮汇局办事处,再由该处转汇国内。

(三) 防止日伪夺取侨汇。1940 年春,日伪在汕头组织伪民信局公会,强迫沦陷区的民信局参加,企图控制侨汇,政府有关部门针对日伪的做法研究抵制:一是由中、交及广东省、福建省四银行在海外增设机构,以便吸收侨汇,并注意与邮汇局及民信局加强联系,沟通汇路;二是由邮汇局在海外多设代理处,并努力联络各地民信局,予以优惠利益,迅速扩大收汇地区;三是设法使沦陷区内与海外华侨有汇

---

① 《保障侨胞汇款中央将"批业"从新组织今后寇倭无法蒙蔽侨胞》,《现代华侨》1940 年第 6 期,第 22 页。

兑关系的民信局迁出沦陷区，或在沦陷区附近设立分号，以便将侨汇换成国内汇票寄送沦陷区的侨眷；四是由有关部门通知海外华侨，将汇款交由国家银行或其代理行汇寄。

（四）鼓励侨资内移。政府除注意加强吸收华侨赡家汇款外，也积极争取华侨汇款回国投资后方工业建设。

（五）侨汇改由中央银行集中办理。1941 年 7 月，美、英等国封存中、日资金以后，解封特权交由央行行使，财政部规定华侨汇款由央行集中办理；在海外各地由央行委托中、交、农三行代理，每区以委托一代理行为限；原来经办侨汇的各银行在取得央行许可并商得上项代理行同意后方可照汇，所收汇款原币应拨交央行委托的代理行转收央行帐。这样，侨汇便集中于政府指定的银行办理，不致发生流失。央行随即划分马来亚、缅甸、荷属东印度、欧洲、美洲、印度、华南（指香港）、菲律宾、越南、泰国共十区分别收集侨汇，并指定了代收侨汇的各区代理行。十区中除菲律宾、越南两区委托交行，泰国区委托广东银行作为代理行外，其余七区，均委托中行在当地的分支机构办理。①

由于这一时期，中国银行是政府特许的国际汇兑银行，因此国民政府对其有特别的规定：

照抄财政部密谕钱特字第 1519 号训令　廿九年五月四日令中国银行总管理处

查吸收华侨汇款为现行重要政策，迭经本部令饬该行在国外广设分支行，并联络闽粤省银行及邮汇局组织接受侨汇金融网，并抄发该项分期进度表，暨办理华侨调查报告表式，限令切实推行，迄尚未据将办理情形报部查核。兹准侨务委员会派员面称：该行在南洋一带所设行处及代理处，对于吸收侨汇暨收集捐款，尚感未能完成任务等语，查核尚属实情。所有该行国外已设立之行处或代理处，应即照既定政策，切实办理，并应在南洋未设行处地方增设行处或代理处，以期普遍，一面仍仰速将已设及拟增设之行处代理处，克日造表二份送部备查，并遵照迭令将应行表报各事项陆续按期具报，为要。此令。

部长　孔祥熙

径复者：兹奉大部渝钱特字第 15191 号密令，以准侨务委员会派员面称：敝行在南洋一带所设行处及代理处，对于吸收侨汇暨收集捐款尚感未能完成任务，嘱于国外已设行处或代理处，应照既定政策办理，并在南洋未设行处地方，增设行处或代理处，一面将已设及拟设行处代理处列表报部，并将办理侨汇应行表报各事项，陆续按期具报等由，自应照办。除分函所属南洋各行处竭力吸收侨汇，并于未设行处地方斟酌情形，陈请增设行处或代理处外，兹将南洋各属敝行已设及正在筹备中之行处造表

---

① 中国银行行史编辑委员会编著《中国银行行史（一九一二——一九四九）》，中国金融出版社，1995，第 551 页。

二份，附函送上，即祈察收为荷。此致

财政部

　　　　附件

中国银行总管理处启

廿九年五月廿一日

中国银行南洋各属已设、正在筹备中之行处表

已设行处：

新加坡　巴达维亚　泗水　槟榔屿　海防　河内　仰光　仰光百尺路

正在筹备中之行处：

新加坡大坡　新加坡小坡　棉兰　吉隆坡①

　　到太平洋战争爆发前，中行陆续在南洋、法属印度支那、缅甸和印度等地增设机构18处②，并组织金融网。为了更好地集中侨汇，根据财政部责成中行"联络闽、粤省银行及邮汇局接受侨汇金融网"的要求，中行与邮汇局订立了"吸收侨汇合作原则"，规定凡中行在海外设有分支行或已有代理行的地方，由中行承揽侨汇；在中行未设机构又无代理行的地方，则由邮汇局委托其他银行承揽侨汇。在国内，则不论付款地中行有无机构，均应尽量利用邮汇机构设点普遍、投递迅速的优势，委托邮汇局解付侨汇。侨汇绝大部分汇往广东、福建，因之，广东和福建两省行成为转解侨汇的重要机构。财政部要求该两省行从沦陷区撤出的机构，设法在邻近的游击区恢复营业，承担省内沦陷区的侨汇解付工作。中行与该两省行分别订立了通汇合约，从而组织了侨汇金融网。③

　　太平洋战争前，国民政府利用中国银行作为吸收侨汇的主要机构，构建起一个侨汇金融网，实现侨汇业务的经营。但是，国民政府并未能把整个侨汇业务纳入其管辖之下。因为日伪政府也意识到了侨汇的重要性，开始参与到侨汇经营中，最重要的一个举措就是在沦陷后的汕头成立了伪侨批业公会。

　　伪汕头侨批业公会是日伪政府于1940年在汕头成立的，辖属于同年成立的伪汕头侨务委员会之下。伪汕头侨批业公会虽然于1940年成立，但真正有秩序地运作起来是在1941年以后。其成立的目的是企图把汕头的民营侨批业纳入日伪政府的统治体系之内，使其有效地争夺侨汇。在日伪政府召集的汕头市侨批业座谈会上，主席报告指出："现在战争端赖财政，与民众农村经济力量，以协助友邦日本为大东亚民族争自由平等解放。故我汪主席主张，我国民众，应与日本同甘共苦之昭示，侨汇为战争时经济力量，即为我国民众生活，应协助友邦成功，即

---

① 中国银行总行、中国第二历史档案馆合编《中国银行行史资料汇编》，中国档案出版社，1991，第1568 ~ 1569页。

② 南洋区增加10处，由新加坡分行管辖。法属印度支那区增加2处。印缅区增加6处。

③ 中国银行行史编辑委员会编著《中国银行行史（一九一二——九四九）》，第554页。

我国自己速成功也。"[①] 而日本特务机关长训话也指出："侨批一事，与和平工作暨各方面关系密切，对于经济上，华侨地区与目前现象非常重大，因此关系国家"，"至潮汕区域内言之，各县长、汕头市长，对此侨务事务，均有相当责任，惟海外与国内联络关系，侨务办事处需要与当地政府紧密联系，而市长、县长须要联络办事处互相推进此事务"。"华侨委托汇兑时，务必用敏捷方法赶速予以办理清楚，不生其他枝节"。"特设办事处以屑新近监督者，恐尔等不忠实耳。如果发觉有不忠实之事，办事处通知前来，立即取消业权并加处罚矣"[②]。伪侨批业公会是有着一套完整的运行原则：

侨批业公会构成要领

一　皇军为谋岭东民众之生业更生及生活安定计，由南洋及其他各地之华侨汇款，开办侨批业务，核准汕头市侨批业组成同业公会（以下简称公会），并同时尽量援助促成之。

关于复兴侨批业对于潮汕之地方民业之复兴及救济，民众极为关切，故加盟之公会，首须要关心促成能达成所期之目的，并应体会皇军之真诚，须以诚心诚意协助东亚新秩序之建设。

（一）以台湾银行及横滨正金银行结成为侨批业者之指导机关（以下简称机关），对于侨批业公会业务之运用，极力与以协力之援助，并指导之。

（二）侨批业公会虽属于汕头善后委员会（以下简称委员会）监督下，本当受政务部之指定机关之指导而行动。

（三）准予以内地交通及通信，惟不能有支障皇军作战上及治安上一切言动；倘万一有检出如斯证实者，当按军律严重处治，决不宽贷。关于一切书信要受皇军检查，倘有加盟公会会员而违反所负之责任，亦以前条执行处罚之。

（四）对于通内地行证发行制定额数，不准通用以外目的用途。

（五）关于交通及通信路径，应逐次先通报善后委员会及指导机关，转呈政务部，以避免发生误会。

（六）善后委员会及指导机关无论何时，得查阅加盟公会之账簿、纪录书类等。

（七）所被寄之侨批，每月汇集，由公会报告委员会机关政务部等。

（八）关于业务一般情况，每周应作报告，报告上列各机关。

（九）公会应遵机关及委员会之指示，制定章程，呈请政务部核准。

（十）公会会员有违反本指令章程或扰乱秩序之行为者，当照军律严重罚处治之。

（十一）关于公会会员之行动，以公会会员每合三店为一单位，三店负连带之责任。

（十二）设侨批之地区，暂行限于下列岭东各地方：汕头市、南澳岛、饶平县、诏安县、澄海县、普宁县、潮安县、惠来县、丰顺县、揭阳县。

---

① 伪汕头侨务局档案，12 全宗，7 目录，卷 13，汕头档案馆藏。
② 伪汕头侨务局档案，12 全宗，7 目录，卷 13，汕头档案馆藏。

......

（十五）在上列之地区内，所汇送侨批，不准经公会会员以外之手，关此取缔，由委员会协同皇军援助之。

（十六）公会应极力防遏公会会员送侨批，并须研究防遏之方法，至与各方面华侨保有充分联络，明了皇军真意，以彻底达成所期同业公会结成之目的。①

同时，其对侨批业还有一些具体的规定：

第一条　凡本市暨潮梅各县经营侨批业商号（以下简称商号）概依本规则管理之。

第二条　各商号概须向本处申请登记，登记章则另定之。

第三条　各商号不得藉侨批业名义办理侨批范围以外之信件或兼营其他业务。

第四条　各商号申请批脚通行许可证时须报由侨批业公会（以下简称公会）转呈本处办理之。

第五条　递送侨批之批脚，不得挟带违禁之文字或物品。

第六条　各商号如有向各当地机关请求事项，须报由该公会呈请本处核转之。

第七条　侨批汇费不得超过汇款金额百分之二。发送批款时亦不得向侨民家属另行收费。

第八条　各商号须逐旬将经办侨批金额分别县份报由该公会暂报本处备查。

第九条　各商号如有违犯以上规定，由本处通知地方行政处署酌其轻重分别究处之。

第十条　本规则如有未尽事宜，由本处呈请侨务委员会修正之。

第十一条　本规则自公布日施行。②

另外，侨批业商号要领取批款还必须交侨批申请书、侨批商号领取批信证明书及侨批商号领取批款证明书。从中我们可以看出，日军在占据潮汕地区之后，迅速对地方社会进行重新整合，建立起自己的一套统治机制，对民营侨批业进行有效的控制与管理。

对于日伪政府的举措，国民政府立即作出反应，并迅速召开会议讨论应对措施：

关于对敌伪企图吸收华侨汇款讨论会会议记录

日期：廿九年三月十六日下午三时。

地点：侨委会会议室。

出席：

外交部孟鞠如；交通部邮政储金汇业局王祖廉、周云东；财政部戴铭礼（陶祖

---

① 中国银行总行、中国第二历史档案馆合编《中国银行行史资料汇编》，第1350页。

② 伪汕头侨务局档案，12全宗，7目录，卷41，汕头档案馆藏。

诚代）；侨委会周演明。

主席：周演明

纪录：欧阳汉

主席报告：

据报，敌人在南洋各地以接济华侨家属为词，希冀攫取侨汇；

拟在海外交敌国银行汇兑者，到汕头时，以国币交付；如交国人所办侨批局（民信局）汇兑者，到汕头时，限令侨批局（民信局）以法币向敌伪换取为钞票送递；敌人近在汕头组织伪侨批业公会（即民信业公会），压迫沦陷区之侨批局（民信局）加入公会，以统制侨汇各节。因此召集会议，会商应付办法。又广东省政府以抵制敌伪吸收侨汇，函送规定抵制敌伪吸收华侨汇款办法到侨委会，惟各条中有请中央各有关部会办理者，合并提出征询各代表意见，以便共同办理云云。

决议事项：

一　中、中、交及广东、福建省银行在国外分行或代理处，尚感不足，应请迅速推广，以吸收华侨汇款。

二　国内外中国各银行分行，除互相通汇外，请注意与国内各地邮汇局、国外邮汇局办理处、国内外各地民信局（侨批局）密切联络沟通汇路。

三　邮政储金汇业局在海外各地多设代理处（因环境关系，假用商号或其他名义设立），努力联络当地各民信局（侨批局），予以优厚利益，保障汇款安全，以吸收侨汇，并迅速推广南洋英、荷两属、安南、缅甸、美洲、加拿大、非洲、澳洲各埠侨汇，以抵制敌伪之攫取。

附邮汇局拟具发展侨汇办法（略）。

四　设法使沦陷区（如汕头、厦门）与海外侨商有往来汇兑之民信局（侨批局）迁出或设立分号于邻县（如汕头民信局迁往广州湾附近麻章），海外侨胞由银信局汇寄之款到达国境时，由邮汇局直接收发，将海外银信总包化整为零，逐封改换国内汇票，转递沦陷区侨民家属，以避免敌伪注意。

五　外交部侨委会再通告海外侨胞，着将汇款交由中国国家银行、广东华侨银行及邮政储金汇业局指定之代理银行，或批局汇寄。

六　粤省府所定办法第五条，拟照财政部咨复粤省府原文"敌伪所组织之批局，持有批函向内地输送钞票者，一经查获，无论数目多少，应即悉数没收充公，并具报该管上级机关核明后，准以五成充赏，五成解库"，由侨委会通告侨胞，使知警惕。上列各项如认为可行，由各主管机关分别办理。①

这一时期，国民政府与日伪政府之间对于侨汇争夺的矛盾在当时的舆论中也有所表现：

---

① 中国银行总行、中国第二历史档案馆合编《中国银行行史资料汇编》，第1348页。

欧战发生后，英法政府对侨胞汇款，严加限制，汇款手续颇繁琐。侨胞关怀桑梓，接济家属，不得不另觅他途。日阀乘机在潮汕利用汉奸组织所谓汕头侨批业公会，草就会章，四处散发，广派爪牙，四出活动，以遂其吸收外汇之阴谋。我当局洞悉其奸，早拟应付对策，特由侨委会通令海外侨团侨领，就汕头侨批业公会会章，指出种种阴谋，使侨胞不致堕其彀中，并着令华侨汇款，必须由国立各银行，或华侨设立各银行，直接寄汇。其未设立者，亦应由国立银行或华侨银行所委托之银行承汇。至汇往汕头市、南澳岛、澄海、饶平、诏安、揭阳、潮阳、兴宁、惠来、丰顺等区域之款，暂勿由侨批业汇寄，以免外汇落于日伪之手里。①

汕头伪市长周之桢，近在汕成立一伪侨务委员会，自任伪委员长，训练大批所谓"华侨宣抚班"，派赴沦陷区各乡村宣传及登记华侨家族，然后再派伪"华侨慰问队"，分向已登记之华侨家族慰问，一月慰问二次，并强迫乡长出名致函海外各埠华侨，嘱以后汇款须由日本银行汇汕头该伪侨委会代转云云。查周之桢恬不知耻，组织伪侨务委员会，肆行鬼蜮，阴谋攘夺侨汇，以冀向献媚邀功，我侨胞断不致受其欺驱，至关于海外侨胞接济沦陷区家属汇款，前经我中央侨务委员会会同财政部与邮政储金汇业局商订办法，最近侨务委员会重申前令，现敌伪企图攘取侨汇，变本加厉，侨胞寄汇款项回国，务须概交中国交通两国家银行或华侨银行或各省立银行汇寄，以免资敌，又近日来我国已遍设金融网，所有任何沦陷区内汇款，均可担保送到，汇水低廉，敏捷可靠，侨胞汇款回国，交上述诸银行办理，实无所顾虑也云云。②

在抗战期间侨汇是政府的一个重要的经济来源，因此，国民政府与日伪政府都在努力争取侨汇，企图把侨汇业务纳入其统治体系之内，有效地控制与经营侨汇。在太平洋战争爆发之前，双方之间的矛盾与冲突是表面化的。双方都利用各自的手段与资源，构建起一个侨汇流通的金融网络，实现其争夺侨汇的目的。但是，太平洋战争的爆发对双方都有重大的影响，两者争夺侨汇的方法和手段发生了变化，这也在一定程度上影响了侨汇流通的过程。

太平洋战争爆发后，香港及东南亚各国相继沦陷，侨汇流通也发生了一些转向。因此，日伪政府作出了一些相应的调整，而政府行为在这一时期表现得相对明显：

目前南洋各地除泰国、越南设置大使馆，侨民信件得由各使馆代为递送外，其余昭南岛、爪哇等处无领事馆地方倘于必需时可由泰国大使馆代为解递等语（谨查泰国、越南目前均得通邮，即侨批业等商号亦得照行递寄。至于邮便不通地方如昭南岛各处，汕头侨业寄信如诸由日本驻泰使馆代解，则不如由职处径送本市特务机关支部后寄转为简捷）。③

---

① 《华侨汇款注意》，《民锋半月刊》1940 年第 3 期，第 8 页。
② 《我国遍设金融网汇款交中交华侨或省立银行任何沦陷区内均可担保递到》，《现代华侨》1940 年第 7 期，第 23 页。
③ 伪汕头市侨务局档案，12 全宗，7 目录，卷32，第 61 页，汕头市档案馆藏。

在上述材料中可以看出，在太平洋战争爆发初期，只有泰国与越南可以通邮。正如前文所提到，由于当时泰国与越南并未被日军完全占领，在这种特殊情形下，这两地与潮汕地区间的邮路尚可相通。到1943年之后，新加坡（即昭南岛）及东南亚其他被占领区的侨汇流通才陆续恢复，这从前文的材料中也可看出。同时，日伪政府指定对这些地区的侨汇经营由其管辖下的汕头侨批业同业公会办理，并对其作出了一些规定：

关于办理昭南岛华侨汇款协议书

一　外交部侨务局驻汕办事处（以下简称侨务处）指定汕头侨批业同业公会（以下单称公会）为潮汕地区对昭南岛方面（包含其他南洋日本占领地域）之华侨汇款办理机关，由该公会会员中，前此历办理昭南岛侨批之批局老益口、光益裕、洪万丰、永安、李华利、致盛、有信、荣丰利、信大、普通、陈炳春等十一家（以下简称十一家）负责办理。

二　台湾银行汕头支店（以下简称台银）应代右列十一家与昭南岛方面联号信局联络斡旋，使业务早日恢复。

三　在本市对昭南岛侨汇未上轨道，批局未能正式复业前之暂时期间中，凡由昭南岛抵达台银之侨汇十一家，概应免费将批款代为派送与华侨家属。

四　在前项为上轨道暂时期间中，对分派批款所必需费用，由十一家负担。侨务处对于规定之检查证明费，亦暂予豁免。

五　台银于侨汇抵达之时，应将目录送交侨务处检查。至批局十一家对昭南侨汇正式复业时，应遵照侨务处管理侨批业一切规则，将目录批信缴请检查。

六　侨务处依照目录检查后，对于非和平地区批信概予没收，而于目录备忘栏加盖"非和平地区"之印后，即将原目录交还台银或批局，其属非和平区批款则由台银退还原寄人。

七　侨务处将前项检查统计数额造表通报有关各机关。

八　凡向台银领取侨汇之批局或侨眷，概应先向侨务处申请发给领款证明书。

九　台银将领款证明书对照目录及统计表符合，即将批款或汇款给领。

十　在本协议书第三项之代理期间中，侨批公会向台银领收汇款时，所送交台银之收款，除由该公会理事长盖章外，并应由十一家批局连同盖章，至十一家对昭南侨汇正式复业时，则除由侨务处领取证明书外，仅由各该批局单独盖章直接领款。

十一　台银收到上项收据及侨务处证明书查核符合后，即将汇款与目录一并交付。

十二　侨批收款人应于收到批款时，依式填具正副收据二纸，交由各该付款之批脚转缴。

十三　前项收据正收据作为收款回批寄还昭南之汇款人，副收据则交台银存查。

十四　侨批公会将右项收款人之收据汇齐送交台银，应即将本协议书第十项所规定之收据交回侨批公会。

十五　侨批收款人应于收据上盖章，其未有印章者，可亲自签名或盖指模，惟批款责任仍应由该分发批局负责。至在本协议书第三项期间中，关于侨批全部之责任，则由该公会暨十一家批局共同负责。

十六 各批局分发批款时，收款人有已死亡或地址不明者，应由各该批局另纸列明情形，将汇款交还台银由台银退还昭南之汇款人。[①]

另一方面，自 1942 年 1 月起，汕头日伪政权规定，南洋各地侨批须经政府检查批准，方可以在"和平区"（即日占区）域内投批，和平区外不予投递，一律退回，并规定各批局应于侨批寄抵汕头之时，向侨务处添具申请书，以实核发领取批信证明书，向邮局领取批信，将批信原包送侨务处检查，加盖"侨委会驻汕头特准分发侨批"之印后，方准各地批局领回分投出去。[②] 这在档案中也有所体现：

> 窃职处于本年十月二十七日，接准友邦广东陆军特务机关汕头支部通知：凡自本年十一月一日起有南洋各地汇经本市侨批，请由职处慎密检查以定应否准许发送等由，并附送侨批检查实施方案一份。准此。查该方案内所规定办法，对于和平地区批信批款，准予照旧发送，其属于非和平区批信概予扣留，至非和平区批款则责成各侨批商号负责退还原寄人。职处以接到通知距实施检查日期迫近，乃权先定侨批规则一份，侨批业商号领取侨批申报书，侨批商号领取批信证明书，侨批商号领取批款证明书，暨侨批申报检查表式共四份分别行知汕头一等邮政局，台湾银行汕头支店，岭东侨批业同业公会转饬各侨批业商号知照。并于十一月一日起依期施行，所有检查情形，经于职处十一月份工作报告书详细报告，理合将举办检查侨批各缘由，及实施日期，连同检查侨批暂行规则，暨各书表共四份，并抄录侨批检查实施方案一份，随文呈请，敬乞查核。
>
> 全衔主任王
>
> 中华民国三十一年十二月[③]

另外，汕头日伪政权对下乡投批的"批脚"发给敌伪临时通行证，才能安全通过封锁线，下乡投递批信。从中，我们也可以看出，日伪政府在这时已经把民营侨批局纳入其统治之下，对它们有着一套严密的控制及管理规则。而这一时期的侨批，还主要来自于香港、泰国，目的地也只是和平区。

值得一提的是，虽然大部分的民营侨批局在这时已被纳入日伪政府的统治体系之中，但并非所有侨批局都顺从于政府控制，还有一些侨批局在政府的规定之外从事自己的经营。在档案中，笔者发现了一份审讯材料，从中可看到这种情形的存在：

---

① 伪汕头市侨务局档案，12 全宗，7 目录，卷 49，第 32～34 页，汕头市档案馆藏。

② 邹金盛：《潮帮批信局》，第 71 页。

③ 伪汕头市侨务局档案，12 全宗，7 目录，卷 49，汕头市档案馆藏。

笔录

问：姓名、年龄、籍贯？

答：郑汉卿，四十三岁，潮阳人。

问：你是否永盛司理？

答：是。

问：陈松恭、沈镜忠寄陈锐波之批信是你派的吗？由何处寄来的？

答：是，由香港寄来。

问：何以你未经本处许可私擅派送侨批？

答：因为不知规定。

问：香港侨批香港政府是禁止私自经营的，本处也不许可，何以你竟敢违例派送？

答：不知例。

问：有人秘告你不只向本市派送而且向非和平区派送，是吗？

答：并无派送过。

问：除陈锐波之批信外，你以前共派过多少侨批？

答：并无派过。

郑汉卿

七月十四号①

在上述审问中，虽然被问者否认曾向非和平区派送侨批，但这却从另一个侧面告诉我们，当时确实存在和平区与非和平区的侨汇暗中流动的情况。同时，也可见当时的民间侨批局虽已被纳入日伪政府的统治之中，但也存在一些原有的侨批局逃离于政府的管辖之外，进行着传统的侨批经营。

另一方面，太平洋战争爆发后，东南亚日占区与国统区之间的汇路基本上被切断，中国银行在东南亚各国所设的行处也被迫撤离或停业，到国统区的侨汇处于停滞状态。但是，国民政府对此也作出相应调整，利用自己的手段与资源沟通侨汇。

太平洋战争后，各批局在东兴设批信中转站，广东省银行也随之设点，吸收外汇，转换国币，并在潮汕国统区各县前线设点，承担接应批款、揽收外汇、调整国币、代兑侨批等业务②：

> 自敌伪势力伸张南洋后，泰国亦完全受其控制，敌伪对我国侨批遂有沦陷区、安全区之分。属沦陷区者照常可来，而属安全区者敌借经济封锁之名严厉禁绝经汕进口，取缔苛毒。现泰国华侨设法改由越南转东兴、麻章、赤坎等地，入国所有批款仅抄自目录暗带至东兴、麻章等地内邮局发寄内地邮局分发，而回批只向侨眷取一收

---

① 伪汕头市侨务局档案，12 全宗，7 目录，卷 64，汕头市档案馆藏。
② 邹金盛：《潮帮批信局》，第 71~72 页。

条寄回泰征信而已，无直寄泰国邮局以避免倭敌稽核摧残，惟收条寄回泰国亦只可邮寄至东兴、麻章等地由各联号设法转入泰国……

曲江广东邮政管理局

东陇汕头市侨批业同业公会主席许自让

民国卅二年二月廿二日①

因此，在 1939～1945 年东南亚与潮汕地区间的侨汇流通中，始终贯穿着国民政府与日伪政府之间的争夺与冲突。在太平洋战争爆发前，双方之间的矛盾是表面化的，他们各自利用自己的手段与传统资源，争取华侨，争夺侨汇，构建起了一个联系海内外、国统区与沦陷区的金融网。但是，太平洋战争爆发后，国民政府原有的汇路被截断，因此其对侨汇的沟通只能通过秘密渠道"东兴汇路"进行，从而使东南亚日占区与潮汕国统区之间的侨汇得以流通。另一方面，日伪政府也对原有的侨汇经营作出调整，并把传统的民营侨批局纳入其统治体系之内，利用传统的资源协助其沟通侨汇。政府的行为在这时的侨汇经营中起了很大作用。在战争的不同阶段，国家、社会、地方组织面对形势的变化和实际的需要，作出相应的调整，而各种力量之间的关系是错综复杂的，他们利用传统的人文关系，共同构建起一个侨汇金融网络，使侨汇得以作为一种跨区域、跨国界的经济活动在东南亚、国统区、沦陷区之间不断地进行着流通。

四 香港在侨汇流通中的作用

香港在地理位置上处于美洲和东南亚与中国内地贸易往来的中枢地，交通方便，易于联络，这使香港成为一个自由贸易港及金融中心。自晚清以来，香港和中国内地，尤其是华南的经济活动，就有着密切的关系。1842 年，英国占领香港后，香港作为中国经济圈的南端发挥着应有的作用。香港作为东南亚与华南地区之间的一个中转港，在侨汇流通中占有重要的地位。

香港自晚清以来便成为中华民族移居海外的主要转运站，金融市场一直都相当稳定，从而使中外货币兑换也能保持稳定。因此一些研究侨汇的学者认为，华侨汇款大部分是汇到香港的银行，再由银号钱庄转入内地。② 这使香港成为东南亚与潮梅琼地区的重要转汇地。大体上说，经由香港转拨侨汇的具体途径有两种：第一，信局从东南亚将在港取款的汇票直接汇至汕头或海口；第二，委托银号或银行将汇票寄至香港联号，由香港转递。因此，香港起着十分重要的转汇作用。③

另一方面，正如前文所述，有一部分侨汇是通过在东南亚采购中国所需货物带到家乡

---

① 广东省邮政管理局档案，29 全宗，2 目录，卷 380，广东省档案馆藏。
② 霍启昌：《香港与近代中国》，商务印书馆，1992，第 97 页。
③ 林家劲等：《近代广东侨汇研究》，中山大学出版社，1999，第 19 页。

侨批侨汇 **187**

出售后，再把款额交给侨眷的。这些货物，大部分是先运返香港，然后再转运中国内地。还有一部分就直接在香港市场出售得款项。因此，在抗日战争前，香港作为东南亚与潮汕地区之间侨汇流通的中转站，就起着十分重要的作用。其中新加坡汇款，大部分由外国银行汇至香港，转汇汕头、厦门。暹罗汇款之八成，则由香港转汇汕头，其余则转汇厦门、广州、琼州。菲律宾汇款几全数汇至厦门，其中亦有部分由香港转汇。香港因之成为转汇内地之枢纽。① 抗日战争爆发后，这种作用仍然继续存在。

抗日战争爆发后，东南亚的侨汇多集中于香港，然后以汇单或法币的形式流入国内。因此法币在香港的市场上有源源不绝的需求，侨胞汇款归国愈多，法币经香港以流入华南内地的也愈多。②

同时，日本攻陷潮汕地区后，在沦陷区流通的主要是国币、军票及后来的储备券（即中储券）。"日本盘踞潮汕时曾限制沦陷区人民仅得行使中央、中国、交通三行发出之国币，其他纸币不准流通。一面发行军用手票大量吸收国币。""三十一年间，日寇因战局已陷窘境，为预防战败负债，计指使伪组织设立储备银行创分行于汕头发行储备券，而将其军用手票严厉收回，限令沦陷区人民将持有国币换取。③ 对于各种货币的汇兑，日本也有所规定：

> 查侨汇军票一元折合国币五元五角五分，□法定比率，本处似来便准予变更。④

> 每储备券一元值国币二元，票额为一元、五元、十元三种。⑤

因此，东南亚各国的货币必须转换成上述几种货币方得在沦陷区内使用。而这一转换过程主要是在香港完成的：

> 香港可以行使货币，固以军票及港币为限，而日本银行券、台湾银行券、丁号代号军用手票及中国旧国币等虽禁止行使，然一般人民尚得向银号暗中兑换，且因票货之新旧，价格高下具殊，钱□□者遂得因此获利。而各货币与军票间彼此之找换又极繁荣，故钱□□之生意甚旺。⑥

可见，当时在香港是有一个各种货币的黑市交换市场存在的，这也使侨汇得以经香港

---

① 中国银行总行、中国第二历史档案馆合编《中国银行行史资料汇编》，第 1323 页。
② 蔡仁龙、郭梁主编《华侨抗日救国史料》，中共福建省委党史工作委员会、中国华侨历史学会，1987，第 211 页。
③ 潮州修志馆发行，《潮州志》，中国艺文印务局印刷，1949，11 册，第 18 ~ 19 页。
④ 伪汕头侨务局档案，12 全宗，7 目录，卷 41，汕头档案馆藏。
⑤ 潮州修志馆发行，《潮州志》，中国艺文印务局印刷，1949，11 册，第 18 ~ 19 页。
⑥ 伪汕头市侨务局档案，12 全宗，7 目录，卷 30，第 55 页，汕头市档案馆藏。

的黑市转换成沦陷区通用的各种货币而汇返沦陷区。

另一方面，国民政府为争夺侨汇，也于 1937 年在香港设立邮政储金汇业办事处，便于办理解付汇款之回存业务，同时并与四大银行之中央银行、中国银行、交通银行、中国农民银行加强联络扩展非沦陷区汇兑业务，甚且降低汇兑手续费或迳可免费以图推展业务。[①] 而中国银行总处也移设香港，随后，广州支行、汕头支行等也先后撤到香港。1941 年 1 月 20 日广州支行按照总处指示在香港成立"粤属撤退行联合办事处"（包括广州、汕头、江门、台山、琼州、广州汉民北路、广州同福西路七行处）[②]。中国银行移设香港，主要是利用香港交通、通信等比较发达的有利条件，以利于吸收南洋各地的侨汇。其在海外广设分支行处或广为委托代理处，与侨胞密切联络，同时劝谕侨民，务将汇款送交国家银行或其委托之银行承汇，所有海外国立银行及其委托之银行承汇。[③]

可见，抗战爆发后，日伪政府和国民政府都意识到了香港地位的重要性，因此都企图通过香港，开展对侨汇的争夺。

太平洋战争爆发后，日军于 1941 年 12 月 26 日占领香港，第二天便成立"军政府"，实行军事统治。1942 年 1 月 19 日，日军正式宣布香港为日本占领地，任命陆军中将矶谷廉介为总督。[④] 随着香港的沦落，中国银行在香港的分支机构被迫停业，东南亚日占区与潮汕国统区的侨汇流通也转入"东兴汇路"。而在日军占领香港初期，仍允许港币与日本军票同时流通，规定 2 元港币兑换 1 元军票，1942 年又宣布 4 元港币兑换 1 元军票。因此，这时期，东南亚各个被占领国家的侨汇大多仍由香港转汇而进入潮汕沦陷区。1942 年后进入潮汕沦陷区的侨汇，除了来自泰国，都是来自于香港，其中就有一部分是东南亚沦陷区通过香港中转而进入的。

因此，在 1939～1945 年东南亚与潮汕地区间的侨汇流通中，香港仍继续发挥其金融中转站的作用。而日伪政府与国民政府也各自利用香港的重要地位开展其侨汇经营，这也使香港成为整个侨汇金融网中重要的一环。

五　结语

由于资料及笔者能力所限，本文并不能对抗日战争时期整个侨汇流通的历史场景作出一个全面的描绘，也无意于涉及太多具体的运作机制及经济统计。但是，本文旨在通过1939～1945 年潮汕与东南亚间侨汇流通的若干侧面，去探讨一个非常时期下个人—组织—社会—国家之间关系的变迁、互动及由此所形成的金融与传统人文网络。

在现在的大部分华侨史的研究中，很多学者局限于民族国家的框架之内，对于华侨的研

---

① 杨建成主编《南洋研究史料丛刊》第七集《三十年代南洋华侨侨汇投资调查报告书》，中华学术院南洋研究所，1983，第 67 页。
② 中国银行行史编辑委员会编著《中国银行行史（一九一二——九四九）》，第 415 页。
③ 中国银行总行、中国第二历史档案馆合编《中国银行行史资料汇编》，第 1341 页。
④ 邓开颂、陆晓敏主编《粤港澳近代关系史》，广东人民出版社，1996，第 292 页。

究仅限于单个国家或社会之内，而忽视了海外华人社会之间实际上是存在着各个国家、社会及个人之间密切而广泛的联系与交往。但是，另一方面，有很多学者也开始作出尝试，努力突破民族国家观念的束缚，从而把华侨史置于一个整体的历史环境中去把握。有的学者认为，移民研究过去在总体上被置于地方史、国别史、地区史的框架之下。然而，现代世界的全球化会使我们对扩展了的空间产生一种更加弥散的感觉。这诱使我们去探索更小的群体中的人们之间，甚至包括生活在地球的不同角落的家庭和个人之间更加细碎的关系。① 有的学者通过研究海外的华人社团，去探讨它们的国际化与跨国功能。② 还有的学者认为，在很长时间里，中国与世界的联系，很大程度上是通过南中国周边地域的人文和社会网络来表达的。如果能对环中国海地域作更细致、有理论深度的"总体研究"，我们对16世纪以来中国社会（乃至整个世界格局）的变化，将有更加深刻的理解。③

侨汇流通作为一种经济活动，是跨过不同国家之间的界限而自由流动的，是一种跨越空间和时间的多领域活动。这种行为在抗日战争时期表现得尤为突出。然而，以往的侨汇研究者常常忽略了对这一时期的关注，而且这些研究本身也只是把其作为一种经济行为来探讨，却没能看到这种经济行为背后所映射出来的联系网络与人文关系。

在抗日战争时期，由于不同势力范围的形成，国家的认同改变了，国家不再是一个统一的整体。侨汇流通在这一时期面对的不再是一个国家的内部与外部的问题，而是涉及几个国家、几种不同势力对资源的争夺。在1939～1945年潮汕地区的侨汇流通过程中，我们可以看到各种不同的势力、机构、政治力量如何利用各自的手段及资源去沟通侨汇，维持当时的社会秩序。同样，由于面对不同的政治势力，侨汇流通在这一时期也必须面对交通、货币转换的问题，而随之出现的是一个交通、市场及多层运作的金融网络。

在战争状态下，侨汇流通没有了国界，跨越了空间，融合了不同力量的作用。政府在这时也参与到其中，并把传统的一些民间机构纳入自己的统治体系。侨汇经营作为一项经济活动，有着自己的运行法则，但其在这时也受到政府政策的影响，在与不同政治势力的互动中得到发展。但是，也有一些民间势力逃离于政府的控制之外。在一个被划分的国家中，侨汇流通作为一种不间断的经济联系，成为连接个人、组织、社会、国家的不可缺少的黏合力量，不同个人、组织、社会、国家之间的关系又是错综复杂，它们在一个外部环境的变迁之中编织起一个广泛的金融网络，这个网络之间的关系是既互动又有矛盾的，但它有着自己的一套协调与联系机制，有着历史的根源，利用传统的人文关系进行运作，而其在战争状态下又发生了一些新的变化。这一时期不同地域之间的关系又是动态的，有弹性的，从而使得汇款得以在国家与国家、地区与地区、组织与组织之间相互交流，在华侨社会内部周转，由此形成一种地方化、区域化、全球化之间复杂的多维空间关系。

另一方面，当我们抛开传统的情感，回到当时的历史背景中时，我们会发现，日军在

① 王赓武：《王赓武自选集·移民及其敌人》，上海教育出版社，2002，第159～161页。
② 刘宏：《海外华人社团的国际化：动力·作用·前景》，《华侨华人历史研究》1998年第1期。
③ 陈春声：《近代华侨汇款与侨批业的经营——以潮汕地区的研究为中心》，《中国社会经济史研究》2000年第4期。

占据潮汕之后，迅速对地方社会进行重新整合，利用原有的金融与人文关系网络，建立起自己的一套统治机制。

当我们重新去审视 1939～1945 年潮汕地区的侨汇流通时，我们会发现以往研究所忽略的一些重要因素，这有助于对一个整体的华侨社会的金融与传统人文网络更好地把握。

责任编辑：陈景熙

亲情与礼仪：冷战时代的
南洋华人家庭关系

——潮安林氏一家批信所见

陈嘉顺[*]

摘　要：关于冷战时代中外关系的研究，大多集中在国家之间的关系、中国外交策略、跨国组织等，较少关注在冷战时期东南亚华人家庭的礼仪生活；而对东南亚华人宗教信仰的研究，则从寺庙等宗教场所的资料出发，强调了祭祀活动的重要性。本文从侨批这种"银信合一"的文献出发，结合侨信，从一个马来西亚华人家庭的生活情境入手，我们看到冷战时代的东南亚华人家庭，不管国际风云变幻，亲情和礼仪在他们的家庭关系中占了非常重要的地位，其中更多地是与中国国内的家庭、亲友和邻里发生联系，他们对于亲情与礼仪的理解，并没有随着外部环境的变化而改变。

关键词：冷战时代　南洋华人　亲情　礼仪　批信

关于冷战时代中外关系的研究，大多集中在国家之间（特别是美苏之间）的关系、中国外交策略、跨国组织等，[①] 较少关注在冷战时代普通民众的生活。东南亚战略地位重要，近代以来一直是大国争斗的要地。在冷战时期，一方面是东南亚国家纷纷独立，致力建构民族国家、摆脱前殖民宗主国和大国的控制和干涉；另一方面是东南亚成为大国角逐的舞台，尤其是美国和苏联，利用其雄厚的经济、政治和军事实力向东南亚扩张，东南亚各国的内政和外交无不深受大国的影响。[②] 在这种情况下，研究东南亚华人的家庭生活也

---

* 　陈嘉顺，1978 年生，江西师范大学历史学硕士。本文曾提交 2011 年 3 月在首都师范大学历史学院举行的第一届国际关系史青年论坛以及 2011 年 12 月在广州举行的"侨批档案"宣传推介会，得到沈志华、崔丕、张绍铎三位教授的点评指正，谨致谢意。
① 　如牛军、王立新、张杨、赵学功、陈晖、夏立峰、陈兼、余伟明等学者的相关研究。
② 　庄国土：《冷战以来东南亚国际关系研究评述——以"冷战以来东南亚国际关系研讨会"为例》，《世界历史》2004 年第 5 期。

显得很有必要。同时，对东南亚华人宗教信仰的研究成果，则多从寺庙等宗教场所的资料出发，强调了祭祀的重要性，也未能提及华人家庭的礼仪生活。① 基于这样的理解，本文拟把冷战时代常见而又真实的华人家庭生活细节作为研究对象，通过对生动具体的生活现象的讨论，祈望得抛砖引玉之效，推动青年学人对这一问题深入探究，揭示历史演变的过程和不同层次的发展情况。

一 背景和材料

1909 年，《大清国籍条例》颁布，规定以血统为原则，只要父母一方是中国人，不论是否生于中国，其子女即为中国人。1929 年颁布的《中华民国国籍法》，规定凡具有中华民族血统者，均具有中华民国国籍。中华人民共和国成立初期仍沿袭该政策，直到 1955 年，中国与印尼政府签订的《关于双重国籍问题的条约》，中国政府从此放弃双重国籍的政策，鼓励华侨加入当地国籍，成为当地国民。而《中华人民共和国归侨侨眷权益保护法》（1990 年）第三条规定：“华侨指定居在国外的中国公民”②。本文在讨论中提及的华人是指在中国出生后赴外国定居，放弃中国国籍并取得所在国国籍者。由于华侨华人对中国的经济、文化等方面的巨大影响，华侨问题的研究是现在热门的话题，已呈多学科研究状态，研究的学者与日俱增。在其中，侨批研究成为一个亮点。

侨批是海外侨胞通过民间渠道及后来的金融邮政机构寄回国内连带家书或简单附言的汇款凭证。③ 越来越多的专家学者从侨批业的发展、侨批网络的控制、批局的内部经营方法等多方面进行研究，成果斐然。④ 当然，大家大都宏观、整体地选取典型侨批，或是从制度史的角度开展评析，较少采用同一家族不同时期的持续性侨批，围绕其中的信息深入讨论。为此，本文对广东潮安林氏一家传世的侨批进行解读，分析在冷战时代南洋华人的一些情况。同时，在 20 世纪 60 年代初，中国国内物质紧缺，各国华侨改寄米、面、糖、油等物资，侨汇锐减，⑤ 华人与中国国内亲属的沟通则通过信件来完成。在下文中，将以

① 如安焕然：《马来西亚柔佛古庙游神的演化及其与华人社会整合的关系》，《河南师范大学学报（哲学社会科学版）》2009 年第 2 期；田仲一成：《槟城潮帮的祭祀和戏剧》，《汕头大学学报（人文社会科学版）》2007 年第 2 期；聂德宁：《新马早期华人社会的民间信仰初探》，《厦门大学学报（哲学社会科学版）》2001 年第 2 期。
② 汕头市龙湖区外事侨务局编《有关外事法律法规汇编》内部文件，2003，页码不详。
③ 庄世平：《潮汕侨批荟萃·序》，载潮汕历史文化研究中心编《潮汕侨批集萃》（第一辑），香港：天马出版有限公司，2003，第 2 页。
④ 如陈春声：《近代华侨汇款与侨批业的经营——以潮汕地区的研究为中心》，《中国社会经济史研究》2000 年第 4 期；陈丽园：《潮汕侨批网络与国家控制（1927～1949）》，曾旭波：《侨批列字探析》，《汕头大学学报》2003 年增刊；张慧梅：《战争状态下之传统人文网络与跨国金融活动——1939～1945 年潮汕与东南亚间侨汇流通的研究》，载《潮学研究》（第 11 辑），汕头大学出版社，2004，第 157 页。
⑤ 陈植芳：《漫谈潮汕民间侨批业》，载《汕头文史》（第 13 辑），1995，第 41 页。

林氏一家 1946~1984 年 350 多封侨批和侨信作为主要材料,[①] 希望批信合一能更加全面真实地反映华人在侨居地与中国亲人之间的亲情与礼仪。这批批信时间跨度近 40 年,这段时间,正是在冷战背景下,东南亚华侨社会逐渐向华人社会过渡,作为中国海外移民及其后裔的群体,认同取向也从落叶归根转向落地生根的时期。[②]

在本文的讨论中,笔者把这些侨批侨信作为一种理解区域社会史的工具,讨论的目的并不在于区域或地方,而是希望能对冷战背景下的东南亚社会增加一个理解的角度。从这 300 余封侨批和 50 多封信中,我们知道了这个家庭的一些大致情况:

> 林来福(又名清祥),广东省潮安县南桂乡博士村人(今属潮州市潮安县东凤镇博士村),与相邻的鳌头村人陈巧圆(也写作岂圆)约 1939 年结婚。来福二战后先到泰国曼谷,1947 年 4 月 27 日到马来亚峇株巴辖亚亚岩加街做日用品小生意。他们共生育有三子,长子林瑞泉,1941 年 10 月出生,因林来福从事小生意,人手不够,于 1956 年 7 月到马来亚,后来也独自做小生意,1965 年 12 月在马来亚与福建永春人黄亚梳结婚。次子瑞和 1943 年出生,与三子瑞典均在家乡,瑞典 1973 年 6 月 28 日在工作中突然发病身亡。林来福与马来亚的妻子张丽莲(也写作丽连,原名张菜)先后共生(抱)育有四女二子。通过田野调查,了解到林来福大概在 20 世纪 80 年代末去世,陈巧圆约 2000 年去世,而林瑞泉在改革开放后,曾携亲属多次回乡探亲,并捐资参与博士村天后宫的重建。[③]

从批信中我们还得知,早在林来福赴马来亚之前,林来福的堂兄林培荣、姐夫郑再祥、胞姐林玩荣,陈巧圆的两个姐姐巧芝、巧兰等都已经在马来亚居住,而兄长陈巧发仍留在家乡。郑再祥夫妇在马来亚峇株巴辖经营水果店,林来福初到马来亚时曾长时间在水果店中帮忙。郑再祥之子瑞宽 20 世纪 50 年代末到武汉读大学。

东凤镇在潮州市南部,距潮州城区 19 公里,东面和东北面是韩江,总面积 33.5 平方公里。近代以来,行政归属多有变动,至 1991 年年底复属潮安县。[④] 博士村在潮安县城庵埠镇东北 6 公里处,东隔韩江与汕头市澄海区上华镇横陇、南界村相望。村民多姓林,传说因先祖曾出过翰林博士官员,故村以得名,民间又称其村为博士林。[⑤] 据最新户籍资料,

---

① 这批材料绝大部分自马来西亚峇株巴辖寄至潮安县东凤镇博士村,主要是林来福、林瑞泉父子所写,原藏林家,近年外流,现为当地私人收藏。文中未注明出处的引文,均出自这批批信,批信落款时间以阳历为主,偶有用农历或天干地支,本文则统一使用阳历。

② 庄国土:《二战以后东南亚华族社会地位的变化》,厦门大学出版社,2003,第 36 页。

③ 博士村的天后宫原在韩江边,1939 年被侵华日军放火焚烧,只剩门柱和墙壁,日军撤后,村民在村中搭建竹棚作为临时祭拜天后场所。1990 年,天后宫故址改建成水厂,村中老人发动村民和海外乡亲捐资,即将原来临时的天后宫建成固定建筑物,于 1991 年竣工。口述史料:潮安县东凤镇博士村天后宫管宫之林氏族人,2011 年 2 月 17 日,潮安县东凤镇博士村天后宫。

④ 潮州市地方志编纂委员会:《潮州市志》,广东人民出版社,1995,第 2165 页。

⑤ 潮州市地名委员会、潮州市国土局:《潮州市地名志》,广东省地图出版社,2000,第 72 页。

表 1　林来福家庭成员表

| 第一代 | | 第二代 | |
男主人	女主人	男主人	女主人
来福,1947 年 4 月 27 日到马来亚,大概在 20 世纪 80 年代末去世	陈巧圆,1939 年结婚后一直在家乡,约 2000 年去世	瑞泉 1941 年 10 月出生,于 1956 年 7 月到马来亚,后独自做生意	黄亚梳,福建永春人
		瑞和,1943 年出生,居乡	
		瑞典,居乡,1973 年突发疾病身亡	
	张丽莲,福建人,居马来亚。	先后共生(抱)育有四女二子	

表 2　林来福主要亲属

林培荣	来福堂兄,较来福先到马来亚谋生
林玩荣、郑再祥	来福胞姐、姐夫,在马来亚峇株巴辖经营水果店,林来福初到马来亚时曾长时间在水果店中帮忙。郑再祥之子瑞宽 20 世纪 50 年代末到武汉读大学
陈巧芝、陈巧兰	皆是巧圆胞姐,较来福先到马来亚谋生
陈巧发	巧圆胞兄,居乡

博士村共有 2341 人，其中男性 1178 人，女性 1163 人。[1] 博士村濒临韩江，在陆路交通不发达的时代，博士村人从村口的码头乘舟即可沿韩江顺流而下直达汕头，再转乘大船越洋到东南亚一带谋生，这种便利的交通条件使博士村几乎家家户户至今仍有直系亲属是华侨华人，现在至少有一半的村民有东南亚的护照。[2]

1963 年，已在 1957 年 8 月获得独立的马来亚联合邦与北婆罗洲、沙捞越、新加坡合并成立马来西亚联合邦。1965 年，新加坡退出，马来西亚最后确定了今天的范围。[3] 马来西亚联邦地大物博，华侨华人众多，1937 年华侨人数突破 200 万人，占马来西亚总人口的 39%，虽然比马来人占 44% 的比例略低，但在经济方面具有明显优势。根据 1947 年的人口普查，马来西亚联合邦约有潮州人 20.7 万名，潮州人兴趣比较广泛，从事的职业范围较宽。[4]

《马来亚潮侨印象记》记载：

峇株巴辖为柔佛州西海岸一重镇，因交通的四通八达，商业故极繁荣，峇株开埠

---

① 口述史料：潮安县公安局宣传调研股股长李仲昕，2011 年 2 月 21 日，潮安县公安局宣传调研股。
② 口述史料：潮安县东凤镇博士村天后宫管宫之林氏族人，2011 年 2 月 17 日，潮安县东凤镇博士村天后宫。
③ 林远辉、张应龙：《新加坡马来西亚华侨史》，广东高等教育出版社，1991，第 1 页。
④ 刘权：《广东华侨华人史》，广东人民出版社，2002，第 58 页。

历史虽不及新山麻坡的悠久，但因境内多平原，土地肥沃，宜于种植，故潮人继麻坡埠之后，纷纷移居峇属……据统计，侨居峇属一带的潮人约二万余，……峇株巴辖市场则有同乡数千人，商店亦数十户，经营京果杂货及板廊等业者居多，潮人商户虽为数不少，但经济力量仍未占有优势……潮人分布之广，不论城市，穷乡僻壤都有我潮人的足迹，对峇属的各种建设，其功之伟，实非外人所能抹杀一切。①

而 1939 年的峇株巴辖，包括永平、三合春、铁山、巴力亚尼等 13 个地区，就居住有 2 万以上的潮人，② 他们多数是姓陈、林、张。③ 在二战前，峇株巴辖有潮商阁及潮州会馆，战乱中被迫停办，而战后潮商阁停办，潮州会馆于 1947 年集资购置苏牙街 27 号砖屋为永久会所，1948 年元旦正式成立，于 1950 年元旦举行落成典礼。④

二 亲情与现实之间

在广东东部的潮汕地区，当地人移民海外的历史非常久远，在一代代的移民中，他们的移民思想是非常务实的，可以说他们就是为了生活得更好，在他们眼中，移居海外只不过是把他们的生存空间扩大而已。⑤ 既然如此，早晚都是要返回家乡的，闯荡海外的任务自然就落到男主人身上，家庭的经济依靠他来维持。但是，随着国家之间的关系和移民政策的变化，很多移民海外的潮人成为当地公民，经济状况大有改观之后，就不再想着"落叶归根"，只希望把家乡的亲人也一起移民，过上比家乡好的日子，至于生活在何种政治环境，这并不是重要的。这种情况更多的是出现在 1950 年以后。

在马来亚方面，一直实行着排华和强迫华侨同化的政策。二战后，殖民政府继续施行战前的限制移民政策，即华人入境均须领登岸准证并转换入境准证，前者以六个月为限，后者以两年为限，对入境准证期满者及新客入境较战前限制更严。1949 年 2 月，殖民政府颁布《紧急旅行限制条例》后，新客及超过旅行期的老客均难入境，即使持有居留证或未逾期入境证者，当他们旅行返马时，当局也可以"本地不需要"为理由，任意禁其入境。1950 年 9 月，殖民政府颁布《回境签证条例》，规定任何持有居留证的外侨暂时离开马来亚前，必须申领回境签证，有效期仅为三个月，从事商务的，可领商务旅行特别签证，有效期六个月。过期者都不得入境。由于殖民政府的一系列限制政策，中国移民入境困难重重，因此，二战后的马来亚华人，占多数的已不再是源源不断的中国新移民，而是

① 许武荣：《马来亚潮侨印象记》，吉隆坡：南洋书局有限公司，1951。
② 佚名：《峇株巴辖潮州会馆简史》，载《马潮联会金禧纪念特刊》，吉隆坡：马来西亚潮州公会联合会，1984，第 169 页。
③ 陈潮存：《峇株巴辖陈潮存口述历史》，载南方学院华人族群与文化研究中心编《潮人拓殖柔佛原始资料汇编》，柔佛：南方学院，2003，第 263 页。
④ 林铭溪：《峇株巴辖潮侨概况》、《峇株巴辖潮州会馆》，载潘醒农《马来亚潮侨通鉴》，新加坡：南岛出版社，1950，第 44、295 页。
⑤ 张慧梅：《百姓视野下的"华侨"》，载《潮学研究》（第 10 辑），花城出版社，2002，第 278 页。

土生华人和战前移入马来亚的中国移民了。[①]

来福在姐夫店中帮工的时候，除寄批外，几无剩银，为图多些收入，来福经过长时间的准备，决定自己做日用品生意，于是在 1955 年 11 月写信给妻子陈巧圆：

> ……对于瑞泉来叻一事，非是余无把握，实是做字之人说年岁不对，正（才）[②]有写信告知，谁知南桂区停止做证明书，实是无办法。如若可做者，从速行为，若到明年春头难上加难，因为吾儿已长大，如无从速，若是岁声过度，就不能来叻，愚有再三言及，实是明年春头爱（欲）做小贩才叫瑞泉来叻可帮助余之生意，吾已四事做清楚，在于明春定然□□□□□，假如无证明书寄来，以后不可想悔，切切。

几经努力，瑞泉终于获准到马来亚，于是，来福离开水果店，父子共同做起日用品小生意，到了 1957 年 4 月，当他俩忙不过来的时候，来福首先想到的就是把妻子带到身边帮忙，他写道：

> 数天前接到来信，各等详悉。余已尽知，内中说妹与小儿来叻一事，在小儿之年岁不合手续而不准入境，如你之意，如小儿无来，妹你也是勿来，如是你不来，以后方悔，□□□□，因为吾之事特别之多，所已（以）才有叫你来叻帮忙，请你自己打算为要，至切至切。

信中，来福的想法是只要妻子能到马来亚，家乡的两位儿子能来最好，不能来也作罢，因为妻子能帮助做生意，这是眼前最实际的事情。在随后的几封信中，就两位儿子如何安置的问题，来福又提出了将儿子寄养亲人家中及送人等多个想法，皆未得巧圆同意，亲情与现实两者孰轻孰重不断在夫妻双方的心中衡量。

在此后的岁月里，对于巧圆"过番"[③] 一事，来福在批信中几乎月月都或多或少地提到此事，由于马来亚严厉的限制移民政策，经多方努力，巧圆还是未能到马来亚。随着瑞泉长大成家，并且独自做生意，来福为生计奔波，这时他就需要一个人来照顾他的日常生活。于是在家乡亲人未知觉的情况下，他于 1964 年 3 月又娶了一个妻子。对于他的另娶，来福、瑞泉一开始都没有向巧圆言明，直到第二年，巧圆从回乡的"番客"处得知，巧圆即写信向巧兰、瑞泉询问，巧兰、瑞泉只得将情况如实回复：

> 母亲大人尊前：
> 敬禀者，……自从那天接到母亲回信后，我也不知怎样回复母亲，因上次我怕母

---

① 廖小健：《战后马来西亚的华人政策》，《战后东南亚国家的华侨华人政策》，广州：暨南大学出版社，1989，第 46 页。

② （　）为改正错别字，□为无法识别，〔　〕可能为笔误，下同。

③ 潮汕方言，"过番"是出国之意，华侨华人则称为"番客"。

亲知了受不了生气，知也无益，所以才麻骗了你，但事到如今也不得不说，那位番客说的是实，只有带一个四岁女孩子，他们起初相识时连我也不知道，到后来厝边姑母朋友个个都劝说也已无用。起初也有人说是食着她的贡头①，但我看来是不会的，因姑母也有去拜神教使等都无效，当时连我也气得半死，本想爱（欲）搬到外面自己税房住，但姑母朋友都劝说现暂且忍耐，候将来才打算。自那时起我有回家时，有食就食，直出直入，我从未称呼他一声，她也不敢看我正面。在当时我一气之下身边剩有几百元，本想用我个名做母亲来叻，但听人说母亲现在尚未到五十岁，政府是不能批准的，所以我才打消这念头，但我想定有一日能够实现我的愿望的，余言后信再谈吧。

林瑞泉上　1965 年 6 月 23 日

巧圆胞妹：

　　我们许久没有写信了，十分想念，望天祝福我们两地平安。我们的命是十分坏，小时无母亲，大时我们已经分离在天涯海角中，想起来没有见的日子，使我十分伤心。关于你写信来问我来福是否有妻子，这我本身没有去见过，但只听别人说他有了妻子，还有一个小孩，又有一个是自己的女孩。巧圆呀！我实在没有见过，但只听别人的话，来福的地方还离我的地方很远，有如山（汕）头到香港的路程，所以我没有办法说他有妻。如他有妻，你也不必伤心，你要保重身体，以免有什么病，不是给别人饥（讥）笑吗？以后瑞泉或来福有叫你来，你就马上来，不要再等，什么孩儿的事，最好是把孩子结婚，才是安心地来，不然我们就没有机会想（相）见了……

姐陈巧兰　1965 年 6 月 26 日

面对父亲的另娶，瑞泉也是非常不满，当母亲已知悉实情，他更是在接下来的信中，将心中的愤慨向母亲倾诉：

　　……请母亲不必挂意承询我父亲之事，他妻福建人，年纪我也不大清楚，大约不及三十，是于去年三月之事，现时生有一子，儿性格鲁直，但每餐她是常有叫我去食，我对她有至事才说，不便称呼，但对于各事，儿自晓见意行事，请母亲不必忧虑为要……

此时的来福、瑞泉父子虽同住在一起，但关系已成水火，互生怨言，特别是瑞泉于 1965 年底结婚之后，婆媳关系的恶化更成为父子间矛盾和冲突的焦点。而来福只能对巧圆言道：

　　最好叫瑞泉以后爱（欲）寄批写他名字不要写吾名字，吾寄此等人情吾担不起，顺此告知……自数月来，未通音信，念念，想贤妹近来身体定然康健，可知余近来身体时常欠佳，最不幸者，自去年十二月十七日，瑞泉结婚之日，余冲着之后，在十八

---

① 潮汕方言，"食贡头"即是被"妖魔迷惑"之意。

日夜，身体不安，而病了数天，才好些些，直到现在，身体时常欠住，余会（生）破病都是瑞泉夫妇来气杀吾所致。自取（娶）亚梳入门之后，她每日都睡到八九点才起身，起身之后就去过家，家中各事不理，周日都是过家，不理家务，而听了别人的话说你妹不是亚梳禾家①，她禾家在塘（唐）山，而瑞泉不是你妹所生，各事不要听她，亦不怕她，你妹对瑞泉很好，亦同她自己儿子看待，谁知瑞泉结婚之后，各事大变，瑞泉夫妇二人现今亦敢黑老父，再不幸在正月初一日，家中起了风波，瑞泉夫妇二人，与你妹相骂，因为你个好媳妇亚梳，爱（欲）与男子往海口游泳，你妹说瑞泉勿去，你不可去，如瑞泉爱（欲）去，你就每（与）他同去，免被他人说入门无数天，就此情形，亦被人议论，你妹说此话有理由无理由，你在塘（唐）中想想看看，你的好媳妇说瑞泉不是你妹所生，各事不就管他，而吾者假禾官亦着被她骂，因为每逢新年正月生理特别好，而她不相帮，都是在家说闲话，因为你妹每日都是往外帮助吾做生理，照理由来说家中各事，你的好媳妇着来理家务才是正理，自此日起，她二人时常相打，吾有时回家听她二人相骂，吾都骂打你妹，而不敢说你的媳妇一句话，现在吾自知，前世三世无修德，正会来取此臭楂么，此亦不成问题，他在二月尾爱（欲）搬往外口居住，他夫妇二人还把吾的房门打碎，此等情形猪狗不如，自他搬出外口居住，每逢相遇，而无相借问……另者现在余再想向马来西亚政府申请你来家同住，未知你意如何，如果政府准许你来家，你也可理家务，你妹也可往外头做工，未知你意如何，望示来知为幸。

在1966年初的这次争吵之后，瑞泉夫妇于2月26日搬出另租房居住，这种恶劣的家庭关系状况很快就传递回博士村，瑞典、瑞和二位支持兄长的做法，4月底某日，瑞泉与来福偶遇，双方形同路人，来福气愤之下，写信向巧圆发泄：

　　……瑞泉在姑丈店中，适吾亦往你姑店中，他还不相借问。现在吾来对你说实话，吾打算在下月要登报纸，与他脱离父子关系，他不是我的儿子，他媳妇吾亦不是他禾官，各人行各人路，最不该瑞典、瑞和二位小子，亦不认他父亲，只认他兄嫂二人，现在瑞泉、瑞典、瑞和他父已经死了，而吾现在亦无子儿，他亦无父，最好以后他不要写信来，吾钱都不寄，非是吾泉情意，只是他等目无尊长。

来福的另娶使父子关系不融洽，婆媳的矛盾在儿媳妇入门后更使两代人的关系恶化，本来瑞泉夫妇搬出另住，事情似乎可以稍稍冷却一点，但他们又必须面对远在中国国内的巧圆和瑞典、瑞和兄弟，瑞泉也只能通过信件与母亲交流：

　　来信问及为何搬到外面居住一事，只因家中不睦，自我结婚后，那现成太婆就当

---

① 潮汕方言，"禾家"是家婆；"禾官"是家翁；"楂么"是对女性的称呼。

起管家来，每日都是念东说西，连我们也都管起来，而我妻又不甘受她所管辖和白眼，也就常闹意见，但我常出外工作，有时去半月，普通是一星期才回家，我妻结婚不到两月就给他打了二次，自结婚那天起，我就大不满意他的所为，但我表面上是无事，直到年初二我们爱（欲）往与姑母和朋友拜年，她就从中找事而引起吵架，而我与父亲一向是表面无意见，但也是各怀一肚气，所以我就与父亲提意见，爱（欲）各自安排，他表现（面）也同意，但我内心甚觉不忍，也就息事一时，但不到半月，当我出外工作他俩就大吵闹，甚至动手打人，当我回来时再也忍受不了，我正式与我父亲说，事到这地步不搬也着搬，当我们搬出来那天，他们都一早外出，而我也只带我房内物件，余者一碗一筷我都不爱（欲），自置新的，以免日后再生话，当他们回来时看到上日朋友与我相贺镜屏立刻打破，我对此事大大不满，所以自搬出来后，我就没有再回家，他也怀恨在身，近日有人说他爱写信与你念，必有新的行动，等着看吧，母亲您看了这事后不必挂心，应比以前更放心家批，我当自量而为，不失后（您）的所望。

当瑞泉得知父亲将事情告知母亲时，他也立即向母亲诉知事情细节，表明了自己并非不认父亲，只是两代人之间难以沟通，希望得到母亲的支持：

……闻得母亲近来身体不适，闻之很是挂心，万望母亲不可太过伤心，保重身体为要，候多几时家中政府看准人做字入境，孩儿自当申请母亲来家团住。来信得知我父亲有批信回家，内中写得那么多的情节事已成过去，我也不必再多改悉了，但内中有一节说亚梳爱（欲）与男子到海口游泳，就太过离谱了，因她一点也不识水性，事因那日是正月初二，有二三位她的男、女朋友约我等到海口游玩，那日我因有事不能同行，是我准她前去，那她就造出连篇是非，但那时我也是忍气。但自我等搬出来后虽一直感情不好，但我那（哪）有不认亲之理，现在我等已回去看看，表现（面）上是没有什么意见的，请母亲不必挂念为要。

费孝通先生指出，中国的家庭是一个事业组织，是个绵续性的事业社群，它的主轴是在父子之间，在婆媳之间，是纵的，不是横的，夫妇成了配轴。[①] 这种情况可以理解为从人伦关系上规范了婆媳之间的关系，即婆婆对媳妇的绝对权威。这种情况放在来福家中来看，则是存在了许多不同，婆媳关系本来就是传统中国社会家庭关系中的一个难题，更何况此时的家婆不是丈夫的亲生母亲，在现实需要面前，亲情有时候是要让位的。蔡志祥先生也曾指出，由于许多成年男性旅居南洋，潮汕的乡村成为男性缺乏的乡村社会，这时候，妇女往往取代了男性而当家做主。[②] 在上面的批信中，我们可以看到在家庭关系中，

---

① 费孝通：《乡土中国·生育制度》，北京大学出版社，2004，第 40 页。
② 蔡志祥：《出阁：乾泰隆土地及商业文书所见的清末民初的潮汕妇女》，载《潮学研究》（第 14 辑），花城出版社，2008，第 205 页。

远在家乡的巧圆依然是来福、瑞泉父子亲情关系交流的中间人和裁判员，家庭琐事也必须连篇累牍地细细说明，双方只希望得到巧圆的支持和理解。

三　礼多人不怪

当华侨华人们在东南亚站稳脚跟之后，对于家乡的关注情况，最明显就是体现在对亲人生活状况的关心。从现在各方面看到的批信中，"抹"字的出现率是非常频繁的，"抹"字在《汉语大字典》中有多种解释，但能够作为批信行文中使用的只有一种："用手按着或拿着东西，紧紧地向某一方向移动。"因为在侨批中，使用此字是为了分发批款，基本上别无他意，在这个字后面，都详细写明所寄批款分发的具体人和具体数目，从直嫡亲属，到乡邻朋友，不管是直接或间接关系的人，都可以成为分发的对象。就林氏一家的批信举一例：瑞泉于 1969 年某日寄回港币柒拾伍元予母亲，信中言明：

> 到时可抹五元与立铭姆、四元与岩谷老叔、三元与亚普、四元与兰丰、三元与赵松叔、三元与大有伯、三元与耀和叔、拾元与母舅……

批款的分发情况这一现象，已引起了一些学者对此进行探讨，[①] 但他们使用的侨批大都寄自民国时期，从时间上和本文使用的批信存在不同。在林氏一家的批信中，"抹"字最多出现在两个时期，即 1949 年前后和 20 世纪 60 年代中期至 20 世纪 70 年代初，前一段时间是中国国内战争时期，战火所及，民不聊生，1949 年后，大陆的政权相对稳定，但民众的生活仍然未能保证温饱，与此同时，东南亚地区的经济已经逐渐走上发展的正轨，华人的经济状况或多或少都有了改善，这两者的情况人所共睹。后一段随着新加坡于 1965 年独立，此时期成为马来亚华人地位动荡频繁的时期，占全国人口 28% 的华人族群只能作为政治上的二等公民，但是在华人的不懈努力下，华人与马来人的政治地位不断地拉近，最终造成了华人与马来人之间的摩擦愈来愈激烈，特别是 1969 年的立法会大选中，创造了华人参政史上最好的成绩，这给马来人的政治地位敲响了警钟，他们无法承受华人通过议会政治改变自己命运的事实，不满的宣泄终于演成 "5·13 事件"[②] 的流血冲突，导致 196 名华人死亡，多名华人政党领袖被捕，使华人从此再也不敢挑战马来人的政治特权了。

为什么"抹"字会频繁地出现在这两个特殊的时期呢？是巧合，还是一种必然？在上面对"抹"字的解释中，我们分明是看到了一个十分谦谨的动作，批银无多，只能用这少量的款项向需要念及的亲朋表示一点点心意，潮谚有云："怪无无怪少"，意思是说，

---

① 杜桂芳：《潮汕侨批的文化内蕴》，《侨批文化》2003 年第 1 期。

② 1969 年 5 月 10 日，马来西亚举行大选，执政党遭受挫折，5 月 12 日，在吉隆坡选举获胜的华人政党及其支持者举行庆祝游行，第二天，原执政党的支持者组织了对抗性集会，双方发生冲突，从而引发种族暴力事件。接着，各地相继发生骚乱，死伤者众，史称 "5·13 事件"，5 月 14 日，马来西亚宣布进入紧急状态和中止宪法。参见芭芭拉·沃森·安达娅、伦纳德·安达娅《马来西亚史》，黄秋迪译，中国大百科全书出版社，2010，第 354 页。

只能责怪没有寄批，不能责怪批款太少，也可以是这样理解，寄不寄批是态度问题，寄多寄少则是能力的问题。

既然到了海外闯荡，谁都想发财致富，尽管在数以千万计的海外潮人中，真正能成为富商的仍只是极少数的一部分，普通的华侨华人人轻力微，无法多寄批款，除了家中直嫡亲人必须赡养和照顾外，还有许多关注自己的亲朋，这也是不能忘记的，社会的动荡紧紧地牵动着他们的心，这固然使批款的分发更趋详细。但是当他们自己的经济状况逐渐好转，而所处的政治环境残酷地压制着他们的时候，同样出现了将批款详细地分发的情况，这时他们的经济大不如前，而批仍须照寄，就只能尽职尽力地将有限的款项进行分发。本来在海外已经十分辛苦，还要用一种谨慎的态度，向亲人表达自己的无奈，而且千篇一律，时时如此，这也是礼仪生活不可少的一部分。

潮汕自古有"海滨邹鲁"之美誉，乾隆《潮州府志》云："潮人虽小，亦知礼义"，潮汕民间素有"走亲串戚，交朋结友，人情挚酬，礼数勿忘"的习俗。[1] 礼多人不怪，这个礼数除了在平时非常注重待人接物之外，在不能晤面的情况下，表达这种礼数的最好办法莫过于用款项来体现了。于是，从海外往家乡寄批，就多了一项表示礼数的功能。因此，虽然有学者提出侨汇主要有赡家性、投资性和捐献性三种，[2] 但对于崇尚礼仪的潮人来说，还有一种侨汇应该称作是礼节性侨汇。

端泉 1960 年 6 月 17 日寄巧圆的信中道：

> 另者，我父亲已定于本月尾，农历五月初六日开行，搭万利士轮回塘，顺便告知……

1960 年 8 月 30 日来福寄巧圆的信中道：

> 余自 17 日晚份（分）别之后，至 1 点才开船，谁知 18 日早便起大台风，到 19 日风更大，船员把船风□，使人非常身（辛）苦，直到廿日晚才细些些，到 23 号下午 3 点才到新加坡……

这两封批信告诉我们，来福于 1960 年 5 月 30 日（农历五月初六）至 8 月 17 日返回家乡与妻儿团聚，这是来福"过番"后的首次回乡，事先经过了认真的准备，不仅自己带了大量物品，亲朋所托的也带了不少。自离家与妻儿分别已十多年，久别重逢，是令人振奋的事情，在海外的亲朋对此也深为欣慰，下面是三封来福回乡期间寄出的批：

> 来福兄：
> 别后念念，兄台此次荣归梓里，得享天伦之乐，深为庆幸，旅途谅卜安吉，早已

---

① 方烈文：《潮汕民俗大观》，汕头大学出版社，1996，第 115 页。
② 林家劲等：《近代广东侨汇研究》，中山大学出版社，1999，第 232 页。

抵达家里矣。兄台此次带了大帮货物，未知至汕关时能否放行，甚念，兹随函寄上港币贰拾元，聊作茶用，到希照收，祝你健康！

弟郑亿耀　1960.6.19

来福姻弟台鉴：

启者，此次乘轮返唐想必一路福星，平安到家乡矣，天伦之乐自必愉快也，是信缓寄者因在叻时身体欠佳，致此稽延，祈为原谅。所带行李各物谅必手续顺为放行可知，未知所送诸人有亲自登门领取否，巧发弟有会面时，祈代转告愚情况，连年来家批少寄者，因身体多病，无精神顾及其他，生意冷淡，经济拮据，所以无能多寄云。闻唐中潮州一带遭受水灾，情形如何，便希告知。兹寄去港银贰拾伍元，计五元转交 余之岳母收，十元送与家姐收，余十元祈笑纳以作茶饼之用……

愚陈如海　庚子年六月初四日（即新历 6 月 27 日）

父母亲大人尊前：

敬禀者。光阴迅速，不觉两月没有写家信了。不晓得父亲母亲和弟弟近日来身体怎样？儿时时挂念，但父亲自回塘（唐）以后，所带各［物］念必已分发清楚。不过这数日没有来信，很是挂念，而叻中有几位寄物主询问他所寄各物为何尚未收到。我只有与他等说："除了被政府收购外，余者已全部分发清楚，大概是塘（唐）中尚未回音。"但叻中也有人传说上日被政府所收购各物已经全部物归原主，不知是否有其事，顺便询问。另者：父亲回叻各等手续念必理清楚，何时回叻，望示来知。今付上港币贰拾元正，到时查收，余无别言……

林瑞泉寄　公元 1960 年 8 月 15 日

这三封批均寄给回家乡的来福，批中，除端泉外，亿耀和如海也都有寄来福带物品回家，他们在此时写信的目的是为了询问所寄回唐的物品是否分发清楚，这说明了并非不是林来福所带的盘缠不够，虽然来福的侄子瑞宽在此时也回家乡，向来福借了 100 元人民币。① 但是他们三人都在来福回家乡期间向他寄批，可以说，在当时华人向家乡亲人寄侨批已经成为生活的一部分，人在海外，有亲人朋友在家乡，寄批就成了天经地义的事情。尽管亲朋和自己一样已定居海外，回家乡只是短时的探亲，不多时又要返回海外，但是既然委托他带物品回家乡，现在要询问事情，就不好意思不"表示一下"。

礼尚往来，同样，1963 年 7 月 16 日至年底，郑亿耀回家探亲时，② 来福也向他寄了十元以示问候，这封批是寄给巧圆的：

---

① 此事参见 1960 年 7 月 30 日林玩荣寄陈巧圆的一封信。

② 郑亿耀于 1963 年 7 月 16 日至年底回乡一事，可于此期间来福、瑞泉父子的多封批信中得知。

……瑞泉已做生理仔已有二十左右天了，但亿耀丈回塘（唐）谅必有说知，余在叻各等情形，如若他无说，你可问他便知详细对余之心。外并付上港币柒拾伍元正，到时查收，内抹叁拾元送交炎坤读书之用，抹壹拾元送交亿耀丈夫妇，因爱（欲）寄送亿耀不知住址，所已（以）不能直接寄送他，你可向他告知代问候他夫妇，望祈原谅。……

潮汕民谚说："番畔钱银唐山福"，华侨向家乡寄批，不仅仅生活在唐山的亲人得益，就连回家探亲的亲朋也不能忘记，总之只要有条件，就要向家乡亲朋寄批。可能亲朋在经济上并不需要支助，但这是一种礼仪的需要，表达了对亲朋的关心，这种礼节性侨批也成为华人礼仪生活的一部分。

关于礼仪的重要性，已备受学界关注。[1] 诚如陈春声先生所指出，礼仪和我们称之为"传统"的其他许多事物一样，都可被视为文化创造的产物。这种"传统"的传承，既依赖于"制度化"的培养读书人的教育机制，但更重要的是植根于普通百姓一代一代在日常生活经历中的"言传身教"。许多礼仪习俗得以传承不替，其更本质的根源在于"非制度化"的家庭与社区内部的"耳闻目染"。这样的礼仪观念一旦形成并深入人心，就能够在思维方式和行为习惯的层面上发挥其广泛、稳定而持久的影响。[2] 华侨华人在中国国内形成的这种礼仪观念随着他们移居东南亚，同样将这一套习俗应用到新的环境，这与自身的身份无关，只是作为一种习惯而贯穿于日常生活。

四　结语

从上文的叙述中，我们知道在冷战时代，在中国和东南亚诸国政府的共同作用下，海外华侨华人不再固守落叶归根的意识而"落地生根"，但是他们身上原有的各种习惯，却存在于他们的日常生活当中。正如有学者指出，每一民族具有一种心理组织，如像其解剖学上之性质一样固定，并且其感情、其制度、其信仰与其艺术等都是从其中所引出者。[3] 要了解广东这类"边缘"地区近代地方文化的发展，只有跨越地方、跨越国界、跨越以

---

[1] 如科大卫：《国家与礼仪：宋至清中叶珠江三角洲地方社会的国家认同》、朱鸿林：《国家与礼仪：元明二代祀孔典礼的仪节变化》，《中山大学学报（社会科学版）》1999 年第 5 期；科大卫、刘志伟：《宗族与地方社会的国家认同——明清华南地区宗族发展的意识形态基础》，《历史研究》2000 年第 3 期；科大卫：《动乱、官府与地方社会——读〈新开潞安府治记碑〉》，《中山大学学报（社会科学版）》2001 年第 2 期；刘志伟：《宗法、户籍与宗族——以大埔茶阳〈饶氏族谱〉为中心的讨论》，《中山大学学报（社会科学版）》2004 年第 6 期；王日根：《习礼成俗：明清东南海洋区域社会控制的一种路径》，《江海学刊》2005 年第 1 期；赵世瑜：《民国初年一个京城旗人家庭的礼仪生活——一本佚名日记的读后感》，《华中师范大学学报（人文社会科学版）》2009 年第 5 期等。

[2] 陈春声：《礼仪重建与地方文化传统》，《岭南文史》2007 年第 1 期。

[3] 陈泽泓：《潮汕文化概说》，广东人民出版社，2001，第 265 页。

抽象的中国文化为中心的视角，才不至于对焦错误。[①]

中国传统的家庭关系，有血缘关系，有婚姻关系，还有因婚姻而产生的婆媳关系等，这些关系把家庭构成一个有着多种社会关系的实体，这当中，夫妻、子女的关系相对稳定，而婆媳关系相对是缺乏感情基础的，常常处于紧张状态，而且直接影响了整个家庭关系的稳定。家庭对于社会发展有着重大的价值，家庭关系中存在危机，则可能会影响到社会秩序，但家庭关系本身又具备了自我调节的功能，这种调节就是礼仪，礼仪不仅有效地促进了家庭关系的协调，而且具备了强烈的情感因素，礼仪对于家庭关系的规制又具有必要性，实现亲情的调节与家庭关系的规制完美结合的阀门就是礼仪多与少。通过对来福一家家庭关系的讨论，我们可以看到在家庭关系与社会变迁的互动，这种互动是跨越国界的各方面变迁综合影响下的产物。即使我们对批信中言及的拜祖祭神、红白喜事、生儿育女等有关亲情与礼仪的活动[②]暂不讨论，我们依然可读到林氏一家对亲情与礼仪的许多信息。可惜批信基本没有谈及事件的过程，显得非常简约，使我们无法了解这些细腻的亲情变化和丰富的仪式活动。无论如何，批信不同于其他民间文献的特点，就是记述了一个具体的家庭的具体事实，而并非是泛泛而谈。

在冷战背景下，一个成员分居马来西亚和中国的家庭，他们的家庭关系是不稳定的，他们对于亲情的态度在生活中有时是让位于现实需要的，而维持家庭感情的途径很大程度上是通过批和信来完成，批信成了家庭关系的阴晴表，在批信中体现出来的礼仪则又反映了华人对于在中国的亲人的感情，这其实可以理解为一种现实与亲情相协调的产物。

从目前的资料看，在很长一段时期，侨批的内容都受到所在国的监控和批局的管制，一些敏感的政治话题未能如实流露。[③] 20 世纪 50、60 年代的东南亚，其实是非常不平凡的，尽管动荡的环境严格控制着人们的言论自由，但大家依然可以从各种各样的传媒了解到这些变幻无常的政治氛围，这在批信中也淡淡地记下了几句，例如 1965 年 10 月 9 日瑞泉的批中写道：

> 新加坡与马来西亚现在没有通商，这是传说而已，新加坡现在虽在政治上，没有与马来西亚合并，但商品来往也是与从前一样的，但新加坡是比较亲祖国，所以中国货物如入马来西亚是受限制的，这些事我们可以从报上看，这些事都是属于政治，我们在信上不宜多谈为妙……

① 程美宝：《地方史、地方性、地方性知识——走出梁启超的新史学片想》，载杨念群等《新史学：多学科对话的图景》，中国人民大学出版社，2003，第 678 页。
② 如来福在母亲去世不久，即让巧圆将母亲的香灰寄一点到峇株巴辖，让他祭拜，乞求母亲保佑生意兴隆；巧兰在回中国探亲后回马来西亚前，要到村中的天后宫祭拜，希望一路平安；瑞泉、瑞典以及巧兰之子结婚之前，都要将男女双方生辰八字拿回村中请人占卜；而巧兰、瑞泉等人生儿育女之后，也都将刚出生儿女的生辰八字告知家乡亲人，请其向村中的太子爷报知，希望得到保佑等等。
③ 曾旭波：《抗战时期侨批上的警示文字》，《中国邮史研究》2002 年第 4 期。

这些批信，给我们展示的是一个马来西亚华人家庭平淡以至有点琐碎的日常生活，国际风云的剧烈变动，似乎也被消解在了这样的生活中。我们清楚地看到了一群生活在东南亚的华人，尽管生活在与中国国内不同的政治环境中，但是他们对于亲情与礼仪的理解，却并没有随着外部环境的变化而改变，相反地，他们更加固执地保持着这种习惯，成为东南亚社会中生命力旺盛的一个群体。

责任编辑：陈景熙

东南亚地区潮帮批信局的
历时性特征析论

摘　要：通过对东南亚地区潮帮批信局在时间序列上的数量变化进行统计分析，发现以下特点：一是大多数潮帮批信局的存在时间都相对较短，倏兴倏灭的现象极为明显；二是存在时间较长的批信局大多设立时间较早；三是其创办与停业均出现在几个相对集中的年份，只是各地有所不同。这种新旧更替，此起彼伏相对频繁的现象主要是由于时局变化和各国政府的政策与措施的不同所造成的，其意涵当较单纯总体数字的变化所反映的东西更为复杂。

关键词：批信局　潮汕　东南亚　数量分析

一　引言

　　侨批俗称"番批""银信"，专指海外华侨通过海内外民间渠道汇寄至国内的汇款暨家书，广泛分布于福建、广东和海南等地。批信局即专门经营侨批的机构，不过其名称因时因地而异，有"批馆""侨批馆""侨批局""银信局""批信局""民信局""信局""批局""侨信局""汇兑信局""汇兑局""汇兑庄"等十多种，其中以"民信局"和"批信局"较正式。

　　因此，批信局的研究属于侨批业研究中的一个重要领域。侨批业的相关研究由来已久，仅民国时期有关侨批业的期刊文章就有 128 篇，至今更是硕果累累。从已有的研究成果上看，主要集中于以下几个方面：一是有关侨批和侨批业起源的研究；二是有关侨汇问

---

*　吴孟显，1984 年生，揭阳技术师范学院三山国王文化研究所副所长。欧俊勇，1981 年生，揭阳技术师范学院学
　　报编辑部副主任、三山国王文化研究所副所长。本文原载《汕头大学学报（人文社会科学版）》2012 年第 3
　　期。

题的研究；三是有关侨批业组织——批信局的研究。[①] 然而，尽管总体的研究成绩斐然，但是在研究主题的分布上很不均衡。比如，对批信局的研究就亟待进一步拓展。

对这一方面的研究，论者比较关注的是批信局与侨汇流通、银行、邮政体系之间的关系，[②] 批信局的经营网络与经营制度，[③] 以及管理部门的相关政策和措施[④]等，部分学者也开始运用了诸如华商网络理论等新的理论进行深入的探究。[⑤] 虽然研究在不断地深入，但正如焦建华先生所指出的"总体而言，批信局研究多为介绍性，总体缺乏高质量、有深度的研究和论述，主要关注其性质、内部组织、发展概貌、演变过程、国家政策和侨汇业务等，但都只有一两篇文章，极需加强"[⑥]。此外，即使是对发展概貌的介绍也大多是点到为止，并未进行相对全面的统计分析，尤其是缺乏对批信局在不同历史时期的数量变化和新旧更替过程的分析。为此，本文拟结合时局变化与政策影响等因素，对不同时期在东南亚地区的潮帮批信局的数量进行统计分析，以期对批信局的研究有所助益。

二 近代以来东南亚地区潮帮批信局数量的时间序列

明清以来，潮汕地区一直保存着向海外移民的传统，尤其是清康熙解除海禁之后，更是开始大规模地向南洋移民。鸦片战争以后，特别是 1860 年汕头开埠后，至 1949 年中华人民共和国成立，前后共 109 年的时间，潮汕地区再次掀起一轮向海外移民的新高潮。正是在这一波波移民潮的影响下，侨批应运而生。但早期的侨批主要是依靠回乡探亲或经商的"水客"带送。早期的"水客"本属行商，对南洋和家乡的情况都相对熟悉，因此不会错投或积压，一般只需半个月或一个月左右的时间即可送达，加上有一定的信誉，所以很受欢迎。但随时代发展，"水客"的局限性也逐渐显现出来。由于水客采取的是一条龙服务，因而周期相对还是较长，加上后来有些"水客"把托带批款在当地购货，回乡后把货物卖出，再用货款投送还侨眷，以致有些寄托甚至几个月后才能到达，有时还会发生

---

① 焦建华：《近百年来中国侨批业研究综述》，《华侨华人历史研究》2006 年第 2 期，第 49～58 页。

② 如马楚坚：《潮帮批信局与侨汇流通之发展初探》，《韩山师范学院学报》2008 年第 2 期；戴一峰：《传统与现代：近代中国企业制度变迁的再思考——以侨批局与银行关系为中心》，《中国社会经济史研究》2004 年第 1 期；焦建华：《中国近代的垄断与"规制"——以福建批信局与国营邮局关系为例》，《厦门大学学报（哲学社会科学版）》2007 年第 5 期；凌彦：《民国邮政与民间信局的关系述论——以 20 世纪 30 年代的厦门为中心》，《中山大学学报（社会科学版）》2007 年第 3 期等。

③ 如焦建华《制度创新与文化传统：试析近代批信局的经营制度》，《中国社会经济史研究》2005 年第 3 期；马明达、黄泽纯：《潮汕侨批局的经营网络》，《暨南学报（人文科学与社会科学版）》2004 年第 1 期。

④ 如黄泽纯《清末至民国时期我国邮政部门对侨批业的管理》，《广东教育学院学报》2009 年第 2 期；袁丁、陈丽园：《1946～1949 年国民政府对侨批局的政策》，《南洋问题研究》2001 年第 3 期；张小欣：《建国初期广东侨批业管理政策的调整及影响（1950～1953 年）》，《华侨华人研究》2010 年第 2 期；张小欣：《试论建国初期广东侨批业管理政策》，《当代中国史研究》2006 年第 3 期等。

⑤ 如戴一峰《网络化企业与嵌入性：近代侨批局的制度建构（1850s～1940s）》，《中国社会经济史研究》2003 年第 1 期。

⑥ 焦建华：《近百年来中国侨批业研究综述》，《华侨华人历史研究》2006 年第 2 期，第 49～58 页。

侵吞批款的现象。与此同时，海外移民又不断增多，因此早期的"水客"通信再也难以适应华侨的需要。因此，部分富裕的华侨便自办批信局，并逐渐形成一种特殊的模式，即先接收同乡侨民信款，然后派人专程乘船带批回乡投送，投款后收回批，在期限内递返寄批者，证实已收妥。

从现有的资料上看，潮人最早设立批信局当在1829年。据载，清道光九年（1829年），澄海县东湖村旅居新加坡华侨黄继英为解决其致成乌布厂员工及所在地的家乡人通信的方便，在新加坡兼办致成批局，并在家乡修建相应批馆。[①]此后，潮帮批信局的发展屡经浮沉，在沟通海外潮人与侨乡上起到了积极的纽带作用。据刘峰先生为邹金盛著《潮帮批信局》所作序言中称："鼎盛时期潮帮批信局海内外总共有1100多家，遍布东南亚各国及港澳地区"。然而，这1100多家的批信局在时间序列上是如何分布的，却不得而知。又据饶宗颐总纂《潮州志·实业志》记载，民国三十五年（1946年）潮汕地区共有130家侨批局，而在南洋由潮州帮开办的批业商号有428家。但这些批信局维持了多长时间，同样没有详细的记录。其他资料也大抵如此。因此，欲知潮帮批信局在南洋一带的延续情况，只有通过对记录有具体创办与消亡时间的资料进行统计分析。前述邹金盛著《潮帮批信局》及其续集两部巨著所记录的批信局总数已达到了906家，其中大部分都有具体的时间，因此为研究批信局的延续情况提供了一份非常好的资料。[②]为此，笔者对邹著所载设于东南亚地区的潮帮批信局进行筛选，得到有具体创办和消亡时间的602家，基本上覆盖了各个时段和地区，因此通过对其进行统计分析来反映潮帮批信局的延续情况应该有一定的合理性。统计结果表明，大部分的潮帮批信局存在时间实际上都很短，有406家存在时间在25年以下，占了总数的75%；能够持续经营50年以上的少之又少，只有寥寥的25家，仅占总数的4%（参见表1）。

表1　东南亚地区的潮帮批信局存在时间表

存在时间（年）	批局数量（家）	存在时间（年）	批局数量（家）
1 ~ 5	96	51 ~ 55	6
6 ~ 10	85	56 ~ 60	7
11 ~ 15	147	61 ~ 65	2
16 ~ 20	78	66 ~ 70	6
21 ~ 25	46	71 ~ 75	0
26 ~ 30	27	76 ~ 80	1
31 ~ 35	34	81 ~ 85	1
36 ~ 40	23	86 ~ 90	0
41 ~ 45	25	91 ~ 95	1
46 ~ 50	17	96 ~ 100	1
小　计	578	小　计	25

---

① 邹金盛：《潮帮批信局》，香港艺苑出版社，2001，第27页。
② 其中《潮帮批信局》录有600家，《潮帮批信局（续集）》（邹金盛著，香港天马出版有限公司，2006）增补306家，总共906家。

首先，在东南亚的不同地区，潮帮批信局的分布极为不均衡。从现今的国家上看，泰国和新加坡是潮帮批信局最为集中的地区，其次是马来西亚和印度尼西亚，再次是越南、老挝等国。因此，存在时间能达到 50 年以上的潮帮批信局也大多集中于泰国和新加坡，其中泰国 10 家，新加坡 11 家。另外 4 家分别是马来西亚吉隆坡的潮昌兴银信局（1923～1977）及其设于越南的代理处——手写"源隆"（1925～1976），越南的集益批局（1886～1939）和锦记批局（1892～1950）等。但在泰国，批信局存在时间较短的情况尤其严重，存在时间在 25 年以下的占了总数的 79%（参见表 2）。相比之下，新加坡的情况还相对好一点，但这一比值仍然高达 66%（参见表 3）。马来西亚的情况与泰国类似，而印度尼西亚则有超过 90% 的潮帮批信局不能持续营业 25 年以上。

表 2　泰国潮帮批信局存在时间表

存在时间（年）	批局数量（家）	存在时间（年）	批局数量（家）
1～5	26	51～55	1
6～10	43	56～60	3
11～15	92	61～65	2
16～20	43	66～70	2
21～25	23	71～75	0
26～30	13	76～80	0
31～35	7	81～85	1
36～40	8	86～90	0
41～45	16	91～95	1
46～50	7	96～100	0

表 3　新加坡潮帮批信局存在时间表

存在时间（年）	批局数量（家）	存在时间（年）	批局数量（家）
1～5	31	51～55	2
6～10	23	56～60	3
11～15	32	61～65	0
16～20	15	66～70	4
21～25	13	71～75	0
26～30	7	76～80	1
31～35	16	81～85	0
36～40	10	86～90	0
41～45	5	91～95	0
46～50	9	96～100	1

其次，从创办时间的分布上看，可以发现尽管潮帮批信局在东南亚地区的设立为时较早，但在清末几十年的时间中，发展速度并不快。在 602 家潮帮批信局中，仅 60 家是在 1911 年之前所创办的（参见表 4）。但是，值得注意的是，这 60 家批信局的存在时间相

对较长，尤其是有占总数 27% 的批信局（16 家）能够维持经营 50 年以上（参见表 5），这种状况在后来各个历史时期都未再出现。在中华民国时期，尽管东南亚地区潮帮批信局的发展几遭周折，但整体上看从中华民国成立至二战结束的 34 年间，大体上平均每年约有 10 家新的批信局创立。到解放战争期间，则出现了一波创立的高潮，短短的 4 年中，竟有 142 家新批局成立，年均约有 35 家新批局（参见表 4）。

表 4　东南亚地区潮帮批信局创办时间分布表

单位：家

创办时间	1911 年前	1912～1930 年	1931～1941 年	1942～1945 年	1946～1949 年	1950～1985 年	小计
泰 国	35	95	60	26	59	12	287
印支三国	3	13	5	0	0	3	24
新加坡	17	50	38	8	51	8	172
马来西亚	4	22	31	5	24	5	91
印度尼西亚	1	12	6	1	8	0	28
总　计	60	192	140	40	142	28	602

表 5　1911 年之前创办的潮帮批信局存在时间表

存在时间（年）	1～25	26～50	51～75	76～100	合计
批局数量（家）	15	29	12	4	60

再次，从停业时间的分布上看，主要在 1931～1941、1946～1949 和 1950 年以后的三个时期（参见表 6），平均每年分别约有 11 家、43 家和 7 家批信局停办。其中，有几个关键的年份是潮帮批信局大量停业的时间，分别是 1939、1942、1949、1950 和 1958 年。以泰国和新加坡为例，两个地区在上述几个年份停业的潮帮批信局总数达 305 家，占两国总数 459 家的 66% 强。此外，泰国在 1953 年，新加坡在 1977 年，还出现了一波停业潮（参见表 7）。

表 6　东南亚地区潮帮批信局停业时间分布表

单位：家

停业时间	1911 年之前	1912～1930 年	1931～1941 年	1942～1945 年	1946～1949 年	1950～1985 年	合计
批局数量	8	33	116	36	172	237	602

表 7　泰国、新加坡的潮帮批信局停业时间分布表

单位：家

停业时间	1939 年	1942 年	1949 年	1950 年	1953 年	1958 年	1977 年	1979 年	其他年份	合计
泰 国	53	13	70	22	26	47	4	12	40	287
新加坡	18	7	52	6	1	17	25	2	44	172

三 东南亚地区潮帮批信局在时间序列上的
变化特点及其原因

通过对东南亚潮帮批信局在创办时间、停业时间以及存在时间等三个序列的统计，可以发现有以下几个特点：

第一，大多数潮帮批信局的存在时间都相对较短，倏兴倏灭的现象极为明显。

第二，存在时间较长的批信局大多设立时间较早，从表5可以看出，1911年之前所设批局存在时间就相对较长。

第三，批信局的创办与停业均有出现几个相对集中的年份，但在创办高潮时期所设立的批信局的维持时间相对会更短暂。例如泰国在1930年和1946年出现了两波创办高潮，但1930年所设的27家中只有南泰发银信局能维持到1950年以后，1946年所设的31家中只有与泰国进兴昌银信局（1945～1976）联号的手写"集和丰"能维持到1958年以后，两个年份所设的批信局的平均存在时间只有13.5年。又如新加坡，1946年有43家新设批局，但有14家仅维持到1949年，有9家维持到1958年，仅有13家能维持到1958年以后，其平均存在时间也仅14.5年。

另外，停业高潮的年份在各个地区有所不同，比如在1953年泰国停办了26家批信局，而在新加坡只停办了1家，到1977年的情况刚好相反，该年泰国只停办4家，而新加坡则停办了25家（参见表7）。

这些特点实际上反映了东南亚地区的潮帮批信局新旧更替，此起彼伏相对频繁的现象。只是这种现象由于潜藏在总体数量变化的背后，因此为论者所忽视，然而其意涵当较单纯总体数字的变化所反映的东西要复杂得多。当然，这些特点的出现主要还是受制于时局的变化和执政当局的政策与措施的不同。

在1911年以前，潮帮批信局处于一个相对自由的发展环境，直至1897年汕头大清邮政总局成立后规定批信需经其收转，才受到部分影响。但晚清当局的政策所及也只能在国内起到较大作用，至于广布海外的批信局所受影响则相对较小。中华民国成立后，全国邮政均由交通部进行统辖，但民国邮政成立之初，对批信的寄递之法，仍照大清邮政规定办理。但此后不久，邮政部门便开始逐渐加强对侨批业的管理和限制，邮政局几次宣布停止新发侨批局执照、已有的执照不能转让。[①] 不过，即使到民国十七年（1928年）的全国交通会议决定取消所有各处的民信局时，仍然将批信局与国内民信局区别对待。民国二十三年（1934年）邮局全部停发国内民信局的营业执照后，批信局也仍经批准继续保留经营侨批。而且，在东南亚的潮帮批信局同样处于中华民国国家邮政的能力所及之外，因此从1912年至1941年的30年间，保持着较快的发展速度，期间虽有年均约5家的批局停

---

① 黄泽纯：《清末至民国时期我国邮政部门对侨批业的管理》，《广东教育学院学报》2009年第2期，第87～92页。

业，但有年均 11 家的新设批局出现，1941 年时的总数与 1911 年相比，增长幅度达 325%。

1939 年 6 月，日军进驻汕头邮政局后，潮汕地区的邮政行业关门停业，直至 7 月才开始逐渐恢复。但随着日军占领地盘的扩大、邮政邮路的梗阻，侨批最终还是中断。东南亚地区的潮帮批信局虽大多还艰难维持着，但因通往汕头的邮路阻塞，批信不能通过邮政寄递，发展受阻。不过，后来邮政人员探明了两条自带批信的路径，情况有一定好转。然而，1941 年 12 月 8 日太平洋战争爆发后，不仅海上交通中断，香港、泰国、马来亚等地也先后沦陷，所以南洋各地侨批一律中断。几个月后，虽开始复畅，但各批局也只是艰难地维持着。因此，从 1942 年至 1945 年，东南亚新设与停业的潮帮批信局数量基本持平，年均在 10 家左右。

抗战结束后，由于邮政恢复，批路正常，加上众多海外侨胞又急于与家乡亲人沟通信息，因此侨批业务急剧增加，许多批信局回迁重开，新的批信局纷纷成立，侨批业出现了一次短暂的兴旺时期。如前文所述，泰国和新加坡仅在 1946 年就分别有 31 家和 43 家新的批信局成立。为了互争寄户，南洋各批局还采取了一系列绝招吸引客户，开展争夺侨户的宣传。[1] 据统计，1946 年潮州帮在南洋各地的批业商号总数达 451 家。[2] 但是，在中国大陆，由于民间批信局的存在，使得海外华侨华人汇入中国内地的巨额侨汇在官营汇局体制外循环，国民党当局也因此失去大量宝贵的外汇收入，因此不少官员主张限制或取缔民间侨批局。只是，不仅国民政府的禁令无法使侨批局在海外根绝，而且官营行局也无法取代民间侨批局的地位，因此国民政府对取缔侨批局仍顾虑重重。[3] 最后，当局只好采取各种限制措施，以使外汇能进入政府管理体制。从 1946 年到 1949 年，邮政局多次修订新规，通过调整信函资费和限制分号增设等措施，限制民间侨批局业务。如 1947 年规定，国内各批局不得接理国外非其分号之批包，在国内未设分号的地方，不准再增设；在国外虽有分号，也不准增设，这在一定程度上也影响到了东南亚地区的潮帮批信局（尤其是与国内联号经营的批局）的发展。

与此同时，南洋各国的政府当局也开始对华人将大量资金汇回中国的现象有所重视，并出台了一些措施进行限制。比如，1945 年 7 月 4 日，泰国当局颁布条例说，关于汇兑业务，包括侨批，一律要通过银行进行，从而将批局完全纳入国家银行的管制体系，而后又颁布条例说，所有批局都要领取执照。[4] 这一度使得泰国的潮帮批信局面临严峻的生存考验。此外，战后光复的部分南洋国家又掀起了一轮民族解放运动的高潮，比如在马来亚，从 20 世纪 40 年代末到 50 年代初就一直处于反英斗争的高潮之中，运动中的华侨华人也屡受冲击，从 1948 年到 1953 年，被英殖民当局拘禁和驱逐的华人达 24036

① 邹金盛：《潮帮批信局》，第 79 页。
② 饶宗颐总纂，黄仲渠分纂：《潮州志·实业志·商业》，潮州修志馆，1949，第 152 页。
③ 袁丁、陈丽园：《1946～1949 年国民政府对侨批局的政策》，《南洋问题研究》2001 年第 3 期，第 63～70 页。
④ 杨群熙：《潮汕地区侨批业资料》，潮汕历史文化研究中心，2004，第 216 页。

人，[①] 动荡的政局无疑又成为战后潮帮批信局恢复和发展的一大障碍。因此，在 1946 至 1949 年间，东南亚地区的潮帮批信局停业的数量首度超过了新创办的数量。在泰国，仅仅是 1949 年的一年时间里，停办的潮帮批信局就有 70 家之多，占其总数的 24%。

新中国成立后，在国有化方针和争取侨汇政策影响下，侨批业管理政策进行了较大幅度的调整，鉴于原国民党当局只颁发数量有限的营业执照以限制私营侨批业的经营的弊端，"政府对广东侨批业的行业经营做出明确规定，中国人民银行华南区行指定中国银行及其所属行处（无中国银行地区可由中国人民银行办理）作为侨批业业务经营的直接领导机构，而且在行业准入规范上明确表示：凡遵守人民政府一切政策法令，在国内外有分支机构，经营侨汇向著信誉之侨批局均可申请办理外汇业务。这就结束了国民党统治时期邮政局、邮政储金汇业局、中国银行等为垄断侨汇业务而造成的侨批业经营混乱局面"[②]。1949 年 10 月 24 日汕头解放后，一切私营外币的银庄、私营银行、汇兑庄全部停业，南洋各批信局，须把批款折成港币通过香港汇入新成立的中国人民银行（在潮汕地区设有潮汕分行，后称汕头支行）折成人民币兑给侨属，实际上是加强了对金融的控制。与此同时，南洋各国对金融的控制也日益加强。据批信局反映，南洋各地政府对经济限制的政策处理办法虽有不同，但对华侨汇款回国的敌视态度则是一致的。[③] 在泰国，政府发觉从银信局汇出去的资金数目相当庞大后，再次采取措施进行限制。1952 年，泰国政府财政部颁布命令，规定凡从事批信局业者，必须申请营业执照，按金高达 15 万铢，并必须缴足才发执照。不少批局面对如此巨额按金，无法缴交，只好自动停业，这从次年（1953）出现一波潮帮批信局大量停业的情况即可见一斑（见表 7）。

由此可见，各国对金融的控制，加上中国邮政事业迅猛发展，使得传统的批信局逐渐为全程全网的邮政体制及国家银行所代替。当然，这个过程同样经历了几个重要的阶段。1958 年，中国国内各批信局进行联营，合署办公，这对与国内进行联号的潮帮批信局受影响极大，有大量的批局因此而停业，如在泰国和新加坡就分别有 47 家和 17 家相继停业。1977 年，各批信局按财产核股金全部并入银行，归银行直接管理，批局人员也纳为银行职员。至 1979 年止，中国银行把国内外各批局的股金全部退还各股东（批信局），中国国内私营批信局因业务全由银行顶替而完全消失。[④] 东南亚各地的潮帮批信局因中国联号的批信局并入银行也逐渐停业，到 20 世纪 80 年代终于退出历史舞台。

四　结语

侨批是华侨华人研究领域的一个重要组成部分，它蕴涵着异常丰富的包括潮汕文化等

---

① 叶兴建：《独立以来马来西亚华商发展研究》，博士学位论文，厦门大学历史系，2007，第 56 页。
② 张小欣：《试论建国初期广东侨批业管理政策》，《当代中国史研究》2006 年第 3 期，第 77～84 页。
③ 邹金盛：《潮帮批信局》，第 102 页。
④ 邹金盛：《泰国潮帮批信局史探索》，载广东省集邮协会，汕头市集邮协会编《潮汕侨批论文集》，人民邮电出版社，1993，第 92～107 页。

在内的文化因素。作为介于传统与现代之间的过渡，批信局是现代银行和邮政产生之前出现的适应当时侨民需要的商业组织，它的发展反映了近代以来的时代变迁、社会演进和经济发展的方方面面。尽管随着现代银行和邮政系统的建立以及邮递网络逐步完善，政府逐步加强了对民营侨批业的管辖，从而也对批信局的发展带来了一些限制。第二次世界大战和战后东南亚各国民族解放运动的爆发，以及南洋各国政府出于金融控制考虑的限制等，都一度使得在东南亚地区的潮帮批信局发展受阻。因此，大多数潮帮批信局的存在时间都相对较短，倏兴倏灭的现象极为明显。但是，资本力量不大的潮帮批信局却一直在不断地寻求着生存发展的空间，在频繁的新旧更替，此起彼伏之中，一直坚持到20世纪80年代才最终消失于历史舞台。因此，通过批信局及其与地方社会关系等方面的详细考察和深入研究，不仅有助于加强海外华人与祖国之间的联系，有助于出台适合的华侨华人政策以促进侨乡地区经济社会的发展，而且对我国与东南亚各国在经济方面进行相互合作也有重要的启示。

责任编辑：陈景熙

侨批：维系侨眷婚姻生活的纽带

许秀莹[*]

摘　要：潮汕侨胞众多，华侨出洋历史久远。潮汕毗邻东南亚，曾因落后的经济水平，人们缺乏必要的生产生活条件而铤而走险，加之潮汕浓烈的社会宗族观念，造成潮汕侨乡大多数家庭没有男人在家，侨属家庭是"老少妻儿"结构，而在这些家庭心目中，她们的家庭是"完整"的，因为月到批到，男人在外寄侨批维系了一家子的"完整圆满"。这种"完整圆满"是侨乡人的自我看待，其背后的悲欢离合从批信可读出，侨批是维系侨眷婚姻生活的纽带。

关键词：侨批　婚姻生活　纽带

　　华侨，民间百姓俗称"番客"，番客过番的时候，有的已有家室，有的是单身汉。单身汉娶亲，必须考虑照料伺候留居潮汕的父母，这是因为儒家思想"孝"字深入人心，无可违逆，故华侨大体上都留下妻室在潮汕孝敬公婆、抚育儿女，造成潮汕侨乡大多数家庭没有男人在家，侨属家庭是"老少妻儿"结构。由于社会和生活逼迫，男子汉凭着强健体魄和挑战现实的冒险精神，只身远涉重洋，这样夫妻天各一方，几年或者几十年丈夫从海外回唐相聚一次，更有甚者，女方嫁入夫家而丈夫一直未回，一辈子独守空房。一些华侨在南洋发家另娶妻室，建立"两头家"，[①] 寄侨批是远在海外的华侨保持与家乡亲人联系的最好表达方式。抗战前，汕头地区每年便收到侨批百万封以上。[②]

　　侨批——通常意义上是指华侨寄回家乡给家眷亲属的钱，从侨批绝大多数属赡养性类

---

* 许秀莹，1965 年生，汕头市民族宗教事务局副局长。本文原载王炜中主编《首届侨批文化研讨会论文集》（潮汕历史文化研究中心，2004），本次投稿有所修改。
① 汕头市地方志编纂委员会：《汕头市志》第四卷，新华出版社，1999，第 568 页。
② 汕头市地方志编纂委员会：《汕头市志》第四卷，第 568 页。

型看，潮汕很多家庭的经济来源离不开侨批。其实，何止经济来源依靠侨批，家庭祭祖敬神，孝敬长辈，生儿育女，儿女夺业娶媳妇，乃至现代意义上的家庭核心——夫妻生活均蕴涵在侨批中。侨批既有经济的内涵，又有婚姻家庭生活的内涵，是亲情、爱情的表现形式，是联结海外华侨与故乡亲人的感情纽带。

侨批，在华侨看来，那是他离乡别井、让家小日子过得更好的追求；在家乡亲属看来，那是华侨在外奔波的血汗，是一家子付出离散代价换来的。寄收侨批，通常不是夫妻两人之间的传书传情，由于受宗族的约束，丈夫的家批写给一家之长，祖母在，不寄母亲收；母亲在，不寄妻子收；有儿子的，寄儿子收，就是不寄妻子收。尽管如此，在家族中地位卑微、三从四德、忠于节守、从一而终的潮汕妻子，收受侨批也成为她们的生活盼望。她们见物如见人，天伦之乐、喜怒哀乐系于侨批。当收到批信时，邻里为她们道喜。而当望眼欲穿不得批信时，不祥的预感久久笼罩着该家庭，是丈夫客死他乡，还是有什么变故，邻里也知趣不敢过问。两地夫妻无奈地接受现实的分离，又把团聚的良好愿望深藏在内心，等待命运的安排，等待有朝一日眷属能团圆。本文从侨批与婚姻生活的对应关系角度，考察华侨、侨属婚姻生存状态，进一步探究其背后的社会历史和文化心理原因，理解侨批深刻的文化内涵。

本文选取张美生先生收藏的一些侨批，举例叙述侨批鸿雁传书式的海外华侨和潮汕妻子两地夫妻的情感往来。事例中的妻子有生活在城市有文化的，有普通农村妇女的，有老妻少妻的，有平和地对待丈夫对待分离的，也有在挣扎中敢于向命运挑战的。

例一，同一个华侨手写的侨批70多件，这些侨批可以算是情书，其悲喜色彩颇具戏剧性。这是泰国华侨黄先生寄信、回信给"澄邑上华区图濠乡"妻子的，时间是解放前夕及20世纪五六十年代。批件多数写得密密麻麻，一张普通信纸写了2000余字，并且写得很工整，真是令人叹为观止，有的使用绿色笔书写，更是传递着丈夫对妻子的某种情意。内容除了讲生活琐事外，更多的是弥漫着一层思念家乡、思念妻子、思念亲人的浓浓情愫。

情书本来是特定的男女双方相爱情感的书面表达，不让第三者阅看。而这批书信因为是侨批，是华侨在海外向在潮汕的妻子叙述自己的生活、经济、内心状况，是华侨个人的物质生活和精神世界的独白和写照，所以有别于情书。当时侨批寄送过程中会出现批信被检查被拆封的特殊现象，而黄先生认为谈的是生活事情，不当情书看，不大介意被拆看。从有关信件得知，信件作者黄先生，1946年抗战胜利后开始到泰国去当"火砻"的一般职员，后因火砻业不景气，改行写剧本。家里留下父母、妻子和一个小儿子，在家乡和妻子结婚时间是1944年，婚后夫妻十分恩爱，双方都是受过教育的，文化水平比较高，彼此能够用书信传情达意。夫妻两地书一样情，互相慰藉和鼓励，期望着有朝一日能团圆。解放初年，家乡土改，在极"左"的路线执行中，把一些回乡的华侨列为批斗对象，黄先生怕出现"意外"不敢回乡；1957年底至1958年初，侨属申请到泰国比较容易获政府批准，偏偏这个时候，妻子生病而放弃申请。及至60年代他们找到了一种折中的办法才得以一见，那就是妻子先到澳门定居，丈夫从泰国到澳门探望妻子。历经沧桑岁月，人非昔比，相聚时他们已失去青春和绿色，蒙上苍老和灰色。

丈夫每月一批是在这样的心境下写成的：丈夫 20 世纪 50 年代初即害上神经衰弱症，孤独、失业、忧虑，性情上自认为"自卑悲观的怪性癖"，简直无法融入异国大都市炎凉的世态，病魔常常作弄，费用常常入不敷出，长年忍受着骨肉分离之精神煎熬和折磨，唯妻子成为他的倾诉对象和安慰，妻子的相片随身携带聊以自慰。他确是身在海外情留家乡，因此批信才写成情书一般。他爱妻子，从信的开头称呼和结尾落款自称可见爱之深、情之切：

> 吾的真妹！
>
> 我真爱妹！
>
> 我最深爱的真妹！
>
> 我最遥念的真妹！
>
> 我那遥念的！
>
> 真！
>
> 永远敬爱你的
>
> 你兄
>
> 你的爱兄
>
> 你的想念人
>
> 你怀念的人
>
> 你永远在想念的兄。

其妻子名"真"，这样的称谓和符号的使用，感染力极大，读者一看无不被深深吸引和受震撼。

作者侨批发出后，常常在等待妻子回信，妻子回音让他如获至宝，高兴异常。他多愁善感，喜妻子所喜，悲妻子所悲，叹命运乖丕，常常以行云、浮萍自比，南国的倾盆大雨和细细雨丝、湄南河悠悠流水常常是他笔下的景物，寓情绪于景致。现摘抄主人公手迹以飨读者。1953 年 4 月 15 日，信的开头：

> 正在念着你的时候，你的信却来了，你的信读了没有半段，已很可看出你接到我的信之后的悲伤，这真使我心碎，你现在是在悲泣，是在望空流泪，更还是受着忧惘？在这八年的离别中，是一样地都在痴望着！倚待着！须知我们精神上的慰藉，完全都寄托在这支笔和这两张洁白的纸，所以，我很敬爱这笔纸的伟大，它有着代表我们传递的责任和恩德。

作者深悉在家乡妻儿的生活遭遇和一切处境，对于妻儿的衣、食、住一切的困难，时时会回旋在脑海中，故"思彼想此，日夜悬念，数夜失眠"。抱病时很是自怜，对妻子说

"如果我俩能在一起，病中能得到你在旁看待，虽致半饥半饿我还觉得比较这样快慰呵。月圆人未圆，相见几何期，黄莺枝头过，青春已过时"。

1954 年的批信写道：

> 自上封信发出后，我便小心翼翼地等着你的回音，这是七月二十二日的傍晚，当天空正满布着一片漆黑的行云，电光闪闪，接着一阵的大雨降下来了，这时，正是接到你来信的时候，我即带着万分兴奋的心情，来拆阅你的复信，视遍了你的芳笺，从这里面，可以窥见你的内心有着很美丽，你这样对我带着万分的关怀，指引我走上光明的人生道路，教我怎不为你倾心爱慕，更有心坎上现出无限的感激呀。

1956 年 8 月 21 日批信写道：

> 你的信很会激动我，它会激出我的热泪，沸起我的热血……我只有在你的信上吻下二个甜蜜的吻，以表示我一片由衷的爱。我躺在病床上，紧撮着你的信按抱在胸怀里，我开始在细细沉思着：我虽然生活过得苦闷伤感，可是当你给我这样真挚的厚慰时，我真会把一切的苦闷难题，丢入湄南河中随着流水飘然而去……

这些侨批，集中地描绘了一个华侨家庭的故事，点点滴滴，是情是爱是笑是泪，是一首很缠绵的情歌，至今让侨属和听者歔欷不已。

例二，1946 年新加坡庄进成寄潮安江东都独树中乡冯氏荆妻成对批、回批。批信共 2 页，信纸"美星笺"有红色美妇图像，是写信人给妻子专门挑选的，以寄托一种难以言表的两地情思。批信：

> 冯氏荆妻妆次：
> 　　启者，昨接读回言云，诸情已悉壹是。叠次陈述家庭费用浩繁，予非不知，惟世界和平尚未恢复如昔，兼之当地政府限制华侨汇寄，家批每月规定叻币四十五元，算合国币三万元左右，多不准寄，况且刻下求利亦殊难，若能操持家计，比应施行节约从俭为上策，以艰苦卓绝精神奋斗来渡过此危境，自能达到安乐之园，是余之所愿望也。兹承轮便寄上国币叁万元，至则检收，以应家需，余容后陈，即询近祉。
> 　　　　　　　　　　　　　　　民国三十五年六月拾日，庄利名寄。

从批信看，丈夫对妻子是很照应、很负责任的，他清楚妻儿日子难度，无奈时局不安定，生意难做钱难赚，寄批又受新加坡政府限制，然而，他没有让妻子伤心，没有抱怨，而是以积极的现实的态度为妻子出谋献策，引导妻子节约从俭。

回批：

进成良人如见：

启者，刻接得来书并国币叁万元正，查收妥当。但尔每月所寄之项，计得白米二斗之余，尔妻是一女流之辈，小儿又幼，全靠于尔，月到须速多寄为要，免致有饥寒之迫。尔儿名叫宋涂，惟祝天地保佑两地平安为颂，专此，致请财安。

妻冯氏托，七月十九日。

回批很细小，只有 5.5 厘米 × 10.5 厘米。冯氏是地处偏僻的普通农村妇女，没有文化，女流弱质，没有能力自我供奉，她只期望丈夫在经济上多加接济，保障生命，不受饥寒，这是一种低层次又现实的生活需求。批、回批本来由海内外各持一封，现却共存于澄海收藏爱好者处，可知当年收寄双方是很珍视对方信件的，也知成对批是由冯氏珍存。回批怎么倒回来呢，是丈夫回唐山带回，还是夹在信里寄回呢。冯氏也许想念丈夫的时候即拿出来看看，那是她的命根子，也是她的精神寄托。

例三，解放初，旅坤吴道善寄揭阳县曲溪旧路箧潮利派"吴健记本号"，内夹信直接写给妻子，保持按常规不写妻子收，又灵活地与妻子达成直接对话：

……等待外国承认新政府后，金融有规定，夫自然设法厚寄，今先寄去港币叁拾元正，到日查收，以应家用，夫唯热望者妻你，对于家务经济无须过度顾虑，有损玉体，有夫与儿等支持，免致如何，夫旅居平好免挂心，专此达悉并祝妻和诸儿女媳妇皆平安。曾祖母大人年事高龄望，知为代夫孝敬。

夫道善字，古历九、二十。

又夹信：

……妻嘱夫有利当知治装返家，看视儿女儿媳，夫岂有不知之理，夫十余年来，努力奋斗，事业无成，心里时时感觉愤闷，夫精神当健，自知苦斗，终须达到有多量金钱寄给儿等，在俺市创起一间生理来赚钱，支持家用，到那时夫当然整装返老家和诸儿女儿媳共聚一堂，以叙天伦之乐，关于家批的事，夫自晓打算续寄，希望妻你无须长时挂虑……

妻要夫回唐，不能理直气壮，却不好意思、婉转地借娶儿媳之托辞；夫想回唐，而赚钱尚未达目的，回复妻子不改初衷，作长远打算，候多赚后为儿子打下基础，再回唐共聚。

又如，民歌是社会生活的反映，一个时代有一个时代的民歌。有关侨批和侨眷生活的《手布诗》，刻画了等待丈夫批信而 3 年不得的陈女士的生活苦况和内心世界。

《手布诗》写于抗战时期的 1944 年，陈女士丈夫往新加坡是 1941 年。3 年中，潮汕可谓天灾人祸、动荡不安：1940 年日军盘踞潮汕后，交通阻塞，米价腾贵，出现大饥荒，甚至出现抢米风潮、吃人肉悲惨场面；1941 年大风雨，早稻失收；1943 年大旱，米价日涨数次，汕头每日死者近百人；1944 年大飓风肆虐。而华侨所在地东南亚各国被日本侵占，赚钱艰难，侨批正常邮路又断绝，多数华侨与家乡失去联系。潮汕侨属侨批的生活来源中断了，经济极其困难，对于潮汕妻子来说，更是难上加难。天各一方，两地阻隔，通信不便，人情冷暖，造成夫妻生活掀起波澜，陈女士陷入两性问题的怪圈之中，她只听亲朋好友的一面之词，满以为丈夫不回家是在海外另有女人。当初离别之际，作为妻子叮咛一席话至关重要的是劝丈夫不要有越轨行为，按计划一年后回归团聚，然而，丈夫难道忘了"临别叮咛"，成了一个"贪花恋酒"的负义郎君！这是陈女士最担怕的，她由思念到顾虑、由顾虑到疑惑、由疑惑到生气，愁情悲绪久积 3 年，丈夫伤她的感情太深，以至无奈提出"或合或离"。

陈女士是潮汕一位有才识的女性，其《手布诗》如一封家书，又如一纸状辞，字里行间含恨含苦，如泣如诉，声泪俱下。丈夫呢，他到陌生的国度去，从事苦力劳动，失去家庭的照顾和温暖，昔日庆幸出洋经风浪，顺利到达谋生地，如今对着滔滔江水，感叹自然屏障不可逾越，家乡茫茫，亲人何时能相见！据悉，陈女士丈夫名叫武昌，武昌复信同样以民歌形式叙述在外生活的艰辛，"市情不景""有利入手，即思归期"，"食且不继，安敢拥妓"，就陈女士所陈诸事一一作了回音。

以上是侨批和民歌中的人物。据笔者 2011 年调查知名侨乡澄海隆都，了解到现实社会中靠侨批传书信的两地夫妻多得不胜枚举，摘要如下：

1. 许姓侨眷蔡氏，抗战前丈夫往泰国，几年后回乡要带小儿子同往泰国，有身孕的妻子不同意，认为如果再生男孩，再来带不迟，如果生女孩，就不让带，儿子必须留在母亲身边帮干活，留根潮汕。结果生下一女，又潮汕沦陷，丈夫再也没有回来，在泰国另娶妻。20 世纪 60 年代初，丈夫病死泰国，蔡氏至 2002 年去世。其女儿许女士 10 年前 60 多岁从未见过父亲，故借往泰国旅游机会，专程到父亲坟前"认亲"，献花一束表心曲。许女士珍藏的父亲几十封批信，均按上下尊卑的既定程式写"慈亲大人""吾儿"收，内信极少念及潮汕妻子，只是吩咐儿子"须要孝顺祖母和母亲，吾的心才安一点"，"儿你的母亲手好了否，切写来知"，"儿之母目痛，须叫她安心调治，不要忧虑过度，余在外是天天想着家中老少"，这才间接念及妻子。又例，陈姓侨眷，生一女，养一子。丈夫在泰国娶亲不育，养一子。10 多年前丈夫年老有病，打算回乡养老，由于受不了潮汕冬天寒冷，重往泰国。此两例类同，都是到泰国后另外娶妻，家有父母儿女，绝大多数侨属家庭是这种"老少妻儿"结构。

2. 朱姓侨眷陈氏带一子，丈夫抗战胜利后往泰国。新中国成立初，妻子 30 多岁，与邻居一有妇之夫发生性关系，在"伤风败俗"的心理重压之下，在那缺医少药的年代，她企图用土办法堕胎，吃草药终不生效，难产而死。丈夫在泰国没有另娶，20 世纪 80 年代曾回乡。

3. 许姓侨眷肖氏，嫁入夫家后没有生育，身体健康，一直参加农业劳动，在 20 世纪六七十年代，被推举为生产队生产带头人，受人敬佩。现年近 90 养老在家，与邻居和睦相处。丈夫在泰国有妻子，曾来探亲，肖氏 60 多岁那年也去泰国探亲过。

两地夫妻就这样受生活、社会和自然环境的限制，丈夫远洋不易，妻子在家也难，据统计华侨能发达的只占 1%～2%，[①] 绝大多数华侨不能如愿以偿，不能很好发展；妻子居于被动地位，只有服从现实，尽忠尽孝，在等待侨批中生活。两地夫妻虽然恩爱，但其婚姻生活因为不能在一起致幸福美满大打折扣，妻子一方更是悲哀，难怪有人形容侨批是妻子的"当夫卖仔钱"，俗语云"苦过等暹罗夫"。

从侨批产生至结束，即 19 世纪 50 年代最初形式的投款托书起，至 1979 年侨批局并入国家银行告终，前后约经 150 年。海外、潮汕两地夫妻的悲歌吟唱了 100 多年，历经几代人，时间长，范围广，涉及人物众多。随着时间的推移，社会的进步，靠侨批维系海外、潮汕两地夫妻生活已成为过去，这些两地夫妻基本上年老离世或移居一起了。现在家庭生活以亲情、爱情为中心，一家子团团圆圆在一起，即使不是朝朝暮暮，也只是小别几天，夫妻长期天各一方仅是极个别的；妇女也不再在家从父、出嫁从夫，她们从族权、夫权束缚中解脱出来。这样的现代婚姻家庭、男女平等是社会文明的一个标志。然而，潮汕农村社会重男轻女、男尊女卑的现象至今仍存在，这表现在孩子升学、生育等方面的性别歧视上。这些现象与潮汕侨乡向来男主外、女主内，妇女依赖丈夫侨批过活不无关系。

责任编辑：陈景熙

---

① 杨群熙主编《潮汕地区侨批业资料》，潮汕历史文化研究中心，2004。

文化遗产

从考古发现看潮汕先民的越族文化特征

蔡文胜*

摘　要：越族分布于我国东南沿海和南方的辽阔地区，其中包含着各有种姓、不相统属的众多族类，他们之间有着共同的族称、一定范围的分布地域，特别是有许多相近的文化特点，自成一个体系。从有关史料和考古发现来看，越族及其文化渊源于新石器时代中晚期，出现于商周，兴盛于春秋战国，秦汉以后渐趋衰微。本文结合潮汕地区考古发现，从经济生活特点，居住方式，海上活动，使用的石器、青铜器、陶器以及图腾崇拜等方面所具有的越族文化特征进行探讨。通过对考古资料的梳理，证明潮汕先民为越族之一支。

关键词：潮汕先民　越族　考古资料

越族分布于我国东南沿海和南方的辽阔地区，是由东南和南方地区土著原始居民发展而形成的一个既有区别又有联系、错居杂处的庞大的共同体，其中包含着各有种姓、不相统属的众多族类，他们之间有着共同的族称、一定范围的分布地域，特别是有许多相近的文化特征和生活习俗，自成一个体系。从有关史料及考古发现来看，越族及其文化渊源于新石器时代中晚期，出现于商周（甚至可能于夏代），兴盛于春秋、战国，秦汉以后逐渐衰微。潮汕地区位于我国大陆东南隅、广东省东部，在汉族移民进入本区之前，为越族聚居之地。唐代杜佑《通典》在潮州郡条载："潮州亦古闽越地。"《十道志》载："潮州，潮阳郡，亦古闽越地。"《太平寰宇记》也有相同记载。[①]

---

*　蔡文胜，1968 年生，文博专业副研究员，汕头市澄海区博物馆副馆长。本文原载陈春声、陈伟武主编《地域文化的构造与播迁：第八届潮学国际研讨会论文集》，中华书局，2012。
①　转引自黄赞发《潮汕先民源流考述》，《潮汕先民与先贤》，汕头大学出版社，2001，第 3 ~ 30 页。

宋代欧阳忞《舆地广记》则称："潮州，春秋为七闽地，战国为越人所居。"① 饶宗颐教授认为："'百越文化'自中国东南沿海、西南地区至东南亚、南亚北部皆有分布，而粤东向西走至西南地区，正好形成一个横向轴心。向北，溯至长江流域；向南，扩至东南亚及南亚。粤东因此成为'百越文化'研究的重要地点。"② 本文拟结合潮汕地区的考古发现，就潮汕先民所具有的越族文化特征进行探讨，以期有利于对这一问题作更深入研究。

一 经济生活特点

由于地理环境、自然资源等的不同，在越族诸族团中分为以渔猎、捕捞经济为主的"贝丘""沙丘"文化和以种植水稻、农业为主的稻作文化。

新石器时代中晚期，渔猎和捕捞是潮汕地区先民主要的生产活动和生活来源。"贝丘遗址""沙丘遗址"就是这一类文化的反映。贝丘遗址包括潮安陈桥村、石尾山、海角山③以及澄海内底、梅陇、溪西④、揭阳洪岗⑤等地的贝丘遗址。其中，以陈桥村贝丘遗址最具代表性。该遗址位于潮州市西约 2 公里陈桥村沟北的冲积台地上。对遗址附近地貌观察，昔日这里应是一个浅水的沼泽地带。出土遗物非常丰富，有石器、骨器和陶片，自然遗物有大量软体动物硬壳，其种类以斧足类的牡蛎为最多，其次是魁蛤、文蛤、海螺，也有少量淡水产的蚬和蚌。腹足类以海螺和乌蛳为最多。这些软体动物的肉，是当时人们的主要食品，把大量的硬壳遗留下来，成为贝丘。值得注意的是，遗物出土中的"蚝蛎啄"是这处遗址中主要的石器，系采用其尖端采蚝。出土脊椎动物遗骨中发现最多的是哺乳动物偶蹄类的牛、鹿、猪骨，还有为数极多的鱼骨和龟壳。⑥ 可见当时渔猎、捕捞经济在人们生活中占主导地位。这种生产、生活方式也大量地存在沙丘遗址之中，据 20 世纪 50 年代的调查，"分布在沙丘上的遗址，在海丰、陆丰、普宁三县共发现 38 处，都是在临海地带海港的第二重沙丘上；有的临近海水，有的相距百数十米，其高度自数米至数十米不等，乃今海潮不能淹没的地方。……遗址多在凸出海湾背面环山的向南朝阳的地方。每处遗址大体相距数百米或一二公里。"⑦ 这种渔猎、捕捞的经济生活方式的形成直接受到其濒临江海地理环境的影响，起源较早。位于韩江出海口的南澳岛后宅镇象山新石器时代遗

① 欧阳忞：《舆地广记》卷 35《广南东路·潮州》，转引自黄挺等《潮汕史（上册）》，广东人民出版社，2001，第 60 页。
② 朱荣棨、郑炜明：《"东越王墓"可能就在揭阳地下》，《羊城晚报》2009 年 4 月 22 日，A23 版。
③ 广东省文物管理委员会：《广东潮安的贝丘遗址》，载陈历明《潮汕考古文集》，汕头大学出版社，1993，第 26～41 页。因潮汕各市、区、县的归属、名称多有变动，本文在使用有关考古报告、资料时暂依发表时所用地名、归属。
④ 蔡英豪主辑《澄海县文物志》，澄海县博物馆，1987，第 1～4 页。
⑤ 陈历明主编《潮汕文物志（上册）》，汕头市文物管理委员会办公室，1985，第 11 页。
⑥ 广东省文物管理委员会：《广东潮安的贝丘遗址》，载陈历明编《潮汕考古文集》，第 26～41 页。
⑦ 广东省博物馆：《广东东部地区新石器时代遗存》，载陈历明编《潮汕考古文集》，第 1～25 页。

址，发现了距今 8000 年左右的一批细小石器，以燧石为主要原料，主要有刮削器和尖状器。① "细石器是一种复合工具，主要用途是将细石器嵌入箭杆、标枪的裂缝中做成箭镞、投枪等工具进行渔猎。或嵌入骨木角质梗槽中制成刀、锯、匕首之类的工具，用于切割兽皮、动物筋肉，刮削鱼鳞等。细石器主要适应渔猎经济的需要。"② 南澳象山的这些细石器正是当时滨海地区人类进行捕捞、滩涂采集等渔猎生产的见证。

发达的渔猎、捕捞经济使越族先民形成了喜吃鱼类、贝类等"异物"的习俗。《博物志》云："东南之人食水产，西北之人食陆畜。食水产者，鱼蛤螺蚌以为珍味，不觉其腥臊也。"以上论及的贝丘、沙丘遗址中出土的大量贝壳、鱼骨、龟壳等正是潮汕先民喜食"异物"的反映，即使在越族被逐渐汉化的过程中，这一习俗仍得以保留。位于韩江两大出海口之一的东溪河西岸的澄海龟山汉代建筑遗址是一处汉化程度较高的遗址。在发掘过程中，于一座房址（F4）的堆积中，发现了一批贝类遗骸。其中可以鉴定到种属的贝类标本分属 2 纲 10 种，包括瓣鳃纲的近江牡蛎、泥蚶、河北蓝蚬、典型文蛤、环沟格特蛤，腹足纲的樟锥螺、细角螺、锈凹螺、齿纹蜒螺、米氏耳螺，其中以近江牡蛎和泥蚶数量为最多，是当地居民嗜好贝类食物的写照，在基址内还发现有水鹿和猪獾的遗骸，是狩猎活动的见证。③ 潮人嗜好海鲜、贝类的习俗一直延续不断，清代乾隆年间的《潮州府志》记载："所食大半取于海族，故蚝生、鱼生、虾之类，辄为至味。然烹鱼不去血，食蛙兼啖皮……尚承蛮獠遗俗。"④

在离海稍远丘陵地带江河附近的小山冈上，分布着有别于贝丘、沙丘遗址的山冈遗址。这些山冈遗址中出现了另一种生产、生活方式。考古工作者曾在潮阳金溪河中游河旁西面的山冈上发现葫芦山、走水岭山、粪箕坑山、九斗尾山 4 处新石器时代遗址，"从上述四处遗址面积的广大和遗物的丰富来看，可以初步断定这些遗址的居民已经转入比较定居的生活。石斧、石锛、石镞、石网坠的出现，说明他们当时的经济生活除了捕鱼、狩猎外，还有农业。从石斧、石锛数量之多，可知农业还是比较主要的；陶纺轮的出现，说明他们已经有了纺织。"⑤

在榕江流域的山冈遗址中也出现了原始农业，如揭阳县埔田区西北的翁内水库遗址和埔田区岭后村的岭后㟍遗址出土有箭镞、石矛和较大的长身梯形石锛，主要器物有尊、罐、钵、豆、夹砂鼎、大口罐并有陶纺轮、陶匙、器垫等，"出土的石器、陶器形制大，

① 南澳县海防史博物馆、中山大学韩江流域考古课题组：《广东南澳县象山新石器时代遗址》，载《考古与文物》1995 年第 5 期。
② 袁进：《珠江三角洲疍人与西樵山文化关系初探》，载广东省文物博物馆学会编《和谐社会与文博事业》，岭南美术出版社，2006，第 437 ~ 444 页。
③ 张松、邱立诚：《澄海龟山汉代遗址的贝类遗骸》，载邱立诚编《澄海龟山汉代遗址》，广东人民出版社，1997，第 156 ~ 160 页。
④ （清）周硕勋，乾隆《潮州府志》卷十二《风俗》，潮州市地方志办公室、潮州市档案馆，2001 年影印光绪十九年版本，第 134 页。
⑤ 广东省文物管理委员会：《广东潮阳新石器时代遗址调查简报》，载陈历明编《潮汕考古文集》，第 47 ~ 56 页。

容贮器数量较多，适宜于早期农业耕作之用。这是一处较有代表性的原始农业遗址。"① 揭阳县曲溪区五堆村北的山边园遗址，出土有磨光穿孔石犁头和长身锛等农业工具，说明当时经济以农业生产为主。② 位于揭阳榕江北岸的黄岐山遗址是一处石器制作工场遗址，"出土陶器形制较大，贮藏器多，各式石锛数量较多，武器较少，反映当时农业经济已占主要地位。"③ 邱立诚和曾骐先生在对新石器时代的宝山崀遗址、金鸡崀遗址进行研究后，进一步指出："这时期的生产形态已转入以农耕为主，稻作农业广泛地推广于岭南山地，石器中的镬、大型锛、铲正是这种生产方式的证明。新石器末期至青铜时代榕江流域出土的一些器皿，如陶鸡形壶、带流器、各种圈足壶、环体壶，原始瓷匜、盅等，多数用作酒器，这是稻作农业发展到一定程度的标志。"④ 当然，由于目前考古发现的资料还不是很充分，正如有的学者所指出的，仅凭多用途的石器，如斧、锛等和石磨球、石磨棒、石磨盘等粮食加工工具来判定农业是否发生，依据较为薄弱。⑤ 不过，潮汕地区的考古虽一直未曾发现人工栽培稻，但在探讨这一时期潮汕稻作农业的存在时，有两个方面必须引起重视：一是上面提到的揭阳宝山崀遗址和金鸡崀遗址含有明显的粤北石峡文化因素，而石峡文化中"最具地方特色的石镬、石铲、大型厚体长身锛，是为适应华南地区红壤土干燥时土质坚硬，渗水后黏性强的自然环境而出现的农业生产工具。结合在文化堆积层中和墓葬里出土的炭化稻谷分析，栽培水稻已成为石峡先民们的主要食物来源，渔猎和采集经济已退居次要的地位"⑥。这种情况对榕江流域一带产生的影响尚可进一步研究。二是揭阳新亨区龙车溪一处山冈，发现一种方格纹硬陶器上，印有清楚的稻穗，大穗的一穗达23颗稻粒（只是其年代须进一步考证）。⑦ 这些都为探索潮汕早期稻作农业的存在提供了线索。

二 "棚寮"式的居住方式

越族所处的东南及南方地区的山林海边，植物资源丰富，竹、木、草等很早就被作为建筑材料。其气候湿热多雨，多瘴疬之气，地下还有毒蛇猛兽。为适应这种环境，越族地区在历史上广泛流行以棚寮及干栏式房屋为主的建筑形式。

揭阳地都蜈蚣山遗址、潮阳左宣恭山遗址、普宁牛伯公山遗址均发现了"棚寮式"

---

① 陈历明主编《潮汕文物志（上册）》，第 14～15 页。
② 陈历明主编《潮汕文物志（上册）》，第 21 页。
③ 陈历明主编《潮汕文物志（上册）》，第 65 页。
④ 邱立诚、曾骐：《榕江流域考古文化初论》，载《潮学研究》第 4 辑，汕头大学出版社，1995，第 7～32 页。
⑤ 袁进：《珠江三角洲疍人与西樵山文化关系初探》，载广东省文物博物馆学会编《和谐社会与文博事业》，岭南美术出版社，2006，第 437～444 页。
⑥ 古运泉：《论石峡文化与江西新石器时代晚期文化遗存之间的关系》，载广东省文物考古研究所编《广东省文物考古研究所建所十周年文集》，岭南美术出版社，2001，第 64～84 页。
⑦ 杨式挺：《建国以来广东新石器时代考古略述》，载《岭南文物考古论集》，广东地图出版社，1998，第 92～99 页。

的居住遗址。

揭阳地都蜈蚣山是地都乡东北约 5 公里处一座高约 40 米的小山冈。山冈的北面与桑浦山相连，西南面为一片开阔地，相距 5.5 公里处有榕江自西北向东南流经。遗址位于蜈蚣山西南坡，年代自新石器时代晚期至西周、春秋之际。在该遗址的 2B 层（年代约相当于商代）层下发现一处居住遗迹。共有柱洞 7 个，其中 6 个呈椭圆形排列，东西最大距离为 3.6 米，南北距离 3.2 米。柱洞呈圆形，洞径一般为 25 ~ 35 厘米，深 20 ~ 30 厘米。[①]推测应属于棚架式的窝棚。

左宣恭山遗址位于潮阳仙城镇左宣恭山冈，遗址面积约 4000 平方米，表层发现许多新石器时代至商代遗物，尤以山腰的平台最多。在该遗址第三层近底部处发现 6 个柱洞，柱洞圆形，剖面为圆锥形，深 6 ~ 23 厘米，直径 4 ~ 8 厘米。柱洞有 1 ~ 2 厘米的灰白色土圈，中央为约略夹砂的黄褐色土。[②]研究者认为："依广州西汉木椁墓中木料腐朽后呈灰白色泥状情况来看，这种灰白色土圈，其中心和外圈颜色不同，或许是竹柱的遗迹。"[③] 由于柱洞的直径较小，深度有限，且第四层的灰褐色土，土质变坚实，可能是当时的居住地面。因此推测其形式应非干栏或窝棚式，而可能属于竹寮或草寮。即宋代朱辅《溪蛮丛笑》中所说："山猺，穴居野处，虽有屋以蔽风雨，不过剪毛叉木而已，名曰打寮。"潮汕建筑中有一种用草、竹、木等搭成的小屋，就称为"寮"。

商代中后期至西周前期的牛伯公山遗址位于普宁市城区东南 14 公里处的汤坑水库东侧。牛伯公山是大南山脉北麓的一座山冈，西面有汤坑河自南向北流经。在遗址发掘中清理出柱洞、灰坑、红烧土硬面、水沟等。柱洞的分布较广，直径一般在 15 ~ 20 厘米，深约 30 厘米，有的较浅，在 20 厘米以内，有的较深，达 50 ~ 70 厘米。这些差别与柱子支撑的作用不同有关。较深的柱洞可能是承托屋梁架的立柱；较浅者，则可能用于结栅为墙。此外，还发现了一处红烧土活动硬面，近圆形，直径为 125 厘米，硬面厚 5 厘米，周围有几个柱洞。[④] 红烧土活动硬面应属于居住遗址，因此该居住形式应为地面式的；从柱子的走向和红烧土活动硬面的形状来看，居址应呈圆形且直径不大，推测该居址仍应为"栅寮"一类形式。

从以上发现的几处居住遗址来看，潮汕先民既有近似于"干栏"式一类的棚架式窝棚，也有利用小乔木枝干作为支撑的竹寮、草寮等棚寮式的居住形式。这两种形式均为越族较具特色的居住方式。

① 广东省博物馆、揭阳县博物馆：《揭阳地都蜈蚣山遗址与油柑山墓葬的发掘》，载陈历明编《潮汕考古文集》，第 68 ~ 78 页。
② 杨森主编《广东名胜古迹辞典》，燕山出版社，1996，第 242 页。
③ 广东省博物馆：《广东东部地区新石器时代遗存》，载陈历明编《潮汕考古文集》，第 1 ~ 25 页。
④ 吴雪彬、邱立诚、曾骐：《普宁牛伯公山遗址考古的初步收获》，载《潮学研究》第 5 辑，汕头大学出版社，1996，第 54 ~ 59 页。

三 善舟楫，海上交通发达

越人向以熟习水性，善舟楫之利而著称。《越绝书·越绝外传记地传》载："夫越性……水行而山处，以船为车，以楫为马，往若飘风，去则难从。"《淮南子·齐俗训》载："胡人便于马，越人便于舟，异形殊类。"《淮南子·原道训》载："九嶷之南，陆事寡而水事众，于是民人……短袂攘卷，以便刺舟。"

潮汕地处东南海隅，北部多山地，林木茂密，为修造舟楫提供了有利条件。南部为韩江、榕江和练江形成的冲积平原，河道纵横，其外濒临南海，海岸线长而曲折，港汊、岛屿密布。这种地理环境使潮汕先民熟习水性，海上交通发达。

发现于各个遗址的独木舟是潮汕先民水上活动的重要证据。揭西石湖港遗址，出土一条 2000 年前的古代独木舟；榕江北河上游的新亨大肚村西北向的古河道中，出土一段已炭化的独木舟；揭西棉湖出土了一条完整的独木舟。[①] 至南越国时期，潮汕已经是南越国重要的造船中心。据《南越志》记载，其地"北连山数千，日月蔽藏。昔建德伐木，以为舟船之处"。"昔越王建德伐木为船，其大千石，以童男女三百人牵之。"[②] 可见其时造船技术已达到很高水平。

随着该区域及周邻地区考古工作的开展，潮汕先民通过海上活动与周邻地区的交往得到了进一步的揭示，邱立诚先生《从文物考古资料探索潮汕地区的古代海上"丝绸之路"》（与杨式挺合作）[③]、《古代潮人的海上交通》[④] 等文章对此有专门论述，并指出："海上民间的交通往来，则可前推进先秦时期。先秦时期潮汕地区的土著居民，已掌握渡海技术，不仅可以到附近岛屿上活动、生息，更可与珠江口、粤西和海南岛、台湾及东南沿海地区互相交往，进行文化交流和物资交换。"[⑤] 这里将这两篇文章这方面的内容转述如下，以见潮汕先民海上活动之一斑：

早在新石器时代，潮汕先民便开始通过海路与外界产生联系。在南澳象山发现一处距今 8000 年左右的新石器遗址中采集到石制品和陶片。其中的细小石器主要有刮削器和尖状器。在 93 件石制品中最有特色的是弧背刮削器、"人"字形刮削器、"山"字形石钻。[⑥] 象山类型细小石器与福建漳州的细小石器在石质、器物形态、加工工艺等方面均表现出惊

---

① 徐光华：《榕江——潮汕最早的丝绸之路（提要）》，载杜经国、吴奎信主编《海上丝绸之路与潮汕文化》，汕头大学出版社，1998，第 426、427 页。

② 《永乐大典》卷 5343《潮字门》，转引自廖大珂《略论明代之前潮州港的发展》，载杜经国、吴奎信主编《海上丝绸之路与潮汕文化》，第 9～18 页。

③ 收录于邱立诚《粤地考古求索》，科学出版社，2008，第 86～89 页。

④ 收录于邱立诚《粤地考古求索》，第 100～105 页。

⑤ 邱立诚、杨式挺：《从文物考古资料探索潮汕地区的古代海上"丝绸之路"》，载邱立诚《粤地考古求索》，第 86～99 页。

⑥ 南澳县海防史博物馆、中山大学韩江流域考古课题组：《广东南澳县象山新石器时代遗址》，《考古与文物》1995 年第 5 期。

人的相似，应属于福建的漳州文化，而在广州市南郊番禺飘峰山发现了两件也是燧石打制的刮削器，其中一件亦作"人"字形，透露了"漳州文化"通过海路向西传播的信息。

潮州的陈桥村遗址，其文化内涵以打制的"蚝蛎啄"器、手斧形器、砍砸器、少量磨制石器、骨器和夹砂陶圜底器为特征，其文化面貌与广西防城（原名东兴）最为接近，两者当有十分密切的文化交流与联系，这是粤东与粤西地区最早的海上交往的证据。而陈桥村遗址的陶器施赭红色彩，则可能更多地从海路接受珠三角地区发达的彩陶文化的影响。

鸡形壶是后山文化的代表性器物，在深圳大鹏咸头岭遗址的一座墓中出土的一件鸡形壶陶器无疑是经由海路由粤东输入的，是潮汕先民从海路到达珠江口地区的物证。

如果说，前面所述只是反映了早期潮汕先民一些零零星星的海上活动，那么稍后的商周时期则有更多的考古遗物，说明潮汕先民不断从海路向珠江三角洲地区迈进。在深圳、香港、珠海、中山、增城、博罗等地发掘出土了浮滨文化施釉陶器，香港马湾东湾仔遗址和博罗横岭山墓地更是发现了以浮滨文化施釉陶器为随葬品的墓葬，由此而证明浮滨文化的部分居民曾通过海路向珠江三角洲地区迁徙。到了东周时期，揭东中厦村面头岭发掘的以"米字纹"陶器为特点的东周墓葬群，出土的从江浙地区输入的原始瓷器瓿、盅、杯等，所显示的越文化从东向西的发展进程使我们感到潮汕先民越来越频繁的海上活动。

南越国时期，位于韩江东溪口的澄海龟山汉代建筑遗址，作为当时的官府一类建筑（有可能就是当时的揭阳县治之所），使我们确信南越国王朝与揭阳县的来往是以海路为主要交通线的，而顺韩江上溯至梅江支流五华河，可达南越王赵佗的行宫之一——长乐台，可见其时潮汕先民的水上活动也是十分活跃的。尤其值得一提的是，汉代元鼎五年（公元前112年）汉武帝遣伏波将军路博德、楼船将军杨仆等率大军击南越时，"东越王余善上书，请以卒八千人从楼船将军击吕嘉等。兵至揭阳，以海风波为解，不行。持两端，阴使南越。"[1] 以拥有8000兵力的海军停泊于揭阳县一带，足以说明此处当时有一个很大的海港，海上交通已颇具规模。

四　使用有肩、有段石器和石钺等石器

有研究者指出："具有一定特征和一定数量的生产工具或武器，都可作为辨别远古居民族属和考古学文化的标志。有肩石器和有段石器便是。"[2]

有肩石器是越族先民在梯形石斧的基础上改造而成的，其特点是在器物上部打造出小凸柄和对称的双肩，使之平面呈"凸"字形，利于装柄或绑柄，是岭南新石器时代最富地方特色的石器。

---

① 司马迁：《史记》卷115《东越列传》，岳麓书社，1988，第826页。
② 杨式挺：《试从考古发现探索百越文化源流的若干问题》，载《岭南文物考古论集》，第81~91页。

有段石器也是东南沿海地区富于地方特色的石器，是常型石锛、石斧的改进，在背部上段锯出一沟道，或磨出高低台阶以利于装柄。

有肩有段石器则是有肩石器与有段石器的结合，既有段又有肩。

这几类石器都是越族富有特色的生产工具，并且沿袭使用至青铜时代。

根据考古发现，潮汕地区以有段石器为多，也有有肩石器以及有肩有段石器出现。1956～1960年在粤东各市县的调查中，发现石斧123件，有肩10件，占8%；石锛（含凿）486件，有肩41件，占8.4%；有段119件，占24.5%；有段有肩17件，占3.5%。① 据广东省博物馆《广东东部地区新石器时代遗存》中的统计，1956～1960年对广东东部18个县市的调查，共发现打制和磨制石器1577件，包括有生产工具和生活用具，以长身、短身的锛、斧和梯形、有棱（正面仍作梯形）石锛最普遍。在84件斧类中，V式91件为有段石锛；IV式15件为有段有肩石锛。②

尤其值得一提的是，在揭阳新亨新岭矿场遗存中，发现四件打制石胚用的石锤，为一类穿孔砂岩砾石，器身多见砸击疤痕，这种石器除用作敲打的石锤外，还是一种多功能的工具。在遗址内还发现有许多经打击加工的半成品和石料，应是一处石器制造场所。该遗存出土有双肩石器、有段石器和常见于浮滨文化时期的凹刃石锛，说明这处石器制造场沿用时间很长，最早可能在新石器时代，晚至青铜时期，也可以看出有段石器和双肩石器这些富有越族特色的生产工具在潮汕地区的制造、使用情况。③

石钺则是越族地区最富地方特色的一种石器。许多学者认为：越族的名称之所以叫"越"，是因为他们的祖先善于制作和使用一种叫"戉"（即钺）的石器生产工具（后来演变为铸造和使用铜钺）而得名。揭东县面头岭墓地出土的石钺，正是潮汕先民越族文化特征的重要体现。面头岭墓地位于揭东县云路镇中厦村北，东北距揭阳市区约14公里。1973～1987年，考古工作者陆续在面头岭南坡发现东周时期墓葬15座。2003～2004年，揭阳考古队清理出商周时期墓葬10座、灰沟1条和建筑遗址1处，获得了一批先秦时期铜器、陶器、原始瓷碗和玉石器。其中发现石钺一件，由青灰色板岩精磨而成，已残缺。微弧顶，侧面斜直，器身有一个两面对钻的穿孔，穿孔上有一个未穿透的梃钻圆孔。残长4.3厘米，残宽3.1～3.8厘米，厚1.5厘米。④ 另一处出土石钺遗址为揭西县坪上镇赤岭埔。该遗址位于揭西县城东南6公里的坪上镇书芳小学北侧。遗址分布在赤岭埔南侧缓坡上，现存面积约10000平方米，为战国时期墓地。该遗址出土的石钺高7.7厘米，最宽处3.9厘米，厚5厘米。磨制、长身、宽体，两侧平直，刃部弧度甚大，器身上部有一对钻穿孔。⑤ 钺有斧形钺和靴形钺两类，潮汕地区所见的两件石钺，均应为斧形钺。

① 杨式挺：《略论粤、港、海南岛的有肩石器和有段石器》，载《岭南文物考古论集》，第308～317页。
② 广东省博物馆：《广东东部地区新石器时代遗存》，载陈历明编《潮汕考古文集》，第1～25页。
③ 揭阳考古队、揭阳市文化局编《揭阳的远古与文明》，香港公元出版有限公司，2003，第14页。
④ "古揭阳（榕江）先秦两汉考古学文化综合研究"课题组：《揭东县面头岭墓地发掘报告》，载揭阳考古队、揭阳市文化广电新闻出版局《揭阳考古（2003～2005）》，科学出版社，2005，第51～102页。
⑤ 揭阳考古队、揭阳市文化局编《揭阳的远古与文明》，第119页。

五　使用铜钺、越式戈矛、越式鼎等青铜器

铜钺系由石钺演变而来,主要出于越人分布之地,所以铜钺被认为是一种典型的越式青铜器,越人正是历史上使用一种名为"钺"的器物的民族。有研究者指出:"先秦时期,在今广东、广西地区,流行一种形制独特的青铜钺。这种铜钺的上端皆作楔形空,腰部形态独特,刃或平或弧,富于变化。与中原地区常见的铜钺明显不同,同毗邻的云南地区地区流行的铜钺也有着明显的差异,是岭南土著青铜文化中具有代表性的器物之一。"① 潮汕出土的青铜钺也同样具有"两广青铜钺"的基本特征,即"楔形,腰部外侈,刃宽于或身部,均采用合范一次铸成,形体较小"②。

在潮汕考古中发现的铜钺,主要有揭东县华美沙丘遗址西周时期铜钺③、揭东县新亨镇溢溪村春秋时期的风字形铜钺④、揭东县茂林山墓地出土春秋时期铜钺⑤、揭东县面头岭墓地战国早期的扇形钺和战国中晚期的梯形钺⑥、揭西县赤岭埔遗址分别为春秋晚期至战国早期的铜钺和战国晚期的铜钺⑦。从中可以大致勾勒出先秦时期潮汕地区铜钺的发展脉络。

特别应该提及的是,揭东县地都镇油柑山出土的一件石范,为钺范,砂岩质,略风化,左面及下面已缺损,可见器形为弧背,有十字凹槽供捆绑,上部浇铸口。钺体仅存近柄端的一部分,弧长 7 厘米,宽 7 厘米,厚 3.2 厘米。根据分析,其年代应为西周中晚期。⑧ 该石钺范的出土,是当地浇铸铜钺的证据。与之年代相近的是揭阳华美沙丘遗址出土的西周时期的铜钺,该铜钺为短身、双面圆刃,口近长方形,圆角,较平直,素面。整个器物全长 6.9 厘米,刃宽 5.4 厘米,口长 3.4 厘米,宽 1.9 厘米。这件铜钺与春秋战国时期常见的斧相比较,身短,刃则更宽;与这一时期的钺相比较,则刃面要宽,尚属于斧钺不宜区别的阶段。到了春秋时期,出现风字形铜钺,此类铜钺是南中国地区以至东南亚

---

① 覃彩銮:《两广青铜钺初论》,《文物》1992 年第 6 期。

② 覃彩銮:《两广青铜钺初论》,《文物》1992 年第 6 期。

③ 邱立诚、吴道跃:《广东揭阳华美沙丘遗址调查》,载陈历明编《潮汕考古文集》,第 169～172 页。

④ 揭阳考古队、揭阳市文化局编《揭阳的远古与文明》,第 126 页。

⑤ 揭阳考古队、揭阳市文化局编《揭阳的远古与文明》,第 15 页;"古揭阳(榕江)先秦两汉考古学文化综合研究"课题组:《揭东县先秦两汉遗址调查报告》,载揭阳考古队、揭阳市文化广电新闻出版局编《揭阳考古(2003～2005)》,第 129～180 页。

⑥ 揭阳考古队、揭阳市文化局编《揭阳的远古与文明》,第 126 页;"古揭阳(榕江)先秦两汉考古学文化综合研究"课题组:《揭东县面头岭墓地发掘报告》,载揭阳考古队、揭阳市文化广电新闻出版局编《揭阳考古(2003～2005)》,第 51～102 页。

⑦ 揭阳考古队、揭阳市文化局编《揭阳的远古与文明》,第 118 页;"古揭阳(榕江)先秦两汉考古学文化综合研究"课题组:《揭东县赤岭埔遗址调查报告》,载揭阳考古队、揭阳市文化广电新闻出版局编《揭阳考古(2003～2005)》,第 190～197 页。

⑧ 揭阳考古队、揭阳市文化局编《揭阳的远古与文明》,第 130 页;"古揭阳(榕江)先秦两汉考古学文化综合研究"课题组:《揭东县先秦两汉遗址调查报告》,载揭阳考古队、揭阳市文化广电新闻出版局编《揭阳考古(2003～2005)》,第 129～180 页。

地区最典型的铜器类型之一。揭东县新亨镇溢溪村出土的凤字形铜钺，高8.1厘米，刃宽5.8厘米，长方形，束腰，两侧外展，刃缘略弧。春秋晚期以至战国时期，流行弧刃扇形钺。揭西县赤岭埔遗址出土的春秋晚期至战国中期的2件铜钺，器体较长，长方，微束腰，弧刃，一件器高6.6厘米，刃宽5厘米，另一件器高7.9厘米，刃宽6.8厘米。同一遗址还出土战国晚期扇形钺1件，器体较短，长方形，束腰，弧刃，器高5厘米，刃宽4.8厘米。在揭东县面头岭墓地也出土战国早期扇形钺，该钺为长方形，钺身作扇形，弧刃，口长3厘米，宽1.7厘米，全器通长8.9厘米。在该墓地还出土战国中晚期的梯形钺，该钺平面近梯形，长方中空，器身有长方形孔，束腰，平刃微外撇。刃面宽7.8厘米，器高9.6厘米。

从以上这些考古发现的铜钺，可以看到其从西周时期的斧钺不宜区别，春秋时期的凤字形钺，到春秋晚期至战国时期的弧刃扇形钺以及战国中晚期的梯形钺的发展过程，也足以说明潮汕先民长期使用铜钺这一最富越族文化特色的器物。

提到潮汕出土的越族青铜器，饶平联饶顶大埔山墓地发现的商代晚期青铜戈特别引人注目，因为它是目前广东发现的青铜器中年代最早的一件，同时也是广东最早铸造的青铜器。我国著名考古学家苏秉琦教授在对广东出土的戈类进行分析时指出："韶关地区、汕头地区出土的石戈，从最原始的无阑戈到有阑的戈，其发生发展的过程是中原所没有见到的。"浮滨文化的石戈虽含有商文化影响的因素，但其器身偏平、直内、两侧有刃、三角锐锋、腰部折出双肩等特点，更多的应是土著民族（即越人的一支）风格的反映。饶平出土的这件青铜戈应是在石戈的基础上发展而来的，其形制与石戈风格一致，长17.5厘米，直内无弧，援部狭长，援前收杀成锐锋，有上下刃，援后部和内后端各有一穿，援部中间有一道线脊，援和内之间铸一道似阑的凸线。其风格说明这件青铜戈应是当地铸造生产的产品，其独特性明显。[1]

青铜兵器中另一件必须引起重视的器物是揭东县云路镇中厦村面头岭墓地战国时期的青铜矛。该矛残长13.7厘米，部直径1.9厘米。口内凹，部圆形中空有一竖耳，其下饰"王"字形图案，相对一面则铭有两个刻画符号。叶部隆脊，锋部残缺。叶部一面铭有多个刻画符号，另一面的基部两侧饰变体云纹。[2] 这种"王"字形纹记在西江流域的越式青铜兵器上较为常见。饶宗颐先生指出："查带着'王'标记的器物，有戈、斧、篯刀等，在广东西江流域之德庆、肇庆、四会、广宁、罗定多见之。论者认为带此类王字纹的兵器，若长沙出土之越王矛，邵阳之王字形矛，说明其先起源于越国而后来流行于百越各地。"[3]

在潮汕考古中，还发现了各类越式青铜器。如越式鼎作为越族特有的器型，其主要特点是三足外撇，或三足内侧有长条形竖槽，或三足呈尖锥形且外撇，口沿或立耳盘口，或

① 邱立诚：《饶平古墓出土戈类浅析》；朱非素：《粤闽地区浮滨类型文化遗存的发现和探索》，载陈历明编《潮汕考古文集》，第115~126、156~166页。
② "古揭阳（榕江）先秦两汉考古学文化综合研究"课题组：《揭东县面头岭墓地发掘报告》，载揭阳考古队、揭阳市文化广电新闻出版局编《揭阳考古（2003~2005）》，第51~102页。
③ 饶宗颐：《从浮滨遗物论其周遭史地与南海国问题》，载黄挺编《饶宗颐潮汕地方史论集》，汕头大学出版社，1996，第76~83页。

侈口，圆底高足，胎壁不厚，体较小且轻薄，纹饰上不像中原鼎繁缛。在揭东县面头岭墓地出土的一件铜鼎，盘口微外侈，方唇，束颈，扁腹圆底，三只扁圆形的高足外撇，鼎身素面无纹，属于典型的越式鼎。[①] 这一类青铜器显示出鲜明的越族特色。

六　流行几何印纹陶

所谓几何印纹陶，是指使用陶拍（或木拍）在陶器上拍印出各种由几何形线条组成的纹饰，如方格纹、编织纹、水波纹、叶脉纹、曲尺纹、云雷纹、米字纹、夔纹等。在揭阳的落水金狮、金鸡崇，潮阳的金埔、象山、普宁后山等地均有陶拍出土。[②]

几何印纹陶是越族文化的一个重要特征。曾昭燏、尹焕章先生认为："以几何印纹陶为主的文化发源于东南沿海地区。以几何印纹陶为主的文化的居民，可能都是（或大部分是）属于百越族的。"[③]

在新石器时代中期的陈桥贝丘遗址中尚不见几何印纹陶，绳纹、条纹（篮纹）也少见。新石器时代晚期以后，几何印纹陶普遍出现。在1956～1960年对广东省东部的调查中，发现的陶器共分为夹砂粗陶、几何印纹软陶和几何印纹硬陶三种。几何印纹软陶"花纹以曲尺纹、篮纹、方格纹、双圈纹、乳丁纹和附加堆纹较常见。也有一些不工整的雷纹、云纹和划纹"。几何印纹硬陶"花纹种类复杂，有凸、凹、单、双线几种形式，其中以规则的大小方格纹、夔纹、雷纹和几种纹合饰的花纹为多。还有米字纹、水波纹、篦纹和编织纹等"[④]。

普宁市广太镇绵远村虎头埔遗址作为一处新石器时代晚期的专业制陶遗址，出土了大量几何印纹陶，说明在新石器时代晚期潮汕已开始流行几何印纹陶。在该遗址中采集和发掘的器物大多是侈口矮圈足罐，其他器型如圆底罐、器盖、陶坠等，虽有发现却很零星。陶器几乎全是泥质陶，烧制火候很高，质地坚硬。器物颈部以下一般都有拍印或者压印的几何形纹饰，分为单一纹饰和复合纹饰两大类。单一纹饰表现为单一类型的线条或几何图形构成的纹样，包括线条类的条纹、交错条纹、席纹、细绳纹、梯格纹、曲折纹、水波纹、垂鳞纹、叶脉纹等；几何图形类的长方格纹、方格纹、菱格纹、圆圈纹、涡纹、云纹等。复合纹饰则是由两种或两种以上单一纹饰构成的纹样，包括上述单一纹样和附加堆纹的组合、重圈纹（或者圆圈纹）和曲折纹、叶脉纹、菱格凸点纹的组合等。[⑤] 作为制陶遗址，这些几何印纹陶纹饰的发现是潮汕地区新石器时代晚期流行几何印纹陶的一个缩影。

后山类型的文化遗存作为新石器时代晚期向青铜文化过渡的一种地方特色明显的土著

---

① 揭阳考古队、揭阳市文化局编《揭阳的远古与文明》，第127页；古揭阳（榕江）先秦两汉考古学文化综合研究"课题组：《揭东县面头岭墓地发掘报告》，载揭阳考古队、揭阳市文化广电新闻出版局编《揭阳考古（2003～2005）》，第51～102页。

② 杨式挺：《建国以来广东新石器时代考古略述》，载《岭南文物考古论集》，第92～99页。

③ 转引自杨式挺《试从考古发现探索百越文化源流的若干问题》，载《岭南文物考古论集》，第81～91页。

④ 广东省博物馆：《广东东部地区新石器时代遗存》，载陈历明编《潮汕考古文集》，第1～25页。

⑤ "古揭阳（榕江）先秦两汉考古学文化综合研究"课题组：《普宁市虎头埔新石器时代遗址发掘报告》，载揭阳考古队、揭阳市文化广电新闻出版局编《揭阳考古（2003～2005）》，科学出版社，2005，第3～50页。

文化（时代相当于夏商之际或商代早期），陶器以泥质灰色硬陶为主，器物以鸡形壶和凹底罐为特色，常见高领罐、凹底罐和钵，器表常拍印细方格纹、菱格纹或者双线菱格纹。① 陶器纹饰较之虎头埔文化，种类和数量都锐减。

至商周时期的浮滨文化，陶器纹饰较为单调，种类不多，多以素面、条纹、刻画符号、泥丸等作为装饰，条纹、方格纹、梯格纹是浮滨文化遗存中最为常见的纹饰。②

东周时期，继浮滨文化之后，潮汕地区的几何印纹陶再度兴盛，其显著的标志是夔纹陶和米字纹陶的出现。"前者与方格、云雷、篦点等纹饰相互搭配，组合成为复合纹样，每件陶器一般都有两种以上的纹样，呈带状拍印于陶器的肩腹部。后者则多为单一纹样，仅见少量与方格纹搭配作组合纹样，不见与其他纹样组合，亦拍印于陶器的肩腹部。"③

夔纹是岭南越人仿照中原青铜器上的夔龙纹、窃曲纹或陶器上的相类纹饰而创造的一种陶器纹样，是南越族陶器特有的标记，其中心区可能在粤中地区，并迅即沿东江、北江和西江流域发展、传播，以猛烈的势头影响到潮汕地区的土著文化。揭阳埔田镇马头崟上层、地都镇蜈蚣岭2A层、仙桥区赤岭口、仙桥区犬屎山、新亨镇落水金狮、新亨镇新岭矿场、云路区中厦石厝岭、地都镇油柑山、东山区虎头崟；惠来饭钵山、虎沟、新厝村旁；普宁石牌后寮花鼓岩、潮州归湖神山等遗址以及揭阳埔田茂林山、揭东云路镇中厦面头岭等地墓葬都出土了夔纹陶器。④

岭南米字纹陶器，出现年代大约在战国中期，它是从华东地区传播而来的。西周晚期至春秋前期，华东太湖地区已出现印有米字纹、重方格（回形）交叉纹的陶器。楚于公元前355年灭越国。"越以此散，诸族子争立，或为王，或为君，滨于江南海上，服朝于楚。"（《史记·越王勾践世家》）以米字纹为标志的文化也随着南下，逐步影响粤东地区和岭南其他地区，米字纹陶器也逐步取代了夔纹陶器进而成为岭南地区越人的标志性器物。⑤ 揭东云路镇中厦面头岭墓葬、揭阳仙桥区平林战国墓以及揭阳埔田镇马头崟遗址上层、云路镇中厦石厝岭遗址、曲溪镇金山顶遗址、惠来虎沟遗址、揭西赤岭埔遗址均出土有米字纹陶器。潮州归湖也有含米字纹陶器的遗址。⑥

汉代，潮汕地区开始出现菱形、圆形和组合形戳印纹。如澄海龟山汉代建筑遗址，出土大量陶器，按可辨器形统计，共288件。纹饰以方格加戳印纹为主体纹样，其他有兰纹、弦纹、水波纹、方格纹等，部分为素面。戳印纹样丰富多样，有圆形、菱形、方形、

---

① 揭阳考古队、揭阳市文化局编《揭阳的远古与文明》，香港公元出版有限公司，2003，第10页。
② 邱立诚、曾骐：《论浮滨文化》，载《潮学研究》第6辑，汕头大学出版社，1997，第19～34页。
③ 邱立诚：《对粤港地区青铜文化几个问题的探讨》，载《广东省博物馆集刊（1999年）》，广东人民出版社，1999，第15～31页。
④ 参见陈历明主编《潮汕文物志（上册）》；陈历明编《潮汕考古文集》；揭阳考古队、揭阳市文化局编《揭阳的远古与文明》；揭阳考古队、揭阳市文化广电新闻出版局编《揭阳考古（2003～2005）》。
⑤ 参见邱立诚《广东先秦时期考古研究的新进展》、《关于揭阳早期历史的几个问题》，载《粤地考古求索》，第47～64，132～137页。
⑥ 参见陈历明主编《潮汕文物志（上册）》；陈历明编《潮汕考古文集》；揭阳考古队、揭阳市文化局编《揭阳的远古与文明》；揭阳考古队、揭阳市文化广电新闻出版局编《揭阳考古（2003～2005）》。

组合形等。① 这一时期，潮汕地区出土的"汉式"陶器不断增多，汉文化对这一地区的影响不断加强。

七 蛇图腾崇拜和鸟图腾崇拜

在潮汕地区考古中，发现了两类独具地方特色的陶器——蛇形壶和鸡形壶，这是潮汕先民蛇图腾崇拜和鸟图腾崇拜的反映，从中可以看出其与越族文化之间的密切关系。

越族信仰蛇图腾。汉代许慎《说文解字》中对"南蛮"和"闽"的解释就说："南蛮，它（蛇）种。""闽，东南越，蛇种。"《山海经》的《海内经》中说："南方……有神异，人首蛇身。"《大荒南经》中说："南海渚中有神，人面，珥两青蛇，践两赤蛇。"有研究者认为：几何印陶纹作为越族富有特色的器物，陶器上拍印的各种几何形花纹"是蛇状和蛇的斑纹的模拟和演变"，如"所谓云雷纹，可能就是蛇的盘曲形状的简化"，S 形纹"可能是蛇身扭曲的简化"，"波状纹更可能是蛇爬行状态的简化"。越族人在日常使用的陶器上，饰以同蛇花纹或蛇形状有关的几何形纹样，"其原因是由于陶器主人对蛇图腾的崇拜"②。在越族活动的地区，有不少蛇崇拜的考古发现，如浙江"良渚文化时期的陶器和玉器上都刻画有不少蛇的纹饰"。"在新石器时代以后的考古发掘中，有不少青铜器上出现的蛇纹图案，说明了在吴越地区蛇崇拜一直延续了下来。"③ 福建闽南漳州的上古岩画中也有不少蛇崇拜的证据，如"华安草仔岩画，刻面上较为显著的一幅是两条蛇交叉的图案，其左侧有一圆圈，可能是表示蛇卵，另有一体形较小似为幼蛇，两蛇相交、首尾相随或缠绕在一起的图画所反映的图腾崇拜意思是很清楚的"④。

在揭阳的黄岐山、揭东埔田马头崟、地都华美等地出土了蛇形壶或者该类器物的残片。⑤ 这种陶器一般为橙黄色或橙红色，器身呈环形管状，如盘绕的蛇身一般，长颈外撇的壶口立于器身一侧，整体形状如盘身昂首的蛇形。这类蛇形壶应与潮汕先民蛇图腾崇拜有关。

鸟崇拜与鸟图腾也是越族的文化特色之一。晋代张华《博物志》卷三《异鸟》说："越地深山有鸟如鸠，青色，名曰冶鸟。……越人谓此鸟为越祝之祖。"在《山海经·海外南经》中说："羽民国在其东南，其为人长身，身生羽。"《史记正义》引《神异经》："南方荒中有人焉，人面，鸟啄，而有翼，两手足扶翼而行，食海中鱼，即斯人也。"这种半人半鸟的形象，正是鸟图腾的人格化。在越族活动过的江浙地区的史前文化遗存中出土了大量的鸟的雕塑和绘有鸟纹的玉器、陶器，正是鸟崇拜和鸟图腾的反映。"'从河姆

---

① 广东省文物考古研究所等：《澄海龟山汉代建筑遗址》，载邱立诚编《澄海龟山汉代遗址》，广东人民出版社，1997，第 1～153 页。

② 陈文华：《几何印纹陶与古越族的蛇图腾崇拜》，《考古与文物》1981 年第 2 期。

③ 姜彬：《稻作生产与蛇崇拜》，上海社会科学院网，2008 年 8 月 28 日，http://www.sass.org.cn。

④ 秦慧颖：《福建古代动物神灵崇拜》，载《东南考古研究》第 3 辑，厦门大学出版社，2003。

⑤ 揭阳考古队、揭阳市文化局编《揭阳的远古与文明》，第 62 页。

渡文化到良渚文化，一江相望，千年之隔，鸟像图符始终处于原始艺术创作的核心位置。'河姆渡遗址就出土了一批以鸟为主题的图符资料……在浙江余杭反山、瑶山两处良渚文化墓地中，共出土了 5 件圆雕玉鸟……以上这些考古资料，无疑是先民们对鸟情有独钟的最好体现，也是原始时期关于鸟崇拜方面最好的实例。"①

潮汕的越族先民中同样存在鸟崇拜现象，鸡形壶便是这种图腾崇拜的反映。鸡形壶是后山类型遗存的典型器物，其上部一侧有较宽而敞的流口，另一侧有小而略尖的小口，似作鸡尾状，两者之间有扁桥形提梁，溜肩或折肩，扁腹，圆凹底或圆平底，器身饰方格纹。这种鸡形壶在榕江流域有较多发现，以普宁后山遗址出土最多，在揭东县的云路镇中厦村、新亨镇老鼠山、曲溪镇五堆村、玉湖镇关爷石、揭阳市仙桥镇戏院后、粮所后山等遗址中也有出土，在韩江流域的饶平大埔山、南澳岛等地也采集到数量不等的鸡形壶。已有研究者追溯鸡形壶的源头，指出："从时间上看，距今 5000 年前的浙江河姆渡文化出现的垂囊盉陶器可以说是鸡形壶陶器的祖形，而距今近 4000 年的上海马桥文化，所出现的鸭形壶陶器也是与鸡形壶陶器较为相近的器物，鸭形壶陶器分布广泛，浙江、福建均可见其踪影，一路南下，至粤东演变为鸡形壶陶器，故华东地区应是鸡形壶陶器的源头。江浙地区与福建、广东同属百越之地，华东地区的越人与岭南越人的交往自然十分密切，因此，年代距今 3500 年前后的鸡形壶陶器是受鸭形壶陶器的影响而产生，可以认为是东夷文化南传与粤东土著文化相融合的产物。"②

以上通过对潮汕地区考古资料中所见的越族文化特征的梳理，可以证明潮汕先民当为越族的一支。在春秋时期之前，与东面的闽越族文化有着较多的一致性，春秋战国时期，西来的南越文化对该地产生了强烈的影响，随着南越国的建立，潮汕地区更多地融入南越文化的因素，促进了闽越文化和南越文化的融合。

责任编辑：曾旭波

---

① 孙荣华：《鸟崇拜与良渚文化神人兽面》，浙江省博物馆《东方博物》2004 年第 1 期（第 10 辑）。
② 邱立诚：《关于揭阳早期历史的几个问题》，载《粤地考古求索》，第 132 ~ 137 页。

潮州窑的中国宋青花

李佳鸿[*]

摘　　要： 北宋潮州作为中国东南沿海陶瓷出口主产区，规模大，品种齐全，除生产日用瓷外，还生产工艺瓷，有纪年的中国"宋青花"就诞生在这里。由于北宋使用"宋青花"尚处于原始应用阶段，颜色色相呈现不稳定，国内其他古陶瓷产区至今尚未出现有纪年、有窑址的"宋青花"出现，故而当说到在潮州窑出现中国"宋青花"时，会有一些人觉得不理解，甚至提出一些异议。本文将从色彩学、材料学、瓷釉与烧成等方面进行科学分析，希望能够帮助大家认识潮州窑的中国"宋青花"。

关键词： 铜蓝色　褐彩　青黑色　宋青花

关于潮州窑出产宋青花问题，在文物界每有人谈及，总有一些人不理解，他们对1934年吴仁敬、辛安潮著的《中国陶瓷史》所描述的"'釉里青'为宋代最大发明，……画花纹于薄质之泥坯上，再施一层薄釉，使成为美丽绝伦之青花，其法起于宋代何年，不能的考，但大观政和时，则确已有此种作品之制造"[①] 所困惑，以为宋青花与"元青花"一样"美丽绝伦"，其实宋代青花的用料当时还可能不知道叫什么名字，还处在初始实践阶段，青花二字是中国人称"蓝天"为"青天"，采用发色类似"蓝天"的钴颜料绘画的花纹为"青花"，烧成的瓷器俗称"青花瓷"。

那么北宋潮州窑是否生产出了"青花瓷"，本文将在色彩学、材料学、瓷釉工艺与烧

---

* 李佳鸿，1958 年生，工艺美术师，潮州市民间文艺家协会主席。本文曾在第八届潮学国际研讨会（中山大学，2009 年）上作小组学术报告。

① 吴仁敬、辛安潮：《中国陶瓷史》，北京图书馆出版社，1998，第 26 页。

成工艺等方面作些探讨。

北宋潮州作为东南沿海陶瓷主要出口产区，原来的老城区周围四郊都制造陶瓷，区域内布满陶瓷窑址；就韩江潮州市区段沿东侧而言，窑灶遍布笔架山山前，绵延 2 公里，瓷窑鳞次栉比，触目可见，相传宋代瓷窑有 99 条，俗称"百窑村"，① 考古发现十号龙窑窑身残存的长度就有 79.5 米，现为国家级文物保护单位。

中国古陶瓷专家朱裕平先生所著的中国青花瓷史之一《元代青花瓷》一书记载：1922 年广东省驻军在城南羊皮岗挖掘到四座青花佛像和一座香炉，佛像上有铭文如下："治平四年丁未岁九月卅日题""潮州水东中窑甲，弟子刘扶同妻陈氏十五娘发心塑释迦牟尼佛，永充散施供养为父，刘用及阖家男女乞保平安，熙宁元年戊申岁五月二十四日题""匠人周明"。

这说明这尊佛像为宋治平四年至五年（1067～1068）间的潮州产品。"青花瓷像质地莹白、卵青色釉，介于定窑白瓷与景德镇影青釉之间，佛像的冠、发眉、眼、须用青料描绘，青花在釉下部分呈深浅不等的青褐色，未盖釉处如桂皮样黄色；……目前发现的宋青花分别产于浙江、广东和景德镇，浙江和广东的烧制年代要早于景德镇。""青花经测试采用高锰低铁的国产钴料，宋代青花尚未成批生产，但从出土仅瓷像装饰和民用粗碗（指浙江）两类来看说明已用于个别器物的商品生产。"②

对于朱裕平先生阐述的广东"宋青花"论点，社会上还有一些人存在怀疑。目前社会出现的疑问，主要有两个问题需要弄清楚：一、褐彩；二、铜也能烧出蓝色。③

图1 广东省博物馆收藏的潮州窑佛像

如何解释上述两个问题？

解释一，我们知道，古代由于缺少我们现代人所掌握的化学测试手段，人们对于那些不知名但可作为陶瓷颜料的矿物都是通过试用，在有意烧制过程中得到了材料和配制方法，然后给它一个约定俗成的名字。就是当今的民间陶瓷厂还存在此一现象。

① 蒋祖缘、方志钦主编《简明广东史》，广东人民出版社，1993，第 159 页。

② 朱裕平：《元代青花瓷》，文物出版社，2000，第 23～24 页。

③ 欧阳希君：《"宋青花"辨考》，www.ouyangxijun.i.sohu.com/blog/view/157570353.htm。

正如"青花"一名已经约定俗成地使用了数百年，最初也不会叫"钴蓝"；就地域习惯而言，潮州好多制瓷的人都将"钴蓝"叫"蓝彩"，不会跟景德镇一样称"青花"，其实两种叫法都用于同一颜色——"钴蓝"。

北宋潮州窑是否烧制过青花瓷器？我们可看古代潮州及其周边是否有钴矿。清代《南窑笔记》载："本朝则广东、广西俱出料，亦属可用，但不耐火，绘彩入炉则黑矣"；清唐英《陶冶图说》中也说"瓷器青花霁青大釉，悉藉青料……广东诸山产者，色薄而不耐火，止可画粗器"。《南窑笔记》、《陶冶图说》皆说广东诸山产料并指其缺陷，但没说具体产地，在明清潮州窑之青花瓷器产品中经常发现有浅淡发黑的青花瓷器就是使用了钴料。笔者调查，宋代同属广南东路的梅州平远、潮州皆有钴土矿存在；现在的潮州市饶平县、潮安县都有钴土矿。潮安县古巷镇水美乡就有钴土矿，当地人说很早就知古代人在这里发现钴土矿，这种矿石也不是有什么特别，只是在类似长石的缝隙处有些水锈般的褐色矿物，其含钴金属量很低（约0.6%），笔者咨询原潮州市钴冶炼厂技术人员，据说按现代钴金属开采要求，此种含量的钴矿没有开采价值。[①]

但在北宋潮州彩瓷处于萌芽阶段也可算得上重大发明了，要不是难以采集，就不会整个笔架山窑只有人物塑像才能用得上青花料，可见其当时这种材料之珍贵。至今国内发现的宋代青花瓷器在一件作品上记录有窑名、地名、供养人、年、月、日、制作者等七项信息的，也只有潮州窑才有。

《简明广东史》记载：北宋潮州陶瓷生产"居广南之冠"，技术水平已经上了新台阶，先进的阶级窑、近百米长的龙窑在笔架山的百窑村中出现，证明潮州当时陶瓷已经进入大规模生产。其中的黑釉、酱釉产品与现代颜色釉原理一样，采用铁、锰等金属为着色剂。据地方史料记载，宋代韩江流域的矿产有铁矿、银矿，铜矿极少，韩江流域上游山区出产铁矿和锰矿。生产高温酱褐色釉、黑色釉需要铁矿和锰矿，唐代潮州北关窑的点褐彩就因含有上述两种金属物质才出现褐色，根据广东省博物馆《潮州笔架山窑宋代窑址发掘报告》的记录，笔架山窑宋代窑址的"釉色有白釉、影青釉、青釉、黄釉和黑釉、酱褐釉六种……酱褐色釉也是深浅各异，多数呈褐色，釉水薄，且有剥落现象，积釉处呈黑色，个别器物釉水厚变成黑釉，釉面光润，这是酱褐色釉中好作品之一"[②]。上述资料证明当时潮州窑区已经成熟地将部分金属着色剂应用于陶瓷生产。

那么，潮州窑的中国宋青花又会是怎样的情况呢？对当年潮安县文化馆在笔架山窑址采集的佛像标本和刻有"周明"字样的瓷片，《潮州笔架山窑宋代窑址发掘报告》中载：佛像白釉泛灰色，长衣趺坐。前额印宝相花带，眉、眼和胡须呈青黑色，风格同于1922年在羊皮岗发现的四尊佛像，现广东省博物馆和中国历史博物馆各收藏二尊。证明"采集的佛像标本和刻有'周明'字样的瓷片"和羊皮岗发现的四座佛像是一座香炉出的，都是

---

①　潮州市地方志编纂委员会编《潮州市志》，广东人民出版社，1985，第444页。
②　广东省博物馆编《潮州笔架山窑宋代窑址发掘报告》，文物出版社，1981，第57页。

笔架山窑的产品。[①]

四座佛像都结跏趺坐于须弥座上，头顶发髻；弯眉和眼瞳；畜的胡（髭）须都有呈黑色、青褐色、黄褐色的基本特征，全部彩绘而成，黑色、青褐色处只见"薄釉"，不见"厚釉"更没有上述的"积釉"，没有出现原色釉"积釉处呈黑色的光亮釉色"，只见薄釉处有些起泡而失去光泽，这是因为宋青花是彩绘上去的，彩绘料层偏厚妨碍了瓷釉与坯体的结合，才会起泡和束釉（民间叫"卷舌"），如果施用的是颜色釉，那么这些缺憾就基本不会发生。

解释二，依据色彩学原理，"黑色"的构成是通过红、绿、蓝三原色重合而成的，而且"黑色基调"还有呈"红调"和呈"蓝调"两种，佛像上的"青黑色"就是"蓝调"黑色，如果上述佛像没有钴蓝颜色的存在，那么"蓝调"黑色也不会形成。

北宋潮州的龙窑结构可以根据需要控制还原焰，如果着宋青花彩料的陶瓷产品使用含钙的影青釉时，"宋青花"将出现第一种情况：瓷器坯体在釉层保护下，坯体表层中的铁离子被密闭，铁离子还是二氧化铁，颜色呈黄绿色而不会形成三氧化二铁红的褚红色，这时钴料发出有效的蓝颜色，釉下部分就会出现"（锰 Mn）淡红 +（铁 Fe）黄绿 +（钴 Co）蓝色"的"青褐色"的黑色。

如果彩料和胎体均未被釉体覆盖，"宋青花"将出现第二种情况：由于铁离子在窑灶烧成过程中，尚未进入还原燃烧成的前阶段，已被氧化形成的 Fe_2O_3（氧化铁红）分布在坯体表面，其氧化铁红颜色超过蓝色的发色力，CoO（氧化钴）所发的颜色反而成为弱蓝色，那么就会出现褐色。社会上所认为的"褐彩"现象就是后者所出现的现象。

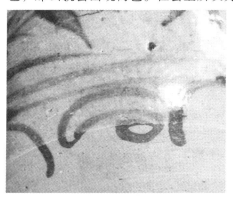

**图2 建水窑"元青花"纹饰
潮州卢宁锐收藏**

例如云南省建水窑的元代青花瓷，笔者研究发现，建水窑"元青花"的纹饰（见图2）是土青料画上去的，并上了薄釉，在高倍放大镜中其青花表面的薄釉有起泡和脱釉现象，这与潮州宋青花"彩绘料层偏厚妨碍了瓷釉与坯体的结合"一样，未盖釉部分因氧化铁红颜色超过蓝色而呈褐色，盖厚釉部分呈黑色，与北宋潮州窑青花佛像的呈色相一致。

解释三，根据材料学的特点，笔者所见到的民间收藏的宋代潮州窑青花佛像（见图3），头顶发髻、弯眉和眼瞳、畜的胡（髭）须都呈青褐色至黑色，高温烧成意味着钴蓝色的存在，因为目前在所有金属氧化物颜色应用中，能够在1300℃以上发出蓝色的只有 CoO（氧化钴）！

值得注意的是，铜在没有保护剂的情况下，1200℃以上将会逐渐挥发，如果在1200℃左右，铜金属［Cu］在氧化烧成时颜色呈绿色；在现代的铜系釉配方中，要利用

___
① 广东省博物馆编《潮州笔架山窑宋代窑址发掘报告》，第37页。

碳化硅的"碳"占据釉体空间；利用氧化锡、红丹或硼熔块作为保护剂条件下，采取还原焰烧成铜金属才可能产生铜红颜色，否则将会出现绿颜色！而要使铜发出蓝色则配方上有更大的差别。

笔者曾经作了1220℃的铜系釉配方试验，铜金属只有在呈强碱性（加入玻璃粉）长石质釉"氧化烧"时才会呈天蓝颜色；而宋代的影青釉瓷采用非长石质钙釉，不会出现碱性较大的（长石质或）玻璃粉釉，故怀疑潮州窑宋代青花佛像所呈的"青花"其"蓝色"是"由铜金属生成"的观点是错误的！

在分析了潮州窑宋青花之后，我认为收藏在美国大都会博物馆的"元青花"瓷质佛像头值得研究。此佛像头见于《美国大都会博物馆收藏——中国名瓷》[①]上，由于此佛像头施釉层厚对钴蓝颜色呈色发挥正常、铁离子受釉体保护没有被氧化成铁红，只有在右眉中间因釉层薄铁受氧化出现轻微褐色；冠饰上画莲

图3　澄海刘成斌收藏的潮州
窑佛像头部藏件

座佛相纹饰，其他发髻、弯眉和眼睛、畜的胡（髭）须都呈青褐色至黑色的青花料；从"菩萨头"造型及其装饰上，嘴唇胡须青花呈八字形向上卷曲，嘴唇下胡须青花呈向内卷圈图案，下垂的大耳前倾，鼻准头两边鼻翼刻一弧形凹线（见图4），与已发现的潮州窑宋代青花佛像制作手法完全相同，虽然头冠部分形式上有所不同，但宋代潮州窑青花佛像生产的款式起码有十几种以上，美国大都会博物馆收藏"元青花"佛像其整体造型装饰与笔架山窑址采集的佛像标本基本一致；例如在博物馆收藏的潮州窑宋代青花佛像（菩萨）不戴冠，只是在束起的高发髻前面装饰有宝珠；头冠装饰就发现有五种以上的头冠形式，这在形制上可能因供应对象不同而有所变化，所以笔者认为美国大都会博物馆收藏的"元青花"佛像是"潮州窑宋代青花佛像"。

图4　美国大都会博物馆收藏
"元青花"佛像

---

① 吴晓丁编著《美国大都会博物馆收藏——中国名瓷》，天津人民出版社，2007，第32页。

结　语

　　综上所述，社会上一些人对潮州窑宋代青花的存疑，笔者认为一些人没有很好地理解古代人社会形态，对古代人所具有的科学知识要求较高，青花彩料在宋代仍处于原始实践过程，不能与中国画颜料相比，中国画颜料也多数是矿物颜料，颜色比较"直观"；陶瓷的颜料是"间接性"地发出颜色，颜色的生成又与使用釉料、材料纯度、施釉工艺、火焰气氛、烧成温度等很多客观条件都有关系，随时可能发生变化。当然还有一些人因为未理解好吴仁敬、辛安潮著的《中国陶瓷史》"第九章　宋时代"中对"宋青花"的描述而造成误会，原文"美丽绝伦之青花，其法起于宋代何年，不能的考，但大观政和时，则确已有此种作品之制造"，它只告诉你：元代以后的青花瓷"美丽绝伦的青花，其法起于宋代"[1]。

责任编辑：陈贤武

---

① 吴仁敬、辛安潮：《中国陶瓷史》，第 26 页。

近现代枫溪潮州窑与
新马陶瓷业的关系
——以春成、陶光、万和发为中心

李炳炎[*]

摘　要： 1860 年，汕头成为通商港口之后，枫溪依借临港优势，发展陶瓷业，不仅产品通过汕头港销往东南亚，而且大量的枫溪陶瓷业者"下南洋"，到东南亚创业，他们依借家乡的陶瓷技艺，通过陶瓷的经营或生产在新、马得以生存，其中，有一些企业以此得到发展壮大，成为东南亚知名品牌的陶瓷生产企业。本文通过口述史料、家族文书、文献等资料，了解吴子厚、陈顺兴两大家族在新马经营陶瓷业的不同发展模式，初探东南亚华人社会在在地化前后与华南侨乡的密切关系。

关键词： 近代枫溪潮州窑　新马　陶瓷业

近代汕头港的对外通商，方便了人员及货物的运输，促使枫溪陶瓷业的迅速发展。当时，枫溪陶瓷生产规模较大的瓷厂，有"如合""荣利""陶真玉"等几十家，规模较大的行商有"春成""和祥""耀兴"等十多家，它们的产品通过汕头港销往东南亚。同时，枫溪的陶瓷业者移民到东南亚后，以经营或生产陶瓷谋生创业生存，新马陶瓷业也因此得以发展。

一　近代枫溪与新马的陶瓷业

（一）近代枫溪的陶瓷业

清咸丰十年（1860 年），潮州府汕头港对外开放通商。民国初期，进出港货物迅猛发

---

* 李炳炎，1962 年生，文博馆员，高级工艺美术师，潮州市颐陶轩陶瓷文化研究所所长。本文的写作，承蒙陈景熙博士多番指正，部分资料由黄挺教授和佘翠裴女士及佘树进、陈德衍、陈德育等先生提供，谨此致谢！

展，汕头港洋货倾入主要为鸦片、棉布、棉纱、矿产物、煤油等商品，外国以此换取潮州的蔗糖、陶瓷、麻布、药材等土特产。

据《1911 至 1921 年潮海关十年报告》载：

> 枫溪陶瓷作坊工人人数约 15000 人，龙窑数量 25 条左右……由于抵制日货，新加坡纷纷购买割胶瓷杯的订单。在曼谷和安南市场上瓷器销路也一直见好。这种货物，一般用稻草包扎后，装入竹筐，用小船经过庵埠载至汕头，以待装运国外。据估计每年产值可达 150 万元。[①]

因市场需求变化，枫溪陶瓷作坊的产品从原来以生产陶器为主，逐步转向以瓷器为主。随着飞天燕瓷土矿的开采利用，枫溪于 19 世纪 20 年代出现了"细瓷"，其釉色洁白，胎质细润，胎釉结合紧密，枫溪的陶瓷业从生产规模、产品质量都跃上了一个档次。此间，在海外市场需求的刺激下，其品种更加丰富多彩，既有青花瓷、色釉瓷、通花瓷，也有日用实用瓷和陈设器，并以花瓶、壁瓶、筒瓶、水钵、凉水器、过滤器、文房、茶壶、酒具等为主。整个枫溪形成了以瓷为业，民以瓷为生的局面，每个枫溪人因能熟悉陶瓷手艺而无不自豪。

（二）近代新马的陶瓷业

1950 年，潘醒农编著的《马来亚潮侨通鉴》一书中，介绍有关潮侨瓷器公会在马来亚各地的陶瓷商有：

> 马来亚潮侨之农商工业，瓷器竹篾商、瓷器批发商几乎多为潮侨之经营，现经有公会之组织，商号较著者有：三合兴、永大、永利记、永成兴、永南发、合裕、合顺、合盛、合盛美发、吴春成、来记、利成、李庆发、成兴、和成、和成利、松成、明发、南兴合记、南成、南裕、南成发、南商公司、南发、美发、陶生、陶丰、陶发、陶发栈、陶源、瓷生、通发、泰成、益生、泰南、祥发、开丰、开顺、集发、森发、富华、惠成、协发、萃记、源裕生、新全顺、万成、万丰、德盛、锦兴、耀成、潮裕等。[②]

调查发现，以上诸多商号的经营者多为潮州枫溪乡人。

民国初期，马来亚本地陶瓷制造业者，潮州人大概占多少比例？陈宗正[③]回忆：

---

① 中国海关学会汕头海关小组等编《潮海关史料汇编》，内部资料，1988，第 120 页。
② 潘醒农编《马来亚潮侨通鉴》，新加坡南岛出版社，1950，第 269 页。
③ 陈宗正，1929 年出生于马来西亚马六甲，1949 年来到阿依淡，万和发第二代传人。

战前几乎是一百巴仙，目前来说就很难讲，各县各省的人都有。开始的时候就一百巴仙是潮州人，潮州潮安那边比较靠近南洋，那么出口来到南洋这一带的陶瓷，在战前的时候，完全都是由潮安那边来的。最后就带动一些人到南洋去。就是说我们的生意做到南洋，应该去那边创业才对。以前的船啊，从中国来到这边，差不多要一个月以上。所以就有一些潮州人，做陶业的，就从那边来到马来西亚、印尼。若以马来西亚来讲，开始的时候他们出产的地方是新加坡，新加坡是在裕廊那一带，还有后港；那么马来半岛就是吉隆坡，开始的时候在文良港那一带；槟城一般是在 Sungai Luar 那边。在这几个据点，一般上是因为这些地方有原料，有天然、自然的原料。[1]

近代东南亚接纳大量移民，人口数量激增，促使消费，繁荣市场，特别是日用瓷器需求量大。马来亚除极少地方拥有瓷土资源，能够生产一些陶瓷器皿外，大部分的日用器都必须从潮州采购，瓷器的经营大部分与其他的日用杂货一起销售，称为杂货店或日杂店。新马地区生产、经营陶瓷者，大多为潮侨。他们将这些产品供给当地市场，或通过马六甲海峡、爪哇岛等中转销往欧美等国；之后，为方便销售，降低成本，他们尝试在当地直接经营生产，渐渐地促成本土陶瓷制造业的兴起。

二　枫溪潮州窑与新马陶瓷业密切关系的三种经营模式

枫溪潮州窑和新马陶瓷业的经营情况，大概可以归纳为以下三种模式。

（一）吴子厚与近代枫溪陶瓷业

清末时期，吴子厚为潮州乃至广东的知名人士，他曾任潮州府税厂总办，后以经营陶瓷著名，拥有枫溪的和成瓷窑及蜚声海内外的春成行号。近代枫溪陶瓷之所以能够大量销往海外，与吴子厚等几位地方能人的努力分不开。目前，吴子厚家族子孙枝繁叶茂，遍布海外。

我们通过 1923 年他 69 岁寿诞时社会名流送来的寿匾贺词，及 1939 年的家族分家书等资料进行整理、研究，从中可以窥见近代吴氏家族的经营情况。[2]

吴氏世系表[3]：

---

[1] 马来西亚华人族群与文化研究中心编《潮人拓殖柔佛原始资料录编》，新加坡南方学院出版，2003，第247页。

[2] 口述史料：1. 佘树进，1946年生于枫溪，为如合号第三代后人，潮安县嘉诚陶瓷工艺有限公司总经理，2011年5月31日，枫溪文林第；2. 佘翠裴，1941年生于香港，陶瓷业者，2012年3月3日，潮州大道岭海明珠花园。

[3] 吴氏世系表中只罗列与本文有关的主要人员。

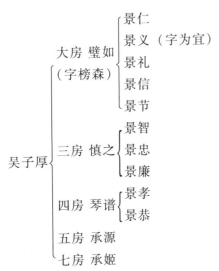

1. 从祝寿匾文及分家书了解吴子厚

1923 年，枫溪吴子厚先生 69 岁时，由钟宝善撰写，社会名流敬赠的祝寿绣匾载：

> ……其志趣远大，襟怀磊落，不沾沾于末世科名，而能因时与地变其所业，以商战称雄于海外。……翁固泰然也，其时，当光绪中年变政议起，翁毅然曰：万国梯航已成通商之局，祖居枫溪为岭南特别产磁之地，苟从事经营，自足以殖生计而挽利权，……于是弃其业而业陶焉，始创于其乡，继推之于汕于香于星加坡于暹罗。二十年来枫溪磁器畅销海外，乡人且间接受工事之利益，多至百数十倍者，未始非翁之有以开其端而竟其绪也。翁自创业后虽每数年必游历各埠视察利弊，然居乡之日既多，而维护族党之念尤挚，中间倡修大宗祠，筹办敦正学校，董理民团局，皆能不吝于财。①

吴子厚，咸丰四年（1854 年）生于枫溪，少年聪颖，德性憨厚，就读于府城，熟知经史之学。光绪年间（1875～1908），授奉直大夫赏戴蓝翎任潮州府税厂总办。受其实业变革影响，吴子厚认为汕头港对外通商已成趋势，又因枫溪是岭南知名的瓷乡，发展陶瓷业有一定基础，他认为从事陶瓷业经营，也不比在朝廷任职领受俸禄差，当官为朝廷做事，经商也能造福乡民，在他的推动下，将枫溪陶瓷产品推广至汕头、中国香港、新加坡、泰国，使枫溪陶瓷业得到发展，陶瓷业者从事陶瓷经营获利丰厚，吴子厚家族的经营也取得巨大的经济效益。

1939 年 6 月，因日寇侵略战事逼近，吴子厚亲自签名立下分家书，对家族物业中的"行铺瓦屋窑厝"列明计：

---

① 钟宝善撰《清授奉直大夫赏戴蓝翎现任潮州府税厂总办吴世丈子厚翁七秩开一荣寿序》，1923 年置立，该绣匾原件为吴子厚后人收藏，影印件资料存于潮州市颐陶轩潮州窑博物馆。

汕头陶生行壹间，住址阜安街；潮城永丰街行壹间……岳窑（和成）壹条；本乡宫前洋，岳厝叁拾玖间……①

另外，对经营行铺所占股份也作了交代：

汕头陶生，生理完全己有；汕头春成，生理完全己有；新加坡春成，壹拾贰股得拾股；新加坡源兴、马六甲源丰925股得525股；本乡佳成，壹拾四股得四股；一本乡和成，生理完全己有。②

其家族在枫溪本乡拥有"和成窑"及作坊39间、和成栈、佳成栈（合股）；在潮州、汕头、新加坡、马来西亚马六甲等地拥有行号，吴子厚每几年便到海内外市场考察，按市场的变化调整经营策略，使企业经营立于不败之地。吴子厚在经营上取得成功后，不忘造福桑梓。

2. 从文献及口述史料了解吴子厚

根据文献资料，对近代枫溪知名商号的描述中，提及吴氏家族吴春成号的创立：

在清光绪年间（1875~1905），就有不少华侨进行对外贸易了。据了解，有1893年的"和祥号"、"吉祥号"以及"福成号"等，继起的有1899年的"吉源号"，1900年的"蔡禄成号"，1905年的"吴丰发"以及1909年的"承德号"，"吴春成号"等等。③

1931年，南商公所改组为南商同业公会，至1933年，南商同业公会仍有福成、吴和祥、吴丰发、吴春成、耕裕等54家商行。在当时多者每号年有百余万元之营业，少者类亦三十万元以上。④

吴氏家族生意的经营主要集中于新加坡、中国香港、马来西亚。在海外的行号都由他的子孙负责经营，直至近现代。20世纪50年代，吴慎之出任新加坡瓷商公会主席，新加坡潮州街的"吴春成行"先由景智和景礼经营，20世纪50年代之后，景礼在新加坡潮州街另创"吴和成行"。新加坡的"吴春成行"和"吴和成行"均主要经营枫溪产日用陶瓷，通过转口批发销往马来西亚、印度尼西亚一带；景忠在新加坡经营"古月轩"古玩店；琴谱在马六甲开胶园，他与陈嘉庚家族是姻亲，主要经营土产品；承源在新加坡的阿陵母拉街经营"陶源"陶瓷零售店；承姬在马来西亚吉隆坡经营"如意行"。⑤

---

① 口述史料：佘翠裴，2012年3月3日，潮州大道岭海明珠花园。
② 口述史料：佘翠裴，2012年3月3日，潮州大道岭海明珠花园。
③ 1959年5月在汕头市召开老行尊会议记录材料整理，林群熙辑编《海外潮人对潮汕经济建设贡献资料》，潮汕历史文化研究中心出版，2004，第175页。
④ 林济：《潮商史略》，华文出版社，2008，第205页。
⑤ 口述史料：1.吴荣璋，新加坡泰南（灿艺）公司经理，2.李正发，1943年出生，1959年到新加坡春成行当店员，新加坡怀德联谊会会员，2012年5月14日，潮州市颐陶轩潮州窑博物馆。

吴氏家族海外各栈号以经营枫溪产陶瓷制品为主,其家族在枫溪拥有和成窑及作坊和成栈。和成窑及作坊为租赁他人经营,自己没有进行生产;和成栈负责在当地的产品采购及货款结算,家族经营的各栈号所需商品由和成栈在枫溪各作坊中收购,和成栈日常除收购传统适销的品种外,一般由海外家族经营的各栈号按所需要的品种、规格、数量下订单,所有产品没有盖印自己的标识,枫溪的和成栈收到订单后,即安排各作坊生产,产品烧成后送枫溪和成栈验货,由其包装后运往汕头春成栈或直接从汕头港码头转运。

(二) 枫溪陶瓷业者在马来西亚创立在地化生产的企业——"万和发"

根据笔者的调查①:今天仍活跃于马来西亚的陶瓷制造公司——"万和发"(Claytan 佳丽登集团)的创办人陈顺兴,祖籍为福建莆田,于 20 世纪初移居潮州枫溪乡②。他们三兄弟陈林顺、陈顺兴、陈林泉,在大兄陈林顺的带领下在枫溪乡埠美月英池与长美乡交界处创建起一个做陶器的作坊,以手拉坯手工技艺,生产大水缸、水涵、揉粿钵、米瓮、骨灰坛等陶器产品。③

陈氏世系④:

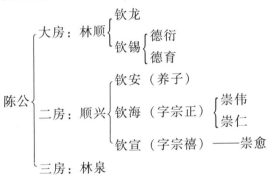

1916 年,陈顺兴不安于家乡的落后贫困,与几个朋友到汕头港乘火轮,前往印度尼西亚的棉兰,与先期许多移民一样参与当地种植业。1919 年又回到枫溪。1920 年从汕头港到马来西亚吉隆坡。⑤ 潮州枫溪是陶瓷业的主产地,来自枫溪的陈顺兴对陶瓷业非常熟悉,在一次随团考察活动中,他发现吉隆坡鹅麦锡矿中挖出的泥土是制陶的"陶土"。熟悉老家那种制陶技艺的陈顺兴,拿定主意和同乡发挥一技之长,于 1920 年在吉隆坡创办了简陋的"万和发"陶作坊。⑥ 后来,他自己在马六甲创立另一间比较有规模的作坊,他

---

① 口述史料:陈德衍,1946 年生于马来西亚,1948 年与哥哥陈德怀从阿依淡回到枫溪祖籍居住,潮州市绿盛宝陶艺有限公司总经理,2010 年 12 月 9 日,潮州南国明珠花园。

② 口述史料:陈德衍,2011 年 6 月 4 日晚,潮州南国明珠花园。

③ 口述史料:陈德衍,2011 年 6 月 4 日晚,潮州南国明珠花园。

④ 陈氏世系表中只罗列与本文有关的主要人员。

⑤ 华人族群与文化研究中心编《潮人拓殖柔佛原始资料录编》,第 248 页。

⑥ 关于陈顺兴早期创业的经历有另外一个说法。陈宗正口述(《潮人拓殖柔佛原始资料录编》,第 248 页):"在吉隆坡开始就和几个同乡、同业的人,创办一个工作坊,不能说是工厂。1920 年的店号是'和发'。在 1952 年,他的股份就割给他朋友,他自己就在马六甲创多一间,移到马六甲来。他的理由是说,吉隆坡那边有太多间(陶瓷厂)了,所以就移到南方来。在马六甲创立一间比较有规模的,叫做'万和发'。"

写信给枫溪的大兄，请他安排几个侄儿到这里帮工。当时，面对鹅麦同业的激烈竞争，他尝试到南部的柔佛新山阿依淡考察，在这里果然发现了制瓷的"瓷土"，于是筹建作坊，刚开始员工只有 15 名，陈顺兴既是老板，又是工人，他以在枫溪学习到的制陶知识，在这里大胆发挥、尝试。随着枫溪长美一带的大批移民到达新马，其中有不少人是来自枫溪的陶瓷熟练工，他们经介绍来到陈顺兴的瓷厂工作，陈顺兴因而在阿依淡从无到有，从小到大地发展了他的陶瓷产业。

1935 年，陈顺兴在阿依淡创立的 Johor Pipe Company（JPC）柔佛陶涵有限公司，生产各种陶管。

由于大马的卫生条件比较落后，政府的环境卫生部门规划建筑排污水的设施工程。于是，整个大马需要数量惊人的排水陶管，因此陶涵有限公司应运而生。另外，马来西亚的树胶种植业非常发达，需要大量割胶用的胶杯，再者是园艺所需要的陶缸需求量也很大，所以陶管、胶杯、陶缸、陶瓮等成了陶涵公司的主要产品。

1941 年 12 月，日本侵略马来西亚，陈顺兴的工厂被逼关门。之后，陈顺兴被迫寻找制釉原料，自己制作釉料，生产日本人来样的酱油瓶、盘、碗之类的日用瓷。

抗战胜利后，陈顺兴回枫溪故里省亲，在枫溪期间他为家乡捐建修筑水渠水沟。由于从潮州进口的日用瓷物美价廉，陈顺兴考察了家乡的陶瓷生产情况，之后，买了十间作厝（作坊）和几亩良田，准备回马来西亚后派一两个儿子带回家乡准备生产日用瓷。① 陈顺兴回马来西亚后，中国政局发生变化，他只能经营生产建筑材料、陶管、胶杯等。

1950 年，新马政府开始兴建组屋，这些套房需要大量的卫生洁具，如蹲厕、马桶和洗面盆等。② 这对于陈顺兴的陶涵公司来说是一个机缘，他们马上招兵买马，扩大生产规模，开始设计生产这类产品。

1951 年，陶涵有限公司是马来西亚第一家生产"活动节缝釉面陶土管"的厂商。他们的釉面陶土管是第一家通过并被 Kuala Lumpur（吉隆坡）污水系统处理署所采用的产品。

1957 年，陈顺兴在马来西亚去世。家族企业由 29 岁的儿子陈宗正接班。③ 他和弟弟陈宗禧掌舵整个家庭企业"马来西亚的 Claytan 佳丽登集团"。兄弟两人分工合作，陈宗正负责经营市场销售，陈宗禧负责研发陶器品质。陈宗禧是马来西亚在 20 世纪二三十年代出生的人中，首位从英国大学毕业的陶瓷工程师。

1965 年，陈宗正成立了陶业有限公司，开始进军国内外卫浴产品，该公司所生产的卫浴产品获得国外不少著名卫浴品牌的青睐。该公司的马桶设计荣获国际最严谨的美国 ASME、加拿大 CSA、新加坡和澳大利亚的 4.5 升冲水量第一级产品。

1975 年，Claytan 开始踏入餐具制造，以西方陶瓷设计为主的 Oriental Ceramics 私人有限公司以先代工后开创品牌的方式，拓展国际市场。

---

① 口述史料：陈德衍，2010 年 12 月 9 日，潮州南国明珠花园。
② 马来西亚华人族群与文化研究中心编《潮人拓殖柔佛原始资料录编》，第 252 页。
③ 马来西亚华人族群与文化研究中心编《潮人拓殖柔佛原始资料录编》，第 251 页。

1983 年 JPC-Intan Sdn Bhd 正式成立，是第二家生产陶管的陶瓷厂。该厂主要承接下水道工程，配合"第五个马来西亚计划"的发展。此外，JPC 还以生产直径 600 毫米管成为东南亚能够生产如此规格的厂商而久负盛名。

1995 年陶和有限公司成立，主攻马来西亚和东南亚市场，包括进军餐饮业、航空餐具和本地餐具零售业等。之后，又运用了先进技术，研发"无铅"餐具。

2009 年，Claytan 研发了独特的陶土配方。这种陶瓷配方不采用任何动物物质（骨粉），采用了 100% 的有机黏土。公司推出了全球首个清真餐具。

一家陶瓷企业的优秀，一是靠优良品质，二是靠艺术设计所赋予的独特魅力，三是靠市场营销手段。在竞争激烈的陶瓷领域，企业如能立于不败之地，则三者缺一不可，从 Claytan 的企业发展可得到证明。

Claytan 的第三代精英有陈宗正的两名双胞胎儿子崇伟及崇仁。崇伟是陶苑的董事，崇仁则在岑株巴辖的 Oriental Ceramic 担任市场高级经理。另外，陈宗禧的儿子崇愈在企业里担任市场开发经理，主攻国外市场。他们从国外学成归来后，便到厂内不同的部门中学艺，探索，积累经验，而后逐步被提拔，负责各部门工作。

Claytan 集团旗下的 5 家工厂分布在南马阿依淡和岑株巴辖，有近 1500 名员工，是主要生产陶管、茶具、厕所洁具、炻器及手工艺品的陶瓷厂。从当初的生产陶管，到今日成为世界优秀的碗、盘、厨具及卫生洁具用品的生产企业。值得一提的是，陶涵有限公司也是全东南亚唯一生产直径 700 毫米陶管的陶瓷厂。由于手工细腻、品质佳，见过用过 Claytan 陶器的外国商家，甚至是陶瓷公司都慕名而来，使 Claytan 成了大马乃至世界的知名品牌。[①]

20 世纪 80 年代，陈宗正回枫溪省亲，在侄儿陈德衍的提议下，在枫溪小学路口兴建凉亭，供当地一些老年人闲时相聚，并以他的父亲名字命名为"顺兴亭"，以示对先人的怀念。[②]

2004 年，随着潮州成为"中国瓷都"，潮州陶瓷业迅猛发展，产品销往世界 160 多个国家。潮州与东南亚的陶瓷产业联系更加密切，此时，陈宗正先生多次回潮州考察陶瓷生产情况，定购了卫生洁具等陶瓷产品运销马来西亚，同时在惠来等地采购瓷土运往马来西亚的佳丽登公司，并关切家乡陶瓷业的发展，积极寻求与潮州等地的陶瓷企业的战略合作。

（三）枫溪陶瓷业者在新加坡创立在地化生产及跨国贸易的企业——"陶光"公司

近代枫溪潮侨在新加坡经营有十几条龙窑，如卢裕丰的"源兴""荣利""吴合顺""卢利发""苏陶南发"等窑，主要烧制花钵、陶瓮等；20 世纪 80 年代，枫溪浮洲园蔡

---

① 马来西亚 Claytan（佳丽登）网站，http://www.claytangroup.com/pipe.html。
② 口述史料：陈德衍，2010 年 12 月 9 日，潮州南国明珠花园。

厝人蔡应绍经营的"双美光"窑因城市建设需要而被拆除。目前，新加坡仅存的两处龙窑，都在惹兰巴哈。一是源发陶器厂，另一个是陶光工艺（私人）有限公司。两处龙窑相隔几十米，每年各有两三次烧窑活动。①

枫溪地处平原，因而独创平地龙窑，即枫溪龙窑的筑造以平地堆土成斜坡龙窑，烧造温度为1200℃~1280℃。新加坡所筑建的龙窑结构和窑温与枫溪平地龙窑同出一辙（见图1）。

图1　新加坡裕廊陶光平地龙窑，2011年9月28日李炳炎摄

陶光窑的创办人为陈钦锡，20世纪30年代到马来西亚投靠其二叔父陈顺兴，在佳丽登公司工作，之后，自己在吉隆坡创建一家瓷器工艺厂生产玩具等产品，后因火灾停办。1963年他只身到达新加坡裕廊，创办"新加坡陶光工艺（私人）有限公司"，经营龙窑（该龙窑建于1940年，窑长30米，17目，2个窑门），烧造生产水缸、胶杯、胡姬花盆、花瓶工艺品，主要销往东南亚一带地区。胶杯的生产量很大，主要用于橡胶林割胶盛器，当东南亚一带的胶林与胡姬花花圃逐渐衰落，胶杯及花盆也随之产量大减。②

1965年，儿子陈德育协助父亲陈钦锡管理陶光公司的各项事务。产品畅销时，龙窑一次可装烧3000多件大小不同的器型。

1980年，陈钦锡在新加坡去世，新加坡陶光公司由陈德育、陈德伟、陈德涵接手经营生产。

---

① 口述史料：1. 陈德育，1956年生于马来西亚阿依淡，新加坡陶光工艺有限公司总经理；2. 陈德衍，2010年11月12日，潮州市颐陶轩潮州窑博物馆。以下有关陶光公司的资料，未标明出处者，均为陈德衍、陈德育所提供。
② 口述史料：陈德育，2011年9月28日，新加坡裕廊陶光公司。

20 世纪 80 年代，陶光龙窑生产陶瓷陈设器皿为主。之后，一方面由于生产附加值低的陶瓷制品，很难应付当地工人工资待遇不断提升的局面。另一方面，由于中国实行改革开放后，与新加坡的贸易往来趋于便利，双方交往密切，中国各瓷产区的陶瓷产品大量销往新加坡等东南亚国家。在此情况下，陶光公司陈德育审时度势，将以龙窑为主体的陶瓷作坊转为接待旅游观光和培训陶艺之场所。当陶光龙窑不再承担正常的生产烧制后，为扩大陶艺影响，与新加坡南洋大学合作，请大学的美术系讲师在陶光设立陶艺工作室，接待陶艺爱好者在坊中制作手拉坯艺术瓷；并从家乡枫溪定期聘请几位拉坯师傅到坊中表演制作。陶瓷制品商场、陶瓷储藏仓库也是向公众开放的陶艺普及课室，并向爱好者推广陶瓷文化，培训陶瓷技艺，成为传播陶瓷文化艺术的基地。

20 世纪 90 年代中期，陈德育在其枫溪的胞兄陈德衍协助下，[①] 将新加坡陶光工艺（私人）有限公司原来自己作坊生产的产品转向潮州枫溪等地采购。每月从潮州等地采购十几个货柜的陶瓷制品，通过新加坡转口贸易销往世界各地。

三 小结

笔者通过查阅有关潮侨文献，收集、整理枫溪及新马两地艺人的口述史料，比对余初岩、陈顺兴两大陶瓷家族企业的发展历程，归纳出了枫溪潮州窑与新马陶瓷业关系密切的三种不同的经营模式。从中可以得出以下三个结论。

（一） 东南亚华人社会在本地化之前与华南侨乡存在密切联系

本文探讨的第一桩个案，是枫溪"春成"在新马设立分号，直接输入枫溪陶瓷产品的经营模式。这表明在 20 世纪五六十年代东南亚华人社会本地化之前，海外华人社会与华南侨乡之间，在社会经济领域存在着密切联系。

（二） 东南亚华人社会在本地化之前，枫溪陶瓷业者已进行在地化生产

第二桩个案，是在东南亚华人社会本地化之前，移居马来亚的枫溪陶瓷业者，已在当地创办"万和发（佳丽登）"陶瓷集团，进行在地化生产、销售，乃至于拓展全球市场的经营模式。这或许说明，海外潮人对于侨居地的社会环境，有着较强的经济与文化的适应性。

（三） 东南亚华人社会在本地化之后仍然与华南侨乡存在非常密切的关系

第三桩个案，是在东南亚华人社会本地化之前，枫溪陶瓷业者移居新加坡，创办"陶光"公司进行在地化的生产，而在东南亚华人社会本地化之后，仍然到侨乡聘请技工，兼向枫溪采购陶瓷制品回本土销售的经营模式。这说明在东南亚华人社会已经完成了

---

① 口述史料：陈德衍，2010 年 12 月 9 日，潮州南国明珠花园。

本土化历程，特别是实现了国家认同的重要转变后，东南亚华人社会仍然与华南侨乡保持密切关系，利用血缘、业缘、地缘等关系发展跨国贸易。

综上所述，由清代末年以迄现当代，华南侨乡中的枫溪陶瓷业者运用不同的经营模式，对于新马陶瓷业产生了历史与现实的影响，为新马的经济、文化建设作出了贡献，促进了中外经济文化交流。

责任编辑：陈贤武

清代粤东闽南妇女服饰
"文公帕（兜）"之考察

——兼论闽粤赣边客家地区的"苏公笠"

吴榕青[*]

摘 要：清代粤东闽南潮、泉、漳州府三地，妇女出门有以巾帕盖头的习俗，在乾嘉之后始被文人称为"文公帕（兜）"。该服饰习俗至迟可追溯到宋元时期潮州"妇女敞衣青盖"，而今泉州惠安女的特殊服饰及粤东闽南个别地区妇女盖头帕习俗当为其活化石。它很可能是汉化土著（或为畲、疍人先民）的服饰遗存，也有可能在原本土著（如畲、疍人）习俗影响下，为早期（宋元以前）入迁闽粤的汉人接受下来的带有土著色彩的习尚。"文公帕""苏公笠"的说法为清代文人出于对正统文化的认同，对文化名人的附会。

关键词：文公帕 敞衣青盖 惠安女 凉帽

清代，在粤东的潮州府与闽南的泉州、漳州两府地区，妇女出门普遍流行盖头巾——一种被文人称为"文公兜（斗）"或"文公帕"的奇特服饰。

今人对文公帕或文公兜（斗）起源的解释，笔者见到三种不同的看法。曾楚楠受朱瑞熙说法的启发，考证韩公帕实为文公帕，提倡者非韩愈（韩文公）而是朱熹（朱文公）。[①] 黄超云的意见与曾文刚好相反，又辨文公帕（兜）的"文公"是指韩愈而非朱熹。[②] 而郭联志却别开生面地提出"这种汉人妇女戴面纱的习俗，极可能是伊斯兰文化对

---

* 吴榕青，1971年生，韩山师范学院中文系副教授。原文题为《粤东闽南地区"文公帕（兜）"之历史考察》（载《民俗研究》2005年第2期），此为修订稿。本文基本论点形成始于2001年，曾以《乌巾挈来头上幔》为名刊发在《潮州日报》2002年5月7日"潮州文化"专版上。

① 曾楚楠：《韩愈在潮州》，文物出版社，1993，第26～28页；朱瑞熙：《宋代社会研究》，中州书画出版社，1983，第131页。

② 黄超云：《"文公兜"来历考辨》，《福建文史》1999年第1期。

于民间风尚的渗透"①。以上见解仁者见仁，智者见智，但仍有不尽周详之处，也还留下可供讨论的余地。此不唯论及南方民俗史，更要牵涉到观念史等问题。笔者从目今可见到的有限的文献材料出发，试图从民俗学、人类学等角度来解释这一有趣的文化现象，如有强作解人之处，希博雅君子有以教之。

一　清代文人眼中的文公帕（兜）——理学正统的解释

过去广泛流行于民间的潮州歌册及歌谣，真切地留下本地妇女曾流行乌巾盖头的事实。

潮州歌册中有半老徐娘的媒婆与牙婆形象：

> 媒人九嫂心喜欢，乌乌头布头上幔。一直来到下尾沈，见了沈公共沈婆。②
> 欲趁尔钱本分行，乌乌头巾面上遮。浅浅暑衫苎布裤，来到沈厝禀妈爹。③
> 遇着老人半中寅，乌乌衫子穿在身。尺二弓鞋大步走，头上乌巾遮面形。④

潮州歌册描述逼夫离婚的少妇上路情形：

> 勿得怕羞误青春，主意以定有思存。头遮乌巾门带锁，一直离了林家门……
> 托恁门户代观防，厝邻应声有一番。余氏将门来带锁，头遮乌巾无放宽。⑤

潮州歌册录下对簿公堂的少女装束：

> 人人看见都呵脑，貌如西施有十全。头遮乌巾身穿罗，眉似柳叶口英（樱）桃。⑥

近代林植标搜集的潮州歌谣：

> （其一）乌巾揽来头上幔，顶哩绣龙下绣蛇。中央绣起孟姜女，四墘绣起人读书。

---

① 郭联志：《漳州回族穆斯林的来源及后裔》，《福建民族》1996年第2期，转引自陈支平《福建六大民系》，福建人民出版社，2000，第202页。
② 不著撰人，《五义女》（潮州歌册）（不分卷，旧抄本，年代不详），无页码。
③ 不著撰人，《（新造）五义女全歌》（潮州歌册）（潮州：李万利书店刻本，年代不详），第6页。
④ 不著撰人，《刘明珠穿珠衫》（潮州歌册）（潮州：李万利书店刻本，年代不详），卷2，第7页。
⑤ 不著撰人，《龙井渡头残瓦记全歌》（潮州歌册）（潮州：李万利书店刻本，出版时间不详），卷1，第10页。
⑥ 不著撰人，《（新造）周阿奇全歌》（潮州歌册）（潮州：李万利书店刻本，出版时间不详），卷2，第7页。"呵脑"，潮州方言词，即赞扬、称赞之意。

（其二）乌巾挠来头上趾，顶哩绣龙下绣鱼。中央绣起孟姜女，四堆绣起人读书。①

这种用黑色头巾蒙盖头面的妇女服饰，在文人笔记及官修方志中，被正名为"文公帕"或"韩公帕"。

至迟在嘉庆年间，潮阳县妇女"遇归宁喜庆事，富者乘肩舆，步行者必盖丝巾。《礼》曰：'女子出门，必拥蔽其面'，俗曰'文公帕'，风俗之美也"②。光绪《潮阳县志》仍沿袭前志之记载。③ 嘉庆、道光年间，钱塘（今浙江杭州）人梁绍壬（1792～?）的笔记载："广东潮州妇女出行，则以皂布丈余蒙头，自首以下，双垂至膝。时或两手翕张其布以视人，状甚可怖，名曰文公帕，昌黎（韩愈）遗制也。"④ 其形制与上述大异，丈余黑布，有点匪夷所思，抑或其并未亲见，所闻有误。清末广东兴宁人胡曦在一首竹枝词中自注云："余客潮，见潮阳妇女出路，必冒首一帕，长数尺，两手左右持之，云昌黎在潮遗制，曰'韩公帕'。"⑤ 兴宁与潮州临近，而又是亲见，黑布长数尺，庶几更接近实情。咸丰、同治年间，宦游潮州的陈坤（钱塘人）在《岭南杂事诗钞》其一云："蔽面仪传内则篇，溯怀遗教诵前贤。不同玉女秋云帕，只裹金丹谢俗缘。原注：潮属妇女步行，必盖丝巾以蔽其面。传为昌黎遗教，故谓之文公帕。"⑥ 清末丘逢甲在潮阳县所作诗："东山曾是昌黎伯，……春风游女飘遗帨"，原注："妇女出门，以黑巾蒙面，曰韩公帕，潮阳今犹然。"⑦ 又谓："潮州自昌黎过化，称为'海滨邹鲁'，其流风余韵，至今千有余年，虽妇人女子犹守其礼法，未之或忘。其出也，必以所谓韩公帕者幂之而行，乡里间尤致意焉。惟予主讲席于潮阳之东山者三年，虽城邑常见之。"⑧ 清末关于潮阳县的民情民俗调查云："……潮人男女之别，其间最严，妇女出门，以帕遮面，俗所谓韩公帕者。昌黎之化，由来远矣。""……妇人出门，或以帕覆首，邑志所称韩公帕也，较外洋面纱尤严密，其制由来已古，近则庶几见之矣。"⑨ 清代沈钧《潮阳竹枝词》其一云："淡妆素服道时新，白布衫儿恰称身。犹有韩公遗制在，出门头上罩罗巾。"⑩ 民国《潮州志·丛

① 林培庐：《汕头民俗周刊》第 1 期至第 20 期汇刊，绍兴汤浦民间出版部，1931，第 84 页。"挠、趾"为潮州方言俗字，"挠"：拿来；"趾"：伸展。此材料蒙胡卫清教授抄赠于北京大学图书馆，谨谢！
② 唐文藻：嘉庆《潮阳县志》卷 10《风俗》，嘉庆二十四年刻本，第 2 页。
③ 周恒重：光绪《潮阳县志》卷 13《纪事·杂录》，潮阳市地方志编纂委员会办公室整理本，2001，第 198 页。
④ 梁绍壬：《两般秋雨庵随笔》卷 6，上海古籍出版社，1982，第 335 页。
⑤ 胡曦：《壶园外集·兴宁竹枝杂咏·闺情》，载雷梦水等编《中华竹枝词》，北京古籍出版社，1997，第 3057 页。胡曦（1844～1907），字晓岑，号壶园，广东兴宁人。
⑥ 陈坤：《岭南杂事诗钞》，载雷梦水等编《中华竹枝词》，北京古籍出版社，1997，第 2811 页。
⑦ 丘逢甲：《东山重修景贤楼大忠祠次第落成喜而有作》，载广东丘逢甲研究会《丘逢甲集》（上篇）《岭云海日楼诗钞》，岳麓书社，2001，卷 7，第 441 页。
⑧ 丘逢甲：《萧母姚太夫人七秩开一寿序》，载《丘逢甲集》（下篇），卷 7，第 867 页。
⑨ 庄谦辑：《潮阳县民情、风俗》之《民情·风俗》第一条，宣统元年刻本，第 11～12 页。
⑩ 王利器等：《历代竹枝词·辛篇》录自《且寄庐吟草》，陕西人民出版社，2003，第 4069 页。沈钧，生平不详。

谈志》也称此习俗"清末潮阳尚盛行,今五十以上老妇装束,间且或见之"①。

同时让笔者注意到的是,与潮州为邻的福建泉州、漳州两地,旧时妇女出门也用头巾兜面,与潮州宣扬韩愈教化稍不同者,则是朱熹礼教下的"文公帕(兜)"或"文公巾""文公斗"之说。清乾隆二十四年(1759年)年举人,曾到福建建安、永定县任官的溧阳县籍彭光斗,② 在其笔记中记载泉、漳州两地妇女同样喜以布蒙面"文公帕":

> 闽妇女最勤苦,乡间耕种,担粪斫柴等事,悉妇女为之。单裙赤足,逾山过岭,三五成群,有头插花枝而足跣肩负者。故奸拐颇便。惟漳、泉妇人不然,毋论老少,出必以幅布蒙遮头面,宽衫长袖,绰有古装。……(注)一云漳、泉妇女蒙头帕是朱子遗教,今南称"文公帕"。③

原注"一云"表示其时存在这样说法,作者未判为准的。"今南称'文公帕'"之"今南称"疑有错漏字,或应为"今闽南称",或是指福建之南的潮州地区,因在有关闽南的文献中"文公帕"仅此一见,基本上作"文公兜(斗)"。

在泉州地区,相关的记载主要集中在南部的同安县。道光前成书之《同安(县)志》载:"宋朱子主簿同安及守漳时,见妇女街中露面往来,示令出门须用花巾兜面,民遵公训,名曰公兜……一兜一履,防杜之意深矣。"④ 清末海宁县人陆以钧作《文公兜》诗(原注:同邑妇女出游,有以罗縠覆面者,谓朱文公所设,传为"文公兜"):

> 佳人得得道上行,道逢一客羞莫掩。兜将满面一幅罗,摇曳露中花半敛。
> 闺门何如晦翁肃,白水先生助贤淑。复来闽峤守霞漳,闺范又添衣履装。

诗后注:"漳郡尚有文公衣,文公履为妇女路行之具。"⑤ 在厦门岛,"昔朱子守漳时,教妇人用公兜,出门蒙花帕盖首,俗曰'网巾兜',外服宽袖蓝袄。岛中尚仍其俗。"⑥ 在金门岛,"俗严男女之别,凡踏青斗草、入寺烧香、登山游玩,虽小家女羞为之。多以纺车为事。十岁以上,禁不出门。老少出,必以帕蒙面,犹漳州人之蒙'文公巾'也。……(原注:)乾隆《(同安)县志》参。"⑦

在漳州地区,约清嘉庆二十四年(1819年)前后,任漳州府平和县令的姚莹(桐

---

① 饶宗颐:《潮州志·丛谈志·物部》,潮州修志馆铅印本,1949,第3~4页。
② 李景峄修,史炳纂嘉庆《溧阳县志》卷13《人物志·儒林》,光绪二十二年重刻本,第14页。
③ 彭光斗:《闽琐记》卷1,福建师范大学图书馆藏旧抄本,第16~17页。承林瀚君抄赠,谨致谢忱!
④ 孙尔准等修,陈寿祺纂道光《福建通志》卷56《风俗·泉州府》引《同安志》,同治十年正谊书院刻本,第2页。
⑤ 潘衍桐:《两浙𫐉轩续录》卷34,光绪十七年浙江书局刻本,第36页。
⑥ 周凯等:道光《厦门志》卷15《风俗记》,道光十九年玉屏书院刻本第9页。
⑦ 林焜熿纂辑,林豪等续修《金门志》卷15《风俗记·妇工》,收入《台湾文献丛刊》第80种,台湾银行,1960,第395~396页。

城人）有如下见闻："朱子守漳州，乃制妇人出门，以蓝夏布一幅围罩其首及项，亦宽其前，使得视地，身穿大布宽衣，拄杖而行，皆良家妇也。……至今漳州妇人称蔽首之布曰文公兜，衣曰文公衣，杖曰文公杖。盖变古制而得其意者。"① 侯官县人林枫，于道光七年（1827 年）客游漳州时，所作诗有"摊钱半游侠，扶杖有裙钗；礼俗犹蒙面，公巾制未乖"句，自注曰："妇人出行，必以绨巾蒙面，扶杖而行。俗谓杖曰'文公杖'，巾曰'文公兜'，相传朱子守郡时遗教也。"② 道光二十四年（1844 年），任官福建（漳州）的徐宗干在其笔记中录下："（漳州府）女人以帛如风帽蔽其额，曰文公兜。以木削圜置两屦底之中，曰文公屦。行路制梃以随，曰文公杖，以防强暴者。流风善政，至今存焉。"③ 时人的日记也谈及："……与亭翁讲论朱文公、王文成治闽，皆以圣学为治术，流风余韵犹有存者。如漳州一带小户必以帘蔽门曰文公帘，女子出门必以纱帕盖面曰文公帕，历千百年勿改厥制，可占教泽之深。"④ 光绪年间龙溪县令撰《龙溪志序》称："龙溪为漳（州）附郭邑，自承紫阳（朱熹）过化，理学名臣前后接踵。且就其小者言之，如妇女出门，有文公斗（兜）、文公衣、文公屦、文公杖，诚海滨邹鲁也。"⑤ 民国《龙溪新志》也云："吾邑旧俗，凡妇女出行，须穿浅蓝色阔袖衫，头蒙一杂色布帕，使人不得见其面。盖朱文公治漳时之遗制也。民国初乡间尚多见。"⑥ 民初之后，文公兜在漳州亦渐渐消逝。曾虎文《漳州杂诗》其一云："风教衰残女诫芟，出门头帕不须缄。懒持纤手文公拐，谁著周身阔袖衫？"自注曰："文公兜，甲子前漳中妇女出门者，头帕覆额，号文公兜，著阔袖衫，制如课衣，持竹杖，虽老亦然。盖遵朱子遗教也。今罕见焉。"⑦

以上诸多材料表明，罗巾遮面在清代潮、漳、泉州等地中下层妇女中普遍流行，绝不限于姉腆少女和少妇，中老年妇女出门同样也用巾帕盖头。在潮州，通常用来盖头的是黑色头巾，其中也有绣上精美图案的，而在闽南的泉、漳州，用来包首的大多是花巾（杂色帕）或蓝布。这种习俗在民国之后，才开始变得罕见了。但是在闽南的泉州，也有黑色盖头的，而在更早的时候，潮州也有蓝色头巾（参见下文）。

在外地文人及官员的眼中或耳闻之下，潮、泉、漳州三地妇女同时流行头巾遮盖头面的习俗，或称"帕"，或称"兜（斗）"；或以长长黑布蒙面，或以丝巾盖头，或以蓝布罩项，或用花巾（杂色帕）包首，俱以"文公"名冠之，其实同也，其理一也。于是就有了儒学正统"海滨邹鲁"的解释，有竹枝词为证。

道光年间，潮州潮阳县举人高凤清《潮阳竹枝词》其一：

① 姚莹：《中复堂全集·康輶纪行》卷 14，台北：文海出版社影印同治刻本，1974，第 3596 页。
② 林枫：《听秋山馆诗钞》卷 2，同治十一年刊本，转引自福建省戏曲研究所编《福建戏史录》，福建人民出版社，1983，第 109 页。
③ 徐宗干：《斯末信斋杂录·壬庐杂记》，收入《台湾文献史料丛刊》第 93 种，台湾银行，1960，第 20 页。
④ 李星沅：《李星沅日记·道光二十一年》，袁英光、董浩整理，中华书局，1987，第 189 页。
⑤ 吴宜燮修，黄惠等纂，吴联薰增补《龙溪县志》（增补重刻本，1879），卷首。
⑥ 陈鉴修《龙溪新志初稿》卷 3《轶闻》，胜利出版社龙溪支社铅印本，1945。
⑦ 曾虎文：《漳州杂诗》，漳州市图书馆藏"宗教堂丛刻"誊印本，1935，第 19 页。

　　归宁少妇上康庄，楚楚青衫别样妆。半幅罗巾遮半面，果然邹鲁是潮阳。①

　　无独有偶，在漳州，黄子寅《清漳竹枝词》如是描绘：

　　花卉千般错绣文，盖头纱帕白罗裙。海滨邹鲁今犹在，不见巫山一段云。②

　　这两首文人的竹枝词，实在有异曲同工之妙！一样持赞赏的眼光，一样解释为"海滨邹鲁"风气的流衍。在泉州也有类似的说法："妇女出门，向多以帕幂首，阔袖，执红漆杖。左宗棠曾称为'邹鲁'遗风。"③

　　为何粤东闽南地区的女子要以巾帕遮面呢？这样的行为通常被解释为妇女避免抛头露面的一种做法，官修方志推断是理学教化在闽南粤东深入民间的结果，由是才有以上"邹鲁遗风"的说法。方志深一层加以解释："漳俗尤慎男女之别，妇女非有大故不相见。其有家者，微但嫂叔，虽翁舅不见也。有事者，富者以肩舆，贫者以布覆头壅蔽其面，男子导以往，不自行也。故闺门常谨，其地无妓女之属。"④ 民国《潮州志·丛谈志》在"韩公帕"条后加按语曰："按礼曰，女子出门，必拥蔽其面是也，于此足见潮俗之淳厚有古风焉。"⑤

　　粤东闽南地区妇女巾帕遮面习俗究竟起始于何时，据目今所见，康乾年间的漳州地区方志已有记载。漳州府"（漳）浦人婚娶丧葬遵家礼，大抵皆文公遗教也，谓之'海滨邹鲁'然哉。又城市中罕见妇女，间或有之，必以巾帕蒙面类北方，得古中原风俗之遗"⑥。在平和县，"俗最重男女，非大故不相见，出必帷舆，贫者以布蔽其面。"⑦ 在龙溪县，"妇人非有故，虽君舅小郎弗见也。家贫者出必以巾，男女之别尤兢兢焉。闺门有越礼者众屏之，弗与居。"⑧ 在长泰县，"邑男女之防最谨，非有大故不相见。女子出，富者以肩舆，贫者以巾裹头，未尝露面，男子导以行，有闺门不谨者则耻而绝之。"⑨ 在南靖县，"妇人非有大故不相见。其有家者，微论叔嫂，虽翁舅不见。有事出，富者以肩舆，贫者

---

① 光绪《潮阳县志》卷 22《艺文下》，第 624 页。高凤清，原名高廪，潮阳县南桂人，道光八年（1828 年）举人，曾任东台县知县。
② 陈鉴修《龙溪新志初稿》卷 3《轶闻》。
③ 吴锡璜：《同安县志》卷 22《礼俗》，铅印本，1929，采陈棨仁《同城竹枝词》注，第 6 页。
④ 李维钰原本，沈定均续修，吴联薰增纂光绪《漳州府志》卷 38《民风》，芝山书院刻本，1877，第 4 页。
⑤ 饶宗颐：《潮州志·丛谈志·物部》，第 3～4 页。
⑥ 陈汝咸修，林登虎等纂康熙《漳浦县志》卷 19《杂志·丛谭》，台北：成文出版社影印民国十七年翻印本，1968，第 1561 页。
⑦ 王相修，窦山疑等纂康熙《平和县志》卷 10《风土志·昏礼》，台北：成文出版社影印光绪十五年重刊本，1967，第 194 页。
⑧ 吴宜燮修，黄惠、李畴纂乾隆《龙溪县志》卷 10《风俗》，台北：成文出版社影印光绪五年霞文书院刻本，1967，第 105 页。
⑨ 张懋建修，赖翰颙纂乾隆《长泰县志》卷 10《风土志》，台北：成文出版社据乾隆十三年修、民国二十年重刊本影印，1975，第 539 页。

以布裹头，男子导以往，不自行也。贞女烈姬，在在有黄鹄之韵焉。或有闺门不谨者众屏之。其地无妓女之属。"① 这几段材料叙述如出一辙，足见其在漳州府流行之普遍。

值得注意的是，虽然在康乾年间，就已把头巾与礼教风化联系起来，但此时尚未统称头巾为"文公帕"，而民间习惯称为"乌巾"，或称"网巾兜"，也未确指为朱熹治漳躬亲教诲之一端。从上面引用材料来看，大约到了清中后期，在乾嘉尤其是嘉道以后才多以"文公帕（兜）"命名，对其解释才众口一词。

尽管清代士大夫或文人一再强调泉、漳、潮州三府妇女盖头巾是中原旧制、邹鲁遗风，是理学家教化的结果。然而，审视上述材料，巾遮脸的习俗并非只是深受儒家教化的上层妇女的专利，更多的是下层或贫家妇女的习俗，而更普遍流行于乡村，其背后的事实是，这本是与中原有异的东南边陲的"弊俗"，其渊源向上可能要追溯至宋元时期潮州妇女"敞衣青盖"的异俗，向下可把今天之福建惠安女的特殊服饰视作其遗存。

二 宋元文献记载与现今服饰遗存

《永乐大典》引《三阳图志》残文，于宋元时期的潮州风俗，留下一段简要而珍贵的记载：

> 其弊俗未淳，与中州稍异者，妇女敞衣青盖，多游街陌。子父多或另居，男女多混宴集，婚姻或不待媒妁。是教化未洽也，为政者可不思所以救之哉？②

笔者惊奇地发现，其时潮州妇女"敞衣青盖"的穿戴，竟然与今天泉州惠安女的形象何其相似！虽未可遽然断定两者间存在承继关系，但其历史文化地理之关联极大是不容置疑的。惠安女的独特服饰，据陈国强等的研究，今天只分布于崇武城外、山霞乡和小岞乡、净峰乡三个半乡镇，可分为崇武、山霞类型和小岞、净峰类型两种。近二十年来大众传媒所表现的头顶缀花黄斗笠，头围缀花头巾，上身着短衣，露出银裤链、彩色裤带及肚脐的惠安女形象，主要是指崇武城外的。实际上，崇武城外现在的服饰是近百年甚至近几十年才改装的，大概是糅合了清末崇武城内妇女短上衣的特点，以花头巾和篾斗笠代替了旧时的黑帛"头篷"或布罩。③

宋元方志"敞衣青盖"之记载虽简略，以惠安女的装束为参照，遂觉有些明朗。"敞衣"即是敞开着的上衣或因上衣短小而露出肌肤；至于"青盖"，就是蓝色或蓝黑色的盖头。更直接的证据是，现今惠安女之头部服饰，与上述姚莹对清代漳州妇女"以蓝夏布一幅围罩其首及项"之"文公兜"形象的记载尤为吻合，可见惠安女之服饰本为闽南文

---

① 姚循义修，李正曜等纂乾隆《南靖县志》卷2《风土》，乾隆八年刻本，第87页。
② 解缙：《永乐大典》卷5343《潮州府一》"风俗形胜"引《三阳志》下又接引《三阳图志》作补注，中华书局线装本，1960第12页。
③ 陈国强等：《闽台惠东人》，厦门大学出版社，1994，第156～176页。

公兜（斗）之遗存，是一脉相承的。

宋元潮州妇女"敞衣青盖"被官方视为必须改易的蛮夷"弊俗"，除此之外，康熙年间，安徽桐城籍诸生许七云（1651~1719）所作《漳州竹枝词》（其一）也把被本地士子津津乐道的邹鲁遗风，视作蛮夷之俗：

> 蛮巾花布盖新妆，葱白绫衫匹袖长。独有猩唇春不管，故飐娇语吐红香。①

事实上，除惠安女服饰遗存表现显著的特征，因十几年来的传媒宣传而众所周知外，时至今天，我们仍可在潮汕、闽南地区不少地点或某些特殊场合捕捉到"文公帕（兜）"的踪影。

闽粤交界处的潮州市饶平县新塘、坪溪及潮安县的凤凰、大山等乡镇的山区妇女，历来有戴"帕仔"的习俗：即取一块一尺见方的蓝色粗布，先将一面折成两寸边缘，再折成对半，打系于妇女头上的高髻。通常用于外出采茶时，时下仅有老妇女戴上它。② 这种蓝色"帕仔"，其形制颜色应最接近宋元时期潮州妇女之"青盖"，似乎为其嫡传。在泉州，现今妇女仍有蒙巾者，如南安县老妇喜扎黑巾（多为丝织物，宽少许，自前额顺双鬓平铺至发髻处打结），该县东田乡妇女则戴印有白花的蓝色方巾，巾沿出额，在鬓角处顶起成方形。而闽西妇女多折三角帕为头巾，也很有特色。③ 而在漳州市漳浦县沿海的古雷镇、六鳌镇和盘陀镇一带，还有东山县、诏安县等部分地域，妇女流行戴深盖斗笠并用深色布围罩头部、脸下半部及脖子，只留存眼鼻。④

此外，饶平县如钱东、洪洲、海山等地在亲初死乘凶婚嫁——俗称"走贼日"，在这种特殊情况下，"女方出嫁时头部盖一大块黑色的头布，这块黑布把新娘仔的整张脸挡住，而且一直披到肩膀上，新娘仔必须全身穿黑色的衣服，然后按选择的吉日吉时，自己悄悄地走到男方家里，去参加丧葬仪式。"⑤ 庄义青曾指出文公帕在现代的变相遗存，"用长达丈余的布料，盖头蒙面双垂至膝的妇女装束，今天在普宁地区可在丧葬队伍中见到，其形制完全一样，不过孝妇用麻布，邻妇亲戚用白布。"⑥ 在泉州的传统婚中，有"挑乌巾"的习俗，即新郎在洞房里有揭开新娘头上乌巾的习俗，送嫁妈念"拌乌巾，乌巾拌伊起，红凉伞金交椅。今日拌乌巾，日后生子又传孙"，这样挑乌巾的礼节才告毕。⑦ 在旧时的潮州地区，新嫁娘似乎也通常盖上黑头布来到夫家，潮州歌谣《老狗你勿说短长》中，一个老头以过来人的口气告诉儿女其母昔年嫁入他家的寒碜情景："仔呀仔，你爹咀

---

① 王利器等：《历代竹枝词·乙篇》，录自《芋畹诗集》卷5，第829页。

② 詹克武：《"帕仔"》，载刘志文编《广东民俗大观（上卷）》，广东旅游出版社，1993，第35~36页。

③ 福建省级公众信息平台1111-网上旅游-福建省风土人情之"服装革帽"，http://www.fjgov.cn。

④ 口述史料：漳州市平和县籍黄无疆，2002年3月2日，厦门工作室。

⑤ 口述史料：据邱秀娇的调查，2002年3月，广东饶平县沿海某地。

⑥ 庄义青：《宋代的潮州》，中山大学出版社，1997，第62~63页。

⑦ 刘浩然：《闽南侨乡风情录》，香港：闽南人出版有限公司，1998，第45~46页。

你知,你母当初无这个,乌布做衫白布补,乌布遮头随爹来。"① 不过,仅就以上情形来看,笔者尚未敢肯定绝对是文公帕在近现代犹存之印痕,抑或只是出于人生特殊礼仪服饰的需要。

从整个地域文化背景出发来讨论,潮汕与闽南地区在历史文化区域上的同一性,两者存在共同文化渊源关系。② 这一服饰的渊源应当很古老,宋元方志的编纂者清楚地指出,前述"敞衣青盖"是一种与中原地区迥异的"弊俗",这就与清代文人强调妇女出自避免抛头露面的理解完全相反;同时,现存文献并没有显示出其与外来的伊斯兰文化或阿拉伯民族存在某种联系,郭联志的说法仍待进一步深入求证。

为理解敞衣青盖服饰存在的历史文化背景,我们有必要考察华南地区传统妇女形象及观念之发展历程。在岭南地区,原来并没有中原地区那种"男尊女卑"的文化传统。③ 徐晓望的研究表明,在福建地区,传统女性要承担各种劳作,出入街市,习以为常,其社会地位比北方略高。④ 萧凤霞的研究也显示,在华南地方社会和历史中,妇女自有她们的天地和位置,也参与了地方文化和社会的创造。⑤ 潮汕地区自不例外,在宗族文献及口头传说中,存在不少颂扬女性祖先如祖妈、祖婆、祖姑等的例子,黄挺等认为"可能的解释是,在潮汕的土著居民中,原来有一种盛行于南中国的、与父系血缘传统完全不同的女性祖先祭祀传统,在中原文化向本地扩张的过程中,这种传统与宗族制度混融,并在宗族的传说和记载里留下了痕迹"⑥。

至迟到 13~14 世纪,在以语言为表征下之民间习俗方面,潮州更接近于福建路沿海福、兴化、泉、漳四州(军)即时人所谓的"下四州",而有别于同属广南东路的广州等地区,⑦ 但有不少的社会风习,在岭南(两广)地区却也相似乃至相同。与上述宋元时期广东潮州"敞衣青盖,多游街陌"的妇女形象类似之记载有如下数则:

北宋初或再早些时,循州(治在今河源市龙川县)龙川风俗:"织竹为布,人多蛮獠;妇人为市,男子坐家。"⑧

北宋绍圣年间章楶撰《广州府移学记》对广州风俗作如是描绘:

① 丘玉麟:《潮州歌谣集》,香港:香江出版有限公司,2003,第182页。
② 吴榕青:《试论历史上潮汕与闽南在文化区域上的同一性》,载汕头市潮汕历史文化研究中心、厦门市闽南文化研究会、中共诏安县委员会编《闽南文化与潮汕文化比较研讨会论文集》,内部资料,2005,第89~106页。
③ 牧野巽:《广东原住民族考》,《牧野巽著作集(第五卷)》,东京:御茶の水书房,1985,第221~233页。转引自刘志伟《女性形象的重塑:"姑嫂坟"及其传说》,载苑利编《二十世纪中国民俗学经典·传说故事卷》,中国社会科学出版社,2002,第357页。
④ 徐晓望:《福建民间信仰源流》,福建教育出版社,1993,第256~264页。
⑤ 萧凤霞:《妇女何在?——抗婚和华南地域文化的再思考》,《中国社会科学季刊》(香港)总第14期,1996年春季卷。
⑥ 黄挺、陈占山:《潮汕史》,广东人民出版社,2001,第504~505页。
⑦ 吴榕青:《试论粤东闽语区的形成》,《韩山师范学院学报》2005年第1期,第8~13页。
⑧ 王象之:《舆地纪胜》卷91《循州·风俗形胜》引《寰宇记》,中华书局影印本,1992,第2922页。

……又其俗喜游乐，不耻争斗。妇代其夫诉讼，足蹑公庭，如在其室家，诡词巧辩，喧喷诞谩，被鞭笞而去者无日无之。巨室父子，或异居焉；兄弟骨肉，急难不相救。少犯长，老欺幼，而不知以为非也。婚嫁间有无媒妁者，而父母不之禁也；丧葬送终之礼，犯分过厚，荡然无制。朝富暮贫，常甘心焉。岂习俗之积久，而朝廷之教化未孚欤？①

北宋崇宁初，朱彧在广州的见闻：

广州杂俗，妇人强，男子弱，妇人十八九，戴乌丝髻，衣皂半臂，谓之"游街背子"。②

而南北宋之交，庄绰记载：

……（广州）又妇女凶悍喜斗讼，虽遭刑责，而不畏耻，寝陋尤甚。（广南风俗）……如贫下之家，女年十四五，即使自营嫁妆，办而后嫁。其所喜者，父母即从而归之，初无一钱之费也。③

以上材料，与上引《三阳图志》对潮州风习记载两相对比，类似之处不少：妇女抛头露脸，习以为常，父、子别居，婚姻不待媒妁等等，在政区上同属广南东路的广州与潮州，两地皆然。尤其反映在妇女的日常行为与观念上，明显带有强烈的南方土著色彩，与中原风习相去甚远。

若以南宋朱夫子本人在漳、泉之政绩，略举二例，可证通常在传统社会，官府短期移风易俗的举措收到的成效甚微，而某些固有的民间习俗却有顽强的生命力。绍兴年间朱熹任泉州同安县主簿，"访闻本县自旧相承，无昏姻之礼，里巷之民，贫不能聘，或至奔诱，则谓之'引伴为妻'，习以为风，其流及于士子富室，亦或为之，无复忌惮。"④ 其时出台禁令，但未悉效果如何。至绍熙年间，朱熹任漳州知州时，曾发布劝谕文十条，其一为："劝谕士民当知夫妇婚姻，人伦之首，媒妁聘问，礼律甚严，而此邦之俗，有所谓'管顾'者，则本非妻妾而公然同室；有所谓'逃叛'者，则不待媒聘而潜相奔诱，犯礼违法，莫甚于斯，宜亟自新，毋陷刑辟。"⑤ 然而，几年后的南宋庆元年间（1195～

---

① 陈大震：《（大德）南海志（残本，附辑佚）》，收入《广州史志丛书》，广东人民出版社，1991，第160～161页。

② 朱彧：《萍洲可谈》卷2，上海古籍出版社，1989，第28页。

③ 庄绰：《鸡肋编（卷中）》，中华书局，1983，第53、66页。

④ 朱熹：《晦庵先生文集》卷20《申请·申严昏礼状》，宋刊浙本，第2页。

⑤ 朱熹：《朱子大全》卷100《文》，中华书局"四部备要"本，据明胡氏刻本校刊影印，1936，第1733页。

1200），其弟子陈淳仍对家乡漳州乡村盛行演戏表示强烈的忧虑，担心其"诱惑深闺妇女出外，动邪僻之思……旷夫怨女邂逅，为淫奔之丑"①。甚至到了明洪武年间，方志仍称"时礼教未兴，有长泰民妇雍氏贞洁，（徐）恭特为上其事而旌表之"②。贞妇仅此一例，朱熹劝谕的实效究是如何，可想而知。

朱熹在任漳州知州时，又曾劝谕"遭丧之家，及时安葬，不得停丧在家及殡寄寺院"③。时在南宋绍熙元年至二年间（1190～1191），而30多年后，后任知州危稹看到的情况仍是"漳俗亲死不葬，往往攒寄僧刹"，只好择高地，辟为义冢，三令五申，督令收埋。④ 可见朱熹的劝谕并无实效可言；而危稹的务实做法，也只能局部地改变一时风气，终不能切实扭转传承已久的积习。

由上可见，朱熹教妇女戴上所谓的"文公兜（斗）"之说法，不仅缺乏原始文献依据，而且根本就办不到。

即使到了明代中期，官修方志仍然称，在潮州，夫妇离异自由轻率随便，且妇女大多不缠足。嘉靖年间的潮州社会"父子或至异居，夫妇之间亦有轻相背弃者"⑤。与潮州为邻的闽东南沿海地区亦然，明中叶福州人谢肇淛曰："今世吾闽兴化、泉、漳三郡，以屐当靸，洗足竟，即趿而着之，不论贵贱男女皆然，盖其地妇女多不缠足也。"⑥ 潮州也有同样的情形："潮人喜穿木屐，至妇女皆然。"⑦

若再观蓝鼎元笔下的清代中前期的妇女形象：

> 妇女入庙烧香，朔望充斥，然皆中年以上者。及岁时应节，踏青步月，剧赏灯，少艾结群，直排守令之阁，拥挤公堂，沸若鼎溢。遨游寺观，跳叫无忌，不复知人间有男女之别矣。海滨之妇，或捕鱼虾、拾蛤蜊以资生计。山城闺阁，日陟冈峦，樵苏为业，蓬头赤脚，多力善耕，虽昧逾闲之戒，然瘠土民劳，亦其势然也。⑧

可见清代中前期以前，闽南、潮州下层妇女并不像我们想象中传统的一副循规蹈矩的"淑女"形象。

遗憾的是，因眼界所限，笔者未能找到明代有关闽南、潮州妇女盖头的材料，此中论述存在时间缺环，所以只能作这样的推测：宋元时期潮州妇女的"敞衣"服饰在后来就渐渐地消失了，而"青盖"易变为黑色、杂色或花色盖头，因与理学家强调妇女避免抛

① 陈淳：《北溪大全集》卷47《上傅寺丞论淫戏》，收入《文渊阁钦定四库全书》，第10页。
② 罗青霄等：万历《漳州府志》卷4《漳州府·秩官志下·名宦》引正德《志》，收入《中国史学丛书》15（明代方志选），台湾学生书局据万历元年刻本影印，1965，第82页。
③ 朱熹：《朱子大全》卷100《文》，第1733页。
④ 万历《漳州府志》卷4，第73页。
⑤ 戴璟：嘉靖《广东通志初稿》卷18《风俗》，广东省地方史志办公室誊印本，2003，第337页。
⑥ 谢肇淛：《五杂俎》，郭熙途校点，辽宁教育出版社，2001，第252页。
⑦ 郭子章：《潮中杂纪》卷12《物产志》，潮州市地方志办公室据万历刻本影印，2003，第88页。
⑧ 蓝鼎元：《蓝鼎元论潮文集》，郑焕隆选编校注，海天出版社，1993，第86页。

头露脸的观念契合，被称为"文公帕"，保留至清末民初，而泉州惠安女保留至今的糅合的特殊服饰可视为"敞衣青盖"的"活化石"。

从上述材料来看，实在很难把清代的"文公帕"与《礼记》规定"女子出门必拥蔽其面"的先秦儒家理想联系起来，甚至也不能简单地把它与唐宋北方的帷帽联系起来。当然，中国妇女"蔽面"的风俗由来已久，汉代女子有头戴"面衣"（或称"面帽"）；隋唐时期，从西域传入的冪䍦，中唐之后，又为帷帽所代替，主要在上层妇女如宫廷妇女中流行。先抛开梁绍壬记载的孤证不论，韩愈治潮不过八个月，未见有令潮州妇女戴上冪䍦或帷帽之记载，即使有，也绝无流传及普及之道理。潮州"文公帕"之说可能是从在潮州烈暑下"张皂盖"附会而来。① 清末长洲人彭蕴章《又书朱子全书后》亦云："文公在闽，犹孔明在蜀，相传遗迹甚多，亦不无附会。……所谓过化存神者耶？"②

故而，"文公帕"与"邹鲁遗风"的说法应是首先在清代官方或文人话语圈中出现的。韩文公、朱文公云云，明显出于清代文人的附会。闽南主朱文公遗制，潮州主韩文公遗制，两位文公，孰是孰非，不必在此纠缠。

三 "文公帕"在周边地区的变异与非汉族群文化标志

清代广东惠州府、嘉应州等客家地区，流行一种称为"苏公笠"（凉帽）的妇女服饰：

> 惠州、嘉应（州）妇女多戴笠，笠周围缀以绸帛，以遮风日，名曰"苏公笠"，眉山遗制也。③

> （嘉应州镇平县）俗妇女冬日戴帕，帕皆青布为之；暑天田功樵采，则戴凉笠，以竹为之，笠檐缀以青绢或青布，可以障日，名曰凉笠。④

而在政区上隶属潮州府的客属大埔、丰顺二县也同样流行：

> 客俗妇女晴夏皆戴凉帽，制用竹织。其式为圆箔，中开一空以容顶髻，周围缀以绸帛，或以五纱罗布分五幅，折而下垂。既可周遮头面，而长夏操作，可以迎风障日，名曰"凉帽"。又曰苏公笠，眉山遗制也。⑤

① 曾楚楠：《韩愈在潮州》，文物出版社，1993，第 26 页。
② 彭蕴章：《归朴龛丛稿》卷 10《杂著·书后》，同治刻彭文敬公全集本，第 10 页。
③ 梁绍壬：《两般秋雨庵随笔》卷 6《韩公帕苏公笠》，第 335 页。
④ 黄钊：《石窟一征》卷 4，收入《中国史学丛书续编》，台湾学生书局，1970，第 175 页。
⑤《潮州志·丛谈志·物部》第 5 页引丰顺李《志》《两般秋雨庵随笔》《雪泥杂述》，并加按语："东坡谪惠州，携朝云随侍，暇辄令其刺圃莳花，故制此笠，惠州、嘉应妇女群相效之，今大埔、丰顺妇女行之如旧。"

不仅在粤东,有学者指出,在赣南、闽西的客家妇女也同样流行戴"凉帽（笠）"习俗。① 清代姚莹记载:"余初至广东,过大庾岭,见妇人担负者,首戴帽如草笠,空其顶以出髻,有帷四垂,深约四寸,轩其前,轾其后。嗣至闽中,妇人担负者亦然。"② 此处的"闽中"应指毗邻粤赣的闽西汀州地区。"过去（闽西）客家妇女的辫发很多是盘成高髻的……髻上可套凉笠,髻端外露前翘,笠沿周围垂下长约五寸的五彩布条,微风吹来,彩条飘拂,确实别有一番风韵。"③ 凉帽至今在客家地区仍为习见,惠州、河源、东莞、深圳地区及广州增城等地的客家妇女于田间劳作仍有戴凉帽的。④

本来朴素的"凉帽"雅称"苏公笠",变成与宋代大文豪苏东坡挂上钩的事物,当然也属文化模式的附会,与韩愈、朱熹之教习文公帕之传闻,其事理是一样的。胡曦"又在惠阳见妇女多戴凉帽,劈竹丝织圆笠,四垂葛布为檐,则谓坡老始造,曰'苏公笠'云。邑村妇亦戴凉帽,但无苏公之名",便为明证。⑤

但我们确实也看到,客家地区妇女以竹帽（笠）代替头巾,确实离潮、泉、漳之"文公帕"有些距离,不过事理仍是同一,何况竹帽之外,还留下以绸、布缝缀四边的一条"狐狸尾巴"。

清代,在漳州云霄及台湾地区,与泉、漳其他地方稍有不同,妇女出门流行持伞遮面之俗。

嘉庆《云霄厅志》引《（漳州）府志》妇女"以布覆头,壅蔽其面"之后,却称"云霄不以布自覆蔽,妇女出皆执雨伞以障面,近则持纨扇队行者,其风又一变矣"⑥。

在台湾,清乾隆年间董天工所撰《台海见闻录·汉俗》中"蒙面"条云:

> 台俗:妇女靓妆入市,无肩舆,以伞蒙面而行,时伸时缩,以窥行人。张巡方湄有诗云:"香车碧宪（幰?）厌纷纭,拥盖微行拟鄂君。一队新妆相掩映,红蕖叶底避斜曛。"⑦

乾隆年间,浙江人孙霖作《赤嵌竹枝词》,其一云:

> 二八娇娃刺绣工,呼娘习惯便成风。新妆一队斜曛衬,小盖相携面半蒙。

---

① 马风:《"苏公笠"》,载刘志文编《广东民俗大观（上卷）》,广东旅游出版社,1993,第34页。

② 姚莹:《中复堂全集·康輶纪行》卷14,第3595~3596页。

③ 王增能:《客家与畲族的关系》,载中国人民政治协商会议福建省武平县委员会文史资料编辑室编《武平文史资料》（总第10辑）,内部资料,1989,第39页。

④ 参考本人的调查材料,调查地点:广东省各地,时间:2000~2003年。

⑤ 胡曦:《壶园外集·兴宁竹枝杂咏·闺情》,载雷梦水等编《中华竹枝词》,北京古籍出版社,1997,第3057页。

⑥ 薛凝度修,吴文林纂嘉庆《云霄厅志》卷3《风土志·闺阃》,台北:成文出版社影印民国二十四年雷寿彭铅印本,1967,第119~120页。云霄厅于嘉庆三年（1798年）分平和、诏安两县置立。

⑦ 董天工:《台海见闻录·汉俗》,收入《台湾文献丛刊》第129种,台湾银行,1961,按:《台海见闻录》刊于乾隆十八年（1753年）。

（自注："台邑妇女工刺绣，诞生之日即呼为某娘。其俗多靓妆入市，携小盖障面，迤逦而行，无间晴雨。鹭洲诗：'一队新妆相掩映，红菓叶底避斜曛。'情态毕肖。"）①

雍正年间任台湾巡抚的钱塘人张湄已有诗咏，可见至迟在雍正年间台湾妇女已有以伞蒙面习俗。这种习俗一直延续至清末。

可见，闽台两岸妇女持伞遮面习俗当不晚于雍正年间。台湾的"含蕊伞"也有可能滥觞于福建大陆漳州云霄县的习俗。虽然云霄"执雨伞以障面"之记载较为晚出，但近日又一变为"执纨扇"，当可推测其持伞遮面已在云霄流行相当长的时期，其发端不一定晚于台湾。

时人已指出，"含蕊伞"用意与"文公兜"相同。刘家谋（1814～1853）撰写于清咸丰二年（1852年）的《海音诗》，其一首曰："张盖途行礼自持，文公巾帽意犹遗；一开一阖寻常事，不觉民风已暗移。"自注云："妇女出行，以伞自遮，曰'含蕊伞'；即漳州'文公兜'遗意也。今则阖之如拄杖；然觚不觚，觚哉、觚哉！"②

清末民初台湾学者连横称："前时妇女出门，必携雨伞，以遮其面，谓之含蕊伞。相传为朱紫阳治漳之俗，后则合之如杖，尚持以行，而海通以后，改用布伞，以蔽炎日。"③又说"旧时妇女出门，无论晴雨，必持一伞自遮，曰'含蕊伞'，犹漳州'文公兜'之遗意也。今时式女子亦多持伞而意不同，一以守礼、一以助娇，是亦风俗之迁移也"④。"台南风俗纯古，多沿紫阳治漳之法。数十年前，妇女出门，必携纸盖障面，谓之含蕊伞。张鹭洲诗云：'一队新妆相掩映，红菓叶底避斜曛。'可谓迫肖。"⑤

观其形制，纨扇与"含蕊伞"似乎相仿佛，合之如拄杖当然与"文公帕"离得更远了，仅存象征性了，然则仍可理解为文化习俗流播而产生的变异。

在全国诸多少数民族绚丽多姿的服饰中，各种各样的盖头或头巾是很普遍的。以粤东闽南地区而论，历史上与妇女盖头关系密切的既有畲（輋）民，也有疍（蛋、蜑）人。

"畲（輋）"人主要的分布地域是闽、粤、赣、浙、皖、黔等地，昔年尤以闽粤赣边为中心据点。南宋后期所谓的"畲民"，是汉人对闽粤赣边居住在山谷间的原住民的称呼，其族群的主要生活方式是：居住岩谷，刀耕火种；使用毒箭打猎伤人，会打击土、竹乐器以示庆祝等。而在元代，"畲民"却被用来混称闽粤赣边那些不入编户，与政府不合作的各个武装集团，不限于未开化之原住民。谢重光对"畲族"概念的界定尤可供参考，

① 王利器等：《历代竹枝词·丙篇·清乾隆朝》录自《羡门山人诗钞》卷10，陕西人民出版社，2003，第1594页。孙霖，生卒不详。字羡门，浙江归安人。一作字颂年、武水，号菖溪子，嘉善人。
② 刘家谋：《海音诗》（与王凯泰等《台湾杂咏合刻》合刊），收入《台湾文献丛刊》第28种，台湾银行，1958，第13页。刘家谋，福建省侯官县（今福州市）人，道光、咸丰之际任台湾府学训导。
③ 连横：《台湾通史》，上海书店影印商务印书馆1947，《民国丛书》第3篇第68册，1991，卷23《风俗志·衣服》，第412页。
④ 连横：《雅言》条170，收入《台湾文献丛刊》第166种，台湾银行，1963。
⑤ 止庵：《雅堂笔记》卷5《台湾漫录》，广西人民出版社，2005，第124页。

其表述为："畲族是历史上在赣闽粤交界区域形成的一个民族共同体，它的来源很复杂，包括五溪地区迁移至此的武陵蛮、长沙蛮后裔，当地土生土长的百越种族和山都、木客等原始居民，也包括自中原、江淮迁来的汉族移民即客家先民和福佬先民。这些不同来源的居民以赣闽粤边的广大山区为舞台，经过长期的互相接触、互相斗争、互相交流、互相融合，最后形成一种以经常移徙的粗放山林经济和狩猎经济相结合为主要经济特征，以盘瓠崇拜和相关文化事象为主要文化特征，椎髻左衽、结木架棚而居为主要生活特征的特殊文化，这种文化的载体就是畲族。"①

被称为"疍（蛋、蜒）"的族群，历史上广泛分布在我国的南方，以闽、粤、琼、桂四省（区）为普遍。以潮州地区为例，在北宋前期，已见有关疍（蛋、蜒）人的记载，宋元明清以来，居住在江河沿海的疍（蛋、蜒）家与栖身于深山僻岭的畲人，是潮州地区在文化上有别于汉人的两大类主要的人群。② 潮州"蛋"人之入编户，早在宋代已然。③ 其与汉人接触与融合比畲民发生更早，也更密切。周伯琦笔下的元代潮州社会，就讲到"贾杂岛蜒（人），农错洞獠"④。明中叶潮阳县"其西南江上又有曰蛋户者，岸无室庐，耕凿不事，男妇皆以舟楫为居，捕鱼为业。旧时生齿颇众，课隶河泊（所），近或苦于诛求，逼于盗贼，辄稍稍散去，或有弃舟楫入民间为佣保者矣"⑤。

长期以来，畲（輋）、疍（蛋、蜒）与汉共同生活于一处，相互依存，互为消长。畲（輋）民与疍（蛋、蜒）家向"汉"人转化显然是一个绵延持续的过程，"汉"与"畲、疍"概念之界定与模糊也变更不常。在早年，许多被称为"汉"人的，其先民原是蛋（蜒）人；部分原居陆上平原、台地居民的汉人，由于某些原因而迁居于山洞、水上而被称作"畲""蛋（蜒）"人。

于是，历史上闽、粤地区畲、蛋（蜒）人妇女的服饰，可为我们提供某种参照与启示。

清代闽西汀州府长汀县的畲民，"妇人不笄饰，结草珠若璎珞蒙髻上"，又"女子不笄饰，裹髻以布"⑥。此外，又说清代畲人"妇女高髻垂缨，头戴竹冠蒙布，饰璎珞状"⑦。据此看来，客家妇女之"苏公笠"俨然是畲妇头饰之翻版。王增能也持类似的看

① 谢重光：《畲族与客家福佬关系史略》，福建人民出版社，2002，第11页。

② 潮州畲民与疍民之研究见饶宗颐《潮州畲民之历史及其传说》及"The She settlements in the Han River"，Kwangtung；《说蜒——早期蜒民史料之检讨》，分别载黄挺编《饶宗颐潮汕地方史论集》，第87～137页。又可参见饶氏《潮州志·民族志》（未刊稿）。

③ 《永乐大典》卷5343，引《三阳志》载潮州户口"比岁以来，总税、客户与蛋户言之，以户计者，一十三万五千九百九十八，以口计者，一十四万五千七百三十二"。

④ 周伯琦：《廉访分司肃政堂记》，载《永乐大典》卷5343《潮州府三》引《图经志》。

⑤ 黄一龙修，林大春纂隆庆《潮阳县志》卷8，收入《天一阁藏明代方志选刊》，上海古籍书店据明隆庆刻本影印，1982年重印1963年影印本，第3页。

⑥ 陈朝曦：乾隆《长汀县志》，收入《故宫珍本丛刊》第121册，海南出版社据乾隆四十七年刊本影印，2001，卷24，范绍质：《猺民纪略》，卷26《丛谈附》。

⑦ 施联朱：《畲族风俗志》，中央民族学院出版社，1989，第33页。

法。① 潮州饶平、潮安北部妇女戴"帕仔"的起源，便有一说是来源于凤凰山顶石古坪村的畲族人家，后来他们同汉族关系日趋密切，畲、汉通婚，故此习俗便传播开来。②

郭志超认为，惠安东部文化具有畲民的文化特质，推测历史上惠东的汉民应与畲民发生过文化接触，产生了文化涵化。③ 若其观点成立，也可证今之惠安女服饰即旧时"文公帕（兜）"承袭了畲民的文化标志。据张寿祺调查，20 世纪 50 年代以前，珠江口及广东省沿海江河仍生活着不少的水上居民——疍家人。其妇女一般穿着蓝、黑色衣裤，夏天，她们人人戴着一顶用细竹篾编成有深弯帽缘的圆顶竹帽（笠）；冬天，所有妇女都喜欢包上一条黑色的头巾。④ 在潮汕地区的饶平县，过去的水上人家（疑特指疍家）衣着跟陆上人家不同，她们的上衣均缝上两色布料，头上戴竹笠必垂帘以遮面容。⑤

由此看来，华南旧时畲人、疍家妇女的传统服饰与"文公帕""苏公笠"关系密切，彼此可能存在某种共同的渊源。一直以来，被视为潮、泉、漳州汉人妇女和闽粤赣边的客家妇女符合于儒家礼教的服饰，其实带有强烈的"土著"文化色彩。

四　结语

综上所述，清代泉、漳、潮州一带妇女流行"文公帕"或"文公兜（斗）"服饰为独具鲜明地域特色的文化习俗，而台湾的"含蕊伞"是它的变式。周边客家地区的苏公笠（凉帽）可作演变参照。该服饰习俗至迟可追溯到宋元时期潮州"妇女敞衣青盖"，而今天泉州惠安女的特殊服饰及粤东闽南个别地区妇女盖头帕习俗当为其活化石。清代文人以社会风化、理学正统眼光来解释这一现象，并不符合实情。因此，笔者以为，它很可能是汉化土著（或为畲、疍人先民）的服饰遗存，也有可能在原本土著（如畲、疍人）习俗影响下，为早期（宋元以前）入迁闽粤的汉人接受下来的带有土著色彩的习尚。至于"文公帕""苏公笠"云云，只是清代文人出于对正统文化的认同，对文化名人的曲意附会罢了。

随着明清以来闽粤在国家中地位的上升，士民对乡邦文化的自信心大大增强了，其对中原文化追慕与攀附的自我意识更为强烈，"文公帕（兜）"的说法始出现在清乾嘉之后。一方面，地方士子津津乐道于乡邦的美俗，引带宦游闽粤的官员沾沾自喜于教化的业绩；然则另一方面，其地域文化自卑意识仍存，才不断重复并一再强调"文公"教化而恐人所未知。

责任编辑：陈嘉顺

---

① 王增能：《客家与畲族的关系》，载《武平文史资料（总第 10 辑）》，第 39 页。
② 詹克武：《"帕仔"》，载刘志文编《广东民俗大观（上卷）》，广东旅游出版社，1993，第 35～36 页。
③ 郭志超：《田野调查与文献稽考：惠东文化之谜试解》，《厦门大学学报》1997 年第 3 期，第 109～114 页。
④ 张寿祺：《蛋家人》丙《习俗与民风》，香港：中华书局有限公司，1991，第 162 页。
⑤ 饶平县地方志编纂委员会：《饶平县志》，广东人民出版社，1994，第 995 页。

潮汕民间工艺美术的区域文化价值

摘　要：本文通过文化价值中的文化需要客体和主体的相互关系，围绕潮汕民间工艺美术繁荣满足了衣锦还乡的客体需要和海外潮商追求精细的主体需要，探讨潮汕民间工艺美术的区域文化价值。
关键词：民间工艺美术　潮汕文化　文化价值

一　引言

民间工艺美术有着其他美术门类之母的称号，是中华民族文化的产物，其工艺制作、形式美感、文化内涵蕴涵着独特的区域性。它孕育于不同区域的文化当中，反映了当地人民群众的思想情感和生活观念，表达了他们自身的审美趣味，显现出独特的地域文化价值。

文化价值是艺术作品的价值体现之一。文化价值是一种关系，它包含两个方面的规定性：一方面存在着能够满足一种文化需要的客体。另一方面存在着某种具有文化需要的主体，当一定的主体发现了能够满足自己文化需要的对象，并通过某种方式占有这种对象时，就出现了文化价值关系。潮汕民间工艺美术的文化价值就是这种关系的体现。

从根本上说，文化受制于不同区域的生活方式、风俗传统、行为习惯等区域环境的约束，是一个区域人群的深层意识。区域文化是一个地区的文明程度集中体现和潜力魅力所在，是文化特色的品牌。"一个民族或一个时代到一定经济发展阶段，便构成为经济基

---

*　吴文轩，1975年生，韩山师范学院美术系副教授。邓亮生，1975年生，韩山师范学院美术系讲师。本文原载《艺术百家》2012年第11期。

础，人们的国家制度、法的观念、艺术以及宗教观念，就是在这个基础上发展起来的。"①
区域文化正是民族文化本体的区域性折射，不同的生产方式和地域特征形成了极有影响的
独具特色的个性文化。

文化价值是由人创造出来的。不管是人的文化需要，还是满足这种需要的文化产品，
都只能在人的社会实践中形成。潮汕文化是由讲"潮州话的民系（也就是潮人）所创造
的一个文化共同体"②。潮汕地区（指今天的潮州、汕头、揭阳三个地级市）背山面海的
地理环境孕育了风格独特、地方特色鲜明、结构完整、门类齐全、品位甚高的文化景
观——潮汕文化。它起源于潮汕先民，在距今 3400 年前就已经有了自己的原生文
化——浮滨文化和南越文化，成型于秦汉（受汉文化的洗礼），发展于唐宋（中原儒家
文化占主导地位），昌盛于明清（海洋文化的渗透），创新于现代（外来文化的影响）。③
潮汕文化是在本土文化与中原文化的碰撞、交流、融合的基础上逐步形成的，它吸取了
中原文化与古代南粤岭南土著文化的优良成分，同时又受到海外文化的强烈影响，形成
了独特的族群民系文化，具有兼容并蓄、海纳百川的文化气魄。潮汕文化是由"作为土
著的百越文化、作为移民的中原文化、作为侨胞的海外文化"三种文化聚合形成的，④
文化的融合为民间工艺美术的创作提供了丰富的题材资源和艺术营养，在浓厚地域文化内
涵影响下的民间工艺美术，升华出独具特色的艺术色彩和文化价值，酿造了以"潮"字
号为代表的诸如潮州陶瓷、潮州木雕、潮州刺绣、潮州剪纸等种类繁多的潮汕民间工艺美
术。

二 文化需要的客体： 民间工艺美术的繁荣和创新 满足海外贸易成功商人荣归故里的需要

潮汕地区东面临海，海岸线漫长曲折，天然良港众多，海域广阔，是著名的"海上
丝绸之路"的重要中段港（元朝汪大渊在《岛夷志略》中说："万里石塘，由潮洲（州）
而生，迤逦如长蛇，横亘海中。"⑤ 万里石塘指连通东西洋的贸易航线）。这种自然环境对
潮汕的历史文化产生了巨大的影响。发达的海外贸易历史和悠久的"逐海洋之利"⑥传
统，使得这里商业气息浓厚并由此产生了影响深远的三大商帮之一——潮州商帮。

明清至民国时期，海上贸易的成功导致祠堂民居的大量兴建，从而引发建筑装饰工艺
附件如木雕、石雕、嵌瓷等地域风格的兴起，使潮州木雕成为四大木雕之一，四大名绣之
一的粤绣的重要分支潮绣进一步完善，大吴泥塑跻身三大泥塑。潮汕工艺美术步入全面鼎

---

① 《马克思恩格斯选集》第 3 卷，人民出版社，1995，第 574 页。

② 黄挺：《潮汕文化索源》，《寻根》1998 年第 4 期。

③ 黄挺：《潮汕文化源流》，广东高等教育出版社，2002。

④ 黄赞发：《潮汕文化的形成及其特征》，《广东发展论坛》2008 年 6 月。

⑤ （元）汪大渊：《岛夷志略》，又名《岛夷志》（南昌：吴鉴单独刊印，1350 年）。

⑥ （清）吴颖纂修《潮州府志》，中山图书馆，1957 年，油印本。

盛时期，各个艺术种类都具有大批精品遗存于世，其工艺水平之高、艺术风格之精，让人叹为观止，满足了衣锦还乡的富商的要求。

从清雍正重开海禁起，潮汕海商迎来了辉煌的红头船时代。清中期郑昌时在《韩江见闻录》中记录潮州民谚红头船"上至天津下至马辰"①，指向上往东北方向航行可达天津以及日本等"东洋"，向下往西南航行可达马辰（印度尼西亚的重要商港）、暹罗等"西洋"。当时海外商贸的昌盛，由此可见一斑。

文化价值任何时候都是为人服务的，人类不需要的东西不具有文化价值。由海外贸易的成功而诞生的众多大亨富豪在潮汕人强烈的宗族意识和光宗耀祖思想的支配下，从清同治开始，挟巨资回归故里，建祠堂起大厝。饶宗颐先生在1948年主纂的《潮州志》载："都市大企业及公益交通各建设多由华侨投资建成。内地乡村有新祠厦屋，更是十有八九由侨资盖建"②。如著名的南盛里（新加坡富商南金生所造）、东里寨（航海巨商郑毓宗所建）、陈慈黉故居（泰国商人陈慈黉营建）、隆都上北村"七落"大厝（七位旅泰潮商一起建造）等，最突出的就是花费14年耗资26万银元建造的从熙公祠（马来西亚富商陈旭年所建）和耗时10年花费30多万银元打造的潮阳梅祖家祠（巨商陈梅生所造），③工艺美术的快速发展满足了衣锦还乡大兴土木的需要。

集潮州木雕之大成的己略黄公祠（经营成功的商人后代继承家业后为祭祀先祖所建）以精美绝伦的木雕和石雕闻名中外。这个祠堂里面璀璨夺目金碧辉煌，梁枋、梁桁及柱间布满了富丽堂皇、琳琅满目的潮州金漆木雕装饰，让人目不暇接。定睛细看，玲珑碧透，精妙入神；举目远望，雍容华贵，庄重大方。而石雕的杰出代表就是前面提及的从熙公祠和梅祖家祠。梅祖家祠因倒挂在屋檐下的6只石雕花篮被称为"石花篮祠"。当时为了展现潮汕石雕技艺，专门聘请具有"石雕之乡"美称的潮阳泗美村石雕名匠前来雕刻。据说每雕刻一只花篮则耗时长达一年多，雕刻时大小铁椎用了30多支，最小的铁椎只有铅笔芯大以便伸进"篾缝"里雕刻。④

潮汕地区的独特美术品种嵌瓷技艺也是突飞猛进。嵌瓷创始于明代盛行于清代，⑤是采用各种釉彩光泽的陶瓷片，经剪取敲制、镶嵌、黏接、堆砌而成花鸟鱼虫、飞禽走兽、山水人物等浮雕或立体雕效果的建筑装饰品，多立于屋顶，营造了一个"鸟革翚飞"的奇异世界。潮汕地区日照时间长，雨水又充沛，嵌瓷经日晒雨淋后历久弥新，色彩更加鲜丽。潮汕许多乡土民居也以嵌瓷作为屋顶装饰。

潮绣抽纱工艺的形成是潮汕文化融合外来文化的一个创新体现，是传统的潮州刺绣工艺和欧洲抽通工种融会贯通、巧妙结合的产物，以其精巧、轻盈、淡雅而被誉为"南国之花"。

---

① 潮汕旧时谚语。
② 饶宗颐：《潮州志》，潮州市地方志办公室补编重刊，2005年。
③ 林凯龙：《潮汕老屋》，汕头大学出版社，2004。
④ 林凯龙：《潮汕老屋》。
⑤ 姚秋展：《浅析潮汕工艺美术》，《神州民俗教育科技》2008年第8期。

三　文化需要的主体：海外侨胞文化的介入决定民间工艺美术的精细性

潮汕地区拥有富饶的潮汕平原，自然条件优越，气候宜人，"夏季温高无酷暑，冬天和暖有阵寒"。从元代开始，迁入的闽南移民和本土的土著居民相融合，逐渐形成了潮州民系。① 随着人口的不断迁入，地少人多，闹起了地荒，生存环境日渐严峻。到清乾隆中叶，已到粮食不敷自给的局面。② "耕三渔七，商船贩舶往来如蚁"是明清时期潮汕人因生计所迫不得不做起了朝廷海禁时不允许的海上冒险生意的真实写照。激烈的生存竞争导致人们思想意识的改变，想求生存谋发展就得精益求精，因此"耕田如绣花"成为潮汕农业生产最突出的特点。在这种精细情操的熏陶下，行为方式和审美要求也逐渐发生改变。人口和环境的矛盾使潮汕人不仅转向经商和海外贸易，也转向手工业等其他行业，精雕细镂的民间手工业艺术风格应运而生。

任何文化都由其自身发展出来的象征和符号来表现，人类学家克利福德·格尔兹（Clifford Geertz）认为："文化是一种通过符号在历史上代代相传的意义模式，它将传承的观念表现于象征形式中，通过文化的符号体系，人与人得以相互沟通、绵延传续，并发展出对人生的知识及对生命的态度。"③

文化价值是由人创造出来的。人是文化价值的需求者，也是文化价值的承担者。不管是人的文化需要，还是满足这种需要的文化产品，都只能在人的社会实践中形成。人们创造文化需要和文化产品的能力，本身也是文化价值，而且是最本质的文化价值。

在海外侨胞回归故里彰显身份的大型建筑中，工巧精细成了评判建筑构件等工艺美术的技艺高低的标准。侨胞文化的主体需要加剧了文化产品争奇斗艳、追求精细风格之风。雄厚的经济实力支撑着主人有财力去要求工艺品的艺术水平更上一层楼，给能工巧匠提供了充分发挥聪明才智的空间，使得技艺水平精益求精、美轮美奂；因为艺人有时间去推敲技艺的精湛，有动力去追求完美的艺术效果。如从熙公祠的建造，主人为了使石匠安心工作，专门建屋相送，开工时好烟好酒敬若上宾，待工匠吃好睡足精神饱满时才让动手干活，稍一疲倦即令歇息磨刀。④ 精美绝伦的石雕就是如此"慢工出细活"地雕刻而成。

这种强烈的主体需要刺激了激烈的竞争，也刺激艺人推陈出新。为了最大限度地发挥工匠的才能，主人通常会请两班艺人同时动工，意在比试技艺高低，施工之时各自用布和竹篾隔开，直至竣工之时才拆去，让大家评判优劣，优胜者获得约占总造价1/3的奖金。⑤ "输人不

---

① 范涛：《民系与性格》，《南方日报》2003 年 12 月 10 日。
② 林伦伦：《潮汕文化的自新与粤东社会的发展——潮汕文化三题》，《汕头大学学报》2008 年第 4 期。
③ 〔美〕克利福德·格尔兹：《文化的解释》，译林出版社，1999。
④ 林凯龙：《潮汕老屋》。
⑤ 林凯龙：《潮汕老屋》。

输阵"的理念使得艺人的工艺能力不断提高，越雕越精，形成竞奢斗巧之风，使精巧细致的美学风格和文化价值取向愈加强烈。

"一条牛索激死三个师傅"就是对精细文化价值不断追求的体现。从熙公祠门楼上"士农工商"石雕方肚里，伏在牛背身上的牧童手里所捏的那条双股相缠约16厘米长的悬空牛索，细如牙签，绳上股数清晰可辨，穿过牛鼻竟弯曲自如。有两个师傅用很长时间来雕刻它，但无论怎样小心谨慎都功亏一篑，每每眼看就要大功告成时却不小心弄断，师傅们十分懊恼，觉得对不起主人，遂不辞而别。第三位师傅吸收前面的教训，改用泡水细磨轻刮的方式才成功。①

名闻海内外的潮州木雕，也是处处体现潮汕精细文化的精神。潮州木雕与我国其他木雕流派的最大区别是采用镂通雕技法，尤以多层次纵横交错的镂通雕最具特色。通雕层次一般是两三层，最多的可以达到十几层，视材质厚薄和雕刻技艺高低而定。由于多层镂空通雕的作品浑然一体，相得益彰，繁而不乱，多而不杂，精细华美，玲珑别透。精细的潮汕文化审美观念通过精细的镂通雕得到表现，精细的镂空技艺在立体镂空通雕的虾蟹篓里得到了淋漓尽致的展示。蟹篓被雕得通透纤薄，层次分明，疏密相称，惟妙惟肖。刀法精细之处更在于"篓中篓"的雕法，即在一个蟹篓内再雕一个蟹篓，"内篓"里再雕个"内篓"，三层精雕细琢、泾渭分明的龙虾蟹篓，每个蟹篓上的木雕篾条薄如纸板，有时最薄处只有1毫米，却还可辨别出路径、穿插、起伏。②

潮州陶瓷的通雕和瓷花工艺是精细文化价值的另一种阐述。通花瓷是潮汕地区最具有地方特色的陶瓷艺术品类。因其通体雕镂，又如潮绣抽纱中的钩织抽纱通花作品般玲珑别透，故取名通花瓷。瓷花是用精制的瓷泥，靠手工一瓣一瓣地捏制而成。捏塑的花瓣薄如蛋壳蝉翼，花蕊细若发丝，轻盈如鸿毛，精细程度甚至达到"掷地而不破，落水而不沉"出神入化的境界。"薄如纸，细如丝，永不凋谢的鲜花"③的技艺让人击节叹赏，极显潮汕文化的精细内涵。

潮汕剪纸是精细文化性格的另一彰显。潮汕地处南国，剪纸不仅具有南方剪纸的秀美灵动，而为了追求精致和细腻，在剪纸最基本的构成元素——线条和"刹丝"上独具匠心。（"刹丝"即锯齿纹，由于潮州剪纸中的锯齿纹极为尖细，故潮州人又称呼它为"刹丝"。"刹"是个相声词，即是用剪刀把纸剪成一条一条丝的动作的声音。）每一条锯齿纹，长短形状几乎都一样，整齐得你以为是机器的模胚做出来的。线条讲究纤细，历代流传下来的剪纸纹样经过每一代人的手，形象越剪越细，线条越剪越细，最后形成了游若细丝的审美风格和追求。用线的俏巧与流畅，使画面更加玲珑别透的潮州剪纸具有简洁、清新、通透、细致的美感。④

---

① 林凯龙：《潮汕老屋》。
② 杨坚平：《潮州木雕》，岭南美术出版社，2008。
③ 孔令源、林锐：《潮州，因"功夫"而名》，《南方月刊》2008年第8期。
④ 吴文轩：《论潮州剪纸的两种艺术风格》，《艺术评论》2007年第9期。

四 结语

　　文化价值不仅是满足个体文化需求的事物，更是社会产物。任何社会形态都有该社会特有的文化需要，这种文化需要只有通过人们的文化创造活动来满足。民间工艺美术是根植于民间文化的一种创造活动，是自我创新不断发展的文化有机体，是源于生活高于生活的艺术创作，往往表现出鲜明而完整的区域性文化价值。潮汕人精细文化心态就是通过潮汕工艺美术精致典雅的艺术创造活动来表现。没有文化消费也就没有文化生产，没有文化生产就没有文化消费。作为人们行为和行为物态化显现的是显现文化，而作为精神意识集中体现的是隐形文化，两者都以生产方式和地域特征构成了独具特色的个性文化——地域文化。潮州商人的文化消费和潮汕工艺美术的文化创造，以显现的文化方式（物态的木雕陶瓷等工艺美术形式）和隐形的文化（潮汕精细文化性格）构成了独特的区域文化价值。

责任编辑：陈景熙

"京都帝王府，潮州百姓家"

——潮汕民居装饰风格初探

林凯龙*

摘　要：以富丽堂皇、精雕细琢著称的潮汕民居，其特殊而完善的装饰系统，不但保存了汉唐时代的中原古风，而且是适合本地环境特点的创造，它使潮汕民居获得了"京都帝王府，潮州百姓家"的赞誉，同时也为今天寻找本土艺术设计风格的我们提供了借鉴。

关键词：木雕　石雕　壁画　漆画　嵌瓷　灰塑

位于广东省东部沿海的潮汕，由于山环海抱，远离中原，历代战乱传到这里已是强弩之末，故潮汕先民有足够多的时间、精力将民居当做艺术品来精雕细琢。潮汕大致包括今天的潮州、揭阳、汕头三市管辖的范围，是一个文化传统深厚、民间艺术发达的地区；由于地处海隅，受历代战乱的破坏较少，民居建筑得以较完整地保存，留下不少被潮人称为"老厝"的古民居群落。

在广东，流传有"潮州厝（屋），皇宫起（建）"以及"京都帝王府，潮州百姓家"的俗语，意思是说潮汕百姓的普通居宅，无论从规模、布局或装饰上，是按"皇宫"的规格建造的，其壮丽和豪奢的程度简直可比拟京都的王府。这种说法虽有夸张的成分，但也不是毫无根据；因为潮人的先祖是汉唐时代从中原迁出的世家大族，他们至今仍被称为"河洛人"，作为正统的汉唐文化传承者，其民居建筑也保留了不少古代宫殿府第的遗制。[①]　其次就是伴随着清末民初以来国内三大商帮之一的潮商的崛起，以及海外潮侨"叶落归根"的心态，潮人依照《大学》的"富润屋，德润身"之古训，用"富可敌国"的

---

*　林凯龙，1963 年生，汕头大学长江艺术学院副教授。本文原载《艺术与设计》2007 年第 10 期。

①　林凯龙：《潮汕老屋》，汕头大学出版社，2004。该文对此有详细的考证与论述。

财力来建造豪华居宅。民国的《广东年鉴》有言："粤有华侨，喜建造大屋大厦，以夸耀乡里。潮汕此风也甚，惟房屋之规模，较之他地尤为宏伟。"旧《潮州府志》也曾言："三阳及澄饶普惠七邑，闾阎饶裕，虽市镇也多鸟革翚飞，家有千金，必构书斋，雕梁画栋，缀以池台竹树。"①

就潮汕民居装饰而言，如果按材质，大概可分为木雕、石雕、壁画、漆画、嵌瓷、灰塑等几大类；如按艺术处理手法和形式来分，则有通雕、平雕、半浮雕、金漆木雕、泥金漆画、水墨浅绛、大青绿设色等等；如就题材来分，则有戏曲人物、神话故事、山水花鸟、虫鱼走兽、江海水族等等，几乎包罗万象，应有尽有。下面以材质分而论之。

木　雕

在众多的装饰门类中，最为世人所称道的就是闻名遐迩的潮州"金漆木雕"。潮汕民居从梁架、额枋、檐角、门窗、屏风、隔扇等等，无不处以繁复的雕饰，各宗族之间，往往在内饰上争奇斗艳，竞相绮丽。如一般祠堂屋架就有"三载五木瓜，五脏内十八块花坯"。在装饰手法上，除了著名的"金漆木雕"外，还有黑漆装金、五彩装金、本色素雕等油漆方法，一室之中，往往互相配合，以求达到满屋辉煌的视觉效果。

潮汕民居现存最早的木雕装饰是许驸马府斗拱上的草尾遗构，揭阳邹堂石埠古屋及潮阳赵厝祠等也残存有一些宋元遗风。其特点是木瓜肥大无饰，图案粗犷简单。后来，随着技法渐趋成熟，图案日见繁复，始建于宋、重建于明的潮安庵埠文祠梁架上已有狮子和花坯等装饰。到清末民国，随着华侨经济的兴起，潮州木雕更趋玲珑剔透，尤其是多达七层的通雕艺术，可谓鬼斧神工。此时的潮州木雕在题材上空前广泛，创造了具有海洋文化特征的江海新题材，如曾获国际博览会金奖的虾蟹篓等；在构图上则借鉴了国画与戏曲虚拟空间的手法，善于把不同时空发生的事件组织成一个完整的画面，在形象的刻画、刀法的运用上，也有卓越的创造，从而成为世界闻名的工艺品种。

在装饰过程中，为了最大限度地发挥工匠的才能，主人常请来二班艺人进行竞争，并留下占总造价约1/3的奖金，奖励给优胜者。他们在施工时各自用布和竹篾隔开，竣工之日才拆去遮挡，让族人评判，胜者名利俱获。今天在潮汕祠堂，左右梁架风格均有所不同，就是二班艺人竞争的结果。

潮汕最具代表性的建筑木雕是位于潮州市铁巷的己略黄公祠，该祠建于清光绪十三年（1887年），是一座二进的家祠，装饰极为奢华：厅楣有长长的装金漆画，梁枋、梁桁和柱间布满了精美绝伦的金漆木雕装饰。然而，可贵的是，这些精雕细琢、金碧辉煌的木雕没有给人造成繁缛和俗气的感觉，而是雍容华贵、落落大方，每一个细部都处理得十分妥当熨帖，而整体气势上又十分完整，极为雅致。该祠现为国家文物保护单位，可谓实至名归。

---

① 周硕勋：《潮州府志》，台北：成文出版社，1967年影印光绪十九年重刊本。

石　雕

潮人对石质材料也很重视，这可能和海洋文化有关。因本地近海，海风咸湿，木材湿损易腐，且飓风时至，至则毁瓦撤屋，木材的选用有一定的局限性；而长期"冒利轻生"的海商生活，又使潮人的生活充满不安定因素，生命的叵测和人生的飘浮更增加他们对"永恒"的渴望，"生年不满百，常怀千岁忧"的他们只好把愿望寄托在有生之年创造的"器物"——建筑的长存上。因而，与古希腊和古罗马相似，他们共同表现出对石头的偏爱。于是，潮汕山区丰富的花岗石便以耐用的特性逐渐取代木材，在民居的梁柱、门框、门肚、墙裙、台阶、露台、牌坊等得到广泛的应用。

石材在西方一般以垒砌的方式建造，因垒砌的方式易于向空中发展成高耸入云的建筑，以表达他们对神秘天国的向往（和"以人为本"的中华建筑相比，它是一种"以神为本"的建筑），故西方建筑多以个体的高大取胜；本地的石材则和木材一样以榫卯的构架搭建，凿榫卯的构架易于做横向连接，故往往以千门万户的群体结构取胜。西方建筑是由石头组成的"凝固的音乐"（建筑界也常以这句话来比喻中国民居，这是十分不恰当的，因我们的建筑不大注重天际线的起伏），那么，中华建筑则往往是一幅"展开的卷轴画"，大量使用石材的潮汕民居也是如此。

潮汕民居最著名的石雕装饰是位于潮安彩塘金砂乡，由马来亚和新加坡巨富陈旭年所建的丛熙公祠。该祠于清道光十七年（1837年）开工，花了14年才建成，其中石雕竟用了10年时间。

丛熙公祠以效仿木雕的门楼石雕最为著名，其精致的程度几可媲美玲珑剔透的木雕，特别是石雕梁架上那被涂上颜色的多层透雕花篮和龙虾，几乎分不清到底是石还是木。门楼两侧墙壁上分别嵌有两块内容为"鱼耕樵读"和"士农工商"石屏（本地称"方肚"），大小仅80厘米×120厘米，但通过"之"字形构图，用透雕和浮雕相结合的方式，将山水、树木做穿插安排，将处于不同时空的20多个人物，巧妙组织成一个完整的画面。画面构图饱满，色彩华丽，工艺精湛，特别是"士农工商"石屏中牧童手里那条相绕相缠、细如牙签的长约10厘米的镂空牛索，堪称鬼斧神工。据民间传说，为了雕刻这条牛索，前后共有三个艺人，前仆后继，皆因最后功亏一篑，竟相继吐血而死，这就是从清末流传至今的"一条牛索激（气）死三个师傅"的故事。这个传说从另一角度可看出潮人对不惜以生命为代价，不断追求完美的精神的赞许；而正是这种坚忍不拔的精神，使得整个潮汕民间工艺，在雕刻技法上达到了后人难以企及的境界，具有很高的艺术和文物价值。

屋顶和嵌瓷

潮汕民居的屋顶一般覆以素瓦，唯有潮阳一地用黄瓦作为屋顶装饰，据说这才是真正的"皇宫起（建）"。"潮州厝"之所以能"皇宫起"，据民间传说，这是由于明代潮阳出了"陈国舅"陈北科，皇上特地恩准他回乡按皇家式样兴建国舅府"黄门第"，遂相沿成俗，纷纷用起了民间禁用的黄瓦。陈北科原名陈洸，号东石，明正德二年（1507 年）中举人，正德六年中二甲进士，授户部给事中，后当过大理寺少卿、黄门侍郎等职，曾陪明武宗游江南，但并非国舅。嘉靖十年（1531 年）被排挤回乡，十二年于家乡病故。[①]

潮汕民居的屋脊有龙凤脊、鸟尾脊、卷草脊、草龙脊、博古脊等式样。屋脊和垂脊上塑置各种神仙瑞兽和戏曲人物，形成一个凤舞龙翔、人神杂陈、鸟革翚飞的世界，这和后汉王延寿《鲁灵光殿赋》所描述的"虬龙腾骧""朱鸟舒翼""神仙岳岳""杂物奇怪，山神海灵"的建筑装饰有一定的渊源关系。

由于屋顶塑像易受风雨侵蚀，潮汕艺人便用打碎的彩色瓷片，调上灰泥糖水和桐油，将其黏在已塑好的粗坯上，使之成为晶莹剔透的嵌瓷。它不但可抵御风雨的侵蚀，而且经雨淋日晒之后，更显得璀璨夺目和历久弥新，与黝黑的屋面形成鲜明的对比。这种形式的创造和潮汕本地盛产彩瓷有关，在闽台和东南亚一带，也有这种艺术形式，不过潮汕的嵌瓷被公认最为精致艳丽。

高耸挺拔的山墙

山墙本地俗称"厝角头"。气势恢弘、高耸挺拔的"厝角头"是潮汕民居的显眼之处。一进入潮汕，首先映入眼帘的是那比屋连瓦、如群山迭起向上冲出的墙头。巨大的墙头是潮人认家的标志之一。

墙头是中原汉晋遗风和古越族文化相结合的产物。古越族人本来就有在屋顶上树柱安角的习俗，《隋书·东夷传》载："流求国，居海岛之中……王之所居，壁下多聚髑髅为佳，人间门户上必安头骨角"。古流求国，即今台湾省，其族源与潮汕土著同为古越族人。在门上安角是古越族人财富和权力的象征，是雄性的代表。在甲骨文中，"角"写如"且"，状如"男根"，充满雄性特征的潮人当然就十分在意它的大小了。

濒海的地理位置和长期的捕捞生活造就出潮人重追踪和重捕捉的视觉习惯。这些高耸冲出的墙头，与西方哥特式山墙一样，易于将视线引向苍穹，可能是狩猎捕捞民族重追踪重捕捉的视觉习惯的反映。它们显然又带有海洋文化的特征，故潮汕愈近海者"厝角头"愈大，内陆山区则小多了。

潮汕山墙按形状的不同可分为金木水火土各式，它们的命名和堪舆学的山形的命名是一致的，具体是"金形圆而足阔"，"木形圆而身直"，"水形平而生浪"，"平行则如生蛇过水"，"火形尖而足阔"，"土形平而体秀"，此外还有大幅水、龙头楚花火星式（多用于祠庙）等变体。

至于什么地方须用何种"山墙"，也由堪舆家视环境而定。如火形山太多，就会考虑

① 戆斋：《书隙窥"潮"之四：陈北科为王守仁首批潮籍弟子考》，天涯博客"澹定轩潮故杂录"，2006 年 1 月 9 日，http：//blog. tianya. cn/blogger/post_ read. asp？BlogID＝220113&PostID＝3787416。

用"大幅水"式，取水克火或"水火既济"之意。总之，是一种相生相克的五行关系。

山墙的装饰重点集中在上半部。流畅的板线模线沿左右两边倾泻而下，线与线之间留下一个个被称为"肚"的装饰空间，里面缀以精致的嵌瓷。其下还有被称为"楚花"的团花图案。也许这种图案本来就源于楚文化的影响，其造型与楚漆器中循环飞动的纹样极为相似。

门面和彩绘

和古代士族重视门第和郡望相似，在现实生活中，为了突出门第和地位，潮人在住宅的门面上下足了工夫。宅门的大小、门槛的高低、装饰的繁简直接反映出家族身份的高低，故均不惜资财，从选料、工艺、式样都尽力经营。有的通过提高大门或做成双重屋面来增加气势，如揭西棉湖的清代康熙年间翰林林景拔的"翰林第"，即以门楼正中高耸、两旁略低的三山门楼而远近闻名，等等。

潮汕民居的大门一般做成凹斗式大门，这种大门既便于吸纳吉气，又增加了层次，且为装饰留下空间。门斗一般刻有名人书法或绘画，内容多为治家格言和梅兰竹菊之类，石门斗顶上有一对石刻方印，刻有"诗礼传家"或"富贵平安"之类的吉语，每个印的笔画讲究要弯来曲去组成九竖十横之形状，抹彩贴金，好不闪亮。这样的门斗，便"诗书画印"四样皆齐了。这些均体现了潮人对"文"的自觉。

与北方的固守法规、不可随意创作的官式彩绘系统不同，潮汕彩绘仍保留了一整套古代彩绘类型和制度，并且常常接受流行画风的影响，表现出一种较为自由和活泼的装饰风格。

室内彩绘以梁枋为主，按部位尺寸因材施彩，一般将楹木漆成红色，将橼子漆成蓝色，称"红楹蓝桷"。枋被分成三部分，中间重心的"堵仁"约占全长1/3，是重中之重，上面涂绘图画，题材不限，手法各别，或水墨彩绘，或"贴古板金"，或黑地泥金漆画（其法是先将金箔和胶水混合研成粉，扫贴在已画好的纹路上，由于用金量比"贴古板金"多出九倍，故在北方有"九泥金"的别称）。

潮汕民居特殊而完善的装饰体系最后完成了民居润色工作，使它在质、形、色、文等方面达到了高度统一，成为一种精雕细琢的艺术品，获得了"京都帝王府，潮州百姓家"的赞誉。

责任编辑：杜式敏

潮州湘子桥的商业文化意蕴

曾丽洁*

摘 要：潮州濒临南海，是中国最早接触海洋文明的地方之一，商业文明开发早、底蕴厚。潮州历史上是粤东地区的政治经济文化中心，韩江流域货物的集散地。潮州是潮商的发源地，近现代以来在海内外影响巨大。潮州的商业文明源于韩江，发展于海洋，韩江上的湘子桥是潮州商业文明发展的关键。湘子桥的选址和结构都蕴涵浓烈的商业文化气息，湘子桥独具特色的桥市风情，是展示潮州商业文化的窗口。关于湘子桥商业文化的研究，可以为当代城市商业文化的发展提供借鉴。

关键词：湘子桥　商业文化意蕴　选址　结构　桥市文化

广东省潮州市地处韩江之滨，濒临南海，是中国最早接触海洋文明的地方之一，得风气之先，潮州商业文明开发早、底蕴厚。潮州是潮商的发源地，唐宋以降，潮商足迹遍布海内外，在东亚、东南亚地区产生巨大影响，是我国传统三大商帮中唯一活跃在当代商界的奇葩。潮州的商业文明发源于韩江，发展于海洋，在城市商业文化发展中有一定的代表性。潮州湘子桥始建于南宋乾道年间（1165～1173），列第三批全国文物保护单位名录。湘子桥是韩江中下游分界线，扼千里韩江咽喉，经过潮州的驿道是东南沿海北上江浙京津的唯一通道，为古代闽粤水陆交通要津。湘子桥是潮州商业文明发展的关键，其选址和结构都蕴涵有浓烈的商业文化气息。湘子桥独具特色的桥市风情，更是展示潮州商业文化的窗口。解读湘子桥的商业文化意蕴，对于揭开潮商辉煌之谜，促进当代城市商业文化的发展，都将是一个有益的启示。

---

* 曾丽洁，1968 生，文艺学硕士，韩山师范学院潮州师范分院讲师。本文原载《汕头大学学报》（社会科学版）2011 年第 4 期。

一 精心选址蕴涵"商机"

韩江是广东省第二大河，长 470 公里，上游由源于武夷山的汀江、源于莲花山的梅江等几条支流组成，下游又分成三大分支各自南奔入海。从外形上看，韩江水系就像一棵树冠和根系发达、树干强壮的大树，从今天属梅州市的三河坝到潮州市的湘子桥河段，刚好是这棵大树的树干，湘子桥是这棵大树最重要的节点。韩江中下游江宽水深，航运条件非常好，是连接潮（州）汕（头）、兴（始）梅（县）与福建长汀重要的水路交通大动脉，历史上在粤、赣、闽三省文化交流和经济发展中起着举足轻重的作用。良好的航运条件使韩江孕育出了几个著名的经济文化中心，如上游的长汀县、中游的大埔县和潮州市。长汀县隶属福建省，历史上为八闽客家首府，有"阛阓繁阜，不减江、浙中州"之誉，是闽西政治、军事、经济和文化中心。大埔县是广东省著名的"华侨之乡、文化之乡、陶瓷之乡、名茶之乡"，唐宋元明清都是外销瓷和外销茶叶的著名产区。潮州市是国家历史文化名城，从宋代至清朝末期汕头开埠之前一直是广东省仅次于广州的第二大城市，是广袤的粤东地区的政治、经济、文化中心。韩江上游山区古时候粮食严重不足，需要从下游平原地区贩进大米等粮食作物，上游山区的土特产品、外销的陶瓷以及茶叶等货物都需要经韩江贩出。湘子桥和大桥周边地区是千里韩江货物的集散地。

陆路方面，湘子桥是广东、广西沿海北上驿道的必经之路，是联系二广和闽浙的纽带，在潮州各种史志典籍中，随处可见对这座古桥重要性的记述，兹录几段为证：

> 溪（注：韩江）当闽、广之冲……[1]
>
> 其途通闽浙，达二京，实为南北要冲。[2]
>
> 潮州为全粤东境，闽越豫章，经涂接壤。城东之水曰韩江，合汀赣九河之流，汇鳄溪（注：鳄溪为韩江古称谓）于广济门（注：潮州古城东门，与湘子桥隔东门广场相对）。……今者（注：桥修复后）梯航万国，南抵扶桑，北暨流沙，舟车所至，莫不攸往，则是桥也，周行如砥，泉货以通，民用以利，可以宣圣天子承天载物之治矣。[3]
>
> 潮之水，以韩江为最，江上有桥，当闽粤孔道。[4]

无论水路还是陆路方面，湘子桥都是"咽喉"，在千里韩江上，在广袤的粤东大地

---

[1] （宋）张羔：《仰韩阁记》，转引自陈香白辑校《潮州三阳志辑稿》，中山大学出版社，1989，第75页。

[2] （明）姚友直：《广济桥记》，转引自饶宗颐、张树人辑《广济桥史料汇编》，香港：新城文化服务有限公司，1993，第41页。

[3] 乾隆《潮州府志》卷四十一《艺文》。

[4] （清）胡恂：《增修广济桥石墩记》，"碑刻材料"，转引自饶宗颐、张树人辑《广济桥史料汇编》，第46页。

上，湘子桥的作用无可替代。

湘子桥位于潮州古城东门外，面向南海，背靠潮汕平原。潮汕平原是广东省第二大平原，土地肥沃、物产丰富，发展商业的物质基础非常好。据《三阳志》载："州地居东南而暖，谷尝再熟。"[1]《永乐大典》中引《周伯琦伯温肃政裁》载："岸海介闽，舶通瓯吴及诸番国，人物幅集而又地平土沃，饶鱼盐，以故殷给甲邻郡。"[2]潮汕地区粮食作物早在宋代就实现一年两熟，比全国大多数地方产量多了一倍，经济作物品种繁多，手工业发达，商品生产开发早，产品远销江浙及海外多个国家。唐代潮州就是沿海少数对外海上"丝绸之路"的始发港之一，陶瓷产品和茶叶远销海外，蔗糖、潮绣、木雕、凉果、银器、锡器等都是潮州北上江浙京津的著名商品，鱼盐则主要供应赣南、闽西广大内陆地区。潮州是潮汕平原的北大门，也是潮汕平原物质外销的主要出发地。湘子桥的位置选择在潮汕平原北部潮州古城东门外，蕴涵了无限商机。

二　特殊结构彰显商业意识

湘子桥是世界上第一座启闭式结构的桥梁，大桥全长 518 米，由东西二段梁桥和中间一段浮桥组合而成，浮桥平时闭合，方便行人过江，需要时解开浮桥，则在大桥中间形成一个巨大缺口，方便通航和排洪。

启闭式结构是潮州先人根据湘子桥的具体情况创造出来的。古时候韩江上游山区森林密布，常有大型竹排木排顺江而下，通过湘子桥到达下游出海口。中上游沿江地区古代是重要的手工业生产基地，韩江沿江外销瓷生产自唐开始，历经宋元明清一直延续到当代，上游的大埔、三河坝和高陂等地都是外销瓷的主要产区。韩江中下游江宽水深，航运条件非常好，湘子桥建造之前，大型的航海船舶可沿江直达各陶瓷生产基地，外贸运输非常方便。湘子桥浮桥长 97.3 米，打开浮桥大桥中央即形成一个巨大缺口，完全能够满足大型船舶和竹排木排过桥的需要，启闭式结构使湘子桥的建造没有给韩江航运带来任何负面影响。

湘子桥的启闭式结构对外贸发展非常有利，然而这种启闭式结构并非建桥之初的设计，而是建造过程中临时改变的结果，据现代桥渠专家罗英先生的分析："修桥人们在工作时，看到这些大型船舶和木排往来均得经过这座大桥，若按原来规定的孔径和净空，航道将受阻碍，因而变更设计，在中流留一缺口，接以浮桥，以备启合来通航。"[3]修桥之初，人们并没有意识到湘子桥即将给韩江航运带来的麻烦，只是按照原来的设计在东西梁桥各留一个通航孔，两个通航孔的宽度分别是 11.40 米和 8.0 米，这是当时架梁所用木材石料所能提供的最大宽度。按照这样的情况，湘子桥建成之后，大型航海船舶必将无法通

① 陈香白辑校《潮州三阳志辑稿》，第 27 页。
② （明）《永乐大典·潮字》卷五三四五，潮州市地方志办公室，2000。
③ 罗英：《中国石桥》，人民交通出版社，1959，第 200 页。

过，上游下来的庞大的竹排木排也将被阻，那么沿江经济发展将受到严重影响。鉴于这样的情况，潮州先人临时变更了湘子桥的设计，打破单一梁桥的规范，把湘子桥改为浮梁结合的启闭式结构，在大桥中间留出约 100 米的江面，接以浮桥，遇到大型船只经过，就解开浮桥，让大船从中间的缺口通过，这一变更等于把湘子桥的通航孔扩大了将近 10 倍，彻底解决了因建造湘子桥而阻断韩江航道的问题。同时启闭式结构又等于给韩江航道加了一把锁，为韩江航运的管理创造了良好的条件，后世的盐税及韩江上其他各种赋税的管理都是以湘子桥为基础。

潮州是粤东、闽西、赣南广大山区进入富饶的潮汕平原的北大门，山里山外物资交流的最佳处所。

南宋时期，潮州古城处在韩江出海口，古城所处位置刚好是广（广州）泉（泉州）海运航线中点，地理位置非常重要，湘子桥启闭式结构为内外商贸往来提供了最大的便利。潮州湘子桥独特的结构彰显潮州人浓烈的商业意识。

三 桥市风情揭示商业盛况

"一里长桥一里市"是潮州湘子桥最为独特的人文景观。湘子桥是闽广交通枢纽，南北往来之要冲，南宋以来，随着皇室南迁，经过潮州的古驿道显得更为重要，湘子桥上整天人来人往，热闹非凡。历史上湘子桥周边是韩江流域和潮汕平原物资的集散地，是千里韩江最热闹的地方。

东南沿海多台风暴雨，为了保护木制桥身不受风雨损害，同时也为了增加桥身重量以确保大桥安全，很多古桥都在桥上加盖了建筑物，这就是所谓的"风雨桥"，湘子桥也是一座典型的"风雨桥"。大多数地方桥上的建筑物都是用来休闲、纳凉、避雨或祭祀，湘子桥上也有几座小庙，但更重要的是商店，500 多米长的桥面上几乎开满了店铺，桥上就像一条普通的商业街，所以湘子桥有"一里长桥一里市"之说。湘子桥桥市的繁华完全可以跟当年扬州的二十四桥相媲美，茶楼酒肆、布行鱼市，一般商业街有的，桥上都有。从明代到 20 世纪 50 年代 300 多年的时间里，湘子桥桥市一直红红火火，影响遍及海内外。在潮州的诗文中有许多关于桥市的记载，略举以证繁荣：

湘子桥
（清）陈王猷
对郭东峰见，飞虹落九苍。江声浮海气，人语乱鱼床。
断石谁堪续，丛碑不可详。独怜桥畔水，空碧似三湘。①

"鱼床"指鱼市用来摆放鱼的床板。江上还为雾气笼罩，鱼市已是一片嘈杂。湘子桥

---

① 罗英：《中国石桥》，第 200 页。

的鱼市延续了几百年，21 世纪初，因为市区的发展以及对潮州古城区的保护，鱼市才移到其他地方。

湘　桥

（清）杨朝彰

　　韩江春入涨遥遥，十八梭船锁画桥。鳄渚月明逢昨夜，凤台风静观今朝。
琵琶岸上留余韵，灯火江中乱暮潮。乘兴还如天上坐，玉人何处教吹箫。[①]

前湘桥晚眺诗嫌其未备为补赋八首

（清）钟声和

　　巧圣宫旁长暮潮，何人倚槛教吹箫？箇中风致须深领，仿佛扬州廿四桥。
西晖照水色澄清，薄暮红舡载酒行。擘岸江风何处起，耳边送到棹歌声。[②]

　　这两首诗主要展示桥市的风致，湘子桥上有酒肆茶馆，不时传出琵琶声，夹着声声横笛直箫，和着江面缓缓驶过的载酒船上的棹歌声，此起彼落，遥相呼应，跟当年扬州二十四桥的风情相比毫不逊色。

晚过湘桥

（清）曾廷兰

　　韩江江水水流东，莫讶扬州景不同。吹角城头新月白，卖鱼市上晚灯红。
猜拳疍艇犹呼酒，挂席盐船恰驶风。二十四桥凝目处，往来人在画图中。[③]

　　"疍艇"指疍家小艇，特指在桥边卖时蔬的小船，潮州土著为疍家人，桥边小艇多为疍家人所经营，故称为"疍艇"。"疍艇"从早到晚在湘子桥周边游弋，鱼市已开始，桥市又迎来新的一天了，可"疍艇"还没结束昨晚的营业，食客呼酒之声仍频频传出，远处则是借着南风徐徐驶过的盐船，一派扬州风情。

广济桥晚眺

（清）周　易

　　蟹舍鸥庄画不如，棹讴声出暝烟虚。六篷船泊灯初上，鳄渡秋风[④]唤卖鱼。
一水东流接杳冥，湿云飞掩夕阳汀。凤凰台榭遍秋草，三十二峰相对青。[⑤]

---

①　（清）杨朝彰：《湘桥》，转引自饶宗颐、张树人辑录《广济桥史料汇编》，第 59 页。

②　（清）钟声和：《前湘桥晚眺诗嫌其未备为补赋八首》，转引自饶宗颐、张树人辑录《广济桥史料汇编》，第 62 页。

③　（清）曾廷兰：《晚过湘桥》，转引自饶宗颐、张树人辑录《广济桥史料汇编》，第 59 页。

④　鳄渡秋风：潮州八景之一，在潮州城外韩江北堤中段，据传是当年韩愈祭鳄遗迹。韩江古时候有鳄，对两岸百姓危害非常大，韩愈被贬来潮后，率民众祭鳄驱鳄，此处即当年祭鳄的地方。

⑤　（清）周易：《广济桥晚眺》，转引自饶宗颐、张树人辑录，《广济桥史料汇编》，第 64 页。

　　"六篷船"是湘子桥边特有的小花艇，船上撑起六片小帆像羽扇，故称"六篷船"，艇上有歌妓，是江面夜市的主角。这种小艇犹如古时珠江和秦淮河上的花艇，有关的记载和题咏颇多，从某些方面讲，"六篷船"是韩江航运发达的一种反映。"鳄渡秋风"是潮州外八景之一，在韩江北堤，距湘子桥约三公里，为当年昌黎先生祭鳄遗址。诗人站在桥上，低头是六篷船的点点"船灯"，远望是昌黎先生故地，耳边还隐隐传来鱼贩的叫卖声，湘子桥融交通商业娱乐文化于一体，多姿多彩。

　　下面二赋详细描绘了桥市的繁华：

广济桥赋
（明）李 龄

　　若夫殷雷动地，轮蹄轰也；怒风搏潮，行人声也；浮云翳日，扬沙尘也；响遏行云，声振林木，游人歌而骚客吟也；凤啸高冈，龙吟瘴海，士女嬉而萧鼓鸣也；楼台动摇，云影散乱，冲风起而波澜惊也。[1]

广济桥赋
（清）杨献臣

　　贾师雀尾之航，贵客螭头之艇，避雨之楫方归，挂风之帆已迥，争渡则舟子语喧，开关则篙工力挺，已大小而各殊，亦往来其不等。况乃行人杂沓，过客载驰，或担簦而负笈，或抱布而贸丝，或乘肩舆而至止，或荷蓑笠而来斯，或骚人登高而作赋，或逸士临流而咏诗，熙熙攘攘凡几辈，朝朝暮暮无已时。[2]

　　桥市繁华热闹，各色人等蜂拥而至，桥上接踵摩肩人声鼎沸，不像桥更像街市，潮州民谚有"身在湘桥问湘桥"的戏语，桥市的繁荣可见一斑。关于湘子桥桥市的记载始于明代，历时300多年，桥市的影响不仅海内，更达海外，清代林峥嵘的《湘桥晚眺》记录的就是海外商船汇集湘子桥的盛况：

　　廿四桥舟锁暮烟，鳄驱牛系始何年。垂杨不管离人恨，明月解留估客船。
　　外国鲸鲵波塞海，中原雷浪气掀天。拟清画一通商贾，何日诏书尽布宣。[3]

　　无桥不成路，无桥不成街，无桥不成市，湘子桥桥市再现了当年汴河虹桥桥市的繁华，又续写了《清明上河图》的宏伟篇章，为神州大地所罕见。湘子桥桥市名闻海内外，19世纪中叶英国著名摄影家约翰·汤姆逊闻名前来潮州，对湘子桥桥市大加赞扬，称其

---

① （明）李龄：《广济桥赋》，转引自饶宗颐、张树人辑录《广济桥史料汇编》，第48页。
② （清）杨献臣：《广济桥赋》，转引自饶宗颐、张树人辑录《广济桥史料汇编》，第49页。
③ （清）林峥嵘：《湘桥晚眺》，转引自饶宗颐、张树人辑录《广济桥史料汇编》，第58页。

可与英国有着泰晤士河第一桥美称的伦敦老桥媲美，还为湘子桥留下了一张相片，片中桥屋清晰可见（见图1）。

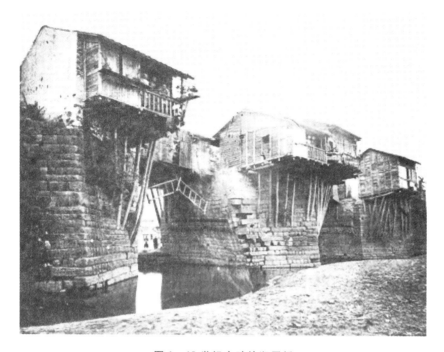

图1　19世纪中叶的湘子桥

资料来源：郑培丰、庄义青：《湘子桥第一张照片的故事》，载《潮州》1992年第3期。

四　结语

湘子桥在建成后的六七个世纪中，一直是千里韩江上唯一的一座桥。优越的地理位置，使湘子桥占尽了商机，为潮州商业文化的发展奠定了良好的基础。独特的启闭式结构为古桥添上了亮丽的一笔，潮州的商业文明在这种开放的结构中得到发扬光大。潮州是潮商的发源地，千千万万的潮州人从湘子桥走向世界各地，成为国际商海中的佼佼者。"建筑是石头书写的历史"，湘子桥所蕴涵的商业文化信息，让我们看到了潮商发展过程中的一些印迹。而湘子桥本身也是商业文化发展的范例。

责任编辑：林立

吴殿邦诗轴释文

吴晓峰　陈嘉顺[*]

摘　要： 吴殿邦是在艺术史上值得研究的人物，特别在潮汕艺术史上是不能绕开的人物，但其存世作品凤毛麟角，很少有人对其艺术作品进行具体研究。本文对汕头市博物馆所藏之草书条幅进行释读，纠正以前研究者之误释，还原其诗的本来面目。

关键词： 吴殿邦　诗轴　释文

陈永正教授在所撰的《宋明清时期的广东书法》一文中，插有一幅行书诗轴图片（见图 1），标明作者"吴□邦"，作者姓名中间一字可能无法释读，用"□"代替。[①] 此诗轴笔者曾有幸目睹，知其现藏汕头市博物馆，为明代吴殿邦所书，尺寸为 154.5 厘米 × 46.5 厘米，内容应是七绝一首，末盖二印，一为"尔达尔"，另一为"吴殿邦印"。

吴殿邦，字尔达，号海日，海阳人（今潮安县）人。博学能文，工诗赋，善书法，才名籍甚，年三十中万历壬子（即万历四十年，1612 年）解元，癸丑（1613 年）进士，官通政司参议，时附魏党革职，历升尚宝司正卿，所著有古离合诗十二字勒之石屏，自注藏诗二百四十首，无能解之者，每刻成即自焚其板，故诗文罕存，其品行为人所鄙。[②] 吴殿邦之人品是否为人所鄙，后世颇有争论，[③] 但他是艺术史上非常值得研究的人物，特别在潮汕艺术史上是不能绕开的人物，惜其存世的作品却是凤毛麟角，目前仅知有书法墨迹

---

* 吴晓峰，1970 年生，揭阳市揭东县云路中学，中学美术一级教师。陈嘉顺，1978 年生，江西师范大学历史学硕士。

① 陈永正：《宋明清时期的广东书法》，《中国书法》2007 年第 5 期。

② 金一凤：《海阳县志》卷 3，潮州市地方志办公室，2001 年影印康熙本，第 95 页。

③ 曾楚楠：《吴殿邦"附逆案"述评》，载吴奎信、徐光华编《第五届潮学国际研讨会论文集》，香港：公元出版有限公司，2005，第 223～242 页。

三幅，墨兰一幅，石刻数处，诗歌八首而已。[①]

蔡仰颜先生曾评介："吴殿邦深得宋人之法，其书兼有苏东坡之沉厚苍劲、豪放天真及赵孟頫之平整匀齐、秀媚圆润。平易近人，雅俗共赏"，"笔致清劲苍秀，骨韵兼擅，融合赵、苏神韵，又具董其昌天真平淡、率意为之的意味"，"结字以欹侧为主，用笔藏露结合，提按分明"[②]。

从吴殿邦现存的作品看来，笔者认为，他是一个个性极强之人，其书法结字有着强烈的独特形式，有些字在现在看来不是规范的写法，如此诗轴中"殿"字就是一例，加上该作品年代久远，保存不善，不少字墨色脱落，极难辨认。虽有不少研究者提及此诗轴，但对诗轴内容均未能通篇释读，仅释末二句为"诗思欲狂遨不得，粉情名壁浑漫题"[③]。

就诗轴内容来论，笔者觉得"诗思欲狂遨不得，粉情名壁浑漫题"释文似有不妥之处，全诗文字也有必要加以考释。因此，笔者对照原作，反复推敲，查阅资料，参照历代书家的草书写法，并请教方家，试图将整首诗作尽可能准确地释读出来。

首行第一字，如苏轼、赵孟頫和王铎"鸟"字的写法（见图 2、图 3、图 4）；[④] 第二字起笔的墨脱落，很难辨认，如王羲之和陆游"声"字的写法（见图 5、图 6），[⑤] 第七字，如文徵明和王铎"谿"字的写法（见图 7），[⑥] 加上中间四字不难辨认，第一句释为"鸟声花气满山谿"。

第二句前六字不难看出是"中有山翁醉似"，唯末一字难识，此字粗看似为"仙"字，意思上亦说得通，但"仙"在诗韵上属下平声"一先"，与属上平声"八齐"的第一、四句末字"谿、题"不同韵，因此应该排除，在诗韵"八齐"中有"泥"字，不仅符合诗意，从现存的墨迹笔画中，结合颜真卿、苏轼、米芾的写法（见图 8、图 9、图 10），[⑦] 似可以认为此字便是"泥"，故此句释为："中有山翁醉似泥"。

第三句则容易辨认，为"诗思欲狂遨不得"；第四句若释为"粉情名壁浑漫题"，则"粉情名壁"令人百思不解其意，笔者觉得"情"字应为"墙"、"名"应为"石"，因此"墙"字，与欧阳询、赵构等的写法基本一样（见图 11、图 12、图 13），[⑧] 而"石"字与欧阳询、孙过庭的写法相合（见图 14、图 15、图 16）。[⑨] 结合该诗之语境和诗意，"粉墙石壁浑漫题"应该较为恰当，此正合古代文人士大夫题壁之风，正如李白诗云"起来向壁不停手，一行数字大如斗"。潮汕民间传说，当年有次游神赛会，乡民依吴殿邦所嘱，

---

① 口述材料：汕头画院名誉院长蔡仰颜，2007 年 2 月 10 日，汕头金美花园蔡仰颜寓所。

② 蔡仰颜：《潮汕古代书法名家——吴殿邦》，《汕头特区晚报》文艺版，出版时间不详。

③ 丘玉卿、丘金峰：《潮汕历代书画录——潮州卷》，汕头大学出版社，1993，第 46 页；黄舜生：《吴殿邦：潮汕书法史一颗明星》，《汕头日报》2004 年 7 月 23 日。

④ 范韧庵：《实用草书字典》，上海书店出版社，1999，第 770 页。

⑤ 范韧庵：《实用草书字典》，第 516 页。

⑥ 范韧庵：《实用草书字典》，第 611 页。

⑦ 范韧庵：《实用草书字典》，第 349 页。

⑧ 范韧庵：《实用草书字典》，第 391 页。

⑨ 范韧庵：《实用草书字典》，第 435 页。

备大如扫帚的丈二毛笔及墨汁一桶，于游神日当众挥毫，邻里乡众闻讯而来。吴殿邦手执如椽大笔，在高墙上挥就一笔书巨幅"神"字。其中最后一竖，自上而下，气脉连贯，极具大匠之风，围观者莫不为其咄咄逼人的气势所震动。① 汕头市澄海区莲花古寺内墙壁上现仍可见"福""寿"两个高近 3 米的大字，传说亦出自吴殿邦之手。② 这些都可以说为"粉墙石壁浑漫题"作了佐证。

综上所述，笔者拟将该诗释读为：

鸟声花气满山谿，中有山翁醉似泥。
诗思欲狂遮不得，粉墙石壁浑漫题。

责任编辑：陈景熙

---

① 蔡仰颜：《潮汕古代书法名家——吴殿邦》，《汕头特区晚报》文艺版，出版时间不详。
② 口述史料：莲花古寺住持，2006 年 11 月 8 日，汕头市澄海区莲花古寺。

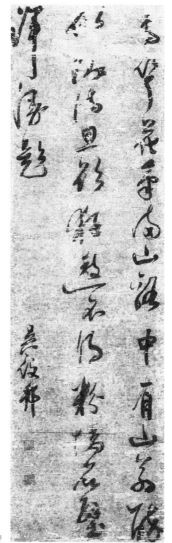

吴殿邦　行草条幅
154.5×46.5cm　[汕头博物馆藏]

图1

宋 苏轼
醉翁亭记

图2

元 赵孟頫
六體千字文

图4

清 王铎
拟山園帖

图3

图5　　　　　　　图6　　　　　　　图7

图8　　　　　　　图9　　　　　　　图10

图11　　　　　　图12　　　　　　图13

图14　　　　　　图15　　　　　　图16

十万山人绘画美学思想探析

欧俊勇[*]

摘　要： 通过对十万山人的艺术构思、审美理想及其对"书画同源"的理论贡献等三个方面的分析，可以发现十万山人的作品中蕴涵着丰富的绘画美学思想。第一，十万山人的艺术构思论师承了"外师造化，中得心源"的基本原则，强调对自然观察的最终目的在于表现作者的艺术情感。第二，十万山人通过作品的艺术形象所表现出来的"浑逸"风格是其绘画的最高境界，也是其审美理想。第三，在十万山人美学体系构建中，书、画、文、诗相通是其重点论述的内容，其对"书画同源"的理解受到道家美学观的影响，突破了仅在技法层面及文字起源考据的传统探索，显得更加厚重。

关键词： 十万山人　美学思想　艺术构思　审美理想　诗与画通

在广东历史文化名城揭阳众多的书画家中，十万山人孙星阁先生（1897～1996）是奇特的一位。他常年旅居东南亚一带，定居于香港，是海外华人中具有极高成就的艺术家。他的良好的家学熏陶、诗书画"三绝"的全面成就、深厚的国学修养和严谨的治学方法都使他不同凡响，在 20 世纪中国艺术史上具有极高的地位和影响力。笔者就此展读孙星阁的绘画美学思想，力图深度开掘其对绘画美学的思索，可为接续传统文化精神血脉提供启示，也使这位岭东画坛名宿不致淡出后人的艺术视界。

一　胸有千岩万壑——十万山人的艺术构思

"写意"一直是中国绘画美学思想史上的重要论述，画家构思艺术作品时，不在于再

---

* 欧俊勇，1981 年生，揭阳职业技术学院学报编辑部副主任、三山国王文化研究所副所长。本文原载《顺德职业技术学院学报》2010 年第 4 期。

现具体形象，而侧重于通过笔墨语言表现画家的个性与追求，进一步抒发性灵、表达思想，但抽象的主体意识必须通过笔墨语言符号这一客体形式表现出来。在十万山人的绘画美学思想体系中，虽然也强调"抒情物外"的尚意传统，却没有忽视自然物象的作用，反而把对自然物象的观察作为其艺术创作的来源。十万山人一直到晚年还提到："余年无物蔽，老意好登山。万里劳双足，尺缣写百峦。"① 在十万山人看来，对外物的体验和观察可以深化作品的"意"，可以在"变态无穷"的自然物象中体味宇宙人生的意韵，将自然物象融入画家的主体世界中，又可在对外物的体验和观察中激发创作的灵感和冲动，这就是十万山人"胸有千岩万壑"艺术构思的含义。

显然，十万山人的艺术构思受到唐张璪"外师造化，中得心源"② 美学思想的影响，但是，十万山人进一步阐发了心物关系的精义，继承了前人的优秀遗产，结合自己的创作体验，使得这个创作原则在十万山人的绘画美学体系中得到了进一步的发展。十万山人从艺术构思的视阈对艺术创作的核心问题——心物之间的关系作了严谨而又认真的探讨，其中不乏精辟的见解。

自清代始，对于技法形式层面的强调，使得中国画坛笼罩着浓厚的摹古气息，"清代画人，多众模仿……山水称四王，每见题字，必书模仿某某，虽见工力，却失精神"③。这主要以"清初四王"为代表的画家群体，"依董其昌开辟的道路、力图集古人大成"④，他们的作品"进一步地放弃了表现内容的要求……纯以临摹为宗旨了"⑤，一味摹古，实质上并未摆脱摹古的藩篱。十万山人对此也有清醒的认识："画自清代，而失去性命者，皆模仿古人之误耳。"⑥ 因此，在摹古的艺术主张上，十万山人摆脱了一味入古的理念。他认为，虽然摹古能在笔墨技巧上有所帮助，但是刻意摹古"虽见工力"，但"失其精神"，不但对于创作毫无裨益，反而会成为创作主体的藩篱。师法自然才是绘画的根本准则，才能创作出不朽的艺术作品。十万山人认为"写画不必求奇，不必循格，要在胸中实有乾坤，造化形象。若深营心构，取之现境，摹之古人，便为形役，固知象物者不在工，谨贵得其神"⑦。他主张学古而不泥古，他认为师古要得法，"临摹最易神会"，与古人"合"在精神，不在笔墨，而在于通过摹习古人，体味笔墨间的神韵，方能"落墨纸上，便与乾坤同德"⑧。

十万山人的艺术构思更倾向于把审美目光投向自然物象，强调对表象世界的体味。创作主体以自然物象为审美对象，自然物象所蕴涵的美感又促使画家进行艺术构思，从而产生创作冲动，进而倾之于笔墨语言，在画面中表现出浸润着艺术家心血和情感的"第二

---

① 孙星阁：《十万山人诗文集》，揭阳作家协会、星翁艺苑编，2005，第 16 页。
② 张璪：《文通论画》，俞剑华编《中国历代画论类编（修订版）》，人民美术出版社，1998，第 19 页。
③ 孙星阁：《十万山人诗文集》，第 19 页。
④ 中央美术学院美术史系中国美术史教研室编著《中国美术简史》，中国青年出版社，2004，第 411 页。
⑤ 王逊：《中国美术史》，上海人民美术出版社，1989，第 197 页。
⑥ 孙星阁：《十万山人诗文集》，第 10 页。
⑦ 孙星阁：《十万山人诗文集》，第 17 页。
⑧ 孙星阁：《十万山人诗文集》，第 7 页。

自然"，这才是艺术之所以成为艺术的"立脚之地"①。十万山人在其画语中，也介绍了其艺术构思的过程。

在审美对象上，十万山人认为天地万物都是画家表现的题材："天地造万物，一切皆有性命，人为天地之精，天之与人，人表之画。"② 这种观点和邓椿《画继》中"画之为用大矣，盈天地之间者万物"③ 的思想是一致的。艺术家进入对物的观审之中，也就标志着艺术构思的开端，他认为画家不能只停留在对物象的表面形态的浅层描绘上，不能满足于描摹再现，而必须充分发掘体悟自然中"生命意识"的内蕴，进而表现这种"生命意识"。在笔者看来，实际上十万山人所说的"皆有性命"的审美对象就是审美主体对客观物象内在本质特征的体认，在十万山人的话语体系表述中就是"精神"或"情性"，也就是物象本身所显示出的"生命意识"。

十万山人进一步提出，艺术家不能只是用眼去观察自然，而必须用心去发现自然物象中所蕴涵的美感，体味到宇宙精神的深境。徐光复也认为，艺术家应该"将视觉的自觉活动与想象力相结合，以透入于对象不可视的内部的本质（神）"④。在十万山人的绘画美学体系中，他显然受到道家传统自然观的影响，构建了一个"天人合一"的自然体系，"天地造万物，一切皆有性命，人为天地之精，天之与人，人表之画。天亦人也，人亦山也。人之写画，表见天地，聚山聚土，一一划点，山得其神而有神，人得其神而有形。亦曰天地表见山水为形，亦曰天人表见山水为神。"⑤ 在这个体系中，作为审美主体的"人"与作为审美客体的"天"是物我合一的，统一于画境之中，绘画作品是经过艺术家心灵净化和深化的自然的哲理境界，画家赋予作品永恒的生命意识，展现其幽深邈远的宇宙意识。这种艺术构思模式与叶燮《原诗·内篇三》"理事情"的理论模式十分相似。⑥ 那么，创作主体如何去领悟宇宙意识和生命意识呢？

庄子在《庄子·达生》篇认为："用志不纷，乃凝于神。"审美主体在万象之中潜心体悟，凝神体物，这是"天人合一"境界的必要前提。十万山人在其《介绍中国画谈略》中把"天地不知乾坤，我心不知自己，天地苍茫，吾心放纵，自画自观"⑦ 视作一种至上的境界。艺术家以自然为审美对象，静心体悟，物象具有的感染力能使审美主体短暂地忘记自身的存在，也忘记了客体本身，泯灭了审美主客体之间的界限，达到了天人合一又物我两忘的境界，主体将在不知不觉中获得一种审美领悟。

凝神观物是艺术构思的关键，但是在体验自然过程中必须"主宰在胸"，使审美主体和客体之间保持一定的距离，方能领悟自然。十万山人在《写画随笔》中重点强调："大

---

① 徐光复：《中国艺术精神》，华东师范大学出版社，2001，第115～116页。
② 孙星阁：《十万山人诗文集》，第9页。
③ 邓椿：《画继》，人民美术出版社，1964，第113页。
④ 徐光复：《中国艺术精神》，第116页。
⑤ 孙星阁：《十万山人诗文集》，第9页。
⑥ 叶燮：《原诗》，霍松林注，人民文学出版社，1979，第21页。
⑦ 孙星阁：《十万山人诗文集》，第15页。

地有名山大川，我胸有千岩万壑。故曰："人役于万物，不为万物所役，而存于笔墨画图间。'"① 十万山人所说的不能"为万物所役"，必须"离"，即需要一定的审美距离。毕竟，"'我'是使白的纸和笔墨接触的介绍"，"画面所承受的一切都是在'我'的'我'了"②。但是，审美主体对审美客体必须持有清醒的态度和艺术判断，跳出具体物象的拘束，从而获得对自然物象的本质认识，使画家能处于自由的状态中，透过表象探寻内在的生命情蕴。诚如宗白华所说："把自己溶化在对象里，突出对象的有代表性的方面，就成功为典型形象了。"③

总之，十万山人的艺术构思论师承了"外师造化，中得心源"的基本原则，他强调对自然观察的最终目的并非是表现其物象形式，而在于表现作者的艺术情感。画家艺术个性和主观情感的表达不是抽象概念的叙述，必须以物象为寄托，以笔墨技法为媒介，使主体和客体浑然结合，画面与作者合二为一，这才是艺术构思最为成功的标志。这一点恰恰体现了十万山人在绘画美学思想中受到道家美学的影响。

二　浑逸——十万山人的审美理想

十万山人的画论体系中，"浑逸"的风格是绘画的最高境界，也是其审美理想。"浑逸"的艺术境界是笔墨形式和艺术形象的完美的浑融。因此，在形式和内容上都有极高的要求。其实，"逸"一直是中国文人艺术家不断追求的境界。宋黄休复把它定为崇高的地位，④ 是对"逸"的又一次推崇，他认为"逸"是传神言志，是摆脱艺术之规矩，并超于技艺之上，无拘无束，不拘泥于笔墨的限制。

"浑逸"的境界是笔墨所表现的意象体现出来的。布颜图认为："气韵出于墨，生动出于笔。"⑤ 笔墨是营造意境、表达作者主观情感的语言，但笔墨技巧只是一种媒介而非终极目的，所以不能受笔墨所拘。对此，十万山人在《三衡三五语》中做了精辟的论述："写画先论笔墨，后论逸气，若无笔墨，何有逸气。初学画，先结构求形似，进而求工，工而求巧，巧而求化，化而求浑，再由浑沦而造化，方可论逸气。"⑥ 因此，他提出了"浑逸"的艺术主张，强调画家表现的具象形式和作者主观情感及审美意趣的结合必须达到浑然一体的境界，意境相融。当然，十万山人没有忽视笔墨法技巧在绘画中的重要性：

　　墨浑而静，格高而逸。⑦

① 孙星阁：《十万山人诗文集》，第15页。
② 傅抱石：《中国绘画史纲》，江苏文艺出版社，2006，第12页。
③ 宗白华：《美学散步》，上海人民出版社，2003，第52页。
④ 黄休复著，于安澜编《益州名画录》，上海人民美术出版社，1963，第3页。
⑤ 布颜图：《画学心法问答》，载俞剑华编《中国历代画论类编（修订版）》，人民美术出版社，1998，第204页。
⑥ 孙星阁：《十万山人诗文集》，第11页。
⑦ 孙星阁：《十万山人诗文集》，第7页。

画有五隐，五隐者：墨隐则浑，笔隐则温，神隐则恬，气隐则静，骨隐则致。五隐备，逸韵自溢。①

摹古者：古人学画，光事模仿，一点、二画、其浓、其淡、其焦、其湿、其骨、其气、其雄浑、其遒劲、其神、其逸，能于一一传出。②

古人论谈，尽在笔墨，……笔工见骨，墨妙传神。神骨互用，造化灵空，别有境界。③

用笔用墨，工力之外，其机之微，其神之妙，明道自得，神通自会。④

可见，十万山人在强调笔墨语言在中国画中的重要性的同时，始终是将其放在有笔墨所表达的"浑逸"意境中来讨论的：笔墨相互依赖映发，完美地描绘物象，以取得形神兼备，逸气自生的艺术效果。正如石涛所说："笔与墨会，是为绁缊，绁缊不分，是为混沌。辟混沌者，舍一画而谁耶？画于山则灵之，画于水则动之，画于林则生之，画于人则逸之。"⑤

但是，"浑逸"又不为一切形式规矩所拘，他认为绘画时要"笔墨天成妙体"，奔放不羁，无古无今，无笔无墨，无规无矩，凭兴挥洒，做到"写画划在划外，点在点外，化工夫于神妙。笔在笔外，意在意外，象在象外"⑥。当然，十万山人十分强调个性笔墨的运用："画者象也，笔者气也。气象得而后有真山水。"⑦ 同时，他在画论中结合自己的艺术实践进一步提出："余多用水墨，浑源见神。盖用焦见骨易，用水见骨难，学者不可不知也。"⑧ 以焦墨求骨力历来是中国画的共识，十万山人却能突破传统，用水求骨力，这一点显然是对传统技法的巨大贡献，和黄宾虹在 20 世纪 20 年代的变法颇为相似，同样在中国绘画史上具有十分重要的地位。

"浑逸"的美学意蕴是作者通过作品的艺术形象所表现出来的。从创作过程看，"意在笔先"，艺术家必须先着重于艺术构思——"意"。明人恽向说："画以意为主，意至而气韵出焉。"⑨ 清人沈宗骞说："笔墨虽出于手，实根于心。"⑩ "意"是作者艺术构思的体现，如若不当，也就无法产生"逸品"。因此，十万山人对"意"提出了自己的观点。首先，"意"必须要表现画家强烈的个性，也即是十万山人所强调的"逸气"。十万山人继承了倪云林在《题白画墨竹》中说的"聊以写胸中逸气耳"的论述，提出了"浑化阴

---

① 孙星阁：《十万山人诗文集》，第 7 页。
② 孙星阁：《十万山人诗文集》，第 14 页。
③ 孙星阁：《十万山人诗文集》，第 17 页。
④ 孙星阁：《十万山人诗文集》，第 18 页。
⑤ 道济：《石涛画语录》，载俞剑华编《中国历代画论类编（修订版）》，第 38 页。
⑥ 孙星阁：《十万山人诗文集》，第 18 页。
⑦ 孙星阁：《十万山人诗文集》，第 15 页。
⑧ 孙星阁：《十万山人诗文集》，第 18 页。
⑨ 恽向：《道生论画山水》，载俞剑华编《中国历代画论类编（修订版）》，第 769 页。
⑩ 沈宗骞：《芥舟学画编》，人民美术出版社，1959，第 14 页。

阳""写胸中逸气"的美学概念来表达自己对"逸气"的理解。他认为画家须有"逸气",才能有"逸品"的产生。"逸气"是不入俗流、不入时趋的,须"用笔浑厚,更进逸品神妙,游目骋怀,心旷神怡,胸有逸气"。这一点和傅抱石强调的绘画须"充分表现个性"① 的论述是一致的。其次,"意"必须要蕴涵画家对宇宙人生的评价。显然,这个论述带有哲理的意味。十万山人说:"若夫画,精神之背影,有仁人之心,而后乃有奇逸之笔。"又说:"功夫则属于物物,奇逸则归于造化。"② 又说:"形之于象,象之于心,心之于画,画之于天地大自然之美,精神陶养。"③ 这里,"意"是艺术家亲身的社会实践和人生体验的提炼,也是其审美趣味的体现。十万山人把这种渗透在作品艺术形象中所体现的美学意蕴视为"浑逸"的审美范畴。

十万山人对浑逸的论述中还用一个"气韵"来概括它。他说:"古人谓画山水有六法……气韵生动者:谓有逸气也"④,在十万山人的理解中,传统六法是具有其独特内涵的,传韵比传神更进一步。这"韵"是"写画划在划外,点在点外,化工夫于神妙。笔在笔外,意在意外,象在象外"⑤。他说:"上画不画,而非以其规矩谨严,精彩生动,与物传神而已也,又非以其笔力遒健,落墨潇洒而已也……笔与心应,心与物应,心运焉,笔形焉,油然造化"⑥,这一思想显然受到道家美学的影响,"浑逸"是意境中笔墨、心、物的完美结合。

三 诗与画通—— 十万山人绘画理论的再阐释

"书画同源"是中国书画美学的重要主张。"书画同源"之说是元代书画家赵孟頫在总结前人的基础上提出来的,他在《枯木竹石图》题中说:"石如飞白木如籀,写竹还应八分通,若还有人能会此,须知书画本来同。"⑦ 黄宾虹也曾说:"书画同源,贵在笔法,士夫隶体,有殊庸工。"(《古画微》)这论述强调了绘画用笔与书法用笔的相通之处。或曰:"书(文字)与画本是异名而同体的事物。"对于"书画同源"的命题,刘石先生也做了精辟的解读:"诗与画属于不同却相邻的艺术门类,在艺术本质上是相通的:诗重寄性抒情,何尝不重状物存形;画重应物相形,何尝不重达心寓兴。写景抒情,图貌写气,体物写意,应目会心,诗与画形貌不同,而本质无殊。"⑧ 自从书画相会,中国画就发生了根本变化,变得更加抽象、深沉,其主要代表就是文人画。笔墨的力度美、韵律美、拙重美,以及它的无限的造型能力和宽阔的韵域,自古就为文人所喜爱。很难想象不用笔墨

---

① 傅抱石:《中国绘画史纲》,第 13 页。
② 孙星阁:《十万山人诗文集》,第 22 页。
③ 孙星阁:《十万山人诗文集》,第 22 页。
④ 孙星阁:《十万山人诗文集》,第 13 页。
⑤ 孙星阁:《十万山人诗文集》,第 18 页。
⑥ 孙星阁:《十万山人诗文集》,第 15 页。
⑦ 赵孟頫:《松雪论画竹》,载俞剑华编《中国历代画论类编(修订版)》,第 1069 页。
⑧ 刘石:《"诗画一律"的内涵》,《文学遗产》2008 年第 6 期,第 128 页。

或不讲笔墨的中国画。笔墨不只是一种技能，更是一种精神。这种精神的载体，就是"书画同源"的中国文人画。正如王富生所说的："学画必先学书，方知用笔，书画理法相通，笔法相近，书家重法度，画家重骨法，以书入画、画中有书，笔墨交融，情趣同生，书画造型点线连缘，诗书画印为一体，故而书画同源。"① 由此可见"书画同源"论在中国美学体系中的地位。

在十万山人美学体系构建中，书、画、文、诗相通是其重点论述的内容。十万山人在《写画随笔》《三衡三五语》中，在继承传统书画理论的基础上，对"诗与画通"的命题进行了进一步的阐释。在笔者看来，十万山人对"书画同源"的理解更加受到道家美学观的影响，突破了传统对"诗画同源"仅在技法层面及文字起源考据的探索，因此显得更加厚重：

> 诗境与画境，神感相通。②
> 中国书画，有玄学之素养，心性之宁一，集万物于太虚，纯自然于不老。……古学画必先学书、学文、学诗。以上失一，画匠也。③
> 文人艺事，凡成名作，具诗、书、画三绝打成一片。兼之者上也，独之者次也。书为画骨，诗为画神。④

十万山人将书、画、文、诗作为再现自然物象的要素，统一在宇宙之中，"一切皆有性命……有笔有墨有形有性命而无声，统天下之气，合天下之德"⑤，被赋予生命精神。这些情感化的艺术因素在十万山人看来，也是评判艺术作品的标准，上品的绘画作品必须是"诗、书、画"的完美交融，而缺一者，都被视作为次品。

十万山人对"书画同源"的理解，并不是像前代画家一样停留在技法层面的探索，而是追索"书画同源"存在的理论基础。十万山人溯源中国美术史，将书画作为一种再现自然的媒质，回归到代表古代哲学概念的太虚之中。这是十万山人对"书画同源"理论的突出贡献。在技法层面上，十万山人也很重视将书法的技巧引进到绘画中，以书法技法表现绘画技法，其中也不乏精辟的论述：

> 古人画石以飞白，而不知画石籀篆。飞白得其神，籀篆得其骨。⑥
> 写山以篆，小如铁线，大若钢条，皆力也。⑦

① 王富生：《书画同"源"吗：我对"书画同源"和"书画异源"的异议》，《艺术探索》2001年第4期，第58页。
② 孙星阁：《十万山人诗文集》，第7页。
③ 孙星阁：《十万山人诗文集》，第11页。
④ 孙星阁：《十万山人诗文集》，第7页。
⑤ 孙星阁：《十万山人诗文集》，第9页。
⑥ 孙星阁：《十万山人诗文集》，第9页。
⑦ 孙星阁：《十万山人诗文集》，第18页。

写山水须欲笔墨相生，水分纵恣，若用皴用渲用染便俗，此法前人未见及此，后人不在笔墨运气做工夫，而在皴渲染求形似，误模糊于浑论，失山川之奇气矣。①

古人论谈，尽在笔墨，笔者，籀篆隶书是也；墨者，浓淡积泼破焦是也。笔工见骨，墨妙见神。神骨互用，造化空灵，别有境界。②

荆关论画，孙过庭论书，其近者也。③

这些以书写画的理论来源于十万山人对艺术几十年的不断探索和实践，其对"引书入画"的核心在于骨力，即以书法的笔画与绘画的线条所蕴涵的共同美学特质为基础，打通了书画之间的界限。

综上，通过对十万山人的艺术构思、审美理想及其对"书画同源"的理论贡献等三个方面的分析，可以发现十万山人的作品中蕴涵着丰富的绘画美学思想。从其整体绘画美学思想来看，其绘画美学理论对丰富和发展中国绘画美学理论具有突出的贡献。

责任编辑：吴孟显

---

① 孙星阁：《十万山人诗文集》，第 16 页。
② 孙星阁：《十万山人诗文集》，第 17 页。
③ 孙星阁：《十万山人诗文集》，第 22 页。

历 史 文 献

浅谈东岩石刻的文史价值

蔡向葵[*]

摘　要： 石刻的文史价值在于：一是史志价值，我们可以根据石刻的署款，了解创作的准确时间以及当时人们活动的踪迹，为研究名人生平提供了可信的资料，可补史志之不足；二是校勘价值，石刻不容易被篡改，原本呈现了当时原创的真实面目，可以校勘文本某些字句之讹；三是见证价值，石刻记载的内容大多与当时当地的环境相关，是穿越时空的见证人。东岩石刻存史之功昭著，且能补正纸质文献的不足，是地方文化研究和推广中不可忽视的资源，应该成为潮阳区历史文献中的一个重要部分。本文仅就东岩石刻所透露的文史信息从记载地理形胜、记载人物行踪、记载宗教名胜、记载法律保护告示四个方面进行浅析。

关键词： 东岩石刻　文史价值

东岩位于汕头市潮阳区东山，是当地文化名山，肇兴于唐代贞元六年（790年），僧大颠率徒玄应、智高等抵东山创寺。东岩以其独特的风景和儒道释文化，吸引了历代无数莅潮官员、文人学者、骚人墨客前来游览，吸引了历代无数高僧名道来此参禅修道。他们在登高览胜追寻贤踪道迹时，或题识，或纪事，或吟诗，或撰联，且镌于摩崖碑石，为东岩名胜留下了珍贵的摩崖石刻。据不完全统计，现存历代摩崖石刻51处，其中宋刻2处，元刻4处，明刻6处，清刻29处，近刻1处，匾额5处，碑刻4处。[①] 东岩石刻是自然风光与人文景观的完美结合，笔者认为其具有三个特点：一是无论写景抒情或情景交融，可

---

[*] 蔡向葵，1968年生，汕头市潮阳区桑田初级中学校长，汕头市潮阳区政协委员，中学语文一级教师。本文系2012年2月16日在汕头市潮阳区政协教文卫体委员会上，就加强东岩风景区文物保护工作调研活动上的发言材料。

① 《东岩风景区情况介绍》，汕头市潮阳区城南街道文化服务中心资料。

谓是点睛之笔；二是大多分布在醒目处，成为东岩引人注目的景观，自古为人们所熟知；三是东岩石刻在表现形式上的书法美，篆、隶、楷、行、草各种字体都有，既是其艺术作品的展示，也是各自心境的流露，展示历代书法艺术造诣。

同时，石刻更有着珍贵的文史价值。国学大师饶宗颐先生曾说："碑刻者，史料之最足徵信者也。"① 石刻的文史价值在于以下三个方面：一是史志价值，我们可以根据石刻的署款，了解创作的准确时间以及当时人们活动的踪迹，为研究名人生平提供了可信的资料，可补史志之不足；二是校勘价值，石刻不容易被篡改，原本呈现了当时原创的真实面目，可以校勘文本某些字句之讹；三是见证价值，石刻记载的内容大多与当时当地的环境相关，是穿越时空的见证人。东岩石刻存史之功昭著，且能补正纸质文献的不足，是地方文化研究和推广中不可忽视的资源，应该成为潮阳区历史文献中的一个重要部分。本文仅就东岩石刻所透露的文史信息从记载地理形胜、记载人物行踪、记载宗教名胜、记载法律保护告示四个方面进行浅析。文中未注明出处的碑刻内容，均为笔者田野调查所得。

一　记载地理形胜

（一）"垂云"摩崖石刻

位于东岩白牛岩峰顶，元至正丁未年（1367年）春灵武王用文篆。王用文，名翰，号友石山人，庐州人，元至正年间（1341～1368）任潮州路总管。此二字篆书历来志书记载为"飞云"，经张维先生质疑，黄逸夫、李起藩、陈焕良等众多专家学者辨析，确认为"垂云"。

（二）"云关"摩崖石刻

王用文题。

（三）"近听风涛生有信，远观天水合无云"摩崖石刻

大梁彭象升题。

（四）"天风海涛"摩崖石刻

清康熙辛巳年（1701年）穀旦，邑令大梁彭象升题。

（五）"碧苔芳晖上有飞瀑"摩崖石刻

陈叙伦题。陈叙伦，澄海人。

上述石刻与东山的"观海"石刻一样，是古代地理地貌的记忆。现在我们虽然无法在这里看到大海与云霞相映，飞瀑与碧苔相依，但由此可以想象到古代东岩的地理特点。

---

① 饶宗颐：《星马华文碑刻系年纪略》，《饶宗颐东方学论集》，汕头大学出版社，1999，第418页。

二 记载人物行踪

东岩多处石刻记载了历代文人墨客与官宦的行踪。

（一）凌廷飔诗摩崖石刻

凌廷飔诗前有序曰：

> 余少时负山水癖，生平履迹所经名山，无不尽览焉。道光壬寅（1842）莅任海门参篆，公余偕二三僚属把酒于东岩……

（二）王用文纪游摩崖石刻

内容如下：

> 予偕陈仲实、逯时中、周惠源、赵世延、徐志仁、赵东泉、赵汝文来游，期黄处敬、戴希文不至，时至正丁未（1367）秋九日灵武王用文志，监工王伯畊。

（三）县主老爷彭碑记

碑文较长，限于篇幅，不予辑录，但值得研究的是该碑记的款识。据县志载，彭象升于清康熙二十五年（1686 年）到潮阳任县令，[①] 而此碑记落款是"康熙五十二年（1713）八月二十一日"，又有彭令题"天风海涛"摩崖石刻落款（见前）为佐证，说明彭象升在潮阳县令任上跨度时间特别长，或几度出任潮阳县令，令人难以想象。

（四）虚昌道人乩题和韵摩崖石刻

我认为虚昌道人乩题原倡和韵诗摩崖石刻最具文人情趣，是一次石头上的雅集。内容如下：

甲子暮春游东岩

虚昌道人乩题原倡

云外孤峰树里天，松阴万壑境幽然。数声梵语惊尘梦，几点渔船傍佛眠。

萝薜烟晴啼宿鸟，苍苔路转听鸣泉。登临莫让东山兴，一代风流信凤缘。

和韵（杨钟岳）

薄海波光映碧天，潮阳风景正悠然。高峰层次凌云起，远树低横向水眠。

---

① 周恒重：《潮阳县志》，潮阳市地方志编纂委员会办公室，2000 年 10 月规范简化汉字点校横排本，第 214 页。

却忆留衣寻旧迹，还讶飞锡涌新泉。杖节游岳他年事，啸傲东山此日缘。

和韵（姚喜臣）

峰回翠叠对江天，木末凭阑意渺然。千尺阴松盘鹤盖，一缕清磬起龙眠。
道人睡落九天玉，学士毫挥万斛泉。高赋合推仙圣手，风骚那许俗为缘。

和韵（郑振藻）

盘磴幽寻古洞天，昌黎访道迹依然。翠微飘梵和云度，碧落飞花带雨眠。
照返一江开练镜，影虚万绿漾新泉。关西夫子神仙侣，拾级院门证果缘。

和韵（姚夺标）

殿幢缥缈动诸天，涧水关云自冷然。莲社人来三笑过，华山伴好对床眠。
语邀片石题摸象，鉴比冰壶僧指泉。黄鹤白牛诗句在，上头佳华叹仙缘。

和韵（杨一鹗）

岩古幽奇别有天，攀萝倚石兴翛然。山连海屿浮春色，鸟唤僧房惊昼眠。
硐道松阴寒客袂，洞门花片出流泉。纵游不觉神怡旷，恍脱尘寰世俗缘。

昆陵杨一鹗题

虚昌道人、双口道人都是吕洞宾的道号，乩题是道士或乩童通过扶乩占卜的方式传达仙人的意思。和诗者有澄海清顺治十八年（1661年）进士杨钟岳，潮阳明崇祯元年（1628年）拔贡姚喜臣，潮阳清康熙八年（1669年）举人授武功（今陕西眉县境）知县姚夺标，潮阳清顺治十四年（1657年）举人授息县知县、河南省同考官郑振藻，清康熙三十四年（1695年）任湖口巡检司巡检、江苏常州人杨一鹗。

虚昌道人乩题诗就是当时文人雅集时放浪形骸的表现。从乩题诗的意境和诗律的平仄、对仗来看，托仙扶乩者当是一位制律高手。有学者把此诗挂在江宁人、清康熙十六年（1677年）潮州知府林杭学名下，并按语：东岩石刻署"虚昌道人"，盖林杭学别号乎？[①]我认为，虚昌道人不是林杭学别号，托虚昌道人名号是当时的一种风气，山东省邹城西南郭里镇凫山羲皇庙也有虚昌道人乩题诗。

此外，还有夏同龢、丘逢甲、庄柳汀游东岩金顶写诗赠能奕和尚摩崖石刻，周琬、周梦龙、李森、姚喜臣、严居敬分韵赋诗摩崖石刻，记载了东岩风雅。

三　记载宗教名胜

（一）佛教

1. "卓锡古寺"匾额石刻
传萧端蒙题。

① 陈新杰：《东山诗词钞》，香港：天马图书出版有限公司，2011，第184页。

2．"白牛岩"摩崖石刻

有两处，一处传王用文题，一处黎阳唐古台书。

3．"开山祖"诗摩崖石刻

陈德也书。

4．"石岩古寺"门匾石刻

5．"悟禅"摩崖石刻

清同治九年（1870 年）春顺德卢子俊题。

6．《咏点头石》诗摩崖石刻

达上头陀题。

这些石刻记载了东岩历代佛教的创建历史以及文人雅士、得道高僧的题咏。

（二）道教

1．牌坊

匾额正面石刻："武当驾行，乙丑年仲冬吉旦。"

匾额背面石刻："凌霄宝阙，乙丑年葭月吉旦。"

牌坊前内对联："垣所居辰翠绕天门开上界，吸嘘通座云扶紫极在当头。溪云姚喜臣题。"

牌坊前外对联："器界浑成且问人间天上，楼台迥出宁知圣境凡区。溪云姚喜臣题。"

牌坊后内对联："霄峰峙玉关道通上界翠微近，帝阙开云路步入天扉紫气多。吴绍宗题。"

2．虚昌道人乩题原倡和韵诗摩崖石刻

从上面石刻可考证东岩道教迹地的创建情况以及活动情况，也有力地证明了东岩是儒道释三教合一的文化名山。很可惜，现在的东岩道教活动式微，香火较好的玄天上帝庙又出现道教文化与佛教文化混淆的情况，居然在庙前上方挂有"佛光普照"牌匾，北极真君或许会哭笑不得！

在道教文化里，玄天上帝，即真武帝，或真武、北极真君，是宋朝道教的北方上帝，明朝天子的保护神。传说元始天尊说法于玉清，下见恶风弥塞，乃命周武伐纣以治阳，玄帝收魔以治阴。因此玄天上帝又为主持兵事的剑仙之主，地位仅次于剑仙之祖广成剑仙。真武兴盛于宋代，至元代又被晋升为元圣仁威玄天上帝，明成祖时地位更加显赫。有关真武的传说中，又皆称龟蛇乃六天魔王以坎离二气所化，然被真武神力蹑于足下，成为其部将，后世称之为龟蛇二将。玄天上帝每每斩妖除魔都御剑出行。武当山为玄天上帝的圣地，可以说，东岩玄天上帝庙下面的"武当驾行"牌坊就是其道教文化的配套工程。现在适逢潮阳区城南街道重视东岩的文物保护工作，在规划时一定要注意道教文化与佛教文化各自的特色，真正体现儒道释名山的文化底蕴。

四 记载法律保护告示

（一）"钦命总镇府余爷审语"碑刻

清顺治十一年（1654 年）季夏日立。

（二）"廉明县主王禁谕"碑刻

清顺治十一年（1654 年）季夏日阖邑绅士同立。

（三）"县主老爷彭碑记"碑刻

清康熙五十二年（1713 年）八月二十一日准立碑石，东岩金顶寺示。

（四）"呈县主唐准示勒石"碑刻

清嘉庆十一年（1806 年）十二月十八日示。

以上碑刻记录了清代官府对东岩的保护布告。

林瑶钦先生序《潮阳石刻》一文写道：根据（张维）先生在资料记述中提到："单就东山石刻 104 题现仅存 51 题，已失去 53 题（其他风景区也有同样情况）。有些石碑在解放初期被拆除作为建设水库或其他建设材料，有些资料是从档案局抄录逐一登记在册，而原始石刻已不存在。"① 由此可见，石刻保护刻不容缓。再者，东岩石刻的内容涵盖了地理、人物、法律、宗教、旅游等方面，是不同时期政治、经济、文化相互作用的产物，具有重要的文史价值。因此，亟待相关部门做好东岩石刻的保护工作。

在此建议管理处对摩崖石刻进行辨析、油漆、整理，邀请相关专业部门和专家将石刻文本汇编成册，以便更好地保存和推介地方历史文化，打造文化强区。

责任编辑：陈嘉顺

---

① 张维、姚奇丰：《潮阳石刻》，香港：天马图书出版有限公司，2008，页码不详。

《月容传》考索

陈 哲[*]

摘 要： 本文从出现时间偏晚、内容有硬伤、叙述不够合理三个方面探讨《月容传》的真伪，认为《月容传》是一篇托名郭之奇的伪作。

关键词： 月容传 郭之奇 伪作

《月容传》这篇文章，最早见录于清乾隆四十四年（1779 年）修《揭阳县正续志》卷八[①]，署名为明郭之奇。传主为明揭阳县令冯元飚的妾室黄月容，她在明崇祯二年（1629）去世。作者郭之奇则为冯元飚的好友。

按照《月容传》所说，黄月容是个聪明能干的女子，能帮其夫断案，深受宠爱，引起大夫人苏氏的妒忌，最终被苏氏下毒害死。

然而，《月容传》中的硬伤和疑点，使笔者不得不怀疑这是一篇伪作。

一 出现时间偏晚

其一，郭之奇著有《宛在堂文集》[①]，其刊布时间应在明崇祯十四年（1641 年）或十四年后，因为全书出现过的最晚日期为"辛巳秋中前三日"[②]，辛巳年为崇祯十四年。集中收录了崇祯三年中秋时郭之奇写的《侣云庵记》[③]，赞美了冯元飚与黄月容的爱情，但

---

* 陈哲，1996 年生，汕头金山中学高一年级学生。

① 乾隆《揭阳县正续志》卷八，收入《中国方志丛书》第一九五号，台湾：成文出版社，1974 年影印民国二十六年重刊本，第 1229～1231 页。

① （明）郭之奇：《宛在堂文集》，收入《四库未收书辑刊》第六辑第二十七册，北京出版社，影印明崇祯刻本。

② （明）郭之奇：《宛在堂文集》卷十二，第 179～180 页。

③ （明）郭之奇：《宛在堂文集》卷二十五，第 294～295 页。

《宛在堂文集》没有收录《月容传》。

其二，冯元飚倡修，郭之奇任总纂的明崇祯《揭阳县志》①，成于明崇祯五年，崇祯七年由郭之奇本人校定②，现今残存艺文志。该志收录有郭之奇与冯元飚的诗文，但仍是没有收录《月容传》。

其三，清雍正《揭阳县志》艺文志，也没有收录《月容传》，但在卷八"邱墓"之门有黄月容墓的记载：

> 黄月容墓。扬州人。知县冯元飚之侍姬也。崇祯二年死于官邸，卜葬黄岐山竺岗岩之右。因建侣云庵，创租四十石，募僧守之。③

"死于官邸"四字，颇能引发联想。

二　内容有硬伤

《月容传》："崇正戊辰秋，冯受揭阳令"。"崇正戊辰"指明崇祯元年（1628 年），然而根据郭之奇的《邑侯冯公元飚传》④ 所云"天启六年任"可知，冯元飚是在明天启六年（1626 年）上任揭阳县令的。况且在崇祯元年前一年，也就是天启七年（1627 年），冯元飚已经以揭阳县令的身份在龟山修建涵元塔、在黄岐山上祭神了。⑤ 此为硬伤之一。

又按《月容传》："嫡妻苏"，意即谓冯元飚的大夫人姓苏。然而，冯元飚的侄子冯京第撰写的《皇明资德大夫正治上卿太子少保进柱国光禄大夫太子太保兵部尚书邺仙冯公行状》，清楚地写着：

> 公娶夫人奉化邬氏，生子二。⑥

此为硬伤之二。

三　叙述不够合理

首先，《宛在堂文集》中涉及冯元飚的诗文里，对他的称呼有：冯尔弢明府、冯邺仙

---

① 崇祯《揭阳县志》艺文残卷，收入《古瀛志乘丛编》第二集，潮州市地方志办公室，影印清抄本。
② （明）郭之奇：《宛在堂文集·辑志副指·较定小引》，第 328 页。
③ 雍正《揭阳县志》卷八，收入《日本藏中国罕见地方志丛刊》，书目文献出版社，1991 年影印本，第 578 页。
④ （明）郭之奇：《宛在堂文集》卷三十，第 357 页。
⑤ 见（明）郭之奇《宛在堂文集》卷二十五《涵元塔记》，第 298～300 页；雍正《揭阳县志》卷七《灵雨亭记》，第 499～501 页。
⑥ 《冯侍郎遗书·簟溪集》卷二，收入《四明丛书》第二集，民国张氏约园刊本，第 24 页。

大正、大囧正冯邺仙先生、邑侯冯公尔彀、大囧正湘东冯先生、邑侯冯公元飚、冯侯元飚等，皆是尊称。而《月容传》作"冯元飚"，直呼其名，或略作"冯"，不显尊重。

其次，《侣云庵记》中，郭之奇谈起黄月容：

> 余无以知姬也，但闻宋朝云生平事佛甚谨，临终念佛而逝，姬之终始，大抵仿佛。①

说明了郭氏对黄月容的生平事迹并不清楚。《侣云庵记》作于明崇祯三年（1630年）中秋，距黄月容去世已有一年。如果郭氏知道黄月容的籍贯、年岁这些基本资料，还在情理之中，但是《月容传》中，竟连冯元飚与黄月容的闺房私语、大妇苏氏毒害黄月容时二人的对话都写得一清二楚！

再次，《月容传》但谓月容死而元飚葬之，却没有写到杀人凶手如何处置，成了一段"无尾公案"。

最后，《月容传》文末还有一段"太史氏曰"的赞论，其大意是"不薄命不足以成红颜"，这种话让我们后来人来感慨是没什么问题的，只是作为死者丈夫的好友，说出"世人见月容如此，莫不为月容伤，我独为月容幸。假令月容终于耄耋之年，齿危发白，台背驼形，将前日之月貌花容，变为皮枯骨立，冯亦何至欷歔不置。即后之人，闻其风者，亦无事吊古悲怆矣"②这些话，相当于说："你老婆死得正是时候啊，要是她活到人老珠黄才死，你肯定不会这么伤心了，后人也不会感到惋惜了……"未免显得有风凉话之嫌。把冯元飚对黄月容的爱降低到迷恋外表的层次，与郭之奇在《侣云庵记》中说的："有能自见其情于天地之间，则虽一人情缘，皆上下气机所绸缪呵护，而终古不可磨灭者也""余以为姬之能自见其情，而令侯终不忍忘情也"③的说法大相径庭。

四 结论

《月容传》有硬伤、有疑点，笔者认为这是一篇托名郭之奇的伪作。愚见如何？望诸贤人君子有以教我！

附录：《月容传》④

月容姓黄氏，江南扬州人。年十四为慈溪进士冯元飚侧室。殊姿窈窕，秉性幽闲，冯甚宠之。嫡妻苏，性妒悍，容奉侍惟谨，苏忌益炽，常思谋害。

崇正戊辰秋，冯受揭阳令。容颇谙刀笔，与参案牍，多合律。一日，语冯曰："妾荷

---

① （明）郭之奇：《宛在堂文集》卷二十五，第295页。
② 乾隆《揭阳县正续志》卷八《月容传》，第1231页。
③ （明）郭之奇：《宛在堂文集》卷二十五，第295页。
④ 乾隆《揭阳县正续志》卷八，第1229～1231页。标题系作者酌加。

君宠过浓，主母在堂，须加恩遇，以其余逮妾可矣！若一意于妾，将弗堪。往常见主母怒，妾辄长跪终日，仍不怜恤。妾思命实不犹，故降心相就，终恐主母怒无樛木小星之德，虑人巇之及于妾也。"冯曰："有我在，何患？"容泣曰："君主外，嫡主内。君倘觐天子之光，揖上台之座，妾时伶仃谁侣？主母不我爱，实窃自危。"冯曰："俟予作区处，使尔远害全身，慎勿忧心如惔。"言未毕，忽报提学临潮。冯往参谒。容泣送之曰："嗟乎！君见妾送君之出也，未必见妾迎君之入也。"冯私谓之曰："昨日密遣堂吏筑小室于衙舍之傍，为子之居，已命翠英、小娥二婢子，小武一仓童奉侍，庶得避妒忌之难，余亦得稠密周旋也。"适仆从簇至，促装上道，私语之言，婢闻已鸣之主母矣。主母曰："噫！男子变心已成。夫有所甚爱者，必有所甚憎，将置予何地？"于是，置药于酒，邀容觞之，曰："主君已往凤城，惟我与尔寂守深闺，凄凉之况倍伤人也。今夜明月如昼，已准备蔬芹，与子共乐，亦曰：酌彼金罍，惟以不永怀耳。"容思主母素狼悍，兹乃如此，或者悔心之萌，不作亡秦之续欤？徐对曰："妾荷四年爱育，自揣愆尤山积。今蒙覆载为量，使妾得奉待终身，妾之幸也。既承宠召，敢不拜嘉。"遂畅怀对饮。未几，药从中发。容疾呼曰："河东狮子，不意妾罹其凶，岂真妲己之苗裔欤！何罪恶之盈也。"越日疾甚，仰天叹曰："妾今殂矣！悠悠苍天，何为使妾生居人下而遭荼毒？母居江南，夫往潮郡，今贸贸终身，不得悉陈冤状，死难瞑目。惟祈化游魂，诉昊天扑杀此贼，庶消恨耳。"

冯闻，昏倒于地，死而复苏。遂辞提学还揭，所有珍珠玩好之物，尽置容枢下，于黄岐山岩之右，筑室以祀，并置田募僧守之，题其岩曰"竺冈岩"，名其室曰"侣魂庵"。庵内有钟，镌其记于钟上。

太史氏曰：世人见月容如此，莫不为月容伤。我独为月容幸。假令月容终于耄耋之年，齿危发白，台背驼形，将前日之月貌花容，变为皮枯骨立，冯亦何至欷歔不置。即后之人，闻其风者，亦无事吊古悲怆矣。若王昭君、虞姬、戚姬、赵飞燕、杨太真、潘夫人之流，往往以芳年早夭。故千载之下，披故迹以流连，恨佳人之不再，长言短什，一往情深，良非无故而然也。故曰：红颜多薄命，不薄命不足成其红颜也。

责任编辑：陈景熙

潮汕善堂文征

金文坚　陈景熙*

摘　要：善堂文化是潮汕文化的一个组成部分。整理善堂资料，是潮学研究的一项基础工作。本文初步整理三座善堂资料，以供研究者取用。

关键词：善堂　潮学　文献学　碑刻　稿本　校点

前　　言

正如国际知名学者、潮学泰斗饶宗颐先生所指出的："善堂文化是潮汕文化的一个组成部分。我们提倡'潮州学'，如果摈弃善堂文化的研究，就有遗珠之憾——整理善堂的一系列史料，是对潮州学的一个重要补充，是很有意义的工作"①。

王昌熹主编的《升平文史［创刊号：潮汕善堂专辑（1）]》②，在潮汕善堂资料的收集整理方面，自有不容忽视的开创之功。

赓续《升平文史［创刊号：潮汕善堂专辑（1）]》的资料性成果，有新近出版的善堂名录《潮汕善堂大观》③，以及某些善堂的特刊④、宣传画册⑤。

＊　金文坚，1971 年生，汕头大学图书馆特色服务部主任，副研究馆员。陈景熙，1972 年生，华侨大学华侨华人研究院硕士生导师，中国社会科学院世界宗教研究所博士后。本文原载《汕头大学学报（文科版）》2003 年增刊，第 93 ~ 100 页。

① 林俊聪：《饶宗颐纵谈善堂文化》，《汕头日报》1995 年 4 月 18 日，第 8 版。

② 王昌熹主编《升平文史［创刊号：潮汕善堂专辑（1）]》，汕头市升平区政协文史委员会，1996）。

③ 马希民、际云主编《潮汕善堂大观》，汕头大学出版社，2001。

④ 庵埠广济善堂理事会、庵埠广济福利会理事会主编《广济善堂创建一百周年纪念特刊》，庵埠广济善堂福利会，1999。
　　太和善堂董事会主编《太和善堂创立百周年特刊》，庵埠太和善堂董事会，2001。

⑤ 大峰风光编委会主编《大峰风光》，和平报德古堂，1997。

　　笔者不揣浅陋，企望貂续前人时贤，为潮学研究者提供研究资粮。现将近来走访潮汕善堂的过程中所收的三座善堂的部分原始资料（含碑版匾联柱石铭刻、稿本等），初步整理成文，呈供师友取用。

　　资料的辑录，按善堂分别整理。所收资料均酌加校点并重设行款。有鉴于"后之视今，犹今之视昔"，对于新立碑刻一并录入。

　　笔者自知，囿于学养、精力，所收资料难免有错漏之处，尚未走访的善堂的资料更可能甚为繁庶。祈请方家同好不吝赐教，鞭策后学。

一　（潮阳）报德善堂

　　报德善堂位于潮阳和平，即通常视为潮汕善堂发源地的"报德古堂"。报德古堂内现存嵌于堂内门厅壁上旧碑 7 通，嵌于堂内壁上新碑 1 通，此外尚有木石牌匾三方。

（一）堂外福德祠石匾

光绪六年（1880 年）孟秋月建

迎挹朝辉

马壁城题

（二）堂门石匾

雍正壬子年（1732 年）吉旦

报德堂

比丘兰孙重修

（三）门后木匾

光绪庚子（1900 年）三月穀旦

慈航普度

和平槟榔屿众商敬立

（四）《报德堂碑记》

报德堂碑记

　　潮郡之下邑有三：海阳、潮阳、揭阳是也。独潮阳当道要冲也，县治之西南三十里有地曰"和平"，民居繁庶，往来络绎，文邑之乡。其间乃有大川横截，历代皆济以舟。或逢风涛时作，潢潦奔溢，不免覆溺之患。凡贡水土诸物品，受上府教令，往往病涉。宋宣和丙申，浮屠氏大峰祖师，始自闽来，宏发至愿，谓宜建石桥，以渡往来，以通上下。遂募众赀，期底于成。于是度水之浅深高下，计石木若干，独运诸心，不喻于人。宣和癸卯师祖载施钱归闽，人尽讶之。至建康丁未，越五载，师祖航海而来，糇粮木石工用毕至。不逾年，而桥成一十六间，惟南北距岸两间未获尽完。是岁十月辛亥，师祖归禅。绍兴癸酉完之，蔡贡元讳谆也。由是往来之人虽逢风涛时作，潢潦奔溢，而道无昔病，公私便之。乡人感恩建堂崇祀，名曰"报德"。其本堂上奉慈尊，示庄严也。然自宋迄今二百余载，莫能纪其事。于至正庚寅，里士许□、黄仲元集乡老相议，惧夫愈久而终于湮没，遂请记于予，勒之金石。予谓昔子产以乘舆济人于溱洧，孟子曰："焉得人人而济之？"，今大峰浮屠氏乃能普惠以济人，其功岂不居于子产之右乎？兹勒其石，以垂永久，使知创始有自云。

元至正庚寅（1350 年）惠州路总管府从官徐来记。

清乾隆乙丑年（1745 年）九月二十世孙蔡君畅同住持僧兴赐重修。

（五）康熙庚子年（1720 年）碑记[①]

峰禅师[②]

宋檀樾主蔡贡元丙申岁□[③]大峰禅师善完桥事，复施饶园古陂桥租堂地一套付僧收管，永祀香灯，子孙粮米轮流自完，立石垂记。

康熙庚子岁吉日贡元孙同僧通成计香灯碑记重修。

（六）光绪丙戌年（1886 年）田产碑

本里六联马门信奶许德禄施粮质归乙中田一亩贰分正，土名东洋大石牌后去处，年带租斛贰石捌斗正，以为祖师香灯圣诞。

光绪丙戌年报德堂住持僧能新敬立。

（七）民国壬子年（1912 年）田产碑

信士马监周施粮质归乙田乙亩兼园仔，名灵泉寺前去处，每年带租二石二，以为祖师香灯，其粮米收入本堂完纳。

本堂主持僧圣禧置有粮质归乙田二亩七，每年带租三石六，土名东洋石牌脚南畔去处，以为佛祖香灯。

民国壬子腊月住持僧圣禧立。

（八）民国己未年（1919 年）碑记[④]

□和平里美乡马绅士□□□先祖□□□
康熙戊辰年月置创有大桥西畔第八间□□

---

① （五）至（八）及（十）原碑无题，辑录者拟题。
② 所见碑石，"峰"上未见"大"字，疑"大"字漫漶严重而致无法辨认。
③ 此字待辨。
④ 该碑因文字漫漶，待辨者尚多，暂不作标点，按原行款录入。

报德堂祖师公承为香灯□□大桥头林盛吉

每年纳还祖师公祖银贰元□曾祖□□□□

报德僧人备办仪礼物亲身到祠□祭□自用

因己未年僧人无到其见□□□先议明祖先

贰元并锡莫□斤申银一元合共申银三元□

在五月初一日要还清不敢拖欠立石□□

公亲郑秋先生议明□租□□纸一张

□□佃林盛吉收执

中华民国己未年本乡绅士马成文立

（九）民国辛酉年（1921年）田产碑

中寨信士范季吾爷施粮质归乙田一亩，土名双墩脚南畔去处，每年干租一石四[①]。

东溪乡信士郑秉成施粮田一亩，土名白石路下去处，每年租一石二九正。

民国辛酉年住持僧圣禧立。

（十）《上寨二房社发》碑

上寨二房社发[②]

马子家君喜施田洋土名九斗粮质归乙田贰亩四分正，作一坵□[③]。年租谷计一半作普度，一半供奉祖师旦辰之用。特立石牌，永存纪念。

民国三十五年（1946年）立。

（十一）《复修报德古堂碑记》

复修报德古堂碑记

为民造福，千古流芳。北宋高僧大峰禅师于潮阳和平里一带救急扶危、施医赠药、倡造和平大桥。乡彦蔡贡元腾让书斋易建为"报德堂"，崇祀大峰功德；并捐钱粮施济苦众，初立潮汕第一所举善堂址。斯堂数百年来，香火绵延，善信甚众，大峰祖师圣德日俱倍增。现海内外由斯堂衍生及效法之潮人善堂（社）二百余址。诸衍生善堂中以泰国华侨报德善堂为佼佼者，马来西亚、新加坡华人创立之善堂社成绩可嘉。

沧海桑田，斯堂曾为他用。甲子年三月初四日（公元一九八四年）经诸乡贤族老马镇绅、萧兴植、马利贤等倡导筹划，收回斯堂业权；动员所属善友竭力复修，堂址焕新，祖师圣像重放光辉；并成立福利理事会，联络海内外善友，弘扬师德，大造善举，开拓"大峰风景区"。泽被苍生，声名远播，屡受政府表彰，一九八七年潮阳市政府列为文物

---

① "一石四"，碑文以商码（又称"菜码"）表示。

② 碑额横书。

③ 此字待辨。

保护单位。今在斯堂复修十二周年志庆之际，特记之。

和平报德古堂董事、理事、耆老福利会立

丙子年十月初二日（公元一九九六年）

二　（潮阳）棉安善堂

新堂址位于潮阳棉城东山的棉安善堂，是汕头存心善堂的母堂。堂中现有复制自旧堂址的门匾、冠首门联、石碑（三通，嵌于棉安善堂大门外墙壁），另有双面新碑一通（立于左侧天井）。

（一）堂门石匾

棉安善堂

夏同龢①

（二）善堂石联

光绪己亥年（1899年）　丁卯年（1987年）复建

棉疆有庆

安堵无惊

夏同龢

（三）《肇造留踪》碑

肇造留踪

窃吾潮自光绪戊戌年间（1898），因天灾流行疫疠盛作，人心惶恐之际，适奉宋大峰祖师香火莅潮，到处降乩施药，灵符丹水活人无数。其坛初安于演武亭，肇创名曰"念佛社"。所有修骷髅、赠衣衿、施棺木、拾字纸、医药并施，皆由诸友捐资助工，集腋以赞成善举。合邑之人均沾德惠。迨至己亥岁，萧绅鸣琴首倡捐资，呈官示准，联集同人买地盖建棉安善堂一所，并分创汕头一社，名曰"存心善堂"。同绘塑祖师圣像，以崇祀焉。诸善举亦随时奉行，以广其施。至于壬寅年，时疫复起。蒙祖师乩示，邑人欲祈祷祥和，宜虔诚斋戒，早晚诵经鸣钟。故绅董萧永声、萧桂艿、陈魁梅、姚联珠、施培松、萧大伦等联名禀请谢前宪批准，给示在案。时于城隍庙前设立高台，悬钟三载。届期建醮酬答天恩，仍将该铜钟放下。今悬吊于善堂。迨后买义冢于东较场、鸡母石两地方，以葬贫乏棺枢。总计前后共费巨资壹万余金，皆赖萧绅维推勿失；至于众社友踊跃捐题，竭力赠工，亦属赞成善举。惟愿以后相承勿忘，自然获福无疆。爰泐石以示不忘矣。是为序。

天运壬子年（1913年）冬月穀旦棉安善堂书立。

_____

① 下押二印。

（四）《保存宋大峰祖师纪念碑》

保存宋大峰祖师纪念碑

宋大峰祖师闽人，为宣和时高僧，由闽来潮，住潮阳之和平乡，劝喻潮人造桥、修路、施棺、殡殓、救火、赠药、赈灾、恤困等善举，毕生不倦，开化潮人不少。和平居民繁庶，往来络绎，为潮、普、惠、海陆丰各县所必经之道。其间有大川横截，阔六百六十尺，深如无底，水若螺旋。历代皆济以舟。但以风涛险恶，溺覆之祸无时不有，牺牲过往人命，笔难尽述。祖师又悲天悯人，发起造桥，独运诸心，不喻于人。不逾年而桥成，共十九洲，长六百六十尺。其工程之大，为宋代之冠。由是往来之人，虽逢狂风猛雨，亦无疏虞。桥成身化。潮人奉祖师墓于和平山之麓，宋代并册封为"忠国大师"，《潮州府志》、《潮阳县志》俱经详载。

潮人沐祖师德泽，遂建庙立像于和平乡崇祀，堂名"报德"，以示不忘之意。并奉其教旨，实行造桥、修路、施棺、殡殓等善举。

嗣潮阳县城各善士钦仰祖师教旨，遂赴和平报德堂奉祖师最古之小神像至东门外崇祀，立庙曰"棉安善堂"，扩大善举范围，为潮州善堂之起点。并由棉安善堂社友赵君进华等来汕创立存心善堂，总名曰"潮汕念佛社"。自是之后，成绩日著，而祖师之声誉亦日隆，各县遂风起云涌，奉祖师神像，力行善举。是祖师之裨益人心世道，其功诚不可以限量矣。

殊至民国十七年岁次戊辰十二月间，潮汕各地奉行内政部废除淫庙命令，汕头各界破除迷信委员会对于祖师亦议决在废除之列。

天眼忝任棉安善堂总理及存心善堂董事，知祖师历史颇详，认为祖师功绩与内政部所拟应予保存之先哲类吻合，对于汕头破除迷信会所拟议实有不当。且鉴于各地社友每年除负担善举费用外，对于收殓瘟疫天花等传染病尸体、造桥、修路、救火、赈恤、资遣散兵等善举尽心力而为之，无丝毫怕传染之心，无分厘畏艰难之状者，全为祖师遗教所感化，故置生死于度外。使一旦为废除淫祠机关所误会而废除，则社友向上之心无所维系，遇瘟疫危险之际，必皆为传染心理所战胜而不敢出，而收尸殡殓，见困难之事端必皆退缩不前，断无前此之毅力，而社会之安宁，前途妨碍必多。遂毅然不恤环境之片面非议，列具意见撰成呈文，提出呈请政府保存。先经存心善堂全体同意推任主席办理此事，并定期十二月初七日召集潮州各善堂代表开全体会议。是日参加善堂百余个，又复被推举为主席，与存心善堂各董事主持此事。当即列具祖师历史，归纳为五个应行保存理由，由各善堂联名分呈列宪。

幸而公理不灭，地方有幸。请求之呈一上，汕头市公安局则于十八年一月廿三日批开："大峰祖师既为有功于社会之先哲，应予保护，以资矜式"；东区善后委员公署则于十八年一月廿九日批开："拟呈列举大峰祖师过去事实均属慈善性质，载在《潮阳县志》，核与内政部所定《神祠存废标准》内开'凡有功于民族、社会，利溥人群，为人类所矜式者，应予保护'各条尚属相符，且潮属各县市善堂，奉祀大峰祖师迄今已数百年，原为崇德报功，景仰先哲起见，既与迷信、淫祀不同，所请保存应予照准"；国民政府内政部则于十八年二月九日批开："呈悉，查本部前颁《神祠存废标准》，原为尊崇先哲、破除迷信起见，拟呈大峰祖师善行各节，考之典籍确有其人，综观其生平，善行劝化，为善不倦，实与各项淫祠、神怪、巫祝之类不同，仰候另行广东民政厅转饬保护，以志景仰，而昭教劝"等示前来，社会一切怀疑俱皆冰释，而大峰祖师之功德，愈大白于天下，各地善堂亦得以维绩力行祖师之遗训以救世。实为无限之幸事。唯恐年久代湮，事迹掩没，用将祖师功绩及请求准予保存经过，勒石四方，分竖汕头存心善堂、潮阳东门外棉安善堂、和平报德善堂古庙、和平山麓祖师墓旁，以留纪念焉。

潮汕各善堂保存大峰祖师代表大会主席詹天眼敬撰。

汕头各善堂代表大会主席、棉安善堂潮汕念佛社总理、存心善堂潮汕念佛社董事詹天眼。

成田同德善堂济安社、崎岭报德善堂慈安社、隆江存德善堂明德社、田心报德善堂里德社、和平报德善堂慈善社、玉峡狮头山宏济善堂、潮阳安济善堂义善社、京陇崇德善堂慈心社、玉峡宏济善堂存心社、猫石慈安社报德善堂、和平报德善堂里美社、和平报普济善堂、井都晋安善堂报德社、芦溪义德善堂福荫社、惠来仙塘埔普益善堂、仙港同济善堂存心社、凤岗同安善堂积善社、塔馆仁济善堂本心社、惠来前关报德善堂、石坑济和惠德善堂、达濠东湖义德善堂、惠来华湖报德善堂、惠来塘幸美德善堂、陆丰甲子成德善堂、锡溪庆德善堂、亦产仁德善堂、新宫建德善堂、海门永和善堂、周田周福善堂、澳甲永德善堂、海门永德善堂、港头同德善堂、钱塘公善堂、惠来真埔里兴社、海门兴顺善堂、坑美济安善堂、海门存义善堂、神泉成德善堂、海门练安善堂、浮陇义思善堂、贵屿德善堂、华里义心善堂、隆江同学善堂、凤岗集福善堂、角阳崇济善堂、锡丰庆德东善堂、西歧和德善堂、金浦念敬善堂、惠来诚心善堂、葛洲崇德善堂、河西集庆善堂、海门平安善堂、湖边集善堂、梅花梅福善堂等同敬立。

中华民国十八年（1929）十月吉日立。

（五）《基础垂远》碑[①]

基础垂远

溯吾堂自光绪戊戌年间，其时天灾流行，疫疠蔓延，人心惶惧，黎庶历劫之际，适奉宋大峰祖师香火莅潮，降乩施药，灵符丹水活人无数，其坛设于演武亭，肇创名曰"念佛社"。而修骼髅、赠衣施棺以及医药并济，皆由捐资助工以赞善举，我邑共庆麻祥，莫不沾祖师德惠矣。翌年己亥，萧绅鸣琴知善与人同，首倡捐资购地，呈官示准，盖建堂宇，颜额曰"棉安善堂"，绘塑祖师遗像，以崇祀焉。于今四十余载，善举相沿，有口皆碑。现为巩固基础，以免年久代湮，善产埋没，计特将堂宇盖建面积绘图擘划外，所剩存余地丈明若干，泐石竖于堂右，以垂永远焉。

---

① 该碑内容除碑文外，尚有《本堂全座平面图》一幅。

计开：

一、园地五亩八分五厘，建筑堂宇用地三亩二分；

二、存余地：堂后一亩三分六，西畔连墓一亩二分。

民国廿八年己卯（1939年）春月吉旦棉安善堂第八届董事、主席马泽民刊立。

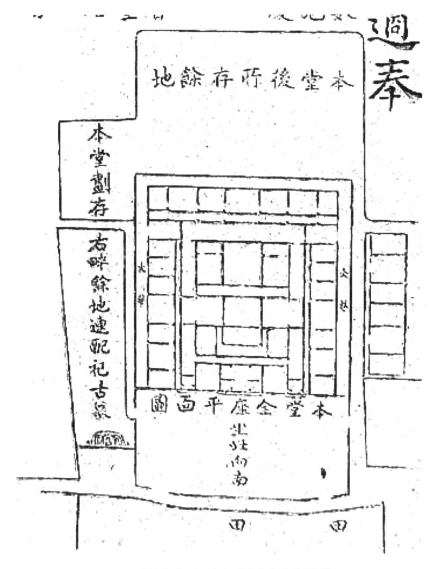

图1　《基础垂远》碑中《本堂全座平面图》

（六）《重建棉安善堂记》

（碑阳）

重建棉安善堂记

　　吾邑棉安善堂原称棉安善堂潮汕念佛社，据民国二年（公元一九一三年①），暨民国十八年（公元一九二九年）立碑于东门外棉安善堂旧址记载，棉安善堂创建社址于光绪二十五年（公元一八九九年）。其时邑绅萧鸣琴首倡捐资偕社友诸同人买地，报官示准盖建。此后又买地设义冢于东较场及鸡母石脚两处，以葬贫乏棺柩。总计前后共费资万余元。旧址迄今犹存，碑记仍立堂壁中。

　　棉安善堂乃吾潮汕念佛社之首创。光绪年间，棉安善堂建成后，于汕头分创一社命名为"存心善堂潮汕念佛社"。同奉祖师教旨，实行造桥修路、施棺殡殓、广施茶水、赠药赈灾、恤窘等普惠济人公益，嗣后诸善堂广为推广，大峰祖师声望日高，遍及潮汕各地，因而各县立名建堂，供奉祖师神像，厉行善举。公元一九二八年（民国十七年），破除迷信席卷全国。是时汕头破除迷信委员会成立，而吾潮汕各善堂念佛社则于汕头存心善堂召开各县代表会议。与会代表百余人一致通过，联名分呈，据理报当地政府保护善社存设。次年一、二月间，汕头市公安局、东区善后委员公署、广东省民政厅据呈报称延虞②宋大峰祖师遗教，善行济人，考之典籍，皆属实绩，故批示予以保护，以志景仰。其时汕头存心善堂、潮阳棉安善堂、和平报德善堂、和平桥头山麓祖师墓均照官府告示立碑志之。

　　一九八四年八月，随着祖国改革开放事业昌盛发达，本邑热心公益事业之社会人士及旅居港澳台同胞，暨国外华侨等乡亲，倡议恢复棉安善堂念佛社活动，继承宋大峰祖师遗训，普行各项善事，以济世人。因之推举林金明、陈辉、陈振宇、马道强、林旭棠、郑丁盛、郑锦坤、萧勋、郑金城、林明进、陈暹宗、纪镇宣、陈崇德等成立棉安善堂筹建会，设址于东山双忠祠左旁，供祀祖师遗像。此后国内外各界爱国爱乡乐善好施之善男信女，鼎力给以支持，广募资金、实物。始于一九八八年择吉破土动工，历时年余，一九八九年冬全部竣工。新建于东山双忠祠左侧之棉安善堂，系坐北向南二进佛堂格局，分金子午兼癸丁。木石灰砖瓦构筑，雕梁画栋，彩釉瓷砖嵌壁，大门绘制原夏同龢于旧址题字，正堂奉祀大峰祖师塑像，左右两厢供祀唐韩文公及宋文信国公遗像，俾游人瞻仰。整座建筑面积共六百二十七平方米；外埕一千二百一十四平方米；左侧建泽民亭一座，亭后旁建渔舟桥一座，五十二平方米；埕右侧建迎客室二幢，七十二平方米，两相对应。内外建筑及配套设施，总计建资五十一万五千八百三十四元。是次捐资者有旅美华侨、港澳台同胞刘来钦先生、施網腰③女士、林大勋先生、陈鸿琛先生、姚成达先生等共一百二十多人，芳名分别列于碑石。同时成立管理机构，推举刘来钦先生为董事长，④执事为林金明、陈辉、郑霖强、陈振宇、马道强、赵公普⑤等担任。为志永久，特勒碑记之。

　　岁次庚午即一九九〇年三月棉安善堂念佛社董事会立

　　（碑阴）

---

①　本碑记中，纪年之后括号加注公元年份者，均为原文所有。
②　原碑文如此，疑有笔误。
③　碑阴题名作"施绸腰"。
④　棉安善堂印发的《重建棉安善堂记》中，此处有"刘益成、刘建成先生为名誉董事"一句。
⑤　棉安善堂印发的《重建棉安善堂记》中，此处有"姚泽球、郑盛名"二名。

重建棉安善堂乐捐芳名列次如下

刘来钦先生、施绸腰女士：人民币二十五万元、港币一万元；林大勋先生：人民币十万元、港币六千元；陈鸿琛先生：港币九万元；姚成达先生、林亚丽女士：人民币一万九千五百元；林振华先生：人民币一万五千元、港币二千元；郑光慧女士：人民币一万元、港币二千元；马桂波先生：人民币七百元、港币四千元；郑炎强先生：人民币一千二百元、港币一千五百元；萧玉科先生：人民币一万元；刘益成先生、刘建成先生：人民币三万六千元。

以下乐捐港币：

姚景翰先生、马银贞女士：六千五百元；林振茂先生：六千元；林丽君女士：五千元；林辉航先生：三千五百元；萧燕训女士：三千元；陈念祖先生：二千元；马桂英女士：二千元；林地贤先生：一千二百元；周厚雄先生：一千元；杨宏泉先生：五百元。

以下乐捐人民币：

五千元以上至一万元内有：

姚逸鸿先生、林镇洲先生、吴玉丰家庭、郑松江先生、吴锦溪先生、萧秋野先生、张松清先生、林镇贵先生、林勤明先生、周锦洲先生、周锦松先生、东诚塑料制品厂。

二千元以上至五千元内有：

林荣华先生、刘银娇女士、吴世湘先生、马松江先生、林厚兴先生、颜昌华先生、林启亮先生、林名青先生、刘玉珍女士、萧赛花女士、郑心田先生、郑石心先生、郑铁刚先生、郑小星及眷属。

一千元以上至二千元内有：

姚大钧先生、赵淑一先生、李燕林先生、吴文元先生、陈碧婷女士、胡英来先生、吴大目先生、叶学瑜先生、郑友礼先生、纪镇宣先生、陈伟豪先生、林炎城、刘秦亮先生、郑致祥先生。

五百元以上至一千元内有：

黄门郑太夫人、马岱坤先生、林美珠女士、林立铭先生、黄伟初先生、马清信先生、李桂波先生、江惠卿女士、南桂坊妈、姚苏英女士、马岱熙先生、郑楚钊先生、郑智耕先生、李舜銮女士。

三　（揭阳梅云）觉世善堂

揭阳梅云镇觉世善堂中，保存有建堂时置立的门匾、碑记及石柱门框题刻，另有新碑一通，堂史《觉世之光》稿本一册。

（一）堂门石匾

吉水黄新寨治子应信喜敬
觉世善堂
光绪廿七年（1901年）腊月建

（二）创建觉世善堂碑记①

光绪辛丑年（1901年）众乡创建。

龙头吴三顺捐银一十四两五②，梅梓捐银壹百两，厚洋捐银六十六两，吉水捐银六十三两，大西捐银六十一两，白云捐银四十八两，汤前捐银四十一两，石头捐银三十六两，华美捐银三十五两，大围捐银三十五两，市上捐银三十四两，竹甫捐银三十一两，小西捐银三十两，霞美捐银二十八两，潮南捐二十八两，夏桥捐银二十二两，陈畔捐银二十一两，桥头捐银一十九两，潮尾捐银一十六两，内畔捐银一十五两，潮喜捐银一十五两，翁厝寮银一十四两，大陇捐银一十一两，双梧捐银七两，郭畔捐银五两五，鲤鱼头银五两，郑畔捐银三两四。

大围黄丰裕捐香灯田一亩八；白云林锡江捐香灯田壹亩，在四亩内；石头许门徐如意捐银四十三两二，香灯田七分。

觉世善堂买香油粮田四亩。

光绪丁未（1907年）曾运通立。

（三）石柱、门框题刻③

（1）石头许名龙、（石头许名）④ 福敬。

（2）内畔李门陈丰发，鱼梁李万合，敬二条。

（3）白云林锡江，厚洋林谨初、德隆，敬三条。

本堂众捐资与石头许名益买续，银壹百两，左园地二处，右园篱一条，竖石声明。

（4）厚洋林鸿烈、德连、西上、世其、德宽、源利、长贵，同敬七条。

（5）陈畔陈门王庆德敬。

（6）汤前刘和霸、陈畔陈众弟子、吉水黄本骏，敬四条。

（7）桂林刘门陈智贞敬。

（8）厚洋陈门：陈真祥、许□万、□□□，敬三条。

（9）内畔李□□、□□，敬二条。

（10）石头许门信女林土贵喜敬。

（11）鱼梁李汇寅敬。

（12）沐恩弟子许嘉禄喜敬。

---

① 原碑无题，辑录者拟题。
② 该碑中数目多作商码，"两"字多作俗体。
③ 编号为整理者所加。
④ "石头许名"四字居上方中间，其下"龙""福"二字分列右、左，"敬"字居下方中间。辑录者于括号中出共用文字。

（四）《重修觉世善堂碑记》

重修觉世善堂碑记

本堂始建于清光绪辛丑年，公元一九零一年，供奉大峰祖师、观音菩萨，以奉佛行善为宗旨，曾举办施棺会，救济贫苦众生。但由于历史的变迁，该堂经过多次移改，造成佛像被毁，失去供奉。又兼年久失修，墙倾壁裂屋破漏。直至一九九三年由侨胞陈巧缄倡议重新修建，并由许榈典、许松周、郑响钟、许练明等人共同协助，动员各乡善信捐资筹办，今已①基本完整，立碑为记。

本堂第一届理事会名单

名誉理事长：陈巧缄　李惠林＊②

理事长：许练明＊　许贤钦

副理事长：林如海　杨张炎

会计：许松周

财务：许榈典

成员：蔡鸿钦　史惠坚　许木桂＊　章海立　黄锦程　林来海　许习镇＊　林老木
黄潮松　黄松杰　黄亚汉＊　黄义卫　许愈海　黄茂发　许红弟　洪流钦

公元一九九四年花月立

（五）《觉世之光》

（封面）辛巳年（2001年）仲春　觉世之光　黄华立书

（正文）

揭阳梅云觉世善堂简史（2001年仲春）

揭阳梅云觉世善堂，始创于清代光绪辛丑年，即公元一九零一年。缘于地处梅云界翁盾山麓，钟灵毓秀之地，山水环绕之间。乃揭（揭阳梅云之石头村）、普（普宁南溪镇之竹浦村）毗邻交界处。彼时常因两县田园瓜葛而纠纷不息，故由两县开明士③绅协助调解，捐资奋力发起办善堂，近邻两县二十九间村积极响应，捐田献地，同时奉行大峰祖师宏旨，慈善为本，济世助人、扶危济困、修尸埋骨、施棺义葬，夏天设立解暑茶水站，为路人解渴。故向善者众，近邻各村恩怨随之和解，而崇善往来。此一壮举而蜚声海内外。

普宁曾运通居士常年供奉香火。继由刘先生、陈先生、大连先生、王亚继先生、黄木昌先生等众居士接祀，直至解放后。公元1950年由于客观诸多因素，潮汕各善堂皆已停办。1993年，乘改革开放之春风，国家民政部倡导各地成立民间慈善机构以协助政府的

---

①　原文讹为"以"。

②　该碑记中部分人名系后刻者，辑录者加星号标明。

③　"士"字，原文讹为"仕"。

社会公益福利事业。斯时旅港爱国同胞陈巧缄女士归梓，邀请许练明先生筹办复堂事务，并由众乡民推选为理事长。

觉世善堂重光以后，在当地党政的正确领导下围绕各时期中心而工作，秉承祖师圣训，继续原堂务，大兴善举，慈善济世，广结善缘而孚众望，堂务日益壮大，复堂八年来主要工作有：

一 敬老助残，抚孤济困方面

1. 捐助揭阳残联贰万元；捐助梅云敬老院八千元；捐助玉湖敬老院五千六百元；支援榕城进贤门寿星园四十五户老人援助大米二吨，现金二千五百元。

2. 捐助紫峰寺孤儿一万二千元，捐助梅云镇四十八个孤儿抚育费二万八千元，2000年又捐助梅云镇三十五个孤儿二万八千元，"六一"节又捐助残疾孤儿五千元。

3. 捐助石头村贫困学生一万六千元。七年来捐助揭普毗邻二县二十九个自然村特困户合共三十四万元，大米九万一千斤。

4. 1996年因长江流域洪水灾捐助江西省鄱阳县灾区大米二万斤，现金四千元；1996年捐助大埔县灾区大米二千斤，现金四千元，衣服三万余件；捐助福建省东山县渔民海难三万六千元；1999年捐助惠来县神泉镇遭受强台风灾民一万元。

5. 援助揭东月城镇棉洋村郑伟坤车难，援助五千四百元；又捐助梅云群英村谢填钦车难三千元。

二 为革命烈士树英碑建冢墓，造就爱国主义教育基地

1. 在揭东县玉湖镇建设"南昌起义汾水战役烈士纪念碑"及"纪念亭"、"三山牌坊①门"等，历时三载，寒冬酷暑，耗资一百五十多万元。

2. 建设"梅云老苏区烈士纪念碑"，耗资一百万元。

3. 支援新圩镇五房山烈士纪念碑建设一万二千元。

三 为精神文明的建设，清净周边地区的环境，修埋历代先人骨骸有三处和历年来野亡漂溺尸骸及童殇②等

1. 修埋梅云翁厝寮山历代先人骨骸一千四百多具，并建成三座冢墓。

2. 支援登岗镇觉真善堂修古穴六百多具并建成钉螺山古圣总墓，耗资七万二千元。

3. 1996年支援磐东镇江灏村修古墓一座，耗资四万多元，并付劳工三百余个工日。

4. 七年来，修殓野亡、漂溺、车难无主尸四十七宗，童殇五十多宗。

四 修桥造路保护文物方面

1. 1996年在本堂前修一条长贰百米宽十八米的水泥路，又在榕南水渠上建起一条"觉世桥"。两项工程耗资二十多万元。

2. 为保护文物，支援普宁南溪建设"仙灵岩"古迹，扩建慈悲娘宫，助援三万二千元。

---

① 原文讹为"仿"。
② 原文"残"，形讹。

　　五　复堂七年来在觉世桥头义赠茶水，为路人解渴，受解渴人数有十万多人次。

　　六　复堂至今深得民心拥戴，威望日高，多次调解了近邻纠纷，敦亲睦邻，在响应党中央的安定团结的大政方针方面做了一点有益的工作。

　　综上所述，复堂至今，用于慈善事业资金合共三百三十七万五千七百元，大米十二万七千斤，衣服三万余件，清净周边环境，收殓历代先人骨骸贰万余具和野亡、漂溺、无主尸、腐尸、童殇等一批。

　　复堂数年来由于我堂的实际工作，上合政心，下得民意，先后得到了中央、省、市、县各级领导的支持和惠赐墨宝，得到了海内外乡亲的踊跃捐资，又得到了有关方面所赠锦旗数十面。

　　惠赐墨宝的有：

　　原中央军委副主席刘华清同志、原中央军委办公厅主任程建宁将军、原兰州军区副司令员黎原将军、国务院参事室主任王楚光同志、全国政协委员北京市黄埔军校同学会副会长汾水战役当年老部长文强同志、原国防部长张爱萍将军、全国人大常委会副委员长王光英、程思远同志、全国政协副主席赵朴初同志、原中共中央主席华国锋同志。有的老领导还千里迢迢专程亲临指导工作。

　　还有全国书协副主席佟伟同志修书赠我堂"无私奉献争做善事"的珍重墨宝。还有省、市、县众多同志、领导、老同志都亲笔挥毫支持我们的工作，无容尽述而深表歉意。

　　我们期盼来日艳阳天，善道无涯谱出新篇。为弘扬中华民族的传统美德，为弘扬大峰祖师大德慈训，为造福子孙后代而继续努力，鞠躬尽瘁①而奋斗。我们的工作是博大爱海中的小流，愿与众多慈善组织共同携手广交善缘，襄善举共登攀，取长补短共同前进。

　　愿再续篇②。

责任编辑：林立

---

　　①　原文讹作"悴"。

　　②　《觉世之光》至此完结。

1945 年前日文潮汕资料知见录

陈传忠*

摘　要：本文收录笔者所知见的 1945 年以前出版的专著、期刊文章以及专书章节等日文潮汕资料，按一般总类、政治外交、战争、经济、商业贸易、工业、农业、水运交通、华侨、语言文学、自然灾害等类别，进行著录，在各类内部以出版时间先后排序。笔者期望此文能引起学界对这批研究近代汕头政治、经济及社会史以及日汕关系史的重要第一手资料的关注。

关键词：日文潮汕资料　文献

汕头市自 19 世纪中叶开埠后，外国商人陆续抵达，在当地经商贸易，这当中也包括不少日本人。日本人曾在汕头设立领事馆，并在该市建立他们的学校、银行及各有关机构，可见日本人在战前的汕头乃至整个潮汕地区是具有一定的影响力的。

笔者参考早期出版的日文文献目录，同时通过互联网浏览日本各主要图书馆，如东洋文库、东京大学图书馆（该图书馆检索系统可连接全日本各大图书馆）、日本国立国会图书馆以及东京都立中央图书馆，结果发现早期有不少以日文撰写的有关潮汕的资料，它们包括许多图书及散见于各期刊里面的文章，这些都是研究近代汕头政治、经济及社会史以及日汕关系史的重要第一手资料。

笔者希望通过本篇图书目录及文章索引的整理，为诸位学者提供研究上之方便。① 以

---

*　陈传忠，祖籍揭阳地都，1971 年生于新加坡。新加坡国立大学中文系毕业，现任新加坡英文《海峡时报》翻译主任，曾任新加坡潮州八邑会馆文教委员会秘书。本文原载《第六届潮学国际研讨会论文集》（澳门：潮州同乡会，2005）。本次发表前，作者重新修订。

①　《南支那文献综览》，南满洲铁道株式会社大连图书馆，1941。
　　《南支那文献目录》[台湾总督府外事部调查第 108]，台湾总督府外事部，1943。
　　以及日本各公共及大学图书馆图书目录。

下资料包括专著、期刊文章以及专书章节等，它们按出版年代排序，主要分为一般总类、政治外交、战争、经济、商业贸易、工业、农业、水运交通、华侨、语言文学、自然灾害等类别。

由于笔者水平有限，时间仓促，这篇目录的错误和缺点在所难免，希望学术界同人多多批评指正。

一般总类

《清国广东省汕头港并潮州情况》
山吉盛义　著
日本外务省通商局，59 页 + 39 页，明治三十六年（1903 年）
附：图版，地图
藏处：日本东洋文库、日本国立公文书馆アジア历史资料センター（亚洲历史数据中心）

《汕头港ノ状势》
日本大阪商船出版，43 页，明治三十八年（1905 年）
备注：汕头出张所勤务西野入番苗调查
附：《汕头内湾航运》
藏处：日本国立国会图书馆

《汕头事情》
汕头日本领事馆代理副领事河西信　著
日本外务省通商局出版，66 页，大正四年（1915 年）12 月
藏处：日本国立国会图书馆、笔者

《南支汕头商埠》
安重龟三郎　著
（台北）台湾总督府内南洋协会台湾支部，125 页，附地图四张，大正十一年（1922 年）6 月
藏处：笔者

《香港广东汕头厦门出张报告书》
藤田喜市　著
大正十四年（1925 年）出版，40 页，出版者不明
藏处：日本东洋文库

《新汕头》

内田五郎　著

（台北）台湾总督官房调查课编，48 页，昭和二年（1927 年）

备注：《南支那及南洋调查》第 136 辑，附地图 2 张

藏处：一桥大学经济研究所资料室、九州岛大学附属图书馆、九州岛大学附属图书馆、东京大学经济学部图书馆、东京大学总合图书馆、北海道大学附属图书馆

《汕头の印象》

日本拓殖通信社编，昭和二年（1927 年），8 页

注：据《南支那文献综览》及《南支那文献目录》

《南支那旅行记》（厦门、汕头、香港、广东）

尾原芳行、杨以彰　等著

载《南支南洋研究》第 21 号，昭和十年（1935 年）

注：据《南支那文献目录》，出版者应该是"台北高等商业学校南支南洋经济研究会"

《汕头》

权藤鹤次　著

载《台湾时报》昭和十三年（1938 年）3 月号，台湾总督府《台湾时报》发行所

注：据《南支那文献目录》

《汕头の一般概况》

堤正敏　著

载《南支南洋》第 155 期~157 期、164 期、168 期，昭和十三年（1938 年）5 月~7 月，昭和十四年（1939 年）2 月、6 月

注：据《南支那文献综览》及《南支那文献目录》

《汕头杂话》

铃木良　著

载《海运》第 207 号，昭和十四年（1939 年）

注：据《南支那文献综览》及《南支那文献目录》，出版者应该是"神户海运集会所出版部"

《潮汕の景物》

泽村幸夫　著

载《世界知识》第 12 卷第 9 号，昭和十四年（1939 年）

注：据《南支那文献综览》及《南支那文献目录》，出版者应该是日本"诚文堂新光社"

《汕头の一般状况》
（台北）台湾总督府外务部编，120 页，昭和十四年（1939 年）6 月
注：据《南支那文献综览》及《南支那文献目录》

《汕头の一般概况》
（台北）台湾总督官房外务部编，120 页，昭和十四年（1939 年）7 月
备注：《南支那及南洋调查》第 239 辑
藏处：一桥大学经济研究所资料室、学习院大学图书馆、九州岛大学附属图书馆、成蹊大学图书馆、东京大学东洋文化研究所图书室、北海道大学附属图书馆、日本东洋文库、汕头大学

《汕头所见》（绘と文）
片濑弘 著
载《台湾时报》昭和十四年（1939 年）7 月号，台湾总督府《台湾时报》发行所
注：据《南支那文献目录》

《汕头を语る》
日本外务省情报部，昭和十四年（1939 年）7 月
注：据《南支那文献目录》

《汕头を语る》
山崎诚一郎 著
载《世界知识》第 12 卷第 8 号，昭和十四年（1939 年）8 月
注：据《南支那文献综览》及《南支那文献目录》，出版者应该是日本"诚文堂新光社"

《汕头を语る》
石井喜之助 著
载《台湾时报》第 236 号，台湾总督府《台湾时报》发行所，昭和十四年（1939 年）8 月
注：据《南支那文献综览》及《南支那文献目录》

《潮梅一般事情》
载《台湾金融经济月报》，昭和十四年（1939 年）8 月

台湾银行调查课编

藏处：汕头大学

《汕头夜话》

饭田德三郎 著

载《台湾时报》昭和十四年（1939 年）8 月号，台湾总督府《台湾时报》发行所

注：据《南支那文献目录》

《汕头とはどんな处か》

渡濑正人 著

载《今日の问题》，今日の问题社出版，昭和十四年（1939 年）8 月

注：据《南支那文献目录》

《汕头》

小岛倭佐男 著

载《台湾时报》昭和十五年（1940 年）9 月号，台湾总督府《台湾时报》发行所

注：据《南支那文献目录》

《南澳岛事情》

载《南支南洋时报》第 25 期，昭和十四年（1942 年）8 月

注：据《南支那文献目录》

政治　外交

《在汕头帝国领事馆管辖区域内事情》

日本外务省通商局编，4 页 + 133 页，大正十一年（1922 年）

附：图版，表

藏处：一桥大学附属图书馆、京都大学附属图书馆、九州岛大学附属图书馆、驹泽大学图书馆、大阪市立大学学术情报总合センター、筑波大学附属图书馆中央图书馆、东京大学经济学部图书馆、日本东北大学附属图书馆、奈良女子大学附属图书馆、立教大学图书馆

《汕头帝国领事馆管内事情》

（台北）台湾总督官房调查课编，263 页，大正十一年（1922 年）

备注：《南支那及南洋调查》第 59 辑

藏处：一桥大学经济研究所资料室、京都大学附属图书馆、京都大学人文科学研

究所图书室、东京大学经济学部图书馆、兵库教育大学附属图书馆、北海道大学附属图书馆

《南支の排外劳働运动》（附：《汕头の印象》）

宫川次郎　编

日本拓殖通信社出版，34 页，昭和二年（1927 年）

备注：台湾・南支・南洋パンフレット；57

藏处：东京大学经济学部图书馆

《最近の日支问题と汕头事件に对する外交论调》

载《支那情报》第 2 卷第 12 期，昭和十二年（1937 年）

注：据《南支那文献目录》

《汕头事件の真相》

仲内宪治　著

载《财政》第 2 卷第 8 号（7 月号），日本大藏财务协会出版，昭和十二年（1937 年）7 月

藏处：笔者

《历史上より见れる我国と潮汕地方との交涉》

小叶田淳　著

载《台湾时报》第 246 号，台湾总督府《台湾时报》发行所，昭和十五年（1940 年）7 月

注：据《南支那文献综览》及《南支那文献目录》，不过《南支那文献目录》将文章名称写成《潮汕地方と我国との交涉》

战　　争

《广东・汕头の攻略》

村田孜郎　著

载《モダソ日本》，昭和十三年（1938 年）7 月

注：据《南支那文献目录》

《攻略后の汕头を观る》

竹内清　著

载《台湾铁道》第 327 期，昭和十四年（1939 年）

注：据《南支那文献综览》及《南支那文献目录》

《南支新秩序への战ひ – 厦门、汕头、广东》
秦严夫　著
载《交通经济》第 113 期，昭和十四年（1939 年）
注：据《南支那文献目录》

《福州、厦门、汕头及广东各市ヲ中心トシテ军ニ于テ接收管理セラルヘキ诸事业诸
施设ニ对スル应急复旧并ニ经营ニ关スル方策及其经费概算说明书》
日本兴亚院政务部出版，124 页，昭和十四年（1939 年）
备注：《兴亚资料》（经济篇）第 43 号
藏处：东京大学东洋文化研究所图书室

《汕头攻略の重要性》
载《国际经济周报》，昭和十四年（1939 年）6 月
注：据《南支那文献目录》

《汕头攻略の意义》
载《周报》，昭和十四年（1939 年）6 月 4 日
日本陆军省情报部出版
注：据《南支那文献目录》

《汕头占领と事变の见透し》
藤田荣介　著
载《文艺春秋》昭和十四年（1939 年）7 月号，日本文艺春秋社出版
注：据《南支那文献目录》

《汕头ノ背后地・潮梅地方 – 地志・产业 – 》
日本兴亚院政务部出版，27 页，昭和十四年（1939 年）7 月
备注：《兴亚资料》（经济篇）第 56 号，属机密资料
藏处：东京大学经济学部图书馆、汕头大学

《汕头の奇袭占领》
载《支那事变画报》第 31 辑
日本东京/大阪朝日新闻社，昭和十四年（1939 年）7 月
藏处：汕头大学

《潮州·澄海を屠る》
载《支那事变画报》第 32 辑
日本东京/大阪朝日新闻社，昭和十四年（1939 年）8 月
藏处：汕头大学

《汕头奇袭敌前上陆成功》《海陆协同进袭　汕头完全占领》《援蒋の粮道を断つ　汕头攻略》《汕头攻略に参加　我空军の活跃》《皇军占领　汕头の风光》《空より见たる攻略前の汕头》《潮州占领　战线たより》
载《画报跃进之日本》第 4 卷第 8 号（八月号）
日本东京东洋文化协会发行，昭和十四年（1939 年）8 月
藏处：汕头大学

《南支那の复兴建设を现地に见る － 汕头》
道端定三　著
载《台湾时报》第 238 号，台湾总督府《台湾时报》发行所，昭和十四年（1939 年）10 月
注：据《南支那文献目录》

《汕头攻略》
载《南支派遣军》
南支派遣军报道部编，日本共同印刷株式会社印刷，昭和十五年（1940 年）3 月
备注：汕头市地方志办公室《汕头》杂志 1998 年第 1 期（总第 5 期）内有介绍
藏处：京都教育大学附属图书馆、京都大学附属图书馆、奈良县立奈良图书馆、奈良县立奈良图书馆、滋贺县立大学图书情报センター、三重大学附属图书馆、大手前大学西宫图书馆、同志社大学总合情报センター、别府大学附属图书馆、立命馆大学图书馆、丽泽大学图书馆、东京都立中央图书馆、笔者

《南支汕头点描》
林三郎　著
载《大洋》，昭和十五年（1940 年）4 月
注：据《南支那文献目录》

《皇威辉く南支之展望》（广东、厦门、香港、南宁、汕头、海南岛）
岩井龟太郎　编
（广州）大亚公司广东支店出版，（日本和歌山）大正写真工艺所印制，昭和十六年（1941 年）3 月

藏处：滋贺县立大学图书情报センター、东京大学东洋文化研究所图书室、明治大学图书馆、汕头大学

《汕头市占领》《汕头攻略の意义》《汕头攻略战》《海军陆战队姆屿に敌前上陆》《汕头爆击行》《汕头入城》《平和に还つた汕头市内》

载《支那事变画报》第 62 辑（圣战第三年に入る・汕头攻略战特辑）

日本大阪每日新闻社，昭和十七年（1942 年）7 月 5 日

藏处：汕头大学

《潮州攻略战》《澄海占领　南支派遣军の战果》《汕头杂观》

载《支那事变画报》第 63 辑

日本大阪每日新闻社，昭和十七年（1942 年）7 月 20 日

藏处：汕头大学

《潮阳攻略》

载《支那事变画报》第 94 辑

日本大阪每日新闻社，昭和十九年（1944 年）4 月 20 日

藏处：笔者

经　　济

《汕头金融事情》

台湾银行总务部调查课出版，大正元年（1912 年）

藏处：日本东洋文库

《南支那の开港场》第二编（《南支那及南洋调查》第 198 辑）

台湾总督官房调查课编，286 页，昭和六年（1931 年）3 月

备注：第二章介绍汕头港

藏处：汕头大学

《汕头商埠に就て》

由利义光　著

载《大亚细亚主义》，昭和十三年（1938 年）8 月

注：据《南支那文献目录》，出版者应该是"东京大亚细亚协会"

《南支に于ける潮汕地方の地位》

长野政来　著

载《台湾时报》第 236 号，台湾总督府《台湾时报》发行所，昭和十四年（1939 年）7 月

注：据《南支那文献综览》及《南支那文献目录》

《潮梅地方の一般经济事情》

台湾银行调查课编

载《台湾时报》第 236 号，台湾总督府《台湾时报》发行所，昭和十四年（1939 年）7 月

注：据《南支那文献综览》及《南支那文献目录》

《汕头に于ける银莊に就て》

北村良吉　著

台湾银行汕头支店，22 页，昭和十四年（1939 年）9 月

藏处：一桥大学经济研究所资料室、东京大学东洋文化研究所图书室、汕头大学

《南汕头に于ける银莊に就て》

载《台湾金融经济月报》昭和十五年（1940 年）1 月号

注：据《南支那文献目录》

《汕头の产业·经济》

前田仁平　著

载《台湾时报》昭和十五年（1940 年）2 月号，台湾总督府《台湾时报》发行所

注：据《南支那文献目录》

《汕头经济概况（十二月中）》

载《南支南洋时报》第 22 期，昭和十七年（1942 年）5 月

注：据《南支那文献目录》

《汕头经济概要》

载《南支南洋时报》第 24 期，昭和十七年（1942 年）7 月

注：据《南支那文献目录》

《汕头经济概况（五月中）》

载《南支南洋时报》第 25 期，昭和十七年（1942 年）8 月

注：据《南支那文献目录》

商业　贸易

《贸易上ヨリ见タル汕头ノ将来》

台湾银行总务部调查课出版，大正六年（1917 年）

备注：油印

藏处：日本东洋文库

《英领北ボルネオ并二马来半岛调查报告书・汕头贸易事情・南支南洋ノ通货》

（台北）台湾总督府出版，2 页 + 247 页，大正六年（1917 年）

备注：《南支那及南洋调查》第 11 辑（大正八年 1 月殖产局商工课调查）

藏处：一桥大学经济研究所资料室

《汕头贸易事情》（南支调一一の二）

台湾银行汕头支店编，大正六年（1917 年）10 月

注：据《南支那文献目录》

《汕头贸易年报（昭和八年度）》

载《海外经济事情》昭和十年第 8 号，昭和十年（1935 年）

注：据《南支那文献综览》；出版者应该是日本外务省通商局

《中南支那外国贸易统计年报：上海・南京・汉口・福州・厦门・汕头・九龙・广东》

（哈尔滨）南满洲铁道株式会社上海事务所调查课编印，昭和十一年至昭和十四年（1936～1939）

藏处：东京大学经济学部图书馆、北海道大学附属图书馆

《一九三七度广东及汕头の港势》

载《南支南洋》第 162 号，昭和十三年（1938 年）

注：据《南支那文献综览》及《南支那文献目录》

《汕头贸易の现势と贸易事业经营要项》

载《南支经济丛书》第一卷，第 383～398 页

（日本）福大公司企划课编辑出版，昭和十四年（1939 年）

注：据《南支那文献综览》

《汕头の商工业调查》

林阿仁　著

载《南支南洋》第 168 号，昭和十四年（1939 年）6 月

注：据《南支那文献目录》

《汕头贸易の特质と重要性》

吉开右志太　著

载《台湾时报》第 236 号，台湾总督府《台湾时报》发行所，昭和十四年（1939 年）7 ~ 8 月

注：据《南支那文献综览》及《南支那文献目录》；《南支那文献目录》将著者名称写成"吉开右志夫"

《南支の重要贸易港汕头の展望》

载《上海》第 991 期，昭和十五年（1940 年）

注：据《南支那文献综览》及《南支那文献目录》

工　业

《厦门及汕头の工业》

加藤晴治　著

载《台湾时报》第 168 号，台湾总督府《台湾时报》发行所，昭和八年（1933 年）

注：据《南支那文献综览》

《汕头诸事业界事情》

载《南支经济丛书》第二卷，第 280 ~ 295 页

（日本）福大公司企划课编辑出版，昭和十四年（1939 年）

注：据《南支那文献综览》

《汕头抽纱业の概况》

载《台湾金融经济月报》昭和十五年（1940 年）4 月号

注：据《南支那文献目录》

《汕头抽纱业の概况》

（台北）台湾银行调查课，22 页，昭和十五年（1940 年）5 月

藏处：东京大学经济学部图书馆、东京大学东洋文化研究所图书室、汕头大学

农　业

《广东省潮州一带の蔗糖产出状况》

载《海外经济事情》昭和十年（1935 年）第 2 号

注：据《南支那文献综览》，出版者应该是"日本外务省通商局"

《潮安地方柑橘产业状况》

载《海外经济事情》昭和十年（1935 年）第 21 号

注：据《南支那文献综览》及《南支那文献目录》，出版者应该是"日本外务省通商局"

《广东省澄海县北湾乡の农村概况》

载《南支南洋》第 155 期，昭和十三年（1938 年）

注：据《南支那文献目录》

《广东省潮州の农地分配》

载《南支南洋》昭和十三年（1938 年）5 月号

注：据《南支那文献目录》

《潮汕地方农村の土地制度》

菅井博爱　著

昭和十六年（1941 年）3 月

注：据《南支那文献目录》

《潮汕地方农村实况》

载《南支南洋时报》第 21 期，昭和十七年（1942 年）3 月

注：据《南支那文献目录》

水运　交通

《汕头二于ケル电灯，水道，交通事业调查》

台湾拓殖株式会社出版，33 页

出版年代不详

备注：油印，附《汕头一般事情》

藏处：日本东洋文库

《粤江及韩江》

载《支那研究丛书》第七卷，第 246~262 页

（日本）东亚实进社编，大正七年（1918 年）

注：据《南支那文献综览》

华　侨

《最近ノ厦门及汕头ヲ中心トスル华侨移动》

载《华侨ノ现势》第 15~21 页

日本外务省通商局第二课编，昭和十年（1935 年）

注：据《南支那文献综览》

《汕头の金融事情と华侨问题》

贵志政亮　著

载《台湾时报》第 236 号，台湾总督府《台湾时报》发行所，昭和十四年（1939 年）7 月

注：据《南支那文献综览》及《南支那文献目录》

《潮汕地方出身华侨に就て》

载《南支南洋时报》第 21 期，昭和十七年（1942 年）3 月

注：据《南支那文献目录》

《汕头地方出身华侨最近の动向》

高谷孝之　著

载东亚同文书院大学《东亚调查报告书（昭和十六年度）》

昭和十七年（1942 年）11 月

注：据《南支那文献目录》

语言　文学

《实用日汕语快捷方式》

安重龟三郎　著

汕头东瀛学校发行，大正九年（1920 年）12 月台北出版，5 页 +130 页 +8 页

备注：波多野太郎编《中国语学资料丛刊》第 4 篇全 4 卷"尺牍·方言研究篇"（东京不二出版株式会社 1986 年 10 月出版）收入该书

《日汕会话》

（台北）台湾总督府文教局学务课，8 页 +325 页，昭和十四年（1939 年）

藏处：东京大学东洋文化研究所图书室

《潮州：吉田忠一　从军句集》

吉田忠一　著

（大阪）北斗写真制版所发行，16 页 + 133 页，昭和十七年（1942 年）9 月

藏处：滋贺县立大学图书情报センター、大阪女子大学附属图书馆、鹤见大学图书馆、汕头大学

自 然 灾 害

《大正七年二月十三日汕头地方大地震报告》

（台北测候所长）近藤久次郎、（台北测候所技手）寺本贞吉　合著

载《震灾预防调查会报告》第八十九号，大正七年（1918 年）10 月

藏处：笔者

责任编辑：陈景熙

凤凰山畲族文献资料和
文物遗存调查报告

杨　姝[*]

摘　要： 广东潮州凤凰山，是畲族开基地和民族发祥地，也是广东省唯一的留居少数民族发祥地。现在潮州凤凰山畲族文化生存形势严峻，物质和非物质文化遗产有失传断代的危险，亟待抢救和保护。本文通过对潮州凤凰山畲族文化生存现状的调查研究，着重介绍凤凰山畲族文献资料和文物遗存情况。

关键词： 畲族　文化　潮州　调查报告

广东潮州凤凰山，是全国 70 多万畲族同胞世代相传的始祖开基地和民族发祥地，在全国畲族人民心中享有崇高的地位。凤凰山也是广东省境内唯一的留居少数民族发祥地。但是，现在潮州凤凰山畲族文化生存形势严峻，物质和非物质文化遗产有失传断代的危险，亟待抢救和保护。为此，潮州市社科联启动了广东省哲社"十一五"规划地方历史文化特色项目"广东潮州凤凰山畲族文化保护与传承研究"，对潮州凤凰山畲族文化生存现状进行全面的调查研究。本文以本次项目调查资料为基础，着重介绍凤凰山畲族文献资料和文物遗存情况。

凤凰山畲族文献资料和文物遗存极为匮乏。一是畲民历史上数度迁徙，珍贵的文物古迹、文史资料损毁严重。二是新中国建立后较长一段时间在"极左"思潮影响下，党的民族政策受到干扰、破坏，凤凰山畲族珍贵的文化遗产被当做封建迷信破除。三是个别收藏、保管畲族文物和资料的人不懂其价值，在生活困难时卖予他人，造成文物和资料外流。四是凤凰山畲族人口少，有民族文化保护意识并能有效行动的更少。我们调查所得的文献文物遗存情况如下所述。

一　祖图、祖谱、祖杖等文物

祖图是畲族祖先崇拜和图腾文化的标志性文物，描绘了畲族始祖盘瓠王及其后代的神

---

* 杨姝，1974 年生，韩山师范学院中文系助理研究员。

话故事，保存了畲族起源的共同记忆，也宣扬了爱国情操和不慕富贵、勇敢自立的精神。但是由于保管不善，相当部分已经损毁。如潮安碗窑村祖传的唯一一幅盘瓠画像，1949年前已毁于一场大火；石古坪村曾有一幅祖神图像，可能是广东省畲族里最古老的，几年前已下落不明。[①] 现在凤凰山畲村尚存祖图8幅，分别保存于潮州市潮安县山犁村、碗窑村、潮州：李工坑村、石古坪村、世田村，饶平蓝屋村，湘桥区雷厝山村，以及梅州市丰顺县凤坪村。每幅均以粗制宣纸为底，长约15米，宽约0.5米，形成从右至左的彩绘式连环画长卷。版本与闽、浙、皖等地相同，属最常见的类型。

其中，山犁村、雷厝山村和李工坑村的3幅是新中国建立前绘制的，广东省民族研究所已鉴定为古籍。山犁村和雷厝山村的祖图有50多个画面，内容与闽、浙所传基本一致，前面附有"文榜"《附王出身图记》或《护王出身为记》，以文字说明了畲族先祖盘瓠王的英雄业绩。山犁村的祖图最古老，为清代道光二十一年（1841年）所绘，距今已有168年。李工坑村的祖图为清代光绪二十年（1894年）绘制，距今115年。雷厝山村的祖图绘于民国二十九年（1940年）。凤坪村的原图是清道光年间所绘，现已遗失，现存的一幅是1990年重新绘制的。以前祖图在过年过节祭拜时要拿出来让本村畲民供奉。由于历时过久，加上保存的方法和手段有限，已经有些色泽脱落、边缘损毁。

畲族祖谱，是了解畲族族源和迁移情况，鉴定民族身份的重要依据，也是研究畲族族群、宗法制度、民风民俗、人口状况等的重要资料。特别是早期畲族户口，如我国人口普查前的情况，还有畲族华侨出国的历史，只能从这些族谱中收集。一般畲族族谱的体例和凡例很大程度上仿效汉族。现存的饶平县饶洋镇蓝屋村蓝姓畲族《蓝氏族谱》，为清代中后期所修。畲族祖杖，是畲族图腾和权威的象征物。杖首雕刻着龙头，故又称"龙头杖"。在族长决定族内大事徇私时，畲民可以用龙头杖打他，从而赋予了普通畲民一定的民主权利。

此外，畲歌手抄本等传统民间文艺作品，课余书、石刻、开基祖墓碑、牌匾等也都严重缺失。

二　经书、法器等

现存主要是招兵节经书和法器，包括"招兵节"的"请神"等环节中，法师请上界诸位神仙庇护畲村的经文和呼请历代法师的经文。畲族经书有些与道教经书相同，如《安灶经文》、《安龙镇灾八杨经》；也有畲族独有的，如《奉请招兵书》《消灾经文》等。由于畲族没有独立文字，受法师文化素质限制，加上畲族内部规定经文不宜对外公开，历代法师所诵经文大多靠口授和死记硬背来传承，所以现存经文要么尚未整理成文本，要么文本不全。现在丰顺县凤坪村存有经书和表文30多本，400多年前的铜制法器以及9桢三清神像、太上老君印玉玺、龙角、木鱼、铃刀等。这对研究畲族文化和南方少数民族渊源有相当的参考价值，属于珍贵的文化遗产。

---

① 张菽晖：《弘扬畲族传统文化之我见——以广东省为例》，畲族文化学术研讨会论文，2007年12月。

三　祖基遗址

对传说中的凤凰山畲族祖基，闽东、浙南畲族族谱里有明确记载：多位族人记录了凤凰山大宗祠的文字与图案。今闽东、浙南等地所存清乾隆四十七年《广东盘瓠氏铭志》和清道光年间《广东盘瓠王祠志》记载："我盘蓝雷钟四大姓大宗祠肇基于广东凤凰山，与南京一脉相连，建祠之地，即吾祖居址也"，还详述了祠堂供奉的盘瓠王、龙杖、公主及盘蓝雷钟四姓始祖，写明了祖祠的规模和座向，计直 24 丈，横 18 丈，坐东北向西南。全国各地畲民《高皇歌》和历代修编的宗谱，都记载畲族祖坟在广东凤凰山上，并绘有祖墓图样。可能由于历时久远，战争破坏，新中国成立后又开荒造林，畲民宗谱传说与记载中的凤凰山畲族大宗祠遗址，从学术上已经很难考证具体地址和样貌。① 如果重建，也只能如新修的黄帝陵、炎帝陵一样，不可能复原如初，而更多的是作为文化上的象征和纪念了。

四　生产工具

生产工具是确定和划分人类族群社会生活发展阶段的重要指标。畲族属于南中国典型的以刀耕火种的森林农业方式生存的少数民族，"畲"即"刀耕火种"之意。② 此外畲民还惯以打猎补充生计，还有原始时期均分食物习俗的遗迹。③ 形成农耕为主、狩猎为辅的二元生产结构和以此为根基的畲族传统农耕文化，并且有一个由原始时期的游耕发展到定耕和轮耕的过程，生产工具也从原始石刀、石凿、石斧和木棒改进到铁制的刀、锄和犁等，到后期与汉族相差无几。狩猎工具也从弓箭改为近世之猎枪，但"烧山肥田"的方式一直延续。1949 年之后特别是生产承包责任制实施以来，耕地和山林分配到户，新的生产关系也以契约责任制方式建立起来，畲族实现了"由锄掘农业向犁耕农业、由游耕农业向定居农业过渡的历史变迁"，刀耕火种和游猎才逐渐成为历史。④

遗憾的是，根据我们的调查，反映潮州凤凰山畲族历史上这种二元生产方式的生产工

---

① 雷必贵：《凤凰山"畲人墓"初探》，浙江丽水学院畲族文化研究所、浙江省畲族文化研究会编《畲族文化研究论丛——2005 全国畲族文化研讨会论文集》，中央民族大学出版社，2007，第 274～281 页。1986 年在凤凰山大髻附近找到过一座墓葬，但普遍认为是距今数百至近千年时期某位凤凰山畲族先民的墓地，而不是畲族始祖盘瓠王之墓。关于凤凰山盘王墓考证，还可参见姜永兴《初揭凤凰山祖坟之谜》（1989）等文。笔者注：雷楠同志自 1986 年以来，曾分别偕马建钊、姜永兴等 4 次考察凤凰山畲族祖墓，在石墩山发现一墓地，但无法确认。
② "刀耕火种"又叫"耕火田"，是以刀斧砍伐山林草木、放火烧山、以灰肥田的农业生产方式，在中国历史悠久，分布广泛。
③ 许国良：《畲族历史文化特点与当代民族经济发展思路》，畲族文化学术研讨会论文，2007 年 12 月畲族狩猎往往采取集体行动，除了射中的猎手优先获得猎物一只腿或一个头外，其他人，不分男女老幼，平均分配。
④ 许国良：《畲族历史文化特点与当代民族经济发展思路》。

具已所剩无几。而畲族原始时期的石刀、石凿、石斧等，更只能靠考古发掘，近乎于无。① 这是由于历史上"刀耕火种"曾长期被认为是一种极其落后的原始农业生产方式，坚守这种方式的耕作者（包括汉、畲、瑶族等族群和云南的一些少数民族）受到歧视，这种耕作方式也长期被忽略。但是作为农业发展阶段性的产物，在古代南方人口压力不大的条件下，刀耕火种对农业文明和南中国人口发展都起过积极的推动作用。② 又由于其与现代自然环境保护理念冲突，即使今日，对这种历时数千年、曾在中国广泛分布的森林农业耕作方式的研究仍很不够。目前获得突破的成果集中在对云南少数民族的研究中，如尹绍亭《云南物质文化——农耕卷》（1996）、《人与森林——生态人类学视野中的刀耕火种》（2000）等。③ 东南地区畲族等刀耕火种的基础性文献资料和生产工具等文物遗存调查和收集非常不足，研究更为滞后。这种研究现状，与畲族作为中国东南地区人口最多的少数民族，与畲族以刀耕火种传承千余年的历史是不相符的。作为畲族民族发祥地的潮州，在潮州凤凰山畲族文化生存面临困境的背景下，加强以凤凰山地区为中心的畲族聚居区关于刀耕火种和游猎的文献资料和生产工具等文物的收集、整理和研究工作，就更为重要了。

除农业耕作工具，目前尚存畲族特色的还有舂米的木杵和石臼等。但随着当代农业机电化，舂米改为电动，木杵、石臼已少见。

以上所述，仅为潮州凤凰山畲族文化的文献资料和文物遗存危急情形之一斑。所以我们恳请潮州地区的畲族群众，有关专家和学者，关心潮州凤凰山畲族文化和潮州文化建设的有心之士，提供当地畲族各种文献资料和文物遗存情况，特别是刀耕火种方面的文献资料和生产工具遗存线索。我们进行的调查研究，受多种局限，尚处于以点带面的阶段，而未能进行潮州地区畲族村落和散居畲民的普查工作。故此难免遗漏、不足甚至错误之处，还望不吝指正，以便群策群力，让潮州凤凰山畲族文化保护、传承和研究工作更深入地开展下去。

责任编辑：陈景熙

---

① 黄挺、陈占山：《潮汕史》（上），广东人民出版社，2007，第63页。春秋战国时期潮州地区由南越国人带来"火耕水耨制"（即刀耕火种），取代了原始的点耕制；原始的刀耕火种农具，潮州地区考古发掘有石制犁、锄、铲、大型锛等和青铜农器。参见汕头地区文物管理站、揭阳博物馆《揭阳东周墓发掘简报》［R］，原载《汕头文物》第九期，转引自陈历明主编《潮汕考古文集》，潮汕文库，汕头大学出版社，1993，第173~179页。笔者注：因畲族族源尚无定论，这些南越人的农具自不能确定与潮州地区畲族祖先相同，故仅供参考。

② 蓝勇：《"刀耕火种"重评——兼论经济史研究内容和方法》，《学术研究》2000年第1期，第99~104页。中国刀耕火种产生很早，但并非所有地区的原始农业耕作方式，华北地区原始农业并不是经典的砍烧制刀耕火种，中国南方山地最早也并非所有地区都是经典的刀耕火种。在历史上一定地区一定时期内的刀耕火种既有十分高的产出，也不会更多影响生态环境。

③ 尹绍亭：《云南物质文化——农耕卷》，云南教育出版社，1996；尹绍亭：《一个充满争议的文化生态体系——云南刀耕火种研究》，云南人民出版社，1991；尹绍亭：《人与森林——生态人类学视野中的刀耕火种》，云南教育出版社，2000。

潮籍贤哲

薛中离易学思想浅析

——以《图书质疑》为中心

陈　椰[*]

摘　要： 本文以明代岭南心学宗师薛中离的《图书质疑》为主要研究对象，对薛中离的《（河）图》、《（洛）书》易学思想进行初步探讨，指出薛氏沿着"《图》、《书》明——太极明——一体之学明"的理路，在驳斥朱子的"析补说"基础上，重释《河图》《洛书》易理，发挥诠释其"心外无物""主一立极"之心性思想，其易学思想有着浑一性、践履性的特征。

关键词： 薛中离　《河图》　《洛书》　析补　主一

薛侃（1486～1545），字尚谦，号中离子，世称中离先生，广东揭阳人，是明代大儒王阳明的及门高弟，一生不遗余力践履所学，弘扬师说，首钞《朱子晚年定论》，刊刻《传习录》，建书院，会同志，聚徒讲学，著述颇多，是岭南思想史上重要的学者。在其引领之下，明嘉靖时期广东的潮州、惠州、东莞等地集聚起一批阳明学士人，心学思潮风行南粤，可谓是粤中王门儒宗。中离重要的学术思想著作今可见《云门录》[①]《研几录》[②]《图书质疑》[③] 等。其中，《图书质疑》一书多阐其易学尤其是《图》《书》学见解，前人少有专文介绍、阐述此书义旨[④]，本文拟以此书为中心，初步分析评述中离之易学思想，期得窥我潮先贤思想之一斑，也望补前人之不逮，以就正方家。

---

* 　陈椰，1984 年生，广州中山大学中国哲学专业博士研究生。

① 　《王门宗旨》第十四卷，日本名古屋蓬左文库藏明刻本。

② 　《四库全书存目丛书·子部》第九册，齐鲁书社，1997 年影印本。

③ 　《四库全书存目丛书·经部》第三册，齐鲁书社，1997 年影印本。

④ 　参见杨子怡《物我一体，即心即理——岭南心学传人薛侃哲学思想论纲》，《韩山师范学院学报》1997 年第 3 期。该文对此略有涉及，但未展开讨论。刘放硕士论文《薛侃思想研究》基本沿袭杨文说法。

一　薛中离《图》《书》易说要旨

《图书质疑》成书于明嘉靖三十三年（1554 年），乃薛中离逝世前一年寓居于惠州时所作，代表其晚年思想定论。此书"前列卦位、《河图》、太极、《洛书》等十三图，图各有说，后为《〈图〉、〈书〉总解》及与《诸生答问》"①。中离自作序言：

> 有气斯有象，有象斯有数，皆理也。数以尽象，象以尽理，理以尽物者，《图》、《书》也。予少阅弗领，考观众说，只见芜蔓，竟莫释然。顷忽开悟，似甚昭晰，人皆可知可由而非玄且远也。盖道本一，不可二也；本完成，不可析也；本具足，不可补也。二则杂，析则离，补则赘。后儒动裂而二之，析而补之，道丧其真，学失其枢纽矣。故《图》、《书》者，心性之源，文字之祖，政治之基本，一差则百差，不可以弗明者也。乃即数为图，即图成卦，皆造化自然，无俟析补训释，而天地易简之理、圣人精一之义彰矣。②

中离认为《河图》《洛书》（见图 1、图 2，皆出自《图书质疑》）既反映宇宙自然造化之理，也昭示人文社会秩序的根本依据，但后儒析补训释，导致其本义乖违不明，让原本圆满整全的大道支离失真，不单贻误后学，而且使得天理黯晦、圣学不彰，过莫大焉。中离所指斥的"析补"之说，源于朱子的《易学启蒙》。

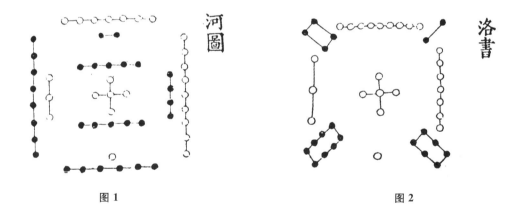

图 1　　　　　　　　　　　　图 2

《易学启蒙》是朱子与其门徒蔡元定（实介于友徒之间）合订而成，一般认为该书反映了朱子思想，朱子本人也将之视为己作。朱子作为"综罗百代"的集大成者，面对前代的精神遗产，不管其谱系各有来源，都力图在自己手中作一整合统摄，以求"一以贯

---

①　《四库全书总目·〈图〉、〈书〉质疑》提要，收入《四库全书存目丛书·经部》第三册，齐鲁书社，1997 年影印本第 755 页。

②　《〈图〉、〈书〉质疑·序》，收入《四库全书存目丛书·经部》第三册，第 702～703 页。

之"，《易学启蒙》就是这样一部力贯通整合《河图》《洛书》、八卦、阴阳、五行、易理等易学系统的综合著作。他首先重视的是《河图》《洛书》，相信这两幅图像中黑白点的方位、点数的排列寄予了神圣的微言大义，领会了其奥义，就可以把握造化的精微处，所以《易学启蒙》一书首篇即是《本〈图〉、〈书〉》，为众说纷纭的《河图》《洛书》定下一标准版本（与上图相同），并附解说。他认为河洛之数可衍发出"太极生两仪、两仪生四象、四象生八卦"的宇宙万物生化过程，《洛书》四方四隅，容易"自然地"配上八卦，但《河图》只有四方，如何配上八卦？八卦卦位又分先天后天（见图3、图4），究竟如何取舍？这是个大难题。故朱子提出"析补"说："《河图》之虚五与十者，太极也。奇数二十，偶数二十，两仪也。以一二三四为六七八九者，四象也。析四方之合，以为乾坤坎离；补四方之隅，以为兑震巽艮者，八卦也。"[1]《河图》中间的五与十乃虚数，乃太极，奇数、偶数之总数相等，乃两仪。"以一二三四为六七八九者"，乃《河图》之生数一、二、三、四，各加上中数五，则成六、七、八、九，此乃四象即老阳、老阴、少阳、少阴之数。分开北方一六之数则为坤卦；分南方二七之数则为乾卦；分东方三八之数则为离卦，分西方四九之数则为坎卦。其分出之后剩下的余数则补在四隅角落里成为艮、兑、震、巽四卦。我们将先天卦位配上《河图》之象（见图5），观之一目了然：

图3

图4

如此一来，又出现了问题：其一，就数的搭配而言，艮卦从北方一六之数分出，兑卦从南方二七分出，震卦由东方三八之数分出，巽卦由西方四九分出，但分出的究竟是生数一二三四还是成数六七八九？《易学启蒙》没有说明。其二，就五行配搭而言，二七为火居南方，为何配乾卦而不是代表火的离卦？一六为水居北方，为何配坤卦而不是代表水的坎卦？卦象与五行搭配明显有矛盾，难以自圆其说。

图5

---

① 《易学启蒙·原〈图〉、〈书〉第一》，收入《朱子全书》第一册。

薛中离就是针对以上问题而质疑道：

> 《河图》说者谓"虚五与十者，太极也。奇数二十，偶数二十者，两仪也。析四方之合，补四隅之空者，八卦也。"信然则太极之外别有两仪，两仪之外别有八卦，俟人析补，八卦乃成。则《河图》非天地定理，圣人则之，非自然妙用矣。且六为坤，三为震，四为巽，似也，七何以为乾？九何以为坎？八何以为离？析一何以为艮？析二何以为兑？虽《连山》、《归藏》用数不同，圣已无取，岂《河图》成卦之义哉！①

在他看来，《河图》中所显示的太极成生八卦乃天地定理、自然妙用，而且浑融一体，但朱子"析补"之说一来是人为地牵强附会，二来让人误认为一图之中太极、两仪、八卦同一时空俱存，让人以为太极之外别有两仪、八卦。此外，数字与八卦的搭配如七为何代表乾，八为何代表离，九为何代表坎，都缺乏论证。他接着提出另一套宇宙生成模式：

> 斯图也，斯理也，一之为太极，二之为两仪，四之为四象，八之为八卦。曰：何谓也？曰：象数，奇偶已矣；奇偶，阴阳已矣。一阴一阳之谓道，非太极乎？一、三、五、七、九，阳也；二、四、六、八、十，阴也，非两仪乎？一九曰太阳，三七曰少阳，二八曰少阴，四六曰太阴，五与十成终成始，非四象乎？阳数皆天，阴数皆地，乾坤定矣。乾，纯阳也。阳长为震，阳交为离，阳说为兑。坤，纯阴也。阴生为巽，阴交为坎，阴止为艮，非八卦乎？《易》曰"乾坤定位，山泽通气，雷风相薄，水火不相射"，是谓先天之卦也。乾坤既定，阳根阴，阴根阳，运而不息，故天一生水，地六成之而居北。阳在内，阴在外，以阴含阳，非坎乎？地二生火，天七成之而居南。阴在内，阳在外，阳含阴，非离乎？天三生木，地八成之而居东。东，阳方也。故震位乎东，巽位乎东南。地四生金，天九成之而居西。西，阴方也。故兑位乎西，乾位乎西北。然北水、东木、南火、西金，非土不能生生相继，故中五阳，土艮也，位乎东北；十阴，土坤也，位乎西南。是谓五气顺布，四时行为，乾坤之与六子，如王畿、侯甸皆为国也。九为阳极，十为阴极，而乾坤居之，皆自然之理也。②

依此，太极即是一阴一阳之道，奇数一、三、五、七、九代表阳仪，偶数二、四、六、八、十代表阴仪，两仪立焉。一九、三七、二八、四六即成四象。八卦中乾坤最首要，由此两个父母卦衍化出其他六子卦。《河图》并非如朱子所言配以先天卦位，而是配

---

① 《四库全书存目丛书·经部》第三册，第 707 页。
② 《四库全书存目丛书·经部》第三册，第 707~708 页。

以后天卦位（见图6）：北方一六生水，配坎卦；南方二七生火，配离卦；东方三八生木，"三，阳木，八，阴木也"，分别配震卦和巽卦，震居正位，巽居东南；西方四九生金，"四，阴金，九，阳金"，分别配兑卦和乾卦，兑居正位，乾居西北；中宫的五和十属土，"故中五，阳土，艮也，位乎东北；十，阳土，坤也，位乎西南。"① 这样一来，虽"推本《河图》，止为一图，即具四图之义"，太极、两仪、四象、八卦浑然一体，皆从图中可见，而非朱子式的俱存于同一时空，乃就"一阴一阳之道"看是太极，就奇偶数看是两仪，横说竖说指的都是"一"，万变不离其宗："故太

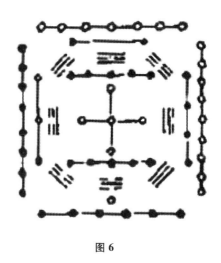

图 6

极者，一也，二其一为两仪，四其一为四象，八其一为八卦，九其一为九畴，万其一为万殊，非别为一理也。"② 太极生发出万物，并非如母生子一样，生发后即脱离别为一物，而是成为万物之本体蕴涵于万物之中继续运行，这个过程就像是树木由根而抽枝生长的过程，"犹言'道生天地，为天地根'。盖生意之运由根而起，根非树之外也。自起而言，发微不可见；自运而言，充周不可穷。知此则谓太极在二气之先，谓无形而有理，谓寓阴阳而不杂乎阴阳，皆捕风捉影之论，何处寻求？何处下手？"③ 所以朱子"理（太极）先形（气）后"之说，使得理与气、太极与阴阳、形上形下打成两橛，在学理上与"理外无气，气外无理"不符，而且悬置了本体，让后学不知从哪里入手寻求、体证本体。

由上述可见，薛中离于《图》《书》中最重太极，因太极是绝对超越之一，是道，也是心之本体，贯穿了天道性命："以一而员画之，则为○之象，内涵二为阴阳，一阴一阳谓道，故曰：道为太极。涵三为三才，会天地而归人，故曰：心为太极。心岂有内外乎？有外之心不足以合天心，一贯之旨也。"④

本心（良知）既然是太极，那么表征万物的六十四卦皆由本心流出，依次显示心体运转的过程。薛中离说：

> 六十四卦只是一乾卦。乾，天也，健也。此心纯乎天理便是乾。心纯乎理则自顺，便是坤。此心将发为屯，此心初发为蒙，心遇事知待为需。余可类推。⑤

又说：

---

① 《复雍见川书》，收入曾彭年编《薛中离先生全书》卷13，公昌印务局，民国四年。
② 《复雍见川书》，收入曾彭年编《薛中离先生全书》卷13。
③ 《四库全书存目丛书·经部》第三册，第710~711页。
④ 《四库全书存目丛书·经部》第三册，第711页。
⑤ 见《云门录》。

人心至理，浑然有动有静。动静有微有著，循环而不息也。于是有健之德焉，有顺之德焉，有振而发焉，有逊而入焉，有处险焉，有丽明焉，有止说焉，以时发也。然则至理非极乎？动静非仪乎？微著非象乎？健、顺、止、说、振发、逊入、处险、丽明之德非卦乎？是故《图》、《书》者，吾人之形象也，见其笑知其心之喜，见其矍知其心之忧，故曰"象也者，象也"。得象忘言，得意忘象，殆深于易矣。①

心包涵大易——天地变化至理，所以有健、顺、止、说、振发、逊入、处险、丽明等诸德性，这些德性即是卦德。对这诸多卦德，薛中离又细加解释："纯乎天理之谓乾；顺乎天理之谓坤；心乎有开，天理萌动，震也；随感而应，内静而明，离也；动久思息，静而悦，兑也；以柔下刚，孙顺而入，巽也；中立有主，临危不危，坎也；以刚济柔，止而能复，艮也。"②象征自然造化的八卦所表现的不外乎是心体的各种展开运行状态，他认为这才是八卦之真正含义。《河图》《洛书》的实质就是要表彰心体的这些情状德性，证到这些德性，也就领会到宇宙的生化之妙，《图》《书》等诸易象都不足挂怀，所谓"得意忘象"，"穷神无易"，这才算是把握到易的真谛。

将外在的宇宙造化收摄于心体流行，揭示出自然万物实皆是自心自性中一体呈现之物，即心即物，心物不二，故心性之道德修养尤为重要。薛中离易说的用意即在此。他认为："《图》、《书》明则太极之流行，动亦运，静亦运，体本常明，未明则讲求以明，非待明于外也。体能常存，善从此出，非为其善于外也。"③形上的本体——太极运行不息，这种运行超越了动静二相对待，"动此运，静此运也"，落入时空相的动静是表示太极往伸反屈的状态，太极本身是"动而无动，静而无静"。同时，太极也并非一可外求的对象，而是人人本身具有的心体，本是常存常明的，但感于外物而被蒙蔽扰乱，落入非动即静的二元对待状态，动则逐物外驰，以为善是从外求得；静又流入枯滞，不会应物致用，丧失了心体流行活泼的本性。因此，"主一""研几"的修养功夫就显得必要。

何谓"主一"？"一者，太极也，本体也。主一者，精神念虑会而为一，视听言动会而为一，身世性命会而为一。念此虑此，非此无念无虑也；视此听此，非此勿视勿听也。言从此出，动从此行，非此勿言勿动也。必如此则生，不如此则死，可以言主一矣。"这就要求全副精神意识收敛集中于一处，保持良知时时处处在场的状态，"作得主宰、常明常觉"，如此一来言行自会依照、听从良知本体的判断指挥，在日常生活中自然而然、无所执滞地进行道德实践，至此，道德主体得以时时处处挺立，故又谓之"立极"。

与"主一"功夫相关的是"研几"。"研几"之观念源于《易经·系辞》："夫易，圣人之所以极深而研几也。唯深也，故能通天下之志；唯几也，故能成天下之务；唯神也，故不疾而速，不行而至。"孔颖达疏曰："几，微也，是已动之微。动谓心动，事动。"④

---

① 《四库全书存目丛书·经部》第三册，第712页。
② 《四库全书存目丛书·经部》第三册，第712页。
③ 《四库全书存目丛书·经部》第三册，第714页。
④ 孔颖达：《周易正义》，九州出版社，2004，第639页。

朱子在周敦颐《通书·诚几德第三》注曰："几者动之微，善恶之所由分也。"① 薛中离自谓二十余年工夫不得力乃因"吾慢于几"，故"惟良知是则，惟万感之微是慎焉"②。还名论学著作为《研几录》，以"研几"为"率性之括修，道之枢要"。何谓"研几"？"视于无形，听于无声，志常存，念常一，精神意思常凝定而虚明，而后一有萌焉必觉也，一有觉焉必克其善、去其不善，是谓之研几。"③ 心体并非一枯寂不动的死物，会感物而动，意念萌发之端倪即是"几"。研几就是要觉察、决断这当下萌发之端倪，"自决其几，知非必去，知是必行"。

《研几录》成书于薛中离逝世前十年，该书多讲"研几"，罕及"主一"，此时教法偏重"几上用功"为主，注重在发用时善恶已分的端倪上克治，持善去恶。但晚年多举"主一"之义，罕言"研几"，故有学生问："先生在几上用功，尝以为训，今鲜及，何也？"先生答曰："道舍几非其本学，舍几非其要，吾所言皆几也，但未察耳。"④ 薛子晚年教法已有所调整，但并未完全抛弃"几上用功"。其实他是用"主一"来统合"研几"。两者有何关系呢？我们看他另一则语录："立本研几，一乎？二乎？曰：本非几，无明之火沦于空矣；几非本，脱根之木离于体矣。故曰'惟几也，故能成天下之务'。"⑤ 可见"研几"和"主一"犹如首尾两端：前者偏于发用，是在意念已经感动、落入善恶对立的经验层面上不断省察克治，改过迁善。后者偏于立体，是在无善无恶的超越层面的先天根源，即所谓"本"处立根，依良知本体，不滞不着于各种情境，随时随地应物觉照。相对而言，"主一"是"学问头脑"、"先天工夫"，造境更加究竟彻底。但对于功夫未纯熟的学者而言，二者不可偏废，须同时进行，则体用兼备，德业可成。

至此，吾人或问：薛中离易学思想的最终指归究竟是什么？他说："《图》、《书》明则太极明，太极明则一体之学明。"⑥ 一体之学指的是"万物一体"论。自宋儒程明道首揭"仁者浑然与天地万物为一体"之义，历代大儒推崇备至，尤其心学一脉，王阳明与湛若水皆尊之为共法，阳明敷发弘扬尤力，⑦ 薛中离恪守师说，屡屡标榜万物一体，称之为"群圣大旨""先师遗训"。他认为《图》《书》之学不明，世人不晓得两图所揭橥之大义，不懂得心外无物，不明白万物实皆由太极（心体）创生，在根源上心物不二，本是一体、息息相关，可谓"同呼吸、共命运"，所以产生种种间隔计较，乃至麻木不仁、人欲横流而沦为禽兽。通过阐明《图》《书》易理，施之主一、研几的道德践履工夫，即可回复太极本体，体悟到天道性命本相贯通，人挺立于天地间，必须完善自身道德品格，圆满自家生命，更有责任去亲亲仁民，创造、成就万物，与天地万物共同达遂一体之乐的

---

① 周敦颐：《周敦颐集》，中华书局，1990，第 16 页。

② 《研几录·序》。

③ 《研几录·序》。

④ 《四库全书存目丛书·经部》第三册，第 743 页。

⑤ 《四库全书存目丛书·经部》第三册，第 753 页。

⑥ 《四库全书存目丛书·经部》第三册，第 736 页。

⑦ 陈立胜：《王阳明万物一体论——从"身－体"的立场看》，华东师范大学出版社，2008。

美善境界。到此境界，天理朗现，万物莫不是太极（心体）之流行，皆回归到其自身本性，所谓"物各付物"，以物自身的姿态存在，如中离所谓"相亲相体，善意流畅，世间许多乖隔较度之私自然消化，容住不得"①。

此外，关于《易》的性质，薛中离认为："易非专为卜筮。子曰易有圣人之道四"②，所谓"圣人之道四"指的是"以言者尚其辞，以动者尚其变，以制器者尚其象，以卜筮者尚其占"（《系辞上》）。尽管薛子解《易》从超越的心性义理处着眼，但他本人是研究试验过占法的，有学生问及占法，他答："二爻动，下爻占事之始，上爻占事之终。二爻静，上爻占其始，下爻占其终。三爻动，贞占其始，悔占其终，有验而云也。吉凶悔吝虽同，随卦异占。遇否而吉，拂中稍顺，非泰吉也；遇旅而凶，暂中有悔，非否凶也。占事得乾，循理则协，非理弗协。占往得艮，止则宁，往则咎。如得小过，阴胜阳之时也，必有浮言，飞鸟遗音，浮言之象也。是谓观其象辞则思过半矣。以爻言之，如得蒙，六爻俱以蒙观，纳妇，纳蒙之人也；克家，克蒙之任也。六三忘己随物，蒙之甚也。得离之九四，去下而上，无根之火，虚火也，突来突化，非凶也，故曰弃如。推是则卦爻皆人事之象也。"③ 可见他用的占法是传统的以卦爻的动静及爻辞来断吉凶，观象玩辞，灵活通变地处理吉凶悔吝等爻辞，应本于《易学启蒙》中的"变占法"④ 而又有所不同。

综上，薛中离沿着"《图》、《书》明——太极明——一体之学明"的理路，由驳斥朱子"析补说"之"支离"开始，重释《图》《书》易理，用意所在乃是以《图》《书》为依据，发挥诠释其"心外无物""主一立极"之心性思想。"主一"即本体，即功夫。从本体上讲，本体之以"一"为主，不容分裂为二，说心说性，言理言气，语太极语良知，指涉的都是同一本体；从功夫上讲，"主一"是"尧舜以来传心法要"，让此心常存常明，把持一念之几，在日用间随时感应、随地磨砺，最终达到万物一体的境界。

二 湛若水对《图书质疑》的批评

《图书质疑》于1554年夏刊成后不久，即遭到大学者湛若水（号甘泉，时年已79岁）的批评。湛氏作为江门学派掌门，是王阳明生前论学挚友，也是心学同盟前辈，与薛中离关系甚密切，但对其易说批评甚严厉。他在当年的八月所作《与薛中离论古太极图》信中说：

> 承示《图书质疑》，良工之心亦独苦矣。……大抵足下此书只以古太极图为主而损益之也。今据古太极图二，其一图黑白各在上下之稍东稍西起者，以为未见根阴根

① 《四库全书存目丛书·经部》第三册，第736页。
② 《云门录》。
③ 《四库全书存目丛书·经部》第三册，第730页。
④ 变占法参见《易学启蒙·考变占第四》。

阳之义；其一图黑白各在上下之中起者，以为见根阴根阳之义，而未见互藏其宅。是根一也，宅又一也，思之则诚若有所疑者。盖太极者，乃至极之理，此理初何形象？濂溪不得已而画之，一圈亦已多矣。《图说》曰："无极而太极。"太极者，至理也；无极者，以言其无穷尽也，言道体无穷尽也。道体本无穷尽也，故曰"太极本无极也"，何等易见！而朱子以为太极之上不可无无极，陆子则以为不宜于太极之上加无极，皆未之察耳，而争辩互动数百言，可乎？太极者，至理浑然未分之时也。今所传古太极图，则于未分之时而强加之以黑白，惑矣。夫太极未形，一理浑然，黑白何分？阴阳何判？其此图有分有判者，此乃二仪图也，非太极图也，盖后儒好事者为之，伪称古图也。盖有不知而作者，此之谓也。执事何据而论之？若是古图，则濂溪、程、张、朱、陆诸大儒何不一言及之耶？其余则似过于分析配合，又突过于紫阳之上矣。吾独爱濂溪明道之浑沦，其后惟吾白沙先生复得此意。其或继周者，则白沙可也。且执事以为发明周子原一之义，夫主静者，主一也，其见是矣，然而周子太极图只一圈，而足下古太极图分黑白，阴阳分配，是为发明周子乎？心即性也，性即理也，性者心之生理也，心性一也，而分心图性图为二，可乎？心图性图之下又为一大图，左二而右一，何指乎？若谓阴左而阳右，阴阳反易其位矣。岂以心为阴，以性为阳耶？皆不可晓也。足下所急，在求孟子勿忘勿助之规矩，而方圆自得。以足下之才力涵养，至六七十为之，未晚也。感执事质疑之义，故有以答执事，固非好辩也，不得已也。①

此信主要针对《图书质疑》中所收录的两幅古太极图（见图 7、图 8）而发。依湛氏，太极图表示道体无穷无尽，乃阴阳浑然不分之状态，难以描画，周敦颐的太极图是不得已而用一圆圈来表示，其实"一圈亦已多矣"。今所谓古太极图黑白昭然，阴阳分判，是两仪图，不能叫太极图。若真是古太极图，为什么周敦颐、程颐、张载、朱子诸先贤没有一言道及？所以他觉得，首先，古太极图无论从学理上还是在文献考据上都没有依据，不足取信。其次，他认为薛中离《河图》配八卦之说"似过于分析配合"，也和朱子一样犯了分析强合的毛病，甚至更甚。最后，他质疑《心性图》，认为薛中离分心、性为二，况且阴阳颠倒易位，难以理解。总之，湛甘泉对《图书质疑》仅客套地称其"良工之心独苦"，对"主一"也表示"其见是矣"，但总体上甚是不满，委婉奉劝薛中离继续涵养学力，至六七十岁再为治易学，"未晚也"。

我们该如何看待湛甘泉的评价呢？从《图》《书》学史看，古太极图要到明代才出现流行起来，非薛氏发明，他只是收录此图，略加注解，谓一（图 7）未见"根阴根阳之义"，另一（图 8）未见"互藏其宅之义，与《河图》未合"。可见其对古太极图持有所保留的态度。

---

① 《湛甘泉先生文集》通行卷 29，收入（《四库全书存目丛书·集部》第 57 册，齐鲁书社，1997 年影印本，第 1～3 页。

图 7   图 8

湛氏"分析配合"的诘难虽无明指，但切中要害，薛中离以《河图》配八卦的解释确实有"遗留问题"：比如将中宫的五与十配艮与坤，分别居东北和西南，其依据则没有说明白。有学生注意到这问题，觉得也似是"析补"，故问："析补非宜，五、十亦有移，何也？"薛中离曰："土，冲气也。在两仪则为天地之中，在四象则为五行之中，故五居东北，十居西南，阴阳五行之中，非析补也。"① 虽不承认是"析补"，但理由含糊，难逃"分析配合"之弊，这明显是不足之处。

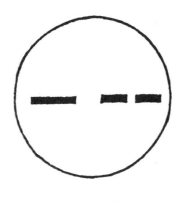

图 9　心性图

关于心、性二图的评论，就今天所能见到的《图书质疑》版本，只有一图，且右阴左阳，并未错位（见图 9），或许与湛氏当日所见的初刊版本有异，未可知也。"即心即性、心性不二"是阳明心学应有之义，薛中离不会不明此理，他在此图下面注解中首句即言："此心也、性也，神而化者也。"可知"心性为一"自是其"主一"思想所涵。

从现存资料中，我们未见薛中离对湛甘泉的回应。钱穆先生尝谓"万物一体"之证成可由两进路："由内心证成"和"由外物研穷"。二程子主内心直证，不喜向外推导，而张载属于后一进路，乃推索所至而非涵养所达，故与二程不相契。② 这个分判有助于理解甘泉与中离之不契。甘泉亦推崇"万物一体"，但在他看来，中离《图》《书》之学对外物太多考究分析，是强力推索之作。深究其柢，则更缘于甘泉向来不以《图》《书》学派为然，说："《图》、《书》者，圣人画卦之刍狗也。后儒

---

① 《四库全书存目丛书·经部》第三册，第 709 页。
② 钱穆：《濂溪百源横渠之理学》，收入《中国学术思想史论丛》卷 5，安徽教育出版社，2004，第 62～63 页。

未能体易理，汲汲理会《图》《书》，分析配合，是求之圣人画卦之刍狗也，岂不误哉！"① 他认为《图》《书》的实质只是一种诠释易理的工具，注重的是神会默证而非文字索解，图像不过是神圣意志的形式表示，本身并不重要，就像祭祀用的草扎的狗一样，用完即可抛弃，没有什么神圣的价值。周敦颐和程颐"只是学易，亦未曾理会《图》、《书》"。圣人求诸吾心而明道，"不必追征于《图》、《书》而后明"②。因此我们可以理解湛甘泉为何有上述严厉的批评了。

三 薛中离易说之评述

追溯薛中离的易学渊源，远可追至北宋邵雍，近则是王阳明。邵雍重《图》《书》象数，也言心性。邵子曰："天地之本，其起于中乎？人居天地之中，心居人之中，心为太极。"又谓："先天学，心法也，图皆从中起，万事生于心。"（《先天卦位图说》）彼谓人心乃宇宙之中心，也是万物所由出之起点，《图》《书》也不例外，皆由心起，此可视为后世心性易之先声。阳明则"以良知为易"，因良知也具有易道变动周流的特性，至精至微，至简至易，无放所而又无处不在，故应因时通变，"随处致其良知"。此外，阳明并不排斥《图》《书》象数之学，沿袭朱子"析补"说，谓"天地显自然之数，圣人法之以作经焉……彼伏羲则图以画卦，虚五与十者，太极也；积二十之奇，而合二十之偶，以一二三四而为六七八九，则仪象之体立矣；析四方之合以为乾、坤、坎、离，补四隅之空以为兑、震、巽、艮，则八卦之位定矣"③。历览阳明文集，其言《易》之处并不多见，倒是王龙溪、季明德、罗念庵、薛中离等弟子各著易说（龙溪有《大象义述》、季明德《易学四同》、罗念庵《易解》等），分别从各个维度继承发展了王门易学。

中离言易，继承综合邵子与阳明，在其思想观念中，良知即心、即太极、即一，较之阳明，于客观的宇宙生化更多倾注，既有对太极本体诸种情状之之阐说，也有回复本体功夫之证成，拓宽了"一体之学"的宇宙论论域。和阳明一样，他也重视《图》《书》，但不满朱子"析补"。从学术风格看，朱子特重格物穷理，欲从《易》中推演客观宇宙之起源，探求自然造化的生生之理。他博学于文，好考据注释，从史实、训诂等知识层面探求经典本义。薛中离则重诚意致（良）知，欲将外在的天道宇宙生化统摄为内在心体的道德创造，使主、客观浑沦一元，有别于朱子学的二元论思维。又，中离的思想有明显的轻知倾向，他所注重的是修身功夫的实践，故屡斥"后儒注释纷舛，漫自猜量"，提倡专求涵养德性之知，甚至认为消除了经验的见闻知识，

---

① 《与叔辉、仲通、自正诸同志论〈图〉、〈书〉》，收入《湛甘泉先生文集》通行本（《四库全书存目丛书·集部》第57册，齐鲁书社，1997年影印本），卷29，第3~4页。
② 《与叔辉、仲通、自正诸同志论〈图〉、〈书〉》，收入《湛甘泉先生文集》通行本（《四库全书存目丛书·集部》第57册，齐鲁书社，1997年影印本），卷29，第3~4页。
③ 《山东乡试录》，收入《王阳明全集》，上海古籍出版社，1995，第845页。

本心则明。① 由此，其谓"圣人则《河图》作易，如朱子亦费许多说话"②。自是理之固然。

就岭南易学学脉而言，据饶宗颐先生《广东易学考》③ 一文所罗列，吾粤明代正德、嘉靖朝的易学著作除了薛中离的《图书质疑》，还有与其同门西樵方献夫的《周易传义约说》、增城湛若水的《修复古易经经传训测》、钟芳《学易疑义》、何维柏《易学义》等，可惜大多疑佚（《修复古易经经传训测》疑佚，《学易疑义》、《易学义》饶先生标注"未见"），然可以肯定岭南心学派的易学是重要的一支，其间的衍变与关系，还有待进一步探讨。而在此流脉中，薛中离之易说占有一席之地。

严格意义上讲，薛中离并非易学家或解易经师，《图书质疑》也非纯粹的易学论著，大部分篇章讨论的仍是心性修养功夫问题，这体现了心学派援引《易》来论证心学思想，反过来也以心性诠释《易》的共同特性。从薛中离解易的思维特征来看，表现出明显的浑一性，即合主客观为一，理（太极）气为一、阴阳动静为一、心性为一。刘宗周曾谓阳明之学"无之不一"："即知即行，即心即物，即动即静，即体即用，即工夫即本体，即下即上，无之不一"④。中离深得师诣，进一步提缀为"主一"，作为教法施教。特征之二是践履性。平心而论，中离易说并无甚深玄理，还难免匠工凿痕（见上述湛若水的批评），然在理论上钩玄探赜、自创一说，固非其用心所在，他每每引称"易简之道"，谓"道理是虚，工夫是实"，须在日用中常依本体而践行戒慎恐惧之功，才有所立、有所受用。饶宗颐先生曾盛赞明人治经能做到知行合一，尤为注重身体践履功夫，"他们治经尽量避开名句文身的纠缠，而以大义为先，从义理上力求心得，争取切身受用之处，表面看似蹈虚，往往收到行动上预期不到的效果。"⑤ 他还举刘宗周、黄道周等明末节士殉道为例，指出"明人所殉的道，确实是从经学孕育出来的，是经学与理学熏陶下放射出来的人格光辉"⑥。这种精神气魄，在薛中离身上体现得淋漓尽致。明嘉靖十年（1531 年），他官居行人司司正，遭人构陷，上疏直言储事而犯帝讳，下狱廷鞫，拷打备至犹百折不回，还当庭瞋目怒斥奸佞，独自承担，拒不连坐无辜。⑦ 其言其行，可谓深得于经学与理学之涵养矣。

责任编辑：卢颐

① 《研几录》：客有问："知识不足，故其心未明。"先生曰："去其知识则明矣。"见《四库全书存目·子部》第九册，齐鲁书社，1997 年影印本，第 487 页。

② 《云门录》。

③ 饶宗颐：《饶宗颐二十世纪学术文集》卷 4，台湾新文丰出版公司，2003，第 478 页。

④ 《明儒学案·师说》，中华书局，2008，第 7 页。

⑤ 饶宗颐：《明代经学的发展路向及其渊源》，《饶宗颐二十世纪学术文集》卷 4，第 466 页。

⑥ 饶宗颐：《明代经学的发展路向及其渊源》，《饶宗颐二十世纪学术文集》卷 4，第 466 页。

⑦ 其生平事迹可参看饶宗颐《薛中离年谱》，《选堂集林》，台北明文书局，1982，第 1102 页。

唐伯元与东林诸子交游考略

杨映红[*]

摘　要：唐伯元一生相善于东林诸子，与岭南学人的学术交游反而不多。他选择在心学与实学之间自处。稽考唐伯元的交游个案，有助于进一步把握唐伯元的人生历程以及深化对晚明社会的思想认识与文学研究。

关键词：唐伯元　东林名士　岭南王门　交游

　　唐伯元（1541～1598），字仁卿，号曙台，广东澄海苏湾都仙门里（今属汕头市澄海区溪南镇）人。明万历二年（1574年）进士。历仕江西万年、泰和知县、南京户部主事、海州判官、保定推官、礼部主事、尚宝司丞、吏部员外郎、考功文选郎中等职。唐伯元受业永丰吕怀，为湛甘泉二传弟子，一生践履笃行，《明史·儒林本传》赞其"为岭海士大夫仪表"，被誉为一代"理学儒宗"[①]。

　　探究一个人物的思想行为，可以窥见一个时代的特征。从《醉经楼集》[②]及唐伯元同时代文人之间往还的书信看，唐伯元的学术交游遍布大江南北，有近百人之多。而一生"友善"的，主要有"李司马惟卿、孟吏部叔龙、顾吏部叔时、范观察原易"[③]几位。其中，以顾宪成为中心而拓展的东林诸子交游圈尤为突出，往来时间也较为长久。读唐伯元及东林诸子的相关诗文，可以发现，孙继皋、顾宪成、顾允成、高攀龙、钱一本、安希

---

　　[*]　杨映红，1973年生，汕头职业技术学院副教授。本文原载《汕头大学学报（人文社会科学版）》2011年第4期，第35～41页。

　　[①]　（清）张廷玉等编纂《明史》，中华书局，1974，第7257页。又：唐伯元死后，明万历四十五年（1617年）潮州府奉建"理学儒宗"坊（亦称"铨曹冰鑑"坊）。明天启五年（1625年），明熹宗特赐"理学名卿"匾，故有此说。

　　[②]　《醉经楼集》今有乾隆己巳年（1749年）刻本、光绪丙子年（1876年）潮州金山书院刻本及传抄本等存世。本文所引用唐伯元诗文，如无特别标注，皆引自乾隆版《醉经楼集》。

　　[③]　周光镐：《周光镐诗文选注》，郑焕隆选注，广东人民出版社，2000，第291页。

范，以至邹元标等东林名士，与唐伯元均有着不一般的交谊，而与此同时，他与岭南王门后学则显得颇为游离。笔者以为，稽考唐伯元与东林诸子的交游活动，对进一步把握唐伯元的人生历程以及对深化晚明社会的思想认识与文学研究，是大有裨益的。

一 唐伯元与东林名士的交游

1. 与"二顾"的交游

"二顾"，即顾宪成、顾允成兄弟①。顾氏兄弟曾同游于薛应旂②，薛应旂师从王守仁及门弟子欧阳德，从师承上来说，二顾属王门的三传弟子。不过，自薛应旂开始，思想已开始由王学逐步转向朱学，至二顾的理学倾向，已是宗程朱理学而诋陆王心学。清代胡慎便指出："明弘、正之世，则姚江之学大行，而伊洛之传几晦，东林亦废为丘墟。至万历之季，始有端文顾公、忠宪高子振兴东林，修复道南之祀，仿白鹿洞规为讲学会，力阐性善之旨，以辟无善无恶之说，海内翕然宗之，伊洛之统复昌明于世。"③（《东林书院志序》）顾氏有意重振朱学，但不抱门户之见，陆王心学之短长，朱熹的不足，都能持公允的批评态度，唐伯元对他们兄弟俩都颇为敬重。

唐伯元与顾宪成的相识相交，大概缘于顾宪成的恩师孙继皋④的牵引。而唐伯元与孙继皋则是进士同年，兼有同袍之谊。孙继皋有《与唐选郎曙台》一文：

> 曩弟伏在林莽，尘中事一切不敢问，而独丈用素望晋尚玺，弟未尝不额手颂曰：正人用矣。为沾沾喜。无何而丈奉家讳，跣而奔南海，而弟未尝不黯然以悲也。今者弟业藉灵复入帝城，而丈犹依依社榆垄树之间，道阻且修，无因缘奉一书寄相思。而揭阳朱任宇公被调以往，于仙里邻也，遂为寓此。朱故为江阴，弟父母事之，恺悌君子也，以称职调兹，幸而登有道门墙，丈能摄衣冠见之乎？即弟数年来居而憔悴，出而慅惰，鬓毛踪迹，种种可问而得也。陈老师邮报不乏，风猷烂焉，惟粤之福，亦惟门弟子之光，顾内召近矣，公等土人，奈冠公何！率然托讯，不尽郁积，丈幸察。⑤

此信写于万历二十二年（1594 年），时孙继皋的老乡朱任宇调任揭阳，特意写了这封

---

① 顾宪成（1550~1612），字叔时，号泾阳，无锡人，世称泾阳先生或东林先生。明万历八年（1580 年）进士。仕宦生涯大起大落，万历二十二年（1594 年）被革职回家。万历三十二年（1604 年），与高攀龙、顾允成、钱一本等重建东林书院，从事讲学活动。有《小心斋札记》《泾皋藏稿》等存世。顾允成（1554~1607），字季时，号泾凡。顾宪成胞弟，与兄讲学东林，名声颇著。有《小辨斋偶存》存世。

② 薛应旂，字仲常，号方山，武进（今属江苏）人。明嘉靖十四年（1535 年）进士。

③ 侯外庐、邱汉生、张岂之主编《宋明理学史•下卷》，人民出版社，1987，第 554 页。

④ 孙继皋（1550~1610），字以德，号柏潭，无锡人。明万历二年（1574 年）状元。万历八年，任会试同考官，录取了顾宪成等。万历二十四年致仕，曾在东林书院讲课，后病卒于家。孙继皋擅长诗文，"雍容恬雅，有承平台阁之遗风。"（《四库全书》卷首），有《宗伯集》十卷。

⑤ （明）孙继皋：《宗伯集》收入《文渊阁钦定四库全书》集部别集类第 1291 册，第 336 页。

信给唐伯元以为绍介。信中的孙继皋一吐与伯元别后的种种牵挂，他为伯元的升迁而"额手颂"，也为伯元的"跕奔南海"而黯然落泪，笔端饱含悠悠不尽的同袍相思情意。

唐伯元因孙继皋而与顾氏兄弟先后交谊，但相对于孙继皋，他与二顾的关系，走得更近些。他们诗书往来颇多，或探讨学术心得，或议论朝廷政事，思想见解不尽相同，但彼此信任，惺惺相惜。《明儒学案·东林学案一》载录了顾宪成对唐伯元为人的一段评价：

> 丙戌余晤孟我疆（孟秋），我疆问曰："唐仁卿伯元何如人也？"余曰："君子也。"我疆曰："何以排王文成之甚？"余曰："朱子以象山为告子，文成以朱子为杨、墨，皆甚辞也，何但仁卿？"已而过仁卿，述之。仁卿曰："固也，足下不见世之谈良知者乎？如鬼如蜮，还得为文成讳否？"余曰："《大学》言致知，文成恐人认识为知，便走入支离去，故就中间点出一良字。孟子言良知，文成恐人将这个知作光景玩弄，便走入玄虚去，故就上面点出一致字。其意最为精密。至于如鬼如蜮，正良知之贼也，奈何归罪于良知？独其揭无善无恶四字为性宗，愚不能释然耳。"仁卿曰："善。早闻足下之言，向者从祀一疏，尚合有商量也。"①

唐伯元与二顾学宗程朱，标榜气节，崇尚实学，"其学师圣而不师心，信经而不附注，尚奇义而不事剿说。于诸子独嗜河东，诸儒独宗明道。"② 然具体见解并不一致，唐氏主张"恶亦性"③，顾氏高扬"性至善"④。不过，在反对王守仁"无善无恶"心学方面，他们是同一阵线的战友。

有关心性问题，唐伯元与顾氏兄弟交流颇多。在《答叔时季时昆仲》一文中，曙台不厌其烦地向顾氏兄弟解释了他所理解的"心学"：

> 心学者，以心为学也。以心为学，是以心为性也。心能具性，而不能使心即性也。是故求放心则是，求心则非；求心则非，求于心则是。我之所病乎心学者，为其求心也。知求心与求于心与求放心之辨，则知心学矣。……彼其原，始于陆氏误解"仁，人心也"一语，而陆氏之误，则从释氏本心之误也。足下谓新学误在"知行合一"诸解，非也。诸解之误，皆缘心学之误，览其全书，则自见耳。
>
> 心之正不正、存不存，从何用力？修之身，行之事，然后为实践处，而可以竭吾才者也……⑤

---

① （明）黄宗羲：《明儒学案》，沈芝盈点校中华书局，2008，第1382页。
② （明）周光镐：《周光镐诗文选注》，郑焕隆选注，第291页。
③ （明）黄宗羲：《明儒学案》，沈芝盈点校，第1016页。
④ （明）黄宗羲：《明儒学案》，沈芝盈点校，第1379页。
⑤ 乾隆版《醉经楼集》卷五"书"。

唐伯元批评陆象山误解孟子"仁，人心也"一语，混淆道心、人心，又把禅宗"宇宙便是吾心，吾心即是宇宙"认作本心，开王守仁以心为学、以心为性、以心为理、以心为道的谬误之源。他倡导反己修身，求其放心而臻于至善之性。这封书信写得很长，既尊重友谊，又是非分明，充分表述了唐伯元的心学见解。

顾允成的《小辩斋偶存》卷六中有《与唐曙台仪部论心学书二条》文，顾允成大谈其"正心诚意"见解，还围绕"心"之有罪无罪与唐伯元进行论辩。唐伯元在《〈答叔时季时昆仲〉又》云："季时有《心学质疑》一卷，承寄未到，而叔时来教曰：'墨氏谈仁而害仁，仁无罪也；杨氏谈义而害义，义无罪也；新学谈心而害心，心无罪也。'此说似明，不知误正在此也。仁义与阴阳合德，离之则两伤，然非仁义之罪也；至于心，焉得无罪？人心惟危，莫知其乡，此是舜孔名心断案，足下殆未之思耳？"

《明儒学案》卷五十八载引的一段话颇见出唐伯元与"二顾"经过深入交流后于"心性"已渐有共识：

> 唐仁卿痛疾心学之说，予曰："墨子言仁而贼仁，仁无罪也；杨子言义而贼义，义无罪也。世儒言心而贼心，心无罪也。"仁卿曰："杨墨之于仁义，只在迹上模拟，其得其失，人皆见之。而今一切托之于心，无形无影，何处究诘？二者之流害，孰大孰小？吾安得不恶言心乎？"予曰："只提出性字作主，这心便有管束。孔子自言从心所欲不踰矩，矩即性也。"季时曰："性字大，矩字严，尤见圣人用意之密。"仁卿曰："然。"（《东林学案·端文顾泾阳先生宪成·小心斋札记》）①

在知行观与伦理观上，伯元提倡"修身"与"崇礼"②，讲躬行与诚意，说"夫学以反己为要，以修己为功，以推己为验。归诚其身而已矣。"（《学政二篇赠李维卿出抚三楚·学篇》）强调学道必须以反己修身为本，然后推己为验，在治行中见学道之功。"圣以诚修，诚以言立"，"惟天下至诚，能尽其性。"（《致曲解》）"未有不知本而能诚者，未有不诚而能动者"，（《答范原易》）"夫学，诚而已矣。"（《答郭梦菊大参》）"学修身而已矣"，"然今世学者则诚稀矣。"（《答叔时季时昆仲》），他在写给顾氏兄弟的信中希望二顾能避免时学之弊，实务诚为，真正以经世为用。

顾氏兄弟也提倡"躬行"与"重修"的修养功夫，重视平时道德的践履，反对不修而悟的"顿悟"说。顾宪成认为"悟"由"修"而入，没有渐修阶段，最终也达不到"悟"的境界。他把"修"与"悟"比作是"下学"和"上达"的关系，认为"舍下学而言上达，无有是处"（《虎林书院记》）③。弟弟顾允成也认为"'正心诚意'四字不著，则'无善无恶'四字不息。'无善无恶'四字不息，则修、齐、治、平未易几也"④。

---

① （明）黄宗羲：《明儒学案》，沈芝盈点校，第 1384 页。
② 黄挺：《唐伯元的心性论与修身崇礼说》，《汕头大学学报（人文科学版）》1993 年第 4 期，第 81～88 页。
③ （明）顾宪成：《泾皋藏稿》，收入《文渊阁钦定四库全书》集部别集类第 1292 册，第 141 页。
④ （明）顾允成：《小辩斋偶存》，收入《文渊阁钦定四库全书》集部别集类第 1292 册，第 269 页。

二顾的母亲去世，唐伯元与同袍好友李祯合祭顾老安人，唐伯元执笔作《合奠顾安人文》，高度评价了顾氏母亲的伟大胸襟与不平凡人生："朝蓬荜而夕庙廊也，安人不色喜；朝拜官而夕抗疏也，安人不色愠。或赴谪从君，或坚卧依毋，趣舍不同也，而安人各遂其志。"在《与顾叔时季时》信中，唐伯元除了说明祭文治具迟迟未送的原因，还借机大谈"长幼有序，列在大伦"的礼学观，句句不离儒生本色。

万历二十四年（1596 年）冬，唐伯元愤而致仕，途中特意到无锡拜访了顾宪成，两人畅叙旧谊，言及国事，谈到"沈继山司马"结党等朝事时，唐伯元直言不讳，一针见血。是时情形令顾宪成印象深刻，若干年后犹记得唐伯元的肺腑之言，并为之"喟然三叹"①（《小心斋札记》卷十七）。

顾氏兄弟与唐伯元有过短暂的同事关系，性情相近，"言时政得失，无所隐蔽"②。他们的交好，除了基于同僚情谊之外，更基于共同的反王阳明心学的思想立场，与七子派的文学复古运动一样，"尽管他们对待程朱理学的态度还不尽相同，但在维护孔孟原始儒学这点上却是绝对的一致。"③ 他们都是重实践而反空谈的理学家。在顾宪成的引领下，高攀龙、安希范等东林名士也纷纷与唐伯元交识。

2. 与安希范、高攀龙、钱一本的交游

安希范、高攀龙与钱一本都是"东林八君子"成员④。安希范、高攀龙两人直接师事于顾宪成，并在顾的影响下走上讲学救国之路。安希范万历十二年（1584 年）问业于顾宪成，颇被赏识。万历十四年，安希范以廷试三甲九名中进士，被授为行人司行人。万历十八年，安希范上庐山畅游，是时，唐伯元亦游览庐山东林寺，邂逅安希范，引为知音，两人结伴游天池不得，唐伯元引以为憾，特作《东林寺逢安大行小范游天池不得偕往是夕至九江承徐刺史见招对月次韵寄慨时四月八日也》："若为邂逅惜芳辰，指点峰头月色新。对眼忽疑天有路，逢君况是玉为人。虎溪别去多应笑，马上看来几处真。不有风流贤刺史，清光今夜共谁论"以记之。安希范有《庐山游记》留下，可惜却未见其与曙台的唱和诗歌。

高攀龙在《三时记》云：

> 余以癸巳（1593 年）冬仲谪尉潮之揭阳，越明年七月二十六日始克成。行时叔时先生以削籍归信息至矣。九月……十七日遂抵潮，会唐曙台，知朱任宇已于前月抵

---

① （明）顾宪成：《顾端文公遗书》，副都御史黄登贤家藏本。
② （明）黄宗羲：《明儒学案》，沈芝盈点校，第 1376 页。
③ 史小军：《明代七子派文学复古运动与儒学复兴》，《人文杂志》2001 年第 3 期，第 105 页。
④ 安希范（1564～1621），号我素，小范为字，无锡人。明万历十四年（1586 年）进士。万历二十一年因上《纠辅臣明正邪》一疏惹怒神宗遭贬，归乡后主讲于东林学院。有《天全堂集》存世。高攀龙（1562～1626），字存之，别号景逸，无锡人。万历十七年（1589 年）进士。万历二十二年，上疏得罪权贵，被贬为广东揭阳典史。后与顾宪成在东林书院讲学，为东林领袖之一。有《高子遗书》十二卷等著作。钱一本（1539～1610），字国瑞，号启新，武进（今江苏常州）人。万历十一年（1583 年）进士，任庐陵知县，授福建道御史，后以建言罢归。钱一本精于《易》，有《像象管见》存世。顾宪成、顾允成、高攀龙、安希范、刘元珍、钱一本、薛敷教、叶茂才等八人，均讲学于东林书院，以文章气节相尚，抨击时政，评论人物，时称"东林八君子"。

任，时亦在府，遂至开元寺拜之，假馆寺中。十八日谒道府，晚赴曙台酌，余意甚畅，曙台神情不王，谈论不尽展也。①

通过高文可知，万历二十二年（1594 年）秋时唐伯元犹在潮州未返京师，然而其身体健康状况似乎很差，面对远道而来的朋友，谈兴并不佳。

东林八君子皆是当时理学名臣，其中的钱一本很擅长谈易。唐伯元与钱一本于易学时有切磋，对钱的易学造诣也深为敬佩。其《答钱侍御》云："往岁过庐陵，窃耳政声，则已慕门下，及晤龚宪使愈客部诸君子，又知门下隐德焉。都中屡承枉教，喜荷切磋，未几解袂，可胜怅惘。伏读来教，深慰积渴，至以执其一说，自谓得道疑元，此又元之所以慕门下也……"可以看出，唐伯元对钱一本是非常敬佩的，也乐于交往。

3. 与邹元标的交游

邹元标（1551～1624），字尔瞻，号南皋。江西吉水人。邹元标是江右王门后学中气节最卓著者，也是东林首领之一，与赵南星、顾宪成号为"三君"。《儒林学案》谓其学"以识心体为入手，以行恕于人伦事物之间，与愚夫愚妇同体为功夫，以不起意、空空为极致"。"于禅学亦所不讳"，"其所谓恕，亦非孔门之恕，乃佛氏之事事无碍也。"（《江右王门学案八·忠介邹南皋先生元标》）② 四库全书《愿学集》提要云："元标有祭诸儒文，自称甲戌闻道，盖是时年方弱冠，即从泰和胡直游也。其学亦阳明支派，而规矩准绳持之甚严，不堕二王流弊。"③ 邹元标师从胡直④，学与唐伯元非同道，他自言与唐伯元非燕游之好，但气节相近。其《愿学集》卷一有《赠唐仁卿》三首：

> 范民部⑤持册索别仁卿，予于仁卿非燕游之好，故其行也以规，仁卿其有意乎？
> 知君试政数年前，把臂金陵岂偶然。此别应须各努力，莫将闲语负前贤。（其一）
> 千圣相传只此心，夫君何事外头寻。雷风露雨无非教，休向沙头只漫吟。（其二）
> 谁道文编是学陈，陈王学脉定谁真。停骖如过江门里，碧玉楼前春草新。（其三）
> （自注：君有《白沙文编》，故云。）⑥

诗序交代写作背景："仁卿以弹王阳明先生祀事被谪"，可推知诗写于万历十三年春，唐伯元因《从祀疏》诸疏力诋阳明心学而被弹劾外贬之际。第一首，邹元标说数年前就闻知你治政有方之事了，后来我们又成了南京同事（唐为户部员外郎，邹为吏部员外郎），这

---

① （明）高攀龙：《高子遗书》，收入《文渊阁钦定四库全书》集部别集类第 1292 册，第 618 页。

② （明）黄宗羲：《明儒学案》，沈芝盈点校，第 534 页。

③ （明）邹元标：《愿学集》收入《文渊阁钦定四库全书》集部别集类第 1294 册，第 1 页。

④ 胡直（1517～1585），字正甫，号庐山，吉安泰和（今江西泰和县）人，嘉靖朝进士。师从王阳明弟子欧阳德、罗洪先等，一度与曙台颇友善。有《衡庐精舍藏稿》三十卷等存世。

⑤ 即范涞（1538～1614），字原易，号晴阳，安徽休宁人。万历二年（1574 年）进士。为曙台好友，曾合作编校《二程类语》。

⑥ （明）邹元标：《愿学集》，收入《文渊阁钦定四库全书》集部别集类第 1294 册，第 23 页。

"把臂金陵"其实并非偶然。唐、邹都颇有不畏权贵的硬骨头精神，唐因"弹王阳明先生祀事被谪"，而邹自己也是多次上疏改革吏治引起皇帝不满而被降职南京，"岂偶然"点出了两人的"把臂金陵"都是由来有自。《万历邸钞》之"万历十三年三月"条文载："邹元标、孙继先……俱叙用，谪南京户部署郎中主事唐伯元三级，调外任。"①唐伯元被外贬，邹元标自己也被调用，故诗中有"此别应须各努力，莫将闲语负前贤"之语。后二首则充满了沧桑之慨，"千圣相传只此心"，"雷风露雨无非教"，"陈王学脉"源出一家，你我何必自讨苦吃呢，"谁道文编是学陈，陈王学脉定谁真。"回头经过陈白沙的家乡"江门里"，看那"碧玉楼前春草新"，还不是物是人已非了！规劝之意殷殷，不无感慨和无奈。

唐伯元出于匡正封建礼教，巩固封建统治而上疏直言阳明心学之弊，忠心耿耿却换来被贬谪的结果，出京之时，士多有同情者。时任南京太常博士的汤显祖也用他的生花妙笔，抒发了对唐伯元的惺惺相惜："津衢无奥士，茜峭有奇人。居怀徒可积，抗辩乃谁驯？道术本多歧，况复世所尊。风波一言去，严霜千古存。撰予慕甘寝，未息两家纷。方持白华赠，殊望桂林云。"②（《赠唐仁卿谪归海上》）

唐伯元与邹元标、赵南星、孟化鲤、顾宪成等人曾在南京、北京先后同事，谈经论道，相处甚洽，唐伯元深为怀念共处的光景。万历二十三年的一个下雪天，时赵、孟、顾、邹诸子或被免职或已外调，零落各地。唐伯元于验封司采芳亭中，触景生情，作《亭中雪甚，有怀旧署赵、孟、顾、邹诸君子》怀念诸子："舞尽琼花片片轻，断肠诸子共飘零。白云封在悬冰鉴，玉署名高自岁星。何处渔蓑能待我，几回鹤泪忆谈经。不堪更话当年事，徒倚东西一短亭。"眼前飘飞的雪花，令曙台深感人生无常，生命飘零，他伤怀好友之余忍不住呼喊着"何处渔蓑能待我"。万历二十四年，他终于也致仕归乡了。

综上观之，唐伯元与东林诸子之间的交游，不仅显示着其在晚明理学上举足轻重的位置，也蕴涵着彼此间志气相投的真情谊。但曙台终究不能算是东林党人。他反感"聚众讲学"的传道方式，说"会讲何益于人？徒贼诚损己耳"（《答范原易》）。这与东林党人大肆讲学宣扬救国理论的行径明显相左。而身为岭南人，性格儒雅、相对保守的唐伯元也缺乏东林党人那种"吟风热血洗涤乾坤"（黄宗羲语）的斗争精神。师出湛门的他选择了在心学与实学之间自处。

二　唐伯元与岭南王门的游离

与东林党人的亲善相比，身为南方人的唐伯元在潮州以至岭南的学术界上，显得颇为落寞。在地方的思想阵营上，他更是自我游离。

与唐伯元生活于同一时期而又较有知名度的岭南理学家，当属归善的杨起元③。起元

① 无名氏：《万历邸钞》，江苏广陵古籍刻印社，1991影印本，第289页。
② （元）汤显祖：《汤显祖诗文集》，徐朔方笺校，上海古籍出版社，1982，第204页。
③ 杨起元（1547~1599），字贞复，号复所，归善（今广东惠州）人。黄宗羲《明儒学案》归其入"泰州学案"，有《文懿集》十二卷及《证学编》《识仁编》《诸经品节》等著述传世。

的父亲杨传芳曾投甘泉门下，起元幼时熏染白沙学，后则师事罗汝芳①转入泰州学派，成为阳明嫡传弟子之一。唐伯元与杨起元学术观点不同，但都是岭南老乡，在京师期间，时有往来。据说，"在孟秋的带领下，京城形成了一个有邹元标、顾宪成、高攀龙、张元忭、冯从吾、杨起元、唐伯元等参加的庞大的学术集团。他们共兴理学，相互商证，在全国影响很大"②。唐伯元有集杜诗一首寄杨起元："武陵一曲想南征，怅望秋天虚翠屏。多病独愁常闻寂，簿书何急来相仍。杨雄更有河东赋，方朔虚传是岁星。速宜相就饮一斗，山阴野雪兴难乘。"（《病中书怀寄杨太史贞复兼谢枉顾集杜》）诗用杜甫七言律句组成，病中的唐伯元思乡念亲，寂寞多愁之际，对朝廷簿书的催促很是反感。为何呢，"杨雄更有河东赋，方朔虚传是岁星"两句借用杨雄和东方朔的典故点出缘由：当今皇帝并非识才之君。他感谢杨的枉顾，自感"山阴野雪兴难乘"，因而招呼杨起元"速宜相就饮一斗"，解他千般愁。杨起元亦以一律酬答："经句正尔怜同病，一札俄惊惠十行。佳句未拈原命杜，新篇一出却成唐。雕镂是技何嫌巧，游戏如君不可当。也知制锦从高手，五色还期补衮裳。"（《唐曙台惠集杜书怀之作奉答》）③对曙台的集杜诗极为叹赏。唐伯元的很多行事杨起元自以为不敢劝说，唯独关于讲学，杨起元认为曙台大可不必"自禁"，他对唐伯元说："独有讲学一事，白沙先生不曾厉禁，今闻足下自禁之，则区区愿劝足下一开耳。不诲人犹可，不自学奈何！自学者，岂杜门稽古，行义不失已哉？诲人故所以自学也。何者？相长之益，古人所取也。生近觉此有益，恐不足为足下深造自得者言也，然意实忠诚，如芹曝之献焉……"（《与唐曙台》）④直言相劝，情意殷殷，从中也显出唐杨二人的日常交深。

　　为学而达成经世实用是唐、杨一致的追求，不过唐伯元治学反对顿悟，亦反感会讲，杨起元的治学方式却是儒、佛会通合一，"清修姱节，然其学不讳禅。"（《明史·杨起元本传》）⑤"唐氏表扬湛学，同时博罗杨起元复所，亦表扬王学，于是岭南讲席，二子分主之。……复所阐明王学宗旨，当时其学大盛，且越唐氏而过之。故粤中言王学者，前以薛中离，后以杨复所，此粤宗、浙宗在粤之传授源流，及其盛衰消长之大略也。"⑥因而，唐伯元与杨起元的交往，岭南老乡的情谊似乎盖过了理学见解上的契合。

　　当初王阳明开府赣州，粤地"从学者甚众"（《明儒学案·闽粤王门学案》）⑦。"潮人最早服膺王阳明学说的是郑一初，接着便是薛侃在南京师事王阳明，后二年他的哥哥薛俊适逢王阳明巡抚南赣漳汀，也向王阳明执弟子礼。又后二年薛侃又偕薛俊和弟薛侨侄宗铠

①　罗汝芳（1515~1588），字惟德，号近溪，江西南城泗石溪（今南城县天井源乡罗坊村）人。泰州学派代表人物。

②　孟传科：《孟秋教育思想之管窥》，聊城文化部落网站，2011年2月13日，http：//whbl.lcxw.cn/show.asp?id=353。

③　（明）杨起元：《重刻杨复所先生家藏文集》（万历刊本），卷8。

④　（明）杨起元：《重刻杨复所先生家藏文集》（万历刊本），卷6。

⑤　（清）张廷玉等编纂《明史》，第7276页。

⑥　（明）刘禹生：《世载堂杂忆》，钱实甫点校，中华书局，1960，第274页。

⑦　（明）黄宗羲：《明儒学案》，沈芝盈点校，第654页。

同到江西从阳明，与潮人杨骥兄弟在潮州金山讲学，后又辟中离洞，潮人从学者众多，……潮州的名士显宦如林大钦、翁万达等也同来研习。"① 然学者虽众名多不彰，"乃今之著者，唯薛氏耳"②。所谓薛氏，即指薛侃。《明儒学案·行人薛中离先生侃》本传谓"世疑阳明先生之学类禅者三，曰废书，曰背考亭（朱熹），曰涉虚。先生一一辨之，然皆不足辨也，此浅于疑阳明者也"。"此无与于学问之事，宁容与之辨乎？"③ 薛氏辨所不当辨，愈辨愈支，王氏本旨亦为侃所累。唐伯元早年一度也服膺王学，"少时读其书，窃喜。葢尝尽弃其学而学焉。臣之里人，亦有以臣将为他日守仁者。"（《从祀疏》）但师学吕怀之后于潮州王门便游离不入，甚至于鄙夷有加："臣之郡人杨氏兄弟，仅及门而一皆称之为闻道。此外又有薛氏兄弟子侄之盛，又有毅然任道数十人之多，则是邹鲁诸贤不足以当臣一郡也。奖人以所无之善，诱人以伪成之名，枉其心之公，贼夫人之子，惑世诬民，莫此为甚。"（《从祀疏》）他痛陈朝廷崇祀王阳明的危害：推崇王阳明，就是贬低朱熹，"道术将从此裂，祖宗表章朱学以为制考之意，亦从此坏。"

唐伯元公开反对阳明心学，重推程朱理学，又反感聚众讲学，这使他在当时的潮州思想界很是孤独。他的同郡好友并不乏人，尤其是早年即订交的周光镐以及颇有名望的林大春，在他受挫时虽予以支持和关注，④ 但生活上的关怀并不能弥补思想追求上的疏离。他作诗感慨："不是忧生不学禅，持来一戒几经年。尘缘未了寻常事，犹向春风独自怜。"（《自甲申十月至戊子正月》）这是他甲申年（万历十二年，时在南京户部）秋至戊子年（万历十六年，时告假在潮州）正月的真实生活写照。可以想见，无论是身在朝廷，还是回到潮州，他都是落拓不群的。以至于晚年，也是郁郁而终。

三　稽考唐伯元交游个案的文史意义

法国文艺理论家丹纳在《艺术哲学》中指出："要了解一件艺术品、一个艺术家、一群艺术家，必须正确地设想他们所属的时代的精神和风俗概况，这是艺术品最后的解释，也是决定一切的基本原因。"⑤ 如是，我们对唐伯元所处的时代环境应给予重视。明初统治者曾强力推行程朱理学。明太祖"即位之初，首立太学，命许存仁为祭酒，一宗朱子之学。今学者非五经、孔孟之书不读，非濂、洛、关、闽之学不讲"⑥。在思想统治非常严密的情况

---

① 蔡起贤：《外来文化与潮汕文化的交融》，《潮学研究》1993年第1期，第250页。
② （明）黄宗羲：《明儒学案》，沈芝盈点校，第654页。
③ （明）黄宗羲：《明儒学案》，沈芝盈点校，第656页。
④ 周光镐（1536~1616），字国雍，号耿西，潮州人。明隆庆五年（1571年）进士，隆庆元年（1567年）与唐伯元订交。有《明农山堂集》四十九卷存世。《明农山堂集》中给唐伯元的诗文有20多篇。《醉经楼集》中却仅见二首集杜诗直寄于周光镐。林大春（1523~1588），字邦阳，号井丹，潮阳人。明嘉靖二十九年（1550年）进士。《林井丹先生文集》卷十六《报陶兰亭二首》其二有："山中闻唐仁卿至自南都，未悉所以。久之有客语曰：'仁卿以论学左官矣。闻公故游多所问讯，盍使使过之。'"云云。
⑤ 〔法〕丹纳：《艺术哲学》，北京出版社，2007。
⑥ 陈鼎：《东林列传》，收入《文渊阁钦定四库全书》史部传记类第458册，第199页。

下，"明初诸儒，皆朱子门人之支流余裔，师承有自，矩矱秩然"①。但到明正德年间，各种社会问题日益突出，无补于世的程朱理学在明代中期走向了没落，随之而起的是以王阳明为代表的心学的崛起。然而王学在发展过程中也逐渐变异，同样产生了流弊。"阳明亡后，学者承袭口吻，浸失其真，以揣摩为妙悟，纵恣为乐地，情爱为仁体，因循为自然，混同为归一"②。心学渐趋禅化，空疏学风盛行。唐伯元对此痛心疾首，说"《六经》无心学之说，孔门无心学之教，凡言心学者，皆后儒之误。守仁言良知新学，惑世诬民，立于不禅不霸之间，习为多疑多似之行，招朋聚党，好为人师，后人效之，不为狗成，则从鬼化矣"③。刘禺生于《世载堂杂忆》中言："守湛氏之学，卓然为甘泉宗子者，惟澄海唐伯元曙台，唐氏非亲受于甘泉，实出于永丰吕怀，吕氏乃亲授之甘泉，其学又颇调停王、湛二家之说。顾曙台则显攻阳明，尝阻阳明从祀，以为六经无心学之教；阳明惑世诬民，立于不禅不霸之间，为多疑多似之行。当是时，明目张胆以攻阳明者，惟唐氏一人而已。"④ 清代冯奉初亦指出："明至嘉隆（嘉靖、隆庆）间，良知之学遍天下，选部争祀典一疏，独昌言排之，至于窜斥荒远而不悔。盖欲伸伊川、紫阳（程朱）之说，不使后世之士得以轻议先贤。其为程、朱闲卫者，用意可谓勤矣……信乎其为程、朱功臣，抑不可谓非阳明之诤友也。"⑤

唐伯元无疑是晚明诸子中最早敢于公开向阳明心学开战的斗士。明王朝已日渐衰落，身为儒士的他生命意识里有着对国家前途命运的极其深切的关注。透过唐伯元与东林诸子的交游个案，我们已可触摸其时朝廷上下"横议"的一些热闹情形，感受"山雨欲来风满楼"的思想变革与政治动荡，侧面了解晚明儒林的分化情况，也达到了解唐伯元其人、认识历史生活的目的。事实上，对心学的抨击，也就是对实学的倡导。唐伯元的修身、崇礼的理学主张在今天看来不免有些"迂腐"之处，但其"践履躬行"的治学方式，毕竟是产生了积极的客观效果，尤其在他的家乡潮州一带，此后的学人多留心经济之学，重事功而轻学理，开始了"由性命之学走向实用经济之学"⑥。从这个角度看，其历史作用是不可忽视的。而且，"对于古代文人而言，文学与儒学并非毫无关系，中国文学发展史上，文学复古运动与儒学复兴之间往往有着内在的联系。"⑦ 通过唐伯元与诸子的诗文往来与思想交流，我们已然窥探到晚明文学事实的另一面，它加深了我们对文学史的认识。

总之，唐伯元与东林诸子的学术交游，是一种文化空间的选择，这使他成为一个时代文化的承载者，值得我们的关注。

责任编辑：卢颐

---

① （清）张廷玉等编纂《明史》，第 7222 页。
② （明）黄宗羲：《明儒学案》，沈芝盈点校，第 437 页。
③ （明）黄宗羲：《明儒学案》，沈芝盈点校，第 1003 页。
④ （明）刘禺生：《世载堂杂忆》，钱实甫点校，第 272 页。
⑤ （清）冯奉初选辑《潮州耆旧集》，林建翰勘订，香港潮州会馆，1980 影印本，第 439 页。
⑥ 黄挺：《明代潮州儒学概说》，《汕头大学学报（人文科学版）》1994 年第 2 期，第 53 页。
⑦ 史小军：《文学复古与儒学复兴——中国文学复古现象论略》，《人文杂志》1999 年第 2 期，第 129～134 页。

唐伯元《白沙先生文编》编纂考

黄树雄*

摘　要：唐伯元编纂之《白沙先生文编》流播不广，学者鲜能知其具体内容。本文以国家图书馆藏本为据，略述其内容及编纂之缘由。王弘诲与《白沙先生文编》之编纂关系密切，但该书体现的主要是唐伯元的哲学观点，故向来被视为唐伯元之著作。《白沙年谱》也为唐伯元所作，而非王弘诲所撰。

关键词：白沙先生文编　唐伯元　王弘诲

唐伯元（1541～1598），字仁卿，号曙台，广东澄海人。明万历二年（1574年）甲戌科进士，曾任江西万年、泰和县令，擢南京户部主事，署郎中事。万历十三年（1585年）春，因上疏抗论阳明从祀，谪为海州判官。不久调回。历任礼部主客司、仪制司主事，转尚宝司丞，终官至吏部文选司员外郎署郎中事，为文官铨选之要职。万历二十四年（1596年），因不满万历皇帝把章奏留中，两次上疏求归，获准。居家两年，于万历二十六年（1598年）卒于家。唐伯元为明代理学名家，终生以力矫心学流弊为己任。所著传世有《醉经楼集》《泰和志》（存5～10卷）、《白沙先生文编》《二程先生类语》《铨曹仪注》，另有《道德经注》《易经注》《阴符经注》《礼编》《昌黎文编》《采芳亭稿》《太乙堂稿》《爱贤堂集》等，已佚。生平传记见《明史·儒林传》及《醉经楼集》所附之唐彬《乞赐易名疏》、周光镐所撰《行略》、郭惟贤所撰《墓志铭》等。朱鸿林先生点校本《醉经楼集》[①]附录二《唐伯元传记补遗》汇集有丰富的传记资料。

以唐伯元现存著作而言，《白沙先生文编》（以下简称《白沙文编》）较为少见。饶

---

* 黄树雄，1968年生，汕头广播电视报副主编。

① （明）唐伯元：《醉经楼集》朱鸿林点校，台北："中央研究院"史语所，2010。

锷、饶宗颐先生之《潮州艺文志》① 据《光绪海阳县志艺文略》录有其目，而注曰"未见"②。且《潮州艺文志》仅录唐氏《二程年谱》，而未及《白沙年谱》。③ 朱鸿林先生点校本《醉经楼集》搜罗繁富，但其《唐伯元著作目录》于《白沙文编》条下也仅引《潮州艺文志》之文。而于《白沙先生年谱》条下，引陈吾德《谢山存稿》卷五《与唐仁卿书》"近闻撰《白沙先生年谱》"云云，而加按语曰："此书所言唐氏撰《白沙先生年谱》，他处未见著录，殆附于《白沙文编》，如《二程先生年谱》之附于《二程先生类语》。"④ 味其语气，可知朱先生也未见《白沙文编》及《白沙先生年谱》。

而实际上，《白沙文编》在国内外尚有多家图书馆有藏本。⑤ 笔者曾获读国家图书馆藏本，因略作考述如下。

国家图书馆所藏之《白沙文编》，为明万历十一年刻本，半页十行，行二十一字，白口，无格，左右双边，单上鱼尾。有圈点及细字旁注和双行夹注。每卷卷端题曰"后学澄海唐伯元编次，广安姜召/休宁范涞/孟津王价/温陵郭惟贤/婺源汪应蛟⑥校梓"。原书列古籍善本，笔者所见仅为胶片及扫描复印件。据崔建英等《明别集版本志》，《白沙文编》首页版心下镌有"刘文刊"⑦，但笔者未见有此三字。

《白沙文编》全书为六卷。一卷：四言古诗（五首）、五言古诗（七十六首）、七言古诗（二十三首）、赋（三首）、五言绝句（五十九首）、六言绝句（九首）、七言绝句（一百八十二首）；二卷：五言律诗（一百一十三首）、五言排律（二首）、七言律诗（一百五十四首）、七言排律（二首）；三卷：论（六首）、说（三首）、赞（一首）、铭（二首）、序（二十首）、记（十二首）；四卷：疏（二首）、书（八十五首）；五卷：书（一百一十一首）；六卷：题跋手帖（语录附，共四十一首）、墓志（十一首）、墓表（一首）、传（一首）、行状（一首）、祭文（二十三首）、年谱（遗事附）。

书首冠以"朝列大夫南京国子监祭酒后学琼台王弘诲撰"之《白沙先生文编序》，详述《白沙文编》编撰之缘由。序文大字写刻，页八行十六字。按，王弘诲（1541～1617），字绍传，号忠铭。广东琼山（今海南）人。明嘉靖四十四年（1565年）进士，累官至南京礼部尚书。卒赠太子少保。著作有《天池草》等。王弘诲与唐伯元同举于嘉靖四十年广东乡试，王为是科之解元。但两人之有较深交往，当是同在南京任职之后。万历十年（壬午），王到南京任职⑧，与同在南京的唐伯元时相过从。《天池草》中有《同唐仁卿登谢公墩》《雪

① 饶锷、饶宗颐：《潮州艺文志》，上海古籍出版社，1994。
② 饶锷、饶宗颐：《潮州艺文志》，第441页。
③ 饶锷、饶宗颐：《潮州艺文志》，第128页。
④ （明）唐伯元：《醉经楼集》附录三《唐伯元著作目录》，朱鸿林点校，第368页。
⑤ 至少有13家图书馆藏有万历十一年刻本《白沙先生文编》，见《中国古籍善本书目》（集部、上），上海古籍出版社，1996，第582页。
⑥ 按，此数人与唐伯元同为万历二年甲戌科进士。
⑦ 崔建英 辑订，贾卫民、李晓亚参订《明别集版本志》，中华书局，2006，第710页。但该条目未注明所据《白沙文编》为哪家图书馆所藏。
⑧ 王弘诲时由国子监司业转南京右春坊右谕德，署院事，见王力平《海隅名臣——晚明王弘诲研究》，海南出版社/南方出版社，2008，第252页。

中访唐仁卿》诸诗①。《醉经楼集》卷五有《启王大宗伯》，为唐伯元致弘海之书信。此书作于万历十八年唐伯元返京复职之前后。大宗伯即礼部尚书之谓，因王弘海时任南京礼部尚书。② 信中所述唐伯元仕隐出处的矛盾苦衷，深微委屈，可见两人关系不浅。

因《白沙文编》流播不广，王弘海之《天池草》③ 也不知何故未收入《白沙文编序》，故此文鲜有人提及和引用。但此序不仅有助于了解《白沙文编》之编纂，而且引发一个重要问题——《白沙文编》究是王弘海所编？抑或唐伯元所编？为了讨论这个问题，不避稍长录之如下。而为了下文申论方便，略作分段并以 A、B、C 标示。

[A] ……（白沙）先生为国朝名儒第一，余少向往焉，学而未暇。岁壬午，移官留都，友人唐仁卿氏时时相过，□（此字漫漶不清）论先生不辍。而惜世未有知其深者。余于是益为恍然，窃自悔恨，以为学先生晚也。

仁卿氏之言曰：吾年十五六，随长者后诵说江门夫子，颇知嗜慕。及取其书而读之，于应制无当也，置之。既举于乡，好为古文词，又取其书读之。已而再上春官不第，从燕赵吴越间得聆师友之训，归而妄意于问学也。然后能稍绎其书，则见其有言必依乎道，有行必概乎教，无所用于今，而亦不必于用。殆孟氏子所谓立命者欤？而吾之年垂三十矣。虽然，如其言也。藩篱欲固，孰与夫忘名之为高也。积累欲深，孰与夫径造之为便也。自然立教，孰与夫曲意诱引者之兴起后生也。许可必严，孰与夫姑为奖借者之张皇吾道也。出者愈奇，与者日众，吾固难以彼而易此也。呜呼，言道术者不宗孔氏，吾必以濂洛为卑卑。使濂洛而无叛于孔氏也。则若先生者，固拙胜而道存者也。何者？诚也。世儒术非不工，风非不动，不免自处过高，而其归与不及等。何者？诚有所不足也。盖自先生之学出，而敦悫粹美者愧其智。慧辩雄拓者愧其仁。仁智合而诚不离，则道归焉耳。夫道之难明久矣，何疑先生？而吾与若固先生之乡人也。谓吾不能而不以望于人，则其罪愈大。吾将有事焉。

[B] 甚矣仁卿氏之言，有警于余也。

[C] 于是总其集中，撮其有关乎问学之大者，得诗与文若干，共为六卷，稍次第之。题曰文编。而增补年谱其后。乃侍御晋江郭君，计部广安姜君、休宁范君、孟津王君、仪部婺源汪君，则捐资以付工人。阅两月讫工。其书播在学士经生，而先生之道复著。间曾窃论先生之学渊以博，不可端倪。学先生者，但立吾诚以往，毋论高下大小，各能成章以见于世。观当时从游诸子，与夫闻风私淑之徒，若年谱可据已。而或者犹疑其流为禅，胡不引往事观之也。

---

① 王弘海：《天池草》，王力平点校，海南出版社，2004，第 462 页。朱鸿林先生点校本《醉经楼集》附录四《唐伯元交游文字》未收。

② 参见王力平《海隅名臣——晚明王弘海研究》，第 254～255 页。又，《醉经楼集》卷五有《启赵宗伯》（赵宗伯当指赵用贤，时任南京礼部侍郎），中有"王大宗伯，旧滥同袍"之语，唐伯元与王弘海为嘉靖四十年（1561 年）广东乡试同科举人，故称"同袍"。此也是"王大宗伯"为王弘海之证。

③ 王弘海：《天池草》，王力平点校。

余既喜仁卿氏之言能发我之所欲，而又嘉诸君之与仁卿氏同志也。故述仁卿氏之言，以谂诸君及夫海内知慕之士，使明先生之道，人人可师。学先生者，亦惟其诚而勿贰，而尤愿诸君与仁卿氏共勉之。庶几切磋之义，以光前修。勿若余然，而徒抱后时之悔也。

万历癸未岁腊月之朔。

据此序文，《白沙文编》的编撰始于万历十年（壬午，1582 年），而成于万历十一年（癸未，1583 年）。唐伯元万历八年从泰和县令迁南京户部主事，公暇潜心于学术的研究。王弘诲到南京后，这两位昔日的同科举人再次聚首，相互切磋。作为同乡后学，他们推崇陈白沙。唐伯元还回忆其早年两次读白沙先生著作的经历。在当时心学末流之流弊已经显现的背景下，唐伯元更加认识到白沙思想的价值，尤其是对于"诚"的重要性的认识更深一层，奠定了他以白沙为"国朝……高儒莫如陈白沙"①的认识。为了让时人更能理解白沙学术之深猥，唐伯元觉得应该有所行动，以表彰和弘扬白沙先生之思想。②《白沙文编》就是在这种背景下编纂的。

但此《白沙先生文编序》存在令人费解之处。从文章来看，特别是上引文中 B 之一句，若与下文 C 部分连读，则所云"总其集中，撮其有关乎问学之大者，得诗与文若干，共为六卷，稍次第之，题曰文编。而增补年谱其后"者，应为王弘诲。也就是说，《白沙文编》以及《白沙年谱》，都是王弘诲所作，而不是唐伯元。

这与现有文献的记载大不同。现存文献均以《白沙文编》归于唐伯元名下。诸家之说，几无异议。周光镐《唐公行略》谓"白沙文编、二程类语，皆其所汇次也"③，郭惟贤所撰唐伯元《墓志铭》则谓其在南京与唐伯元"公暇同辑有白沙文编、二程汇语"④。唐伯元把《白沙文编》寄赠与周光镐、胡直、王世懋等人，诸人覆信，均把此书完全当做唐伯元的著作。⑤《白沙文编》刻成，书中各卷卷端下标曰"后学澄海唐伯元编次，广安姜召……校梓"，未及于王弘诲。王弘诲本人当曾见及，却未见有何微词。这又该如何理解呢？

一个可能的解释是：此书虽是由王弘诲"总其集中，撮其大者"，但只是"稍次第之"，而后由唐伯元重新加以"编次"。更重要的，也更为世人关注的是，唐伯元在书中以夹注和旁注的形式加了不少评语，即所谓的"题评"，通过这些评语阐发了自己的观点，时人普遍认为"此书题评，虽扬白沙，其实抑阳明"⑥，加之后来唐伯元抗疏议及阳

---

① （明）唐伯元：《醉经楼集》卷之二《诸子解附》，朱鸿林点校，第 104 页。
② 大约在此前后，唐伯元曾作《（南岳）重修白沙先生祠堂记》，阐发白沙"无欲"之说。见（清）李元度纂修之《南岳志》（民国十二年重刻本）卷六，第 34～36 页，此文未入《醉经楼集》，朱鸿林先生点校本《醉经楼集》附录一《醉经楼集集外文》也未收。
③ 朱鸿林点校本《醉经楼集》，第 263 页。
④ 朱鸿林点校本《醉经楼集》，第 266～267 页。按，《二程汇语》当即为《二程类语》。
⑤ 朱鸿林点校本《醉经楼集》，第 363、410、444 页。
⑥ 胡直《与唐仁卿》语，此书未见于四库全书本之胡直《卫庐精舍藏稿》，而见于黄宗羲《明儒学案》卷二十二之《胡庐山先生直学案》，参见朱鸿林点校本《醉经楼集》，第 410 页。

明从祀，为当时一大事，所以人们自然而然把此书归于唐伯元。

但还可以有另外一种解读：对于《白沙文编》之编撰，虽然王弘诲早有此意，但迟迟未有着手，所以才有后文所谓的"徒抱后时之悔"。唐伯元觉得不容拖延，于是自己动手，这就是序文中所谓"吾将有事焉"。而上引《白沙先生文编序》中 B 之一句，实只是对于转述之"仁卿氏之言"的一句感慨，是一句"插入语"。而下文之"于是总其集中，撮其有关乎问学之大者，得诗与文若干，共为六卷，稍次第之。题曰文编。而增补年谱其后"，是指唐伯元。崔建英《明别集版本志》节引序文，作"友人唐仁卿氏……总其集中撮其有关学问之大者……"，这里特别引及上文的"友人唐仁卿氏"作为主语，显然就是把《白沙文编》归于唐伯元。①

作这样理解，除了因为传世文献均以《白沙文编》一书属唐伯元之外，还有另外一个重要根据。从"于是总其集中，撮其有关乎问学之大者，得诗与文若干，共为六卷，稍次第之。题曰文编。而增补年谱其后"这句话看，《文编》与《年谱》应为同一人所作。② 细检《白沙年谱》，其于"嘉靖十九年御史吕光洵等疏请从祀"条下有"先师巾石吕先生曰"之语，巾石吕先生即吕怀，唐伯元曾从学吕怀，而未闻王弘诲也曾从吕怀学习，故此语必出于唐伯元无疑。再证以陈吾德《谢山存稿》卷五《与唐仁卿书》"近闻撰《白沙先生年谱》"③ 之语，可证《白沙年谱》应为唐伯元所作。如果认定《白沙文编》与《白沙年谱》出于同一人之手，那么，既已考定《白沙年谱》为唐伯元之作，则《白沙文编》自然也是唐氏之作。

总之，笔者认为，《白沙文编》之编成主要得力于唐伯元，并通过"题评"体现了"扬白沙、抑阳明"的思想倾向，把它视为唐伯元著作，是无可厚非的。

本文仅就《白沙文编》编纂的缘由略作考述。至于其书之文献价值④，以及唐伯元在书中所体现的思想，容俟后日另文论述。

责任编辑：曾旭波

---

① 崔建英等《明别集版本志》，中华书局，2006，第 710 页。
② 《中国古籍善本书目》及崔建英《明别集版本志》等书，以《白沙文编》为"陈献章撰，唐伯元编"，而以《白沙年谱》为"王弘诲撰"，分属两人，不确。
③ 陈吾德：《谢山存稿》卷五《与唐仁卿书》，收朱鸿林点校本《醉经楼集》附录四《唐伯元交游文字》，第 397 页。
④ 通行之孙通海点校本《陈献章集》（中华书局，1987）未以此本对勘，而《白沙文编》所收之诗间有未见于《陈献章集》者，可作补遗。如《白沙文编》卷一有《林君求余一线之引，示以六绝句》，此六绝句未见于孙通海点校本《陈献章集》。其第一首"时时心气要调停"曾为邹元标引及，见黄宗羲《明儒学案》（修订本）卷二十三《江右王门学案八·忠介邹南皋先生元标》，沈芝盈点校，中华书局，2008，第 539 页。

十载春风几知己，三更旧雨百怀人

——郑昌时《百怀人》诗初探

郭伟波[*]

摘　要：郑昌时是潮州本土的诗人，在他所写的《韩江闻见录》中收录了他一生创作的大量诗作，长期以来，许多学者专注于《韩江闻见录》中的史料研究，但是忽略了郑昌时的诗歌创作。郑昌时的诗风既有清新明丽的一面，也有含蓄沉郁的一面，本文从《百怀人》诗的思想内容和文学价值入手，通过整理归纳，对郑昌时的诗歌风格作出鉴赏评析，并勾勒出清代潮州文人的大致生活情况以及根据小注补充了郑昌时的生平经历。

关键词：郑昌时　韩江闻见录　百怀人　诗歌风格

郑昌时，字平阶，后改名重晖，清嘉庆时潮安人。县志说他"幼聪敏，读书过目成诵"[①]。其人博学多才，高古有奇气，曾入巡抚幕府，惜仕途坎坷，以明经终老一生。其生平经历现存史籍很少记载，然其所著《韩江闻见录》至今仍流传于世，是研究潮州历史文化的重要史料。

《韩江闻见录》中除了记录潮州民俗文化、历史典故、风景名胜、地理、名人、忠臣、烈女及其他逸闻外，也收录了郑昌时本人创作的大量诗作。清洪肇基在《韩江闻见录》的序言中说郑昌时"尤喜吟诗"[②]，民国时期温廷敬编辑《潮州诗萃》时选入了郑昌时的许多诗作，并评价说"平阶诗才华富赡""绝句犹饶神韵"[③]，可谓慧眼识人。长期以来，作为诗人的郑昌时似乎被遗忘在历史的角落，知者寥寥。

---

*　郭伟波，1984 年生，潮州金山中学教师。本文原载《汕头日报》2011 年 10 月 27 日。

① 卢蔚猷：《海阳县志》卷四十列传九，潮州市地方志办公室重影印，2001。

② （清）郑昌时：《韩江闻见录》，香港潮州会馆董事会据香港大学冯平山图书馆藏本影印，1980，洪肇基序。

③ 温廷敬编《潮州诗萃》，汕头大学出版社，2001，第 742 页。

　　郑昌时的诗风以清新明丽为主，比如《潮州八景诗》《潮州竹枝词》等等。而在众多的诗作中，最值得回味的便是他的《百怀人》了。郑昌时于命途坎坷之际，将内心积压的种种悲痛转化为诗歌创作的能量，一连写了112首怀念故人的七绝，取名为《百怀人》。以人为纲，记录了生平交游的112个人物。这112人身份各异，主要是进士、知府、明经、孝廉、秀才等文人，也包括有其他身份的人物，比如画家、书法家、风水师、和尚、闺媛等。这些人物主要集中在本省本邑，包括澄海、丰顺、惠来、潮阳、饶平、揭阳等地，也有北平、福建等地的人，可见郑昌时交游之广，这些人为他写《韩江闻见录》提供了大量写作素材，也对郑昌时产生了深远的影响。

　　《百怀人》通过对故人的回忆，兼及记游、送别、叙事、感恩等内容，既寄托了自己对生平知交的深切怀念之情，也勾勒出清中叶时本地文人的生活风貌，在诗歌的小注中还记录了郑昌时的生活经历，足以弥补史料缺失的遗憾。这些七绝诗所保存的思想内容大致可以从三个角度来进行分析。

一　以诗证史，记录了清时潮州文人的文化生活

　　潮州在明清时期，整个社会的文化氛围是十分浓厚的。潮州地区在清代时期兴建了52所书院，远远超过前代。① 书院的兴盛也就使得潮汕地区的人才大量增加，也使得当时的文化逐渐繁荣起来，这段时间出版的著作也十分可观，据《潮州艺文志》记载，清代时集部数量达280种，占宋明元清的集部总和60%。② 吟诗作对的人相比较于前代，大量增加。这在郑昌时的诗歌及小注中也得到了证实。他所交结的这些人中绝大部分都是文字之交，平时喜欢以诗酬答，有时还会开展一些丰富多彩的文化活动，比如结诗社。郑昌时就曾在"癸丑年结社于城东凤台"（《杨学博芸皋社长》），与友人"同叨月旦评"，颇有魏晋名士风采；而《卢秀才峻峰》小注中又云："戊午春，作诗酒会于城北旧黄尚书别墅。"从诗作的酬和中可以知道，当时参与盛会的人不在少数。《百怀人》中多次写到聚会的场景，除了作诗外，郑昌时也会和友人一起讨论学问、赏析字画篆刻、下棋等等，有时也会去游山玩水，把酒吟诗。这些高雅的生活方式其实也是当时文人的真实生活写照，虽只有简短的记录，但是也能从一个侧面印证了旧时文人丰富多彩的精神文化生活。

二　以诗记诗，保存了当时文人的部分诗作

　　在《百怀人》诗作中，郑昌时有时直接引用其他友人的诗句，有时则在小注中加以补充说明。虽是鳞爪之言，亦可窥见出这些文人的诗歌及性情特点，比如陈宝诗："三世俱为行路客，何年始作故乡人？"（《陈赞府香埜》）写尽宦游人的无奈与辛苦；又如闺媛

①　陈泽芳：《从地方志史料看潮州书院教育与文化》，《中国地方志》2010年第8期。
②　陈泽芳：《从地方志史料看潮州书院教育与文化》，《中国地方志》2010年第8期。

张芬的《咏瓦鸡》诗："断尾尚知缄口稳，何劳风雨不平鸣？"咏物言志，别有讽喻，亦是佳作。再如陈鹤鸣开平学署题句云："万事磨人真似墨，一官着我只如棋。"比喻新奇，令人叹服。陈文萃诗："一春相送桃花水，两地交情竹叶杯。"也都是难得的佳句。此外还有整首全录的，比如宗廷楫自题诗《行乐》："人骑我笠名自可，人锦我褐不相左。个中心事个中明，子非我兮焉知我？"从诗歌内涵来看，这首诗不见得很高明，不过也足以见出作者孤傲的性情。类似的诗句转录还有很多，这些诗句串起了郑昌时的记忆，也都或多或少折射出创作者的精神世界和诗歌风格。旧时潮州文人中不乏才华横溢者，只可惜他们的诗作难以流传到后代，郑昌时的《百怀人》诗其实可以看成诗话的另一种形式，诗中的小注隐含着许多信息，也可以说从侧面对他们的诗风作出了客观评价，这些引录的诗歌有一部分也成为《韩江闻见录》的题材，以诗评的形式存在，比如卷七《缄口稳》等。

三　以诗记人，刻画出清朝文人的众生相

《百怀人》中所记诸人身份性情各异，其中有"五夜将雏守旧枝"的单亲父亲（《石秀才恭》）；有"黄金买妓赠知己"的豪爽文人（《朱明经晴云》）；有"人到衰年恋故乡"的宦游人（《陈学博梅林》）；有屡试不中怀才不遇的秀才（《宗秀才桂林》）；此外还有藏书家、书法家、画家等等，各有各的独特之处。有个别只是泛泛之交，但亦给郑昌时留下深刻的印象，比如在《李君》诗中，记录了一个素未谋面的潮阳人李君，他在郑昌时"遭事"之际施以援手，送了他三百文钱，并在雨中为他送行，可谓患难之交。还有一个楚人，特地过来拜访郑昌时，惜未见面就走了，只留下一些诗作，其中有佳句"月冷水声秋"，让郑昌时念念不忘。这些未曾深交的人物，偶然闯进郑昌时的生命中，却在他的脑海中留下深刻的记忆。《百怀人》记录了同时期的一大批文人士子的形象，折射出一个朝代的文人坎坷命运。尤为难得的是，这112个人物读起来竟无重复之感，个个性格鲜明，串联起来，俨然就是一幅旧时文人的精神画卷。郑昌时仅用短短28字，就将人物的形象勾勒出来，本意是怀人记事，却不经意间成为史传，记录了一些小人物的生活轨迹，如今这些小人物大半湮灭在历史中，却在郑昌时的诗中留存下来。对于这些怀人诗，郑昌时的表弟林永青曾题句云："诸公纸上须眉活，勿作诗看作史论。"[1] 可谓一语中的。

在语言艺术方面，《百怀人》中的七绝诗音调和谐，朗朗上口。因为郑昌时十分讲究格律，在《韩江闻见录》篇后就有两篇文章专门讲诗歌创作要点，一篇是《诗病说》，一篇是《诗学平仄说》。他提出"诗学重在音节，平仄其粗迹也"[2]。对诗歌拗调并不反对，而是认为拗调"越峭越逸"[3]。他自己的《百怀人》诗格律谨严，遣词造句费劲心思，他

---

① （清）郑昌时：《韩江闻见录》，上海古籍出版社，1995，第324页。
② （清）郑昌时：《韩江闻见录》，第366页。
③ （清）郑昌时：《韩江闻见录》，第227页。

在七绝的尾句好用景物做结，寄意深远，"是又于尽头处再作加倍写法"①。如"七屏山外碧云合，目断孤鸿挥素琴"（《陈上舍尧联》），"愁人岂独西窗烛，苦忆篝灯小院深"（《杨秀才日理》）等等，皆颇有余味，言有尽而意无穷。绝句难写就在结尾两句，而精于七绝的郑昌时对结尾的炼句更是精妙绝伦，令人叹服。

郑昌时在诗中还采用了多种表达技巧，或用典，或白描，或化用，或借景抒情，或直抒胸臆，语言质朴而意蕴深长。寥寥数语，或记交游，或抒感慨，或怀往事，或叙离别……皆情感真挚。虽偶有溢美之词，但多是寄托自己对长辈友人的崇敬怀念之情，不必苛求。相比于他的那些清新优美、闲适明丽的写景诗，《百怀人》诗中的人情味更浓厚些，更多了一份平实真诚。写完《百怀人》后，郑昌时意犹未尽，后来又再写了《知感诗》26 首，也是采用七绝的格式，补入了另外 26 个生平交游师友，追忆往昔，言辞恳切，哀而不伤，实为《百怀人》之续集。

从《百怀人》的小注来看，郑昌时一生至少经历过两次变故，一次是在甲子年，《百怀人》和《知感诗》中多次提到郑昌时甲子年"遭事"，至于何事，并未明言，只知道当时有前辈"为感激流涕者"（《黄郡博朴亭老师》），可见事情不小，惜史料并无记录。不过从庚寅年时郑昌时的父亲和弟弟曾遭他人诬陷（《邱公榕庄师》），和乙丑年时郑昌时曾"避榕江，俟白粮累之诬，未得旋梓"（《林秀才肃夫》）来推断，郑昌时当时可能是受到别人的诬陷中伤，蒙受不白之冤。第二次变故是甲子到乙丑年间，郑昌时先丧良师，后葬老父，甲子春对自己有知遇之恩的老师邢公过世，郑昌时"感痛颇深"（《知感诗》序言），内心起伏很大，两次做梦梦见老师；次年乙丑年初夏，郑昌时的父亲也过世了，其时内心凄楚，可想而知。这些情绪酝酿在一起，无处发泄，郑昌时只好"移情于砚北"（《百怀人》序），通过对往事故人的追忆，一方面寄托了自己对亲友的思念，另一方面则抒发自己内心的孤独凄苦之情以及命运坎坷的感慨。诚如《百怀人》的序言所说"遇竟穷人，诗曾工我"。这 112 首七绝诗，既是怀人，亦是述己，初无意于佳，而后乃佳，个中滋味，颇耐咀嚼，非知者难与言。

责任编辑：陈景熙

---

① （清）郑昌时：《韩江闻见录》，第 227 页。

饶钝盦先生学术年表初编

陈贤武[*]

摘　要： 饶锷（1889～1931），字纯钩，自号钝盦，潮州城内人。出身富豪之家，而无纨绔陋习。性嗜书，藏书、读书、著书为一生所好。本文通过对各类文献爬梳剔抉、相互考索、排比参证，尽可能详尽勾画谱主饶锷一生行迹，反映谱主的思想以及学术发展的道路。同时试图对当时社会的环境和学术界的空气作些鸟瞰式的观察。而对他如何培育国际汉学大家——饶宗颐，亦有所反映。

关键词： 饶锷　学术　年表　饶宗颐

清光绪十七年（1891 年）　一岁

先生名宝璇，小名见宣，又名锷，号纯钩。清光绪辛卯三月廿五日（1891 年 5 月 3 日）生于潮州城，排行第三。毕业于汕头岭东同文学堂、上海民国法律学校。[①]

饶氏为潮郡显赫大族，几经迁徙，由闽入粤。初居于大埔，后迁居于嘉应州松口铜盘乡；至十二世祖仕保公始来潮州浮洋乌石寨，迨十四世祖显科公（1753～1812）在台湾淡水经商致富后，方"移家郡城长养坊石狮巷口"。先是开设"源发染坊"，因为地方动乱，歇业回到乡下。动乱平息以后，又在城里下水门地方开设"顺发豆店"。[②]

祖父名良洵（十六世，1822～1898），号少泉，又号质庵，"中岁遭家娄艰贸易屡蹶，奔走南北，颠顿垂三十年。而公宽洪干济，终以信确见器同业，其后所入渐丰，则力为善举。"在城建宗祠，置立祀铺祭田。"凡遇军需、赈济、海防诸善举，乐为输将，虽千金

---

*　陈贤武，1971 年生，潮州市图书馆馆员，潮州市地方志办公室特约编辑。本文原载《第九届潮学国际研讨会论文集（工作本）》，马来西亚槟城，2011，第 401～415 页。2012 年 9 月略作修订。

①　饶锷修撰《潮安饶氏家谱》卷三《世表》，潮安大街斲轮铅印本，1921。
②　饶锷修撰《潮安饶氏家谱》卷七《家传》。

不少惜。大府奏叙，议奖候选州同，加同知衔，授奉政大夫。……恭遇覃恩，加一级诰封祖考显科公、考协华公皆朝议大夫。"①擅画。②

父名兴桐（1856～1926），字子梧，拥有潮安银行、荣成油行等产业，"得用是日渐充裕，十余年来颇以微赀见称乡里"，于光绪三十二年（1906 年）八月当选为潮州府商会第三任总理，至三十四年七月卸任③。光绪二十八年（1902 年），潮州城内流行瘟疫，尸体枕藉道路。遂集众资，创办潮州城最大慈善机构——集安善堂（位于潮州城太平路金聚巷），施棺收殓，救治济药，广布德泽，甚有众誉。初娶郑氏，继娶吴氏。④

有四子三女。

长子名瑀（1883～1927），小名见钦，字禹初，号墨笠道人，擅画，有《墨笠道人山水花卉画册》。娶蔡氏，继娶林氏，妾陈氏。⑤

次子宝球（1887～1921），小名见标，次名孺雄，字次云，晚号二如居士，曾至香港提苑书院习英文，精小学、工丝竹，著有《金刚经答问》。娶黄氏，继娶倪氏。⑥

三子即先生。以上为郑氏所出。

四子名宝瑚（1891～1945），小名见周，号楚章。生于清光绪辛卯七月二十日。娶邱氏。⑦

长女适城内甲第巷蔡见六。蔡见六（1878～1936），掌蔡泰泉银庄，清末资政大夫。1918～1920 年曾任潮安县商会副会长。书画兼擅。叔父蔡学渊。⑧

次女瑞云（1882～1942）适城内林笃夫。林笃夫（1871～1945），掌香港林万成纸行。父林镜湖曾任潮安县商会会长。⑨

季女适枫溪柯仲攀。柯仲攀名翮，上海民国法律学校毕业。清末曾任福建候补盐大使。民国后，历任各县教育实业科长，警察分所长、法庭书记官，航政专员，保卫局董

① 王延康：《少泉老叔台七秩寿言》，载《潮安饶氏家谱》卷八《艺文》。
② 丘玉卿、丘金峰编著《潮汕历代书画录·潮州市卷》，汕头大学出版社，1993，第 109 页。
③ 饶兴桐任潮州府商会总理的时间，据潮州市地方志编纂委员会编《潮州市志》，广东人民出版社，1995，第 1332 页；潮州市工商联合会编《潮州市工商联合会志》，潮州油印本，1986，第 7 页；潮州市商业局编《潮州市商业志》，潮州印本，1985，第 23 页；翁兆荣、许振声：《百年话商会》，载政协潮州市委员会文史编辑组编《潮州文史资料》第 19 辑，1999，第 51、54～55 页；等记载著录。然据饶锷《家严慈六旬双寿序略》："甲寅以耆年硕望，被选为潮州商会总理。"甲寅为 1914 年，与《潮州市志》诸书异。而诸书所载商会自 1902 年 1 月成立潮州府商会（总理），至 1912 年改为海阳县商会，1914 年又改潮安县商会（会长）至 1949 年 10 月，十七任正副负责人、助办、所属商号等，均有明确记录，姑录此存疑。又据民国时期潮安县城兆祥金铺少东袁奕光先生（现年 90）忆述，时潮安县城有"邢饶蔡，潮城居一半"之民谚。足见饶氏家族当时的经济地位。邢指以邢裕生银庄为首的邢氏家族，蔡指以蔡泰泉银庄为首的蔡氏家族。
④ 饶锷：《家严慈六旬双寿序略》《家严慈七秩晋一微言录》，载陈贤武、黄继澍整理《饶锷文集》，香港天马出版有限公司，2010，第 167～168、125～128 页。
⑤ 饶锷修撰《潮安饶氏家谱》卷三《世表》；饶锷、饶宗颐：《潮州艺文志·子部·艺术类》，上海古籍出版社，1994，第 280 页。
⑥ 饶锷修撰《潮安饶氏家谱》卷三《世表》；饶锷：《仲兄次云先生行述》，《饶锷文集》，第 110～113 页。
⑦ 饶锷修撰《潮安饶氏家谱》卷三《世表》；林逸民先生口述资料，2009 年 8 月。
⑧ 林逸民先生口述资料，2009 年 8 月；蔡乌宜女士（蔡儒兰女）口述资料，2009 年 10 月。
⑨ 林逸民先生口述资料，2009 年 8 月。

事。少随父柯松坡宦遊燕秦闽及二吴间，徜徉山水，故为诗多清逸潇洒，得陆放翁之遗。有《乍园诗》五卷，未付梓。平生作画尤佳。其祖柯振捷（斗南）是与澄海高楚香同时代在香港致富的潮商，时有"省城陈李济，枫溪柯成记"之誉。①

先生子五：福森、宗栻、宗愈（？—1945）、宗亮、宗震，女：丽春。

清光绪三十年（1904 年） 十四岁

本年，先生就读于汕头岭东同文学堂。

《复温丹铭先生书》：

> 忆曩者，当先生掌教鮀浦时，锷以童稚之年，负笈渡江，尝备门墙之列。②

吴鸿藻《饶锷传》：

> 君师事仲兄，朴学得其涂径。穷年屹屹，英华含茹，蓄而不宣。既而游学四方，进岭东同文学堂，又负笈海上，遂游大江南北。时风气大开，知非可徒域以古礼，思探科学新理，有所灌溉，以效忠社会。③

岭东同文学堂是 1901 年春，由当时杰出的教育家、诗人和爱国志士丘逢甲（1864～1912）联络了粤东开明士绅，在汕头创办的一所著名的民办学校。从学堂创办的动机、教习的聘用，到对学生的要求乃至教学内容、教学方法等，都以崭新的姿态展现在人们眼前。学堂的创办促进了科举制度的废除，并领导了时代潮流，在转移风气、启发民智、传播西方先进文化等方面起了很大的作用，培养了一大批时代人才。"岭东民气蓬勃奋发，国民军起，凡光复郡县，莫不有岭东人参与其间，皆此校倡导之力也。"④

温廷敬（1869～1954），字丹铭，号止斋，早年笔名讷庵，晚岁自号坚白老人，大埔百侯人。先后任韩山师范学堂教习，岭东同文学堂教务，惠潮梅师范学校（现韩山师范师院）校长，金山、回澜等中学及广东高等师范教席。1923 年后，任汕头《公言日报》主笔，大埔县修志馆总纂，汕头孔教会会长，广东通志馆总纂兼馆主任，中山大学名誉教授、文史研究所导师、硕士委员会委员，潮州修志馆顾问。著作 23 种，包括史学、金石、及自作诗文；编校辑佚 36 种，涉及古史、广东史志、潮汕地方文献。⑤

顽叟（陈梅湖）《故修职郎温丹铭先生传》：

---

① 郑国藩：《似园老人佚存文稿汇钞》卷四《柯松坡先生家传》，汕头印务铸字局，1935；红蕖文：《汕头画报》民国廿一年十月五日星期三，第 7 版。

② 饶锷：《复温丹铭先生书》，《饶锷文集》，第 70～71 页。

③ 吴鸿藻选编《潮州灵光集》卷六（钞本，1932 年）。杜平先生提供资料。

④ 丘复：《仓海先生墓志铭》，载广东丘逢甲研究会编《丘逢甲集》，岳麓书社，2001，第 954～955 页。

⑤ 温原：《温丹铭先生生平》，中国人民政治协商会议广东省汕头市委员会文史资料研究委员会编《汕头文史》第三辑，1986，第 102～116 页。

（光绪）二十九年癸卯，（温仲和）太史监督岭东同文学堂，延先生为教习。学堂设汕头，先生携家寓焉。专意探索中外古今异同，要以中学为体，西学为用。历五年，既靡学风以振，蔚为世用。潮嘉英俊，强半出同文。①

清光绪三十四年（1908 年）　十八岁

是年作《持静斋书目跋》，文见《天啸楼集》卷二。②

丁日昌（1823～1882），字禹生，又字雨生，丰顺人，落籍揭阳。曾以廪贡生参曾国藩幕，又为李鸿章延去主持上海机器局，为"洋务派"中的得力人物。历官至江苏巡抚、福建巡抚兼督船政，在外交事务上亦有建树。好藏书，成《持静斋书目》五卷，世比之范氏天一阁、黄氏百宋一廛。著有《丁禹生政书》《抚吴公牍》《百兰山馆诗集》等。③

清光绪三十五年（1909 年）　十九岁

本年，加入南社。④

南社是一个曾经在中国近现代史上产生重要影响的资产阶级革命文化团体，1909 年成立于苏州，其发起人是柳亚子、高旭和陈去病等。南社受孙中山先生领导的同盟会的影响，取"操南音，不忘本也"之意，鼓吹资产阶级民主革命，提倡民族气节，反对清王朝的腐朽统治，为辛亥革命做了非常重要的舆论准备。活动中心在上海。社员总数1180 余人。1923 年解体，以后又有新南社和南社湘集、闽集等组织。前后延续 30 余年。⑤

清宣统二年（1910 年）　二十岁

是年迎娶城内甲第巷蔡学渊次女。蔡氏（1893～1918），幼时敏静柔淑，略识文字，善治铖絺。事父母颇尽孝道，十八岁适先生，事舅姑亦以谨肃称。

岳父蔡学渊，字紫珊，清光绪十九年（1893 年）癸巳恩科举人，顺天中式。官承德郎、晋中宪大夫、户部贵州司主事。

岳母柯氏。⑥

清宣统三年（1911 年）　二十一岁

二月，仲兄次女阿圆（1907～1911）以痘夭折。作《圹铭》。⑦

《天啸楼藏书目序》："辛亥之变，余留滞鮀江，行箧所藏，尽沦兵火。"⑧

---

① 顽叟（陈梅湖）：《故修职郎温丹铭先生传》抄本，潮汕历史文化研究中心藏。

② 《饶锷文集》，第 45～48 页。

③ 赵尔巽等撰《清史稿》卷 448《列传二百三十五·丁日昌》，中华书局，1977，第 12513～12515 页。

④ 先生加入南社时间因资料缺乏，无从考证，仅见其名列郑逸梅著《南社丛谈·南社社友姓氏录》，中华书局，2006，似未亲身到上海参加聚会。

⑤ 郑逸梅《南社丛谈》。

⑥ 光绪《海阳县志》卷十五《选举表四》，潮州市地方志办公室、潮州市档案馆，2001，第 127 页；饶锷：《亡妻蔡孺人墓志铭》，载《饶锷文集》，第 113 页。

⑦ 《饶锷文集》，第 115～116 页。

⑧ 《饶锷文集》，第 23 页。

《柯季鹗诗集序》："辛亥之秋，清廷鼎革，余避乱家居，从事考据之学。"①

是年作《先大父少泉府君行状》《兄女阿圆圹铭》。②

民国元年（1912 年）　二十二岁

开始就读于上海民国法律学校。③

上海民国法律学校创办于 1912 年，在阐述其办学宗旨时宣称：民国成立，人人得享共和国之幸福，但欲做共和国民，"必先具有完全法治之常识，本校同人有鉴于此，首先组织民国法律学校……广设名额，专以法学知识为目的"，"使我国得备少数之学金，费最短之时间，而能增进各种法科之知识，以之保护私权，恢张公益，于民国前途影响甚大。"学校开办不久，"就学者甚众"，名额很快招满，后又分两次录取新生共 105 人，并于 9 月 1 日开学。但开学后前来报名者仍络绎不绝，至 9 月中旬已达 300 余人，于是学校又"议定以座位为限，满座即行截止"。学校校长为时刚卸任南京临时政府司法总长伍廷芳（1842～1922）。④

民国二年（1913 年）　二十三岁

4 月，与同学曾清河等同游杭州西湖。

曾氏有诗记其事：

> 癸丑孟夏四月初，饶子纯钩与我俱。
> 黄子乐卿亦同志，联袂共乘沪杭车。
> 偕往西湖作游客，梦想游湖匪朝夕。
> 图志携来互研求，选胜探幽随意适。⑤

> 忆昔来游西子湖，白云出岫有心无。
> 饱经胜地吴连越，遍涉名园张与愚。
> 海上华洋黄浦隔，江南大小楚山孤。
> 岳王陵庙钱王宅，吊客流连仰壮模。⑥

曾清河（1875～?），号啸秋，潮州城人。清末附贡生。上海民国法律学校毕业。曾任韩山师范学校法制国文教员，潮安县议会议员。著有《宿云楼诗钞》四卷及《宿云楼笔记》（参见《潮安敬慎堂曾氏家谱·综传》）。⑦

---

① 《饶锷文集》，第 36 页。

② 《饶锷文集》，第 105～110、115～116 页。

③ 吴鸿藻选编《潮州灵光集》卷六。

④ 《民国法律学校》《民国法律学校客满广告》《民国法律学校广告》，《民立报》1912 年 3 月 7 日、5 月 19 日、9 月 15 日，转引自李学智《民国初年的法治思潮》，《近代史研究》2001 年第 4 期，第 241、242、246 页。

⑤ 曾清河：《杭州西湖吟》，载曾清河《宿云楼诗钞》（稿本，民国）卷一。

⑥ 曾清河：《屯庵叠和多章，有我阵已布戟已列句，辞气激昂，大有齐桓责楚之意。作此以当届完乞盟言归于好云尔》，载曾清河《宿云楼诗钞》（稿本，民国）卷三。

⑦ 吴鸿藻选编《潮州灵光集》卷七。

民国三年（1914年） 二十四岁

本年，上海民国法律学校毕业，获法学士。①

《天啸楼藏书目序》："甲寅，屏居海上，于江浙旧藏，复别有所弋获。"②

是年改字钝钩为钝盒。

《钝盒号说》：

> 余于家法行辈，本名宝璇。稍长就学，名字迭更。最后肆业海上，始定名锷，而字之曰纯钩。纯钩，古宝剑也。盖余禀性柔懦，质复孱弱，惴惴然恒恐不足以自拔，故取字于剑，期振励于无形，抑亦欲异于世俗卿臣、山川、草木、泉石之谓以自别也。揭阳周次瞻者，积学笃行君子也。岁之癸丑，始与余定交，见余名字而异之。一日逢巡谓余曰：……子既名锷矣，锷于义为利，而复以古宝剑为字，揆之盈虚消息之理，锋芒得毋太露乎？余闻之，甚韪其言，由是有改字之意。……
>
> 越明年，余始有钝盒之号。③

是年成《奉天清宫古藏目录》④ 一书，《序》及《祝希哲书修禊序长卷跋》《远游词钞跋》。⑤

民国四年（1915年） 二十五岁

本年，应妹婿柯仲攀之请，为其母作《李夫人山水画册题后》。⑥

李夫人，名平香，潮安人。柯松坡侧室。柯松坡于1923年有《咏榴为李夫人忌日作》诗云：

> 廿年陈迹首难回，多子星房亦快哉。
> 金碗玉珠争献奉，西昆阿母笑容开。⑦

《李夫人山水画册题后》言其画"潇洒闲逸，神韵廓然，盖已深得六法之奥矣。始以为古名家之所为也，而不意出之闺阃弱女子之手。以闺阃弱女子而能为古名家之画，是古

---

① 吴鸿藻选编《潮州灵光集》卷六。

② 《饶锷文集》，第24页。

③ 《饶锷文集》，第130～131页。

④ 奉天清宫即沈阳故宫，作为清朝迁都北京之后的陪都，与北京故宫、热河行宫（承德避暑山庄）同为清代三大皇家宫廷文物收藏宝库。1913年底，北洋政府决定建立"古物陈列所"，于是下令徵调沈阳故宫和热河行宫所藏清代文物运至北京。1914年初，沈阳故宫的文物115199件，全部装箱运到北京。此后，这些宫廷宝藏几经辗转，分处数地，再未入藏沈阳故宫。详见卢立业《沈阳故宫九成珍宝文物惨遭流失秘闻》，《时代商报》2006年10月13日。先生《序》仅云："清亡，器出。好事者为录登报章，此卷又余从报钞出，铨次而别录之也。"无法考证出成书时间，姑附于此。

⑤ 《饶锷文集》，第55～56页。

⑥ 柯松坡撰《愚叟诗存》，载广东柯氏追远堂编纂委员会编《广东柯氏追远堂族谱》，广东柯氏追远堂编纂委员会，2008，第782页。

⑦ 柯松坡撰《愚叟诗存》，载广东柯氏追远堂编纂委员会编《广东柯氏追远堂族谱》，第782页。

名家之画，世所争为矜重，当不若闺阃弱女子之可贵难能。虽其生存时无赫赫之名，然其精神之所寄，历风霜水火终莫能掩也"①。

是年作《南疆逸史跋》②《李夫人山水画册题后》③《家严慈六旬寿序略》④。

民国六年（1917 年）　二十七岁

是年 8 月 9 日（农历丁巳六月廿二日），长子福森生。⑤

长子福森出生时，先生期待他能步武北宋 理学家周敦颐，所以又取名"宗颐"，字伯子；周敦颐曾在庐山创办濂溪书院，后世称为"濂溪先生"，所以宗颐又字伯濂。后改字固庵，号选堂，是国际著名汉学家，也是集学术、艺术于一身的大学者。季羡林称，饶宗颐先生在中国文、史、哲和艺术界，以至在世界汉学界，都是一个极高的标尺。学界誉为"亚洲文明的骄傲"⑥。

饶宗颐《宗颐名说》：

> 先君为小子命名宗颐，字曰伯濂，盖望其师法宋五子之首周敦颐，以理学劝勉，然伯濂之号始终未用。⑦

民国七年（1918 年）　二十八岁

2 月，为柯季鹗《诗集》作序。

先生识"季鹗姓名并其文章，至今几十年矣"，惜悭缘一面。于"今年春，仲攀折简邀游愚园。愚园者，观察公退居优游之所，季鹗日著书其中也。余以季鹗之故，遂往游焉。至则与季鹗相见，道平生，则皆大喜过望"。"会季鹗来索其稿，乃举其与季鹗为交之始末备书之，以为序。"⑧

柯季鹗，名翙，柯松坡第四子。日本明治大学法学士。历任潮安、东莞、顺德分庭监督检察官，潮梅筹饷局谘议，市政厅秘书。⑨

5 月，妻蔡氏病故，年仅二十六岁。附葬于花园乡祖母刘氏墓之侧。⑩

是年作《柯季鹗诗集序》《与陈芷云书》《亡妻蔡孺人墓志铭》。⑪

陈龙庆（1868～1929），字芷云，晚年自号潜园老人。"先世著籍海阳。甲寅之乱，君父避地澄海蓬洲所，因两籍焉。"未弱冠补博士弟子员，曾七上秋闱，以岁贡生任福建

---

① 《饶锷文集》，第 55～56 页。
② 先生所跋为 1915 年由上海国光书局铅印 40 卷本。因从跋中未能考定作于何时，姑附于此。
③ 《饶锷文集》，第 55～56 页。
④ 饶锷修撰《潮安饶氏家谱》卷八《艺文·寿序》。
⑤ 饶锷修撰《潮安饶氏家谱》卷三《世表》。
⑥ 网络资料：国务院参事室网站，www. counsellor. gov. cn。
⑦ 饶宗颐：《固庵文录》，辽宁教育出版社，2000，第 206 页。
⑧ 《饶锷文集》，第 35～37 页。
⑨ 《似园老人佚存文稿·柯松坡先生家传》。
⑩ 饶锷：《亡妻蔡孺人墓志铭》，《饶锷文集》，第 113～114 页；《潮安饶氏家谱》卷四《坟茔》。
⑪ 《饶锷文集》，第 35～37、80～83、113～114 页。

府经历之职，未久辞去。与丘逢甲等在汕头合办《岭东日报》，任主笔。1904 年，在家乡创办瀹智两等小学兼师范讲习所、毓智女子师范，名噪一时。办学之余，致力于诗文书画，著有《潜园老人诗稿》《百怀诗集》。郑国藩评曰："声韵格律近晚唐，……君才素捷，每有作援笔立就，时人比之斗酒百篇。"[1]

民国八年（1919 年） 二十九岁

本年续娶继室王文伟。王氏时二十一岁，潮安庵埠仙溪人。父亲王乾初，母亲陈氏。王氏"先世家邑西南之青麻山，乾隆中始迁其居而卜宅于仙溪，传四世有讳德材者，以货殖起其家。有子四人，皆多能善贾。其长尤勤挚，是为乾初先生"[2]。

民国九年（1920 年） 三十岁

本年受聘为广东省立第二师范学校国文教员。

《清诰授武德骑尉翁公墓志铭》："今年始（与翁辉东）共事惠潮梅师范学校。"[3]

10 月 8 日（农历八月廿七日），于内弟蔡剑秋斋头获观郑雨亭《吾心堂临古帖》四册，为之跋尾云："雨亭临古，今日射雕手也。叹服叹服。"[4]

郑润，字润之，号雨亭，清海阳（今潮州）人。以书画二绝擅名于世。清乾隆二十九年（1764 年）大书法家翁方纲任广东学政，督学潮州，在一柄折扇上写诗赠邑中某位绅士，郑润见到后即摹写于扇上。第二天，绅士持郑润摹写的折扇给翁方纲看。翁几乎不能辨认，因即微服访郑润而成为艺友。翁回北京后，逢人说项，大赞郑润的书法。郑的书名随之鹊起。《吾心堂临古帖》系其在清乾隆四十七年（1782 年）临摹《宣示表》《兰亭序》《曹娥碑》《乐毅论》《圣教序》等共 12 篇法书拓本之作，后附翁方纲、孙士毅等人跋，江阴孔瑶山刻板行世。[5]

是年作《郑蕃之文稿序》《吾心堂法帖跋》《少泉公祠堂后记》《饶氏得姓考》[6]；《先祖少泉公像赞》[7]；《清诰授武德骑尉翁公墓志铭》[8]。

民国十年（1921 年） 三十一岁

2 月 4 日，次子宗栻生。

饶宗栻（1921～2007），先生期待他能步武南宋理学家张栻。又别名铸，笔名金寿。曾任潮州市戏剧家协会、市音乐家协会、市民间音乐团顾问。[9]

本年，主修兼撰述的《潮安饶氏家谱》由潮安大街鼘轮铅印行世。书分九卷：总纲、

---

① 《似园老人佚存文稿·故福建府经历岁贡生陈芷云先生传》。
② 饶锷：《王母陈太夫人诔》，《饶锷文集》，第 103 页。
③ 翁辉东编《翁氏家谱》卷七《墓志铭》，出版者不详，1926。
④ 饶锷、饶宗颐：《潮州艺文志》，第 271～274 页。
⑤ 饶锷、饶宗颐：《潮州艺文志》，第 270～274 页。
⑥ 《饶锷文集》，第 37～39、52～55、96～99、131～135 页。
⑦ 《潮安饶氏家谱》卷八《艺文·赞》。
⑧ 翁辉东编《翁氏家谱》卷七《墓志铭》。
⑨ 汕头市艺术研究室编《潮州音乐人物传略》，中国戏剧出版社，1999，第 262～263 页；林逸民先生口述资料，2009 年 8 月。

遗像、世表、坟茔、祠宇、蒸业、家传、艺文、丛录,郑国藩序。①

郑国藩(1857~1937),字晓屏,号似园老人,祖籍普宁,后迁居潮州城。清光绪年间拔贡。曾执教于汕头岭东同文学堂、潮州金山书院等,1918 年出任广东省立金山中学代理校长。历任教席 30 余年,受业者前后千数百人。擅诗文,有《似园文存》行世。②

是年作《心经述义序》《柯季鹗诗集序》《钝盦号说》。③

民国十一年(1922 年)　三十二岁

本年,创立诗社——瀛社于潮州。

高吹万《答饶钝钧书》称:"执事奋志天南,中流一柱,学能救国,其道斯宏。瀛社之立,厥功甚伟。"④

先生《壬社序》:"不佞十年前亦尝有瀛社之倡,顾以号召力微,学又不逮,故曾未几时,而应者多翻然引去。"⑤

本年,长子宗颐开始阅读古典小说,特别是武侠小说,并开始师从蔡梦香习书法。⑥

蔡梦香(1889~1972),又名兰生,潮州城人。上海民国法律学校毕业,后来南渡重洋,先后在马来西亚和新加坡执教。工诗文、擅书画。他的一张山水扇面被同为书画名家的王显诏看到,王以一张墨竹求换,并言"梦老既善山水,予不能不作恽南田之避",可知其山水画造诣之高。诗亦佳,诗书画融为一体。⑦

饶宗颐忆述:

> 伯父是个画家,又是收藏家,收藏的拓本、古钱,数量多达千种。可以想见,我小时候成天就接触这些东西,条件是多么好!现在的大学生,毕业了,都未必有我六七岁时看到的东西多。而且,一般的士绅家庭、书香门第,还不能有这样的条件。……
>
> 可以玩的东西很多,按理说,似乎可以造就出一个玩物丧志的公子哥儿出来,但是我终于还是成了一个学者,其中很重要的一个原因,是我父亲的影响。……
>
> 六七岁以前,酷嗜武侠神怪书籍,平江不肖生的书都看了。读武侠书不仅可以增加历史知识,而且有助于写作,因为有很多的 image。我现在还是认为文学中小说是最难研究的,其中的名物考释远远难于史书。不过最喜欢读的一部书,是《封神榜》,怪、力、乱、神四字中,最引我入胜境的正是"神"。这个"神"是神话中的

---

① 饶锷修撰《潮安饶氏家谱》(潮安:大街斯轮铅印本,1921 年)。

② 《似园老人佚存文稿汇钞》卷四《尘外尘居士传》;陈俊燊主编《潮州市文化志》,《潮州市文化志》编写组,1989,第 290 页。

③ 《饶锷文集》,第 19~20、35~37、130~131 页。

④ 高铦、高锌、谷文娟编《高燮集》,中国人民大学出版社,1998,第 427 页。

⑤ 《饶锷文集》,第 43 页。

⑥ 王振泽:《饶宗颐先生学术年历简编》,香港:艺苑出版社,2001,第 4 页。

⑦ 蔡梦香先生书画诗集编辑委员会编辑《蔡梦香先生书画诗集》,新加坡:南海印务(私人)有限公司,1979,第 4~6、140 页。

"神"，不是最高主宰的"神"，也不是神仙的"神"。我喜欢历史，也喜欢神话，历史求真的东西，神话求假的东西，这两样东西都给了我的少年时代很大的享受。我的身上一直追求这两种享受的冲动。七八岁时，我差不多写成了一部小说，叫《后封神》，有点像现在金庸写的这些各路英雄豪杰，可惜没有留下来，不然真是有点意思。……①

是年作《浮白山馆记》，文见《天啸楼集》卷三。②
民国十二年（1923 年）　三十三岁
本年再度受聘为广东省立第二师范学校国文教员。③
本年，时掌汕头总商会会政、南社成员的蔡竹铭，就结"壶社"偕友清吟，从游日众，以诗相投者半天下。先生应邀入社。④
蔡竹铭（1865～1935），字卓勋，自号瀛壶居士，曾署室名吹万室，澄海西门人。光绪二十四年（1898 年）岁贡，曾就读于广州广雅书院。历主澄海县文祠暨其所属之同善祠，1911 年为澄海县署文牍长。1920 年后，到汕头定居，去儒学贾。1924 年冬，其六十寿辰时，广集诗文画，梓有《瀛壶居士六十徵画》《蔡瀛壶遐龄集》。著有《小瀛壶仙馆文钞》《小瀛壶仙馆诗钞》《闲闲录》《小瀛壶仙馆别集》等。⑤
撰著的《慈禧宫词百首》有印本行世。⑥
是年作《曾氏家谱序》，文见《天啸楼集》卷一。⑦
《潮安敬慎堂曾氏家谱》不分卷，为曾清河所修，民国十八年（1929 年）石印刊行。⑧
民国十三年（1924 年）　三十四岁
是年，潮安县商会将换届改选，银行界为争夺会长"宝座"，竞争激烈。当时角逐双方，一是以饶纯钩为代表的饶氏一派，拥有潮安、锦益（址均在东门头）、川英（三家巷）、承安（三家巷口）四家银行的实力。一是以邢叔珩为代表的邢氏一派，拥有邢裕生银行、邢瑞合纸行、邢佑合兴宁行的实力。双方势均力敌，旗鼓相当。遂各自向各中小行业展开拉票活动，世称此届改选为"银牛斗角"。

---

① 饶宗颐述，胡晓明、李瑞明整理《饶宗颐学述》，浙江人民出版社，2000，第 1、2、5 页。
② 《饶锷文集》，第 93～94 页。
③ 韩山师范学院民国档案卷 367，第 14 页："教员一览表，民国□□年五月广东省立第二师范学校报告"："姓名：饶锷　籍贯：潮安　履历：上海民国法律学校毕业　职务：国文教员　薪俸数目：月薪五元　到校年月：民国十二年□月"。
④ 吴承烜编《蔡瀛壶遐龄集》卷首，铅印本，1924。
⑤ 芮诒埙：《蔡竹铭小传》，载中国人民政治协商会议广东省汕头市委员会文史资料研究委员会编《汕头文史》第十辑，1991，第 51 页；陈琳藩：《民国汕头诗社"壶社"主将蔡竹铭》，《潮汕少年周刊》2007 年 2 月 14 日。
⑥ 《潮州艺文志》，第 628～630 页。
⑦ 《饶锷文集》，第 20～22 页。
⑧ 曾清河修《潮安曾氏家谱》（卷端题《潮安敬慎堂曾氏家谱》，石印本，1929 年）。

竞选结果，邢叔珩以多一票的微弱优势，荣任第六任会长，许杰曹为副会长。饶纯钩因一票之差落选，后经地方人士作"鲁仲连"，对双方进行斡旋，补选为商会公断处长。此届因竞选费去时日，延至1925年始克换届。①

2月，为友人蔡梦香妻室冯素秋作《传》。②

冯素秋（1894～1924），字菊芳，原籍浙江仁和县人，父冯孝根宦潮，遂落籍潮之庵埠。与长兄印月、弟瘦菊俱以诗知名当世，细妹即"左联五烈士"之一冯铿（1907～1931）。十九岁适蔡梦香，从事教育工作十余年。有遗稿《秋声》二卷，未付梓，日寇陷潮，遭丧失。③

8月7日，汕头蔡竹铭编印壶社《同人姓名录》，先生名列潮安组。④

9月8日，先生早年在岭东同文学堂的老师温丹铭由汕来潮过访，感先生才华出众，遂赠诗并序：

> 赠饶君纯钩并序
>
> 纯钩，余分教同文学堂时学生也。近数年来，见其所作古文辞深合义法。今岁以创《国故》月刊，故来书通问。秋仲之潮，因造访焉。款留深谈，出所著《〈佛国记〉疏证》、《王右军年谱》相质，详审精博，盖文人而兼学人矣。喜赠以诗。
>
> 义安开郡后，千载得斯人。⑤ 积学金输富，能文璧等珍。
>
> 山原无择壤，道岂限传薪。⑥老我伤迟暮，摩挲两眼新。

先生亦有《次韵丹铭先生见赠之作》和以五律一首。⑦

先生尝言：

> 平生所最欣慕心折者二人，于师得大埔温先生丹铭，于友得金山高先生吹万两先生者，皆善为文辞，以学行推重一世。⑧

本年，应金山高吹万之约，为其合家欢图作《记》。⑨

高吹万（1879～1958），名燮，字时若，别号吹万居士，晚署葩翁、退密老人，江苏

---

① 详见《潮州市志》第1329页，《潮州市工商联合会志》第3页，潮州市商业局编《潮州市商业志》第16页，翁兆荣、许振声《百年话商会》，载《潮州文史资料》第19辑，第15～16页。

② 《饶锷文集》，第116～119页。

③ 《饶锷文集》，第116～119页；蔡梦香：《蔡梦香先生书画诗集》，第68～69页。

④ 吴承烜编《蔡瀛壶退龄集》卷首，铅印本，1924。

⑤ 作者自注：吾潮向但有诗人、文人，而无学人；宋明义理之学，尚可得数人，若考证则绝无矣。

⑥ 自注：君独学深造，不由师承。

⑦ 温丹铭：《三十须臾吟馆诗续集五》（稿本），汕头市图书馆藏。

⑧ 饶锷：《温太师母江太孺人九秩开一寿序》，载《饶锷文集》，第121页。

⑨ 《饶锷文集》，第91～93页。

金山（今属上海）人。早年即有攘满兴汉思想。1909 年发起组织"寒隐社"，数月后南社正式成立，"寒隐社"成员绝大多数加入南社，故被人称为"南社三巨头"之一。1918 年，柳亚子辞去南社主任一职，众社员推举为盟主，再三辞谢，方由姚石子担任。但从南社成立之始，到南社解散，始终参与日常活动的主持工作。1912 年夏，发起成立"国学商兑会"，并出版《国学丛选》18 集。一生从事古物保护、地方修志，收集古籍和诗词创作。建国后将自己多年来收藏的数百种《诗经》版本捐献给上海复旦大学。创作和编辑的著作多达百种，代表作有《吹万楼文集》《吹万楼诗集》《吹万楼日记节钞》《诗经大义》《谈诗札记》《庄子通释》《感旧漫录》《愤悱录》《闲闲集》等。①

10 月，编著的《潮州西湖山志》十卷二册列"天啸楼丛书之一"，由瀛社发刊，潮安梁永昌印刷所承印，青年书店总发行。樊增祥、于右任题签，温丹铭、丘复、王弘愿序，蔡心觉跋。②

樊增祥（1846～1931），清末民初文学家。字嘉父，号云门、樊山、天琴，湖北恩施人。清光绪三年（1877 年）进士，官至陕西布政使，权署理两江总督。入民国，曾任参政院参政，兼清史馆事。是近代晚唐诗派代表诗人，"生平以诗为茶饭，无日不作，无地不作"，诗稿达三万首。有《樊山全书》。其书法，墨色浓墨丰润，用笔俊朗，自然流畅。③

于右任（1878～1964），原名伯循，字右任，号骚心，以字行，陕西三原人。长期任职于国民党政府，官至监察院院长。但作为书法家的名声，超过了作为政治家的名声。而书法艺术最引人注目的成就，就是创立"标准草书"，于 1932 年在上海发起成立了草书研究社。他广泛搜集前人的优秀草书作品，集字编成《标准草书千字文》，而后自己又手写一遍，刊印行世。④

丘复（1874～1950），号荷生，福建上杭人。光绪丁酉举人，南社诗人。曾发表诗文多篇，鼓吹民主革命，1913 年被选为福建省议会议员。1916 年选为全国参议院候补议员，1924 年初为议员。以不耻曹锟贿选，南返广州孙中山先生大元帅府，任参秘工作。1925 年任梅州嘉应大学教授。1941 年在家乡创办私立明强中学，任董事长兼校长。著有《念庐诗稿》《念庐文集》等。1918 年曾任潮州汀龙会馆福娄纸纲商务，1935 年在会馆设立汀龙小学。⑤

王弘愿（1873～1937），先名师愈，号慕韩，皈依佛法后改名弘愿，号圆五居士，潮州城人。光绪二十五年（1897 年）廪生。曾在金山中学堂任教八年，民国初年任校长。不久辞职，与谢安臣同主汕头《汉潮日报》笔政。后又复归金山中学堂任教并兼名誉顾

---

① 高铦、高锌、谷文娟编《高燮集》；张军：《高吹万与〈吹万楼文集〉》，《收藏》2009 年第 9 期，第 114～116 页。
② 饶锷编著《潮州西湖山志》，潮安瀛社，1924。
③ 参见辞海编辑委员会编纂《辞海》（第六版缩印本），上海辞书出版社，2010，第 464 页。
④ 参见辞海编辑委员会编纂《辞海》（第六版缩印本），第 2311～2312 页；于右任编著《标准草书》，上海书店，1983；钟明善编《于右任书法选》，人民美术出版社，1991。
⑤ 丘琼华、丘其宪编译《丘荷公诗文选》，香港天马图书出版有限公司，2005。

问。四十岁时因读《华严经》而开始信佛。1919 年译日本权田雷斧大僧正所著《密教纲要》，并寄呈权田雷斧。1924 年 6 月，权田雷斧偕小林正盛等共十二人来潮弘传密法，特受两部传法灌顶，得遍照金刚密号，绍真言宗第四十九世传灯大阿阇黎职位。同年在居所（今城内义安路新街头圆五居）创"震旦密教重兴会"，招募会员，开坛灌顶，讲演教义，刊行经籍。创办《密教讲习录》（双月刊）。1926 年东渡日本，谒权田雷斧。三度在广州六榕寺解行精舍开坛灌顶，受法者颇众。1934 年在汕头创办"汕头密教重兴会"，并编行《世灯月刊》。颇有社会影响的《佛教日报》在其入寂后发文，称其"以居士为当代传承密教得阿阇黎位之最初第一人"。被称为"南中国弘密之泰斗"。①

本年，为文贺柯松坡先生七十寿序，《镜湖先生蓄须文》有云："季妹之舅柯松坡先生，当寿七十时，其文亦锷为之"②。文今不传。

柯松坡（1855～1925），原名欣荣，字君锡，以号行，海阳（今潮州）枫溪人。以附贡生出身，"诰授荣禄大夫，赏戴花翎，钦命二品顶戴，钦加盟军使衔，直隶即补道，福建、湖北补用道，军机处存记，署天津府，权天津道事，直隶尽先补用知府，兵部武选清吏司郎中。"擅书法，能诗词，有《愚园诗存》传世。③

本年，长子宗颐就读于县城城南高等小学。④

是年成《〈佛国记〉疏证》《王右军年谱》二稿（未刊）⑤；创《国故》月刊于潮州；作《潮州西湖山志自序》《复温丹铭先生书》《高先生合家欢图后记》《冯素秋女士传》《编辑西湖山志竟漫题绝句四首》，文、诗见《天啸楼集》卷一、二、三、五⑥；《贺蔡瀛壶居士六十寿辰》诗见《蔡瀛壶遐龄集》。⑦

民国十四年（1925 年）　三十五岁

先生有感乡邦文献之凋残，又因郡县旧志于先贤著作，虽有载述，但多疏漏舛驳，不足以裨考证而资表彰，于本年始着手大索遗书，钩稽排纂，拟补辑光绪《海阳县志·艺文略》。⑧

本年，友人佃介眉辑录历代所篆印章百余方，自编成《宝籀斋印存》。先生为所廿九韵长歌《题佃介眉宝籀斋印存》代序。⑨

佃介眉（1887～1969），名颐，又名寿年，号获江居士，潮州城人。潮州金山中学堂首届学生，潜心研读经史诗文，书画篆刻精湛，人称"凤城才子"。从事文学书画教育五

① 陈历典撰：《圆五居士王弘愿先生之历史》，载王弘愿著述、于瑞华主编《密教讲习录》五，华夏出版社，2009，第 52～54 页；郑群辉：《佛教在潮汕》，潮汕历史文化研究中心，2000，第 87～90 页。
② 吴鸿藻选编《潮州灵光集》卷六。
③ 《观察公履历记略》，载《广东柯氏追远堂族谱》，第 778 页。
④ 《饶宗颐先生学术年历简编》，第 5 页。
⑤ 温丹铭：《赠饶君纯钩并序》，载《三十须臾吟馆诗续集五》。
⑥ 《饶锷文集》，第 25～27、70～73、91～93、116～119、150 页。
⑦ 《蔡瀛壶遐龄集》卷四《七律》，第 13 页。
⑧ 饶宗颐：《潮州艺文志序二》，载《潮州艺文志》，第 1～2 页。
⑨ 佃锐东：《佃介眉先生年表》，载朱万章、佃锐东编《佃介眉先生纪念文集：纪念佃介眉先生诞辰一百二十周年》，文物出版社，2007，第 247 页。

十多年，学生遍于海内外。有《亦是集》《佣介眉画集》《宝籀斋印存》等行世，后人佣锐东主编有《佣介眉艺术丛书》十六种。①

本年，长子宗颐已能阅读《通鉴纲目》《通鉴纪事本末》等古籍，《通鉴辑览》读竣。②

是年作《韩社题名录序》《王母陈太夫人诔》《题佣介眉宝籀斋印存》。③

民国十五年（1926 年）　三十六岁

本年，父亲子梧、长兄禹初相继病逝，出掌饶氏家族生意。同学胡孔昭来书慰藉，先生有书答之：

> 先子服未周期，家兄又奄尔下世。数月之间，死丧相接，百务集于一躬，彷徨莫知所措。……自念秉质柔懦，羸躯多病，其能支延至今，不猝填委沟壑者，盖赖家有长君撑柱门户。俾锷小子得以优游岁月，浸润于道艺之林，涵泳乎养生之域。……孰料天降鞠凶，既夺我灵木，复折我荆枝。盖我同母兄弟三人，今惟锷一人存耳。老母今年七十余，吾子吾侄皆孩提幼稺，未克成立。……是以自先子即世以来，夙夜兢兢，惟覆悚之是惕手无握握，惟牙箸目无觊觎，惟簿籍终日营营，迄无宁晷，欲求如往时之逍遥自适，纵吾意读吾书，不可得矣！④

胡焕然（1880~1929），字孔昭，潮安人。清末秀才。上海民国法律学校毕业。曾任潮安商会坐办，县承审员，兴宁、龙岩等县总务课长，两淮盐运使总务。⑤ 与先生同学，先生言"忆曩者受学沪江，同舍十余人，惟兄于我最厚，扶掖涵青无所不至，亲暱之情有逾骨肉"⑥。

同学曾清河有《讯纯钧》诗劝之：

> 两次飞筯没一诗，几番酬唱无一字。
> 埋头子母苦经营，只识银行五寸二。
> 寄语纷心利禄者，内省返观毋猶预。
> 一年又是好秋光，洗尽尘土明心智。⑦

先生以《呈宿云兼示梦蝶》答之。⑧

吴鸿藻《饶锷传》：

---

① 朱万章、佣锐东编《佣介眉先生纪念文集：纪念佣介眉先生诞辰一百二十周年》。
② 《饶宗颐先生学术年历简编》，第 6 页。
③ 《饶锷文集》，第 40~42、102~105、142~143 页。
④ 饶锷：《答胡孔昭书》，《饶锷文集》，第 64~65 页。
⑤ 吴鸿藻选编《潮州灵光集》卷七。
⑥ 饶锷：《答胡孔昭书》，《饶锷文集》，第 64~65 页。
⑦ 《宿云楼诗钞》卷三。
⑧ 吴鸿藻选编《潮州灵光集》卷六。

　　既受法学得业士矣，旋承潮安商会选任商事公断处处长。人谓君应时干才，而于古学之湛深，莫之知也，君亦未轻以示人。……顾自壮岁而仲兄殁，越数年而发妻殁，父与长兄又未周期而相继殁，君迫于环境，家计商务交集，体益瘦，而神志不衰。①

　　本年，作《镜湖先生蓄须文》，略云："夫年进而须必加长，此生理之固然也。故视其须之短长黑白，可以卜其年之老少盛衰。有老而疏髯者矣，未有须苍苍而不高寿也。故尝私论世之祝难老者，与其颂年，莫若颂须，与其举觞于降诞之辰，莫若称庆于蓄须之日，为较别且趣。锷持是说人，而闻者辄非笑之，独吾二妹之舅林镜湖先生，则深韪余言。先生适于今年蓄须，顷命妹夫笃夫来索余序。锷自遭先子之痛，神志颓敝，终身更不为祝寿之文。故于先生命，逊谢再三，而笃夫则固以请。因念锷有异母女兄弟共三人，姊适城南蔡氏，往者尝为其姑石太夫人寿序，而季妹之舅柯松坡先生，当寿七十时，其文亦锷为之，独先生六十称寿，未尝见于余文，且先生今欲余言者，乃蓄须之文，非祝寿之文也。蓄须为文，于古无徵，有之实自锷始。"②

　　林镜湖（1856～1935），潮安城内人。于东门街经营林洽盛海味行，清末六品官衔，赏戴蓝翎。1912～1918年出任潮安县商会首届会长。③

　　本年，先生将所居之楼名为"天啸楼"。④

　　本年，长子宗颐已能诵史论多篇，并历阅经史佛典、古代诗文辞赋。⑤

　　饶宗颐忆述："我能记住一些东西，还不是小时候给溪擘出来的。"⑥

　　是年作《昼锦堂诗集序》⑦《家严慈七秩晋一微言述》《闻王慕韩先生将游海上走笔奉赠兼以志别》⑧《呈宿云兼示梦蝶》⑨《镜湖先生蓄须文》⑩。

民国十六年（1927年）　三十七岁

　　本年，先生将所藏书籍，重加整理，加以区分位置，而庋一楼，并编撰成《天啸楼藏书目》二册。⑪

---

① 吴鸿藻选编《潮州灵光集》卷六。
② 吴鸿藻选编《潮州灵光集》卷六。
③ 林逸民先生口述资料，2009年8月；《潮州市商业志》，第23页。
④ 饶锷：《天啸楼记》，《饶锷文集》，第87页。
⑤ 《饶宗颐先生学术年历简编》，第6页。
⑥ 曾楚楠：《即之弥近 仰之弥高——从饶宗颐教授问学琐记》，潮州市地方志办公室编《走近饶宗颐》，2005，第51页。
⑦ 《昼锦堂诗集序》有翁子光"近又倡修《翁氏族谱》，皆刊行于世"。《翁谱》成书于1926年，故姑附此。翁承赞，字文尧，闽人。唐乾宁二年（895年），登进士第，又擢宏词科，任京兆府参军。唐天祐元年（904年），以右拾遗受诏册王审知为王。后梁开平四年（910年），复为闽王册礼副使，寻擢谏议大夫、福建盐铁副使，就加左散骑常侍、御史大夫。留相闽卒。有诗一卷。
⑧ 郑国藩《王弘愿〈东游吟草序〉》："丙寅夏仲，复横绝黄海，请益大师。同人多为诗送。"
⑨ 《饶锷文集》，第27～28、125～128、148页。
⑩ 吴鸿藻选编《潮州灵光集》卷六。
⑪ 饶锷：《天啸楼藏书目序》，《饶锷文集》，第22～25页。

是年作《感旧诗存序》《天啸楼藏书目序》《答胡孔昭书》。①

民国十七年（1928年）　　三十八岁

5月，作自寿诗。

先生《生日戏作效伏敔堂体》："去年初度日，曾作诗自娱。"② 诗未寓目。

本年，购得孙诒让《温州经籍志》。因爱其体例详审，遂有编辑潮州府九邑《艺文志》之愿。乃专心网罗潮州历代先贤著述，旨在考究一方学术潮流，表彰乡贤事迹的《潮州艺文志》，计划成书三十二卷，自唐代赵德以下至近代，博采古今潮人著述千余种。

> 居今之世而言整理国故，涂径虽不一端，而一邑当务之急则莫先于征文与考献，其在吾潮尤不容或缓者。……前年购得孙诒让《温州经籍志》，爱其详博，于是复有编辑九邑《艺文志》之愿。③

孙诒让（1848～1908），字仲容，号籀廎，浙江温州瑞安人。与俞樾、黄以周合称清末三先生，有"晚清经学后殿""朴学大师"之誉。著有《周礼正义》《墨子闲诂》等35种，其中《契文举例》是第一部研究甲骨文的著作。④

孙诒让的《温州经籍志》，是记载自唐至清道光年间温州人或有关温州之著述的一部目录专著。收书1759部，分类遵照四部，子目参照四库总目。每书之下，采录原书序跋以及前人的评议识语，而后提出自己的见解，以申发其精奥，订正其讹误。全书网罗宏富，体例谨严，作者费时八载，于光绪五年（1879年）才写定，至1921年由浙江省图书馆予以刊印。以后各郡邑纷起撰著地方艺文，实由此书导夫先路，成为近代地方文献之祖。⑤

本年，长子宗颐师从杨栻习绘画山水、花卉。

饶宗颐《题任伯年〈纨扇集锦册〉》：

> 忆十二岁时，从金陵杨寿枏先生学山水，其尊人筱亭翁，亦山水名家，最昵于任氏，酬赠至富。杨家藏任画，无虑百十数，皆供余恣意临写。⑥

杨栻（1886～1963），号寿枏，又号梦隐居士，祖籍江苏上元（今南京），生于潮州。

---

① 《饶锷文集》，第17～18、22～25、64～66页。

② 饶锷：《生日戏作效伏敔堂体》，《饶锷文集》，第144～145页。

③ 饶锷：《与蔡纫秋书》，《饶锷文集》，第61～62页。蔡秋农（1883～1954），原名蔡鹭云，字纫秋，澄海县城西门人。早年投身反清革命活动，为同盟会会员。曾参加北伐和东征。1919年、1926年，先后任文昌和饶平县长。在任期间，整肃政治，深为当地人民拥戴。1923年，在广州参加创建广东大学（中山大学前身），1932年重返中山大学，任文学院中文系教授，对诸子学素有研究。蔡秋农传详见澄海县地方志编纂委员会编《澄海县志》，广东人民出版社，1992，第875页。

④ 孙诒让：《温州经籍志》，温州文献丛书，上海社会科学院出版社，2005，第1～2页。

⑤ 孙诒让：《温州经籍志》，温州文献丛书。

⑥ 《固庵文录》，第156页。

诗书画医俱擅。①

是年 4 月作《心经述义序》。②

民国十八年（1929 年）　三十九岁

本年为外甥蔡儒兰诗集《南园吟草》作序。③

蔡儒兰（1903～1970），字楚畹，见六长子，曾任潮安县第三中心小学、培英小学校长，1949 年 12 月后任潮安县商改组筹备委员会副主任、县城关镇工商业联合会筹备委员会（均潮州市工商联前身）秘书长。与妻郭瑞珊（1903～1982）同入蔡竹铭主持的壶社，郭氏还是由郑振铎、茅盾发起创立的上海文学研究社会员，均工诗擅画。仲弟蔡狂父（儒英）亦工诗擅画。④

《南园吟草》为蔡儒兰夫妻诗集，除先生序外，尚有高吹万、戴贞素序。

高吹万《南园吟草序》：

> 其曰南园者，蔡生夫妇侍其椿萱之小筑也。……今蔡生之刊是集也，不特为闺房之唱随，更以博高堂之欢笑。⑤

11 月，辟建的天啸楼落成。楼共三层，最顶层书室名为"书巢"，储书十万余卷，成为当时粤东最负盛名的藏书楼。

邱汝宾《蕉窗随笔》载：

> 潮州晚近藏书家，推约园王少筠之约园、饶纯盦之莼园，皆过万卷。⑥

吴鸿藻《饶锷传》载：

> 会道丧文敝，时论喧呶，君愍国学凌夷，以求阙文、补漏逸为己任。罄其囊资，网罗群籍，以故藏书富甲一邑。殚精著述，抗志远希，貌癯而心壮。晚辟莼园，筑天啸楼于左，琳琅满目，谓将乐此不疲。⑦

翌年，延请陈景仁书楼名，郭餐雪撰书楼联：

① 陈贤武：《潮籍书画名家杨寿枏事略》，载政协潮州市委员会编辑组编《潮州文史资料》第 19 辑，政协广东省潮州市委员会文教体卫史委员会，1999，第 111～120 页。

② 《饶锷文集》，第 19～20 页。

③ 《饶锷文集》，第 30～31 页。

④ 蔡乌宜女士（蔡儒兰女）口述资料，2009 年 10 月。《潮州市工商联会志》，第 24 页。

⑤ 《高燮集》，第 85 页。

⑥ 邱汝滨：《瞩云楼诗存》，潮州诗社，1998，第 198 页。

⑦ 《潮州灵光集》卷六。

长啸一声横素鹤；重楼百尺卧元龙。①

陈云秋（1868~1939），字景仁，号俊澜，潮安彩塘金砂陈村人。父敬堂，旅新加坡殷商，创裕丰甘蜜行于怒吻基。景仁曾留学日本，清末附贡生，任刑部贵州司主事。参加康有为的"公车上书"，在汕头创办汉潮日报。是新加坡中华商会、端蒙学校创始人之一。晚年归国，以翰墨自娱。自幼广习诸家名帖，善写各种字体，书法造诣很深，尤以隶书见称，名闻遐迩，康有为很赏识他。传说潮汕有一富商到上海请康有为写字，康笑道："潮州的书法人才甚多，陈景仁的书法就很好，为什么舍近求远，来请我写字呢?"②

郭餐雪（1874~1937），名心尧，字伯陶，号餐雪，以号行，又号半生和尚，一作号半生道人，揭西棉湖镇人。清光绪年间的优贡生。中岁移居潮州城，从事教育工作。诗书画皆擅。③

12月12日，为同邑林焯镕诗集作《序》。是书为其从弟国史收集遗诗近体歌行三百余篇而成帙。④

林焯镕（1872~1917），字彦卿，号硕高，潮安人。年十二，补博士弟子员。以善为诗名于潮，识者比之唐玉谿生，一时有"诗伯"之号。与人尚编有《同人纪游集》。⑤

22日冬至日，应王弘愿之请，为其所撰的《先母行述》作《书后》。⑥

本年，席卷全球的金融危机波及潮汕，饶氏家族的生意开始衰飒。⑦

是年作《蛄寄庐诗縢序》《南园吟草序》《书王弘愿先生先母行述后》《书巢》《冯素秋女士传》《挽陈芷云》《生日戏作效伏敬堂体》⑧，天啸楼自题联⑨。

民国十九年（1930年）　四十岁

元月，以30金得研石一枚，邀友人沈简子、金天民、杨慧甫、佃介眉、王显诏等共赏，经沈简子考定，为明米万钟⑩十三石斋旧物，喜赋二十韵，并邀在座金佃杨王同作。⑪

---

① 徐义六编纂《潮州名胜联话》，载洪波编《潮州文献彙编·潮汕大事记》，潮州图书公司，1948，第69页。
② 彩塘镇志办公室编《彩塘镇志》，1992，第525~526页；《潮汕历代书画录·潮州市卷》，第141~142页。
③ 陈贤武、吴晓峰：《潮州宿儒郭餐雪事略》，载政协潮州市委员会编辑组编《潮州文史资料》第24辑，政协广东省潮州市委员会文教体卫史委员会，2004，第61~75页。
④ 《饶锷文集》，第28~30页。
⑤ 王弘愿：《林彦卿先生传》，载王弘愿著述、于瑞华主编《密教讲习录》卷五，第46~47页。
⑥ 王弘愿：《先母行述》载《密教讲习录》二十一卷，1929年11月1日震旦密教重兴会专刊，文后署"中华民国十八年十二月吉旦男弘愿泣述"。
⑦ 林逸民先生口述资料，2009年8月。
⑧ 《饶锷文集》，第28~31、56~57、88~89、116~119、140~141、144~145页。
⑨ 徐义六编纂《潮州名胜联话》，载洪波编《潮州文献彙编·潮汕大事记》，第69页。
⑩ 《天啸楼集》卷五《米友石砚山歌》序中"米仲昭"系"米仲诏"之误，详见《畿辅人物志》《无声诗史》《桐阴论画》《画史会要》《书史会要》之米万锺传。
⑪ 佃介眉：《饶钝盦得米仲诏英石砚山为赋二十韵》，王显诏：《米友石研山歌》，诗见佃锐东主编《佃介眉诗文集》，中国文联出版社，2007，第8页；王刚、王星编辑《纪念王显诏先生诞辰一百周年》，香港天马图书有限公司，2002，第55页。饶宗颐：《〈佃介眉先生书画集〉序》：佃介眉先生"与先君至交，余家长物，若米万锺研山，先生亦为品题。余未弱冠，追陪先生于尊园觞咏之中，至今思之，犹昨日事"。载朱万章、佃锐东编《佃介眉先生纪念文集：纪念佃介眉先生诞辰一百二十周年》，第5页。

米万锺（1570～1628），字友石，一字仲诏，宛平（今北京）人。明万历二十三年（1595 年）进士，官至江西按察使、太仆少卿。擅书画。因与宋代米芾同宗，行、草书俱学米芾；又与董其昌齐名，时有"南董北米"之誉。性好石，人谓无南宫（芾）之颠而有其癖。著有《湛园杂咏》《篆隶考伪》。①

金天民（1879～1943），号雨耕，原籍浙江绍兴，童年时避兵乱随双亲辗转到潮州落户。昔年曾与友人到汕头办报，秘密参加孙中山先生的同盟会革命活动。曾任教韩山师范学校、省立金山中学。是潮汕民俗学的先驱者之一。著有《潮歌》。②

王显诏（1902～1973），原名观宝，字严，又字克，自号居易居主，潮州城人。1923年在上海大学美术专科毕业后，长期从事教育事业，曾任教广东省立第二师范学校、金山中学。于美术、书法、篆刻、诗词、音乐、文物均有所研究。有《王显诏山水画册》，北京大学校长蒋梦麟在卷首题词誉之"众美集中外，寸毫含古今"③。

杨睿聪（1905～1961），字慧甫，笔名杨小绿，潮州人。生于书香门第，祖立高、父少山、母卢蕴秀均擅诗，合刊有《三渔集约钞》传世。毕业于北京大学。曾任教韩山师范学校、省立金山中学。后移居香港。是潮汕民俗学的先驱者之一。编著有《潮州的习俗》《增订潮州俗谜》等。④

本年 4 月，三子宗亮生，先生期待他能步武南宋理学家陈亮。⑤

本年，蓴园（今潮州城下东平路 305 号）竣工。该园在潮州传统建筑的基础上，融合了西洋建筑形式，又吸收苏州园林的一些特点，园虽大不及亩，但小桥流水，凉亭假山，错落有致，别具洞天，是一座典雅、精致的私家园林。

年方十四的宗颐先生为其中之一景"画中游"撰书楹联：

> 山不在高，洞宜深，石宜怪；园须脱俗，树欲古，竹欲疏。⑥

为警醒后人，切莫优游沉溺于其中，先生作《蓴园记》，阐明其义：

> 谓之蓴者，蓴即茆，取《诗》："思乐泮水，薄采其茆"之义也。……余自是将屏人事，绝嗜欲，发楼上藏书而耽玩之。以薪由学进而知道之味，如《诗》"采茆"

① 详见（清）张廷玉等撰《明史》卷 288《列传一百七十六·文苑四·董其昌》"附《传》，中华书局，1974，第 7397 页；（清）永瑢等撰《四库全书总目》卷 193《集部四十六·总集类存目三》，中华书局，1983，第 1757 页。

② 金天民编，金孟迟整理《潮歌》，出版单位不详，2002。

③ 王刚、王星编辑《纪念王显诏先生诞辰一百周年》。

④ 卢修圣：《一字师——杨睿聪》，广东金山中学汕头区校友网站，www. st. jinshan. org. cn/yxdd－a. aspx？aid = 154；广东省中山图书馆、汕头图书馆学会编《潮汕文献书目》，广东人民出版社，1994，第 90 页。

⑤ 口述资料：饶宗亮，2009 年 5 月；口述资料：林逸民，2009 年 8 月。

⑥《饶宗颐先生学术年历简编》，第 8 页。联今尚悬于蓴园。

之譬。……并命长男宗颐书而镌诸壁，俾时省览知警惕。①

先生并书"焕若""豁如"匾悬于厅堂两侧偏门上。
佃介眉撰篆书联相贺："谢公池馆陶公宅；亚字栏干之字桥"。
秋，长子宗颐就读于省立金山中学。②
饶宗颐忆述：

> 我上过一年中学，后来就不上了，因为学不到东西。但是我的古文教师王慕韩（弘愿）却有一种主张给我影响甚大，就是做古文要从韩文入手。我父亲跟他搞不来，而我却信服王师的这一套。父亲喜欧体，大约跟他的气质有关，因为他的身体不好，就不大适合韩文的挥洒淋漓了。现在我还是要说，作文应从韩文入手，先立其大，韩文可以养足一腔子气，然后由韩文入欧，化百炼钢为绕指柔，这确是作文正途。③

是年作《与蔡纫秋书》《尊园记》《述轩铭》《四十小影自题》《白香山有移家入新宅诗余构尊园落成移家其间即用白诗题五字为韵作五首》《米友石砚山歌》《郭餐雪为余题尊园十景诗赋此志谢兼申元夜消寒之约》《尊园假山筑成有作》。④

民国二十年（1931 年）　　四十一岁

本年，四子宗震生，先生期待他能步武南宋理学家朱震。⑤
夏，临摹杨遂盫藏品《魏毋丘俭丸都山纪功碑》拓本并作跋：

> 右魏丸都纪功残石，光绪三十二年出土于奉天府辑安县之板石岭。初出土时，尚有下辛，未久失去。此石初为县令吴光国携去，今不知流落何方？会稽王孝俙曾就石文，考定丸都即《魏书》之毋丘俭，说甚精审。临拓本至为难得，此乃从杨遂盫藏中钩出也。
>
> 庚午夏日钝盫题。⑥

---

① 《饶锷文集》，第 86 页。
② 《饶宗颐先生学术年历简编》，第 8 页。
③ 《饶宗颐学述》，第 4 页。
④ 《饶锷文集》，第 60～63、85～86、128～130、137～142、148、150～151 页。
⑤ 饶宗亮口述资料，2009 年 5 月；林逸民先生口述资料，2009 年 8 月。
⑥ 碑于清光绪三十二年（1906 年）在辑安县（今吉林省集安市）城西 17 公里板岔岭西北天沟的山坡上出土，碑现藏于辽宁省博物馆。王国维《魏毋邱俭丸都山纪功石刻跋》云："魏毋邱俭丸都山纪功残石，光绪丙午，署奉天辑安县事吴大令光国，于县西北九十里之板石岭开道得之。石藏吴君所。石存左方一角五十字，隶书。其文曰：正始三年高句骊反（下阙）督七牙门讨句骊五（下阙）复遗寇六年五月旋（下阙）讨寇将军魏乌丸单于（下阙）威寇将军都亭侯（下阙）行裨将军领玄（下阙）□裨将军（下阙）云云。"（《观堂集林》，中华书局，1959，第 981～982 页。）饶跋原行楷书于天啸楼玻璃窗上，现拆下另藏。

是年作《报郭辅庭书》《天啸楼记》。①

民国二十一年（1932 年）　四十二岁

与辜师陶、杨光祖共倡议，于元旦觞集在尊园盟鸥榭，分题徵咏，喜结诗社，共有 16 位诗友，因本年为农历壬申年，又"壬之为言任也，义与人心之心同训。而诗为心声。言壬不啻言心"；"壬为北方之位，阴极而阳生，故《易》曰：'龙战于野'。'战'者，接也，言阴阳交则物怀妊，至子而萌也。今之世非所谓阴阳交会时耶？然而至子而萌则又有待也。"故命为"壬社"，先生被举为社长。②

《潮州市志》：诗社成员来自潮梅十五属，除上述三人外，尚有郭餐雪、石维岩、刘仲英、王显诏、杨睿聪、詹安泰、黄海章等。③

石维岩（1878～1961），字铭吾，号慵石，晚号慵叟，潮州城人。弱冠时就学金山书院，光绪二十九年（1903 年）入韩山书院。擅诗，执律师业于汕头，吟咏本属余事，然嗜诗有过人者，每乘轿赴法院庭辩，仍手执《杜少陵集》一卷，不废吟哦，朋侪称其"石律师"为"石律诗"。继钝盦之后任社长，主盟潮州诗坛数十年之久，故饶选堂《慵石室诗钞序》云："吾乡诗学，至翁堂庑始大。"1949 年后任广东省文史馆馆员。著有《慵石室诗钞》四卷、《词钞》一卷。今人编有《慵石室诗钞》。④

刘仲英，又名选雄，号寅庵，潮安庵埠人。生于 1894 年，20 世纪 60 年代病逝于香港。工诗。生于富家，抗战胜利后移居香港。晚年偃蹇，恃友人资助度日。⑤

黄海章（1897～1989），字挽波，又名黄叶，梅县人。中山大学教授，中国古典文学著名学者。尤精于《文心雕龙》研究，有《中国文学批评论文集》《中国文学批评简史》《明末广东抗清诗人评传》《黄叶楼诗》等。时任教于省立金山中学。⑥

杨光祖（1901～1942），潮州人。因体弱多病，人称"杨瘦子"。其人多才艺，落拓不羁，诗宗王孟，著有《沙溪吟草》，陈石遗尝选录入《石遗室诗话》，谓其绝似巢经巢。抗战时避难普宁洪阳，于贫病客死异乡。⑦

詹安泰（1902～1967），字祝南，号无庵，饶平人。中山大学教授。十岁学写诗，十三岁学填词，词作传诵一时，成为当时士林争读的佳作，堪称岭南一大家，有《鹪鹩巢诗集·无庵词》《滇南桂瓢集》。中国社会科学院文学研究所编辑的《当代词综》，将其列为十大词人之一。专著有《屈原》《宋词散论》《詹安泰词学论稿》《詹安泰古典文学论

---

① 《饶锷文集》，第 66～70、87～88 页。

② 《饶锷文集》，第 43～44 页。

③ 《潮州市志》，第 1440 页。

④ 石铭吾：《慵石室诗钞》，赵松元、杨树彬点注，线装书局，2008。

⑤ 蔡起贤：《潮州诗人三杰——刘仲英》，载潮汕历史文化研究中心编《岳庵诗文续集》，香港天马出版有限公司，2008，第 111～113 页。

⑥ 陈平原：《花开花落浑闲事——怀念黄海章先生》，载《同学非少年：陈平原夏晓虹随笔》，太白文艺出版社，2005，第 62～70 页。

⑦ yyj1934（杨光祖子）：《历史不会重复》，yyj1934 的博客：www.blog.cntv.cn/9314815-3030515.html；《慵石室诗钞》，第 42 页；《潮汕文献书目》，第 77 页。

集》等。时任教于韩山师范学校、省立金山中学。①

饶宗颐曾忆述说：

> 我十一二岁（时应为十六岁）的时候，父亲发起成立诗社，詹安泰先生经常到我家来。我那时也写了很多诗，就经常和他切磋。我是 1917 年出生，比他小十五岁。年龄差距大了些，但学问是不问年龄的。由于共同的文学爱好，我们成了好朋友，詹安泰先生也帮了我很多忙。②

8 月 25 日，编著的《潮州艺文志》尚未完稿，即以病卒。

郑国藩为作《墓志铭》③。

壬社全体社员挽于联（石铭吾撰）："一代文章托吾子；九重泉路尽交期。"④

吴鸿藻《饶锷传》载：

> 凤愍潮州文献散佚，博稽详考，仿孙诒让《温州经籍志》例，撰《艺文志》。体大思精，十已竣八九。惟清代未及编而病不起矣。卒年四十有二，民国二十一年七月五日也。⑤

《墓志铭》云：

> 拟编《潮州艺文志》自明以上皆脱稿，有清一代仅定书目，而君已病矣！疾笃时，予与吴君子筠临视，君无他语，惟惓惓以是书未成为憾。⑥

长子宗颐年方十六，即披阅群书，详加考核，完成父志。改父拟二十三卷为十九卷，前十七卷按经史子集四类著录书目 1044 种，上起唐代，下迄民初；第十八卷为外编，第十九卷为订伪，第二十卷为存疑。一至十三卷后连载于 1935、1936 年《岭南学报》。⑦ 这是研究潮州历代文献的里程碑式的著作，尤其是父子所撰各条案语，以条举往者部次、版本、作者等，或缪而纠之，或简而补之，共得"锷按"195 条，"宗颐按"245 条。若细

---

① 《詹安泰纪念文集》编辑组编《詹安泰纪念文集》，广东人民出版社，1987。
② 参见施议对《中国词学文化学的奠基人——民国四大词人之四：詹安泰（三）》，《文史知识》2011 年第 4 期，第 103 页。
③ 《天啸楼集》所录诗铭，校之《似园老人佚存文稿彙钞·志铭类》，略有不同，兹录郑《铭》如下："铭曰：人患不学，君以学累。铅椠劳劳，神缘是瘁。不朽有三，重在立言。君言既立，修短奚论。载营窀穸，以安君魄。石有泐时，惟名不灭。"
④ 《慵石室诗钞》，第 83 页。
⑤ 《潮州灵光集》卷六。
⑥ 《饶锷文集》，第 153 页。
⑦ 《岭南学报》第四卷第四期，1935 年 9 月；第六卷第二三期合刊，1937 年 9 月。

加研究，即是粤东学术史、岭东诗学史，故至今仍是潮学研究的重要基石。选堂先生从此崭露头角，以学问文章见重士林。惜卷十四以下稿件中经抗战，兵燹荡尽，令人伤悼。

先生生平著作，除《吴越游草》一卷、《慈禧宫词》一卷、《潮州西湖山志》十卷、《饶氏家谱》八卷、《天啸楼集》五卷、《潮州艺文志》外，另有未付梓者《王右军年谱》一卷、《法显〈佛国记〉疏证》十卷、《天啸楼藏书目》、《奉天清宫古藏目录》，属草稿未完篇者有《〈亲属记〉补注》、《潮雅》、《淮南子斠证》、《瀛故拾遗》、《潮州诗徵》，① 《汉儒学案》先成"易学"一卷②，《清儒学案》先成"目录"、"凡例"四卷；《续章学诚校雠通义》、《李元度先正事略》，则有目无书，共计十有七种。③

故郑国藩所撰《墓志铭》悲叹曰：

> 君著作等身，方以立言垂不朽，子贤又克负荷，宜庆君。何以悲君？盖非为君悲，为吾潮学界悲也。④

曾清河《哭纯钩》：

> 弱冠爱文翰，赋性成奇特。琳琅书满架，购书无虚日。
> 委心重考据，穷年勤致力。研求古文词，法度尽其极。
> 吟诗得性情，太素没雕饰。与古相为期，浩然崇明德。
>
> 浮海历沪杭，纵观西子湖。留题鸿雪印，形影相与俱。
> 归来隐廛市，诗酒日欢娱。曾与蔡梦蝶，偶社滥吹竽。
> 蔡君病瘵死，落落非吾徒。嗟君曾著述，立言吐玉珠。
> 宫词至百首，湖志满康衢。稽考祖宗德，家谱壮鸿图。
> 邑乘定体例，冠冕删繁芜。初夏曾过我，析疑夜窗虚。
> 缘何大梦觉，天竟胡为乎。
>
> 嗟君有冢子，峥嵘露头角。有产能自守，有书能诵读。
> 殷勤佳子弟，渊渊与穆穆。玉树复森森，统嗣堪颂祝。
> 新筑天啸楼，佳卉正芬馥。金碧照楼台，菟裘真可卜。
> 年华四十二，未能享清福。春宵听夜漏，无乃太匆促。

---

① 《饶锷文集》，第153～154页。
② 饶宗颐：《广东之易学》："饶锷《汉儒易学案》(存)。先大人锷，字屯钩，潮安人，此书备论汉易宗派，于各家并为之传，陈其学说，仿宋元学案例。今存钞本。"载广东文物展览会编《广东文物》卷九《学术文艺门》，上海书店据1940年印本影印本，1990，第891页。
③ 《饶锷文集》，第154页。
④ 《饶锷文集》，第154～155页。

与君忘形交，于今三十载。佇君成大器，功名引领待。

高堂两白发，戏舞斑衣綵。天道何冥冥，一蹶遂不殆。

雁行两折翼，乔木凋华彩。一发赖千钧，苞桑磐石魂。

时光当荔熟，奇疾令人骇。药石均无灵，如石沉大海。

呜呼纯钩子，思君何时解。①

翁一鹤《挽饶钝盦》：

酷意尊前絮语温，谁知一病已离魂。传来噩耗翻疑梦，经过丧庐欲哭门。

一代风流追白社，半生踪迹遗纯园。东钩斗酒空凭吊，可有知音到九原。②

本年，吴鸿藻选编《潮州灵光集》稿本杀青，其中卷六选录先生遗文九篇：《慈禧宫词序》《奉天清宫古藏目录序》《柯季鹗诗集序》《蛞寄庐诗剩序》《心经述义序》《仲兄次云先生行述》《与冯印月书》《答胡孔昭书》《镜湖先生蓄须文》。③

是年作《碧海楼诗序》④《壬社序》《魏皇甫骥墓志跋》⑤，文见《天啸楼集》卷一、二；⑥ 诗《夜谭》。⑦

民国二十三年（1934 年）　先生殁后 2 年

4 月，遗著《天啸楼集》由其哲嗣宗颐等所辑，分文四卷，55 篇；诗一卷，20 首。郑国藩、杨光祖作序，蔡梦香题签，末附郑国藩《墓志铭》，饶宗颐跋。⑧

饶宗颐跋云：

念此区区者，虽非先君一生学业精恉所在，然亦为其精神所凭寄，终不忍其湮没于无闻，故将其初稿略为编定，别为文四卷，诗一卷。而遵先君临终遗命，请郑晓

---

① 《宿云楼诗钞》卷一。
② 《汕头画报》民国廿一年十月十日星期一，第 8 版。
③ 吴鸿藻选编《潮州灵光集》（稿本，汕头市图书馆收藏）。
④ 红葉文："双柑老人（戴贞素）谓吾潮诗人，犹有晚唐音范者，前有林蛞叟、柯万竹，后有张碧海，可谓能知潮之诗人者矣。红葉与三君，皆有一面之雅。……碧海则方精壮之年，虽已有《碧海诗》二卷，然前程正未可限量。"刊《汕头画报》民国廿一年十月五日。而于饶文中难断其撰写时间，暂附于此。
⑤ 《魏皇甫骥墓志》拓本是友人邱汝宾之藏品，高吹万于 1938 年《题魏皇甫骥墓志》其二："大鹤逸文真足贵，钝盦跋尾尚如新。品题一致称奇品，石墨千秋共绝伦。"自注："有郑叔问及亡友钝盦诸跋，郑跋《大鹤山人全集》内未载，饶跋已刻入《天啸楼集》中。"叔问即清季四大词人之一郑文焯（1846～1918）。因从跋文中无从考定时间，姑附于此。又邱汝宾《蕉窗随笔》："余平生亦颇好收藏书画，迨经离乱，片楮不遗，所最心赏者《魏皇甫骥墓志》……于今思之，真若过眼云烟也。"《魏皇甫骥墓志》，全称《魏故泾雍二州别驾安西平西二府长史新平安定清水武始四郡太守皇甫君墓志铭》。北魏延昌四年（515 年）刻，楷书，23 行，行 40 字。清咸丰年间于陕西户县出土。
⑥ 《饶锷文集》，第 39～40 页。
⑦ 《宿云楼诗钞》卷一。
⑧ 饶锷：《天啸楼集》五卷，《饶锷文集》，出版单位不详，1934，第 1～158 页。

屏、石维岩、杨光祖、蔡兰生诸乡先生重为选校而梓行之。然则先君之诗若文得流传于世者，实有藉乎，数先生之力，此又宗颐所为感戴欣幸无已也。①

本年，吴鸿藻应广东通志馆之约，作《广东艺文调查表》，著录了先生已刊行的著述六种，并附生平略历。②

民国二十四年（1935 年）　先生殁后 3 年

9 月，广州私立岭南大学《岭南学报》第 4 卷第 4 期刊发了以"潮安饶锷钝盦辑，长男宗颐补订"的《潮州艺文志》卷一至卷七。③

民国二十六年（1937 年）　先生殁后 5 年

9 月，《岭南学报》第 6 卷第 2、3 期合刊发表了《潮州艺文志》卷八至卷十三。④

1978 年　先生殁后 46 年

8 月 8 日，顾颉刚在是日《日记》记载：

> 看饶锷《天啸楼集》。……饶锷为饶宗颐之父，出身商人家庭而酷好读书，所作具有见解，乃未及五十而卒。其藏书不知解放后如何处理，颇念之。⑤

1987 年　先生殁后 55 年

9 月，由许衍、董总编纂，饶宗颐等任编印委员会委员的《广东文徵续编》，由广东文徵编印委员会刊行，精装 3 巨册。其中第 294～298 页收录了先生之《潮州西湖山志自序》《感旧诗存序》《天啸楼藏书目序》《永乐大典目录跋》《尊园记》《重修泗坑友溪公祠碑记》共 6 篇。⑥

1994 年　先生殁后 62 年

4 月，《潮州艺文志》作为"潮汕文库·潮汕历史文献丛编"一种，由上海古籍出版社出版。⑦

2006 年　先生殁后 74 年

6 月，陈景熙主编《〈潮州艺文志〉索引》（潮学网文献丛刊之二），作为潮学网恭颂饶宗颐教授九十华诞的颂寿礼品，由香港天马出版有限公司出版。⑧

---

① 《饶锷文集》，第 158 页。
② 吴鸿藻：《广东艺文调查表》（钞本，广东省立中山图书馆收藏）。杜平先生提供资料。
③ 《岭南学报》第四卷第四期，1935 年 9 月。
④ 《岭南学报》第六卷第二、三期合刊，1937 年 9 月。
⑤ 顾颉刚：《顾颉刚日记》第十一卷，台北联经出版，2007，第 580～581 页。关于顾颉刚与饶宗颐的交往，可详见胡孝忠《大师风范：饶宗颐先生与顾颉刚先生》，载《饶宗颐与华学国际学术研讨会论文集》，中国华侨大学，2011，第 149～161 页。
⑥ 许衍、董总编纂《广东文徵续编》，广东文徵编印委员会，1987。
⑦ 饶锷、饶宗颐：《潮州艺文志》，上海古籍出版社，1994。
⑧ 陈景熙主编《〈潮州艺文志〉索引》，香港天马出版有限公司，2006。

2010 年　先生殁后 78 年

1 月，由陈贤武、黄继澍整理，潮汕历史文化研究中心编，陈伟南、高佩璇赞助经费的《饶锷文集》，合《天啸楼集》、"拾遗卷"、《潮州西湖山志》等于一书，作为"潮汕文库·文献类"一种，由香港天马出版有限公司出版。①

2010 年　先生殁后 78 年

10 月，由陈贤武整理，合先生《西湖山志》，黄仲琴、饶宗颐《金山志》，饶宗颐《韩山志》于一书的《潮州三山志》，由政协潮州市委员会、潮州市地方志办公室编印出版。②

责任编辑：陈景熙

---

① 饶锷撰，陈贤武、黄继澍整理，潮汕历史文化研究中心编《饶锷文集》，香港天马出版有限公司，2010。
② 陈贤武整理《潮州三山志》，政协潮州市委员会、潮州市地方志办公室，2010。

当代二大词学家在词学上的互动

——詹安泰、夏承焘二先生交游略考

周修东[*]

摘　要： 1935 年詹安泰杭州初访夏承焘，开始了两位词学大家长达三十余年的友情交往和词学互动。两位大词学家在词学上的互动，在当代词学史上书写了浓墨重彩的一笔，也是当时词人、词学家交流互动的个案和缩影。本篇试图通过四个方面来考证两位词学家的交往和互动，以见民国至新中国成立初期传统词人的治学交游和学者风范。

关键词： 詹安泰　夏承焘　词学　互动　交游

施议对在所编《当代词综》中，将 20 世纪百年词的发展分为三个时期，又将百年来的词人分为三代，在所推举的第二代十大词人与四大家中，詹安泰、夏承焘二先生名列其中。[①]

1935 年詹安泰兄弟出游，在龙榆生绍介下，特地前往杭州拜访夏承焘，这是两人的初次见面，惺惺相惜，欢若平生，开始了两位词学大家长达三十余年的友情交往和词学互动。本篇试图通过四个方面来考证这两位词学家的交往和互动，以见民国至新中国成立初期传统词人的治学经历和学者风范。

一　四次晤对，欢若平生

詹安泰、夏承焘二大词家平生动若参商，见面仅仅四次，握手言欢，志同道合，惺惺相惜。现分述如下。

---

[*]　周修东，1965 年生，汕头海关关史陈列馆馆长。

[①]　施议对编纂《当代词综》，海峡文艺出版社，2003，转引自彭玉平《詹安泰词学体系研究》载《词学》第十七辑，2006，第 237 页。

（一）1935 年夏詹安泰杭州初访夏承焘

詹安泰初访夏承焘在 1935 年 7 月 30 日。是年安泰 34 岁，承焘年长 2 岁。安泰任教于韩山师范学校，自 1926 年 6 月受聘于韩山师范学校，至此已 9 年，开过文史、诗词、近代文、文字、国文、文学史、美术史等课程。安泰由于在国立广东大学（1926 年 8 月改名为国立中山大学）师事李笠、陈中凡二位教授，二师俱娴于词律，同学李冰若于诗词也有共同爱好，安泰在《哭冰若》一诗中有"静便忆昔共师门，师称学行汝最先"①。1929 年，安泰"平生第一知己"黄海章，从金山中学（时称广东省立第四中学）渡江到韩山师范学校相访。此为二人初次相见，而相互景仰又在此前。在此后的三年时间里，二人常携手出游，发诗思，共酬唱。1931 年秋，海章回梅县，在梅州中学执教，旋又振铎广西。二人惟有情托鱼雁。②《无庵词》卷一第一首《念奴娇·简黄叶（海章）》，就是与海章酬唱之作。名师至友的熏陶，使安泰在诗词创作和研究上达到一个较高的层次。特别是在韩山师范学校任教期间，安泰多用力于此，乐此不疲。

1935 年，安泰已向龙榆生主编的《词学季刊》投寄词作，是年 4 月 16 日《词学季刊》第二卷第三号《近人词录》收有安泰《水龙吟·感旧用稼轩登建康赏心亭韵》《扬州慢·癸酉十月，霜风凄紧，堕指裂肤。念枯萍久羁狱中，悲痛欲绝。用白石自度腔，写寄冰若、逸农》二阕③，推介其"有《无想庵词稿》未刊"④。

也就是说，1935 年暑假出游数月前，安泰词作已经得到《词学季刊》的认可和推介，在词坛上开始声名鹊起。

龙榆生每期《词学季刊》都寄赠夏承焘，承焘在《天风阁学词日记·一九三五年》5 月 6 日记道："接七期《词学季刊》。"并于 5 月 14 日记中言及："接榆生函，索《词人年谱》稿。云'《词学季刊》近销二千册，并达海外，书局犹谓赔累数百元，拟勉力维持到底。'"可知其时《词学季刊》发行量销售已达 2000 册，而寄赠者尚未计入，其影响力已非同一般。"七期《词学季刊》"或即 1935 年 4 月 16 日《词学季刊》第二卷，七期是总期数。承焘应该就是在这一期《词学季刊》上首次读到安泰词，留下了深刻印象。

安泰此次暑假出游，是应李冰若之邀，其二弟天泰同行。据詹伯慧回忆称"二叔天泰三十年代到上海暨南大学攻经济"⑤，是时安泰之行，或许是送其弟赴学，并借机拜访其同学李冰若。安泰在《哭冰若》诗中有句"别我赠诗不可计，邀我沪渎相流连"⑥。冰

① 詹安泰：《詹安泰诗词集·鹧鸪巢诗集》卷三，香港翰墨轩出版有限公司，2002，第 92 页。
② 郑晓燕，《詹安泰先生年谱·一九二九年》，http：//jpkc.sysu.edu.cn/gudaiwenxue/sc/lunwen/09.doc，第 8~9 页。
③ 《詹安泰诗词集·无庵词》卷一，第 1~4 页。
④ 《詹安泰先生年谱·一九三五年》，豆丁网，http：//www.docin.com/p-102151501.html，第 10 页。
⑤ 詹伯慧：《我的父亲詹安泰》，http：//zwx.hstc.edu.cn/xytd/876312.shtml。
⑥ 《詹安泰诗词集·鹧鸪巢诗集》卷三，第 93 页。

若其时任职于上海暨南大学，安泰首途上海，可能就在这个时候，由李冰若绍介，认识了同在暨南大学任教的龙榆生。其时榆生担任《词学季刊》主编，已在当年《词学季刊》第二期编发安泰词二阕，其词作已是入其法眼。榆生与安泰初次见面，自是相见恨晚，欢若平生，这在后来两人诗词酬唱中得以印证。

安泰还经榆生绍介，特往杭州访承焘，这见之于夏承焘《天风阁学词日记·一九三五年》："〔七月三十日〕……早，潮州饶平詹祝南兄弟以榆生介过谈，潮州中学教员，词学甚深。饭后培（陪）游虎跑，五时去。以韩退之书《白鹦鹉》拓本见贻。"榆生并没有与安泰兄弟同行。承焘对安泰的评价是"词学甚深"，后又誉"詹君词甚工"。安泰以韩愈《白鹦鹉》拓本相赠，承焘于饭后陪安泰兄弟游虎跑。两天后承焘回访，"早入城访詹祝南兄弟，携黎二樵字幅、沈石田手卷及王石谷、杨西亭画幅访越园，请其鉴定。小坐及返。"①安泰当时住于越园，承焘还特地带去清初粤人黎贯（二樵）字幅、明沈周（石田）、清王翚（石谷）及杨晋（西亭）字画让其鉴定，进行了书画艺术交流。

（二）1956 年初詹安泰杭州再访夏承焘

詹安泰和夏承焘两位词学家第二次见面已是新中国成立后的 1956 年 1 月，詹安泰借到上海参加文学史会议之机，专门到杭州拜访夏承焘，他们已经是睽违 20 年矣。

安泰这次拜访承焘，见之《天风阁学词日记·一九五六年》："（1 月 25 日）晨朱少滨（师辙）翁偕詹祝南（安泰）来。祝南新自广州来上海开文学史会议，二十年不见矣。……十时辞去。"安泰是利用从广州到上海开会之机，就近前往杭州看望好友。安泰到杭州后，先去拜访原中山大学文学院教授朱师辙。师辙新中国成立前后曾执教中山大学，1951 年秋退休，定居杭州，为浙江省政协委员。师辙任教中山大学时，常与文学院钟敬文、阎宗临、严学窘诸教授，于晚饭后到安泰家品茗闲谈。②安泰《无庵词》中载有与师辙唱酬《南楼令》一词。③1 月 25 日晨，安泰在师辙陪同下前往浙江大学拜访承焘。两人 20 年未见，自是一番感慨。座谈至十时辞去。

他们这次见面是否涉及词学方面的交流，由于资料欠缺，尚未能知。如果从近期两位词学家关注的学术问题来说，安泰在 1956 年前后学术重点就涉及李煜词的研究，承焘先前就撰有《南唐二主年谱》，在 1955 年 12 月又开始关注词学界在《光明日报·文学遗产》上对李煜词的评价，并着手撰写李煜词论稿。不久，安泰来访，由于当时词学界共同关注李煜词的评价，两位词学家恰好又各自对李煜词有所研究，座谈中就此话题进行探讨，也是有可能的。由于缺少文献记载，详情如何，只能暂付阙如。

① 《天风阁学词日记·一九三五年·八月一日》，第五册，浙江古籍出版社，1997，第 396 页。
② 《詹安泰先生年譜·一九四六年》，豆丁网，http://www.docin.com/p-102151501.html，第 31 页。
③ 《詹安泰诗词集·无庵词》卷五《南楼令·长夏偶写寄禾翁、叔俦，并示少滨（师辙）先生》，第 134~135 页。

（三）夏承焘广州讲学三晤詹安泰

两人第三次见面，是在夏承焘 1957 年应邀参加中山大学科学研究第三次讨论会而得以数日盘桓。期间，两人就李煜词等词学问题进行研讨，詹安泰还待以潮州功夫茶及各种岭南特色菜，并陪同参观海珠桥、黄花岗等名胜，其后还有词作唱和，在友情和词学互动中达到一个新高潮。

1957 年 1 月 5 日，夏承焘与浙江大学现代文学教研组主任张仲浦一同应邀到中山大学参加会议，1 月 7 日九时半到广州，"十时抵中山大学门口，以电话告科学研究科及季思。季思出不意，惟昨夜詹祝南来夜谈宋词，方及予。"① 王起是浙江永嘉人，与承焘有数十年交情，聚则诗酒唱酬，别则鸿雁频传。20 世纪 40 年代初，王起在浙江大学龙泉分校任教，1948 年夏，从杭州调来中山大学，直到他去世的 1996 年，在中山大学工作了 48 年。由于安泰与王起二人都是承焘的词学知己，在承焘莅穗前夜，他们两人在谈论宋词时自然而然谈到作为宋词研究大家的夏承焘了。

1 月 8 日，"夕八时，祝南来，集季思家，谈李煜词。"② 这次见面，他们就谈到了当时的词学研究的热点问题——李煜词。次日"夕，祝南来，示论李煜一长文"③。安泰持示承焘的这篇文章当是《李煜和他的词》。对于李煜词的评价，两位词学家都各有研究成果和共同的学术话题。

在接下来几天中，两人过从有：

1 月 10 日，"夕，容希白（容庚）、商锡永（商承祚）、子植（刘节）、祝南招饮利口福旧十三行路，啖顺德客家菜，甚可口。归过希白处，祝南试功夫茶，看希白所藏书画，夜深方归。"④ 当晚，安泰当仁不让，露了一手潮州功夫茶茶艺以待客。

1 月 12 日，"午后一时，（董）每戡、祝南邀同（张）仲浦及武昌杨潜斋乘船至海珠桥，乘车至西街陶陶楼茶聚。三时，游华林寺西来初地，五百罗汉中有马可勃罗。游六榕寺，有东坡写额，有塔可登。"⑤

1 月 13 日，"午后每戡、祝南会谈于季思家。"⑥

1 月 14 日，"晨与祝南、汪君金光游黄花岗，气魄雄伟，拍一照。走至沙河，吃'抄河'，粉条也。过烈士陵园。午后游荔枝湾，坐舟出珠江至海角红楼折返，荔湾只是臭水一条耳。"⑦

1 月 16 日，承焘离开广州返程。⑧ 别后，承焘有词《水调歌头·欲乘飞机离广州不果，

---

① 《天风阁学词日记·一九五七年·一月七日》，第七册，第 581 页。
② 《天风阁学词日记·一九五七年·一月八日》，第七册，第 582 页。
③ 《天风阁学词日记·一九五七年·一月九日》，第七册，第 582 页。
④ 《天风阁学词日记·一九五七年·一月十日》，第七册，第 582 页。
⑤ 《天风阁学词日记·一九五七年·一月十二日》，第七册，第 583 页。
⑥ 《天风阁学词日记·一九五七年·一月十三日》，第七册，第 583 页。
⑦ 《天风阁学词日记·一九五七年·一月十四日》，第七册，第 583 页。
⑧ 《天风阁学词日记·一九五七年·一月十六日》，第七册，第 583～584 页。

湘赣道中月色甚美，作此寄寅恪诸公》、诗《别中山大学诸公》，这两首诗词赠别也包括安泰在内，安泰也有三词回赠。

（四）詹安泰杭州四晤夏承焘

第四次见面是在 1957 年 6 月，其时詹安泰到青岛新新公寓参加编写汉语言文学专业各主要课程教学大纲。6 月 30 日上午，与王起夫妇等便道往访，午承焘宴于杭州饭店。

《天风阁学词日记·一九五七年》6 月 30 日记到："上午季思夫妇、詹祝南、汪金光、苏寰中自广东来，午与南扬、宛春、步奎同邀酌于杭州饭店。"安泰此次北上，因高等教育部邀请北京大学、复旦大学、武汉大学、中山大学、山东大学等学校部分中国语言文学系知名教授，集中青岛编写汉语言文学专业各主要课程教学大纲，为期一个月。安泰与王起各带助手汪金光、苏寰中前往。文学汉语言专业各门课程的编写由游国恩教授主持，安泰负责中国古代文学史中的上古到唐部分。时其长子伯慧在北大进修汉语方言学，也作为导师袁家骅教授助手自北京前往。会后，安泰在长子的陪同下南下上海、南京，还拜访了陈中凡、胡小石、唐圭璋、刘大杰等教授。①

二 客里关心，互通音问

詹、夏两位词学家除有限的四次会面外，其交往主要还是通过书信往来。据夏承焘《天风阁学词日记》不完全统计，两人互致书信近 70 封，詹占多数，大约有 44 封，夏约有 24 封，不管是在见面或通信上，詹安泰均居于主动地位。

1937 年安泰在与陈中凡信中云："顷将年来名师益友诗笺札裱成四册，晨夕展玩，恍如瞻封，颇慰岑寂（自吾师外，如瞿禅、凫公、子建、潭秋等，均甚可观）。此事在泰竟成嗜好，亦不自知其故也。"②可见其对词人友谊的重视和来往书信的珍惜之情。

从 1935 年詹安泰兄弟往访夏承焘之后，两人就建立起长达 30 余年的友谊和交往。据《天风阁学词日记》载，是年 8 月 16 日，承焘复函安泰。③既然是复函，自然是安泰先有去信。安泰相访是在 7 月 30 日，承焘回访是在 8 月 1 日，安泰致信当是在回程或回乡后所寄。在这一年中，见于《天风阁学词日记》承焘收到安泰函就有 8 月 18 日、10 月 12 日、10 月 15 日、12 月 1 日、12 月 17 日五封，而承焘于 8 月 19 日、10 月 15 日、12 月 1 日复函三封。可见其时两人通信之频。

1936 年，安泰函六封，承焘函三封。

1937 年，安泰函五封，承焘函二封。

① 《詹安泰先生年谱·一九五七年》，豆丁网，http：//www.docin.com/p-102151501.html，第 46 页。
② 《詹安泰先生年谱·一九三七年》，豆丁网，http：//www.docin.com/p-102151501.html，第 13 页。
③ 《天风阁学词日记·一九三五年·八月十六日》，第五册，第 399 页。

1938 年，安泰函四封，承焘函二封。①

1939 年，安泰函五封，承焘函一封。

1940 年，安泰函二封，承焘函一封。

1941 年，安泰函三封，②承焘函三封。

1942 年，安泰函二封，③承焘函一封。

1944 年，安泰函二封，承焘函一封。

1945 年，安泰函一封。

1947 年，安泰函二封，承焘函一封。

1949 年，安泰函一封。

1953 年，安泰函一封，承焘函一封。

1954 年，承焘函一封。

1955 年，安泰函一封，承焘函一封。

1956 年，安泰函一封。

1957 年，安泰函二封（一封由张仲浦转词一首），承焘函一封（附于复王起函）。

1964 年，承焘函一封。

据上统计，1935～1939 年鸿雁往返较频；从 1940 年起，以日本侵略导致通信困难，音问日稀，1943 年秋安泰抱恙，未见书信来往；抗战胜利至新中国成立初期，由于时局变幻，角色更换，期间 1946、1948、1950、1951、1952 数年未有通信；"大跃进"后至"文革"初，以安泰于 1958 年 3 月被错划为右派而音问中断，仅 1964 年承焘寄函一封。

在信中，他们除了交流词学研究动态、心得、成果和诗词作品外，还互致近况，慰问病疾，感国破之哀，寄客里之愁。砥砺志行，振奋精神。

1935 年 8 月 23 日承焘病伤寒近殆，至 10 月 1 日初愈。10 月 12 日，承焘收到"詹祝南来信，和予秦望山词问疾"④。12 月 1 日，承焘在再次接到安泰来函后，"即复一函，附去《临江仙》词，并告病后拟弃词学读医书。"⑤ 1939 年 10 月 31 日，承焘父亲病逝，12 月 22 日，承焘"接祝南、雁晴、竺同、觉敷中山大学唁函"⑥。安泰与中山大学同人致函予以吊唁慰问，以尽朋友之道。

1937 年，日寇加紧对华南地区的入侵轰炸。10 月 1 日，承焘接到安泰于潮安来函，

---

① 《詹安泰先生年谱·一九三七年》，第 14 页，称《无庵词》刊于 1937 年，"有夏承焘为之题签，李崇纲题词。"然据《天风阁学词日记·一九三八年》，第六册，第 18 页，称安泰嘱其题签在是年 4 月 9 日，若民国所刊《无庵词》有承焘题签，则其出版时间当在 1938 年 4 月之后。以未见原刊本，暂付阙疑。《天风阁学词日记》仅记是年 2 月 4 日复一函，然是年承焘曾应安泰请，于 4 月 9 日后为《无庵词》题签，故才计入。

② 据《天风阁学词日记·一九四一年·九月三十日》称"发祝南坪石中山大学复"，而之前未见记载安泰来函，疑承焘漏记。《无庵词》卷四有《蝶恋花·武江始秋寄瞿禅》，疑其漏者即安泰函寄此词。暂付阙疑。

③ 《詹安泰诗词集·无庵词》卷四有《三姝媚·得瞿禅永嘉书欲寄，壬午仲冬》（页 93），《天风阁学词日记》没有记载收信日期，兹补计。

④ 《天风阁学词日记·一九三五年·十月十二日》，第五册，第 402 页。

⑤ 《天风阁学词日记·一九三五年·十二月一日》，第五册，第 34 页。

⑥ 《天风阁学词日记·一九三九年·十月三十一日》，第六册，第 539 页。

"谓汕头所居被炸，幸损失不大。"①1938 年年初，安泰受一牙科医生牵连，与李芳柏一起因汉奸嫌疑被专员兼潮安县长胡铭藻扣留五天。②2 月 3 日，承焘"接祝南汕头枫溪柳堂一月十五日函，附来数词，云曾为奸人诬陷，羁押五日，赖地方数十团体担保，始获自由，乱世之路，险巇如此，可畏可畏"③。

1938 年 10 月，安泰经其恩师陈中凡教授推荐，以名士身份，被中山大学破格聘为中文系教授，继海绡翁陈洵主讲诗词。10 月 21 日，日军占据广州，国立中山大学奉命内迁，初迁罗定，11 月改迁广西龙州，在往龙州途中又奉命改迁云南澄江。1939 年 4 月 26 日，承焘"接祝南书，云将往中山大学讲诗词"④。5 月 22 日，"接詹祝南香港函，已首途赴澄江。云汕头被炸甚惨。"⑤

中山大学内迁云南，为解决师资问题，向全国征聘名师。8 月 2 日，承焘接到安泰来信，称陈竺同接中山大学聘书，已抵达澄江。安泰还征求承焘意见，是否有意应聘中山大学教席，"祝南谓予如有意南行，彼可至昆明接予，其意可感也。"⑥

1941 年 3 月 25 日，承焘"接祝南广东乳源县清洞乡函，谓中山大学文学院新迁彼处，厕所遍地，臭气熏蒸。与雁晴寻屋，数日不得，暂住大便地（地名）炮楼上，内地学校，困苦如此"。1944 年 2 月 23 日，"得詹祝南中山大学信，有词四五首，云去秋大病。即作复。"⑦在抗战烽火中，他们两人通过有限的书信往来，传达各自生活、工作情况，互相支持鼓励，克服困难，通过词作来寄托对家国忧患的悲愤和患难真情的感怀。

在二人书信交往中，安泰颇形主动。安泰读书时在广州，自 1926 年 6 月受聘于韩山师范学院，至 1938 年 10 月才被中山大学破格聘为教授，10 余年来僻居海隅，不为更多人所知，在 1935 年夏出游沪、杭之前，有词作交流者仅限于李冰若、黄海章、卢冀野、郭笃士、吴葆诸人。至是年 4 月 16 日《词学季刊》刊发安泰词二阕，并推介其"有《无想庵词稿》未刊"后，才受到当时词坛的关注。是次出游，与龙榆生、夏承焘订交，使其眼界更为开阔，他也希望通过书信往来，与当时的词学俊彦互相切磋，借以提高诗词创作和词学研究水平。承焘自 1930 年由严州九中转之江大学任教，时得朱彊村、吴瞿安诸老通函亲炙，复与龙榆生、唐圭璋等时流互通音问、切磋酬唱，已是当时诗词界广受关注的焦点人物，而安泰只是"小荷才露尖尖角"，安泰年纪又稍逊二岁，名气相去还是有一段距离。安泰先是僻处海滨，后来又深入滇南，词人分散各地，把臂非易，他们依靠书札通信几个月往来一次的慰问、交流也就显得更弥足珍贵。所以，安泰在与承焘的交往中（主要通过书信）显出主动也就合乎情理，也从中可见安泰对友谊的渴求和向学的虚心。

① 《天风阁学词日记·一九三七年·十月一日》，第五册，第 539 页。
② 《詹安泰先生年谱·一九三八年》，豆丁网，http：//www.docin.com/p–102151501.html，第 14 页。
③ 《天风阁学词日记·一九三八年·二月三日》，第六册，第 5 页。
④ 《天风阁学词日记·一九三九年·四月二十六日》，第六册，第 95 页。
⑤ 《天风阁学词日记·一九三九年·五月二十二日》，第六册，第 102 页。
⑥ 《天风阁学词日记·一九三九年·八月二日》，第六册，第 118 页。
⑦ 《天风阁学词日记·一九四四年·二月廿三日》，第六册，第 540 页。

承焘当时交际面更广，问学、唱酬函件往来无虚日，故复函仅及安泰来函之一半许，但是在其维持通信的友人中还算是比较重要和较为关注的一位。承焘除称誉安泰"词学甚深""词甚工"；还对其人品颇为称道，以为"颇有谦词"①"此君极虚心，无粤人习气"②。两人通过书信往来，在词作交流和词学探讨方面都有不同的获益。

他们还通过友人互相了解近况。如1939年安泰赴教澄江时，6月2日，承焘接到李笠（雁晴）从澄江寄来信件，告知友人行踪，称"詹祝南已到香港矣"③。承焘还在1954年8月17日日记中记道："晨与天五入城，钱季思夫妇、子植于杭州酒家（共七万元）。席间谈朱少溪（疑为"滨"之误）、詹祝南事。"④1957年承焘到中山大学参加会议的前一晚上，安泰晚上到王起家谈论宋词，便谈起两人的共同友人夏承焘。⑤

这些只是见之于《天风阁学词日记》的部分记载，虽则尝鼎之一脔，亦稍可见二公之交谊情深。

三 互赠新作，互评颇高

据《天风阁学词日记》，詹安泰赠与夏承焘诗词有十五六首，另有抄送近作诗词20余首，而夏承焘除在广州之行所撰一诗一词为寄赠中山大学诸公（包括安泰）外，所抄送近作五六首都是词作，都不是跟安泰唱和或直接赠与者。1935年安泰杭州相访时，承焘在日记中就盛赞安泰"词学甚深""词甚工"，这主要应该是读过《词学季刊》安泰词作及见面谈论后得出的评价。安泰则誉其"词近彊村"⑥。当然，承焘也尝认同任铭善对安泰词作之评价"词甚费力"，尚欠自然⑦。安泰于承焘广州之行后所赠《齐天乐》中表达了"思量共汝，要气派新开，声华豪举"的志向。不可否认，两人通过近作的传递和鉴赏，对各自的诗词创作热情都有所激发、创作水平有所促进。

承焘曾有拟赴广州中山大学之行。1935年7月13日《天风阁学词日记》载："接榆生函，云拟赴广州中山大学，如彼方可为，他年邀予同往，问有意南行否？"8月4日记道："接榆生南京函，云下学期决往广东中山大学，问予肯同往否？"当榆生将赴穗时，嘱承焘为词送行，承焘所赠词为《江城子》，有序称："榆生掌教春申，不得酬其志，贻书招游岭南，共励岁寒之操，抚事寄此。"⑧

当是经榆生推荐，8月22日，承焘"接广东中山大学校长电，聘予为国文系教授，月薪毫洋三百六十元"。安泰喜闻承焘获聘中山大学国文系教授，为赋七律《闻瞿禅（承

---

① 《天风阁学词日记·一九三五年·十一月五日》，第五册，第404页。
② 《天风阁学词日记·一九三五年·十二月一日》，第五册，第408页。
③ 《天风阁学词日记·一九三九年·六月二日》，第六册，第104页。
④ 《天风阁学词日记·一九五四年·八月十七日》，第七册，第414页。
⑤ 《天风阁学词日记·一九五七年·一月七日》，第六册，1997，第581页。
⑥ 《天风阁学词日记·一九三六年·一月二十五日》，第五册，第423页。
⑦ 《天风阁学词日记·一九四一年·十一月二十一日》，第六册，第349页。
⑧ 《天风阁学词日记·一九三五年·八月四日》，第五册，第397页。

（泰）将有广南之行诗以迎之》①。不意于此时承焘病伤寒，辗转床榻近月余，至 10 月 1 日病初愈，"初见月前龙榆生三函，中山大学功课延公渚往代矣。"②承焘广州之行因此而告夭折。10 月 12 日，承焘收到安泰来信问疾，③并有词《水龙吟·得夏瞿禅病讯，倚此慰问，兼抒近怀，用瞿禅秦望山席上韵》④寄怀。安泰题称"用瞿禅秦望山席上韵"，承焘原作即《水龙吟·壬申五月，之江诗社集秦望山之韦斋，倚此奉报潭秋，兼呈天放及诸同社》，作于 1932 年 5 月 17 日。⑤

10 月 15 日，承焘"接詹祝南函，颇有谦词。即复"⑥。承焘或在这次复函中，附有其新作《减兰·玉岑亡后，尝欲写其遗词行世，病中恨此愿未偿，伤逝自念，词不胜情》⑦，玉岑为谢稚柳之兄，逝于是年 4 月，与承焘交逾十年，于其英年早逝，承焘骇痛万分，发愿"予当访其遗著，手写影刊以行，以尽后死之责"⑧。

安泰弟子蔡起贤在《春风杖履失追陪》文中回忆道："从他们往还的信件中，使我看到老一辈的学人们，全无一点文人相轻的习气。他们都是既坦率又虚心，从善如流，大家都有'疑义相与析'的精神。……他对夏承焘教授的悼亡友谢玉岑《减兰》等词，如'拼断朱绳，谁与终弹杀衮声'，径直指出有'哀而伤'之感，并寄词慰问，也得到夏教授的首肯。"⑨

承焘在信中对安泰《水龙吟》词也有较高评价。"他慰问夏教授的《水龙吟》结语云：'漫连环索解，苹渔残谱，付红涛打。'用薛据《登秦望山诗》：'南登秦望山，极目大海空。朝阳半荡漾，晃若天水红。'夏教授的登秦望山《水龙吟》，詹老师是和作，'打'字是险韵，押得很自然，夏教授来书极口称赞。他们这种相与为善的精神，使我非常感动。"⑩

1935 年 12 月 1 日，承焘"接詹祝南潮州函，示一词数诗。此君极虚心，无粤人习气。即复一函，附去《临江仙》词，并告病后拟弃词学读医书"。安泰所示数诗具体未详，一词为《燕山亭·书感分寄榆生羊石、瞿禅杭州，时廿四年十一月》。

承焘复函所附《临江仙》乃作于 1935 年 10 月 3 日病愈之后，该日日记有："改成前日作词《临江仙·乙亥秋半，与室人俱婴危疾，重阳初起，作此为更生庆，兼谢诸亲朋》。"

12 月 17 日，安泰有复函，示二词。⑪此二词当为《无庵词》卷二《凄凉犯·沙洲凤

① 《詹安泰诗词集·鹪鹩巢诗集》卷一，豆丁网，http：//www.docin.com/p - 102151501.html，第 3 页。
② 《天风阁学词日记·一九三五年·十月一日》，第五册，399 页。
③ 《天风阁学词日记·一九三五年·十月十二日》，第五册，第 402 页。
④ 《詹安泰诗词集·无庵词》卷二，豆丁网，http：//www.docin.com/p - 102151501.html，第 34 页。
⑤ 《天风阁学词日记·一九三二年·五月十七日》，第五册，第 291 页。
⑥ 《天风阁学词日记·一九三五年·十一月五日》，第五册，第 404 页。
⑦ 《天风阁学词日记·一九三五年·十月十二日》，第五册，第 402 页。
⑧ 《天风阁学词日记·一九三五年·四月廿五日》，第五册，第 380 页。
⑨ 蔡起贤：《春风杖履失追陪》，载詹安泰《詹安泰诗词集·附录》，第 3 页。
⑩ 蔡起贤：《春风杖履失追陪》，载詹安泰《詹安泰诗词集·附录》，第 4 页。
⑪ 《天风阁学词日记·一九三五年·十二月十七日》，第五册，第 415 页。

凰台……》和《虞美人》。1936 年 1 月 23 日，承焘复接安泰函，示一诗。①此诗具体未详。1 月 25 日，又"接詹祝南函，誉予词近彊村，即复一信"②。朱彊村于时为词坛祭酒，承焘数得亲炙，故安泰有此赞誉。

6 月 5 日，安泰寄去三词，③其中一首当是《木兰花慢·春光明媚，不成薄游，坐忆游踪，惟客秋勾留湖上五日最乐，即赋此解，寄瞿禅、泳先杭州，用遗山孟津官舍韵》，另二首疑为《齐天乐·丙子（1936）首春有怀榆生广州》《花心动·有忆》。④

1937 年 4 月 13 日，承焘收到"祝南寄一见怀诗，甚佳"⑤。5 月 16 日"祝南寄来赠诗"⑥，此二诗《鹪鹩巢诗集》中似未见。5 月 25 日，"接祝南函，示二古诗。"据《詹安泰先生年谱》："是年，先生诗兴大发，连篇累牍，写了很多诗。"10 月 1 日，承焘"接祝南潮安枫溪柳堂函，示一词，谓汕头所居被炸，幸损失不大"⑦。词名未详。

1937 年底，杭州之江大学决定迁往上海租界继续办学，夏承焘暂时回温州老家。1938 年 8 月，承焘至上海，再度执教之江，直到 1942 年之江停办。1938 年 2 月 3 日，承焘在温州接到安泰从汕头枫溪柳堂 1 月 15 日来函，并附来数词。⑧词名具体未详。2 月 4 日，承焘复函，并附去《暗香》词。⑨该词见《天风阁学词日记·一九三八年·一月廿二日》日记，《暗香·丁丑腊月，与天五、堇侯、介堪、云从诸子探梅茶山，诵白石"千树压西湖寒碧，几时见得"之句，黯然成咏。何日重到杭州，当补填〈疏影〉也》。

10 月 26 日，"詹祝南寄来《见怀》一词，写作立轴，甚工。"⑩安泰词为《玲珑四犯·廿四年七月，余自沪之杭访夏瞿禅教授于秦望山，因与纵游湖上，忽忽周三年矣，大好湖山，已非复我有。余寄食枫里，瞿禅亦避地瞿溪。寇氛载途，清欢难再；月夜怀思，凄然欲涕。因仿白石旧谱，倚此寄瞿禅》，承焘作了"甚工"的评价。

1939 年 10 月 13 日，"接祝南澄江信，示一词，谓近治声律之学。"⑪此词疑即《壶中天慢·兵火连天，乡音沉滞，分寄渝沪诸友》。"治声律之学"是指安泰正致力于"词学研究"创作。

1940 年 4 月 23 日，"接祝南澄江中山大学函，示二词。"⑫二词具体未详。1940 年 7

---

① 《天风阁学词日记·一九三六年·一月廿三日》，第五册，第 423 页。
② 《天风阁学词日记·一九三六年·一月廿五日》，第五册，第 423 页。
③ 《天风阁学词日记·一九三六年·六月五日》，第五册，第 450 页。
④ 《詹安泰诗词集·无庵词》卷二，豆丁网，http://www.docin.com/p-102151501.html，第 38 页。
⑤ 《天风阁学词日记·一九三七年·四月十三日》，第五册，第 507 页。
⑥ 《天风阁学词日记·一九三七年·五月十六日》，第五册，第 514 页。
⑦ 《天风阁学词日记·一九三七年·十月一日》，第五册，第 539 页。
⑧ 《天风阁学词日记·一九三八年·二月三日》，第六册，第 5 页。
⑨ 《天风阁学词日记·一九三八年·二月四日》，第六册，第 6 页。
⑩ 《天风阁学词日记·一九三八年·十月廿六日》，第六册，第 56 页。
⑪ 《天风阁学词日记·一九三九年·十月十三日》，第六册，第 142 页。
⑫ 《天风阁学词日记·一九四〇年·四月廿三日》，第六册，第 195 页。

月27日，"詹祝南自云南寄来新诗词一册。"①安泰所寄新诗词一册为《滇南挂瓢集》，取意"箕山挂瓢"，选诗一百首，词一百首。"1939年父亲在云南澄江刊行了他的诗词合集《滇南挂瓢集》，这是他的第二本诗词集。从《无庵词》到《滇南挂瓢集》，父亲的诗词名家地位，由此而奠定下来了。"②

1941年初秋，安泰有词《蝶恋花·武江始秋寄瞿禅》。该词《天风阁学词日记》未载，但是年9月30日承焘有日记："发祝南坪石中山大学复，附去《惜秋花慢》一首。"③此复函当是接到安泰寄送《蝶恋花》后所复。所附《惜秋花慢》即作于1940年的《惜黄花慢·送怀枫归扬州》④，承焘于次日日记称："改词甚苦，亦甚自意。予素不好为拗调，尤厌梦窗涩体。此词迫促而成，仍能流走。"可见于此词颇为自负。承焘将此词寄赠数同好，有"怀枫覆，谓含光先生颇许予《惜黄花慢》，以为胜《木兰花慢》"⑤。承焘将此词寄给安泰，也有"奇文共欣赏"之意，与词友共同分享创作收获的快乐。

11月21日，承焘"得詹祝南中山大学航空函，示二词。心叔嫌其词甚费力，诚然。予往年所作亦病此，近乃知自然之妙"。安泰所寄二词疑为次于《蝶恋花·武江始秋寄瞿禅》《念奴娇·沪上胜流于八月十二日为龚定庵百年祭，瞿禅词来约同作》二词之间的《忆旧游·题陈高汉（国梁）半楼印稿》及《倦寻芳·芳华易逝，欢事去心，慨乎言之不自知其意之谁属矣（辛巳九月）》。

任铭善（心叔）为承焘之江大学高足，时同任教于之江大学国文系，于诗词鉴赏独具只眼，承焘视为畏友，时相过从。应该说，安泰寄去的诗词，铭善都能在承焘处读到，他指出安泰词不足之处，承焘以为然，并自认现在已体会到"自然之妙"，言下之意，安泰尚未达到此自然境界。饶宗颐于《詹无庵词集题辞》说道："揆君之意，似欲以盘空硬语，写窈窕绵渺之哀思。"⑥或此之谓也。蔡起贤称："有的朋友指出詹老师的一些词作，喜用僻典，恐蒙'狐穴诗人'之讥，他便勇于接受，因此他在修改自己的作品时，都极力删汰。"⑦"有的朋友"或者包括夏承焘的观点，安泰勇于接受朋友的批评，前辈学人风度于此可见。

11月22日，承焘"作祝南复，告此间（沪、杭）词流情状，附去祭龚词"⑧。承焘祭龚词作于10月2日，即《减兰·辛巳八月十二日，与瑗仲集诸友好为龚定庵百年周祭》。1942年2月3日，承焘接到安泰坪石中山大学函，附来龚定庵百年祭念奴娇词，其词为《念奴娇·沪上胜流于八月十二日为龚定庵百年祭，瞿禅词来约同作》：

---

① 《天风阁学词日记·一九四○年·七月廿七日》，第六册，第214页。
② 詹伯慧：《我的父亲詹安泰》，http：//zwx. hstc. edu. cn/xytd/876312. shtml。
③ 《天风阁学词日记·一九四一年·九月三十日》，第六册，第337页。
④ 《天风阁学词日记·一九四○年·十月三十日》，第六册，第243页。
⑤ 《天风阁学词日记·一九四○年·十一月廿五日》，第六册，第248页。
⑥ 吴承学、彭玉平编《詹安泰文集》，中山大学出版社，2004，第384页。
⑦ 蔡起贤：《春风杖履失追陪》，载詹安泰《詹安泰诗词集·附录》，第3~4页。
⑧ 《天风阁学词日记·一九四一年·十一月廿二日》，第六册，第349页。

浊尘轻坠，便红禅艳说，奇情谁晓。待去罾蛟潭底月，惊听玉龙哀调。愤极能痴，愁深留梦，分付闲花草。销魂一晌，鸳鸯卅六颠倒。多少萧剑平生，狂名辜负，赢得伤秋槁。怕是沧桑残影在，和泪和烟难埽。关塞风高，齐梁劫永，今古成凄照。杯尊遥酹，百年人共悲啸。①

安泰此词见载于《无庵词》卷四，并附有承焘所寄同作，与《天风阁学词日记》所录有较大改动，尚未详究孰为初作，然可资校勘、词学创作过程中修改之借鉴及研究。

2月8日，承焘"发詹祝南信，附去《鹧鸪天》词"②。该词作于1941年12月28日，题为《鹧鸪天·题〈梦苔庵图〉，送仲联翁归常熟》③。由于道路暌阻，安泰接书已在仲冬，有词《三姝媚·得瞿禅永嘉书却寄，壬午仲冬》。

1942年初，之江大学拟内迁，4月30日，承焘离开上海返温州，11月底应聘浙江大学龙泉分校国文教授。1943年夏，安泰送长子伯慧回饶平上初中。其间大病，于饶平休养直至病愈。④战乱频仍，萍踪未定，导致詹、夏两人音问中断了两年。到了1944年2月23日，承焘"得詹祝南中山大学信，有词四五首，云去秋大病。即作复，附去《题中州集》词"⑤。所附《题中州集》词即《洞仙歌·龙泉夜读〈中州集〉，念靖康、建炎间北方故老，当有抱首阳之节者，遗山不录生存，遂不传一字，感近事作此》⑥。6月6日，"得祝南复，示二词。"⑦二词具体未详。

1945年8月3日，承焘"接詹祝南中山大学函，示一词"⑧。安泰所示词为《木兰花慢·乙酉三月，大学文院东迁梅州，赁居角塘，惊魂未定，又传风鹤，不知来者之何如今也。为成一解，寄呈雁师龙泉并示瞿禅》。接下来两年复音问不通，至1947年9月23日，承焘接到安泰《无庵说词》一书。⑨是年，安泰有词《减字木兰花·夜坐有忆瞿禅杭州》，或于其时附去，表达对承焘的思念和推崇之情。

到了1949年1月6日，承焘收到安泰函，附有二词，⑩二词具体未详。

1950年6月23日，承焘填词一首《清平乐·画梦一首，概括越园诗，刺国民党军也》⑪寄与广州中山大学王起，8月5日，"得季思广州信，谓以予《清平乐·画梦》词示詹祝南及阎宗临（不知何字）教授，阎君山西人，留法十余年，治希腊罗马史，平日自谬许予词，而于此首殊不以为然。谓凡是真好的东西自有永久价值，不必因一

---

① 《詹安泰诗词集·无庵词》卷四，豆丁网，http://www.docin.com/p-102151501.html，第83页。
② 《天风阁学词日记·一九四二年·二月八日》，第六册，第368页。
③ 《天风阁学词日记·一九四一年·十二月廿八日》，第六册，第358页。
④ 《詹安泰先生年谱·一九四三年》，豆丁网，http://www.docin.com/p-102151501.html，第26页。
⑤ 《天风阁学词日记·一九四四年·二月廿三日》，第六册，第540页。
⑥ 《天风阁学词日记·一九四四年·二月二日》，第六册，第535页。
⑦ 《天风阁学词日记·一九四四年·六月六日》，第六册，第559页。
⑧ 《天风阁学词日记·一九四五年·八月三日》，第六册，第611页。
⑨ 《天风阁学词日记·一九四七年·九月廿三日》，第六册，第721页。
⑩ 《天风阁学词日记·一九四九年·一月六日》，第七册，第32页。
⑪ 《天风阁学词日记·一九五○年·六月廿三日》，第七册，第100页。

时习尚，勉强改变作风云云。"宗临观点是对刚解放时传统文人接受新生事物时矫枉过正的一剂清醒剂，不知安泰当时对这首词的评价如何？不可否认，其创作思想和学术观念也于此时发生了根本性转变，"解放后，中山大学进行了一系列的调整和改造工作，先生亦热情奋发，曾立下'三年不读线装书'之决心，认真研读马克思主义著作和新文艺理论，力图掌握辩证唯物主义和历史唯物主义的观点方法，用以研究中国古典文学（《述略》）。一九五一年致信蔡起贤，言已读文艺理论书籍二百多种。"①在2002年新刊的《詹安泰诗词集》中，解放后他已经很少创作诗词，学术兴趣偏向于《诗经》《楚辞》以及中国文学史研究，这与当时新时代主题与旧文学形式的矛盾不无关系。

1957年1月承焘广州之行，又激发了安泰诗词创作热情。1月17日承焘有词《水调歌头·欲乘飞机离广州不果，湘赣道中月色甚美，作此寄寅恪诸公》及五律诗《别中山大学诸公》。安泰有和作《水调歌头·和答瞿禅自广州北归见寄之作》，另外还创作了两首词《减字木兰花·瞿禅南来喜赋并坚后约（五六年冬）》《齐天乐·不与瞿禅倾谈廿年矣，客冬南来，匆匆别去，开岁有忆，率赋此调寄杭州，并柬仲浦》。在《齐天乐》词中有句："思量共汝，要气派新开，声华豪举。小试牛刀，且昂头四顾。"表达其开创新气派之志向。可惜不久被错划为右派，未久又在"文革"中病逝，一代词人创作辍然中止，其"拟别出生辣一路，由生辣以寻重拙大之义，倘或才力不胜，当再向苍质处走耳"②的创作追求，"此一新境，正有待于开拓，惜君中道废置，未克施展其奇崛之句，张弛控送，如《东山乐府》之婉绝一世，为可悲也。"③

两位词学家词作交流、鉴赏的过程，也大致传递了两人创作中各个阶段创作理念的追求和词风的转变、形成的历程，对他们两人的创作风格和相互影响进行总结、研究，在他们那一辈学者中还是具有一定代表性，在当代词史中也是不可或缺的一笔。

四　切磋词学，促进研究

此节主要从二位词学家在词学研究上的互动和切磋，来论证他们在词学上互相尊重、坦率、虚心和疑义相与析的治学精神，因而成就了两位词学大家对当代词学的贡献。

（一）互赠书籍及词学近作

1936年5月12日，承焘接到安泰寄赠清末广东著名诗人宋湘（芷湾）《红杏山房诗》，承焘复函时寄去其新作《乐府补题考》。④

---

① 《詹安泰先生年谱·一九四九年》，豆丁网，http://www.docin.com/p-102151501.html，第38页。
② 刘景堂著、黄坤尧编《刘伯端沧海楼集》，香港商务印书馆，2001，第326页。
③ 饶宗颐：《詹无庵词集题辞》，载吴承学、彭玉平编《詹安泰文集》，第384页。
④ 《天风阁学词日记·一九三六年·五月十二日》，第五册，第448页。

1937 年 1 月 24 日，"詹祝南寄来潮安杨君《明人绝句选》一本。"① 据《潮州艺文志》，《明人绝句选》三卷，作者为潮安杨睿聪，1936 年印本。②

1938 年 4 月 9 日，承焘"接祝南函，嘱其为《无庵词》及饶宗颐《广东易学》作题签"③。《无庵词》出版后，安泰当有寄赠。饶氏《广东易学》见《汕头市图书馆潮汕文献书目》，著录为《广东之易学》，油印本，1940 年 10 月刊于广州，5 页。

1938 年 8 月 8 日，"詹祝南寄饶宗颐《潮州丛著初编》一本，皆考潮州掌故，中有《龟峰词跋》一文，考定作者为三山之陈经国，又名人杰，其殁在宝佑以前，与《宝佑四年登科录》所载之潮州海阳县陈经国字伯夫者并非一人，以订《莲子居词话》诸书之误，可收入《词林年表》及《词林提要》。"④《潮州丛著初编》刊于 1938 年 5 月，承焘 8 月就收到安泰转赠，书中《龟峰词跋》且可资承焘采纳。

1940 年 7 月 27 日，承焘接"詹祝南自云南寄来新诗词一册"⑤。"新诗词一册"为诗词合集《滇南挂瓢集》，1939 年刊于云南澄江。

1941 年 4 月 13 日，承焘接到潮阳人陈运彰（蒙庵、蒙厂）函，"抄示邓群碧作《张学象抄本梦窗词跋》及潮州饶宗颐《龟峰词跋》。饶君作时仅十八岁。囊祝南尝以其所著《潮州艺文志》寄予。"⑥言及安泰尝转赠《潮州艺文志》，《天风庵学词日记》没有记载，据此可以补充。

1942 年 2 月 3 日，安泰致函，附有"《中国文学之倚声问题》一文。文可札入《词例》，分析颇精"⑦。1947 年 9 月 23 日，承焘"接祝南《无庵说词》一册，在中山大学讲词笔记。得暇亦写一编，恨无深入超出独见耳"⑧。

1955 年 3 月 18 日，承焘"发唐宋词叙论与南北各友，共二十余份，请其指正掷还"。安泰也收到一份，并提出了意见。⑨ 1956 年 11 月 8 日，承焘接"各友来函，有王季思、詹祝南，皆论予《白石词论》"⑩。

以上仅是就《天风阁学词日记》所见综述，以见两人及时将新作进行交流，并将地方出版难以见到的书籍也寄赠，以资参考。对于安泰来说，或僻居海隅，或避地西南，需要通过新出版的书籍来开阔眼界，了解词坛最新动态；对于承焘来说，他在研究词史，也需要广览博取，集腋成裘。他们两人就是通过互通有无，传递词学新作，架起走向词学研究彼岸的桥梁。

---

① 《天风阁学词日记·一九三七年·一月廿四日》，第五册，第 489 页。
② 饶锷、饶宗颐：《潮州艺文志》，上海古籍出版社，1994，《别卷·集部·总集类》，第 663 页。
③ 《天风阁学词日记·一九三八年·四月九日》，第六册，第 18 页。
④ 《天风阁学词日记·一九三八年·八月八日》，第六册，第 38 页。
⑤ 《天风阁学词日记·一九四〇年·七月廿七日》，第六册，第 214 页。
⑥ 《天风阁学词日记·一九四一年·四月十三日》，第六册，第 295 页。
⑦ 《天风阁学词日记·一九四二年·二月三日》，第六册，第 367 页。
⑧ 《天风阁学词日记·一九四七年·九月廿三日》，第六册，第 721 页。
⑨ 《天风阁学词日记·一九五五年·三月十八日》，第七册，第 447 页。
⑩ 《天风阁学词日记·一九五六年·十一月八日》，第七册，第 568 页。

（二）交流词学心得

据彭玉平《詹安泰词学体系研究》，夏承焘侧重在考订唐宋词人生平，编制年谱，而"詹安泰则志在建构科学形态的词学体系。詹安泰的词学研究承桐城派余绪，将义理、考据、辞章三位一体衍为故实、辞藻、音训、义理四部合一，以故实为'史'，以辞藻为'集'，以音训为'经'，以义理为'子'，从而构成其词学研究中独特的'经史子集'之学。在二十世纪词学史上具有非常突出的价值和地位"①。二位当代词学家都是兼擅诗词创作，并倾其毕生心力于词学研究。在交往中经常交流词学研究心得，思想碰撞，志行砥砺，促进各自词学研究的深入，取得骄人成果，树立了当代词学史上无可替代的地位。

从 1935 年 7 月握手言欢之日起，他们不但开始了词作的唱酬和交流，在词学研究上也进行了交流、切磋。8 月 18 日，承焘"接詹祝南函，问纂二词书"②。承焘所纂"二词书"可能是其正在撰写的《唐宋词人年谱》和《词史》。是年 7 月，承焘与中正书局签订《词史》合同，年底交稿。次日承焘有函"复祝南，嘱作《词集名物考》及《词调索引》"③。这是承焘对安泰接下来词学研究方向提的一个建议，安泰在 1951 年 1 月 5 日所填《广东省公私立高等学校教职员概况表》未完成之著作有《两宋名物方言考索》，④ 这当是接受承焘的建议而撰写，虽然最后并没有完稿，但承焘对安泰在词学研究上的支持是显而易见的。

1936 年 5 月 12 日，安泰来函"商量注《花外集》"，承焘即复一函。⑤ 10 月 15 日，承焘"接詹祝南函，问碧山（王沂孙）事，即复一函"⑥。其所复二函内容不详，但对《花外集笺注》当有所建议。1940 年 4 月 23 日，承焘接到安泰从澄江中山大学来函，"谓草窗长十余岁，宋人称丈，不必依年齿。此说待面询映翁。"⑦ 4 月 28 日夜值沪上午社社集，承焘经询问夏敬观（映庵），谓"碧山年当长于草窗十余岁，其称草窗为丈，或由年辈小于草窗"⑧。1942 年 2 月 3 日，承焘"接詹祝南坪石中山大学函。谓《花外集笺》已脱稿，附来《龚定庵百年祭念奴娇词》及《中国文学之倚声问题》一文。文可札入《词例》，分析颇精"⑨。1947 年 9 月 23 日日记记道："阅《国文月刊》五十九期，有沈祖棻女士论白石《暗香》、《疏影》词一长文，引予《白石歌曲考证》及《乐府补题考》，有数则可引入予书。……沈祖棻女士文谓祝南论《乐府补题》王沂孙龙涎香为指崖山事，较

---

① 彭玉平：《詹安泰词学体系研究》，《词学》2006 第十七辑，第 236～237 页。
② 《天风阁学词日记·一九三五年·八月十八日》，第五册，第 399 页。
③ 《天风阁学词日记·一九三五年·八月十九日》，第五册，第 399 页。
④ 《詹安泰先生年谱·一九五一年》，豆丁网，http://www.docin.com/p-102151501.html，第 39 页。
⑤ 《天风阁学词日记·一九三六年·五月十二日》，第五册，第 448 页。
⑥ 《天风阁学词日记·一九三六年·十月十五日》，第五册，第 472 页。
⑦ 《天风阁学词日记·一九四〇年·四月廿三日》，第六册，第 195 页。
⑧ 《天风阁学词日记·一九四〇年·四月廿八日》，第六册，第 196 页。
⑨ 《天风阁学词日记·一九四二年·二月三日》，第六册，第 367 页。

予说以为理宗尸水银者，于义为胜。当检时代考之"① 10 月 1 日，承焘去函安泰，"并问其解王碧山龙涎香为指崖山事之详。"② 10 月 15 日，"得詹祝南复，引《啽呓集》及《卫生本末》、《癸辛杂识》张世杰舟中焚沉香祷天事，解王沂孙《天香·咏龙涎香》。又谓为《碧山词笺》，以《一萼红》称草窗为丈一事，未得定说，未能脱稿，问古人有称年齿较少者为丈之成例否。予因忆有之，似惟□□翁称汪精卫为季新丈。"③ 在安泰、承焘通信中，专门就"《一萼红》称草窗为丈一事"及"解王碧山龙涎香为指崖山事"进行探讨。安泰在《花外集笺注》中还"根据夏承焘的考证，《乐府补题》中的咏物词，其创作时间皆在元世祖至元十五年后，而且《乐府补题》中的赋蝉之作，十词九用'鬓鬓'之语，则其与孟后陵之事的关系自然至为深切"④。

安泰《花外集笺注自序》落款为"一九三六年"，是则初稿完成于是年，中间及其后还多次去函承焘等友人就有关问题进行请教、切磋，经多年断断续续地增补，始成完帙。至 1995 年，才经蔡起贤整理，由广东人民出版社出版。

1939 年 10 月 13 日，承焘"接祝南澄江信，示一词，谓近治声律之学"。安泰"近治声律之学"，即其早期研究词学的扛鼎之作《词学研究》。"作为《词学研究》最早完成的一章《论寄托》，1936 年在《词学季刊》上一刊出，就深受词学界的瞩目，几十年来一直被认为是父亲词论中最具影响力的一篇佳作。"⑤

承焘也经常将其词学论稿寄发各地友人征求意见，安泰是他主要征求意见者之一。1955 年 3 月 18 日，承焘"发《唐宋词叙论》与南北各友，共二十余份，请其指正掷还"⑥。4 月 10 日，"见各友来信，有程千帆、龙榆生、詹祝南、杨荫浏诸人，皆有论词语，为《唐宋词叙论》提意见。"⑦ 4 月 23 日，"依各友意见（共八位），改《唐宋词叙论》。"⑧ 1956 年 11 月 8 日，承焘接"各友来函，有王季思、詹祝南，皆论予《白石词论》"。11 月 25 日，承焘"依季思、祝南、千帆诸君所提意见，改《白石词论》"。安泰在五六十年代，曾对承焘《唐宋词人年谱》中的《飞卿年谱》专文批评，1964 年 6 月 9 日，承焘"发詹祝南函，告收其《评飞卿年谱》一文入新版《词人年谱·承教录》"⑨。该文《宋词散论》题作《读夏承焘先生的〈温飞卿系年〉》。⑩

1955 年 12 月起，词学界掀起李煜词评价的大讨论。安泰"对'二主'词的关注由来已久，一九四七年，他发表的《无庵说词》已论及二主词。一九五六年八月五日，《光明

---

① 《天风阁学词日记·一九四七年·九月廿三日》，第六册，第 721 页。
② 《天风阁学词日记·一九四七年·十月一日》，第六册，第 723 页。
③ 《天风阁学词日记·一九四七年·十月十五日》，第六册，第 726 页。
④ 彭玉平：《詹安泰词学体系研究》，《词学》2006 第十七辑，第 243 页。
⑤ 詹伯慧：《我的父亲詹安泰》，http：//zwx.hstc.edu.cn/xytd/876312.shtml。
⑥ 《天风阁学词日记·一九五五年·三月十八日》，第七册，第 447 页。
⑦ 《天风阁学词日记·一九五五年·四月十日》，第七册，第 453 页。
⑧ 《天风阁学词日记·一九五五年·四月二十三日》，第七册，第 455 页。
⑨ 《天风阁学词日记·一九六四年·六月九日》，第七册，第 969 页。
⑩ 詹安泰：《宋词散论》，广东人民出版社，1980，第 127 页。

日报》的《文学遗产》专栏发表由詹安泰主持的中山大学中文系中国文学史教研组老师参加的《关于李煜及其作品的评价问题》的座谈记录。同年八月二十八日,《文学遗产》专栏同期刊发詹安泰与陈培治关于李煜及其词的商榷文章,掀起了学术界关于李煜词评价的大讨论。一九五七年,詹安泰又在《中山大学学报》第一期发表《李煜和他的词》的长篇论文,比较系统集中地阐述了他对李煜及其词的看法"①。

承焘先前就撰有《南唐二主年谱》,在 1955 年 12 月又开始关注词学界在《光明日报·文学遗产》对李煜词的评价。《天风阁学词日记·一九五五年》12 月 19 日记道:"午后见《光明日报·文学遗产》,记北师大中文系讨论李煜,否定多于肯定,所引事实多不可信者。"12 月 21 日,"夕过步奎谈李后主,步奎愿与予合写一文,为近人各说作总结性论述。属予论李词,步奎任与近人论战。"12 月 24 日"午后札李煜词提纲"。12 月 26 日,"夕作后主论词大纲。《文学遗产》今日又载《论后主词》一文,共有五六篇矣。研究生来,颇望予亦写一篇。"12 月 27 日,"五时归,写李后主论稿。"12 月 30 日,"夕研究生来谈李煜词。吴熊和写一论文,颇好。"1956 年 1 月 11 日记记道:"步奎来,与商李煜词讨论。夕写发京稿,至十一时。"1 月 12 日,浙江大学古典教研组开扩大会议,讨论李煜词,有不同观点。

1957 年 1 月 8 日承焘在广州开会时,"夕八时祝南来,集季思家,谈李煜词。"②次日,"夕祝南来,示论李煜一长文。"③安泰持示承焘的这篇文章当是《李煜和他的词》,4 月份,该文刊于《中山大学学报》1957 年第 1 期,文中两处引用到承焘《南唐二主年谱》。安泰还展开对二主词的系统整理,《李璟、李煜词》出版于 1958 年,长达数万言的"前言"即由《李煜和他的词》一文增删而成的。"他对李煜词的研究牢牢地立足文本,以相当开阔的理论视野和充实的历史材料作为评论的依据,许多见解至今仍具有参考价值。"④

詹安泰是新中国成立后最早从事编写高校古代文学史教材的学者之一。从 1953 年春开始,安泰即着手组织容庚、吴重翰等人编写《中国文学史》(先秦两汉部分)。1953 年 9 月 20 日,承焘"得詹祝南中山大学函,问《文学史论稿》,即复"。

1954 年 6 月 10 日,上海新文艺出版社函约夏承焘与龙榆生共编《宋词选注》。其计划为编一套《中国文学名著选读丛刊》,选辑历代诗歌、散文、戏曲、小说。第一辑共 21 种。容庚、詹安泰编《诗经》,由郭绍虞、刘大杰主编,预定 1955 年年底出齐。⑤ 这是安泰与承焘两人作为作者共同参加一套丛书的编写工作。

1954 年 6 月 16 日,承焘"发季思、祝南广州中山大学函,索唐宋词、诗经、楚辞讲

① 《詹安泰文集·前言》,载吴承学、彭玉平编《詹安泰文集》,第 6~7 页。
② 《天风阁学词日记·一九五七年·一月八日》,第七册,第 582 页。
③ 《天风阁学词日记·一九五七年·一月九日》,第七册,第 582 页。
④ 《詹安泰文集·前言》,载吴承学、彭玉平编《詹安泰文集》,第 7 页。
⑤ 《天风阁学词日记·一九五四年·六月十日》,第七册,第 401 页。

稿"①。7月10日，"接季思函，寄来《文学史讲义》。"② 1955 年 1 月 22 日，王起又寄去《文学史讲稿》。③其时安泰、王起同任教中山大学，承焘向二人函索讲稿，由王起负责寄去。可见，在高校教材编写上，他们两人也是互相支持和交流，为高校教材编写起了重要作用。中山大学编写的《中国文学史》，在 1957 年 8 月，由高等教育出版社公开出版，这是新中国成立后由高等教育部审订的第一部中国文学史教材，在新中国高校《中国文学史》教材建设史上具有重要的意义。④

詹、夏二位大词学家在词学上的互动，在当代词学史上书写了浓墨重彩的一笔，也是当时词人、词学家交流互动的个案和缩影。本文限于学力，只是撷取《天风阁学词日记》中有关两人交往的资料排比成文，对于两人在词学上互动的深层意蕴尚未能深入发掘，只能算是抛砖引玉。可以这么说，当代词学史是由很多个诸如詹、夏二公这样的词学家、词人交往互动的个案集合而成，这才使得词学世界异彩纷呈，活色生香。期待更多专家学者对这样的词学互动个案进行辩证分析、深入探求，进一步推动、促进词学研究和诗词创作的繁荣发展。

责任编辑：曾旭波

---

① 《天风阁学词日记·一九五四年·六月十六日》，第七册，第 402 页。
② 《天风阁学词日记·一九五四年·七月十日》，第七册，第 406 页。
③ 《天风阁学词日记·一九五五年·一月廿二日》，第七册，第 435 页。
④ 《詹安泰文集·前言》，载吴承学、彭玉平编《詹安泰文集》，第 20 页。

万山深处锁吟魂

——詹安泰澄江词作述略

黄晓丹*

摘　要：詹安泰从 1939 年 4 月前往云南澄江任中山大学教职，到 1940 年 8 月随中山大学回迁粤北，短短一年半时间内创作激增，此间刊印了诗词合集《滇南挂瓢集》，选诗词各 100 首。从现存澄江时期的 37 首词作来看，詹安泰澄江词作情兼雅怨，开向上一境，达到了无庵词创作历程的高点，标志着无庵词后期词风的形成，可视为无庵词前后期不同风格的分水岭。世变日急、国难日深以及羁旅漂泊之感充实了作品的内质，使无庵词在早期呈现的清劲绵丽的基础上更添一层沉郁幽忧之思。另一方面，此期对碧山词的浸淫钻研，以及对寄托词论的理性认识，也促使无庵词在师法白石词清劲、梦窗词密丽的基础上又吸取碧山词厚实浑化的艺术特点。

关键词：詹安泰　无庵词　澄江　滇南

詹安泰（1902～1967），字祝南，号无庵，广东省饶平县上饶区新丰乡（现潮州市饶平县新丰镇）人，先后任教于广东省立韩山师范学校、国立中山大学，在古典诗词创作和古典文学研究上取得杰出的成就，尤以治词一门驰誉于世。温廷敬在《蕉声词序》中称："鼎革以来，潮之能词者凡四人，海上陈君蒙庵、郑君雪耘，皆尝问津于晴皋沤尹。余尤喜吴君懋缠绵宛转，得《离骚》九章之遗；詹子祝南，清刚隽上，接《九歌》之绪，为能探其极也。"[①]而事实上，詹安泰为词，远历白石、梦窗、碧山各家，近承陈澧、陈洵，兼得益于半塘、彊村，而融常桂词风于岭南，允居四者之首。随着学界对近世词坛研究的深入，詹安泰词作创作及其词学思想渐成关注的热点。本文以詹安泰澄江时期词作为

---

* 黄晓丹，1981 年生，南昌大学中文系硕士研究生，师从段晓华教授，研究方向为明清古典文学。本文曾提交于 2010 年年底举办的"纪念詹安泰先生国际学术研讨会"，刊发于《韩山师范学院学报》2011 年第 5 期，此处略有修改。

① 饶锷、饶宗颐：《潮州艺文志》，上海古籍出版社，1994，第 669 页。

中心，尝试探讨无庵词的时代印象和词人的心灵世界，分析无庵词后期词风的转变及其成因。

一

从 1926 年 8 月詹安泰任教于广东省立第二师范学校（后改名韩山师范学校），到 1937 年 8 月 30 日，日本空军开始轰炸潮汕，詹安泰举家避难至离潮安城数里的枫溪，前后约为 12 年。此十来年间的词作，大约可视为詹安泰的早期词作。他从志学之年起，即喜填词，风晨日夕，春雨秋声，有触辄书。自 30 岁之后，于词业用力更勤，于 1937 年选词 100 首，刊印第一本个人词集《无庵词》，为当时词坛所激赏，吴梅评价："取径一石二窗而卓有成就"①。读书多交游广，足为吟资，前朝各家，可为师法，但毕竟囿于潮州地界，人生经历较简单，词作题材相对狭窄。而在艺术技巧上，虽然 10 余年中，詹安泰填词"颠倒二白，网罗珠玉"②，已卓有成就，呈现出清厚绵丽一格。然而先生他自觉尚未得门径，在 1937 年前后停止填词半年，而专力于长短古，欲借此来矫正写诗枯瘦、填词滞涩之弊，③ 此举正可说明詹安泰对词作创作还有着更高的艺术追求。

1937 年，詹安泰刊《无庵词》，恰时当日本全面侵华之际，他在自序中云："呜呼，兵火满天举家避难，尚不知葬身何处，所守此区区，宁非至愚，顾敝帚自珍，贤者不免，余亦不恤人间耻笑矣"④，这是家国残破之时，一个犹忘情于文字的词人发出的自我嗤叹。詹安泰还通过对杨髡发陵的考辨，借古讽今，谴责侵华日军之暴行。⑤潮州城区遭轰炸后，詹安泰举家避难枫溪，当时各地来潮汕避难民众甚多，"乱蝉如诉"、"画角声声，哀禽无数"，悲国难深重，哀民生多艰，在词作中常有寄寓。其 1938 年 7 月寄夏承焘的《玲珑四犯》一词可为代表，词中题序云：

廿四年七月，余自沪之杭访夏瞿禅教授于秦望山，因与纵游湖上，忽忽周三年矣，大好湖山已非复我有。余寄食枫里，瞿禅亦避地瞿溪。寇氛载途，清欢难再。月夜怀思凄然欲涕。因仿白石旧谱倚此寄瞿禅。⑥

面对国土沦陷、人民流离，语调沉痛、况味幽凄，充满骚怨之情。但毕竟詹安泰在此期间词作不多，自 1937 年末寄居枫溪到 1939 年 4 月起程往澄江，从《詹安泰诗词集》中

① 蔡起贤：《春风杖履失追陪》，载詹安泰纪念文集编辑组编《詹安泰纪念文集》，广东人民出版社，1987，第 73 页。
② 陈寂：《为祝南题漱宋室填词图》，载《詹安泰纪念文集》，第 21 页。
③ 吴新雷等：《清晖山馆友声集——陈中凡友朋书札》，江苏古籍出版社，2001，第 440 页。
④ 詹安泰著，吴承学、彭玉平编《詹安泰文集》，中山大学出版社，2004，第 36 页。
⑤ 陈嘉顺：《詹安泰先生晚年的心态管窥》，《潮学研究》新 1 卷第 2 期，2011 年 6 月，第 97 页。
⑥ 詹安泰：《詹安泰诗词集·无庵词》，香港：翰墨轩出版有限公司，2002，第 51 页。

所收录的篇目来看，数量仅 10 余首。

而从 1939 年 4 月 9 日取道香港，前往澄江任教，一直到 1940 年 8 月随中山大学迁往粤北期间，詹安泰创作激增。此间刊印了诗词合集《滇南挂瓢集》，选诗词各 100 首，今中山大学图书馆有藏，可惜只是残本，不足以窥全貌。但借此可知这短短近一年半时间里，国难客愁对词人的心灵撞击巨大，詹安泰蒿目时艰，感慨激发，吟咏不辍。2002 年出版的《詹安泰诗词集》，以其晚年亲订手稿为本，虽未严格编年，但基本按创作时间顺序排列，其中所收录词作自《玉楼春·香港作》到《台城路·再为高吹万丈题风雨勘诗图》共 37 首，可视为詹安泰澄江时期的词作。詹安泰于 1938 年 3 月初因疾向韩山师范学校请假休养，并推荐饶宗颐代其教职，① 至 10 月由陈中凡教授推荐，以名士身份，被中山大学破格聘为中文系教授，接替陈洵主讲诗词。而 1938 年 10 月 21 日广州沦陷，中大奉命西迁，最后定址云南澄江，抗战八年，中大颠沛流离七个年头，几度迁徙，詹安泰从赴澄江任教开始，便随中大开始辗转流离。或许正如常言所道，"国家不幸诗家幸，赋到沧桑句便工"，世变的进一步恶化，生活境地的转徙，家国残破，亲友离散，生命草芥，这一切使词人的心灵长期处于无法排解的沉痛之中，词人吟哦的愁苦往往超出个人的情愫之怀，而与"乡国"有着难以割离的联系，这直接促成了无庵词境的开拓和提升。

二

澄江县位于云南省南部，距离昆明 56 公里，是一个交通阻塞、偏僻的山城，气候温和，土地肥沃。县城南临抚仙湖，山清水秀，四季皆春，风光宜人。② 詹安泰有诗《初到澄江作》描绘当地景色：

> 乱山合沓澄江围，平畴千顷人家稀。古柏亭亭如幢插，菜叶肥厚田泥肥。陂塍高下驮马过，前塘远近鹭鸶飞。抚仙湖大尚未到，啮湖山影能依稀。景色自与交哑内，去来谁复探几微。一阵香风忽吹送，送我入城聊息机……城中事事不可说，要当日日行郊扉。③

诗中所绘景象颇显一派悠闲自足的田园趣味，但诗作结尾却是"城中事事不可说，要当日日行郊扉"，一下子扭转了全篇意趣，可见平静安详的田园气氛亦难以让作者摆脱积蓄已久的忧愤感伤情绪。同样，在詹安泰的词作中，青山绿水常常成为供愁献恨的对象。其以滇南风景名胜为题的词作可作一观，如《庆清朝慢·抚仙湖》开篇有"泻水天低，量愁海阔，山根啮断还连"④ 写景句，读来即有涩恨酸情一泻而下，无限惆怅欲罢还

---

① 《函复准由饶君宗颐代课由》，韩山师范学院档案室藏，民国档案，卷 68，第 15～16 页。
② 黄义祥：《中山大学史稿（1924～1949）》，中山大学出版社，1999，第 332 页。
③ 詹安泰：《詹安泰诗词集·鹪鹩巢诗》，第 74 页。
④ 詹安泰：《詹安泰诗词集·无庵词》，第 62 页。

来之感，其中"泻"、"量"、"啮"字尤见铸炼之工。又如《琵琶仙·昆明大观楼》一篇写道：

> 欺鬓东风，又吹醒、旧日天涯游乐。双桨轻拨萍光，阑干影斜落。凝望处、空蒙翠湿，恋波镜、野云飞弱。绿柳腰柔，珍禽语滑，芳步幽约。记曾共、听曲楼头，看争解、香囊水中濯。空剩一丝残泪，付当前眉萼。休问讯，云今雨古，料客程、后夜如昨。已怅伤别伤春，好怀谁着！①

即景触情，空蒙翠湿、野云飞弱、绿柳腰柔、珍禽语滑、芳步幽约……兴象繁复密丽，铺写的是眼前大观楼的春光好景，但它带给词人的不是欢乐，反而唤起了词人对旧日天涯游乐的想念，徒添伤春忆昔、昨是今非、客愁如织的怅惘之情。

"独在异乡为异客"，每逢佳节临至，词人的思乡怀亲、羁旅离乱之情更易受到触发。如《水调歌头·澄江中秋，不雨不月，只寒风凄紧，万籁萧骚而已。客中对此难乎其为怀也，偶忆坡公明月几时有词，遂成一解》由眼前"山月转难吐，寒力厉严冬"凄紧晦暗之景而触发对"世间多少儿女，怅望玉楼中"的怜悯，含有仁者之怀。《霜叶飞·澄江重九》以"异乡长苦"一句统领全篇，由"清怀渺，霜风吹老边树。冷红千片下寒塘，妆晚棠梨雨"萧瑟之景引发感兴，抒发情志，不只有伤个人身世的"万山深处锁吟魂"之句，也发出了"关天心事天无语"的悲天忧世之叹。

"感物吟志，莫非自然"，滇南的山山水水，风晨雨夕，季节轮换，无不成为兴感对象。在这仅存的三十几首词作当中，春伤秋悲、晦雨晴日，几乎全有词题。创作的激增，不只是出于词人对春雨秋声的善感禀赋，更多的是对那种长期困扰心灵，金瓯残缺、漂泊万里愁绪的排解。

三

在家国残破、生命草芥的乱世中，词友之间的酬唱更多地注入了惺惺相惜的真情和家国忧患、韶华不再的悲虑。詹安泰此时身处滇南偏僻之地，众词友亦流散各地。词人们依靠书札通信几个月往来一次的慰问更显得弥足珍贵。在他此期词作当中，有相当一部分寄友怀人之作，其中流溢着忆昔伤别的款款深情和遭世乱离的沉痛，如《锁阳台·蒙庵自沪上寄声存问，赋此报谢，兼抒近怀。征尘未浣，仆御在门，命笔黯然，不自知其言之掩抑也》、《壶中天慢·兵火连天，乡音沉滞，分寄渝沪诸友》、《山亭宴·澄江感春，寄呈夏映庵先生沪渎》、《征招·澄江春仲，用白石自度曲挽蔡子民先生》、《莺啼序·冰若客死渝中，余既为诗哭之，忽忽近半年矣。顷者整比旧稿，触拨前尘，叹逝伤离，益难自已。因复倚觉翁此曲以永余哀。庚辰天穿节后五日》等作。其中《莺啼序》一首悼念已

---

① 詹安泰：《詹安泰诗词集·无庵词》，第78页。

逝词友李冰若，尤见深挚之情。李冰若师事吴梅、陈中凡，为詹安泰大学时的同窗好友，后执教上海暨南大学，詹安泰早年多有记与李冰若交往的词作，从中可见两人友谊之深。詹安泰在澄江时接到其去世的消息，惊讶异常、悲痛万分，旋即写下《哭冰若》古体歌行。近半年之后，看到了这首悼诗，不禁触动起天人相隔的伤痛，悲往伤逝，难以自禁，又选用词中最长调《莺啼序》哀之，既用吴文英《莺啼序·春晚感怀》的词调，又取其怀旧悼亡意旨，以词调写声情，词意开合转接、顿挫不平，这或许正是词人愁绪难抑，非用大曲序乐四叠长调无以尽情倾泻积郁胸中的悲痛。

又有二首为高吹万题《风雨勘诗图》的酬唱词作。后一首《台城路·再为高吹万丈题风雨勘诗图》写道：

> 书船惯载江南月，吟怀顿随烟雾。闹市孤楼，微凉自忍，还听潇潇风雨。毛笺郑谱，剩槎卷丹黄，一灯无语。念破家山，断肠何限黍离句。高情怕寻梦去，夜潮流不断，恩怨谁诉？白日西颓，舣棱北望，眼底英雄如许！登楼漫赋，且收拾丛残，画图同住。待办归艎，暗愁飞雁柱。①

词作上片所吟人物形象、所抒心境体会，堪为陆沉巨恸，一代钟情于文字之人的共同写照。高吹万为当时的江南名士，交游甚广，与当时潮汕多个文艺团体通好，晚年生活颠沛流离、穷困潦倒。抗战刚开始，他的家乡金山即陷入日寇魔掌，苦心经营的闲闲山庄顷刻被毁，庋藏的 30 万卷古籍毁于兵祸，他失声痛哭："用甲正当亡国日，吾侪俱是不祥人。"② 词中句："白日西颓，舣棱北望，眼底英雄如许"，詹安泰自注："高丈故家藏书，为社友某师长嗾溃卒掠去"，针砭的正是此事，充满愤慨之情。而前一首《丹凤吟·高吹万先生属题风雨勘诗图》则有"黤黯悲沉何世，废垒烟芜，严城寒掠"描乱世颓景，"最是伤情，前社客、尽飘零天各"哀词友流离，"痛共青鹃诉，剩殊乡心赏，冰纨凄托"写文人们在风雨中互诉互持的同情……词句皆具有很强的感发力量。

四

值得再提的是，此间詹安泰的一些小令词作能将令词之特美与词人的忧患意识相结合，以唐五代小令传达姜张之沉厚，柔婉凄恻、低回抑郁，词旨微隐而伤痛毕见。如《虞美人·二首·旅食澄江，生意垂尽，中怀凄郁，难已于言，己卯端午前三日》，其一写道：

> 芳洲不蘸娉婷影，花月成凄冷。镜稜山黛未须描，旧见氤氲心字已全消。关情一

---

① 詹安泰：《詹安泰诗词集·无庵词》，第 78～79 页。
② 王振泽：《饶锷与南社巨子高吹万》，载曾宪通主编《饶宗颐学术研讨会论文集》，香港：翰墨轩出版有限公司，1997，第 330 页。

往教无寐，忍费凭高泪。十年肠断为红箫，依是粉香飘梦短长潮。①

词之用语绮丽雅艳，体现令词芳菲悱恻的特质之美，然而并非一味"以香弱当家"，而是融以感时伤世的忧患意识。词作写于春末，开头"芳洲不蘸娉婷影，花月成凄冷"二句感发于春意阑珊之景，但又不囿于眼前实景，寓含老杜"感时花溅泪"之悲慨。第二句为想象虚景，写原来所见的氤氲心字炉香，意象已自然过渡到温暖的室内情境，恰与前句"凄冷"的情境形成对比，感今伤逝之情隐现。下片抒情。"忍费凭高泪"写凭高费泪，化用晏几道《留春令》词中的"楼下分流水声中，有当日、凭高泪"词句，原句本写思妇登高念远之情，詹安泰用此典，是以女性的口吻兴情事，寓家国之悲慨。在家国残破、羁旅漂泊的境地中，词人之凭高眺望，一往关情的何止是花月凄冷！此处"凭高之泪"当更多地指"山河之泪"。词作结句"十年肠断为红箫，依是粉香飘梦短长潮"亦堪为警句。其中"红箫"用姜夔侍儿小红善吹箫一典。因为姜夔作了《暗香》、《疏影》两曲，清婉美妙，范成大十分欣赏，便将小红赠予姜夔。后两人歌箫唱和，姜夔有"自作新词韵最娇，小红低唱我吹箫；曲终过尽松陵路，回首烟波十四桥"记之。"粉香飘梦"可借代词之骚雅本色，"短潮、长潮"，字面是写心潮，实亦指长短曲调，意谓词曲难遏心底之潮。词句似语浅而实意深，旨在抒发十来年填词吟咏，苦费心肠，寓身世之悲慨，可作为词人自我形象的写照。

综观无庵词，少有欢愉之作，大都透着幽凄怅恻的况味，断肠之句确实俯拾皆是，如其《蝶恋花》一首所写的：

几度相思慵借问，落拓青衫，旧为寻诗困。梦觉柔肠刚一寸，奈他千万离愁恨。眼底落红纷阵阵，无据前欢，后约知谁分。又是一年芳意尽，人间何地埋孤愤？②

断肠固为写作时的寻章觅句、择调循声，但"梦觉柔肠刚一寸，奈他千万离愁恨"、"又是一年芳意尽，人间何地埋孤愤"，更加摧折肝肠的是用文字去面对人世的辛酸与忧愤。词作结语"孤愤"一词格外鲜明、点明意旨，含有对昏暗世道的不平之气，此种情怀显然非寻常儿女柔情所能梦见。正如张惠言在《词选序》中所说词之"兴于微言，以相感动，极命风谣里巷男女哀乐，以道贤人君子幽约怨悱不能自言之情，低徊要眇，以喻其致"，这些小令词作在芳菲铿丽的词语和意象之中流转的恰是这种不能自言之情，因而显得低徊要眇，具有意内而言外的特质。

五

世变日急、国难日深以及羁旅漂泊之感充实了作品的内质，使无庵词在早期呈现的清

---

① 詹安泰：《詹安泰诗词集·无庵词》，第 58 页。
② 詹安泰：《詹安泰诗词集·无庵词》，第 66 页。

厚绵丽的基础上更添一层沉郁幽忧之思。另一方面，如蔡起贤所指出的："（取径一石二窗）这是詹老师前期词作的风格，其实三十年代后期他所作的词，已经有新的变化。他深许陈述叔先生填词'问途碧山，宜所先也'的主张，从此钻研《碧山乐府》"①，师法对象的转移和词论钻研的深入必然也促进了创作实践上的进一步探索。詹安泰对碧山词中之寄托钩沉索隐，发掘探讨，1936 年于《词学季刊》发表《论寄托》一文，纠正了"寄托说"的理论缺失，拓展了它的理论内涵，引起词学界重视。《花外集笺注》一书初稿大致成于 1936 年，詹安泰在一路辗转中不时补订，至 1942 年脱稿。詹安泰也常用周济"词非寄托不入、专寄托不出"的作词方法教导学生，②体现他对常州词派思想的承袭。周济认为有寄托"入"是作词的初步，对于有长期创作实践积累的词人，要更上一步追求无寄托"出"。这要求词人比兴刻画、典故化用、指事类情、锤炼字句均能信手拈来、出神入化，将思想感情包融于形象之中，把时代所赐予的"感慨"糅合于个人身世的独特感受之中。

对于研创结合具有"自觉"的学者型词人，对碧山词的浸淫钻研以及对寄托词论的理性认识，必直接作用于创作实践中，促使无庵词表现出碧山词言近旨远、厚实浑化的艺术特点。不过如上文所举词作，比起碧山咏物词那种鲜明的意为笔先的写法，詹安泰作词更多的是因景写情、即事感兴。所睹所及，虽多寄以个人身世之哀感，但其中不自觉地融以仁者之怀和忧世意识，让人感受到时代风云在词人心灵上所引起的震荡。由于有触则发，落笔痛快，结构上比碧山词、梦窗词显得更加疏宕流动，而近白石词风。正如施议对所概括的，无庵词所具有的"绵丽而有疏宕之气，空灵之境及沉郁幽忧之思"③的特点，正是詹安泰在对"白石、梦窗、碧山"等宋末词人广泛师法的基础上，融以亲历感受，取精用宏、鸿炉铸语后的自然结果。

<h1 style="text-align:center">余 论</h1>

饶宗颐在《詹无庵词集题辞》中谈及詹安泰词作："余读其早岁蝶恋花小令，拗折瘦劲中极温碧刚密之致。虽以子野之发越，而骨力稍逊，未极高骞；小山之怨慕磊落，尚未能迥出慧心，开向上一途。揆君之意，似欲以盘空硬语，写窈窕绵渺之哀思。昔晁无咎谓'山谷小词固高妙，然实为著腔子唱好诗'。盖讥其以诗为词。君所作则绝无浑袤之病，而清劲跌宕过之，此一新境，正有待开拓，惜君中道废置，未克施展其奇崛之句，张弛控送，如《东山乐府》之婉绝一世，为可悲也！"④饶宗颐所提到的四首《蝶恋花》小令，当指詹安泰早年在韩山师范学校时期所作词作，蔡起贤对此四首词作本事有所考证。⑤饶

① 蔡起贤：《春风杖履失追陪》，载《詹安泰纪念文集》，第 73 页。
② 蔡起贤：《春风杖履失追陪》，载《詹安泰纪念文集》，第 73 页。
③ 施议对编纂《当代词综》，海峡文艺出版社，2003，第 39 页。
④ 詹安泰著，吴承学、彭玉平编《詹安泰文集》，第 384 页。
⑤ 蔡起贤：《詹安泰教授蝶恋花四首本事》，载《缶庵诗文续集》，香港：天马出版有限公司，2008，第 87 页。

宗颐慨叹詹安泰自去澄江之后，所作词量不如诗多，倚声反不如诗致力之专。从《詹安泰诗词集》的存目来看，澄江之后作词确实不如诗多，但对比韩山师范学校时期 12 年所留下的近百首词作，从去澄江到 1949 年年底共 10 年时间，词作数量比早期要多，单从创作数量上来看，也不能说是中道废置。尤其是在澄江期间，詹安泰的创作热情更是高涨，小令比例虽有所下降，然也不乏佳制，而中长调之作从数量到质量上皆对前期词作有所超越。澄江词作情兼雅怨，开向上一境，达到了无庵词创作历程的高点。

就词境的开拓与提升方面，詹安泰并未放弃探索。在 1949 年 10 月致香港刘伯端的书信中，还提出"拟别出生辣一路，由生辣以寻重拙大之义，倘或才力不胜，当再向苍质处走耳"[1] 的创作追求，欲以老健硬朗笔力寻重拙大之义，在浙派与常州派之间寻找融合，突破以往的风格和熟路。可惜 1950 年之后，詹安泰的学术兴趣偏向于《诗经》、《楚辞》以及中国文学史研究，词学研究逐渐销声，词作创作也随之减少，收入《詹安泰诗词集》的词作只有 25 首，这与当时整个词坛上填词队伍的逐渐涣散，新时代主题与旧文学形式的矛盾不无关系。詹安泰又逝于"文革"浩劫中，还未待重挥词笔，谱写新章，张弛控送，施展其奇崛之句，这也许才是饶公的叹惋所在吧。

责任编辑：吴孟显

---

① 刘景堂著，黄坤尧编纂《刘伯端沧海楼集》，香港：商务印书馆（香港）有限公司，2001，第 326 页。

现代潮籍女诗人冯素秋研究

刘文菊[*]

摘　要：冯铿的姐姐冯素秋不仅家学渊源，遍读诗书，工于吟咏，有诗词稿《秋声》集二卷，而且胆略过人，曾立志要继承秋瑾的未竟事业，秘密策划革命，准备起义。后与丈夫蔡梦香一起在潮汕兴办女子教育，培养了大批优秀人才。她敢于反抗封建礼教，追求自由恋爱与婚姻，倡导女性独立自强。作为潮汕早期的革命者、教育者、女权者、女诗人，堪称一代女杰。可惜，因病未满三十而亡，诗词稿也在日寇陷潮时被毁，仅存剩句"今夜夜窗灯似豆，更无魂向此中销"。

关键词：冯素秋　蔡梦香　《秋声》集

一

　　冯铿（1907～1931）作为左联五烈士之一，不仅在中国现代文学史上拥有很高的地位，被称为"中国新诞生的最出色和最有希望的女作家之一"[①]，而且在中国现代革命史上也拥有较高的地位，被称为革命女英烈。冯铿有一个姐姐叫冯素秋（1894～1924），却鲜为人知。冯素秋不仅家学渊源，遍读诗书，工于吟咏，有诗词稿《秋声》集二卷，而且胆略过人，曾立志要继承秋瑾的未竟事业，秘密策划革命，准备起义。武昌首义成功后，她放弃革命计划，与丈夫蔡梦香一起在潮汕兴办女子教育，开设"困而学舍"，培养了大批优秀人才。她敢于反抗封建礼教，追求自由恋爱与婚姻，倡导女性独立自强，是潮汕妇女解放运动的先驱。作为潮汕早期的革命者、教育者、女权者、女诗人，堪称一代女

---

*　刘文菊，1968年生，湖北郧西人，韩山师范学院中文系副教授，文学硕士，主要从事现当代女性文学的教学和研究。本文为韩山师范学院潮学院2009年度项目"潮汕女性文学研究"成果。

①　姚辛：《左联史》，光明日报出版社，2006，第102页。

杰。可惜，因在新加坡教书期间，过度劳累染病，未满三十而亡，诗词稿在日寇陷潮时被毁，生平事略也散见于地方文献史料中，几乎被历史所湮没。

根据许美勋（1902～1991）、许其武（1941～2010）父子的两本传记《冯铿烈士》、《十月先开岭上梅——冯铿传奇》以及其他冯铿研究的相关文献史料，可以粗略勾勒出冯铿的家庭状况。冯铿的父亲冯孝庚①，祖籍浙江杭州，出生在书香门第，饱读诗书，知识渊博，富有文才。少年时跟随当幕僚的父亲来到广州，后宦游潮州，饮酒、赋诗、会友、教书，是粤东一带的古文名宿。母亲卢椿，祖籍浙江绍兴，卢氏的父亲和祖父都是"绍兴师爷"，未满 10 岁时，举家迁至揭阳，父亲在清廷大臣丁日昌的门下做幕僚。卢氏上过私塾，聪慧能干，会流利地讲国语、粤语、绍兴话、客家话、潮州话，曾在汕头友联中学任教。他们的婚姻虽是由父母包办，但也还差强人意。冯家一共有五个孩子。大儿子冯印月，文弱消瘦，风流潇洒，颇有诗才，以教书为生，曾任汕头岭东中学校长。与饶锷是至交，为"壬社"诗社盟员，与石铭吾、许伟余、杨光祖等相互唱酬诗词，诗名甚广。他曾在凤湖写过一首七绝：凤泊鸾飘何日已，湖光山色入秋初。金瓯满眼胸残缺，"天问"书成恨有余。②饶锷在《与冯印月书》一文中称赞他"足下论文具有只眼非同流俗泛泛者"③。石铭吾有《哭冯印月》一诗："世法拘人虱处裈，聊将痴语慰幽魂。玄庐虚廓今犹昔，玉树沉埋死亦存。老母寡妻兼弱子，义山韩偓继梅村。苍凉家世又身世，不唤巫阳孰与论。"称赞冯印月的诗风似李义山、韩偓及吴梅村。许伟余在《哭冯印月》一诗中称他诗才敏捷为"捷急愈响报，四韵八叉成"④。抗战期间，冯印月曾为潮汕地区共产党主办进步刊物《谷声》定刊名、组稿审稿。后来不幸客死于惠来城外的一所庙宇里。小儿子冯瘦菊（字白桦，小名石虎）出生于 1902 年 9 月 9 日，狂猖自由，善诗嗜酒，颇有名士派头。与潮汕革命领袖彭湃、杨石魂、李春涛是密友，与郁达夫是诗友，与许美勋一同发起火焰文学社，主编《火焰周刊》。曾投笔从戎，参加北伐战争，历经汀泗桥等战役，直捣武汉三镇。在《武昌城外马上口占》一诗中慷慨高歌："千里驱驰百战来，武昌城外大江回。夕阳红似征人血，管领河山要霸才。新垒荒城草色黄，龟山云树晓苍苍。腥风十里从军曲，战马长嘶过汉阳。"⑤冯氏父子三人在潮汕一带诗名盛传，曾被《岭东报》的主笔许唯心称为"汕头三苏"。家中有两个女儿，大女儿是冯素秋，小女儿是冯铿。另外，家里还有一个被称为"白毛"的老妾，常年在厨房忙碌，悲愁阴冷，有一个二儿子为老妾所生，离家当兵，不知下落。

许美勋在《冯铿烈士》一书中有一些描述冯素秋的片段：姐姐素秋，比冯铿长 10 岁。当她 20 岁时闹自由恋爱的事，轰动了整个封建的古老的潮州城。她的叫号和悲歌，她的怒眉漫骂，她那火热的斗争……这些尖锐深刻的印象留在妹妹的脑里永久如新。……姐姐没有错，她那样慈和、正直、豪爽、多情，这些难道是不对的吗？假如有错的话，一

---

① 饶锷《冯素秋女士传》一文中为"冯孝根"，许其武《十月先开岭上梅——冯铿传奇》中为"冯孝庚"。
② 许其武：《十月先开岭上梅——冯铿传奇》，中国文联出版社，2001，第 16 页。
③ 饶锷：《饶锷文集》，陈贤武、黄继澍整理，潮汕历史文化研究中心编，香港天马出版有限公司，2010，第 73 页。
④ 蔡起贤：《沧海遗珠悁石诗》，载《潮学研究》第 4 辑，汕头大学出版社，1995，第 226 页。
⑤ 许其武：《十月先开岭上梅——冯铿传奇》，中国文联出版社，2001，第 19 页。

定是爹妈，因为他们反对她的恋爱。姐姐爱一个男人，她是知道的，虽然那时还只是一知半解，但总是同情姐姐。因为姐姐对她很好，教她读了好多旧诗词。很好听的像唱歌似的那些诗词，不间歇地响亮在她的嘴里。……去年春天姐姐病得很严重时，她从姐姐的干瘪颤抖的手中接过来的是一包诗词稿。姐姐最后的几句话是："我们做女人的受罪特别深，你要有志些，将来替女人们复仇，旧礼教真是猛虎……你要学武松，你不是佩服武松的英雄气概吗？……""不，我要学秋瑾！"① 许其武在《十月先开岭上梅——冯铿传奇》中也记写了冯铿姐妹之间的似海深情，姐姐素秋不仅是冯铿的文学启蒙和思想启蒙老师，还是她的人生楷模，姐妹二人敬仰历史上的奇侠女子，立志要做秋瑾和索菲亚式的女革命家。姐姐坎坷不平的短暂人生让冯铿悲愤不已，永难忘怀，《深意》（四一）这首小诗即表达了对姐姐的深刻怀念之情："姊姊面对面的抱妹妹在怀中/在充满着爱的注视里/两个人眼睛中互映着影儿/姊姊呵，你的影儿现在虽不再在我眼里/但却深深地印入我的脑里了"② 这些记叙的碎片是为了映衬冯铿的个性气质和革命思想的成长过程而侧笔带过的，并没有再现出一个清晰完整的冯素秋形象，有关冯素秋的生平事略还是比较模糊的。

二

2010 年《饶锷文集》出版，其中收录有《冯素秋女士传》③ 一文，原文是用没有句读的文言文写成的，共 766 字，是一篇关于冯素秋生平事迹的传记，非常具有研究价值。饶锷（1891～1932）为清末民初的潮州大儒，其天啸楼藏书达十万卷而闻名于世。该文是饶锷于 1924 年应友人蔡梦香之请，为其亡妻冯素秋即将刊印的诗词稿《秋声》集所做的序文。文章详细介绍了冯素秋其人其事，盛赞她的人格品质、才情诗趣、谋略胆识，也讲明了代写序文的多重缘由，既是为情义所重，也是为冯素秋被世人视为离经叛道的女子而正名，更是为现代女子教育的兴起与发展而呐喊助威，鼓励更多的女性像冯素秋一样追求独立自主，走上女性解放的道路。该文不仅为冯素秋著文作传，而且也臧否人物、评点时事、批驳谬论，立场鲜明地发露新思想、新观念，体现了一个思想启蒙者的深刻与警醒。

冯素秋的丈夫蔡梦香（1889～1972），字兰生，潮州城人，是著名的诗书画家。早年就读于金山中学，上海法政学校毕业后留校任教。1914 年与冯素秋结婚，二人一同在潮州兴办教育，开设"困而学舍"。1922 年同赴新加坡，在新加坡华侨美术学院任教，1924年因冯素秋染病回潮州。1947～1948 年应饶宗颐之邀在潮州修志馆参加《潮州志》的编纂工作。1948 年定居新加坡，以教书为生。蔡梦香不仅是饶锷的至交，还是其儿子饶宗颐的书法启蒙老师。饶宗颐在《我的学书经过》一文中回忆道："余髫龄习书，从大字麻

---

① 许美勋：《冯铿烈士》，广东人民出版社，1957，第 12 页。
② 冯铿：《重新起来》，花城出版社，1986，第 368 页。
③ 饶锷：《饶锷文集》，第 116 页。

姑仙坛入手，父执蔡梦香先生，命参学魏碑。"① 饶宗颐对蔡先生尤为敬重，1972 年蔡先生去世，他撰写了《蔡梦香先生墓志铭》，以托哀思，1977 年又为《蔡梦香先生书画诗集》题词，以垂永念。饶先生不仅盛赞蔡先生的卓绝艺术成就："公耽思旁讯，喜为诗，重意而轻辞，不傍前人蹊径，刃迎缕解，戛戛独造。""先生素工诗，殊无意于诗，随作随弃。早岁耽书法，磨砻浸灌既深，晚乃移书入画，所造更为超胱迥绝。"而且还妙趣横生地描摹了蔡先生特立独行的人格品质："先生寝无床，喜蜷屈卧醉翁椅上，终日在呵欠吐纳之中，一生离于梦者，仅十之二三。""自擘窠小楷，波磔点画，靡不殚究。锲而不舍，若有神鬼役其指臂，而执笔之法屡易，老而日新，自出机杼，俯仰古今，无当意者；晚岁书所造益奇，而解人不易得矣。"② 蔡先生不愧为潮汕艺术史上超凡脱俗的高洁之士。

《蔡梦香先生书画集》中有三首怀念冯素秋的诗，可见蔡先生对冯素秋情深意长，永念在心。

《悼亡》③

壬辰冬夜

素秋之死距今已三十年，未曾如梦也，今忽得之，殆相见期不远也。

人生忧患始识字，多才薄命岂天意！

九泉无计寄泪言，此恨绵绵到何年？

白头相许竟自老，燕泥落尽空梁倒。

云游今夜梦境奇，卿乘彩鸾我青螭。

客窗酒醒剩孤影，一灯矮榻忆遗诗。

《纪梦》④

分明历历是何因？醉榻无端与共陈。

十载交情如水淡，却从梦里一相亲。

《己亥复活节夜困酒假寐，梦与亡室素秋同游白云乡醒后感作》⑤

（其一）

人生忧患始识字，长才短命殆天意！

九泉无计寄泪言，此恨绵绵四十年。

白头许共竟自老，燕泥落尽空梁倒。

销魂今夜梦境奇，卿乘彩鸾我青螭。

---

① 饶宗颐：《我的学书经过》，《香港潮州商会会讯》2006 年第 6 期。
② 蔡梦香：《蔡梦香先生书画诗集》，新加坡南海印务（私人）有限公司，1979，第 140 页。
③ 蔡梦香：《蔡梦香先生书画诗集》，第 29 页。
④ 蔡梦香：《蔡梦香先生书画诗集》，第 63 页。
⑤ 蔡梦香：《蔡梦香先生书画诗集》，第 68 页。"其一""其二"为本文便于表述所加。

酒醒客窗对孤影，一灯似豆忆遗诗。

（其二）

不许人间留只字，残稿雁殃岂料意。

天乎天乎复何言？辜负苦吟生之年。

芳菊久凋陶潜老，东流去水难西倒。

安得返魂仙术奇，一如春雷起蛰螭。

岁岁空逢复活节，肠断秋娘折枝诗！

注：素秋，冯氏，字菊芳，能诗。原籍浙之仁和县人，父宦潮，因家焉。十九于归予。年未三十而逝，遗稿秋声：二卷。未付梓，日寇陷潮，遭丧失，可惜也！稿中有"今夜夜窗灯似豆，更无魂向此中销"句。

《悼亡》和《纪梦》写于1952年的一个冬夜，是记写梦中与素秋亡灵相见的情形，虽然二人相恋相守不过短短10年，30年来却一刻也不曾忘怀。诗人对多才薄命的素秋扼腕叹息、含泪寄言，表达深刻的哀悼之情。诗中化解素秋《秋声》集中仅有剩句"今夜夜窗灯似豆，更无魂向此中销"的凄凉意境，以抒发沦落天涯、形影只单、魂断寒夜的孤寂与凄清，悲痛欲绝，似乎大限之期迫近，读之令人无限悲凉。时隔7年之后，蔡梦香在1959年3月22日复活节这一天再次重写了这首诗，《己亥复活节夜困酒假寐，梦与亡室素秋同游白云乡醒后感作》仍然是记写梦中与素秋相见的情形，《其一》只是更改了几个字，感情却更醇厚，对素秋的怀念之情40年来绵绵不绝，并不曾因岁月的流逝而减弱。《其二》痛惜素秋生前苦心吟咏，不料诗稿全部被毁。慨叹时光不可回转，素秋早已香消玉殒，诗人也是古稀之年。诗人在象征着重生与希望的复活节里，祈祷能有返魂仙术让素秋起死回生，再做神仙俦侣，但却是年年空盼、岁岁肠断，只能梦里相见。读之令人肝肠寸断。在这首诗后，蔡梦香作了一个小注，简略介绍了冯素秋的生平，交代了当年准备付梓刊印的《秋声》集，在日寇侵华时，潮州陷落，诗稿丧失，甚是可惜，只是存留"今夜夜窗灯似豆，更无魂向此中销"一句而已。

著名潮籍学者、诗人、艺术家萧遥天1964年写过一篇评介蔡梦香诗书画的文章《死生不出地球外，四海六州皆故乡——蔡梦香先生的诗书画》[①]。文章忆及1947年在潮州修志馆结交蔡先生的情形，说蔡先生"清癯如鹤，天真如婴儿"，虽然是出身书香门第，却"随和脱略，老少同欢"，生前已自己写好墓志铭随身携带，极其潇洒旷达。蔡梦香一生假醉沉梦，超凡脱俗，常常沉醉于吟诵中，深情痴迷，非同凡响，人皆诧异。萧先生回忆，蔡梦香曾"笑着告诉我一件年轻时代值得骄傲的罗曼谛克，他太太所以彩球抛与，正发端于他那抑扬抗坠的书声呢！"这件事应该就是当年在潮州城轰动一时的冯素秋恋爱事件，二人惊世骇俗的爱情传奇成为了美谈。萧先生认为"先生治诗，出入唐宋，放旷

---

① 蔡梦香：《蔡梦香先生书画诗集》，第4页。

馨逸，风格一如其人"。特举出一例，认为《己亥复活节夜困酒假寐，梦与亡室素秋同游白云乡醒后感作》这首诗是"梦老梦境的点滴消息。秋娘岂慕书声来归之知音人乎?"诗中的秋娘——冯素秋就是蔡梦香一生魂牵梦萦的知己俦侣。

综上，根据以上文献史料可以列出冯素秋的简略年谱：1894 年 9 月出生；1912 年鮀江女子师范毕业；1911 年策划革命；1914 年与蔡梦香结婚；1914～1922 年在潮汕办学；1922 年前往新加坡教书；1924 年 2 月病逝。冯素秋作为潮汕现代史上最早觉醒的一代女性，受到新民主主义革命思想和五四新文化运动思潮的影响，在女性解放道路上筚路蓝缕，大胆叛逆，堪称潮汕女性的楷模，不应该被历史所遗忘。

责任编辑：杨姝

附：

《冯素秋女士传》

女士氏冯，名菊芳，字素秋，原籍浙江仁和。父孝根先生通儒术，渊博有文。兄印月、弟瘦菊，俱以诗知名当世。女士幼而聪慧，秉承家学，子史百氏，咸造其藩，尤工吟咏。每有作，则好事者辄窃登报章，《岭东日报》载女子诗自女士始。

年十八毕业鮀江女子师范，往来潮汕，恒短服而男装。当清之季世，士怀故国，海宇骚然。其间，以女子言革命者，有山阴秋瑾名最著。女士以浙产侨居潮州，读其书颇韪之。慨然以继起，廓清自任，密与其戚卢君青海规划革命，方略甚悉。会武昌首义，清帝逊位，女士闻之跃然大喜。凤愿既售，则退而温习故籍，向所策划，终自闭不告人。

寻适蔡君兰生，称佳偶。任地方教育者殆十年，所造就颇伙最。后与蔡君浮海授学新加坡，伉俪交勉。在外二年，以勤劳得瘵疾而归。民国十三年二月某日卒，年三十有一，子一人名兰孙。

女士既死，蔡君悼之，哀无所为计，则裒其遗诗若干首，署曰《秋声》，将梓以问世。来告其友饶锷，曰：素秋于兰生非寻常夫妇也，其视兰生若兄，兰生亦视之若弟。其归兰生也，实以文字相感召。顾兰生家贫又自惭才弱，终无以副素秋所慕。而素秋与兰生相守以至于死，未尝有一日懈于辞色。其为人沉毅端重识大义，内谨饬而外矫然。是固不拘牵于小节，而能以道德自绳者。中间奔走教育，其颠顿劬劳之状一于诗发之。今素秋死矣，年之永不永何足论？独其行事，兰生深惧其泯没，无以慰知己于地下。念平生挚友积学能文章者莫吾子，若敢乞一言为之论次，俾书诸卷首。若然，则微特兰生之感焉不既，即素秋虽死可无憾矣。

凡蔡君之所以称述其妇者如此。嗟乎！吾国女权不振垂四千年矣。古传所称女子懿德，大抵皆偏重于家政伦常。其有涉书史，干外事者，则世以为大悖。自欧风东渐，往时妇德之说稍稍撤其藩篱。然娭婴淫荡者，又扇于自由恋爱，时有越轨逾闲之事。守旧之徒群起诋击，至归咎于女学之不宜兴。得行循中道，贞毅磊落如女士者，著其事，以间执言者之口。此天下之人之有心于扶植女教者，皆乐道之。矧余凤习于冯氏，与女士之兄印月尤契，蔡君又余所故善者，其于女士之殁，又乌可默焉无言？宜乎，蔡君之欲得余文，而余不能以不文辞也。既应其请，遂传之如右，并为推论，以与世之为女子者勖焉。

水到天涯更自由

——选堂诗词用典与点化举隅

陈　伟*

摘　要： 饶宗颐教授的诗词是当代的文化珍宝。他的诗词创作继承了历代诗词的优秀传统，同时又开拓了诗词的新境界，是古典与现代的完美结合。用典和点化是诗词创作中的两个重要的技法，本文拟从这两个方面切入，以探寻饶宗颐诗词创作的内涵和个性。用典方面，饶宗颐最常用的有三种方法：借古典写我之情、用中国之典写外国之事、取外国之典造我之境。点化方面，本文主要从剪裁其辞、句式相承、意象变换、暗用其意、反用其意等五个方面来阐述。

关键词： 饶宗颐　诗词　用典　点化

如果以水来喻知识的话，饶宗颐教授的知识已经不是江河或湖泊，只局限于一流一隅，而是大海，广博无量。饶老曾游日本能取岬，于穷海尽处赋诗曰：“山围地角终难尽，水到天涯更自由。”① 大海因其广博，所以水到了天涯，便能摆脱束缚，超越界限，获得一种大自在。窃以为先生的诗词也达到了这样一种境界，故借此句为题，以为缘起。

饶老的诗词，当代诗坛耆宿钱仲联教授曾评曰：“先生之于诗词，帝网交融，优入圣域。敢借《唵声奥义书》乔荼波陀之《颂释》，为先生礼赞曰：‘已得大全智，圆满大梵道。’”②可谓推崇备至。

---

* 　陈伟，1982 年生，潮州市饶宗颐学术馆文博馆员。本文原载《潮学研究》第十三辑，汕头大学出版社，2006。

① 　饶宗颐：《饶宗颐二十世纪文集·卷十四·文录、诗词》，台北：新文丰出版股份有限公司，2003，第716 页。

② 　《饶宗颐二十世纪文集·卷十四·文录、诗词》，第 342～343 页。

饶老曾说："文章之事，有所法而后能，有所变而后大。"①这就关系到一个继承与创新的问题。仲联老对此进一步分析："创新与继承，今之恒言也。必有所承而后能变，有所变而后能通，有所通而后能大。斯必胸蟠百氏，弥中唐内之学人而后能。学与诗合，随所触发，莫非灵境，而又锻思冥茫，径路绝而风云通。选堂于此，掉臂游行，得大自在，所谓华严楼阁，广博无量，弥勒弹指即现者也。"②贤者识其大，不贤识其小。本文将从用典、点化两个方面，举若干例子，分门别类，试加阐述，多注重典故、词句之分析，一般不作通篇之详解。

一 用典

典故用得好，可以增加诗词的历史文化内涵，使诗词成为有血之肉、有根之木。饶老是位大学问家，经史子集、佛道两藏、西学妙谛，莫不烂熟于胸。再加上诗艺炉火纯青，所以用起典来，真如庖丁解牛，以无厚入有间，游刃有余。

（一）借古典写我之情

清人赵翼《瓯北诗话》云："诗写性情，原不专恃数典。然古事已成典故，则一典已自有一意，作诗者借彼之意，写我之情，自然倍觉深厚。"用古典的益处，在于既用古人之事，又能"写我之情"，使内涵更为丰富。以下试举数诗，以窥一隅：

> 与慵石翁别六年，顷书来云，以沽酒自活。感成一律
> 已是浮云终古阴，相望江海但惜惜。六年消息供肠断，十日平原只梦寻。
> 别后关河成独往，老来井臼更谁任。杜人聊解烦苛意，惆怅深情比石林。
> ——《羁旅集》③

慵石即石维岩（1878～1961），字铭吾，号慵石，晚号慵叟，潮州名诗人，陈石遗所称"岭东三杰"之一，20世纪二三十年代与饶老之尊人饶锷先生等结"壬社"。饶家是当时潮州的巨商，也是有名的书香门第，其庄园"莼园"是民国潮州第一流的私家园林，内有藏书楼"天啸楼"，藏书近十万卷。饶锷先生更是当地的名学者，当时以他为核心，形成了一个文化圈，石铭吾、詹安泰、佃介眉、王显诏等都是这个圈子的重要成员，这些文人雅士常聚饶家，诗酒流连，极一时之盛。饶锷先生1932年谢世，石翁继任壬社社长，主盟潮州诗坛数十年之久。饶老1949年去香港之后，便与石翁失去联系，过了六年才收到石翁的一封信。在信中石翁自称"以沽酒自活"，饶老看后一定很难过，回想起从前那

---

① 《饶宗颐二十世纪文集·卷十二·诗词学》，第100页。
② 《饶宗颐二十世纪文集·卷十四·文录、诗词》，第339～340页。
③ 《饶宗颐二十世纪文集·卷十四·文录、诗词》，第417页。

段诗酒流连的快意生活，而现在却变成石翁独自沽酒苟延残命，而自己也是有家归不得，肯定不胜今昔之感。那么饶老是怎样来表达这种心情的呢？

他是借助两个典故含蓄地来表达。一是用"十日平原"的典：《史记·范雎蔡泽列传》秦昭王遗平原君书曰："寡人闻君之高义，愿与君为布衣之友，君幸过寡人，寡人愿与君为十日之饮。"[1] 在诗中借以指从前那段诗酒流连的美好时光，"只梦寻"则可见饶老对往昔的怀念。二是用了一个曹参的典：《史记·曹相国世家》："参代何为汉相国，举事无所变更，一遵萧何约束。择郡国吏木讷于文辞，重厚长者，即召除为丞相史。吏之言文刻深，欲务声名者，辄斥去之。日夜饮醇酒。卿大夫已下吏及宾客见参不事事，来者皆欲有言。至者，参辄饮以醇酒，间之，欲有所言，复饮之，醉而后去，终莫得开说，以为常。"[2] 对于曹参以饮酒杜人的深意，宋人叶梦得《石林诗话》曾云："曹参方欲解秦烦苛，付之清净，以酒杜人，亦是一术。"

人事沧桑，当年的朋侪雅聚欢饮只能于梦中寻了。如今的石翁只能学曹参饮酒杜人，所谓"聊得清静"，不过是对寂寞的解嘲而已。饶老也如叶石林对曹参一样，对石翁深表同情和理解。怀昔伤今，言外不无身世之感，这种惆怅既是对石翁，也是对饶老自己。饶老通过这两个典很好地表达出这种今昔之感，写出深厚沉甸的情感分量。典是载体，诗人的情感赖之以传。

别徐梵澄·次东坡《送沈达赴岭南韵》

海角何来参寥子，黄帽青袍了生死。　知我明朝将远行，携酒欲为消块垒。
宿昔读君所译书，君名如雷久阗耳。　相逢憔悴在江潭，无屋牵舟烟波里。
罗胸百卷奥义书，下视桓惠蚊虻矣。　嗜欲已尽心涅槃，槁木死灰差相似。
劝我何必事远游，中夏相悬数万里。　我言雪山犹可涉，理胜胸无计忧喜。
赠诗掷地金石声，浮名过实余深耻。　凭君更乞数竿竹，便从寂灭追无始。

——《佛国集》[3]

1963 年，饶老受印度班达伽东方研究所之聘前往印度考察研究，期间结识了另一位在印度的中国学者徐梵澄。徐梵澄（1909～2000），原名琥，字季海，湖南长沙人。徐氏不仅通晓国学各脉，且能用英、法、德、梵、日、拉丁、古希腊、印地等语言进行研究，在中西哲学、宗教、文艺、诗歌每一领域都涉猎颇深，是位集中、印、西学于一身的哲人、学术大师、翻译家。徐氏于 1945～1978 年长期在印度做研究，被称为"当代玄奘"。[4]

徐梵澄临别前写了一首诗送给饶老，饶老写了这首古风赠答。中间用了三个典来写徐

① （西汉）司马迁：《史记》卷七十九《范雎蔡泽列传第十九》，中华书局，1972，第 2415 页。
② 《史记》卷五十四《曹相国世家第二十四》，第 2029 页。
③ 《饶宗颐二十世纪文集·卷十四·文录、诗词》，第 355 页。
④ 详见孙波《徐梵澄传》，社会科学文献出版社，2009。

氏的处境、学识和修养。

1. "相逢憔悴在江潭，无屋牵舟烟波里。"这是用《楚辞·渔父》："屈原既放，游于江潭，行吟泽畔，颜色憔悴，形容枯槁。"①其时徐梵澄郁郁不得志，饶老后来回忆说："那时徐梵澄在一个修道院里做书记，非常不得志。那是法国人支持办的一个修道院，相当于难民收容所，是个管吃管住的地方，但没有图书可资研究，所以他很苦闷。"②把徐氏比作被流放的人，足见那时徐氏处境之糟。

2. "罗胸百卷奥义书，下视桓惠蚊虻矣。"上句是指徐氏精通印度吠陀经典《奥义书》。下句典出《庄子·天下》："桓团、公孙龙辩者之徒，饰人之心，易人之意，能胜人之口，不能服人之心，辩者之囿也。惠施日以其知，与人之辩，特与天下之辩者为怪，此其柢也。……由天地之道观惠施之能，其犹一蚊一虻之劳者也，其于物也何庸。"③桓惠即指桓团和惠施，先秦名家学派人物。此句是言徐梵澄精通哲理，下视那些辩者之流，真如蚊虻一样不足道也。徐氏为研究印度文化，在印度一待就是33年，历尽艰辛，是个真正的学人。比起那些坐在办公室内高谈文化，足不出户，知行脱节得如桓惠一般的空谈家，徐氏当然是视之如蚊虻的。

3. "嗜欲已尽心涅槃，槁木死灰差相似。"涅槃，亦作"泥洹"，义译为灭度。谓脱离一切烦恼，进入自由无碍的境界。"槁木死灰"典出《庄子·齐物论》："南郭子綦隐机而坐，仰天而嘘，荅焉似丧其耦。颜成子游立侍乎前，曰：'何居乎？形固可使如槁木，而心固可使如死灰乎？'"④此二句写徐梵澄已无嗜欲，心得超脱，有如庄子笔下形如槁木，心如死灰的得道真人。

饶老此诗多用佛典、道典（诗中还用了"参寥子"、"黄帽"、"理胜"、"无始"等典），这与赠诗的对象徐梵澄息息相关，哲人相遇，当然离不开谈经论道。而这些典也成功地塑造了一个世外高人徐梵澄的形象。当然这样的"高人"并不是谁都能做得的，他必须是能"了生死"、能忍受在"中夏相悬数万里"的异国中过着"无屋牵舟烟波里"的生活。

鹧鸪天·九日和忼烈

造物何心计精粗，莲楰施厉总殊途。愁边真个成归计，夜半谁教负以趋。（行縢书二百箱）觑水镜，笑头颅。牛山有泪岂非愚。重阳觅约登高近，野韭寒菘迓客无。

——《栟榈词》⑤

① （清）王夫之：《楚辞通释》，中华书局上海编辑所，1960，第119页。
② 胡晓明、李瑞明整理《饶宗颐学述》，浙江人民出版社，2000，第55页。
③ 刘建国、顾玉田注译《庄子译注》，吉林文史出版社，1993，第669页。
④ 刘建国、顾玉田注译《庄子译注》，第23页。
⑤ 《饶宗颐二十世纪文集·卷十四·文录、诗词》，第650页。

此词大约写于 20 世纪 70 年代中期。罗忼烈（1918～2009），广西合浦人，香港大学中文系的古典文学教授，著名的词曲专家，亦是饶老在香港的好友。这首词是饶老在异国，于重阳节这天和罗忼烈的原词相寄，以表对好友的思念。

首二句用了一个庄子的典：《庄子·齐物论》："故为是举莛与楹，厉与西施，恢恑憰怪，道通为一。"① 莛是草茎，厉通癞。庄子认为物论可齐，故而无用的草茎和有用的顶梁柱、丑人与美女等决然相反的东西，都有其共通为一的"道"。饶老于此是反用庄子之意，感慨物论之难齐。牛山泪是悲叹人生的短促，典出：《晏子春秋·谏上》："景公游于牛山，北临其国城而流涕曰：'若何滂滂去此而死乎？'"饶老对于生死的问题一向很超脱，所以此处反其意，言牛山有泪是愚者的表现。这一句也是化用了唐杜牧《九日齐山登高》的末联："古往今来只如此，牛山何必独沾衣。"这两个典都算是属于比较传统的用法，最有趣的是活用庄子"夜半负以趋"的典。

饶老每次出国游历讲学，都会大量购书。像 1963 年的印度之行，就"买了 1000 多本印度书回来，有印度文、英文，还有其他文字的"②。此次出国，饶老购置的书籍竟达 200 箱之多，临行时颇感携带困难，所以突然想到《庄子·大宗师》："夫藏舟于壑，藏山于泽，谓之固矣。然而夜半有力者负之而走，昧者不知也。"③ 要是能有一个庄子里面说的能背舟负山的大力士，夜半不知不觉地帮忙把这些重重的书背回去就好了。原来饶老用了庄子这样一个很玄的典，只是为了发一个有趣的小牢骚，真是童心不泯。所以用典也不是都要正儿八经的，有时还可以调侃一下。

（二）用中国之典写外国之事

饶老飙轮所至，五洲占其四，皆古之诗人屐齿所未尝历。诚如仲联老所云："以言行迈之遥，《佛国》一集，所历山川风土，已多法显、玄奘、义净所未经；《西海》一集，探大秦诸邦之奇境；《白山》、《黑湖》之集，遨游法兰西、瑞士；《羁旅》之集，于归卧炉峰以后，又数访秋津，三践西牛贡；《南征》一集，纪爪哇之鸿泥。"④ 饶老在此游历过程中，每每以中国之典写外国之事，中西融会贯通，自出心裁，又为诗国别开一境。兹举数例，以见一斑。

拿破仑墓

百战终然厄倒戈，胜从阙下抚铜驼。深宫池水犹哀咽，绝岛风烟孰更过。

长箨累欷悲短日，丰碑突兀对奔河。归魂丰沛原无憾，遗语真令涕泗沱。

——《西海集》⑤

---

① 刘建国、顾玉田注译《庄子译注》，第 35 页。

② 胡晓明、李瑞明整理《饶宗颐学述》，第 56 页。

③ 刘建国、顾玉田注译《庄子译注》，第 122 页。

④ 《饶宗颐二十世纪文集·卷十四·文录、诗词》，第 339～340 页。

⑤ 《饶宗颐二十世纪文集·卷十四·文录、诗词》，第 369～370 页。

这是饶老 1956 年旅法时过拿破仑墓所作。此诗主要通过三个中国的典来写拿破仑。

1. 铜驼句典出《晋书·索靖传》："靖有先识远量，知天下将乱，指洛阳宫门铜驼，叹曰：'会见汝在荆棘中耳！'"① 此句借铜驼之典渲染法国战败后的残破景象。

2. "长筹累欷悲短日"，"筹"同"算"，长筹即远大的计划。"累欷"指沉重伤感的慨叹。饶老此句是化自晋陆机《吊魏武帝文》："雄心摧于弱情，壮图终于哀志，长算屈于短日，远迹顿于促路"②，是有意将拿破仑比为曹操，两人都是功败垂成，壮志难酬的人物。

3. "归魂丰沛"典出《史记·高祖本纪》："（高祖）谓沛父兄曰：'游子悲故乡。吾虽都关中，万岁后吾魂魄犹乐思沛。'"③ 拿破仑"墓在塞纳河畔。拿翁昔练兵于此，曾语他日愿葬斯地，后人如其言，并镌其语为墓铭"④。此处用刘邦来比拿破仑，是因为两人在情感上很相似。

这是一首颇为奇特的诗，诗写拿破仑而用了三个中国的典，却能恰当地表现拿破仑的生平、壮志及情感，还倾注了饶老对拿破仑深切的同情。而且以曹操、刘邦来比较衬托拿破仑，更是收到了意想不到的效果，使得人们在读这首诗时思维随之纵横东西，从而获得一份厚重的历史感。

沙波宫（Chateau de Chambord）听古乐

绛宫近在水桥西，缺月微茫众草低。遥想沙丘方猎罢，隔江尽唱白铜鞮。

——《西海集》⑤

沙波宫"在 Boulague 森林中，去罗亚沙岸数里而遥。一五一九年法兰西斯第一所建。王嗜田猎，为靡靡之乐，厥后亨利第三、路易十三、十四均游宴于此。"⑥ 诗中的白铜鞮是梁朝的曲名，《隋书》载：梁武帝之在雍镇，有童谣曰："襄阳白铜蹄，反缚扬州儿。"识者言铜蹄谓马也，白，金色也。及义师兴，实以铁骑，扬州之士皆面缚，如谣言。故即位之后，更造新声。帝自为之词三曲，又令沈约为三曲，以被弦管。后人改"蹄"为"鞮"，未详其义。⑦ 后多以白铜鞮指帝王淫乐之曲。如唐李涉《汉上偶题》："今日汉江烟树尽，更无人唱白铜鞮。"饶老此处用白铜鞮之典，实是暗讽法国国王的淫乐无度，颇具春秋笔法。"尽唱"兼有唱的人数众多和唱的时间长久两层意思，使讽刺更具力度。此题原有二首，第二首有句曰："犬马纷纷实苑台，百年风雨只蒿莱。"将这一层讽刺之意

① （唐）房玄龄等：《晋书》卷六十《列传第十三》，中华书局，1974，第 1648 页。

② 金涛声点校《陆机集》，中华书局，1982，第 116 页。

③ 《史记》卷八《高祖本纪第八》，第 389 页。

④ 饶宗颐：《选堂诗词集》，台北：新文丰出版股份有限公司，1993，第 15 页。

⑤ 《饶宗颐二十世纪文集·卷十四·文录、诗词》，第 371 页。

⑥ 饶宗颐：《选堂诗词集》，第 16 页。

⑦ （清）王琦注：《李白诗歌全集》，今日中国出版社，1997，第 164 页。

更为直观地表达出来，可以互相参证。

罗马圆剧场（Colosseo）废址 · 之五

欲谱无愁果有愁，北齐歌吹亦温柔。白杨风起多冤鬼，掷尽头颅始自由。

——《西海集》①

　　这一首是更为典型的"以中国之典写外国之事"。说实话，第一次读这首诗时我是一头雾水，不知所云。要读懂此诗，我们必须先了解罗马圆剧场的来历："圆剧场为罗马人娱乐游戏之所，纪元七十二年，俘犹太人三万驱使建筑，历八载始成，可容观众八万人。地下藏猛兽，供与勇士角斗。及时，斗者鱼贯入场，行近皇帝座前肃立，言曰：'敬礼凯撒皇帝，将死之人，向汝敬礼'……有时驱奴隶罪犯异教徒与猛兽格斗，致死者尤多。如是表演亘六百年，死者逾五十万。后改角斗场，为畋猎区，Titus 帝于此戏杀野兽九千，Trajan 帝竟戏杀至一万一千只。"②

　　了解这一血腥背景之后，我们再来看饶老是怎样落笔抒写的。《无愁果有愁曲》是唐李商隐讽咏北齐后主高纬的一首乐府。高纬的荒淫残暴完全不亚于罗马诸帝，他"尝出见群厉，尽杀之。或杀人，剥面皮而视之"③，也是个杀人不眨眼的魔王。高纬又大兴土木，极尽骄奢淫逸之能事，以至于"劳费亿计，人牛死者，不可胜纪"④。而这样一个魔王竟然还有一个嗜好："盛为无愁之曲，帝自弹胡琵琶而唱之，侍和之者以百数，人间谓之无愁天子。"⑤高纬自鸣得意，以为无愁，但作虐无数，天必谴之，不久就为北周所灭，陷为俘虏。后来李商隐咏北齐事，自制《无愁果有愁曲》，就是针对高纬为"无愁之曲"，荒淫黑暗，终致亡国，所以于"无愁"之后加上"果有愁"以讽刺之。

　　饶老此诗即以罗马诸帝比高纬，欲效李商隐谱《无愁果有愁曲》以讽刺之。"北齐歌吹"即高纬自作的所谓"无愁之曲"，"亦温柔"三字实是反语，为了满足帝王的所谓"温柔"，人民不知要遭受多少残酷的迫害。

　　"白杨风起多冤鬼"化自李商隐《无愁果有愁曲》中的"白杨别屋鬼迷人"。（中国旧俗，于坟墓上多种白杨。）"掷尽头颅始自由"则对那些牺牲在暴政之下的冤魂寄予无限的同情。要把头颅掷尽才能获得自由，这是多么悲惨的命运！饶老此句真是力重千钧，悲溢山河，令人不忍卒读。

　　此诗借用东方的暴君来写西方的暴君，由悲悯罗马死于暴政的人民，进而扩大到对中国，直至全人类不幸者的悲悯。正是因为采用了"以中国之典写外国之事"的好处，使联想的空间扩大，时空被交融，悲情被升华。

---

① 《饶宗颐二十世纪文集 · 卷十四 · 文录、诗词》，第 366 页。
② 饶宗颐：《选堂诗词集》，第 13 页。
③ 参看（唐）李延寿撰《北史 · 卷八 · 齐本纪下 · 第八》，中华书局，1974，第 300 页。
④ 参看（唐）李延寿撰《北史 · 卷八 · 齐本纪下 · 第八》，第 301 页。
⑤ 参看（唐）李延寿撰《北史 · 卷八 · 齐本纪下 · 第八》，第 300 页。

（三）取外国之典造我之境

饶老诗词中还常化用外国之典入诗，仲联老称为："汲取西哲妙谛及天竺、俄罗斯诗人佳语以拓词境，犹其为诗之长技也。"①现举数例，借以尝鼎一脔。

富兰克福歌德旧居·用东坡《迁居》韵

小我焉足存，众色分纤丽。着眼不妨高，内美事非细。
瞩目无穷期，繁华瞬即逝。持尔向上心，帝所终安憩。
生命在守一，无劳太早计。春兰终自苦，清风时拂砌。
青山环里门，白日照云鬓。不祭神常在，委躯轻蝉蜕。
我来自东海，再拜荐蕉荔。天地眷长勤，生生阅尘世。
但期两心通，俯仰去来际。洗耳听钟鸣，去垢如赶蚋。

——《西海集》②

前十句即用"歌德诗句云：Mir ist des aAll, ich bin mir selbst verloren（我既为一切，我当捐小我。）彼晚岁攻治'色彩学'，其浮士德奥旨在申向上（Steigerung）及实现完美（Entelechie）二者之义。歌德主'一'（Das eine），教人从高处着眼（Hohenblick）"③之意。最后的"洗耳听钟鸣"亦暗用歌德曾为其挚友席勒的《钟鸣操》（Lied der glocke）撰文作笺之事。

读尼采萨天师语录·之二

彼岸倘可期，悠悠即长路。崩厓当我前，悬车那可度？
我手方高攀，我眼须下顾。两途俱可愕，捷径终窘步。
跻险岂不艰，倾坠者无数。深渊谅可惧，峻岭非所怖。
谁能更于此，磨勘得妙悟。

——《西海集》④

全诗即广尼采所说"可怕的不是高峰，而是悬崖"⑤之意铺垫成章。

垂丝钓

印度有小诗云："汝之他往兮，一日如年；汝之在兹兮，年如一日。"缱绻掩抑，

---

① 《饶宗颐二十世纪文集·卷十四·文录、诗词》，第296页。
② 《饶宗颐二十世纪文集·卷十四·文录、诗词》，第372~373页。
③ 饶宗颐：《选堂诗词集》，第18页。
④ 《饶宗颐二十世纪文集·卷十四·文录、诗词》，第372~373页。
⑤ 饶宗颐：《选堂诗词集》，第19页。

试广其意。

　　不年不日，明珰低想眉妩。记取惜分，熨水黏絮。人暗许，动宝筝玉柱。　空朝暮。隔门前远路。愁君一去，茫茫江海难遇。霎时俊侣，徒念相逢处。红湿胭脂雨。桃欲语，问旧游记否？

——《睎周集》①

　　人们对时间快慢的感觉是和情绪息息相关的，所谓乐境易逝，哀情苦长。此词以"不年不日，明珰低想眉妩"起拍，来表达词人矛盾的心情，缠绵的思念。"记取"领下面四句，写初逢之人芳心暗许的乐境，以广"汝之在兹兮，年如一日"之意。下阕写别后人海茫茫，空剩回忆的哀情。"空"、"愁"、"茫茫"、"霎时"、"徒念"等俱可见词人苦闷无奈的心情，是对"汝之他往兮，一日如年"的具体情感体验。

二　点化

　　所谓点化，是指"用前人诗句，加以改造，用在自己的诗作中，表达自己的意思"②。黄山谷曾说："老杜作诗，退之作文，无一字无来处，盖后人读书少，故谓韩、杜自作此语耳。古之能为文章者，真能陶冶万物，虽取古人之陈言，入于翰墨，如灵丹一粒，点铁成金也。"③ 饶老诗词也多"取资前人名篇，点化其句语，加以活用"④，而且能纵己意之所如，最终形成自身的面目。所以读选堂诗词，不可不明其借鉴前人之处。现就笔者目之所及，度以己意，分为五种类型试加以讨论。

（一）剪裁其辞

　　剪裁其辞，即对前人成句进行剪裁，重新组合，字面上多有相同之处。也就是饶老所说的："间用前人成句，意有所极，遂忘人我。"⑤

菩萨蛮

　　题侧帽词。王观堂引尼采语：文学须以血（Blut）书者始见其真且工，余于性德词亦云然。

　　人间冰雪为谁热，新词恰似鹃啼血。血也不成书，眼枯泪欲无。风鬟连雨鬓，偏是来无准。吹梦到如今，有情海样深。

——《固庵词》⑥

---

① 《饶宗颐二十世纪文集·卷十四·文录、诗词》，第 636 页。
② 张葆全主编《中国古代诗话词话辞典》，广西师范大学出版社，1997，第 463 页。
③ （宋）黄庭坚：《黄庭坚选集·与洪甥驹父》，上海古籍出版社，1991，第 380 页。
④ 《饶宗颐二十世纪文集·卷十二·诗词学》，第 237 页。
⑤ 饶宗颐：《选堂诗词集》，第 83 页。
⑥ 《饶宗颐二十世纪文集·卷十四·文录、诗词》，第 581 页。

此词是题纳兰性德的词集（纳兰词集名《侧帽词》），所以多剪裁纳兰成句，几乎有点集句的性质。"人间冰雪为谁热"化自纳兰《蝶恋花》："但似月轮终皎洁，不辞冰雪为卿热。""风鬓连雨鬓，偏是来无准"整句用纳兰《清平乐》的成句。"吹梦到如今"化自纳兰《蝶恋花》："不恨天涯行役苦，只恨西风，吹梦成今古。"再加上"新词"以下三句用尼采语意，最后一句用情深似海的熟语，此词真是"无一字无来处"。但是经过这样一番剪裁处理之后，却能浑然一体，是因为饶老能御之以情，将对纳兰的一片怜赏之情融入其中，从而达到叶梦得所说的："诗人点化前作，正如李光弼将郭子仪之军，重经号令，精彩数倍"①的效果。

湘月

Lucerne mille 长木桥建于一一零八年，桥上古藻绘瑰丽可观，雨夕流连，有感而作。

湖山迎面，只烟笼一角，顿成凄丽。回首诸峰和梦失，梦里苍茫何世。廿四桥边，半堤青草，秀苗春前地。冥冥月冷，销魂别有滋味。才见鹧鹕一双，绵绵细雨，两两眠沙际。楚水湘云何处是，飘荡吾生如寄。剪雪为诗，揉春作酒，可了平生事。寂寞池馆，高花尽吐香未。

——《古村词》②

"冥冥月冷，销魂别有滋味"化自宋姜夔《踏莎行》："淮南皓月冷千山，冥冥归去无人管。""高花尽吐香未"化自姜夔《玉梅令》："高花未吐，暗香已远。"

最经典的是"剪雪为诗，揉春作酒"化自姜夔《玉梅令》："便揉春为酒，剪雪作新诗。"虽然只有一字之差，但感觉大为不同。首先，姜词是个领字句，以"便"字领下九字，较为疏散。饶词是个偶句，中国文字历来注重对称美，所以饶词改为偶句之后，更为工整。其次，饶词减掉一字之后，更加精练，达到"句无余字"的效果。当然，饶词之所以成功，更重要的是能将姜词融入新的意境，化成自己的东西。姜词是在范成大家中做客时写给主人的，原词下阕是："公来领略，梅花能劝，花长好、愿公更健。便揉春为酒，剪雪作新诗，拼一日、绕花千转。"不过是劝主人及时行乐，不免有应酬味，落入俗套。饶词则是写在"飘荡吾生如寄"中，以"剪雪为诗，揉春作酒"为生平之大乐，以致其他一切琐事都可不管。将饶老的性情志趣充分体现出来，与姜词在词格上自有高下之别，这也是饶老的高明之处。

饶老诗词中剪裁前人佳句的例子还有很多，比如：

"莫教薄雨有鹃啼"（《浣溪沙》）化自"连宵雨，更那堪、闻杜宇"（宋秦观《夜游宫》）；

"有意低垂还拂酒"（《蝶恋花·柳》）化自"不见长条低拂酒"（宋周邦彦《蝶恋花·柳》）；

———————————————

① （宋）葛立方：《韵语阳秋》卷一引，中华书局，1981。
② 《饶宗颐二十世纪文集·卷十四·文录、诗词》，第739页。

"销魂总在夕阳前"（《浣溪沙·三叠前韵·之二》）化自"倩魂销尽夕阳前"（清纳兰性德《浣溪沙》）；

"五弦无复能挥者，目送飞鸿隐雾深"（《藻琴湖》）化自"目送归鸿，手挥五弦"（晋嵇康《赠兄秀才入军诗·之十四》）；

"丛菊自消他日泪，寒梅偏放去年花"（《浣溪沙·甲辰春日》）分别化自唐杜甫《秋兴》："丛菊两开他日泪"和纳兰性德《好事近》："料应重发隔年花"；

"斗室自足宽，四海许为邻"（《和阮公咏怀诗·第卅四》）分别化自唐杜牧《赠宣州元处士》："蓬蒿三亩居，宽于一天下"和唐王勃《送杜少府之任蜀川》："天涯若比邻"；

"盼到花开春去，花开还索春饶"（《清平乐》）化自"盼到园花铺似锦，却更比春前瘦"（清纳兰性德《四犯令》）；

"睡月推烟百里抛"（《自疏铃铎（Sorrento）遵地中海南岸策蹇晚行》）化自"推烟睡月抛千里"（唐李商隐《无愁果有愁曲》）；

"芳意惟天知"（《少年游·之三》）化自"知我意，感君怜，此情须问天"（唐温庭筠《更漏子》）；

"风行水上自成章"（《八零年八月十七日，京都桃园亭即席，奉和清水教授叠前韵饯别之什》）化自"风行水上自成文"（姜夔《送朝天续集归诚斋时在金陵》）；

"此时争奈画难成"（《浣溪沙·和一鹤》）化自"一片伤心欲画难"（清纳兰性德《鹧鸪天》）；

"卧红芳陌落秋千"（《浣溪沙·三叠前韵·之三》）化自"秋千未拆水平堤，落红成地衣"（秦观《阮郎归》）；

"犹是桃花不死心"（《浣溪沙·三叠前韵·之六》）化自"桃花羞作无情死"（清纳兰性德《采桑子》）；

"开门且纳中庭月"（《忆秦娥》）化自"独自开门，满庭都是月"（清厉鹗《齐天乐·秋声》）；

"便能赠梦许酬谁，却欲寄愁何处好"（《玉楼春·之三》）化自"梦里轻螺谁扫？帘外落花红小。独睡起来情悄悄，寄愁何处好"（清纳兰性德《采桑子》）。

（二）句式相承

句式相承，即在句子结构（乃至谋篇布局）上学习前人模式。

蟠螭山石壁

虚谷憨山去不还，孤根蟠结石垣间。片帆安稳波千顷，七十二峰薮上山。

——《江南春集》①

---

① 《饶宗颐二十世纪文集·卷十四·文录、诗词》，第728页。

宋刘允《韩山》

惆怅昌黎去不还，小亭牢落古松间。月明夜静神游处，三十二峰江上山。[①]

我们可以明显看出，饶老此诗在结构谋篇上多有取法刘允之处。

其他在句式上取法前人的例子还有很多，再举几个：

"万古旧欢奔似矢，一时新怨怯成吟"（《浣溪沙·秋兴和忼烈八首·之六》）取法"终古闲情归落照，一春幽梦逐游丝"（清纳兰性德《浣溪沙》）；

"桃李春风思往日，江湖满地送流年"（《升旗山与遥天同登》）取法"桃李春风一杯酒，江湖夜雨十年灯"（宋黄庭坚《寄黄几复》）；

"落照不辞风力，抵死染林丹"（《诉衷情·红叶》）取法"九陌缁尘，抵死遮云壑"（清纳兰性德《蝶恋花》）；

"情如塞上乍归鸿，人是霜前初白首"（《木兰花》）取法"人如风后入江云，情似雨余黏地絮"（周邦彦《玉楼春》）；

"温泉日浴两三遍，但愿长为雾岛人"（《雾岛道中，冈村喜其景幽绝，云不愿归去。因赋》）取法"日啖荔枝三百颗，不辞长作岭南人"（宋苏轼《惠州一绝》）；

"暮雨疏烟忆六朝"（《题画绝句》）取法"流水青山送六朝"（清龚鼎孳《上巳将过金陵》）。

（三）意象变换

意象变换，即逻辑上有相似之处，但诗词中的意象变换了。如：

"彩云花底窃愁归"（《浣溪沙》）化自"游蜂酿蜜窃香归"（周邦彦《浣溪沙》）将"游蜂"易为"彩云"，"香"易为"愁"。

"羁情似草刬还生"（《浣溪沙·和一鹤》）化自"恨如芳草，萋萋刬却还生"（秦观《八六子》）将"恨"换成"羁情"。

（四）暗用其意

暗用其意，即字面上看不出化用的痕迹，但意思是古人的，或者说与古人有类似的情感体验。

浣溪沙·春晚

极意春阴护短红，东来细雨复濛濛。须臾海市见垂虹。

断碧波分鸦背外，踏青影落马声中。故山风物将毋同？

—— 《固庵词》[②]

---

① 温廷敬辑《潮州诗萃》，吴二持、蔡起贤校点，汕头大学出版社，2001，第 6 页。
② 《饶宗颐二十世纪文集·卷十四·文录、诗词》，第 568~569 页。

此首是写词人春晚观海而起思乡之情。首句化自宋陆游《花时游遍诸家园》："乞借春阴护海棠。"前五句都是写春晓海滨踏青之景：花、雨、垂虹、碧波、马声，勾勒出一幅游春图。但词人面对此景想到的却是：故乡风物亦同此乎？这是暗用了王禹偁的《村行》："何事吟余忽惆怅？村桥原树似吾乡"之意。前五句皆为末句铺垫，有此一结，则于游春中注入浑厚的怀乡情愫，以乐景写哀情，感慨遥深。

（五）反用其意

反用其意，即故意与前人之意相反，来表达自己特殊的体验。

凡尔塞归途作

山花蓓蕾土膏肥，万木森森欲合围。返照分明开一境，喜无杜宇劝人归。

—— 《西海集》[①]

饶老的旅游诗很具特色，尤其是其中的绝句，往往能写出一种积极的精神，即所谓的"指出向上一路，以新天下耳目"[②]，给人以愉悦的享受。杜宇为古蜀帝名，相传化为杜鹃鸟，后遂称杜鹃为杜宇，俗称"不如归去"，古人常用以表达催归之意，如宋柳永《安公子》："听杜宇声声，劝人不如归去。"饶老此诗反用其意而曰"喜无杜宇劝人归"，充分表达了旅途的愉快心情和乐观精神。

"有愁此际转无愁，独卧珠帏听坠絮"（《玉楼春·之五》）反用"落絮无声春堕泪"（宋吴文英《浣溪沙》）；

吴词说落絮无声，饶老则云："听坠絮"，则是落絮有声了。联系上句的"有愁此际转无愁"，足见词人孤寂之极，方能听到如此细微的落絮之声。饶老此处反用吴意，用夸张的手法来表现，变化之妙，存乎一心。

"夕阳譬回甘，余味正缠绵"（《地中海晚眺》）反用"夕阳无限好，只是近黄昏"（李商隐《乐游原》）；

李诗虽言夕阳之好，但不无衰飒之感。饶老以"回甘"譬之，而云余味缠绵，充满乐观精神，意境大变。庶几与李商隐《晚晴》的另两名句："天意怜幽草，人间重晚情"相近。而饶老用"回甘"来作喻，新意迭出，形象更为生动丰满。

反用的例子还有：

"中观物宁非学，何必长安看遍花"（《无题》）反用"春风得意马蹄疾，一日看遍长安花"（唐孟郊《登科后》）；

"淄渑胸次浑难辨，不用安禅制毒龙"（《自疏铃铎（Sorrento）遵地中海南岸策蹇晚行》）反用"日暮空潭曲，安禅制毒龙"（唐王维《过香积寺》）；

---

① 《饶宗颐二十世纪文集·卷十四·文录、诗词》，第 372 页。
② 饶宗颐：《选堂诗词集》，第 1 页。

"我来不敢小天下，山外君看更有山"（《柔山山上六首·之五》）反用孔子"登东山而小鲁，登泰山而小天下"；

"飞来燕子尚无家"（《浣溪沙·甲辰春日》）反用"便是欲归归未得，不如燕子还家"（纳兰性德《临江仙》）；

"腰身怯比亭前柳"（《渔家傲》）反用"腰胜武昌官柳"（周邦彦《如梦令·思情》）。

结　语

典故一经饶老之手，便立即带上饶味，这主要是因为饶老对典故非常熟悉，总是能用最恰当的典来表达自己最想表达的情，典中融入了饶老的情感，写出的诗词自然也就带有了饶味。如果说用古典还是比较传统的手法，那么用中国典写外国事和用外国典入诗，就是饶老的创新了。这需要具备两个条件：一是饶老对国学有全面、精深的造诣，同时对域外各种文化都有相当的研究；二是饶老五洲历其四的游历亲证。这种知识结构和人生阅历使他能够很好地将各种文化融会贯通，最终形成自己独特的风格。也正因为饶老之学博如天涯之水，广无涯涘，所以他能够在诗词创作中获得大自由。

至于点化，饶老对历代诗词均有深入研究，比如 1939 年饶老 23 岁时就协助叶恭绰编《全清词钞》，得见叶氏收藏的大量清人词集。后来饶老花了 10 年功力，撰成《词籍考》①，对明以前的词集做了全面的研究。饶老诗词中和谢灵运诗、和阮籍感怀诗、和昌黎南山诗、和周邦彦全部词作等，都是鸿篇巨制，每和一家，必对其做深入全面之研究。这只是举其大者，至于饶老平时所读的古典诗词，更是如恒河沙数，不知如何算起，加上他记忆超群，背得一肚子前人佳句，等到自己落笔时，那些丽词佳句就如同喷泉一样涌出脑际，任饶老采撷点化。前人佳句就像菜料，经饶老这位烹调大师一加工，便成为一道道佳肴。

饶老学问经天纬地，余事为诗词，亦是卓然大家。本文只是就用典与点化两方面，将近日读选堂诗词之点滴体会撮缀成篇。菆予小子，坐井常愧陋蛙之观，望洋每兴河伯之叹。敢抛砖瓦，以待贤者之美玉云尔。

责任编辑：陈贤武

---

① 饶宗颐：《词籍考》，香港大学出版社，1963。

教育事业

东山有文脉　悠悠四百年

——从东山书院到潮阳第一中学

陈新杰[*]

摘　要：东山为潮阳形胜地，北宋时已为著名风景区。由东山书院沿革而来的潮阳第一中学，即坐落于东山西麓之望仙桥两侧。此地林壑优美，环境得天独厚。溯明万历四十三年（1615 年）左右，潮阳士民在东山为去任知县沈淙建祠，称沈公祠，因其地在东山，亦称东山书院。明末清初，沈公祠毁于兵燹，书院徙入韩祠。清乾隆十年（1745 年）左右，潮阳知县吴廷元修韩祠，教谕李斌增建学舍，书院获得重大发展。清末废科举，书院改为新式学堂。民国四年（1915 年），国会议员萧凤翥偕邑绅改办中学，以后校名屡易，嬗变而为潮阳第一中学。近 400 年间，学校为潮阳培育人才的重要所在，系粤东著名学府。本文以充分的材料梳出脉络，并纠正若干相沿已久的不确认识。

关键词：东山书院　潮阳第一中学　沿革

东山为潮阳形胜地，北宋时已为著名风景区。由明清东山书院沿革而来的潮阳第一中学，即坐落于东山西麓之望仙桥两侧。此地林壑优美，环境得天独厚，为近 400 年潮阳培育人才的重要所在，系粤东著名学府。今分上、下两篇考述沿革，以理清其近 400 年之文脉。末附碑记、文启。

上篇　东山书院沿革考

潮阳的书院，肇始于明嘉靖二十二年（1543 年）知县刘景韶在北门城外所建的北城书院，后毁于倭寇。明万历三十三年（1605 年），知县王训于学宫旁建阁，上祀梓潼帝君

---

*　陈新杰，1962 年生，汕头市潮阳第一中学教师。

像，下为诸生会课堂宇，是为文昌书院，后因飓风倾毁。嗣后，在东山有为知县沈淙建的沈公祠，因其地在东山，亦称东山书院。天启中，在北门为知县朱本吴建朱公祠。崇祯中，在塔堂为知县漆嘉祉建漆公祠。诸祠"皆创田以赡人士，亦皆称为书院"①。几所书院起先均附于祠庙，后或毁于寇乱，或毁于灾害，或改祀他神，至明季多无存，唯东山书院因托于韩祠而有幸进入清世。清乾隆十年（1745 年）左右，知县吴廷元修韩祠，教谕李斌增建学舍，书院获得重大发展，由是薪传不绝直至清末改制，几三百年。兹分期缕述之。

一　明末清初之东山书院（沈公祠）

（一）明万历四十三年（1615 年）下半年，或稍后，潮阳士民为知县沈淙作祠，在东山邮亭之西，亦称东山书院

康熙《潮阳县志》（以下简称《臧志》）卷 6《学校》：

> 东山书院即沈公祠，在东山，后祠废。有祠租，详载于左：租田 182 亩 9 分 4 厘，坐落峡山、洋乌都土名溪口、利陂等洋去处。带租 226 石 2 斗 6 升。一项计上田 48 亩，中田 105 亩一项计上田 60 亩。

又《臧志》卷 12《坛庙》：

> 沈公祠，万历中为知县沈淙作，在东山邮亭之西，□□□□书院，置有祠租，以赡士子科举之需，祠废□□□燹，石像移韩祠内。康熙二十五年修韩祠之□□□□间，于旧址供像焉。②

道光《广东通志》（以下简称阮《通志》）卷 140《建置略·学校》：

> 东山书院在东山。后乾隆十七年、二十四年增置经费田租。③

乾隆《潮州府志》（以下简称周《府志》）卷 25《祀典》：

> 沈公祠在东山邮亭西，万历中为知县沈淙建。有祠租。余以赡士子宾兴之费。后祠废，徙像于韩祠内。④

---

① 臧宪祖：《潮阳县志》卷 6《学校》，故宫博物院藏康熙二十六年本。
② 笔者所阅《臧志》系影印本，字迹模糊者，以□代之。下同。依同书第 6 卷《书院》条推之，此四字当是"亦称东山"。
③ 阮元：《广东通志》清刻本。
④ 周硕勋：《潮州府志》，乾隆二十八年珠兰书室刻本。

光绪《潮阳县志》（以下简称《周志》）卷7《坛庙》：

> 沈公祠，在东山邮亭西。明万历中为知县沈淙建。置有祠租赡士。后祠废，徙像于韩祠内东偏。①

沈淙，字伯声，号祖洲，乌程人，举人。其任潮阳知县，在明万历三十九年辛亥（1611年）秋至四十三年乙卯（1614年）春夏间。②

沈淙之继任者何人？《周志》卷3《城池》："（万历）四十一年（1613）霪雨，城坏十一处。知县沈淙修。四十三年复修。"又"四十四年，久雨两月，西北城倾四十余丈，知县周之祯修。"林熙春《城南书庄草》卷3《贺惠来侯周公调潮阳序》云："岁丙辰夏，姑苏周公以惠来兼潮阳几十月矣。会潮阳侯沈公以积资待选天曹，两台谓潮剧，不可一日无令，而惠来令周某实干莫器，不以截蛟断犀，非因地择人意，今潮阳之政，业有成绩，宜就潮阳。"③

按，据此似为周之祯矣。然周之祯摄潮阳知县在明万历四十四年丙辰（1616年）夏，而旧志于沈、周之间阙记知县顾延桂一人。《潮州志·职官志·明潮阳知县》载："神宗万历三十五年，游之光，婺源举人；……施天德，新喻进士；……沈淙，乌程举人；……顾延桂，太仓州选贡，以普宁令摄县篆，有传。四十四年，周之祯，长沙人，进士。以惠来知县兼，有传。"④顾氏任潮阳知县一年。时在明万历四十三年（1614年）下半年至四十四年（1615年）上半年。周光镐撰《明农山堂集》卷8《赠普宁顾令公署潮惠政叙》云："当道以君侯来署，……甫二月，安缉衽席，人之系思，若百年未已。"所谓顾令公者，即顾延桂。又卷10《赠普宁顾君侯增浚城池文宫舆梁永赖碑记》，盛称顾氏在普治绩。⑤沈公祠肇建的确切年月，府县志俱未详载，其在顾延桂任职期间欤？

又按，《臧志》修纂时去明季未远，其对东山书院的称述可信，足证东山书院建始于明万历年间。因《臧志》为稀见方志，今时学者少有及之，遂致史实不彰。揣摩阮《通志》之意，在乾隆以前已有"东山书院"之称，与《臧志》所记符合。周《府志》与《周志》，记沈公祠祠租用于"赡士"，与《臧志》亦相合。《臧志》卷6《学校·书院》条称："按书院之设，昔人所以厚士也。肄业有馆，月课有会，岁举有资，诸不在文会之科者，无得混及。"蓝鼎元《棉阳学准》卷2《书田志》："有书院义学，必有岁租以赡之，存育士之意也。"⑥明末东山书院（沈公祠）拥有的祠租，《周志》卷7《坛庙·沈公

① 周恒重：光绪《潮阳县志》，民国三十一年铅印光绪十年本。
② 郑焕隆：《周光镐事迹编年》，载《周光镐诗文选注》附录（三），广东人民出版社，2000，第485页。
③ 林熙春：《林忠宣公全集》，潮学网，2007年4月14日，网址：http：//www.chxw.net/bbs/forum.php。
④ 饶宗颐：《潮州志》，潮州修志馆，1949。
⑤ 周光镐：《明农山堂集》，出版者不详，周耀南校刊本，1914。
⑥ 郑焕隆：《蓝鼎元论潮文集》，海天出版社，1993，第382页。

祠》（附载祠租）载："上田 78 亩，中田 105 亩，在峡山、洋乌两都，分深溪、利陂等乡，租 226 石 2 斗 6 升。"其数量超过清代历朝拨置东山书院（韩祠）院租的总和。

（二）明季或清初，沈公祠毁于兵燹。徙沈公像于韩祠内

沈公祠废，沈公之像，《周志》载："徙像于韩祠内东偏。"清康熙二十六年（1687 年），杨钟岳撰《重建东山韩祠记》云："四十余年来，祠宇颓矣，荐馨无地。……闻往昔盛时，棉士课业，咸集祠中，为藏修息游之所，以故文风翕然，功名蔚起。而作人之颂，必归邑侯黄公。"①

按，明隆庆六年（1572 年），知县黄一龙就东岳旧址改建为韩祠，并为之记。②明天启三年（1623 年），巡道周维京、知县朱本吴修之。③

东山书院由沈公祠徙入韩祠始于明季或清初。自明季到清康熙二十六年，恰 40 余年。《记》中所述情事，正是书院"课业"的实录。

（三）康熙二十五年（1686 年）将修韩祠，乃重葺沈公祠，归其像而祀之

周《府志》卷 25《祀典》云："康熙二十五年丙寅既修韩祠，仍重葺旧址，归其像而祀之。"

按，修葺后之沈公祠何时又废，未得其详，而书院似与之无涉矣。自沈公祠诞生之东山书院，迄此逾 70 年。

二　康熙年代之东山书院（韩祠）

（一）康熙二十六年（1687 年）正月，潮阳知县臧宪祖重建东山韩祠，至五月落成。臧氏与杨钟岳分别为撰《记》④

《周志》卷 13《纪事》："（康熙）三十六（系'二十六'之误）年二月，知县臧宪祖重建韩祠。"臧宪祖撰《重建东山韩祠记》云："二十六年正月，鸠工庀材，经始至落成凡历四月，鸟革翚飞，美仑奂焉。"

按，《周志》卷 16《宦迹》："臧宪祖，字子敬，广宁人。康熙二十一年由监生任潮阳知县。……莅潮十三年，迁宿州牧。士民立专祠以祀（唐志）。"臧宪祖重建东山韩祠，为入清之后潮阳的教育盛事。杨钟岳《记》云："目睹昌黎过化之区而悲黍离，伤茂草，识者以文运之兴其有待也。今侯嗣而修之，默会昌黎起衰之意，聿成此举，不特上妥神灵可无怨恫；亦下惬舆情遂其乐育。济济多士，接踵王廷，其在斯乎！"杨氏颂美臧宪祖有

---

①　周恒重：《潮阳县志》卷 21《艺文志》。
②　黄一龙：《潮阳县志》卷 15《文辞志》，天一阁藏明代方志选刊。
③　黄一龙：《潮阳县志》卷 10《坛庙志》。
④　周恒重：《潮阳县志》卷 21《艺文志》。

"作人"之功，时人亦以为是"文明将兴之验"。实则臧氏"聿成此举"的意义，乃促成东山书院从沈公祠移植于韩祠，而韩祠则从单纯的祀韩转以教育的功能为主。从此，韩祠亦称东山书院。

（二）雍正初年，潮阳频年荒歉，东山书院或因此废置

清雍正五年（1727 年）仲冬，蓝鼎元以普宁知县摄潮阳篆。适频年大饥，所撰《祈年告城隍文》云："潮自雍正三年以来，禾稻不登，殆将三载。饿莩盈郊，流亡载道。"又《棉阳书院碑记》云："余以菲才，代庖兹邑。适当频年荒歉之后，脱巾而呼者五营，持梃而夺者遍野。伏庭攀舆，繁言相告讦者，日千七百有余人。尽瘁经营，锄荆斩棘两月而始就绪。"旋创棉阳书院于邑之北郊，所撰《棉阳学准》卷 1《同仁规约》云："余既创棉阳书院于邑之北郊，祀宋周、程、张、朱五夫子，复兴修治左义学大小斋舍，为城中、城外两学堂，萃十三都文行著闻、磊落英多之士，读书谈道其中。"[①]

按，蓝氏未有片言及东山书院，抑其来时，东山书院已废置耶？雍正年间，终未见有关东山书院的记载。

三　乾隆至光绪年代之东山书院

（一）乾隆十年（1745 年）左右，潮阳知县吴廷元修建韩祠，潮阳教谕李斌增建学舍 50 余间

《周志》卷 7《坛庙》："韩祠，在威灵庙西（即今东山书院），祀唐刺史昌黎韩公。……国朝知县臧宪祖、吴廷元叠次修建。"

按，吴廷元，正黄旗人，贡生。乾隆九年至十一年任潮阳知县；十三年复任。乾隆间潮阳知县修韩祠者仅吴廷元一人。时当在乾隆十年左右。[②]

又，乾隆《归善县志》卷 34《人物》："李斌，字盛堂，世居（惠州）府城后所街。康熙壬子举人，乙卯福建同考官，以明通榜授潮阳县教谕。卓异，迁山东城武县知县。其在潮也，以文教为己任，即昌黎祠为书院，增建学舍五十余间。复于四乡立社课，每月得文至三四百篇，皆手自批阅，常至夜分。……著有《养和斋诗抄》行世。"[③]

按，"康熙壬子"系"雍正壬子"之误。上揭书卷 30《选举·举人》载："雍正十年壬子科李斌，山东城武县知县。"昌黎祠即韩祠。李斌改韩祠为书院，当与吴廷元修韩祠同时。吴廷元修建韩祠，李斌增建学舍，拓展教学空间，使东山书院进入较具规模的发展

---

① 棉阳书院，建于雍正七年（1729 年），然阅时甚短。见蓝鼎元《棉阳学准》，载《蓝鼎元论潮文集》，第 353 页。

② 周恒重：《潮阳县志》卷 14《职官》。

③ 章寿彭：《归善县志》，收入《中国方志丛书》第 63 号，台北：成文出版社，影印乾隆四十八年刊本。本条材料由周修东兄提供。修东兄以为李斌或兼书院山长。此从其说，并致谢忱。

时期。吴榕青著《潮州的书院》称："潮阳县的新东山书院创于乾隆十六年（1751）。"①
或据时任潮阳知县陈昶拨置学田而作此判断耳。见下条。

（二）乾隆十七年（1752 年），潮阳知县陈昶拨田租

周《府志》卷 24《学校》："东山书院在东山。后续学田，有竹山都土名华阳桥田 6
亩 5 分，租 9 石 8 斗 6 升；直浦都京北乡土名新筑围堤内田 25 亩，租 21 石。俱乾隆十七
年壬申拨。"《潮阳县志》卷 6《书院•附载院租》所载与周《府志》同。

《周志》卷 14《职官》载，陈昶，海康人，举人，乾隆十六年任潮阳知县。十七年
回任。

（三）乾隆二十四年（1759 年），潮阳知县孙炜拨田租

周《府志》卷 24《学校》："举练都匪轿乡土名鸀鹓洋路东西田各 6 亩，共租 12 石，
乾隆二十四年己卯拨。"

《周志》卷 14《职官》载，孙炜，寿光人，乾隆二十三年任潮阳知县。

（四）乾隆二十六年（1761 年），举人郑策名主讲东山书院

《周志》卷 17《文苑》："郑策名，字伯丹，号实庵，平和坊人。自幼笃学，为文一
遵先正。乾隆庚辰举于乡。掌教东山书院。一时知名士如太史郑恪、孝廉林起凤辈皆游其
门。至性纯笃，士林重之。"②

（五）乾隆二十七年（1762 年），署潮阳知县、南雄府通判宋鉴拨田租

周《府志》卷 24《学校》："峡山都土名鸡冠围入官私垦田 91 亩；杨梅寮私垦荒埔
24 亩，俱乾隆二十七年壬午，署县事、南雄府通判宋鉴拨。"

《周志》卷 14《职官》载，宋鉴，安邑人，乾隆二十六年任潮阳知县。

（六）乾隆三十七年（1772 年），潮阳知县李文藻延进士郑安道为师，购经史子集数十种以教学者

《周志》卷 6《书院•东山书院》条："案书院创置，前志俱未详。及考《通志•李
文藻宦绩传》云：'邑有东山书院，延进士郑安道为之师。乃知培育人材，匪自近今始
矣。'"

《周志》卷 17《文苑》："郑安道，字茂周，号梅村，梅花里人。……邑令李文藻征
主东山书院。（阮《通志》李文藻传）。以先正根柢学共相讨论，淳淳不倦，士品文风一
时称极盛。"

---

① 吴榕青：《潮州的书院》，香港艺苑出版社，2001，第 23 页。
② 周恒重：《潮阳县志》卷 17《文苑》。

李文藻撰《示颜德润、邦彩兄弟》诗云："此邦郑进士（安道），实出朱公（学士筠）房。颇能读三《礼》，学粹而行庄。自延入书院，著录盈门墙。送汝从之游，吾道其可昌。"①

李文藻（1730～1778），《周志》卷16《宦绩》："李文藻，字素伯，号南涧，益都人。乾隆庚辰进士。邑有东山书院，延进士郑安道为师，购经史子集数十种以教学者（阮《通志》）。勤于课试，士有一言之善，捐廉奖励之（郑序）。……生平好书籍、石刻，其诗古文自攄所见，不傍人门户。所著有《潮阳集》。后擢桂林府同知。"

（七）乾隆五十九年（1794年），澄海陈进瑞主讲东山书院

东山水帘亭后有题刻"有本者如是"，署款：东山主讲澄海陈进瑞，乾隆甲寅蒲月。

嘉庆《澄海县志》卷17《选举表》："陈进瑞，乾隆五十一年优贡。"②

（八）嘉庆二十年（1815年），潮阳知县唐文藻修东山书院

《周志》卷6《书院》："东山书院（即韩祠），嘉庆二十四年知县唐文藻修，并建厢房六十余间，为生童肄业所。"

《周志》卷14《职官》："唐文藻，新建人，供事。嘉庆十年任。嘉庆十九年回任。（二十年）重修县志，拓建书院号舍。"

按，唐文藻修东山书院乃嘉庆二十年，"四"字衍文。嘉庆二十一年潮阳知县系王奇云矣。又，近年一些有关东山书院的记述，每因查考不周而出现纰缪。如《潮阳县文物志》称"嘉庆二十四年……始称东山书院"；《汕头教育志》径称"清嘉庆二十四年建"。恐以讹传讹，故于此辨明之。③

（九）道光二十一年（1841年），潮阳教谕黄钊与诗友续红棉吟社于东山书院

黄钊《苜蓿集》辛丑卷五《五月十五日邀蒋稻芗、胡昼堂、周雪吟（凤章）、顾健吾（辊）、吴云帆同年、姚百存续红棉吟社于东山书院》有句云："花神约虽违，山灵盟堪续"。又，"微吟集虚堂，宴坐响空谷"。又，"遽怜美荫佳，群坐作社福"。复有《九日同昼堂、百存东山登高集饮景贤楼，有怀雨生弟》、《十六日及门诸子东山书院雨集即事》、《秋初邀昼堂暨诸同僚集饮东山书院，用昼堂韵》诸诗记其事。④

《周志》卷14《宦迹》："黄钊，号香铁，镇平人。粤东七才子之一也。与张维屏、黄培芳等结社都门相唱和。……道光十七年由举人授潮阳教谕，一时名宿，多赞其门。……所著有《经馂》、《史晌》、《诗纫》、《赋钞》、《铁盦丛笔》、《读白桦草堂集》。"

---

① 李文藻：《潮阳集》，载栾绪夫《岭南诗集注》，大连海事大学出版社，1994，第58页。
② 李书吉：《澄海县志》，嘉庆二十年刻本。
③ 李绪丰：《潮阳县文物志》，潮阳县文物志编纂组，1986，第70页；汕头教育志编审委员会：《汕头教育志》，出版单位不详，1988，第47页。
④ 黄钊：《读白桦草堂诗·苜蓿集》，收入《续修四库全书·集部·别集类》；并参周修东《书隙窥潮》（稿本）之《红棉吟社小考》。

（十）咸丰年间，嘉应举人李铿载主讲东山书院

《潮州志•教育志•书院•东山书院》载：咸丰间，嘉应李铿载主讲学事（嘉应温志）。

光绪《嘉应州志》云："李铿载，原名龙孙，字湘宾，咸丰元年恩科举人。……屡主韩山、培风、榕江、东山讲席。好山水，足迹所到，每流连不置。著有《绿云山馆诗钞》、《词钞》各四卷，《蕉鹿梦传奇》四卷。"①李铿载主讲学事多在潮州各属，故此东山应为潮阳之东山。

（十一）同治十年（1871 年）举人余用宾主讲东山书院

《周志》卷 17《文苑》："余用宾，字昌泽，号苹坡，平和坊人。道光甲午举于乡。……主讲东山书院，崇本抑末，一以先正为宗而躬修倡之。士风为之丕变。……两选乳源、新会教谕，俱引疾乞休。年七十二卒。……所存有《三益轩诗草》，未梓。"余氏主讲书院时间依刘伯骥著《广东书院制度》所记。②

（十二）同治十二年（1873 年），总兵方耀、潮阳知县樊希元筹款捐修。时邑绅王大勋、黄庭经、姚弼贤董其役。方耀并拨中田 6 亩、租 25 石

《周志》卷 6《书院》："同治间，总兵方耀，署知县张璿、樊希元筹款重修（时邑绅王大勋、黄庭经、姚弼贤董其役）"③。《附载院租》云："同治十二年置挍播园中田 4 亩，租 14 石；岗头妈仔坟上中田 2 亩，租 11 石。"又《周志》卷 7《坛庙》："嘉惠祠"条注："案同治间，文庄公奏办惠潮积案，以镇军普宁方公任之。事定，邑之书院始得增膏火置书籍。"

《清史稿•列传》卷 244 略云："方公名耀，字照轩，普宁人。时领潮州总兵，后擢广东提督。任间建书院以育俊秀"④。《潮州志补编•人物志》卷 16 云："创设书院、义学，潮人赖之"⑤。

《周志》卷 14《职官》："樊希元，号一峰，大冶举人。同治十年署潮阳知县。……捐修东山书院。"校园现遗存石柱二条。柱联云："做秀才时便以天下为己任；到得力处方知古人不我欺。"上款署"楚北樊希元题"，下款署"癸酉年夏月"。癸酉，即同治十二年。

翌年，署知县叶大同亦有联云："北斗仰昌黎，乞取文星开后学；东山同谢傅，愧无霖

① 温仲和：《嘉应州志》，光绪二十四年刻本。
② 刘伯骥：《广东书院制度》章 7 节 1《山长》，台北：国立编译馆中华丛书编审委员会，1978，第 243 页。
③ 周恒重：《潮阳县志》卷 7《坛庙•韩祠》条。
④ 《清史稿》，中华书局本。
⑤ 饶宗颐：《潮州志补编•人物志》卷 16，潮州海外联谊会编，第 1611 页。

雨及苍生。"①

《周志》卷15《选举·举人》："同治元年壬戌恩科，黄庭经，兴让人，官翁源县训导。""同治三年甲子，王大勋，平和人，顺天中式，官罗定州学正。"又，卷17《义行》："姚弼贤，字梅丞，南桂坊人，道光乙酉拔贡，任增城县教谕。"

按，张璿，同治八年署（知县）。任期仅一年，亦未见回任，故未得与其事。

（十三）同治十三年（1874年），总兵方耀拨中田5亩2分、下田10亩2分，租77石6斗8升8合7勺5秒

《周志》卷6《书院·附载院租》云："十三年置青蓝中田5亩2分，下田8亩；租68石9斗8升8合7勺5秒，茂州蜘蛛石下田2亩2分，租8石7斗5升。"

（十四）光绪元年（1875年），总兵方耀捐置书籍，并拨中田17亩5厘、租34石4升入东山书院

《周志》卷13《纪事》："光绪元年，总兵方耀捐置书籍于东山书院。"卷6《书院·附载院租》云："光绪元年，置竹山洋中田17亩5厘，租34石4升。"②

（十五）光绪十年（1884年）总兵方耀拨田3亩5分、租13石8斗、银80圆

《周志》卷6《书院·附载院租》云："十年，置棉田乡围2亩，租7石4斗；头岭内田1亩5分，租6石4斗，银80圆。"并云"以上俱总兵方耀拨款给乡试卷资及东山、登龙两院正课生童膏火"。

按，刘伯骥著《广东书院制度》全归之于东山书院名下，未详何据。③

（十六）光绪十七年（1891年），闽省举人康咏主讲东山书院，十八年成进士，复主讲东山书院，至十九年始别去

康咏（1862～1916），黄允中撰《清诰授奉政大夫内阁中书舍人步厓康公墓志铭》略云：

> 君姓康讳咏，长汀人，步厓其号也。……主讲潮阳东山书院。壬辰（光绪十八年）上春官成进士，授内翰。……属朝廷厉行新政，筹备国会，汀父老举君充咨议局议员，……复举充京资政院议员。④

按，康咏著《漫斋诗稿》五卷，续集一卷。《石遗室诗话》盛称誉之。其主讲东山书

---

① 周恒重：《潮阳县志》卷7《坛庙·韩祠》条附注。
② 周恒重：《潮阳县志》卷6《学校·东山书院》。
③ 刘伯骥：《广东书院制度》章6《经费》，第160页。
④ 黄允中：《墓志铭》，见康咏《漫斋诗稿》（潮州：1994年重刊本）附。

院，在光绪十七年辛卯（1891 年），其年有《由汀往潮舟中作》云："三百滩头风浪恶，
鹧鸪声里下潮州。"又壬辰《元旦》云："去年糊口来潮阳，客里光阴亦云杳。"盖纪实
也。成进士后，复主讲于东山书院，有癸巳（1893 年）所作《东山夜坐》、《留别东山六
首》诸诗可证。①

（十七）光绪二十五年（1899 年）二月，台湾进士丘逢甲主讲东山书院

丘瑞甲撰《先兄仓海行状》云："先兄讳仓海，字仙根，号蛰仙，以逢甲子生，故旧
又讳逢甲。……主讲韩山、景韩、东山各书院。"② 又，丘逢甲撰《重修大忠祠记》云：
"光绪丙戌秋，逢甲始来游潮阳，瞻拜祠宇，丹青黯然，为徘徊久之。岁己亥，主讲东
山。"③

丘逢甲（1864~1912），丘琮撰《仓海先生丘公逢甲年谱》略云：又号仲阏，诗文常
署仓海君，学者称仓海先生，籍广东镇平，生于台湾彰化县。光绪十四年（1888 年）举
人，越岁，联捷成进士，钦点工部主事。乙未（1895 年），清廷割台湾予日本，丘倡立民
主国以拒日，不支，内渡。辛亥革命成功，任广东军政府教育部长、咨议局议长，复被举
为中央参议院参议员。著有《罗浮游草》、《岭云海日楼诗钞》等。④

按，丘氏主讲东山书院在己亥（1899 年）二月。⑤

**（十八）光绪二十五年（1899 年）夏五月二日，丘约同人为文信国祝生日于东山
之大忠祠，都所为诗文名之曰《寿忠集》。书院诸生思赓续其绪，遂邀同志之士为
"寿忠社"，丘氏应门人之请，作《东山寿忠社缘起》**

《东山寿忠社缘起》云："光绪己亥五月二日，予已约同人为先贤庐陵文公祝生日于
东山之大忠祠，都所为诗文名之曰《寿忠集》。于书院诸生思赓续其绪，引而勿替，岁岁
祝之，遂邀同志之士为'寿忠社'，醵赀存息以为历岁之用，甚感诣也。门下郑生复乞予
为文，以序其所以寿公之意。"⑥

**（十九）光绪二十五年（1899 年）秋，潮阳知县裴景福发起重修韩祠及书院，丘
逢甲代撰《重修东山韩夫子祠及书院启》。又撰东山书院联二比⑦**

《重修东山韩夫子祠及书院启》略云：

① 康咏：《漫斋诗稿》卷 4《辛庚杂钞》，第 58、59、62、63 页。
② 丘瑞甲：《行状》，载丘逢甲《岭云海日楼诗钞》《附录》，安徽人民出版社，1984，第 468~469 页。
③ 丘逢甲：《重修大忠祠记》，载广东丘逢甲研究会《丘逢甲集》（下编），岳麓书社，2001，第 777 页。
④ 丘琮：《仓海先生丘公逢甲年谱》，载《岭云海日楼诗钞》，第 480 页。
⑤ 吴榕青：《潮州的书院》，第 78 页。
⑥ 丘逢甲：《东山寿忠社缘起》，载广东丘逢甲研究会《丘逢甲集》（下编），第 778 页。
⑦ 丘逢甲：《重修东山韩夫子祠及书院启》，载广东丘逢甲研究会《丘逢甲集》（下编），第 775 页；联见《丘逢甲集》（上编）。

光绪岁己亥夏，予来宰潮，下车谒公祠。见所谓景贤楼者，巍峙东山间，上雨旁风，前荣陊矣；拜瞻遗像，袍笏俨然，乃亦不无剥落，心盉然伤。循视讲舍，则诸生弦诵彬彬焉。询其膏火，资给殊俭，又心焉念之。治事已数月，潮民不以予为拙而信之，乃进邑士绅而告以重修公祠之意，众翕然以为宜。①

裴景福（1854～1924），字伯谦，号睫闇，安徽霍邱人。光绪十二年（1886年）进士。历官广东陆丰、番禺、潮阳、南海知县，民初安徽省政务长。著《壮陶阁书画录》、《河海昆仑录》、《睫闇诗钞》等。

又，丘逢甲撰《东山书院联》② 云：

其一：

东下即天险长江，淘不尽千古英雄，闲（间）气钟人，伏处在草庐，谈道读书，海滨尚有无双士；

山中知圣朝甲子，待养成一门将相，奇才应运，肃清遍环宇，经文纬武，儒术终行大九州。

其二：

韩山前岁，东山今岁，太似奉祠宫，与我公香火有因缘，纵云道统，非后学所敢轻言，挽百川已倒狂澜，藉日月未光，儒林传中，或许经师留一席；

唐代双忠，宋代三忠，都成人样子，愿诸生文章兼气节，更以功业，补前贤未申大志，畀九州无忘共主，仁风云际会，河汾门下，不妨将相各千秋。

（二十）光绪二十六年（1900年），邑举人萧永康向东山书院捐学田

《萧氏族谱》第4部分《人物篇》载："萧永康（1872～1943），字朝颐，号寿臣，县廓都人……清光绪二十年（1894）中举人。授分部主事，福建补用知府。……光绪二十六年向东山书院捐学田。"③

（二十一）光绪三十年（1904年）东山书院改为"东山高等小学堂"

《潮州志·教育志·初等教育·清末至宣统间潮属各县小学堂》载："东山小学堂，光绪三十年以东山书院改设。"

---

① 丘逢甲：《重修东山韩夫子祠及书院启》，载广东丘逢甲研究会《丘逢甲集》（下编），第775页。
② 丘逢甲：《东山书院联》，载广东丘逢甲研究会《丘逢甲集》（上编）。
③ 潮阳萧氏宗亲联谊总会：《萧氏族谱》（下册）第4部分《人物篇》，香港：天马出版有限公司，2006，第386页。

按，光绪二十七年，清廷已下诏各省书院改办新式学堂，东山书院三年后方改弦更张，足见地方办事之迟滞。

附表1 东山书院山长名表

姓 名	籍 贯	学历	仕 历	掌教年代	文 献
李 斌	归善	举人	知县	乾隆十年	《归善县志》
郑策名	潮阳	举人		乾隆二十六年	《广东书院制度》
郑安道	潮阳	进士	国子监丞	乾隆三十七年	潮阳《周志》
陈进瑞	澄海	优贡		乾隆五十九年	《东山石刻》
李铿载	嘉应	举人		咸丰年间	《嘉应周志》
余用宾	潮阳	举人	教谕	同治十年	潮阳《周志》
康 咏	闽长汀	进士	内阁中书	光绪十七年	《漫斋诗稿》
丘逢甲	台彰化	进士	民国广东军政府教育部长	光绪二十五年	《岭云海日楼诗钞》

说明：

1. 郑策名，《广东书院制度》误作郑策。《潮州志·教育志》更误作陈策。

2.《广东书院制度》记何凌端任潮阳棉阳书院山长。按棉阳书院为雍正时潮阳知县蓝鼎元建，然阅时不长。颇疑此处棉阳书院系东山书院之误。附记于此。

下篇 20世纪东山学校嬗变述略

20世纪之中国社会，内忧外患，时局动荡不安，学制频更，东山学校亦校名屡易，甚至因山河破碎、政权更迭而停顿、移徙，然其为一邑育才之地，则一以贯之也。

一 东山高等小学堂

（一）光绪三十年（1904年）

《潮州志·教育志·初等教育》载："东山小学堂，光绪三十年以东山书院改设。"总教习陈枚。继长斯校者有陈秀升、萧凤翥、郑腾芳、朱向荣等人。

陈枚，省立优级师范学堂毕业，余未详。①

陈秀升（1870~1932），字钟毓，号天问先生，潮阳贵山都华美人。金山书院肄业，历任潮阳县劝学所长、六都高等小学堂校长、桂屿文学社社长。采辑《孔门学案》，主撰《桂屿文学社季征》共二期。

---

① 《潮阳二千年大事记》，潮阳市地方志编纂委员会，1993，第40页。

萧凤翥（1857～1920），号仙衢，亦作仙渠，潮阳县廓都人。庚子举人。历任县立高等小学堂校长、劝学所总理、民国国会议员。著有《东游考察政学纪略》。

郑腾芳，别号桂荪，潮阳金浦人。两广师范练习所毕业。历任六都高等小学堂、县立师范讲习所校长。

朱向荣，别号欣广，潮阳达濠人。清优廪生，两广优级师范专修科毕业。后任县立高等小学堂校长、潮阳县立中学学监。①

（二）光绪三十一年（1905 年）

《潮州志·教育志·初等教育》载："（三十年）翌年附办师范传习所。二月开学。传习所准立案。"②

据陈弃瑕辑《潮阳县关于合群办事捐资济公之民事调查》记载："东山高等小学堂则官立者，其创办为前县俞瑛，萧绅凤翥，校址在城外东山，即前东山书院。其款除书院原有产外，复抹入邑中斗案罚款。尝附办两年速成师范，今停。现有两班两次毕业。今春扩张校舍，生徒转前加倍。"又云："惟东山学堂旁之菩萨庙，庄严颇盛，妇女捐资者匪尠。今春改充校舍，有便扩张，斯可为间接之补助耳。"③

按，《潮州志·职官志·清潮阳知县》载："德宗光绪三十年，俞瑛。"则知县俞瑛有改办之功也。是年科举刚好废止，新式学堂面目尚属模糊。陈秀升《天游室楹语》云："余前为本邑东山学堂校长时，适值八月孔诞，诸生请制冠首联。余勉成二联，一云：'东西南北，无思不服；山川日月，与古为新'。一云：'学综古今，愿多士绳绳，宗大道之一贯；堂陈礼乐，看及门济济，祝圣寿以万年'。"④

（三）光绪三十四年（1908 年）

《潮州志·教育志·初等教育》载：光绪三十四年增办农业班，半年后停办。

（四）宣统三年（1911 年）

东山高等小学堂停办。据张观澜《清末民初的潮阳教育》称："最先创办的是东山小学堂，最先停办的也是东山小学堂，主要的原因是这学堂离居民区太远。当城内另有其他小学创办起来时，东山小学堂的学生来源便断绝了。……种种原因，迫使这个有名的学堂便在宣统三年停办了。"⑤

按，究其实，除了生源匮乏外，还有改朝换代的原因。东山高等小学堂恰好伴随清王朝的覆亡而终结。此是东山书院的余响，亦为现代新教育到来的先声。

---

① 林挺芝：《十周纪念刊》，汕头印务铸字局，民国十五年，第 6 页。
② 饶宗颐：《潮州志·教育志·初等教育·清末至宣统间潮属各县小学堂》。
③ 崔炳炎：《光绪年间潮阳风俗调查》，出版单位不详，潮汕历史文化中心藏宣统元年正月本，第 31、38 页。
④ 潮阳桂屿文学社：《桂屿文学社季征》（二期），华丰印刷铸字所，民国十四年，第 276 页。
⑤ 政协广东省潮阳县文史委员会：《潮阳文史》（第 2 辑），内部出版，1987，第 48～49 页。

二 潮阳县立中学校

（一）民国三年（1914 年）

春，国会议员萧凤翥，偕邑绅倡办中学，以官立高等小学堂旧址为改组。并筹得纸锱、兴毅、澳甲，纳捐共 5600 余元，为常年经费。以其事上县知事周景薰，请呈省存案，定名曰潮阳县立中学校。旋由省委任为本校校长。时初抽纸锱捐，有从而阻挠者，赖萧校长极力维持而卒底于成。7 月，萧校长就任。

姚华萼《广东省潮阳县立联合中学校史编辑项目•略历》之（四）《抗战期中特殊事迹》云："县立东山中学之设立，系邑绅萧凤翥于民国四年春倡办。校址在县城东山之麓韩公祠（书院）、嘉惠祠、观音阁、北帝庙等。该校址原为县立一小校舍，迨筹办县中时，即令一小搬迁游击府署。"[①]

按，周景薰，当系新编《潮阳县志》所载之周任，潮阳人，民国三年 6 月任潮阳县知事。又，姚称"民国四年春"乃就开学而言也。又，《潮阳二千年大事记》云："光绪三十四年，创办县立第一高等小学堂。址在塔仔（原县游击衙门）。"姚华萼所言"县立一小"，似即此"县立第一高等小学堂"。个中关系待考。

（二）民国四年（1915 年）

春，延聘教职员与考取诸生进校，于 3 月 26 日请县长沈颐清行释奠礼，因定是日为校诞日，年应休业纪念。萧校长题联云："潮海当前，向学方殷，气吞重洋千百国；阳春已届，乘时培育，愿作世界第一流。"

按，沈颐清（1873～1927），字虎男，清代名臣沈葆桢孙。光绪末年生员。历任广东候补同知，改东江盐场大使和两广盐政监督。书法、绘画、歌曲、技击，无所不精。新编《潮阳县志》职官无载，可据此补阙。

（三）民国七年（1918 年）

2 月 13 日下午，地震为灾，第二校两行宿舍，均被倾塌。鸠工修葺，约耗数百金。秋七月，省宪颁到校印一颗，文曰"潮阳县立中学校"。

（四）民国八年（1919 年）

12 月，萧凤翥校长因病辞职，寻病故。

---

① 姚华萼：《广东省潮阳县立联合中学校史编辑项目•略历》之（四）《抗战期中特殊事迹》，潮阳档案局藏，档案号：13－9－363。

（五）民国九年（1920年）

春，萧世茱校长就任。秋九月，因事辞职。

冬十月，郑腾芳校长就任，未几辞去。

十月杪，郭经校长就任。

郭经（1868～1951），字春竹，号载生，又号求是子。潮阳贵山都南阳乡坑仔村人。金山书院肄业，日本法政大学法律科毕业。宣统己酉举人，分发外务部和会司主事。历任汕头地方检察厅厅长、湖南会同县知事。

（六）民国十年（1921年）

夏，以校舍教室不敷，且多旧式，由郭子彬、郑培之捐助5000元，就第一校门首，改建新楼一座，规制经营，详载《碑记》。冬十月，校楼落成。

（七）民国十一年（1922年）

春，由郭纪生、郑淇亭捐助3000元，就校门首，续建新楼一座，规制经营，亦详载《碑记》。

夏五月，郭经校长辞职，林挺芝代理校长。

林挺芝（1868～1943），字紫荪，号霁嵩，潮阳县廓都人。宣统举人，签分直隶州州判补用，不赴。著有《林挺芝诗集》。

是月杪，萧学梅（别号德宣）校长就任。

冬，县长陈坚夫捐助本校4000元，建筑校右之通真桥。为便行人以通超真观，故名。有碑立桥旁存记。

陈坚夫（1880～?），字素芳，潮阳锦南人。北京同文学院毕业。历任潮阳县长、汕头市商会会长。著名实业家。

（八）民国十二年（1923年）

秋，遵照教育部令及潮梅中等学校联合会议决案，定中学为三三制。学校暂办初级中学一班。

（九）民国十四年（1925年）

3月，学生"国语研究社"开幕，适国民党员文农、杨石魂到校发展党务，因请与会演说，并摄影纪念。4月22日，学校国民党第一区第一分部成立。

5月，因"沪案"发生，罢工抵制，各界均为后援。吾潮学联会成立，学校学生加入巡行，为救国事业，并分队赴各处演讲募捐援助工人。7月，国民党党部倡开游艺会，演剧募款，接济罢工团。学校各生均到会赞襄事务，并演白话剧助兴。

9月，有改办高中之筹备，禀请管学官就原有纸锚捐，请厘积弊，招商投筒，以重学款，时已蒙核准。

是月为学校开十周纪念会庆祝盛典，嘉宾庚止，千载一时。①

（十）民国十七年（1928 年）

姚华萼校长去职。②

姚华萼，字棣棠，潮阳县城人。何年来任，未详待考。

其后一二年间，先后任校长者有周快舟（名锡龄）、符石英、黄史昌。③

三 乡师与简师

（一）民国十九年（1930 年）

省督学马衍磬到校督导潮阳县立中学校改为潮阳县立乡村师范学校，学制三年，校长郑钟学（号三馀）。④

（二）民国廿一年（1932 年）

应县长方瑞麟之聘，萧学梅任校长。⑤

方瑞麟（1880～1951），又名少麟，字悟庵，普宁县洪阳人。光绪三十一年（1905年）东渡留学，入日本警监学校，同盟会会员。参与领导丁未（1907年）黄花岗起义，后赴新加坡。辛亥革命成功，孙中山委其为南洋华侨宣慰使。历任海阳、连平、惠来、潮阳县长，潮梅治河委员会主任。

（三）民国廿四年（1935 年）

潮阳县立乡村师范学校改为"潮阳县立简易师范学校"（以下简称"简师"），学制四年。另设二年制专科进修班。校长张藕如。⑥

（四）民国廿八年（1939 年）

简师内迁赤寮，逾年，搬迁回校。据张观澜《回忆潮阳县立联合中学》称，6 月 21

---

① 以上纪事据《十周纪念刊》节录。
② 陈原、洪笃生：《教育名流姚华萼》，载广东省潮阳县文史委员会《潮阳文史》（第 4 辑），1988，第 15 页。
③ 姚华萼：《广东省潮阳县立联合中学校史编辑项目·略历》之（二）《历任校长姓名及任期》，潮阳档案局藏，档案号：13－9－363。
④ 姚华萼：《广东省潮阳县立联合中学校史编辑项目·略历》之（四）《抗战期中特殊事迹》，潮阳档案局藏，档案号：13－9－363。
⑤ 潮阳萧氏四序堂宗亲联谊总会：《萧氏族谱》（下册）第 4 部分《人物篇》，第 389 页。
⑥ 姚华萼：《广东省潮阳县立联合中学校史编辑项目·略历》之（二）《历任校长姓名及任期》，潮阳档案局藏，档案号：13－9－363。

日，汕头失守。奉潮阳县长沈梓卿令，张藕如将简师内迁赤寮。因经费不继，暂告停办。不久沈梓卿误判时局，令学校迁回。张藕如辞职。校具及图书等运回县城。郑定威继任校长，依时复课。

又，姚华尊《广东省潮阳县立联合中学校史编辑项目·略历》之（四）《抗战期中特殊事迹》称："在抗战期间，……县立简师搬迁六区谷饶，逾年，简师搬迁回校。"

（五）民国三十年（1941年）

3月25日，县城沦陷。所有校舍园亭拆毁无遗，学校停顿。

四　潮阳县立联合中学

（一）民国三十一年（1942年）

5月10日，潮阳县立简易师范学校与"潮阳县立第一初级中学"奉令合并规复为"潮阳县立联合中学"，兼办师范、中学二部，址借第六区宅美十三乡玉峤北村玉峤公学校舍。校长姚华尊。初办简师四年制，初中三年制。民国三十三年奉令改师范为三年制。

按，县立第一初级中学，系民国十二年（1923年），由设于学宫的"公立五都高等小学堂"，后改"公立五都中学"，十九年（1930年）改称是名而来。

（二）民国三十四年（1945年）

3月至6月，因时局影响，暂停上课。秋，增办高中一班。

张观澜《回忆潮阳县立联合中学》称："1945年3月，日寇也在赤寮流窜过3次，当年春季潮汕各地中学，全面停课，联中也不例外。"又称："自从陈邦宪于6月份收复赤寮，老六区安静了。联中遂于7月初复课，以补回失去的时间。同时呈请增办高中部，第一届之初中三年级举行毕业考试。"①

（三）民国三十五年（1946年）

春，联合中学复员搬迁回县。因二校原址被毁，借用祠宇，校舍不敷，高中班遂告停办，所有原生转学他校。②既奉省教厅令恢复分设县立师范、潮阳县立第一初级中学。中学址在司马祠。师范址在世魁林氏大厅，行政仍附于中学。

《潮州志·教育志·中等教育·中等学校·沿革》载："县立简易师范学校，三十四年迁回县治兴归乡姚氏司马祠、林氏著存堂上课。奉厅令，一中、师范分校独立。现县立一中已先

① 张观澜：《回忆潮阳县立联合中学》，载广东省潮阳县文史委员会《潮阳文史》（第6辑），1990，第43页。
② 姚华尊：《广东省潮阳县立联合中学校史编辑项目·略历》之（一）《学校沿革》，潮阳档案局藏，档案号：13－9－363。

期就原址恢复。师范以重建东山教育区工作未能克期完成，另觅校址困难，师范班仍暂附一中。"

又，民国三十六年3月，姚华尊《广东省潮阳县立联合中学校史编辑项目·略历》云："（五）将来计划：现已由余县长召集科长、校长暨地方士绅组织校舍建筑委员会，向邑人募集巨资。拟就县城东山地方（即原简师校址），计划建筑为学校区，县中县师等均要于该处设立。在县中县师分开设立时，县中既拟筹增办高中，统合为完全中学，并筹增两校经费与充实其设备，俾得以资发展。"①

按，余县长名建中，广东惠来人，民国二十四年2月至二十六年3月在任。

附表2 县中、乡师、简师、联中历任校长名表

姓　名	籍　贯	学　历	仕　历	任职校名	文　献
萧凤翥	潮阳县城	清举人	国会议员	县立中学	《十周纪念刊》
萧世荣	潮阳县城	日本政法大学法律科	本省议员	县立中学	《十周纪念刊》
郑腾芳	潮阳金浦	两广师范练习所		县立中学	《十周纪念刊》
郭经	潮阳南阳	日本法政专门部	湖南会同县知事	县立中学	《十周纪念刊》
林挺芝	潮阳县城	清举人	授直隶州州判、签分湖南补用，不赴	县立中学	《十周纪念刊》
萧学梅	潮阳县城	北京大学理学士		县立中学	《十周纪念刊》
姚华尊	潮阳县城	北京大学哲学系		县立中学	《档案》
周快舟	潮阳峡山	京师大学堂师范科		县立中学	《档案》
符石英				县立中学	《档案》
萧史昌	潮阳关埠		本县参议会委员长	县立中学	《档案》
郑钟学	潮阳沙陇	北京中国大学政治学士		县立乡师	《档案》
萧学梅				县立乡师	《萧氏族谱》
张藕如	潮阳赤寮	北京中国大学商本科		县立简师	《档案》
郑定威	潮阳沙陇	国立中山大学文学士		县立简师	《档案》
姚华尊				县立联中	《档案》

五　潮阳第一中学

（一）1949年

10月，新中国成立，学校改为"潮阳县第一中学"，同时停办师范。

（二）1950年

1月，潮阳县第一中学迁塔脚王氏会宗祠。

---

① 姚华尊：《广东省潮阳县立联合中学校史编辑项目·略历》之（五）《抗战期中特殊事迹》，潮阳档案局藏，档案号：13-9-363。

（三）1953 年

秋，在东山原县立简易师范学校旧址，潮阳县第一中学高中校舍建成启用。校长陈廷仪。

（四）1956 年

9 月，潮阳县第一中学高中部改称"潮阳县高级中学"，先后任校长者有李达、柯克汀、吴深（时以中共党支部书记主理校政）、韩宏盛（革委会主任）。

李达（1920～），惠来县鳌江新岱李人。1956 年秋至 1960 年夏任潮阳县高级中学校长。历任潮阳县副县长、汕头教育处副处长、韩山师范学校校长。晚年耽于吟咏，著有《南山草》诗词集。

按，李起藩《建国后潮阳学校教育发展述略》云："1956 年 9 月，潮阳第一中学的高、初中部分开，改为'潮阳县高级中学'和'潮阳第一初级中学'。1958 年，潮阳第一初级中学改称'棉城中学'。"附记于此。①

是年，仿清华园校门建筑形式之大校门建成。设计者为本校职员郭大典。②

（六）1960 年

是年高考，学校数学成绩列全省第二，省教育厅为此特在潮阳一中召开现场会议，推介经验。

（七）1969 年

改潮阳高级中学为潮阳县五·七中学，革命委员会管理校政。主任先后为黄烈波、张怡蒙、柯艾文（副主任）、魏高雁（副主任）。③

（八）1978 年

8 月，潮阳县五·七中学复称潮阳县第一中学，书法家麦华三题写校名，为潮阳县、汕头地区两级的重点中学。任校长者先后为陈文贤（副校长）、李广、翁泰川、萧业荣、陈继策、林燕腾。

（九）1979 年

1 月，潮阳县第一中学语文组编印《古文翻译》一书，作为潮阳县学生的备考书。

（十）1980 年

学校员生合力开辟建成 300 米跑道运动场一座。

---

① 《潮阳文史》（第 13 辑），1996，第 4 页。
② 口述材料：潮阳一校总务处连秀亮。
③ 陈新民：《潮阳市第一中学简史》，潮阳市第一中学校友会《校友通讯》1995 年第 4 期，第 3 页。

（十一）1981 年

旅泰校友李光隆捐资兴建思源图书馆，楼高三层，雄伟壮观。1982 年落成，略载《碑记》。

（十二）1982 年

旅外校友林贵典、郑毓明、陈昌华、刘伯信、郑铭藻、郭亨麟、吴仁斌、郑宗达、王维孝、陈国典、朱文雄、倪盛熙、林则能、林则群、李松添、王国浩、赵淑璋、詹铿麟、姚文通、周修由、许南辉、胡命堂、陈运雄、周修儒、姚存威、柯诚昭、翁瑞芝等 27 人捐建科学馆与敬业楼，俱高三层。时任中共广东省委书记吴南生为科学馆题名。敬业楼今已拆去。

（十三）1985 年

广东省政府授予学校"广东省普教系统先进单位"。

（十四）1986 年

已退休的郑定容副校长受聘为潮阳第一中学名誉校长。

郑定容（1917~1995），潮阳沙陇人。1942 年上海法政学院法律系毕业。历任潮普桂屿界河初级中学训导主任，1953~1958 年任潮阳高级中学副教导主任，1979~1986 年任潮阳第一中学教导主任、副校长。

（十五）1990 年

潮阳县第一中学校友会成立。校友会先后出版了 4 期《校友通讯》（第一、二期为报纸，三、四期为杂志）和汇编《校友通讯录》第 1 辑。

（十六）1991 年

4 月 15 日，旅泰校友李光隆首倡设立潮阳一中离退休教师福利基金会，并率先捐赠 50 万港元，其他校友也陆续捐赠基金。此款存入银行，每年提取利息，作为福利金。

（十七）1993 年

4 月，潮阳撤县设市，潮阳县第一中学随之改称潮阳市第一中学，校友李光隆题写校名。

7 月，校友李光隆捐 80 万港元助建思源楼。

12 月 19 日，督学钟荣光率评估组莅校。次年 6 月，学校获省教育厅批准，定为广东省一级学校。

潮汕地区第一届"新荷杯"作文联赛，由潮阳第一中学学生发起，参与者另有汕头一中、汕头侨中、潮阳师范等校学生。

（十八）1995 年

4 月，校友李光隆复捐资 200 万港元助建思源教学楼。

（十九）1997 年

2 月，思源教学楼告竣，楼高五层。详载《碑记》。

（二十）2000 年

5 月，《东山青年报》创办。

年底，思源图书馆夷为平地。前辈之艰辛筹募，校友之拳拳赤心，于哐当声里化为乌有。时论惜之。又，1982～1993 年 10 年间，学校先后建成学生宿舍楼共五座，楼高三至五层不等。亦以规划之名，拟全拆除，其中三座已拆去。新旧宿舍区仅一巷之隔耳。

（二十一）2001 年

7 月 5 日，望仙桥南侧两株高大的凤凰木被人为连根伐去。又因肆意填塞东侧山塘，望仙桥下之水几近断流。昔日桥上飞花、桥下鸣湍之美景遂不复见。

8 月，胡展航就任校长。

（二十二）2003 年

因粤东行政区划调整，校名改称汕头市潮阳第一中学。

（二十三）2004 年

潮阳区政府将位于潮阳海门镇星湖处的董明光中学划归潮阳一中，名曰：潮阳一中明光学校，由潮阳一中负责承办。次年 9 月，正式招生开学。校长游昌志。

近 3 年，学校全面改建学生生活区，2003 年建成学生食堂楼一栋、学生宿舍楼一栋，2004 年又建成学生宿舍楼二栋，2005 年新建教学楼一栋。

（二十四）2006 年

6 月 19 日至 21 日，省督导验收组到校作为期三天的评估，学校通过了广东省国家级示范性普通高中初期督导评估。

20 世纪的东山学校伴随中国现代教育的步伐迂回曲折地前行，回首又逾百年！

结　　语

东山书院，潮阳县立中学，潮阳第一中学，前后传承 400 年，其历程颇有发人深省处。概言之，约有三端：一是当地官师之重视，一是掌教校长（山长）之学养，一是受

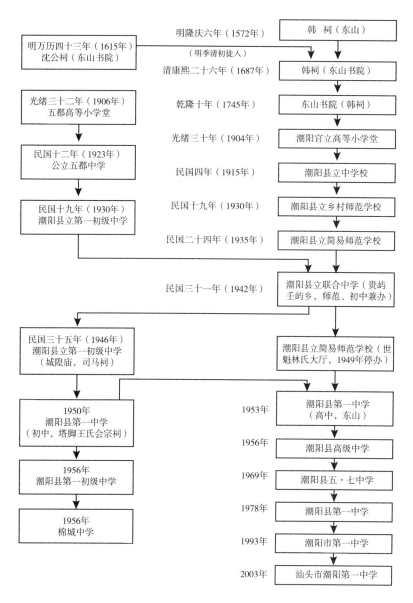

附图 1　潮阳第一中学沿革图

教学子之成绩。

　　谢国桢云："人才之蔚起，实由当局之提倡。"① 清代的东山书院由于得当政者重视而膏火不断。如吴廷元、李斌、陈昶、孙炜、宋鉴、唐文藻、樊希元等，或修建，或拨置院

---

① 谢国桢：《近代书院学校制度变迁考》，载《瓜蒂庵文集》（书趣文丛第 3 辑），辽宁教育出版社，1996，第 54 页。

租，或物色师儒。时领潮州总兵、擢广东提督方耀亦多次拨置学田院租，使书院教育得以持续发展。如李斌、李文藻、黄钊、裴景福等官师，或为诗人，或为学者，且具特立之人格。知县李文藻，志载："旧是宰潮者多致富，文藻独囊橐萧然。还至番禺，命工摹光孝寺贯休画罗汉四轴以归，曰：'此吾广南宦橐也'。"① 又如教谕黄钊，"邑令杨砥柱鱼肉士民，以罢市告，将罗织。钊抗言曰：'民何罪？士又何罪？独谓某无尺寸柄可为一邑请命耶？'鸣之上台，事白。癸卯，邑中诸生受居乡族属株连，计二十余名。赖钊分剖，得不坐。"② 皆可为后来官斯土者的楷模。

《广东书院制度》云："乾隆以后书院既然发达，择词林洗达，经明行修之人充山长。"③ 书院山长如李斌、郑策名、郑安道、李铿载、余用宾、康咏、丘逢甲等，皆夐夐独造，以诗文名世。丘逢甲更为"诗界革命"巨子，声名满天下。于办学而言，康咏，"（丙午）时议将废旧科兴新学，君特往东瀛考其规制。返国，粤大吏挽办潮汕同文学校，本郡守趣归办汀州中学。其时学务草创，凡百规划，蔚然可观。而潮观察又聘往开办韩山师范学校。"④ 康氏任惠潮嘉师范学堂监督，为岭东乃至岭南地区的师范教育导夫先路。丘逢甲，光绪二十五年（己亥，1899 年）二月应潮阳知县之邀，主讲潮阳东山书院，仍不变其讲学立教之旨，尤注意考察潮阳的人才。"以科举必废，课文外兼课科学。当时风气未开，未免骇俗，每以此受当道忌。复以中国危机日迫，非开民智、养人才，莫能挽救。庚子秋，不避时忌，倡办同文学堂于汕头。……岭东新学，实以此为先导。"⑤ 由此奠定其作为教育家的地位。丘逢甲开设岭东同文学堂的实践与理论，与掌教东山书院的经历密切相关。其所撰的《东山书院联》，上联言育才的理想，下联则有自我定评的意味。丘氏颇看重于东山的掌教生涯，而研究者尚少注意及此。

民国，潮阳县立中学创立，课程已然革新，而书院遗风尚存。此不赘述。校长萧凤翥、郭经、林挺芝（代校长）、萧学梅等，教员陈步銮、萧汉墀、郑明德、陈璇玑、陈伯瑜等，各具长才，相互辉映。郭经清廉立校，传为潮阳教育的佳话。其云："余长本校之翌年，募金沪渎，得郭子彬、郑培之两君捐金五千元，已沿旧书院遗址，建筑校楼矣；然其右旧观音庙，未加修筑，不无犹憾之叹。郭、郑两族中，复有好学而有力者焉：一曰郭纪生君，一曰郑淇亭君，二君捐共二千五百元，于楼之右，沿旧观音庙遗址，续建一楼以附之，其高、其深，等于前筑，而其广半之，召工匠，包营缮，由二君自为之。故其建筑费适合于捐金之额与否，余勿问也，袖手已观厥成而已。"⑥ 此于今天多么难以想象！有云：教师是人类灵魂的工程师。予曰：不然！教师的影响毕竟有限，而校长的影响广及一校乃至一地区，其修身学养与价值取向，皆关教育之大者。故一校之长应是教师之教师。

---

① 周恒重：《潮阳县志》卷 16《宦迹·李文藻传》。
② 周恒重：《潮阳县志》卷 16《宦迹·黄钊传》。
③ 刘伯骥：《广东书院制度》第 7 章《师生》第 1 节《山长》，第 195 页。
④ 黄允中：《墓志铭》，见康咏《漫斋诗稿》附第 122 页。
⑤ 丘瑞甲：《先兄仓海行状》，载丘逢甲《岭云海日楼诗钞》附录，第 469 页。
⑥ 郭经：《续建校楼记》，载陈新杰编《郭经先生文存》，未刊稿，编者自藏。

不然，何以领袖群伦？观夫今之校长，既无学识根底，遑论教育理想。甚者竟日奔走于官场间，动辄以上司为话头，以包揽工程为乐事。此非校长，乃商人矣！是亦由环境所致也。

潮阳高级中学时期，犹存些许民国余绪。校长李达，教导主任刘萍、郑定容，语文教师周了因、张雄、林国雄、林应龙，英语教师郭豫来、王郁文，数学教师谢存心、林乔定，物理教师郭豫镳，化学教师骆学仁、方克文等，皆其佼佼者。迨改革开放，潮阳第一中学教导主任高允荣，政治教师陈兆熊，语文教师赵德安、吴茂棠、李鸿展，英语教师郑家余，数学教师黄衍鹿，物理教师黄德杰、黄诗谦，化学教师周汉城、周修强，历史教师陈新民，音乐教师吴尚侯等，均极一时之选。

学校以培养人才为旨归。"昔日书院，专课古学；今日学校，功课复杂，学有专门，已与书院不同。然而提倡学风，培植人才，其教育宗旨，不甚相远。"① 20 世纪，东山学校造就不少人才。于人文科学领域，著名者即有原汕头《天声报》和广州《宏道日报》社长兼主笔、陈济棠两广总督府参谋长兼广东省东区少将视察专员詹天眼，有得"南国筝王"之誉的音乐家萧韵阁，有"天南一枝笔"之称的学者、诗人萧遥天，马华文学作家郑卓群（即铁抗），国画艺术家、南京美院院长陈大羽，侨事活动家、《国际潮讯》执行总编辑林万任，古文献专家、中山大学研究员郭培忠，古汉语专家、中山大学教授陈焕良，哲学家、中国社会科学院研究员赵汀阳等；于自然科学领域，有昔年留德化学博士、六都中学校长郑元宏，有大气物理学家、博士、中国科学院院士吴国雄，有中山大学第一附属医院外科教授、全国器官移植学会副主任委员、广东省泌尿外科学会主任委员、中山大学第五附属医院院长郑克立，有生态学家、博士、现任中国科学院广东分院与广东省科学院副院长、中科院华南植物研究所研究员彭少麟，美国麻省理工学院博士陈渭泽等；政界要人有曾任中共广东省委副书记的蔡东士；商界名流则有香港的蔡衍涛（联中简师部）、泰国的李光隆等。此俱其杰出者。

附录（碑记、文启）

杨钟岳

重建东山韩祠记

唐有天下三百年，昌黎韩公以一人而起衰八代。其刺潮也，甫八阅月耳，驱暴鳄，设乡校，功德在潮，何令潮尸而祝之勿替如兹哉？顾郡之祀公，则在有宋元祐间也。棉邑亦建祠祀焉，自明隆庆间邑侯黄公一宠始。侯以公祭大湖时留衣灵山，往来辙迹之所经，故祠诸此。余入闽督学归里，甲子春，登东岩访大颠栖真处，南望瀛海，波涛汹涌；极目云天，为之心旷神怡。既将临大湖及莲花峰，一寻昌黎当日祭海神文、文山望帝舟故址，以风雨弗果。乃至东山，见群峰拱峙，祠宇翼翼，睢阳之庙栋犹存，独昌黎一祠，飘摇倾

---

① 谢国桢：《近代书院学校制度变迁考》，载《瓜蒂庵文集》，第64页。

坯，怅然久之。丁卯夏月，孝廉郑君振藻揖余曰："邑侯臧公莅任数年，文庙修而圣道光，城垣修而金汤固，且黄册正矣，里役均矣，美政不胜书。去冬从绅士请，毅然以韩祠为己任，鸠工庀材，始于是年孟春，不数月而丹垩辉煌，庙貌焕然。先生应同乐有是举也。愿师，今海滨称邹鲁，庶几无负造就至意。闻往昔盛时，棉士课业，咸集祠中，为藏修息游之所，以故文风翕然，科名蔚起，而作人之颂，必归邑侯黄公。四十余年来，祠宇颓矣，荐馨无地，目睹过化之区而悲黍离、伤茂草，识者以文运之兴其有待也。今侯嗣而修之，默会昌黎起衰之意，聿成此举，不特上妥神灵可无怨恫，亦下惬舆志，遂其乐育，济济多士，接踵王廷，其在斯乎！吾知作人之颂，邑侯黄公不得专美于前矣。"侯名宪祖，字子敬，三韩人，恩监生，前任刑部笔贴式。

——光绪《潮阳县志》卷 21

丘逢甲

<h3 align="center">重修东山韩夫子祠及书院启①</h3>

潮阳故治，宪临昆山。唐元和间，昌黎韩公来守潮，乃择山海之汇，移今治，首建学校，海滨邹鲁所由名也。后贤以公曾游东山，据麓建祠以祀，因之为书院而课士，述公志也。光绪岁己亥夏，予来宰潮，下车谒公祠。见所谓景贤楼者，巍峙东山间，上雨旁风，前荣陊矣；拜瞻遗像，袍笏俨然，乃亦不无剥落，心蓦然伤。循视讲舍，则诸生弦诵彬彬焉。询其膏火，资给殊俭，又心焉念之。治事已数月，潮民不以予为拙而信之，乃进邑士绅而告以重修公祠之意，众翕然以为宜。院长邱蛰仙工部谓予："此邦山海之气，雄奇盘郁，故钟于人文者，多特达材，引之入圣贤之道尤易。昔朱子开道学之统于闽，潮士之登堂者二人，邑得其一；文山率勤王师驻潮，邑士景从尤众，亦足见民风之厚，而士气之大可用也。"予谓士资于教，而必先有以养之。教养之事，其究逮民而必先基于士，士者民望也。已修公祠，因稍优予诸生膏火，以资其学。苟关心桑梓大计者，当亦察知其为益之大且远。予守土吏，宜先捐廉为倡，然所以缵承公志以无负海滨邹鲁之名者，则惟士绅之贤与民间之富与好义者是望。寻常奔走神祀庄严僧刹，皆不惜挥巨金而为豪，若此举则匪独豪也，抑亦贤矣。夫东山在建治前确然荒硗耳，韩公一游而山名，文山再游而山益名。贤者之流风余韵，千载固不可泯也。今文山庙亦残剥矣，太守李公已先捐金，若因此而次第集资得修复焉，两公英灵之在东山，其文章气节，尤足使圣贤之徒、忠义之士相与鼓舞兴起。人之好善，谁不如我，所愿邑人士之助予不逮也！

——《丘逢甲集》下编

郭　经

<h3 align="center">重修潮阳中学碑记</h3>

今所谓潮阳中学，昔所谓东山书院也。前清末年，废书院为学堂，小学立而师范附

---

① 按，此文写于 1899 年秋，是替潮阳县令裴伯谦代拟的一篇文稿。

焉。民国四年，易小学以中学，神庙毁而校舍添焉。历十年以迄乎今，其间因循旧贯，无大修缮；故曩所谓书院者，望之犹然如故。民国九年夏历庚申冬月，予长是校，既略有修缮矣；以为欲扩而充之，非募金不可，翌年旅沪绅士郭子彬君，乐捐银三千元，郑培之君乐捐银二千元。于是召集邑绅商议办法，佥曰："曩所谓书院门者，沿旧址于其内，约三分加一以为深，可辟讲堂二，而楼于其上，可为校长员室者约有八。"议既定，乃召集工匠估价包修；经始于辛酉六月，而以九月告成。所捐五千元，除给付建筑费四千三百元外，为修整礼堂，补葺后楼，及附建左旁小楼之用；于是叙述修校大意及建赏姓氏，数目，与用途；碑镵之石，以告此邑人士。

中华民国辛酉年九月 日

郭经撰

郭 经

续建校楼记

余长本校之翌年，募金沪渎，得郭子彬、郑培之两君捐金五千元，已沿旧书院遗址，建筑校楼矣；然其右旧观音庙，未加修筑，不无犹憾之叹，郭、郑两族中，复有好学而有力者焉：一曰郭纪生君，一曰郑淇亭君，二君捐共二千五百元，于楼之右，沿旧观音庙遗址，续建一楼以附之，其高、其深，等于前筑，而其广半之，召工匠，包营缮，由二君自为之；故其建筑费适合于捐金之额与否，余勿问也，袖手已观厥成而已。窃谓学校之兴，莫重要于精神，而形式其次焉；然形式不具，精神无自而生；故形式亦不容稍缓，特余前后募建，祗形式之形式耳；若由形式而生精神，以臻于兴学之极轨，余有志而未之逮也，姑徐徐云尔。

中华民国十一年夏历三月 日

郭经撰

萧学梅

通真桥记

中学校居东山半麓，环左右皆神宇，尤逼于超真观；岁时俗冗，嘈杂难堪。学梅来长斯校将别辟径涂，少却尘嚣，以地阻坑谷，于行者未便，思建桥通之。相度既定，而以艰于酿赀，谋之陈县长坚夫；县长热心兴学，慨然捐助四百金。遂鸠工以造，桥成，人咸便之。斯固于行人学校两有裨益，抑亦为东山增一景矣。以桥通超真观也，爰颜之曰通真，并缀数言于兹以志缘起。

中华民国十一年冬 理学士县立中学校校长萧学梅撰并书

郑定容

思源图书馆碑记

旅泰校友李光隆先生热爱母校，捐资兴建图书馆，为利探发知识宝库，俾助育才也。

更从饮水，名以思源。

一九八二年夏记

陈新民

<h3 align="center">思源教学楼碑记</h3>

本校原教室陈旧简陋，不适形势，市委市府拟新建教学楼。旅泰校友李光隆先生慷慨解囊捐赠贰佰万港元助建斯楼，于一九九五年四月奠基，同年七月动工，分二期建设，至一九九七年二月告竣，总建筑面积柒仟零壹拾八平方米。楼高五层，连廊结构，背倚方广洞，前临望仙桥，伟壮观，流光溢彩，花木掩映，环境清幽，诚读书之胜地也。李光隆先生昔已捐建思源图书馆，助建思源楼，今又助建思源教学楼；先生身居海外，心系桑梓，眷恋母校，诚难能可贵也，功莫大焉。是以铭碑，垂诸久远。

潮阳市第一中学
一九九七年仲春

责任编辑：陈嘉顺

近代汕头基督教会女校研究

——以淑德女校为例

杜式敏[*]

摘 要： 本文采用口述的研究方法，以汕头淑德女校的发展演变历程为例，分析近代汕头基督教会女校的特点，讨论在 20 世纪 20 年代非基督教运动和收回教育权事件上，位于政治边缘地区的汕头基督教会女校学生对民族主义思潮的不同回应及其历史意义。

关键词： 近代 汕头 基督教 教会女校

汕头是一个较早开放的沿海城市，也是中国教会女校的较早生长地。汕头淑德女校是晚清潮汕地区创办较早的一所基督教会女子学校，1873 年由英国长老会创办，经历了 20 世纪的国民革命，停办于抗日战争爆发后的 1937 年，该校不仅在民国潮汕地区的女校中具有鲜明的代表性，而且在 20 世纪 20 年代收回教育权事件中更有与众不同的表现。基于此因，本文选择关注汕头淑德女校的历史，结合非基督教运动和收回教育权事件，讨论近代汕头基督教会女校的特点、女校学生对民族主义思潮的不同回应及其历史意义。

本文采用口述的研究方法，访谈了 4 位女性，并将 792 分钟的录音整理为 4 份口述材料。口述者情况为：曾老师，1904 年出生，1916 ~ 1921 年就读于淑德女校；谢牧师，1912 年出生，1924 ~ 1929 年就读于淑德女校，1931 年回到淑德女校任教，直到 1937 年学校停办才离开；笑姨，1909 年出生，1924 ~ 1929 年就读于淑德女校，毕业后留校任教至 1937 年学校停办；林氏，1920 年出生，1934 进入淑德女校就读，1937 年女校停办后转入聿怀中学继续上课，直至初中毕业。4 位口述者均为淑德女校的学生，曾亲眼目睹了

---

* 杜式敏，1974 年生，文学硕士，汕头大学新闻学院党总支副书记。本文原载邢福增、李凌瀚主编《潮汕社会与基督教史论》，汕头大学出版社，2012。

该校的历史发展和变迁。除了林氏，其他 3 位都在该校度过了 5 年以上的时间，其中笑姨和谢牧师还经历了从学生身份到教师身份的转化，并参与了该校二三十年代的教学及学生管理工作；另一方面，淑德女校的学生人数少，4 位口述者占当时就读学生总数的比例较高，具有一定的代表性；4 位口述者接受访谈时虽年龄近百，但身体健朗、精神矍铄，逻辑清晰、口齿清楚；曾老师、谢牧师和笑姨 3 人在该校就读的时间交汇于 20 年代，其口述内容也比较集中在 20 年代，经 4 人多次相互印证并对比相关史料，基本认为 4 人大部分的口述材料可信度较高。口述者从见证人的角度直接对"淑德女校的历史"说话，较好地填补了文献资料的不足，也使淑德女校更加个性化。

一 汕头淑德女校的创办及发展

1861 年汕头被开放为通商口岸，至 20 世纪 30 年代，汕头发展成为中国东南沿海重要的商业城市。西方领事馆接踵设立，基督教差会也来传教。1858 年《天津条约》签订，外国人在汕头居住和传教成为合法行为。同年，汕头正式成为英国长老会在中国的一个教区。

"西教士所到的地方，就有礼拜堂、医院和学校。"① "大部分教徒入教的动机也是为了解决生活、解决医病和解决读书的问题。"②英国传教士在潮汕购买土地，建筑教堂、医院、学校和住宅，把既无知识又无资产的下层民众作为重点，通过布道传教、医学传教和教育传教三种模式发展教徒。汕头淑德女校就是 1873 年英国长老会创办的一所教会女校。

> 差会的几位太太，如吴咸凛夫人、玛坚绣夫人和卓威廉夫人等在教会中负责探访和教妇女读圣经的时候，都很盼望有一个有系统的组织，可以推动教育工作。后来有一位由爱丁堡（Edinburgh）来的富查朗夫人（Mrs. Buchanan）肯慷慨捐助一间学校的建筑费，又再捐献五年所需用的维持费。一八七三年十月，一座美丽堂皇的女子学校遂正式宣布开幕，这是差会所创办的第一间女子学校。开学时虽只得十二名寄宿学生，然而大部分属于基督徒的女子，并由教士自任教席，有的每天教数小时，每月轮流一人做监督。③

创办之初，淑德女校只是一所小学，仅办高小两个年级，招生对象为教徒的未婚女儿。"办学的主要目的是要为各教堂的中国传教士培养所谓的贤内助，以便其结婚后能帮助其夫做传教的工作。"④ 1922 年，淑德女校增设师范班，成为一所"女子中学"。"我去读的时候可能有几十人，五六十人左右。我进校读是 1924 年，我当时是去（淑德）读高

① 口述史料：汕头恩典堂谢牧师，2005 年，汕头市恩典楼 3 楼 301。
② 陈泽霖：《基督教长老会在潮汕——英国长老会传入潮汕的情况》，《广东文史资料》1963 年第 8 期，第 64 页。
③ Edward Band（班华德）：《汕头教会百年史实（1847~1947）》，陈希贤译，香港基督教潮人传道会，1979，第 37 页。
④ 陈泽霖：《基督教长老会在潮汕——英国长老会传入潮汕的情况》，《广东文史资料》1963 年第 8 期，第 58 页。

小，之前（淑德）没有办初中的，后来在我读那个时期刚好开始办中学，所以我们读的是第二届初中班。我就在（淑德）读了五年，18 岁毕业。那时，淑德只有高小两个班，初中初一、初二、初三各一个班。每个班都不大，一般是五人到七人，有时只有三四人，所以有的时候就得合班上课。"① "在淑德入学的时候，淑德也就一百多学生，人数非常少，一个班也就十多人，有时才七八人，那时候教育，尤其是女子的极少，读到我们这一班大概有二十多人，这就算很多的啦。"② "寄宿舍共有九十名女生，时常满额，还要增加七十名走读生。"③ 从 1873 年创建到 1937 年停办，淑德女校持续办学 60 多年，年级数增加到 5 个，学生人数仅增长了数倍，校舍和教学硬件没有明显地扩充或更新，相比聿怀中学、华英学校等教会男校，发展步伐缓慢。

淑德女校的教学设施简单，仅满足学生日常学习和生活的最基本需要。"一个房间住十五到二十人，最多住二十五人，有些是单人床，有些是两人房。……房里没有写字桌，桌子都在教室。④ "楼下是课室，二楼才是宿舍。房内有电灯，但没有书桌，学习主要在课室，回房一般就是睡觉。房间里也没有柜橱，衣服就放在各人的箱里。"⑤

学校以女教徒为主体的师资稳定。吴威廉太太、白威廉太太、汲约翰太太是最早的三位负责人；早期的教师则包括了玛坚绣太太、卓威廉太太、李洁等外国女教士和传教士的女眷。⑥ "我们的老师中有两个是英国姑娘，我们叫她们 Miss Dong 和 Miss De，Miss Dong 教数学和地理，Miss De 教道学，也就是圣经。……学校的老师都是女的，只有下午教语文的请了一个男的'国文佬'，是学校里唯一一个男的，他一来，好像学校的舍监就要看住他。"⑦ "当时学校的老师只有校长是番仔，我进去读的时候，第一学期是一个叫董玛利的当校长，后来下一学期的时候她就回去了，换了一个叫梅乐光的。……还有一位德姑娘，已经很老了，矮矮胖胖的，她没有教课，也没有职务。……教我们的老师大多数是留校的学生，像黄馥蕙和谢牧师她们。"⑧

结合《汕头教会百年史实》的记录推断，自汲约翰太太卸任之后，德怀清、董（侯）玛利⑨、梅乐光三名女传教士相继成为淑德女校校长，她们在汕头的工作时间分别为：德怀清

---

① 口述史料：汕头恩典堂谢牧师，2005 年，汕头市恩典楼 3 楼 301。
② 口述史料：林氏，2005 年，汕头市金龙市场 1 栋 406。
③ Edward Band（班华德）：《汕头教会百年史实（1847～1947）》，陈希贤译，第 150 页。
④ 口述史料：笑姨，2004 年，汕头磐石天恩安老院 201 房。
⑤ 口述史料：汕头恩典堂谢牧师，2005 年，汕头市恩典楼 3 楼 301。
⑥ Edward Band（班华德）撰，陈希贤译《汕头教会百年史实（1847～1947）》，第 37 页。
⑦ 口述史料：曾老师，2004 年，汕头市金韩路一横 2 号 604。
⑧ 口述史料：林氏，2005 年，汕头市金龙市场 1 栋 406。
⑨ 四位口述人都提到了这位叫玛利的外国女传教士，但对其姓表述不同，谢牧师写了"党"，曾老师写了"Dong"，其他两位都写了"董"。此三字在潮汕话中读音相同，因此作者认为四人所指的为同一人。但在《汕头教会百年史实》的《汕头区会职员表》中（第 133 页），只有一位"侯玛利"（Miss Mary Harkness）的外国女传教士；在陈泽霖《基督教长老会在潮汕》的英教士名表中（第 67 页），也只有一位"豪玛利"（Miss Mary Harkness）。在潮汕话中，"侯"和"豪"也是同音字，因此作者认为这两者也指同一个人。从在汕头工作的时间上推测，董（侯）玛利应是同一个人，但为何其姓在口述人和史料中有较大差别则不得而知。

1902～1940年，董玛利1887～1927年，梅乐光1931～1946年。其中，德怀清和梅乐光自到汕头后一直在淑德女校工作至学校停办。自创办到停办，该校的女教徒教师及教师数量都较稳定：1920年前，教师以外国女传教士为主，仅少数本地人任学生宿舍舍监等低层管理工作；20年代，外国女传教士管理学校，也为学生上课，教师主体为中国女教徒；30年代，外国女传教士基本不授课，教学和管理骨干均是毕业留校的学生。中外女教徒均怀着高度的真诚和热情，以笃诚的信念、严谨的作风教育和管理学生，在校园营造一种浓厚的宗教氛围。

淑德女校的课程设置一直以宗教为主、科学知识为辅，即便在不同的政治时期变化也不大：宗教神学课是重点，《圣经》是最主要也是课时最多的课程，其他的文化课包括国文、算学、历史、地理、体育、音乐、家政等。淑德女校虽是英国人开办的学校，有足够的英语师资，但因办学目的是培养服务丈夫和教会的"贤内助"，而非独立服务社会的女性，因而学校在20世纪30年代之前并没有把英语列为必修课程；直到30年代林氏入学时，为顺应政府要求，英语课才成为学生的必修课。

学校课程内容简单浅显，教学方法单一，课堂教学都使用潮汕方言。"老师在课堂上教学都是用汕头话，连番仔老师也是讲汕头话。……那时候基本都是用潮汕话教学的，客家人（学生）像五经富的人来读，他就得学（潮汕话）。没有人说普通话，番仔来教也是说本地话。"①

学校对学生实行封闭式管理，学生在严格的规定下学习、生活和劳动。"我们每天早上6点起床，6点半吃早餐，然后就做操，上课。下午经常读《圣经》。星期六所有人都要打扫卫生，星期天做礼拜。"②"以前在学校有没有出来玩的？没有！（来学校）很久，过了很多年之后才过礐石玩。……无论是来校探望的还是外出探亲的，一个月都只有一次，一般是周六下午可以出来探访姑姨舅妗（方言，泛指亲戚），（入学时）要先登记有哪些（亲戚）可以去的。外出要等吃完午饭，然后在校内安静休息一个小时左右才能出去，回来还要向老师报告回校了。"③"一般是开学的时候家长把你领到学校，停课了（学校）通知家长来接学生回家。学校的管理很严格，每学期每人只准你出去六次，周六出校。"④校方在其他场合对学生也是高度监护："也同（聿怀的）男学生一起做过礼拜，但是从来都是各坐各的，排队进去，隔开坐着，也没什么交谈，除非是自己的兄弟。有也就是头尾找时间，争取时间和自己的亲人打个招呼。"⑤"礼拜和特殊圣诞聚会、元旦聚会（淑德和聿怀两校）就会合并（一起举行），合并的时候很严格，男女座位分开，散会的时候各校的老师各带着（学生）走一边。"⑥严格的制度强化了教会及学校在学生成长过程中的主导作用，并培养了她们纯良虔诚、平和坚毅、循规蹈矩的品行。

① 口述史料：汕头恩典堂谢牧师，2005年，汕头市恩典楼3楼301。
② 口述史料：曾老师，2004年，汕头市金韩路一横2号604。
③ 口述史料：笑姨，2004年，汕头礐石天恩安老院201房。
④ 口述史料：林氏，2005年，汕头市金龙市场1栋406。
⑤ 口述史料：笑姨，2004年，汕头礐石天恩安老院201房。
⑥ 口述史料：林氏，2005年，汕头市金龙市场1栋406。

二 收回教育权时代的淑德女校

1922 年开始，全国爆发了非基督教运动。潮汕地区虽地处粤东一隅，处于政治边缘地区，文化上也有语言、风俗的独特性，但民族主义和国家主义思潮还是席卷而来。20 年代，汕头成为广州之外、广东省内另一个收回教育权运动最激烈的地方。

1925 年 3 月，广东革命政府东征军收复潮汕，6 月，汕头成立国民外交后援会，统一领导全市的反英爱国运动。英国人所办学校的教员学生，被通知立即离校。9 月，汕头市市长杨霖要求各教会"克日改为中华自办"，废去各校校内的外国旗帜。12 月，市政厅教育科、教职员委员会、外交后援会和学生联合会等五个团体成立了"汕头市收回教育权委员会"，周恩来主持会议并提出要"树全国回收教育权之先声"。此外，周恩来还亲自召集汕头市的淑德女校、童子部小学、福音国民学校、南强中学、贝理书院等五个教会学生代表开会，要求这些学校发表宣言，表明对帝国主义的态度；指出以后学校不能强迫学生听圣经，不可有宗教课程。要把学校办成中国式学校，特别强调无论何校都需向汕头市教育部门登记。①

随后，汕头市政厅正式发布收回教育权法令。明确规定现有教会学校需：①向官厅立案注册；②改校名；③不准读圣经；④不准宣传宗教思想；⑤宣布完全收回为中国人办理。同时，广东、潮汕各地的报纸舆论对这场收回教育权运动也进行了持续而广泛的宣传和敦促。1925 年 12 月，邓颖超专门为此撰文指出："汕头的中国教会及学校，已起来组织收回教育权委员会，有的已与帝国主义教会脱离关系。各地中国教会及学校，你们要赶快继续汕头教会中觉悟的同胞的战线专谋解放。"②

1926 年 3 月，周恩来主持召开会议专门通过了"实行收回教育权"的提案，汕头的反教运动进一步升级。对教会学校的命运起决定作用的不仅有各级的政府、办学的教会，更有学校的学生，教会学校学潮频发，外国教员遭受一轮又一轮的攻击和驱逐，许多教会学校或被停办，或被收回，或者向政府立案，唯有淑德女校是一个例外。

在革命风潮面前，淑德女校既没有改变发展方向也没有停滞不前，它依旧保持了自身独立的教育体系和原有的办学色彩。无论在报刊文字上，还是在各次的学潮队伍里，都找不到淑德女校任何一名学生的声音或者身影。"非基督教运动"和"收回教育权运动"——这两个中国近代史上重要的关键词，对淑德女校的影响却是微之甚微。当时的社会舆论大作，当时的各界群情激愤，当时的学生罢课集会——这些在淑德女校学生的记忆里却没有留下任何印象。在口述过程中，作者曾就华英学校学潮、政府收回教育权等事件向口述者再三提问，提醒她们仔细搜索追溯，均一无所获。在谢牧师和笑姨的记忆中，那时课程照旧，宗教活动正常，学习和生活没有受到任何外来的影响；曾老师也表示，记

---

① 秦梓高：《周恩来带领民众收回汕头教育权》，《汕头日报》2004 年 8 月 29 日。
② 《省属布告取缔宗教教育》，《广州民国日报》1925 年 5 月 27 日第 6 版。

忆中 20 年代的淑德女校没有受到社会运动的冲击，学生更不可能参加什么行动，因为学生们都很胆小听话，与外界的接触也非常少。林氏当时年龄尚幼，未入学校，不了解该校当时的情形。《广州民国日报》（1925 年 12 月 5 日）刊载的报道为三位口述者一致的说法提供了合适的解读：

顷接汕头通讯，日前共指挥部周主任召集南强学校、淑德女校、童子部小学、福音国民学校、贝理书院等各校代表，在总部谈论关于收回教育权，为时甚久，兹特将其经过情形，略记如下：

周主任先讯各校与英人有无关系，及现有学生若干，经费何来。南强学校代表答称：本校自五卅案发生后，当即收回自办，与英人无关……。周主任谓据称所述南强确与英人无关，可即发表宣言，表示对帝国主义态度，尤其是英国，并须声明南强与英人无关……南强学校代表当即面允照办。

继福音学堂代表答称，本校系中国人创办，所有教员概系中国人，共有学生百余人，经费除由学生缴纳外，余由中国人捐助，与英人毫无关系。周主任谓：贵校既与英人无关，则福音二字，最好换过为宜，此后可发表宣言，表明福音与英人无关，学校课程，均可自由拟定，决不受人拘束。该校代表，愿照此办法进行。

继童子部小学代表答称，本校从前曾由外人帮助经费，现在与外人无关，从前所有宗教课程，现在亦已减少，经费除由学生缴纳外，余由董事捐助……。周主任谓：贵校亦可发表宣言，声明与英人无关，此后不必强迫学生听教。该校代表亦愿依此办法进行。

继贝理书院代表答辩，本校共有学生二十余人，系专研究神道。自五卅惨案后，即行停课。周主任当即对该代表言，宗旨既专在研究神道，不是学校性质，不如改为神道研究会为佳，此当宣布取消学校名义，改为研究会，不准加入学校联合会，以免混淆。

继淑德女校代表称，本校系英人创办，现有学生七十人，教员七人，均系中国人，经费由英人助半，教员薪水至多不过十余元。周主任向该代表谓，倘政府帮助经费及校址，则有无决心与英人脱离关系，该代表答须回校商议。①

在政府代表召集的会议上，南强中学、童子部小学、福音学堂、贝理书院等四校代表都义正词严地与英人划清界限，全盘接受周恩来的指示，只有淑德女校与众不同：该校代表毫不忌讳，承认学校为英国人所创办，办学经费一半由英国人资助。对周的建议"由政府帮助出经费和校址，然后学校与英国人脱离关系"，该校代表虽没有直接回绝，但也没有当场接受，只是答应"回校商议"。很显然，这是在特殊的革命形势下敷衍过场的应景之辞，回校之后，淑德女校并没有对政府的提议作出进一步的回应。

① 《广州民国日报》1925 年 12 月 5 日。

面对政府机关、国民党组织和各种社会团体整合而形成的政治力量，淑德女校没有改变办学立场，仍旧保持教会学校的性质："我教书的时候，淑德就设有学生会，学生会分做德、智、体、群四个股，我负责德育股，就是属于宗教的。学校里不信主的学生很少，（就是不信主）她们也要参加礼拜这些宗教仪式，上宗教课程。每个班都有宗教课本。我们早上在礼拜厅礼拜……我在淑德无论上学还是教书，都是番仔当校长的，我进淑德读的时候校长是德姑娘，她跟华英中学的校长差不多同龄，年纪比较大；读中学的时候党姑娘是校长，教书的时候是梅校长。"① 直到 30 年代，谢牧师回到淑德女校教书的时候，在政府的三令五申下，该校除了依政府要求在校内设立学生会、开设纪念周之外，仍把宗教科目作为必修课，在课内进行宗教宣传，要求学生参加宗教活动和仪式，校长也一直由西方女传教士担任；另外，所设学生会的职能也非政府所倡导的为维护学生权益，反成为学校及教师实施宗教、知识教育的得力助手。

面对严峻的局势，淑德女校就像该校校徽——坚韧的绿竹②一般，平静地办着自己的教育，"淑德女子学校，继续维持基督教的美誉，虽然没有在政府注册，但亦没有被禁止宗教教育。"③ 但是，"一九三七年教育部旧事重提，施用压力，叫学校须行注册，校董会鉴于注册问题有困难，和经济来源可能受影响，决定将学校停办。因要供给学生有读书的机会，提议将学生送往聿怀中学升读，……因中日战事发生，聿怀中学全体疏散，此计划不得实现，有些淑德学生，后来到五经富升学。"④

《汕头教会百年史实》的这一段文字与笑姨的话相互印证：

我在淑德教书教了 5 年多，直到 1937 年卢沟桥事变，淑德停办；教书的时候，社会要求学校要注册，而淑德没有注册，本来是要和聿怀合并的，因为卢沟桥事变，聿怀也停了，搬去五经富，后来复校的时候，淑德就和聿怀合并在一起，那个时候已经是男女同校了。⑤

1937 年暑期，因不愿向政府注册立案，淑德女校选择停办。

三　近代汕头基督教会女校的特点

据史料记载，近代汕头的三大基督教会——美浸信会、英长老会、法属天主教会在汕创办了十余所教会女校。由美浸信会创办的主要有三所：约翰夫人在 1860 年创办的礐石女校；斐姑娘在 1873 年创建的礐石明道妇女学校（该校被誉为近代潮汕最早的妇女学校，

① 口述史料：汕头恩典堂谢牧师，2005 年，汕头市恩典楼 3 楼 301。
② 口述史料：汕头恩典堂谢牧师，2005 年，汕头市恩典楼 3 楼 301。
③ Edward Band（班华德）：《汕头教会百年史实（1847～1947）》，陈希贤译，第 150 页。
④ Edward Band（班华德）：《汕头教会百年史实（1847～1947）》，陈希贤译，第 150 页。
⑤ 口述史料：笑姨，2004 年，汕头礐石天恩安老院 201 房。

"开远东女学之先河"①）；约翰牧师娘 1879 年在磬石开办的正光女学。英长老会开办的主要有两所：汲约翰 1873 年创办的汕头淑德女校；李怀清、李洁 1881 创办的汕头培德女学。天主教会于 1910 年创办若瑟小学。这些基督教会女校可概括出以下特点。

（一）以传教及培养协助传教的女性为办学目的

19 世纪末的潮汕教育虽然发展较快，但"学校教育"一直是男子的专利。源于基督教中男女平等的思想，基督教会人士一方面希望把接受教育的"福音"传播给妇女，更重要的是，他们非常重视妇女的布道工作，认为妇女拥有自由出入各种家庭等优势，妇女传道比男子更得力，所以积极创办教会女校，并采取了减免学费、供给食宿等优待措施，吸引贫困家庭送女儿到学校读书。创办教会女校的目的并非为了引进和实施西式教育，也不是培养接受教育后获得自身发展的独立女性，而是为了传教和培养协助传教的"贤内助"。在当时，基督教徒尚被世俗人家所排斥，潮汕地区又是一个多种民间信仰杂糅、封建迷信盛行的地方，为了保证信徒信仰的纯正不被影响，同时保证教会自身的纯洁性，教会有不成文的规定："倘若传道人或教会中的职员，要娶亲时，则属世俗或基督徒的挂名子女可能不会先被选为对象，惟需她们逐渐改造，使她们先得基督徒家庭生活的习惯，然后才容易被挑选结婚。"② 所以，让女信徒或信徒的女儿能接受基督教教育，同时为本地传道人培养贤妻良母成为各教会创办女校的重要目的。

（二）学校发展缓慢

近代汕头教会女校早期多数为高级小学，仅办两三个年级，三四个班。1921 年，正光女校开始招收女中四班；1922 年，汕头明道妇学、淑德女学、若瑟中学同时附设师范班，部分女校升级为"中学"。大部分女校的学生来自社会底层，前期所招学生均为信徒家女孩，发展至后期也招收非教徒的学生；除了培德女学"学生平均四十七岁至六十三岁"③，是"妇女学"外，其他女校的招生对象都是未婚女孩。学校规模从几个人到几十个人不等，兴盛期个别学校也就 100 多名学生，与同期的教会男校的 1000 多名相比甚远。究其缘由，主要与学校生源少、办学定位等问题有关。近代潮汕封建保守、男尊女卑的思想和习俗仍很浓厚，一般人家是不愿意让女孩离家入学的，更不可能送到陌生的外来宗教学校读书，所以女校能招到的学生数量有限；因办学目的是培养本地传教士的贤内助，所以学校的培养任务并不繁重，无须大量招生；此外，女校的规模还受到教会的经费支持、师资等方面的制约。

（三）教师多数为女传教士，人员相对稳定

为了更好地实行办学目的，并切实保持学生的纯正思想，教会女校除了聘请男教师讲

---

① 《汕头教育志》，汕头教育志编审委员会，1988，第 12 页。
② Edward Band（班华德）：《汕头教会百年史实（1847～1947）》，陈希贤译，第 37 页。
③ Edward Band（班华德）：《汕头教会百年史实（1847～1947）》，陈希贤译，第 42 页。

授国文外，其他教师都是内宿的女教徒。由于学校早期为小学性质，所以部分外籍传教士的女眷也能胜任教育工作；之后，外籍女传教士加入并成为学校的管理者和骨干教师；最后，培养出来的优秀毕业生逐渐走上讲台，成为外籍女传教士的得力助手。可以说，教会女校的教师呈现了从非专职到专职、从外来到自产的演变。但教师及其数量一直没有太大的变化，管理者和教师的素质也不像华英学校等教会男校有明显提高。

（四）教学围绕传教需要进行，本地化色彩较浓

为实现办学目标，教会女校也沿用了西方的一些模式，注重学生多方面的发展，但教学活动基本是围绕传教需要展开的。课程以宗教课为主，读《圣经》、查经、做礼拜等占据了大部分课内学习和课外活动时间；所开设的国文、体育、声乐、美术等课程内容基础浅显。此外，本地化色彩浓厚是其教学的另一突出特点。汕头有着独特的文化传统，为了更快、更好地实现基督教本地化，让学生听得懂、学得快，女校都使用本地方言教学，外籍教师也不例外；而手工课的学习内容也是刺绣、抽纱等汕头传统女红。为实现办学目的，学生没有被灌输任何"女性独立"的意识，服务教会和嫁给本地传道人成为许多学生毕业之后两个最主要的去向。

（五）学生品行笃诚纯良，对国家、民族、文化的认同感淡薄

女校学生成长在潮汕的社会大环境中，在基督教和教会女校教育的双重作用下，她们一方面宗教情结浓厚，专注于奉献基督教；另一方面仍秉承着潮汕传统女子循规蹈矩、勤俭善良的性格特征，致力学习，使自己具备贤妻良母的条件。由于地域文化的差异，以及男女性别角色不同，无论是潮汕社会还是教会女校，都没有要求她们去忧国忧民或者引领潮流，因而她们并不关注国家的命运、政权的变更和社会的舆论。可以说，教会女校的办学目的、教学模式和管理制度都大大强化了潮汕女学生性格中单纯温顺、安分平和的特点，促使她们在革命风暴面前选择了安分守己，淡漠回应。这也正是非基督运动和收回教育权运动时代，汕头基督教会女校学生区别于教会男校及其他地方教会女校的独特表现。

（六）不因形势的流转而改变办学性质，选择停办或合并

在收回教育权运动中，政府采用各种手段，不断加强对教会女校的干预与控制，向政府申请注册立案是学校继续存在的必然选择。从表面看，立案注册十分简单，但所有的女校都不愿申请立案注册。相比淑德女校，正光女学早在1926年就宣布停办，1927年与碣石中学合办改为碣光中学；若瑟中学也于1927年停办。

不立案的原因何在？结合上文论及淑德女校停办的原因，推测主要有四点：一是校长的人选问题，在当时，要找到像聿怀中学校长陈泽霖那样有学识有学历、有威望有能力的中国籍女校长很难；二是学校经费问题，女校的学生少，收取的学费有限，办学经费多来自各教会，要达到立案条款中对学校经费、校产、设备、师资等项的要求难度很大；三是学校宗旨问题，女校的办学目标自始至终就是为传教和培养贤内助，而不是服务社会和政

府的女知识分子，因此宁愿选择停办也不愿放弃基督教教育；四是随着社会的发展，国立小学到处设立，男女同校为潮流所趋，教会女校存在的必要性日益减小。

四 结语

近代汕头教会女校的代表性和独特性值得研究。近代汕头教会女校产生于 19 世纪末的潮汕社会，又消亡在 20 世纪特殊的历史背景中。其设立开启了潮汕女子教育的先河，也帮助不少潮汕女子初步认识和学习了西方的文明，获得全面知识的培养。在 20 世纪初不断强化的国家、民族主义思潮下，教会学校成为反帝反教运动的重要对象，而汕头教会的女校学生却表现出与众不同的淡漠回应，在某种程度上又影响了学校的命运，使学校在大革命年代免于由独立的教育体系变成适应国民党需要的教育机关。因此，近代汕头基督教会女校的创办和特点既是中国其他城市教会女校的原始版本，又有别于其他地区教会女校的命运殊变和多样历程，兼具代表性和独特性。

口述是一种非常重要的研究方法。有关于汕头基督教会女校的文献资料相当有限，而且极其零散。许多论及近代汕头教育、基督教在潮汕办学情况的专著和文章，谈到教会女校时都是概述，鲜有具体个案的探讨。在此情况下，四位淑德女校的学生的声音显得非常珍贵。她们从学生的视角去描述当年的女校，讲述不同的历史背景中她们真实的情感和经历，以及对当年历史重大事件的看法，补充了史料的不足，鲜活地展现了一所有代表性的汕头基督教会女校的风貌，更颠覆了关于非基督教运动和收回教育权运动中教会学生的主流叙述。

历史是多样化的。通过淑德女校这个个案，我们更清晰地了解到汕头地区教会女校的办学特点，挖掘到特殊时空坐标下汕头基督教会女校学生及女校的回应，有关历史得到了更多层面的开掘和还原，也为后者提供了多样化的研究视角。

责任编辑：陈景熙

汕头孔教总会创办之国粹
专门学校史实考略

曾旭波[*]

摘　要： 尊孔思潮是民国初期的一股重要的社会思潮。1912 年，康有为、陈焕章等在上海创立孔教会。在汕头，有关孔教会及其创办的国粹学校的史实，在相关史籍中一直语焉不详。本文试图从民间收藏发现的有关汕头孔教总会创办国粹专门学校的招生简章和孔教会会刊等历史资料，对汕头孔教总会创办国粹专门学校的创办时间、办学宗旨、入学条件及收费、课程设置及学制、学员、师资管理乃至校址校名变迁等作实证性梳理，以图恢复历史的本来面目。

关键词： 孔教会　国粹学校　史实考略

一

　　辛亥革命推翻了 2000 多年的封建王朝及其制度，建立了民主的民国政权。辛亥革命也摇撼了传统的中国社会，使之发生了急剧变化，这是以前任何一次历史变革所无法比拟的。"普遍王权之崩溃所导致的社会、政治秩序之解体，不可避免地破坏了传统的文化、道德秩序"[①]。民国政权的建立，并未使中国成为一个现代民主国家，新制度有民国之名，无民国之实。"甩掉一个作为权力中心象征的清朝皇帝，反而造成了公开的军阀割据，内乱不已"[②]。中国社会的这种政治上内乱，思想道德上失堕，呈现出信仰的空前危机。在这种情况下，挽救国人信仰危机，重构国人道德信仰体系成为迫切的现实需要。因此，

---

[*]　曾旭波，1961 年生，汕头市图书馆管理员。本文原载陈春声、陈伟武主编《地域文化的构造与播迁：第八届潮学国际研讨会论文集》，中华书局，2012。

[①]　林毓生：《中国传统的创造性转化》，生活·读书·新知三联书店，1988，第 222 页。

[②]　李泽厚：《中国近代思想史论》，人民出版社，1979，第 307 页。

1912 年康有为、陈焕章等人在上海创立孔教会，并谋求立孔教为国教，正是基于传统道德失范、信仰缺失的现实，希冀通过倡导孔教以卫护传统，以建立"国教"的方式填补民初国民的信仰危机。

康、陈等人创立之孔教，作为宗教和"国教"，最终虽未在当时的立法机构得以通过，且在 1919 年"五四"运动后，迅速失去市场。但其所提倡的尊孔思潮，却在相当长时间，得到当时社会的回应。尊孔思潮客观上成为民国时期一股重要的社会思潮。

在汕头，有关孔教会及其创办的国粹学校史实，在相关史籍中一直语焉不详。如汕头四中校史这样写道：汕头市第四中学历史悠久，由创办于 1920 年的大中中学、创办于 1906 年的同济中学和创办于 1920 年的时中中学①，于 1950 年合并为联合中学……②。《汕头教育志》、《汕头市志》等也只简单地注明汕头国粹学校创办于 1920 年。③ 至于国粹学校办学的宗旨目的、学校规模、学科设置、课时学制、入学条件、学员及教员人数等均无具体记载。有鉴于此，本文试图就新近发现的当时该校散发的招生简章，结合史实，对该校的创办时间、办学宗旨、学校规模、学制及课程设置、教职人员及管理等情况进行讨论，以还该校历史的真面目。

二

1. 关于创办时间

创办于 20 世纪 20 年代的汕头国粹专门学校，至今虽然只过去了 80 多年，但其具体创办时间却有多种版本。有说是 1920 年，有说是 1925 年，还有说是 1929 年。持 1920 年说的都还是现今汕头的权威方志，如《汕头教育志》、《汕头市志》等，持 1925 年说的有饶宗颐 20 世纪 40 年代编撰的《潮州志》④，还有萧冠英于 1925 年 5 月编撰出版的《六十年来之岭东纪略》⑤。现把搜集到的见于史志、典籍、校史和相关文章中有关该校创办时间的几种版本归纳如下：

（1）1920 年说

此说最为普遍。《汕头教育志》、《汕头市志》以及汕头四中校史均为此说。

《汕头教育志》第五章"中学教育"第一节"民国及其以前的中学教育"，对私立时中中学的创办时间的标注是民国十一年，并备注："以（民国）九年孔教会创办的国粹学校改办。（民国）三十五年开始立案"⑥。《汕头市志》对国粹学校没有专门介绍，同样只在对"时中中学"的附注时作简单的注释，注释内容跟《汕头教育志》一样。⑦ 而汕头四中在其

① 时中中学前身即孔教会创办的国粹专门学校。
② 易教网，《汕头市第四中学机构介绍》，http://www.oatime.com/edu/guangdongsheng/shantoushi/11404.shtml。
③ 汕头教育局编《汕头教育志》，汕头教育局，1989，第 96 页。
④ 饶宗颐编《潮州志·教育志》第四册，潮州市地方志办公室重印，第 1911 页。
⑤ 萧冠英：《六十年来之岭东纪略》，出版地不详，出版者不详，1925，第 133 页。
⑥ 汕头教育局编《汕头教育志》，第 96 页。
⑦ 广东省汕头市地方志编撰委员会编《汕头市志》第四册，新华出版社，1999，第 25 页。

校史开头也这样写道："汕头市第四中学历史悠久，由创办于 1920 年的大中中学、创办于 1906 年的同济中学和创办于 1920 年的时中中学，于 1950 年合并为联合中学，1953 年改称汕头市第四中学"①。持此说的还有《汕头大博览》②、《潮汕百科全书》③ 等，而引用此说对相关人物的传记介绍，就更多了。

（2）1925 年说

持此说的是饶宗颐《潮州志》。《潮州志·教育志》中同样没有对国粹学校作单独的词条注解，而是在对"私立时中补习学校"词条注释时，这样写道："私立时中补习学校：在升平路民国十四年二月汕头孔教总会王延康主办初名国粹学校后改设国英算三科并附设义务夜校旋改设文学专修科十九年七月立案二十二年增设女生部于招商路抗战期间初迁潮安登塘乡再迁登容乡又三载移留隍汤坑再徙揭阳城又徙潮阳峡山之溪尾乡复员后迁往汕"④。萧冠英《六十年来之岭东纪略》第十四章第四节"汕头市学校概况"，以表格形式收入"国粹学校"的基本概况，其中"成立年月"一栏，填写的时间是"民国十四年春"⑤。

（3）1929 年说

吴榕青的《1949 年以前潮侨在本土捐资兴学述略》一文中，依据汕头档案馆资料，对汕头时中学校的注解是："汕头市私立时中补习学校，其前身是创办于 1929 年的国粹专科学校，他们称'本校虽由汕头孔教总会创办，而香港、星洲、槟城、上海各地热心人士之助力特大'"（此处作者的文后注解是："（17）汕头市档案馆藏民国档案 12 - 5 - 112，页 99；页 84；页 104；页 206；页 139；页 84；页 140；页 169，页 99~101；页 86"）⑥。

张公略在民国十九年（1930 年）对当时汕头市的教育概况做了一次调查，并把调查后的情况分成五项刊载于汕头市教育会编的《汕头教育》第六期。其第一项"汕头市全市公私立各级学校一览表"中，汕头孔教总会创办的国粹专门学校在 1930 年张公略调查表中已改名为"私立时中补习学校"，校长杨雪立，校址崎碌尾，备考栏说明是"由市府办理"⑦。这里所说的"由市府办理"，就是学校申报立案手续已由市府办理中。上引《潮州志》所述"十九年七月立案"，在时间上跟此说法相符。此段记载说明，1930 年国粹学校上报汕头市府立案的校名已不叫国粹学校，而叫"时中补习学校"。

故《1949 年以前潮侨在本土捐资兴学述略》一文中所引的汕头档案馆资料，或就是改名后的"私立时中补习学校"的档案资料。

持 1920 年说的《汕头教育志》，在其有关 20 世纪 20 年代汕头市创办的私立初级劳动职业学校及专修学校的记述时，却"忘记"了自己前面说的国粹学校："20 年代间，汕头

① 易教网，《汕头市第四中学机构介绍》，http://www.oatime.com/edu/guangdongsheng/shantoushi/11404.shtml。
② 汕头大博览编委会编《汕头大博览》，香港：文艺传播事务有限公司，1997，第 646 页。
③ 潮汕百科全书编委会编《潮汕百科全书》，中国大百科全书出版社，1994，第 535 页。
④ 饶宗颐编《潮州志·教育志》第四册，潮州市地方志办公室重印，第 1911 页。
⑤ 萧冠英：《六十年来之岭东纪略》，出版者不详，1925，第 133 页。
⑥ 政协潮州市委员会文史编辑组编《潮州文史资料》，政协潮州市委员会文史编辑组，2003，第 185~198 页。
⑦ 汕头市教育会编《汕头教育》第六期，汕头市教育会，1930，第 13 页。

市已创办一些私立初级劳动职业学校及专修学校，即英华英文专校、岭东英溪专校、三科学校、英士英文夜校、南方人生国语专科学校和光华、毓秀、幼宾、英士、轶士、晓东、价仁美术学校等。据民国十四年统计，以上 12 所学校共有学生 468 人，教员 57 人"①。既然是据民国十四年（1925 年）统计，那么，"创办于 1920 年"的国粹专门学校为什么没有列入这 12 所学校的名称中？

我们知道，陈焕章于 1912 年在上海创立孔教总会后，于 1923 年又在北京创办孔教大学。民国十四年 7 月的这份《汕头孔教总会国粹专门学校简章》（以下简称《简章》）中第七章第三十八条这样写道："高级生遇有程度高深可升大学者不论年期得提前升送北京孔教大学……"。如果汕头国粹学校创办于 1920 年，又怎么知道三年后陈焕章会在北京创办"孔教大学"呢？再看《简章》首页的"缘起"：

缘起

世道之隆替，人心之纯驳，学术为之，自然科学万能之说兴，趋时之士，莫不厌弃平昔道德文艺，以求所谓应用科学。卒之，科学穷妙不可骤得，而道德文艺已荡然无存。本会同人既于春初创办国粹专门学校，注重经学、国文，旁及史学、哲学，俾中小学校毕业诸学子，得以涵养道德，研求文艺，以纯全国粹，蔚为学术之光。开学伊始，负笈登堂者，骤臻二百六十人。旋因校舍低窄，后至辄为所限。同人抱隐痛焉。现第一学期告终，而远近闻风请求转插者益众。既未能广建校舍，籍资容纳。爰辟函授一组，其科学资格程度，均与校内生相等。莘莘学子，有志于斯乎。简章附后，其详览之。②

在 1925 年 2 月出版的《铎报》第三期广告栏，国粹学校"招生纪要"的最后有这样一条："夏历正月廿二日开学各生录取后须填具志愿书及清缴各费方得入学"，"正月廿二日"即是公历 2 月 14 日。

民国十四年 2 月 5 日（农历正月十三日）的汕头《公言日报》③ 第三、四页中缝，刊登了一则汕头孔教会国粹学校的招生广告："本校明年开办国粹科定期十二月十六正月初十二举行入学试验报名处升平路孔教总会"。应该指出，这份广告是从民国十三年 12 月拟定并多次刊登，广告没有标点，所定"十二月十六正月初十二举行入学试验"，是跨年度的时间，即 1924 年 12 月至 1925 年 2 月，因拟稿是 1924 年年底，故广告词中的"明年"，即是 1925 年。

编于 20 世纪 40 年代的《潮州志》，其部分编撰人员其实便是当时国粹专门学校的创办人和教员，如郑国藩、杨雪立、温廷敬、姚梓芳等。出版于 1925 年的萧冠英《六十年来之岭东纪略》更是当年调查资料的出版物，结合上面 1925 年 7 月国粹学校招生简章"缘起"中"本会同人既于春初创办国粹专门学校"句，可确知，汕头国粹专门学校应创

---

① 汕头教育局编《汕头教育志》，第 233 页。
② 标点符号为笔者酌加。
③ 汕头图书馆馆藏报纸。

办于 1925 年春，其第一学期的开学时间是 1925 年 2 月 14 日。

2. 入学条件和收费

我们从《简章》中，可知该校在入学资格和收费诸方面的内容。《简章》第三章"入学"中，便分"资格""报名""试验"和"入校"四方面作具体说明。如入学"资格"，要求"投考高级组者以中学毕业及与中学毕业有同等之程度为限投考中级组者以高等小学毕业及与高等小学毕业有同等之程度为限"①。入学前须"试验"，即是入学考试。"（一）新生报名后应受入学试验计国文一编如选修英文数学等类应加试验所选科学（二）试验插班生当视其程度与所插年级程度相当始准插入其从前未授科学应行补习补考"②。在"入校"一节，明确规定："入校各生须遵守下列各要项（一）重道尊师（二）勤谨笃实（三）共负明道之责（四）无传染疾病"。最后还要求，入学新生，必须在汕头市有笃实行店做担保，否则必须缴一定的保证金。③

《简章》在学生学杂费的收取方面也有具体说明，高级班跟中级班学费不同。高级班每期学费 22 元，中级班 18 元，讲义费高级班每学期 2 元，中级班 1 元。住宿费每学期 6 元，基金无论高中级，每生 5 元，外地学生如无汕头市殷实行店做担保者，须再缴保证金 5 元（保证金和基金若中途退学或被除名者不退还）。膳费每月 5 元，春季入学按 4.5 个月算计 22.5 元，夏季入学按 5 个月计 25 元。新生入学前还要缴制服费 10 元。国粹学校从第二学期起，还招收函授生。函授生按高、中级班学费分别减半收取，即是高级班每学期 11 元，中级班 9 元，讲义费同面授生一样，高级班每学期 2 元，中级班 1 元。函授生还须缴领证费每生 1 元。此外，国粹学校要求无论老师还是学生，都必须是孔教会会员，故学生每年还要缴会员费 1 元。全年费用合计，高级班新生需 123.5 至 128.5 元，中级班需 112.5 元至 117.5 元，函授班高级班生 28 元，中级班生 22 元。

以上收费都要求以光板大洋缴纳。④

为了对国粹学校这种收费水平有个参照比较，我们来看看同时期潮汕一些学校的收费：

民国十四年潮州在城小学收取的学费标准是：私立城南小学每生每期大洋 6 元，县立第二小学每生每期 4 元。⑤ 再以民国二十三年金山中学学杂费（大洋）作比较。高中生每期学杂费：学费，男生 12 元，女生 8 元；杂费，考卷费 1 元，军训费 8 元，体育费 2 元，校刊费 1 元，图书费 2 元，仪器费 5 元。合计：男生 31 元/女生 27 元。初中生每期学杂费：学费，男生 9 元，女生 6 元；杂费，考卷费 1 元，童子军服装费 10 元，体育费 2 元，校刊费 1 元，图书费 2 元，仪器费 3 元。合计：男生 28 元/女生 25 元。内宿生每期 5 个月膳费 30 元，电灯费 1 元。这样，民国二十三年金山中学的每位高中内宿新生的全年费用合计，

① 汕头孔教总会国粹专门学校编《汕头孔教总会国粹专门学校简章》，国粹专门学校，出版年不详，第 8 页。
② 汕头孔教总会国粹专门学校编《汕头孔教总会国粹专门学校简章》，第 8 页。
③ 汕头孔教总会国粹专门学校编《汕头孔教总会国粹专门学校简章》，第 9、10 页。
④ 汕头孔教总会国粹专门学校编《汕头孔教总会国粹专门学校简章》，第 9、10 页。
⑤ 广东省汕头市物价局编《汕头物价志》，汕头物价志编委会，出版年不详，第 153 页。

男生约需 124 元，女生约需 116 元；初中内宿生的全年费用合计，男生约需 118 元，女生约需 112 元。①

金山中学是省立完全中学，在民国时期的潮汕可算是级别最高的学校了。民国初期，潮汕各地公立、私立学校，因办学形式不同，学校经费来源也有诸多不同，经费充裕与支绌情况不一样，因而向学生收费也不同，但各校的收费也不会有太大的差异。不过，我们从上面金山中学高中男生的学费每学期 12 元，跟国粹学校每学期 22 元比，却是有较大的差别。

3. 课程及学制

汕头孔教总会之国粹专门学校作为"专门学校"，设置的课程当然与当时的普通学校有所不同。其强调的"培养道德，维持国学，扶植文风"的办学宗旨，与民国政府教育部门倡导的"根据三民主义，以充实人民生活，扶植社会生存，发展国民生计，延续民族生命为目的，务期民族独立，民权普遍，民生发展，以促进世界大同"②的教育宗旨，虽有很大的不同，但也不至于相违背。下面让我们先看看其招生简章中，高级班和中级班的课程设置：

（1）高级班课程设置③：分主要科和普通科，主要科包括经学、中国文学和公民学。经学在第一、二学期均设三门课，即群经大义、诗经大义及诗经；中国文学第一学期设文学概要、文学史、古文辞评选、书法概要、国语学和课作六门课，第二学期设文字学概要、文学研究法、古文辞评选、古书校读法、书法概要、国语学和课作七门课；公民学第一学期设法制要义和经济要义两门课程，第二学期则改为伦理要义和社会状况。普通科包括史学及哲学。史学第一学期开中国风俗史和中国学术史，第二学期则改为商业史略和读史研究法；哲学第一学期设心理学大要和中国哲学概要，第二学期开伦理学大要和世界哲学概要。主要科属必修科，普通科可以选修一至两科。

（2）中级班课程设置④：同样分主要科和普通科，主要科包括经学、中国文学和公民学。经学第一学期设论孟大义、论语学和孟子学，第二学期设论语学、孟子学和礼记选要；中国文学第一学期设古文评选、文字源流、书法、国语学和课作，第二学期设古文评选、文学概要、书法概要、国语学和课作；公民学第一学期设法制学大要和经济大要，第二学期设人伦道德要旨。普通科同样包括史学和哲学，不过各科均只设一门公共课，史学第一学期设中国政治史讲义，第二学期设史地要略；哲学全学年均设诸子学派大要。

以上高级班和中级班是全日制面授生，学制均为两年，并以修满 160 学分方准毕业。⑤ 函授生同样设高、中级班，课程设置同面授生，不分男女生（即是说，可招女

---

① 广东省汕头市物价局编《汕头物价志》，第 155 页。
② 汕头市教育会编《汕头教育》第六期，第 8 页。
③ 汕头孔教总会国粹专门学校编《汕头孔教总会国粹专门学校简章》，第 6 页。
④ 汕头孔教总会国粹专门学校编《汕头孔教总会国粹专门学校简章》，第 7 页。
⑤ 汕头孔教总会国粹专门学校编《汕头孔教总会国粹专门学校简章》，第 5、13 页。

生），以修满 140 学分方准毕业。① 高级班和中级班课程、授课时间及相应学分，具体分别见表 1、表 2。

表 1　高级班全学年课程、课时和学分表

科　目			课　程	每周时数	每期学分
第一学期	主要科	经　学	群经大义	2	2
			诗经大义	1	1
			诗经	7	7
		中国文学	文学概要	2	2
			文学史	2	2
			古文辞评选	6	6
			书法概要	1	0.5
			国语学	1	0.5
			课作	2	2
		公民学	法制要义	1	1
			经济要义	1	1
	普通科	史　学	中国风俗史	2	2
			中国学术史	2	2
		哲　学	心理学大要	2	2
			中国哲学概要	2	2
第二学期	主要科	经　学	群经大义	3	3
			诗经大义	1	1
			诗经	6	6
		中国文学	文字学概要	2	2
			文学研究法	2	2
			古文辞评选	5	5
			古书校读法	1	1
			书法概要	1	0.5
			国语学	1	0.5
			课作	2	2
		公民学	伦理要义	1	1
			社会状况	1	1
	普通科	史　学	商业史略	2	2
			读史研究法	2	2
		哲　学	伦理学大要	2	2
			世界哲学概要	2	2

---

① 汕头孔教总会国粹专门学校编《汕头孔教总会国粹专门学校简章》，第 16、19 页。

表2 中级班全学年课程、课时和学分表

科　目			课　程	每周时数	每期学分
第一学期	主要科	经　学	论孟大义	2	2
			论语学	4	4
			孟子学	4	4
		中国文学	古文评选	10	10
			文字源流	1	1
			书法	1	1
			国语学	2	1
			课作	2	2
		公民学	法制学大要	1	1
			经济大要	1	1
	普通科	史　学	中国政治史讲义	2	2
		哲　学	诸子学派大要	2	2
第二学期	主要科	经　学	论语学	2	2
			孟子学	4	4
			礼记选要	2	2
		中国文学	古文评选	8	8
			文学概要	2	2
			书法概要	1	1
			国语学	2	2
			课作	2	2
		公民学	人伦道德要旨	2	2
	普通科	史　学	史地要略	2	2
		哲　学	诸子学派大要	2	2

我们以民国十一年颁布的"壬戌学制"所设置课程来作一个对比。壬戌学制规定[①]，初、高中设立课程是国文（包括国音、语法、文学）、算学、外语、物理、化学、历史、地理、音乐、国画、体育、劳作、动物、植物、卫生、公民共15科。以前设立的以传统经伦的修身一科，自颁"壬戌学制"后便不再设立。

壬戌学制虽然设置了诸如外语、数学、化学、物理、动物、植物、卫生等科目，但由于其时汕头市这方面的教师严重缺乏，这些课程都没有开办。值得一提的是，国粹学校在开办的第一学期，其高级班却有开英语和数学两科选修课，只是"因体察第一学期课授情形"而在第二学期招生简章上的课程安排中没有设置，而作说明"倘有愿治以上各科

---

① 汕头教育局编《汕头教育志》，第108页。

者本校为培植实学起见当照第五第六两条办法校内生三十人以上校外生六十人以上即可另聘教习约期开班"①。

壬戌学制在我国现代教育汕史上有着划时代的意义。在此之前，从1902年壬寅学制、1903年癸卯学制、1912年壬子学制到1913年癸丑学制，以上四次学制改革系由清末递嬗而来，已不能适应当时中国社会发展的需要。

壬戌学制之《学校系统改革案》，列有七条标准：

> 一、适应社会进化之需要，二、发挥平民教育精神，三、谋个性之发展，四、注意国民经济力，五、注意生活教育，六、使教育易于普及，七、多留各地方伸缩余地。②

壬戌学制始分初等教育、中等教育和高等教育三段。普通教育阶段模仿美国"六、三、三"制，即小学6年、初中3年、高中3年。但按照中国国情，小学又分两段：初小4年、高小2年。1923年起，潮汕各校如省立四中、汕头友联中学便率先改行"三、三"新制。③

汕头孔教总会之国粹专门学校，作为在"壬戌学制"颁布后创办的"专门学校"，尽管其学科设置强调国学国粹，从上面所列具体课程对比便可看出不同，但其学制明显还是受到"壬戌学制"的影响。如学科设置方面分主要科和普通科，普通科的科目可由学生自选（普通科最初还设英语和数学），分设"高级班"和"中级班"以及引入学分毕业制等，这些都跟壬戌学制所倡导的学制改革内容相吻合。

4. 师资及管理

出版于1925年2月的《铎报》第三期，在最后一页刊有国粹学校教职人员一览表，表中共有教职人员10人。他们分别是校务主任兼教员王约公、教务主任兼教员杨雪立、学监兼教员陈其昌、教员郑晓屏、温丹铭、郭载生、黄铭初、郭餐雪、陈绍棠、谢埔甫。④ 这就是国粹学校创办之初的教职（管理）人员。而1925年7月的《简章》中，教职（管理）人员已增至27人，其中学校管理职员10人，教员19人（其中2人为职员兼，实17人），⑤ 为便于作进一步的讨论，兹将《简章》中管理职员及教员的具体职务、教授课程和个人简历制成表3及表4。

民国建政之后，由于军阀混战，潮汕时局、政系变幻，学政无力。20世纪20年代间，公立中学发展缓慢，体制也很不完善。至民国十六年春，潮汕仅办有省立中学1所，县市立中学11所，区立中学3所。省立四中仅有学生260人，汕头市区2所市立中学，

---

① 汕头孔教总会国粹专门学校编《汕头孔教总会国粹专门学校简章》，第8页。
② 中国大百科全书编委会编《中国大百科全书》教育卷，中国大百科出版社，1999，第69页。
③ 汕头教育局编《汕头教育志》，第107页。
④ 汕头孔教总会编《铎报》第三期，汕头孔教总会，1925，第3页。
⑤ 汕头孔教总会国粹专门学校编《汕头孔教总会国粹专门学校简章》，第1~4页。

表3 国粹学校职员一览表

姓 名	别号	籍贯	职 务	履 历
王延康	约公	潮安	校务主任	前清举人,历任金山书院监院
杨敬师	雪立	潮安	教务主任	前清拔贡,历任教育行政职务
朱向荣	欣庵	潮阳	学监兼舍监	前清廪贡生,两广优级师范选科毕业,历任潮阳师范学校校长
陈其昌	企海	潮阳	学监兼舍监	南京暨南高等师范毕业,历任汕头职业中学监学兼教员
徐子青		澄海	财政主任	现任汕头总商会正会长
陈宏勋	豹臣	潮安	庶务兼会计	历任培德学校校董
郭成根		潮阳	校医	美国亚里根医科大学博士,历任美国威斯来医院及国内红十字会各保险公司医生
郑邦祯	幹生	揭阳	校医	历任揭阳炮台施医局医生
叶世腾		惠来	校医	历任汕头福音医院医生
邵陈德	伯棠	潮安	书记	历任澄海县公署及教育局书记

表4 国粹学校已聘定教员一览表

姓 名	别号	籍贯	教 授	履 历
郑国藩	晓屏	普宁	经学、国文	前清拔贡生,历任潮州金山中学教员
黄 鐘	铭初	揭阳	经学、国文	前清拔贡生,历任中小学校校长教员
陈其昌	企海	潮阳	英文、体育、国语	见职员表
温廷敬	丹铭	大埔	经学、史学、国文	前清廪贡生,历任教育行政职务暨广东高师广西优师省立二师校长教员
郭心尧	餐雪	揭阳	经学、国文	前清优附生,历任高小校长教员
郭 经	载生	潮阳	经学、公民学、国文	前清法科举人,历任湖南法专学校及各中学校长教员
朱向荣	欣庵	潮阳	经学、哲学、国文	见职员表
陈鸿书	肇唐	揭阳	经学、国文	前清廪贡生,历任英中学校教员
谢天垣	墦甫	揭阳	国文	前清拔贡生,历任中小学校校长教员
林世瑚	西园	陆丰	国文	前清优附生,历任河东小学校教员
杨 沅	季岳	梅县	国文、史学	前清进士
周之柏	石如	澄海	国文	前清举人,历任惠来中学校长金山中学教员
林 堉	君厚	揭阳	国文	前清举人,历任榕江中学校长
姚梓芳	君愍	揭阳	国文	前师范科举人,北京大学文学士
张成梁	五云	普宁	国文	前清拔贡生
丁惠馨	讷庵	丰顺	国文	前清副贡生
林一鸣	鹤皋	澄海	国文	前清拔贡生,历任澄海中学校教员
林 奋	蘋秋	澄海	国文	前清廪贡生,历任澄海中学校教员
蔡锷锋	剑秋	澄海	国文	前清廪贡生,历任高小学校校长教员

资料来源:汕头孔教总会国粹专门学校编《汕头孔教总会国粹专门学校简章》,国粹专门学校,出版年不详,第1~4页。

仅有教员 42 人，学生 317 人。① 汕头市热心贫民教育的各界人士及群众团体，创办起一批私立义务学校及平民学校。据民国十六年统计，12 所学校共有学生 1426 人，教员 72 人。② 平均每所学校的学生不到 120 人，教员则只有 6 人。

表 3、表 4 所列的国粹学校 27 名教职人员中，有前清进士 1 人，举人 4 人，留学美国博士 1 人，其余基本都是前清贡生。教职人员教学及管理经验丰富，历任各中学校长者就有 8 人，其余也都曾历任各中学教员，且不少还是当时潮汕文化界名人。如校务主任王延康（约公），曾是金山中学前身之金山书院监院、汕头税务局长、汕头商报主笔、汕头孔教会会长，工诗文绘画，通音律，擅长书法。教务主任杨雪立（敬师），其书法也是一代楷模。学监朱向荣，曾任潮阳师范学校校长。还有历任教育行政职务暨广东高师广西优师省立二师校长教员之温丹铭（廷敬）、美国亚里根医科大学博士郭成根、前师范科举人北京大学文学士姚梓芳、前清进士杨沅、金山中学教员郑国藩等多名教职人员，在当时潮汕均具一定的知名度和影响力。

由此，国粹学校在 1925 年 2 月创办之第一学期，新生便达 260 人，③ 至第二学期（7 月）招考插班生时，不得不再扩建（租）校舍。为了让更多的求学者能得到学习的机会，学校还招收函授生，而且函授生还可招收女生。可见当时该校之规模及影响。

在职员表中，我们还可看到一个有趣的细节，即在 10 名学校管理人员中，校医就占了 3 人，而且其中一人还是留美医学博士。作为私立学校，为什么需要这么多医生？我想这跟该学校的管理方式是密切相关的。首先，国粹学校招收的是内宿生，且学生基本都以封闭式管理。招生时，首先便要求没有传染病，而这都是在招考时便要由校医检查合格才可录取。其次，由于学校实行封闭式管理，平时学生不准随便请假，若要请病假须经校医检查病情，同意后方准请病假。招生简章第八章第 44 条就规定："学生因病告假或离校必先经校医验确有疾病允给凭证者方予给假"④，可见校医对于该校之重要性。

作为国粹专门学校，其教学管理自然依据其"培养道德，维持国学，扶植文风"的办学宗旨而制定。我们从《简章》第五章"预约"便可一窥其详：

第五章 预约

第廿一条 本校专为研究国学而设，与普通学校性质不同。学生均宜敛肃身心，专勉勤奋。凡有喜预外事，以及踢球、作乐种种有妨功课之运动，皆非本校所宜。倘不能摒去此种嗜好者，请勿来学。

第廿二条 本校办法在参酌新旧，实事求是。学科时间既经宣布，不能于学期内骤行变更。凡有与素愿不合者，请勿来学。

第廿三条 本校以孔道为宗，其余诸子百家以及最新学说，凡可以发明孔道、补

① 汕头教育局编《汕头教育志》，第 94 页。
② 汕头教育局编《汕头教育志》，第 233 页。
③ 汕头孔教总会国粹专门学校编《汕头孔教总会国粹专门学校简章》，第 1 页。
④ 汕头孔教总会国粹专门学校编《汕头孔教总会国粹专门学校简章》，第 14 页。

助国学者，均由本校采用。凡醉心新文化，与此宗旨不同者，请勿来学。

第廿四条　本校学生不许擅立各种会社。凡好利用团体，喜出风头者，请勿来学。

第廿五条　本校教授、试验以及管理各规则，均取严格。凡性喜改造，主张罢课、废考者，请勿来学。

第廿六条　本校校事由职务会议或教务会议通过。学生如有意见，均可以个人或代表名义建议条陈，静候职教会议表决。凡性喜越俎干预者，请勿来学。①

"预约"所透露出来对学生的要求首先就是"敛肃身心专勉勤奋"。因此，那些"喜预外事"和"踢球作乐"者将作为"不良"嗜好而予以禁止。而对那些诸如"醉心新文化"和性格叛逆有违"孔道"的行为者，也将不受欢迎。

此外，《简章》第七章还制定了相关的奖惩制度。如"学生若操行特别优异或者服务本校及孔教会确有成绩者由本校给以荣誉奖章或相当之奖品及优待"②。对个别品学兼优且又热心为学校和孔教会服务的经济困难生，经孔教会全体职员通过后，可予"酌减费或免费"。

对学习成绩特别突出或"程度高深"的品学兼优者，学校可提前"升送北京孔教大学"继续学习；而对其中的经济困难者，也可"酌助学费全费或半费资送北京孔教大学"③。

对于惩罚制度，也是相当严厉的。如："①品性不良妄生事端者②屡犯校规不服训诲者③在校内外行为有伤本校名誉者④记大过三次或记小过九次者⑤身体精神不健全或犯传染病由校医检查得实者⑥任意旷课继续在三星期以上或成绩太劣难望成就者"，以上 6 项只要有违反其中一项，便随时得令其退学。④

5. 校址及校名

《铎报》第三期第 54 页"本会启事一"这样写道：

本会国粹学校筹办以来，远近闻风就学者极形踊跃……原有校舍，除本会后座及旧道署东巷新建三层楼尚不敷支配外，兹复租同平路光华桥旁规模宏敞之新建房屋三座为校舍。⑤

同期《铎报》第 56 页"汕头孔教总会附设国粹学校招生纪要"第一条"校址"则这样写道：

以本会后座为第一校，外另租旧道署东巷新建三层楼三座为第二校舍，以副远近

---

① 标点符号系笔者酌加。
② 汕头孔教总会国粹专门学校编《汕头孔教总会国粹专门学校简章》，第 13 页。
③ 汕头孔教总会国粹专门学校编《汕头孔教总会国粹专门学校简章》，第 13 页。
④ 汕头孔教总会国粹专门学校编《汕头孔教总会国粹专门学校简章》，第 13、14 页。
⑤ 标点符号系笔者酌加。

来学生之寄宿。①

从这两则启事的内容可判断，第 56 页的"纪要"应该是先拟定稿，而第 54 页的"启事"是最后插入。因为第 54 页的"本会启事一"所写校舍有三处，即①本会后座，②旧道署东巷新建三层楼，③同平路光华桥旁新建房屋三座。而第 56 页的"纪要"只有前两处。

这里有一个小小的问题，《简章》上的报名处跟《铎报》及《公言日报》上的广告是一致的，都是汕头升平路孔教总会，而《简章》上的校址则是"暂住汕头同济路光华桥旁"。其实，查汕头市地图便会发现，同平路并不直接连接光华桥，连接光华桥的是同济路，但同济路南伸过乌桥之后便是同平路。即是说，乌桥的北边叫同济路，南边便叫同平路。故《铎报》上的"同平路"跟《简章》上的"同济路"，实际上是同一条路的不同段，不过用同济路光华桥旁更准确些。

1925 年下半年，国粹学校的校长王延康（约公）病逝，国粹学校由教务主任杨敬师（雪立）负责。1926 年，鉴于汕头市尚无孔庙，旅新加坡华侨杨缵文、廖正兴等人在新加坡筹募得叻币 9 万元到汕，由杨雪立主持，于汕头市崎碌尾葱陇地建设汕头孔庙及附设学校，取名"时中中学"②。

我们注意到饶宗颐《潮州志》中对"时中补习学校"的词条注释有这样一句：

> 初名国粹学校，后改设国英算三科，并附设义务夜校，旋改设文学专修科。③

据 1928 年黄开山编《新汕头》④ 一书中的资料，时筹建于崎碌尾的"时中中学"已建成，建成后的时中中学有教职员 9 人，学生 31 人，未立案。而升平路孔教总会之国粹学校已改名为"三科学校"，有教职员 11 人，学生 67 人，同样未立案。这里的"三科学校"跟《潮州志》所说的"改设国英算三科"相符。至于《潮州志》中"并附设义务夜校"一事，民国十八年 5 月 11 日《汕头日报》一版有这样一则广告："孔教会义务夜校招生，定期夏历三月初六晚开学校址升平路简章任索"。这则广告虽然未能说明"义务夜校"于何时开办，但至少说明 1929 年 5 月汕头孔教总会在升平路的原国粹学校已设有义务夜校。至于"旋改设文学专修科"，应该是在 1930 年 7 月前之事了，因为按《潮州志》所载，1930 年 7 月立案的校名应该叫"汕头时中补习学校"，校址在升平路孔教总会，⑤而设于崎碌尾葱陇地孔庙的校名叫"时中初级中学"，简称"时中中学"⑥。1939 ~ 1945

---

① 标点符号系笔者酌加。
② 汕头市归国华侨联合会、汕头市人民政府侨务办公室主编《汕头华侨志》初稿，汕头市人民政府侨务办公室，出版年不详，下册，第 7～3 页。
③ 饶宗颐编《潮州志·教育志》，潮州市地方志办公室重印，第四册，第 1911 页。
④ 黄开山是汕头市第十五任市长，于民国十七年 3 月到任，到任后第一件事就是调查汕头市各方面概况，并于同年（1928 年）成书出版。
⑤ 谢雪影：《汕头指南》，汕头时事通讯社，1933，第 182 页。
⑥ 谢雪影：《汕头指南》，第 124 页。

年，汕头时中补习学校因汕头沦陷迁入内地，抗战胜利后重迁汕头升平路。而汕头时中初级中学也于抗战胜利后，重回崎碌尾葱陇地开办，1946 年立案。

表 5　汕头孔教总会创办国粹学校校名、校址变更简表

校　名	校　长	教职员数	学生数	校　址	设立时间或改名时间	备　注
国粹专门学校	王延康 杨雪立	27	262	升平路、同济路和旧道署东巷	1925 年	未立案
三科学校	杨浩元	11	67	升平路	1928 年之前	未立案
时中中学	杨浩元	9	31	崎碌尾	1928 年	未立案
时中补习学校	杨雪立			升平路	1928 ~ 1930 年	1930 年 7 月立案
时中初级中学	杨雪立			崎碌尾葱陇地	沿用 1928 年之前名称	1946 年立案

三

　　汕头孔教总会开办之国粹学校于 1925 年春创办之初，潮汕各地学子报名"极形踊跃"，但到 1925 年下半年，随着经济殷实的创办人兼校长王延康的去世，学校立现经济及管理上的诸多困境。虽然在第二年得到新加坡华侨杨缵文、廖正兴等人筹募善款资建孔庙和新校舍，但在崎碌尾建成的时中中学和在升平路旧址的国粹学校，一方面面临的是严重的资金不足，另一方面则是生源严重萎缩。据《新汕头》载，崎碌尾的时中中学年经费只有 2400 元，三科学校年经费 5700 元，[①] 分别位列同期汕头市 15 所私立中学经费排位之第 13 位和第 9 位，学生数也分别只有 31 人和 67 人。

　　国粹学校创办之初，每位学生每学年收费近 130 元（银元，下同）。按当时的普通劳动者，每月收入大约只有 15 元，[②] 其子女一般是很难进该校学习的。之所以"极形踊跃"，应该只是一时的社会轰动效应。随着王延康的去世，学校教职人员的变更及经费的减少，学生人数急剧减少也是自然的。

　　但不管怎么说，国粹学校在当时汕头、潮汕各地乃至东南亚的影响是明显的。因为当时社会政治上之内乱，思想道德上之失堕，呈现出信仰的空前危机，正使得一代前清遗老及尊儒学者希冀以孔道教育来正本清源。新加坡华侨早在 1914 年便响应康有为、陈焕章的倡议而成立了"实得力孔教会"[③]，时旅新加坡侨领杨缵文、廖正兴、林义顺等人皆为虔诚的尊孔者，故当 1925 年下半年，王延康去世，国粹学校经费困难，杨缵文、廖正兴等人在新加坡一下就能筹募资金 9 万元到汕头资建孔庙和时中学校。

---

① 黄开山：《新汕头》，出版者不详，1928，第 66 页。
② 萧冠英：《六十年来之岭东纪略》，出版者不详，1925，第 146 页。
③ 郭文龙：《承传、发展与创新——南洋孔教会对新加坡儒家文化的推动作用》，国际儒学网：http : //
　 www. ica. org. cn/shijie. php? ac = view&id = 2803。

1929 年 6 月，民国政府提出没收全国孔庙祭田议案，这一动议虽然最后在孔府、孔教会及政府中同情者的反对下，于 1929 年底不了了之，[①] 但随着南京国民政府通令废止全国各级学校春秋祀孔旧典，孔教会在全国的影响日渐衰落。

细心的读者或许会注意到，在饶宗颐的《潮州志》中对汕头孔教总会的成立一字不提，而只在"时中补习学校"的注解中说明其由汕头孔教总会创办。其他民国时期出版的汕头书刊，也不约而同、一概未见对汕头孔教总会的成立情况介绍。对汕头孔教总会创办的国粹学校也都只是简略介绍，语焉不详。难怪出版于 20 世纪八九十年代的《汕头教育志》和《汕头市志》，不仅没有汕头孔教总会之介绍，就连其创办之国粹专门学校的时间也搞错了。

《中华民国十四年汕头孔教总会国粹学校简章》及《铎报》对汕头孔教总会创办之国粹专门学校在创办时间上给我们的界定，修正了《汕头市志》、《汕头教育志》和汕头四中校史原来界定的时间。其所披露的办学宗旨、学科、学制设置、学校规模、校址、教职员和学校管理等具体史实，弥补了汕头教育史在这方面的空白。

责任编辑：陈景熙

---

① 张颂之：《孔教会始末汇考》，《文史哲》2008 年第 1 期。

宗教信仰

粤东三山国王信仰的分布
与信仰的族群

——从三山国王是台湾客属的特有信仰论起

邱彦贵*

摘　要：台湾的三山国王信仰，在 20 世纪中晚期以来的研究中，惯被视为客家人的特有信仰，但与社会事实不符。细析之，三山国王为客家专属信仰的论述并不完整，命题亦有待检讨，若比对其他客家地区信仰，则可能答案昭然。本文先以地方文献为据，览视清代向台湾移民前后，粤闽赣三省区的三山国王信仰分布，次则考察三山国王庙分布区的方言群为何，最后对三山国王信仰与方言群分布进行综合考察。

关键词：三山国王　客家　潮州府　嘉应州（梅州）　方言群

一　问题的提出

近年对于台湾客属民间信仰的研究，除了对祭祀组织跨越两县十数乡镇的枋寮义民庙及其他义民信仰的一贯专注外，对三山国王信仰的注意似乎有后来居上的趋势，长久以来认定三山国王是客属特有信仰的说法又一再重提。然而，三山国王信仰究竟能否作为客家方言群/族群识别的标志，进而可以追溯其迁徙、融化诸作用，我们觉得需要通过下列三个问题的讨论方能有此认定。

---

* 邱彦贵，1962 年生，台湾艺术大学古迹艺术修护学系客座教授，台湾淡南民俗文化研究会常务理事、世界妈祖文化研究暨文献中心事务委员。本文 1992 年 5 月初次宣读于"东方宗教研究会"月会。1992 年 6 月题为《三山国王是台湾客属的特有信仰？——粤东移民原居地文献考察的检讨》，摘要发表于《中央研究院台湾史田野研究通讯》23 期。1993 年 10 月全文刊于《东方宗教研究》新三期。2003 年修订版题为《台湾客属三山国王信仰渊源新论》，收入张珣、江灿腾合编《台湾本土宗教研究的新视野和新思维》，台北：南天书局，第 175 ～ 225 页。此次再刊，除校定内容讹误，略加添增新近研究成果、书目于注脚外，维持原貌。

（一）"三山国王是台湾客属的特有信仰"的论述完整吗？

20 世纪以来的各种研究显示，在台湾三山国王不只是为客属所信仰。以信徒而言，日据时代若干寺庙台账显示某些三山国王已为"闽粤"一体奉祀；时至今日，一些地区的信徒甚至全属福佬。以地理分布而言，现今客家聚居的地区与三山国王庙分布并非一致；有三山国王庙而无客家人的地方，许多学院或民间学者的研究可提供移民史的索隐，他们对于彰化平原（许嘉明，1975）、高雄盐埕（曾玉昆，1984；1985）、宜兰地区（白长川，1984；杨国鑫，1988）、新庄（尹章义，1985）、清水平原（洪丽完，1988）等地客属活动的来龙去脉，作了深入的分析或初步的报告，可以解答部分的疑惑。但仍有像台南、鹿港、笨港地区及冈山地区等地是解释的空白之处。而且反过来论证，何以桃园县全境及相连的新竹县北区湖口、新丰、竹北三乡镇，及苗栗县内山一线的南庄、狮潭、大湖等客家地区，三山国王或未成为奉祀主神，或未见有三山国王庙，甚至有未曾闻有此种信仰者？所以这个命题在历史中及现今似乎都不够充分，而且经过笔者近几年的探询，凡客家人也不必然知悉此种信仰。所以，这样的论述似乎不够完整。

（二）"三山国王是台湾客属的特有信仰"的命题本身有无需要检讨？

台湾研究中惯见一组讨论民间信仰与移民来源密切相关的陈述，即不同来源的移民有各自崇奉的乡土神明；可能早先移民以原籍乡土神明凝聚社群，因此在客观上即形成识别移民来源的标志，而且在最明显的社会行动——械斗中成为族群的象征，信仰/社区活动中心的庙宇则成为攻击的目标。日后，这种以信仰识别移民来源的原则渐次成为台湾社会历史研究的通识，以移民原居地的府级政区为区别条件者，有漳州府移民的"开漳圣王"，更细区分的则以县为单位，有安溪移民的"清水祖师"、同安移民的"保生大帝"、南安移民的"广泽尊王"等。三山国王与客属之间的关系通常也被包含在这组说法之内。但是以被征引最多的王世庆的树林地区实证研究（1972）为例，其对象是仅限于福佬方言群/族群之内，各个不同地域群移民，所以"来源"一词强调的应该是地域性。既然是在移民来源地域性的意义之下，"特有的信仰"定义其实是指"地域性社群（或者加上族群？）特有的信仰"。它必须先要排除以行业或其他社群组织原则产生的特有信仰，再排除移民在台定居后产生的地域性信仰，而专注于足以识别移民来源地域的特有信仰，定义方为周延完整。但王氏的实证研究对象仅限于福佬方言群/族群之内的各个地域群，这种识别分类标准可否由福佬方言群/族群之内地域性的识别扩而大之，径直使用到客属与其他族群的辨识上呢？现今所见的研究，则似乎在尚未经过深入讨论之前，已直接套用于移民来源跨越闽粤两省至少四府州（嘉、惠、潮、汀）的客属移民的识别上。

原先用来辨识同属福佬方言群内各个小地域（一个府或县）移民的方法，也用来指认来自不同的大地域（数个府州），但同属客家方言群的全族群的标志是否自相矛盾？也就是说，这组解释社群的凝聚表征或信仰的社会界别的原则，可以直接由地域（locality）论点转移至族群（ethnicity）论点。如此，方法上是否过于冒险。

（三）三山国王也是其他区域客属特有的信仰？

当然，可能三山国王是台湾客属的特有信仰这个定论不是在前述的研究模式中产生，无须以地域性等条件去规范，在此可以先验地将其视为该族群中的特有信仰，客属区域中三山国王的空白处需要的是更深入的资料与田野调查加以补充，本文所提出的第一个问题，答案毫无疑问是肯定的。那么，这个问题的答案也将会是肯定的。因为台湾客家的祖先应该都是来自中国大陆，而且所有台湾三山国王庙的文献或传说都追溯到一个广东省潮州府的祖庙，所以这个区域及其他地方的客家都应该会有此种信仰。以现今客属的分布地域而言，除了熟知的粤东、闽西等台湾客属移民原居地之外，中国大陆的粤北、粤西南、赣南、广西，甚至四川、贵州都有客属分布，再加上同样自中国移出至南洋及世界各地的客属移民，他们都应该有这种"特有"的信仰，或者至少有蛛丝马迹可追索。相信经由如此的参照，方能证明三山国王确实是客属的特有信仰，足以作为族群的识别标志。反之，如果原居地中国大陆的三山国王信仰亦属于区域性格局或其他属性，未普遍于族群之中，那么台湾客属分布与三山国王信仰分布不一致的情况，或许也可能自其中得到部分解答。

三个问题的解决之道分述如下：第一个问题的答案自然是需要更多的文献及田野调查，以寻求信仰和社群组织原则之间可能的相关。这种深入的门径是台湾研究者的职责所在。第二个问题的困惑发生在研究设计之中，不完全的资料，可能过早提出的初步结论，会使后续的研究不断跳出未预期的变数；这时修改假设或扩大资料是必须的。民间信仰的发生既然在几种凝聚社群的原则中皆有可能，何不在重新尝试或更深入论题之前，先恢复或扩大原始资料的搜集呢？所以笔者想投入的是第三个问题——亦即参对的取向——转而从信徒与移民的发源地去寻索信仰与社群分布互动的原先规则。但问题既然是在客属与三山国王之间的关联上，我们想先缩小范围：专注于所谓客属原始核心地区的粤、闽、赣三省交界地带，而删除与台湾同属移居区域的粤西南、广西、贵州、四川诸省及中国域外，因为在台湾发生的未知变数也可能出现在这些地区。况且这些分布广大且零散的客属，其资料的收集也非这个小研究所能负载。

二　三山国王信仰在中国大陆的分布

台湾历来的研究对三山国王在中国大陆分布的着墨似乎不多，笔者眼界所及，大概仅有五例，其中只有黄荣洛注明出处。[①] 黄氏认为客属原乡的三山国王庙仅仅有二：一在潮州府附郭海阳县（民国改为潮安，现今属潮州市），一则为三山国王的祖庙，在揭阳县

---

① 分别为仇德哉（1983：29）、白长川（1984：180）、郑志明（1990：168）、刘还月（1991a：105）及黄荣洛（1991：14）。前四位俱言潮属九县皆有立祠，但均未注明出处。又黄荣洛所引用之广东通志当为阮元主修，陈昌齐等纂，道光二年（1822年）成书者。

（黄荣洛，1991：14）。但是，这种以方志祀典——官方祭祀为准据去考查民间信仰的做法，是否会失之取材过简？何况仅以记事简略的省级、府级方志为据，对更接近于初级资料的县志略而不述，得出的结论是否也会有所疏漏呢？所以本文依循黄氏的方向而更求深入，进行各种县志的全面性考查。但是为了防范可能的变数产生，引用各志书皆为往台湾移民期之前，或移民时期刊行者。然有时因资料受限，迫不得已必须采用年代较晚者，但也会采用一些补救参证的方法；方志之外，我们也以当时人的著作参对，相信沿此途径当能复原向台湾移民之前，中国大陆尤其是客属原居地的三山国王信仰分布。

台湾三山国王信仰都追溯一个广东潮州府的祖庙，至于其详细地点历来的说法不一：铃木清一郎、吴瀛涛等认为是在民国时期饶平县（铃木清一郎，1934：336；吴瀛涛，1969：76）。日据时代的若干寺庙台账与寺庙调查书亦有持此说者。但是另一种较多的说法，则是认为在揭阳县的霖田都，彰化平原上三山国王信仰的祖庙溪湖霖肇宫亦持"肇基霖田"的说法；而20世纪80年代晚期前往谒祖的宜兰冬山振安宫亦找到了与文献相符的祖庙，地点是1965年自揭阳分设的揭西县。因此，我们不妨就从潮州府开始文献搜寻。

但是在进入潮州府的历史时空之前，首先我们要厘清"潮州"这个行政地理名词的历史意义；因为广义潮州与狭义潮州区域，或潮梅一而二、二而一的问题将会产生困扰。民国纂修的《潮州志》的《沿革志》中，对当时粤东地区行政统属的分合有明晰的说明，摘要如下：在隋朝正式结束郡县制时代后不久，开皇十一年（591年），"潮州"之名首次出现，但其统辖范围仍是横跨今日闽粤省区，至唐初起才不复跨越今日省界。终唐之世，广东境内的韩江流域一直同属一个二级行政区——潮州，这个区域才较符合历来对"广义潮州"的印象。但自五代十国的南汉乾和三年（945年）开始，经历宋、元两朝，韩江流域中游区域一直在二级行政区"梅州"或三级行政区"程乡县"之间升降不定，仅仅指涉海阳、潮阳、揭阳"三阳"地区的"狭义潮州"概念由焉而生。明洪武二年（1369年）废梅州入潮州府，此后潮梅合一近400年。大致说来，明清两代三阳地区渐次分割成九县，梅州地区的县份亦由一益为三。明朝虽然也有过再将两区域分割的意图，但是直到清朝的雍正十一年（1733年），原梅州地区加上惠州府原辖的两县成立嘉应直隶州，潮梅才又再度分立。以下行文中将以"潮州地区"来指称涵盖"三阳地区"及"梅州地区"的广义潮州。而"潮州府"则用来专称1733年以后的潮州府地域，范围大致等同于宋元明的"三阳地区"。而"梅州地区"与"嘉应州"的范围则有区别。

（一）潮州府的三山国王庙分布

与三山国王信仰有关的传说可能至少有两个以上的系统，但是对于"三山"的核心陈述却相当一致，指的是揭阳县的巾山、明山与独山，对于这"三山"信仰的记录，笔者所见现存年代最早且完整的嘉靖《潮州府志》（1547年刊）1/23《地理志·揭阳》有载：

> 三山：一曰独山，在县西南一百五十里。一曰明山，离独山四十里。一曰巾山，

离明山二十里。（下注）脉自独山来，如巾之高挂，因名。相传有三神人出于巾山石穴，因祀焉。今庙犹存。

至于揭阳本地的记载则更详细，乾隆《揭阳县志》（1937 年本）1/15b《方舆志·山川》云：

> 巾山：距城西一百五十里，状如巾，故名，高约七百丈，周围三十里，……山顶有石，岩内镌："巾子山白云岩三山国王"数大字。相传隋时有三神人显化，因立庙以祀。宋艺祖时敕封三山国王，加赐额曰"广灵三山国王"，详艺文。

同书 1/23b《方舆志·古迹》又云：

> 巾山石穴，隋时三神人出现于空中，旋置祠致祭，与明山、独山合名三山，祷雨辄应，宋时封为王，赐额"明贶"。

同书 2/3b《建置志·庙宇》云：

> 明贶庙：在霖田都，祀巾明独三山之神，隋时三神出现，有祷必应，因立祠，唐韩愈守潮日有祭界石文，宋封为王，赐额明贶，碑记载艺文。

自府志及县志中对三山国王的信仰叙述，我们获悉有一篇文献已将此信仰的沿革载录，但这篇传世超过六个半世纪的碑记已有不同的文字差异及繁简版本，所以将其原文及相关考证列为附录一。值得注意的是，这篇完成于 1332 年的碑记中，江南名士刘希孟对当时三山国王信仰的崇祀地域的说明是："潮之三邑，梅惠二州，在在有祠"，这个范围约略等于清代潮嘉惠三府州地区。但是这种盛况有无延续与发展到 18、19 世纪，才是本节的重点所在，我们想知道此时除了揭阳县一隅之外，潮州府的其他区域是否也有三山国王的信仰。

兹引乾隆《揭阳县志》2/1a《建置志·坛祠》：

> 制凡建邑分州，莫不有祀……，关帝天后城隍，则天下通事也。巾明独三山之神，则潮郡独祀也。

《揭阳县志》作者此种叙述，为我们清楚区分了潮州府传统民间信仰的两种类别：一种是经过官方"标准化"（Watson，1985，潘自莲译，1988），"天下通事"的神明，另一种则是定位不甚明确的地域性神明，三山国王可能即属此类地方信仰。县志既然有此叙述，而我们的确也可以在潮州府所属各县中得到证实。首先是潮州府附郭海阳县，乾隆

《潮州府志》和雍正《海阳县志》（1733 年刊）可以证明在向台移民时期，海阳可能至少有两座三山国王庙①，而且日后在光绪《海阳县志》（1900 年刊）20/17a‑18a《建置略四》中，叙述前引几座庙宇之后，自注：

> 三山国王庙，城乡随处有之，以皆民间私建，故略。

当然这条资料已超出我们的观察时限，但是更早期的他县志书亦作此论。雍正《惠来县志》（1930 年本）3/20a《山川·庙宇寺观》载：

> 三山庙，揭阳县蓝（当作霖）田都中（当作巾）山明山独山之神也，今祀于惠；一在南郊墩上，一在先觉宫，一在西郊□（原字不明）窑，各乡俱有庙。

嘉庆《澄海县志》（1815 年刊）16/6a《祀典·乾三宫》载：

> 按：王为揭阳明山巾山独山之神，昔尝显灵御寇救灾，有"广灵"、"明贶"之号。唐昌黎伯韩愈刺潮，尝具少牢作文致祭焉。乡邑多祀之。

依照海阳、惠来与澄海三县县志"城乡随处有之"、"各乡俱有庙"、"乡邑多祀之"的描述性说法，三山国王信仰呈现于官修志书中的面貌已是泱泱盛哉。而且时代稍晚的私人著作则可佐证，郑昌时《韩江闻见录》1/21a‑22b《三山国王》：

> 三山国王，潮福神也，城市乡村莫不祀之，有如古者之立社。②

经过了这些印象式的叙述之后，我们进一步全面普查了潮州府属各县志相关卷志中可见的三山国王庙数量，得到了相对于真实数字的书面数字，所以这不是量化方法，兹将结果列表如下③：

---

① 乾隆《潮州府志》25/5a《祀典·海阳县》："明贶庙，在韩山麓，祀三山国王。"此为其一，更早于 1733 年刊的雍正《海阳县志》3/46b《神庙考》："白沙庙，在北门堤渡头，向大河。"未言奉祀神明为何，但是到了光绪《海阳县志》20/17a‑18b《建置略四》则明述："明贶庙（下注：即三山国王庙），在韩山之麓，祀明巾独三山之神。一在北门堤渡头，为白沙庙。一在西关外。"故判断同址同名的白沙庙为其二，光绪县志所载之西关外者则为其三。

② 这篇当地人士的著作亦因全文过长而附录于后。虽然《韩江闻见录》刊刻于清道光四年（1824 年），但是杨廷科为此书的乌稿《禹山夜话》作序的时间却更早在清嘉庆二十年（1815 年）。故可知郑昌时所述至迟是 18 世纪晚期的信仰实况，而且信仰的流行可以上溯至明代。本身为海阳淇园里人的郑氏，不仅以亲身经验证补海阳的信仰实况，而且以古代的"社"来比拟此信仰与社区的密切程度。

③ 以下各表设限于地方志所记录者，本文初次梓行后，笔者重点转为台湾的田野研究，中国大陆的三山国王分布与研究，当然已见更多的叙述，详参陈春声（1994、1996），陈春声·陈文惠（1993），吴金夫（1996），贝闻喜·杨方笙主编（1999）等。

海阳

名称	地点	备注	卷/页
明贶庙	韩山之麓		20/17 a
白沙庙	北门堤渡头		20/18 a
明贶庙	西关外		20/18 a

资料来源：《海阳县志》光绪二十六年（1900 年）刊本。

揭阳

名称	地点	备注	卷/页
明贶庙	霖田都		2/3 b
仁美宫	达道坊		2/4 a
赖蔡宫	魁元坊		2/4 a
北溪宫	魁隆坊		2/4 a
永安庙	西门内		2/4 a
国王宫	东门内崇祯三年复建		2/4 a

资料来源：《揭阳县志》乾隆四十四年（1779 年）纂，1937 年乾隆印本。

饶平

名称	地点	备注	卷/页
三山国王庙	大埕界		3/23 a

资料来源：《饶平县志》康熙二十六年（1687 年）刊本。

惠来

名称	地点	备注	卷/页
三山庙	南郊墩上		3/20 a
三山庙	先觉宫		3/20 a
三山庙	西郊口窑		3/20 a

资料来源：《惠来县志》雍正九年（1731 年）纂，1930 年铅印本。

大埔

名称	地点	备注	卷/页
下历宫	同仁下历		5/28 a
古城宫	同仁城里		5/28 a
上洋宫	百侯溪南		5/28 b
筌竹宫	百侯溪北		5/28 b
青云宫	黄砂光德乡水口		5/29 b
国王宫	大富村首		5/30 a
社背宫	湖寮社背中	乾隆年间已有	5/33 a
国王庙	石云楼		5/34 b

资料来源：《大埔县志》1943 年排印本。

澄海

名称	地点	备注	卷/页
大宫庙	城内大陇社		16/6 a
广灵庙社	南门外岭亭	康熙十七年重修	16/6 b
三山国王宫	东湖乡		16/7 a
广灵明贶庙	冠陇乡		16/7 b
玉窖古庙	玉窖乡大路		16/7 b
龙田古庙	溪南社		16/8 a
龙田古庙	溪北社		16/8 b
龙尾王庙	歧山乡	祀明山国王	16/8 b
东陇社庙	东陇下社		16/8 a
樟林社庙	樟林东社		16/8 b
樟林社庙	樟林南社		16/8 b

资料来源：《澄海县志》嘉庆二十年（1815 年）刊本。

普宁

名称	地点	备注	卷/页
三山国王庙	县城北门内		2/7 b
三山国王庙	昆冈书院侧	俗呼昆冈庙	2/7 b
三山国王庙	城南一里豪冈		2/7 b
三山国王庙	城西六里青屿	即青屿庙	2/7 b
三山国王庙	城南十里林惠山		2/7 b
三山国王庙	城东北十里石潭		2/7 b
三山国王庙	城东南十里龟背山		2/7 b

资料来源：《普宁县志》乾隆十年（1745 年）纂，1934 年铅印本。

丰顺

名称	地点	备注	卷/页
三山国王庙	璜坑社坊头		7/23 a
三山国王庙	松林社白沙宫		7/23 a

资料来源：《丰顺县志》乾隆十一年（1746 年）刊本。

　　排列完潮州府各县合祀或单祀其一的三山国王庙名单后，需要对取材及结果作些必要的说明。其中海阳、惠来的数字未超过上文引述，但也请同时配合前引的印象式叙述参考。同理，澄海的数量当然也可能不止如名单上的 11 座。揭阳的资料除霖田祖庙外都集中在县城内，对照其他各县的分布，揭阳城外应该不至于一座三山国王庙也没有。饶平仅见一座，实因受限资料来源，数量当不只此。① 因大埔方面亦受限资料，乾隆《大埔县志》记事简略，文不足征。另一大埔县志修成年代晚至民国三十二年，摘录的资料中各个庙宇的创建年代也不明。但据乾隆《潮州府志》16/50b《大埔县·山川·员潭》条的叙述，乾隆年间湖寮已有三山国王庙。普宁计有七座。丰顺仅见有二，但是需要增补这条资料：乾隆《丰顺县志》（1746 年刊）7/3a《风俗》云："平居极畏奉神，有所谓公王、国王者，不知何自？"其中提到不甚明确的"国王"信仰，或许可能即是三山国王信仰吧。潮阳县部分，明清两代潮阳县志凡八修，然而笔者仅见的两种却一致地不见有任何一座三山国王庙记录，但是光绪《潮阳县志》21/15b - 17a《艺文中》收录明代盛端明的《三山明贶庙记》，倒也可以间接证明三山国王信仰在明朝已流传于潮阳甚至于全潮。② 结合方志见载的庙宇数量与各种叙述参照，向台移民时期前后潮州府的三山国王信仰之盛，可见一斑。

（二）嘉应直隶州的三山国王庙分布

刘希孟《明贶庙记》中元代"潮人之事神也，社而禝之"的信仰盛况，亦可自前引述的清代资料中复见。相对于宋元时期的狭义潮州（三阳）地区以外的梅州地区，彼时亦是"明山之镇于梅者，有庙有碑"。大体而言，宋元的梅州，明代属潮州府管辖，明末划为程乡、平远、镇平三县，至清雍正十一年（1733 年）时加上自惠州府来属的兴宁、长乐两县，成为嘉应州。其三山国王庙的分布情形是我们更感兴趣的，因为嘉应州是所谓的客属分布核心地带。考察结果亦表列于下：

程乡

名称	地点	备注	卷/页
三山山神祠	白土堡泮坑		17/19 a
明山神祠	白土堡枥林	康熙庚寅重建	17/19 a
三山公王庙	大竹堡三葵约		17/19 b
三山公王庙	大竹堡大乍紫峰下		17/19 b
三山宫	小乍堡雄鸡山麓	乾隆五十六年重修	17/21 a
三山国王祠	小乍堡松山冈西麓		17/21 a

① 饶平自明成化十三年（1477 年）置县以来，辑纂县志且完成者计有明嘉靖八年（1529 年）、清康熙二十六年（1687 年）、光绪九年（1883 年）等三次刊本，民国年间尚有光绪刊本续补与 1951 年的未刊抄本，以及 1994 年的新著，传世数量不可谓甚少。详参《饶平县志》附录（饶平县地方志编纂委员会，1994：1124 ~ 1125）。另饶平大埕这座三山国王庙迄今犹存，历史早溯南宋，详参陈天资纂修、王琳乾勘校《东里志》第 65 页。该志系明万历二年（1574 年）初纂，1990 年由汕头市地方志办公室、饶平县地方志办公室刊行。
② 盛端明（1470 ~ 1550），字希道，饶平（后划入大埔）人。晚年以药石方术迎合明世宗，官至礼部尚书，故当时士论不与，《明史》亦将盛氏入于《佞幸传》。这篇应该是完成于 15、16 世纪之交左右的《三山明贶庙记》，其文句与刘希孟《明贶庙记》雷同的程度惊人，所以不赘录于此。但是光绪《潮阳县志》引其序云："三山国王庙，潮属所在皆祀之，因神牌上未明何代封号，为纪一篇以补阙略。"盛氏文末亦称："……如此谨书，俾乡人岁时拜于祠下者，有所考证焉。"明代中叶潮阳以至全潮的三山国王信仰情况，由此可见。

续表

名称	地点	备注	卷/页
三山国王宫	西阳堡塘坑口	康熙元年建	17/22 b
三山国王宫	西阳堡紫金洞口	清朝初年建	17/22 b
明山宫	西阳堡马冈上	康熙三十五年建	17/23 a
明山宫	西阳堡白宫市	康熙六十一年建	17/23 a
明山宫	西阳堡奖坑仙家	乾隆四十四年建	17/23 a
明山宫	西阳堡神角坝	康熙六十一年建	17/23 a
明山宫	西阳堡李溪		17/23 a
鳌洲宫（明山国王）	西阳堡莆蔚河干	康熙元年建	17/23 a
明山庙	西阳堡黄坊禾盛田	明代万历年间复建	17/23 a
虎形三山宫	西阳堡九斗村	雍正八年建	17/23 b
象形三山宫	西阳堡	康熙二十八年建	17/23 b
三山宫	锦洲堡丙村墟		17/23 b

资料来源：《嘉应州志》光绪二十四年（1898年）刊本。

兴宁

名称	地点	备注	卷/页
香泉宫	县西十五里	道光二十六年重修	1/73 b

资料来源：《兴宁县志》咸丰六年（1856年）纂，1929年铅印本。

本文1993年初刊时，笔者无缘一窥康熙《程乡县志》、乾隆《嘉应州志》，所以别无选择采用了19世纪末修成的《嘉应州志》，但这部其实仅是嘉应本州（原程乡县）的志书内，大部分三山国王庙的修建年代都载录其中，所以也不致违反已经设定的考察时限原则。但是在检索了本州及嘉属其他四县志书之后，所得的结果却令人讶异。因为几乎所有的三山国王庙都集中在嘉应本州，唯一的例外是在兴宁。为了避免台湾现有嘉属方志所存不多而可能导致的错觉，所以我们又突破考察时限，检索了嘉应州各属县民国以后的各种资料，也仅仅发现罗滨提到兴宁县另有庙宇一处（罗滨，1990）。

（三）惠州府的三山国王庙分布

再次是惠州府，对一州十县的各种志书经过一番查阅，我们在滨海的海丰和陆丰两县见到有"国王庙"的分布。在搜罗务广的原则下，就先认定它们是三山国王的庙宇。列表如下：

海丰

名称	地点	备注	卷/页
国王庙	龙津桥东		建置/15a

资料来源：《海丰县志》同治十二年（1873年）纂，1931年铅印本。

陆丰

名称	地点	备注	卷/页
国王庙	东海滘	明万历十七年建	3/12

资料来源:《陆丰县志》乾隆十年(1745 年)刊本。

1733 年起任海丰知县的林寅描述距县东一里的龙津桥是"来往惠潮要区"(乾隆《海丰县志·词翰·修龙津桥序》),信仰因交通而传播自是可能。东海滘则是贯流陆丰县境内的主要河川,明代在下游设有东海滘寨城。清雍正九年(1731 年)陆丰设县后即以原寨城为基础修建县城,故国王庙应该即在城中。依乾隆《陆丰县志》3/5 – 6《建置》的叙述,东海滘河谷为潮惠孔道;沿此道出府境即是揭阳霖田都河婆埠——三山国王祖庙的所在地。海丰与陆丰的"国王庙"既然与其有如此重要的交通因素及相近的地缘位置,信仰不无可能流布。

(四)其他地区的检索

福建省汀州府全境以及与潮州府紧邻的漳州府平和、诏安和南靖各县亦是台湾客属的来源地区,但方志中均未见有三山国王庙的记录。

及此,台湾客属移民主要的来源地区已经完成三山国王信仰的方志普查,但是粤北及赣南亦是客家的原居地,所以我们参考了若干著作(罗香林,1933:93~96;林嘉书,林浩,1992:5~10),决定再对下列区域进行检索,其结果是:

广东韶州府各县,未见。

江西赣州府、南安府、宁都直隶州各县,未见。

归纳本章所见,以地方志为主的资料显示:18、19 世纪向台移民期间,中国大陆三山国王信仰的分布范围,其一为潮州府全境各县;其二为嘉应本州(原程乡县),及嘉应州属的兴宁县;其三则为接壤揭阳的惠州府海丰及陆丰两县。

三 三山国王信仰分布区域的方言群考察

经由上节搜寻的结果,我们得知 18、19 世纪时三山国王信仰分布于广东的潮州府、嘉应州、惠州府三个区域之内,本节即拟进行这粤东三府州方言群分布的历史考察。

当代汉语方言学者一致认为现今粤东潮汕地区为闽南方言区的延长(张振兴,1985;熊正辉,1987;袁家骅等,1989:236;林伦伦,1991),但是这种分布的历史面貌与细节为何呢?南宋的《舆地纪胜》100/7 a《广南东路·潮州·四六》引《余崇龟贺潮州黄守》言潮州:"虽境土有闽广之异,而风俗无漳潮之分。"又引阙名作品:"初入五岭,首称一潮;土俗熙熙,有广南福建之语。"

这是指南宋时的潮州,应有和闽南相近似的风俗和方言。语言学者也认为略有别于漳泉闽南方言的潮州话当在宋代之后形成(李新魁,1987:144;林伦伦,1991:73)。

细部的说明方面，明永乐五年（1407 年）编成的《永乐大典》5343/12《十三萧·潮字·潮州府·风俗形胜》引用的应该是完成于明初的《图经志》（饶宗颐，1965：3），说明粤东地区的方言分布：

> 潮之分域隶于广，实古闽越地。其语言嗜欲与闽之下四州颇类，广惠梅循操土音以与语，则大半不能译，惟惠之海丰于潮为近，语音不殊。

准此，今日语言学者划定海陆丰亦属闽语区的情况（张振兴，1985：173；1989：58；熊正辉，1987：162），可上溯至元明之交。而且这整块方言区自南宋起历元明两代并无决定性的变动发生，兹再引各种志书为证。

明代王士性于万历二十五年（1597 年）序成的《广志绎》卷四有载：

> 潮州……其俗之繁华既与漳同，而其语言又与漳泉二郡通，盖惠作广音而潮作闽音，故曰潮隶闽为是。（参考李新魁，1987：145）

清代的方志则见更细腻的叙述，见乾隆《潮州府志》12/11a – b《风俗·方言》：

> 潮人言语侏离，多与闽同。故有其音而无其字，与诸郡之语每不相通。如髻曰庄，须曰秋，鼻曰鄙，耳曰系，鸭曰哑，牛曰悟之类。其属于山者语又不同，谓无曰冒，我曰碍，溪曰阶，岭曰谅。

由本条资料可以看出自雍正十一年（1733 年）潮嘉分领之后，潮州府的方言群有二。我们可以依其所举的例字，大致推测出引文中所说的"多与闽同"者，即是今日闽南方言。"属于山者"的地区，应该所指是大埔、丰顺两县以及其他各县的丘陵区，分布的应是客家方言群。两种方言在潮州府的分布，于此已见轮廓。[①] 稍后在嘉庆《澄海县志》6/16a《风俗语音》中有更详细的说明：

> 潮属海、潮、揭三邑，故家右族，多来自闽漳、泉二郡，饶平半之。澄邑从海、揭、饶分设，故其言语侏离，与漳、泉同。

如此，则 19 世纪初的地方志已经明确说明：海阳、潮阳、揭阳、澄海四县大抵为闽

---

① 当然这是纯就潮州府当地的资料所得的结论。其实更早在 18 世纪初期朱一贵事件之际，闽浙总督觉罗满宝在《题义民效力议叙疏》中分析台湾南部当时的移民社群，已清楚提过"潮属之潮阳、海阳、揭阳、饶平与漳、泉之人语言声气相通"。而本身即是漳属，可能清楚认知"福佬地域（Hoklo Land）"范围的蓝鼎元（虽然近年的资料证明他应该是深刻融入主流汉文化的畲族人），在其《闽粤相仇谕》中则更细腻地说明与客属截然有别的移民是"漳、泉、海丰、三阳之人"。两文俱载于王瑛增重修之乾隆《凤山县志》卷十二。

南语区，饶平则"半"为闽南语区。其他地区则当同前述。

20 世纪中叶，董同龢曾取揭阳方言为潮汕地区闽南方言的代表点（董同龢，1959：896）。到了 1989 年张振兴明确地指出：粤东十二县市，即潮州、汕头、南澳、澄海、饶平、揭阳、揭西、潮阳、普宁、惠来、海丰、陆丰等地区为闽语区（张振兴，1989：58）。这个范围恰好符合除了大埔与丰顺之外的清代潮州府，再加上惠州府海丰、陆丰两县。

至于客家方言群的分布，我们有像罗香林（1933，1950），陈运栋（1978），徐俊鸣、徐晓梅（1984），刘佐泉（1991）等诸家著作，为客属的迁徙与分布作详尽的历史回溯，无须再赘言于此。我们仅引用一条原始资料，在台湾割让稍后，光绪《嘉应州志》7/84b《方言》对粤东地区的客家方言群分布的叙述是：

> 嘉应州及所属兴宁、长乐、平远、镇平四县，并潮州府属之大埔、丰顺，惠州府属之永安、龙川、河源、连平、长宁、和平、归善、博罗一州七县，其土音大致皆可相通，然各因水土之异，声音高下亦随之而变，其间称谓亦多所异同焉。广州之人谓以上各州县人为客家，谓其话为客话。

近 90 年后，黄雪贞、熊正辉的田野调查结果（黄雪贞，1987；熊正辉，1987）证明客家方言群的分布，除了民国以来罗香林等著作增添的部分之外，这个百年以前的记录几乎完全相符。

但是近代以来语言学家的方言调查使得闽南方言区与客家方言区的分布与交界更为清晰，厘清了像前引《潮州府志》中"属于山者"，《澄海县志》中"饶平半之"等模糊的语句。因为这些叙述的单位都仅止于县，而汉语方言学者及其他地方史著作，于空间上的准确度可推至乡镇，而且部分有异时性的说明，可借之以了解方言群间的消长。张振兴在叙述粤东的闽语区时，也细部说明了这些行政区域中的少数客语区：

> （粤东）十二县市并不都是讲闽语，有些地方说客家话，包括：
> 1. 海丰、陆丰两县北部山地丘陵地带的居民说客家话，确切人口数无法统计，姑且海丰算 200000 人，陆丰算 350000 人，合计 550000 人。
> 2. 揭西河婆镇以北地区居民也说客家话，姑且算 300000 人。
> 3. 饶平县的北部，如三饶、新丰、上善一带，是客家话和闽南话并用地区，但说客家话的人占多数，估计不会少于 200000 人。（张振兴，1989：57~58）

我们有必要对这三个客语区再加以说明：因为三阳地区历来一直是被视为闽南语区，这些居住于潮梅分水岭东坡或潮梅惠交接地带的客属，其文化的特殊性实与我们的论题关联深刻。说客家话的人占多数，估计不会少于 200000 人（张振兴，1989：57~58）。

其一为海陆丰，从上文关于闽语的分布讨论中得知，此地区相当早即是闽南语区。但现今新竹县泰半的客属即多源自海丰、陆丰两县移民，故两县至迟在 18 世纪，即移民开始之前已有客属居住。至于其空间分布，依据1949年以后的移民回忆，陆丰县客属的分布以北部的吉康都为主（陈拱初，1978：37）。但是除了山区之外，海丰、陆丰两县的近海平原地带，即以福佬人为主。也因此，两县靠山、滨海不同区域的移民到了不同的移居地，论起原籍相同，却分别被视为或自我识别为不同的方言群。实际的例证是："海陆"或"海陆丰"这个词汇，在台湾殆无疑误指的是一种客家人，但是据谢剑的研究，在香港此一名义的指涉是福佬人（谢剑，1981：15～17）。这点或许可以给台湾汉人一贯以祖籍而分类族群的做法一些启示。

其二是揭西，这是1965年自揭阳割治的新建县，但仍属非纯客县份（蔡俊举，1986：35；蔡英元，1986：61～62）。三山国王祖庙即在此地，境内闽客两种方言群的互动与此信仰的族群归属有强烈相关，所以留至下节再加以分析。

最后是饶平，除前引嘉庆《澄海县志》及张振兴文外，近年詹伯慧氏有更具体的说明：

> 饶平县北部靠近客方言区大埔县的上善、上饶、饶洋、建饶、新丰等五个镇（区），约占全县人口20%的居民说一种颇具特点的"上饶客话"，这种上饶客话具有客家方言的一些基本特征，如古全浊声母清化念送气音，没有撮口呼［y y－］韵等，又明显受到它周围潮汕话的影响，在语音、词汇方面都有相当突出的表现（詹伯慧，1990：266）。

从詹氏的论述中可以知道，语（方）言没有绝对分界线的铁律同样出现于粤东。与饶平相类似的情况在丰顺、揭西亦见（同上引）；但其实对两种方言群混合的报道已相当早见，民国时期潮阳若干地区已有"半山客"之名①，揭西亦有"半山学"的称谓（蔡英元，1986：62）。归纳以上所见，我们可以在潮州地区的闽客两大方言区之间添上一些灰色地带。这可能要归因于弱势的客属移民迁入强势福佬先住区域后，语言明显地沾染闽语色彩。黄苏则将这个由交会→混合→消失的模式作了完整的历史描述②，其过程不禁令

① 这种说法来自潮州地区当地的出版品，摘要如下："…潮阳语言，均说福佬话，与海澄饶揭普惠等相同但口音较重。…至玉峡区属之秋风岭，古厝寮，风吹寮，林招，西坑，牛角坵，贵屿区之莲塘，深洋，石壁，石佛，内寮角，度头岭，关埠区之乌岩，内峰，芦塘，深坑等处居民，则福佬与客语均能言，惟以上地方之所言客语与梅属客话不同，因之人称为半山客。"（谢雪影，1935：207）值得注意的是，近年的方言论著似乎从未提过本区，或许如下注的语言、文化变迁已彻底完成。

② 黄氏言："在潮汕普宁、惠来两县交界的大南山下，俗称'四十股'的十来个中小乡村村民的先祖是明成化年间（1470年前后）自长乐（今五华）南迁下来的客家人，大约先后自明末清初（1650年前后）迁到这里来定居繁衍。周围十里以外是潮汕人的世界。他们除了必须跟当地的潮汕人打交道之外，一直到清末（1900年前后）相互之间还是基本说客家话的。此后约有30年时光是他们从说客家话转为说潮汕话的过渡时期——老一辈仍是两种方言兼用，年青一代对母语则从会听不会说逐渐趋于听不懂；到20世纪40年代以后就基本都说潮汕话了。……由于受潮汕语音的影响，到清末他们所说的客家话，从发音到语调不但和梅县的正宗客家话不大相同，就是跟他们的原籍五华以至相离不到百里的揭西（河婆）的客家话也有一定的出入，因而被称为'半山客'"（黄苏，1990：172）。

人想起台湾的"福佬客"。然而，这种混合/袭夺的现象，会仅限于语言层面的变迁吗？

对于三山国王信仰区域内方言群/族群的历史分布与移动等相关问题，至此叙述完毕。现以行政区划分为原则，摘要此信仰区域方言群/族群分布如下：嘉应州一州四县全境皆为客属。潮州府的大埔、丰顺全境大抵亦是。[1] 饶平、揭阳的分布则为部分山区，潮阳、惠来、普宁等及其他县份亦有零散分布。惠州府海丰、陆丰两县北部山区亦为客属区域。除此之外，三山国王信仰分布所在的潮州府各县及惠州府海丰、陆丰两县，则大部分区域皆属闽南语区。

四　三山国王信仰与方言群分布的历史综合考察

刘希孟在《潮州路三山明贶庙记》（以下简称《明贶庙记》）中引述的口语传统，追溯三山国王信仰发生于隋，并举唐代大儒韩愈祭界石事与宋代的两次诰封，证明它在道统与政统中皆具合法。虽然它和前者的关系仍属存疑，宋代的诰封则恐怕与官方史料不符（详见附录一）。但是到了刘氏的写作年代开始，信仰趋于可证的信史时代也随之开展。14 世纪中叶"潮之三邑，梅惠二州，在在有祠"的盛况今日难以回溯，但其叙述中两处有明确指标的信仰区域——三阳地区与梅州地区，与我们在 18、19 世纪所见者有相合之处，首先分叙两地信仰与族群的互动历史如下：

三阳地区：揭阳方面，15 世纪中叶的明朝全国地理志书；无论景泰七年（1456 年）完稿的《寰宇通志》或天顺五年（1461 年）修订的《大明一统志》对明贶庙皆有记载。近百年后刊行的嘉靖府志言"今庙犹存"，据后人追述亦云现存庙址乃系明代确定（蔡俊举，1986：75），故明代揭阳地区信仰的持续应无可置疑。海阳韩山之麓的明贶庙始建于何时不得而知，但《韩江闻见录》所载的口语传统亦可上溯明代，盛端明完成于 16 世纪上半叶的《三山明贶庙记》亦可作为潮阳、饶平信奉三山国王的证据，如此则三阳地区自元历明迄清的三山国王信仰历史昭然可辨。[2] 而据前节对三山国王信仰区域方言群/族群的分布历史性研究，我们知道，除了大埔、丰顺两县全境及其他县份不一定比例的客属之外，向台湾移民时期的潮州府是一个以闽南方言为主的区域，所以从地域的观点看，三山国王在这个地域内的崇祀社群应该包括福佬、客家两种。族群方面的原则呢？既然两种族群都接受了这种信仰，那么，"究竟是谁先行奉祀三山国王这个问题？"或许可以突显这个信仰原先的族群性，让我们以祖庙所在地河婆的族群与信仰关系来解答。现今为揭西县治的河婆镇是福客混居或者说是两种方言的交界点（蔡英元，1986：61～6；张振兴，1989：57～58）；以客家族群的分布着眼，则其位置为客家方言分布的最前哨，再向南方海岸前进的客属大都难保语音的纯粹而变成"半山客"。身为河婆客属的蔡俊举依据当地

---

① 丰顺向来被视为纯客属县份，但近年刊行之《广东省梅州市地名志》则明白举出境内数个闽语区；如现今县治汤坑（第 33 页）、汤南（第 34 页）、东留（第 39 页）等地。

② 据《潮州三阳志辑稿》卷之六《坛场》载："风师坛，在西潮明贶庙之右"，按此本三阳志为宋元本合一，但证明今潮州市（明清时代的海阳）西郊至迟在元代时已有三山国王庙，非仅限于揭阳一隅。

族谱的研究归纳得出以下结论：客属的祖先移入揭西的时间主要在明代，大多数是在成化年间（1465～1486）到河婆开基（蔡俊举，1986：35）。若衔接以上我们对南宋以降三阳地区方言群分布及三山国王信仰的历史追溯；河婆以至全三阳地区，福佬是先到的移民，同时也应该是三山国王较早的信徒。

综合而言，潮州府地域内，族群与三山国王信仰的互动关系是：宋元以来于史可稽的三山国王信仰族群大概先是福佬，明代以后移住潮梅分水岭东坡以至散处普宁惠来海岸丘陵的客家，入居本区域后也加入地域的信仰范围，似乎未见因方言群/族群的差异而生排斥。所以在潮州府境内，三山国王信仰的地域性原则表现显著，因方言有别而形成的族群原则似乎并未运作。

惠州府可附论于此，海陆丰两县的"国王庙"如果也是奉祀三山国王，原因可能是与潮州府地缘相近而且语音相通。两县庙宇所在地的县城或县城近郊应为闽语区（陈拱初，1978：37），至于北部的客属地区（现今的陆河县）是否也在信仰范围之内？尚不得而知。但值得注意的是，现有的资料显示，除了海陆丰之外，其他县份——恰好也是以客属为主的县份——并无三山国王庙出现。

相对于潮州府不分族群，完全以地域原则为依归的情况，另一个元代后期已确切崇祀三山国王信仰的梅州地区则不然，刘希孟在《明贶庙记》中解释梅州区域的信仰原因是明山为梅州之镇，此地的信仰缘由强调的仍是地域原则。光绪《嘉应州志》的编者之一温仲和引述南宋《舆地记胜》102/3a《广南东路·梅州·古迹》：

> 感应庙，在西洋之东、明山之下。庆历间（1041～1048年）江涛骤溢，有神像三驱浮江而下，至西洋而止焉。乃迎至于岸，祀以牲酒而与盟曰："神其灵乎，相我有年，当庙祀而传永久，不然则否！"已而秋果大熟，乃基其宫，而岁祀之。

康熙《程乡县志》（1691年刊）卷8/3a《杂志·宫庙庵观·明山宫》则云：

> 在县西洋明山下。旧感应庙。声灵著自隋唐间，宋太祖出时，神光显见，诏封为清化感德报国圣王，立庙祀之。后官祷雨辄应，诏赐为"感应庙"，后改为"明山宫"。正统间（1436～1449年），里之监察御史丘俊重建。后成化间复重建，里之乡贡进士李素撰碑颂曰："神威显赫，功在报国，事闻先朝，荣赠封敕。嗟乎！乡人世沾福德，今兹敢告□灵昭格，乡之善者永而昌！恶者速而灭！苟共归于好，嘿佑于太平之寿域。"国朝康熙十一年，素之孙明经李升捐赀置长明灯田租一石五斗，复募众重修，撰文勒石。邑令王仕云捐助额曰："人天鉴□"。

南宋的西洋当即近代所称之西阳（《大明一统志》80/19b《潮州府·山川》），依照这条南宋的资料，则北宋仁宗时自江漂流而下的三驱神像，经过了一番功能性的选择之后，成为西阳一带的地域性信仰。这三驱神像是否与三山国王信仰有关？《舆地纪胜》未曾明言，但刘希孟的《明贶庙记》中所言为梅州之镇者，即可能为此明山。明末清初顾祖禹肯定这种说法（《读史方舆纪要》卷103《潮州府·程乡县》），康熙《程乡县志》明白道出明山封号，而光绪《嘉应州志》4/3b《山川》中引乾隆《嘉应州志》对明山叙述为："明山，在城东南六十里，……山下旧有感应庙，后为明山宫。"证明宋元明清历代所述之明山为一。再者，明山地区的信仰对象为何？客属移民可能尚未到达的北宋时期尚不得而知，但自元历明以至清代中期，肯定是三山国王/明山信仰，而其信众为客属亦无疑问。

　　向台湾移民时期的嘉应州三山国王庙，其中近半数是专祀明山。包含专祀明山的三山国王信仰在应该只有一种客家族群的嘉应州呈现的也是地域性分布，不过范围可能小多了。在19座三山国王信仰系统庙宇中，有15座——其中又有9座是专祀明山——分布于白土、西阳、锦洲等三堡（乡），皆可谓集中在明山嶂的山脚下，分布范围似乎未超过程江—梅江干流南岸。而且重要的是，身为一州四县统治核心的嘉应州城内，现有的资料未见有此类信仰的庙宇。若是排除台湾现存嘉应州属各县方志不够多与缺乏田野调查这两个可能改变结论的变数，这样的分布竟与14世纪中叶的描述相近。

　　其次我们想从两个地区当地人本身的认知领域，尤其是他们的信仰宇宙观（belief cosmology）中三山国王的定位为何来深入探讨。虽然在只有书面文献的情况下这无疑是一项冒险，但是这篇需要上溯300年时间深度的研究不得不如此尝试。三阳地区/潮州府方面，刘希孟的《明贶庙记》文末有潮州路总管——当地最高行政官员的印篆，可见此信仰已为当地统治阶层所接纳。至于土著本身的论述方面，明朝中叶父子两代仕宦，己身又荣登进士的盛端明愿意为乡民作信仰的渊源说明，清代身为博士弟子员的郑昌时则在私人著作中表彰神迹，可见他们都未将三山国王信仰视为儒家所不容的异端。加上前述各县志描述信仰遍布乡邑的情况，证明此种信仰不管是在儒家道统或政权正统的要求下，都有合理合法的定位，无论缙绅之士或乡野鄙民皆一体奉祀，流行普遍于各阶层之间。而且信仰的对象已不限于三山国王本身，澄海城内院东社有"乾三宫"，奉祀明贶圣王三姐夫人，而且是该县"庙食最广"的神祇（嘉庆《澄海县志》16/6a）。揭阳县北门内有"大使宫"，奉祀宋代来封三山国王的指挥使（乾隆《揭阳县志》2/4a）。如此看来，我们可以说潮州府已经发展出一整套的三山国王信仰丛（worship complex）。

　　至于梅州地区三山国王信仰历史的论述内容，我们可自上引史料归纳为：一、梅州西阳明山与潮州揭阳明山可视为地域的一体；二、基于前述，梅州的明山信仰与潮州三山信仰亦为一体。但是这套论述必须在历史的变局中遭受考验。

　　其一，从地图上观察，梅州西阳的明山和揭阳的明山实在相距太远了。当然这只是自然的距离（natural distance），但不同时间的人群可能对空间的认知不同，这就是社会的距离（social distance）。有可能是元明时期，将揭阳西北部迤北越过后来的丰顺直抵梅州（程乡）东南的潮梅分水岭贵人山山脉都称为明山，因为直到清乾隆三年（1738年）这块山岳丘陵占93%的地区方才设立丰顺县，此前本区之地广人稀可想而知。也由于潮梅一再地同属一行政区，而揭阳三山之一的明山又与"梅州之镇"的明山可视为同一，所以才会有这般地域一体与信仰一体的认同。但是一旦有人为行政区域变动之后，原有的地域性信仰要如何再诠释存在的理由呢？①

其二，对于宋代的感应庙到了日后变成明山宫这个事件，史料都未说明缘由。我们怀疑民间信仰在历史的过程中，会为了避免沦为淫祀而尽量诉求与儒家道统及政权正统的相关。明山地区因神像水漂而来建立的感应庙改为于"史"可证的明山宫，是否即此过程呢？②

相对于潮州府本土发生的、各阶层认同的情况，梅州区域原为"州镇"的明山/三山国王信仰，在社群精英的认知中却出现信仰渐次与地域疏离的形势。虽然这些认知都是在向台湾移民期之后才发生，不过也可以和台湾今日的研究作一知识社会学式的比较。

官修的光绪《嘉应州志》和黄钊的私人著作《石窟一征》皆是清末客属本身的"客家研究"，足以代表土著自己的论述。书中对嘉应州地区民间信仰着墨最多者为"梅溪"（安济）与"汉帝"，这两种信仰神祇的身份尚处在讨论阶段，但是肯定与地域本身有关（《嘉应州志》17/15a～17b、17/24b～26a；《石窟一征》4/18b～19a、6/27～28）。从论述的观点看，它们可能才是嘉应州区域最受关注或最常见的民间信仰。反之，三山国王或者是明山信仰却在清末客家研究——族群历史的建构——兴起之后遭到怀疑。争议的事件是：揭阳三山之一的明山与嘉应州的明山是否为一？答案是较趋向否定的（《嘉应州志》4/4a）。隐藏在事件背后的论述是：在潮梅再度分划为两个行政区一个半世纪之后，梅州

---

① 即此，我们想导出传统中国对于特定信仰与特定地域之间的关系作为诠释上列现象的依据。《春秋左传注》《哀公六年》载：

初，昭王有疾，卜曰："河为祟。"王弗祭。大夫请祭诸郊。王曰："三代命祀，祭不越望。江、汉、雎、漳，楚之望也。祸福之至，不是过也。不谷虽不德，河非所获罪也。"遂弗祭。孔子曰："楚昭王知大道矣。其不失国也，宜哉。"

这是说在周代封建时期中，各个封国对于自然山川神祇信仰有其一定的范围认定，而标准是彼时的国境。近年西人则以"神明之管辖权（The Jurisdication of Deities）"（Hansen，1990：129）来说明南宋时期江浙的地域性信仰现象。我们尚且不知这种古典传统到了日后的郡县制以至明清时代转变为何？不过连南宋大儒朱熹也赞同此说，而清代辑纂《古今图书集成》的臣子甚主张革去除了京师及山东之外天下所有的东岳庙（《仪礼典·山川祀典部》719/38b）。类似的意见也见诸一些地方志，例如《宁化县志》的编纂者，他们对于天妃（妈祖）载入祀典，成为"天下通事"的神明这件事似乎有所不知，认为"宁化不知海舶为何物，无故而祀天妃，得无谄乎？"（《坛壝庙祠志》7/15a）。由此我们也知道"祭不越望"这个概念一直是存在的。地域性信仰一旦如Hansen所言的经济、交通或我们熟知的移民因素而传播，超越过它原有的特定地域是可以理解的。但如果是行政区本身的变动呢？前引的"建邑分州，莫不有祀"可以说明垦拓或行政区肇建之初的情形。但是，一旦因人口或其他因素分割、重组行政区之后，变动的行政世俗领域如何再因应原先地域神祇的神圣空间呢？这种情况的描述与解释，在笔者的眼界之内却鲜有所闻，殷盼方家指正。或许三山国王在潮州府与嘉应州的情形即可为一探讨佳例。

② 这样的解释方向是因为在收集嘉应州的民间信仰资料时，发现梅县极北与福建交界处的龙源堡（乡）合境崇信的"龙源公王"，其信仰传说母题（motif）竟与三山国王传说雷同，也是三兄弟救驾护民的情节（王焜泉，1979：245；《嘉应州志》17/29 祠祀）。翻检台湾信仰研究之中，又发现宜兰五结的"古公三王"亦是相同的主题，来源则可追溯至福建漳浦（铃木清一郎，1934：307），这三种信仰的分布地区乍看之下相距甚远，但是在汉族移殖之前却同属今日畲族领域。甚或有像乾隆《兴宁县志》7/45 b《人物·猺蛋》："蛋谓之水栏，辨水色则知有龙，又曰龙户。……其称神云：明山、汉帝、有感大王，不省何说？大率荒猥耳。"直接把明山、汉帝等信仰视为蛋家——身份疑似华南土著的水上居民——的特有信仰。所以这种巧合之下，会不会埋藏着一个原住土著信仰的底层？移入的汉族接收了地域，也接受了与地域深刻结合的信仰？但这个复杂的问题已非本注能处理的范围了。

明山信仰与潮州三山信仰所植基的地域一体的认同既然已经割裂，所以根据"祭不越望"的古典传统，嘉应州地区的三山或明山信仰或许仍然持续，但是在此地域的社群自我论述中，已经不再如元代时，诠释为与地域强烈相关的信仰。

民国以后可能由于新文化运动之后的理性主义取向，罗香林等人以下的客家研究中，民间信仰不再占有篇幅。但是两篇最近梅州地区出版的客家研究论文中，对梅县南境泮坑三山国王庙[①]的由来解释，仍是一致地朝外来的、移殖的方向加以论述（程志远，1986：142；罗滨，1990：59）。而台湾现今的众多研究却是反其道而行，极力论述三山国王为客家族群的象征，这或许是基于其他的因素使然吧。

五 结论与讨论

以上的考察可以合并回答我们在最初提出的第三个问题。18、19 世纪时，三山国王是主要分布于潮州府全境及惠州府、嘉应州部分地区的地域性信仰，信徒包括福佬和客家两种，似乎并无方言群/族群的区隔。这是我们从地方志及其他资料对中国大陆三山国王信仰投射在社群组织面上的认识。如果用此信仰去分类台湾的移民社群，大概仅足以识别移民所来自的地域。如果没有对移民的祖籍及祖籍所属的方言区域进行深入细致的了解之前，仅凭三山国王信仰是无法辨别一个社区所原属的方言群/族群。然而在 20 世纪后半叶的论述中，三山国王被视为与客属有必然关联，原因何在？有无例外？

首先，我们想简单地检讨研究史中客属与三山国王的关联自何而来？早在 18 世纪初期，台湾住民原籍的"闽粤之分"，不尽然等同于族群上"福客之分"的认识，已由当时人士提出。19 世纪晚期的台湾地方志书中，言及一地的三山国王庙时，叙述其信仰社群多为"粤籍"或"粤民"，并未有明确的方言群/族群指涉（《重修凤山县志·典礼志·坛庙》、《云林县采访册·斗六堡·祠庙寺观》）。日本占领台湾之后，似乎官方以及大部分的学术著作，对台民的分类是简单的闽粤二分法，有时候就等于是福客之分，我们推测混淆可能即此开始。到 20 世纪五六十年代的研究对三山国王信仰投射在社群组成的特性，尚且还是用"潮州籍"或"粤籍"这种较具保留的看法（何联奎，1955：48；刘枝万，1961：141~142），但 70 年代以后的论述中，似乎就跳过粤省或粤东可能存在的文化多元性，而直接论定三山国王是客属的特有信仰。但是事实为何呢？

1992 年 10 月 17 日，笔者因缘际会参观了在南投埔里奉天宫举行的台湾三山国王宫

---

① 除了阴那山灵光寺之外，泮坑三山国王庙可能是被当地人描述最多的庙宇（程志远，1986，1989；李柏林，1989：311~312；梅州市地名委员会，1989：70；罗滨，1990；南洋客，1990），所以也可能是梅州（县）香火最为鼎盛的三山国王庙，其原因在于"泮坑公王保外乡"。而这个谚语——口头论述——之中，"泮坑"为当地地名，"公王"则可能为梅县地区对神明的泛称或与台湾惯用"庄庙"神一语相近（参考张淦宏，1976：115；张宝义，1979：88~89；民国《大埔县志》卷五民间祠祀；王焜泉，1979），论述中并未凸显三山国王。而且不同的是，当地三山国王的神诞日为九月初十（程志远，1989：82），而非潮州府信仰系统中惯见的二月廿五日。

庙联谊会第二届第四次大会,虽然在近千人左右的信徒中仍可发现来自新竹、苗栗、东势及南部六堆的客属,但会场上主要的、压倒性使用的语言是台湾福佬语;而且在大会手册中可以找到七八十年代,甚至最新近(客家杂志编辑部,1992)各种记载中前所未闻的三山国王庙或奉祀团体,其中以分布于福佬地区者居多。毋庸赘言,在这个时间点上,三山国王实在不能称为"客属的特有信仰"。

当然,18、19世纪向台湾输出移民时的中国大陆,三山国王并非只是客属的信仰这点结论,或许不足以涵盖移民到台湾之后的变化。因为20世纪70年代以来的论著并不是就当下的时间点上发论,而是相信台湾的三山国王原先都是由客属奉祀,再经由共同生活的历史因素而发展为如今的局面。然而要接受如此在台湾表现的,"原来"是专由客属崇祀的族群特性,那或许要同样的苛求,必须假设在一个特定的历史时间点上,台湾所有的三山国王的信徒都是客属。但是就现有的研究成果看来,这个时空定点也是不存在的。可直接援引的例子恰是18世纪时台湾汉人的南北两处重镇:台南与彰化,两地的三山国王庙都兼具潮汕会馆的身份(林衡道,1981:233;周宗贤,1983:3;张永桢,1990:217)。既然是潮汕会馆,就本文第三节的结论而言,就绝非纯粹的客属社团或庙宇。再由台南与彰化的例证推演,同样具港埠或行政、商业中心身份的笨港、鹿港与嘉义等地,该处三山国王庙的原始性格会不会也是潮汕商民的会馆?[①]

其次,我们想就信仰与地域间的联系原象与变化去考察,这样有助于了解本文最初提到的第二个问题。平和县是漳州府的内陆县份,但康熙年间纂修的《平和县志》中已出现若干保生大帝的庙宇记录(《杂览志·寺院》),而近年福建地区的研究也说明广泽尊王与清水祖师等信仰,在福建本地亦有渗透至数县以至全府的情况(颜章炮,1991:97;叶文程,1992:163;陈国强,1992:195)。所以前述的那组陈述,若与台湾田野调查结果有所轩格处亦不为奇。所以同样的问题也可能出现在我们的讨论主题上,除了潮嘉惠三府州之外,有没有可能三山国王也会扩展它的信仰范围到其他区域?尤其本文所主要依据的资料是地方志,注定未必能表现公共祭祀的全面,况且是个别不见载于地方志的庙宇乃至家族祭祀。而且从Hansen的研究中已见南宋时代的江浙地区,经由商业或交通等因素而传入了外地的神明。同样地,潮州地区在明清两代经由经济发展与人口迁移等因素,有无可能将其地域性信仰传布至邻近区域,再由当地移民带入台湾?也就是说,先且搁下族群原则,以地域原则而论,台湾有没有非潮嘉惠三府州来源的三山国王信仰?

若结合1926年的乡贯调查(台湾总督官房调查课,1928)与稍晚的《台湾寺庙总览》(曾景来,1938附录)观察,我们发觉第二次世界大战前的台湾,潮州府祖籍比率高的地区固然有三山国王庙出现,如新竹横山,彰化员林、竹塘等地。但潮州府祖籍占1/3的新竹竹北却未见此类信仰庙宇,反之,彼时粤籍(不分府州)移民后裔极度偏低的台北州宜兰、罗东、苏澳三郡却有相当数量。对此现象,20世纪晚期的解释为源自粤籍的乡勇(白长川,1984:180)或入垦的粤民(徐世安,1991:45~46)。但是员山乡结

---

① 这样的猜测经由笔者近十年的研究,已经解读若干,详参邱彦贵(1995、1998、2001)。

头分庄庙赞化宫对于所主祀的三山国王来源，却解释为陈姓村民自祖籍漳州府平和县奉来（彭绍周，1986：138）；这种说法经由笔者初步的田野查证，的确也获他姓的村民赞同。而且类似的例子也出现在同乡新城仔的镇安庙，其祖先则来自南靖。如果有更多更明确的证据显示这两处三山国王是源自接壤潮州府的漳州府，一个更新的可能突破本文的三山国王信仰社群属性的看法，应当酝酿在海峡两岸的田野之中。[1]

本文既然是从质疑开始，也想以发问结束。累积数十年来三山国王的宗教社会学思考看来，似乎除了彰化平原、新庄及清水等地的研究之外，大部分的思考都是朝着族群的识别或"发掘"这个既定目标。既然都已有了固定的答案，所以对问题都无须计算而只是在验算。一些基本的社区居民祖籍和信仰来源之间的关系，也少见深入追究。然而，毕竟要对这些庄庙或角头庙与社区历史并行考察，才可能得到比较可靠的族群识别证据。历来对于台南、彰化等处三山国王庙兼具潮汕会馆身份的忽视，相信是由对于此信仰在社群属性的不完全认识所致。所以在面对冈山与笨港两大块的解释空白之处，或许可望有另种假设方向的思考。

再者，相对于前述凝聚同乡贯人群的解释之外，宜兰地区的三山国王信仰也可能别有另种的功能面貌。以宜兰溪北地区为例，几乎三山国王庙都沿着旧日的隘防线分布。笔者在田野调查中最常听到的一句话就是"偎山拢三山国王"（靠山一带都是三山国王）。由于畏惧原住民出草猎首，因而造就得子口溪至兰阳溪之间的山脚地带聚落，都功能性地崇祀三山国王，而非一般认定中表现其祖籍或族群特性。这些似乎都在我们热烈地描绘或猜测三山国王之于客属的关系外遭到冷落，所以掩盖甚至误解了这种信仰存在于台湾的完全意义。最后，跨出历史上移民社群表征或社区凝聚等功能的讨论之外，如今崇祀三山国王的庙宇或团体已走出社区，组成全国性的联谊团体，其动力与意义自也不容忽视。所以，更多关于三山国王的讨论，我们期待。

（1992 年 4 月初稿于南港、9 月二稿于兰阳、11 月三稿于木栅，2002 年、2012 年修订）

附录一：《永乐大典·刘希孟潮州路明贶三山国王庙记》
说　明

史实与传说并呈的现象，使得民间信仰中的文字传统同其口语传统一般，常常是令实证史学尺度失效的领域。以下这篇完成于 1332 年的文字自是融合许多口语传统而成，它是在完稿 70 余年后得以收入"诸庙碑记皆略之"的《永乐大典》（5345/18a～19b《十三萧·潮字·潮州府》），原因是"且谓与韩公（韩愈）或有默和之说"。经过我们核对各种志书中所转载者，发现这个传世最早（相对原碑而言）的版本也是最好的版本；字数最多，文字亦较通顺流畅，所以就以此本为准做了初步的校注工作。

民间信仰往往需要攀附儒家道统和政权正统以求其存在的合理与合法性，它以和唐代

---

[1]　笔者对宜兰的研究于本文刊行后持续进行，已有专文发表（邱彦贵，1997）。至于漳州府的考察则有待来者，据既成研究显示，原属诏安县的东山岛（1916 年建县）上有一处三山国王庙（吴金夫，1996：17）。

大儒韩愈之间可能的关系保存了最早的版本。但传说和信史的脱轨情况又出现在这个信仰和政权的关联上，文中提到襄助宋代皇室的几次神迹自然无法求证于史载，而且它叙述的两次诏封亦与官方史料不符；可能限于所知，我们只找到《宋会要辑稿》1236/1a《礼二十》中有正式的记载。但诏封的次数仅一，时间也迟至宋宣和七年（1125 年）八月，离北宋亡国不到两年，此时正值宋徽宗大肆释放他的宗教狂乱热情。

其实在台湾它也不是最流行的版本，读者可以在任何一座三山国王庙找到它们自己的传说。处理这篇文字并无强调其正统性的意味，因为两种以上类似三山国王信仰传说的母题，已经衍生或平行发展在别的信仰传说中。

正　文

元①统一四海，怀柔百神，累降德音。五岳四渎，名山大川，所在官司，岁时致祭，明有敬也。故潮州路三山之神之祀，历代不忒，盖以有功于国，弘庇于民，式克至于今日休。潮于汉为揭阳郡，后以郡名而名邑焉②。邑之西百里有独山。越四十里，又有奇峰曰玉峰。峰之右乱石激湍，东潮西惠，以一石为界。渡水为明山，西接于梅州，州以为镇。越二十里为巾山，地名淋田③，三山鼎峙。其英灵之所钟，不生异人，则为明神，理固有之。

世传当隋时，失其甲子。以二月下旬五日，有神三人出于巾山之石穴，自称昆季，受命于天，镇三山，托灵于玉峰之界石，庙食于此。其地有古枫树，降神之日，上生莲花，绀碧色，大者盈尺，咸以为异。乡民陈其姓者，昼见三人乘马而来，招己为从，忽不见。未几，陈遂与神俱化，众尤异之④。乃周爱咨谋，率巾山之麓，置祠合祭。前有古枫，后有石穴，昭其异也。水旱疾疫，有祷必应。既而假人以神言，封陈为将军，赫声濯灵日以益著，人遂共尊为化王，以为界石之神。

唐元和十四年，昌黎刺潮。淫雨害稼，众祷于神而响答。爰命属官以少牢致祭。祝以文曰："淫雨既霁，蚕谷以成。织妇耕男，忻忻衍衍。是神之庇庥于人，敢不明受其赐？"则神有大造于民也尚矣。宋艺祖开基，刘銶拒命，王师南讨。潮守侍监王某赴愬乎神，天果雷电以风。銶兵败北，南海以平⑤。逮太宗征太原，次城下，忽睹金甲神人挥戈驰马突阵，师遂大捷，刘继元以降。凯旋之夕，有旗见于城上云中曰：潮州三山神。乃诏封明山

---

① 顺治《潮州府志》12/40～42《艺文上軼》（以下简称"顺志"）、《古今图书集成》卷 1340《职方典·潮州府部》（以下简称"集成"）、乾隆《揭阳县志》8/3～4《艺文上·记》（以下简称"县志"）皆作"皇元"，乾隆《潮州府志》41/44～45《艺文·记》（以下简称"乾志"）作"我元"。

② 今揭阳县汉代属南海郡揭阳县，在郡县制时代，揭阳未曾用以名郡。

③ "霖田"之名至迟已见于 1547 年刊行的嘉靖《潮州府志》（8/4 b《杂志·村名》），且通用于日后各种文献，独《永乐大典》（以下简称"大典"）作"淋田"，原本以为是大典在 1562～1567 年誊录现存副本，或更晚的清抄本抄录时，讹"霖"为"淋"，但是在 1456 年修竣的《寰宇通志》（104/12a《潮州府·山川·三山》）及 1461 年定稿的《大明一统志》（80/19《潮州府·山川·三山》）中俱与大典同作"淋"，如此看来改"淋"为"霖"是在 15 世纪中叶之后的事。

④ 大典作：众"邮"异之，诸志作"尤"，同音通假，存之。

⑤ 大典作：南海以"太"，恐有讹。诸志作"平"，从诸志改之。

为清化威德报国王 ①。巾山为助政明肃宁国王，独山为惠感弘应丰国王②。赐庙额曰"明贶"。敕本部增广庙宇，岁时合祭。明道中复加封"广灵"二字③。则神有大功于国亦，尚矣。革命之际，郡罹兵凶。而五六十年间 ④，生聚教训，农桑烟火，骎骎如后元时，民实阴受神赐。潮之三邑，梅惠二州，在在有祠。远近人士，岁时走集，莫敢遑宁。自肇迹于隋，灵显于唐，受封于宋，迄今至顺壬申⑤，赫赫若前日事。呜呼盛矣！古者祀六宗，望于山川，以捍大灾，御大患。今神之降灵，无方无体之可求，非神降于莘，石言于晋之所可同日语。又能助国爱民，以功作元祀，则捍灾御患抑末矣。凡使人斋明盛服，以承祭祀，非谄也。惟神之明，故能鉴人之诚；惟人之诚，故能格神之明。孰谓神之为德，不可度思者乎？

潮人之事神也，社而稷之，一饭必祝。明山之镇于梅者，有庙有碑。而巾山为神肇基之地，祠宇巍巍。既足以揭虔妥灵，则神之丰功盛烈，大书特书，不一书者实甚宜。于是潮之士某合辞征文以为记。记者记宗功也。有国有家者，丕视功载。锡命于神，固取其广灵以报国。而民惟邦本，本固邦宁。傥雨旸时若，年谷屡丰，则福吾民，即所以宁吾国，而丰吾国也。神之仁爱斯民者岂小补哉？虽然爱克厥威，斯亦无所沮劝。必威显于民，祸福影响。于寇平仲表插竹之灵，于刘器之速闻钟之报。彰善瘅恶，人有戒心。阳长阴消，气运之泰。用励相我国家，其道光明。则神之庙食于是邦，舆山为砺，与海同流，岂徒曰扞我一二邦，以修。

是年秋七月望，前翰林国史院编修官兼经筵检讨，庐陵刘希孟⑥撰文。亚中大夫潮州路总管兼管内劝农事，蠡吾王玄恭⑦篆盖。

附录二：《韩江闻见录·三山国王》

三山国王，潮福神也，城市乡村莫不祀之，有如古者之立社。春日赛神行傩礼，胙饮醀嬉，助以管弦戏剧，有太平乐丰年象焉。予淇园里赛神以正月十三至元宵会灯而止。其

① 诸志皆作"盛德"，以注释 19 例，存疑于此。
② 诸志皆作"惠威"，同前例，存疑于此。
③ 明道，宋仁宗年号，仅二年，即 1032 至 1033 年。又加封"广灵"二字顺志、集成皆作"灵庙"，县志则与大典同，从大典与县志。
④ 顺志、集成作"五六年间"，按本文完成于元文宗至顺三年（1332 年），文中所言"革命之际，郡罹兵凶"当指宋端宗景炎年间（1276~1278 年），宋元双方在潮州地区的交战，由至顺三年上溯，恰符大典"五六十年间"之说，故从大典。又乾志、县志无本段。
⑤ 至顺为元文宗年号，至顺壬申为至顺三年，公元 1332 年。
⑥ 《元史·百官志三》："翰林兼国史院，……编修官十员，正八品。"刘氏生平不明，依诸种元明人诗文集归纳，他以善鼓琴闻名于名士间，约与袁桷、赵子昂、黄玠、杨载、邵亨贞等同时活动于江南两浙一带，未有证据显示他曾到过潮州地区。
⑦ 大典清抄本作"王元恭"，避康熙讳故也。道光《广东通志》作"王允恭"，误。王玄恭，字居敬，自号宁轩，生卒年不详。元中书省真定路蠡州人，怀远大将军招抚使王彦弼幼孙。元文宗至顺二年（1331）到至元四年（1338 年）间任潮州路总管，在其任内"修学校，新韩祠，课试诸生，亲与讲解而饬励之，有古贤守风"。（嘉靖《潮州府志》5/6b~7a《官师志》），故入祀于名宦祠。离任后于至元六年（1340 年）任浙江宁波路总管，任内修成至正《四明续志》。以上据诸种元明诗文集及方志录出。

三王之像与二王异，云系改刻，予少小时尚见一剥落旧像置后殿佛龛中。里中父老传其逸事云：前明兵乱时，三王尝显身御寇，寇数败。每夜寇将至，则见有一异人，高丈余，立树杪传呼，英风四捲，若有阴兵之助，寇惮之。他夕，寇阴谋先秽其树，伏人树下，俟见异人至，仆焉，则三王神像也，毁之。然寇仍畏神余威，不敢大加害里中。

按国王乃揭阳霖田都明巾独三山神也。隋开皇时，某年一月廿五日有三金甲神出巾山石穴，自称昆季。降神之日，玉峰石界之地有古枫树上吐莲花，适陈姓人见神乘马召言，与神俱化。既而神假人言，封陈将军，俗称化王合祀巾山之麓。唐宪宗元和十四年韩公刺潮，淫雨害稼，公祷于大湖神。潮人又祷于王，遂获丰稔，故全潮祀之。至宋太祖征太原，见金甲三神突阵大捷，后汉主刘继元降。奏凯之夕有旗现云中云：潮州独山神。太宗乃命韩指挥来潮，诏封独山为惠成宏应丰国王、明山为清化明应报国王、巾山为助政明肃宁国王；赐匾曰：明贶三山国王庙，其庙地又系明山脉穴也。仁宗明道二年又敕加封广宁王，参录志乘传闻者如此。敢为骈语括之曰：

民之瘼，明神是赖；国有福，受命于王。丕昭德佑于全潮，曰隋代，曰唐代，叠贲龙章于大宋，惟太宗，惟真宗。伏以揭岭征祥，天启玉峰之石理；太原奏捷，人仰金甲于云端。枫树发莲花，四照高擎，匡水陆大千世界；霞霄翻旗影，九重宏锡，振天朝百万军威。由是刺史祀大湖，山河丽，日月清，协黎庶披云之祷；指挥奉明德，纶綍昭，馨香荐，偕将军乘马以传。乃叹神之格思，五岭降灵光五岳；王亦爵也，三山崇秩迈三公。爰溯石穴于开皇，庆发祥者，及二月之二十五日；隆金章于明道，被昭旷者，绵百粤以亿万年也。

参考书目

原始资料

一 一般

宋史。脱脱等撰。台北：鼎文书局点校本。

元史。宋濂等撰。台北：鼎文书局点校本。

明史。张廷玉等撰。台北：鼎文书局点校本。

清史稿。赵尔巽等撰。台北：鼎文书局点校本。

古今图书集成。陈梦雷等辑。台北：文星书店影印。

宋会要辑稿。徐松辑。台北：新文丰出版公司影印。

舆地纪胜。王象之撰，清粤雅堂本。台北：文海出版社影印。

寰宇通志。陈循等撰，明景泰间内府刊初刻本。台北：中央图书馆、正中书局影印。

大明一统志。李贤等撰，明刊本。台北：文海出版社影印。

广志绎。王士性撰。北京：中华书局点校本。

读史方舆纪要。顾祖禹撰。台北：新兴书局。

嘉庆重修一统志。穆彰阿等撰，清史馆藏进呈写本。台北：台湾商务印书馆影印。

广东通志。阮元等纂，道光三年（1823）刊本，上海：上海古籍出版社影印。

二 潮州府部分

永乐大典·十三萧·潮字·潮州府条，收入饶宗颐纂，潮州志汇编。

潮州三阳志辑稿。陈香白辑校，1989年，广州：中山大学出版社。

潮州府志。郭震春等纂，嘉靖二十六年（1547）刊本，收入饶宗颐纂，潮州志汇编。

潮州府志。吴颖等纂，顺治十八年（1661）刊本，收入饶宗颐纂，潮州志汇编。

潮州府志。周硕勋等纂，乾隆四十年（1775）增纂，光绪十九年（1893）刊本，收入成文华南46。

潮州志。饶宗颐总纂，民国三十五年（1946）刊本，收入饶宗颐纂，潮州志汇编。

潮州志汇编。饶宗颐纂，1965年，香港：龙门书店。

海阳县志。陈珏等纂，雍正十一年（1733）刊本。

海阳县志。吴道镕等纂，光绪二十六年（1900）刊本，收入成文华南64。

潮阳县志。张其抃等纂，光绪十年（1884）刊本，收入成文华南12。

揭阳县志。凌鱼等纂，乾隆四十四年（1779）纂，民国二十六年（1937）铅印本，收入成文华南195。

饶平县志。刘抃等纂，康熙二十六年（1687）刊本。

饶平县志。饶平县地方志编纂委员会，1994年，广州：广东人民出版社。

惠来县志。张玿美等纂，雍正九年（1731）纂，民国十九年（1930）重刊本，收入成文华南116。

大埔县志。蔺墉等纂，乾隆十年（1745）刊本。

大埔县志。温廷敬等纂，民国三十二年（1943）刊本，1971年，台北：大埔同乡会影印。

澄海县志。宁时文等纂，雍正九年（1731）刊本。

澄海县志。蔡继绅等纂，嘉庆二十年（1815）刊本，收入成文华南62。

普宁县志。萧麟趾等纂，乾隆十年（1745）纂，民国二十三年（1934）铅印本，收入成文华南173。

丰顺县志。葛曙等纂，乾隆十一年（1746）刊本。

韩江闻见录。郑昌时撰，道光四年（1824）刊本，1978年，香港：潮州会馆董事会影印本。

陈天资纂修、王琳干勘校《东里志》。万历二年（1574）初纂，1990年，汕头市地方志办公室、饶平县地方志办公室刊行。

三 嘉应州部分

程乡县志。刘广聪等纂，康熙三十年（1691）刊本，收入日本藏中国罕见地方志丛刊，1992年，北京：书目文献出版社。

嘉应州志。王午塘等纂，乾隆十五年（1889）纂，1991年，广州：广东省中山图书馆古籍部整理本。

嘉应州志。温廷敬等纂，光绪二十四年（1898）刊本，收入成文华南 117。

平远县志。卢兆鳌等纂，嘉庆二十五年（1820）纂，民国廿三年（1934）铅印本，收入成文华南 177。

平远县志续编资料。朱浩怀撰，1975 年，台中：青峰出版社。

镇平县志。吴作哲等纂，乾隆四十八年（1783）刊本。

长乐县志。温训等纂，道光二十五年（1845）纂，民国年间铅印本，收入学生方志 126。

兴宁县志。施念曾等纂，乾隆四年（1739）刊本。

兴宁县志。张鹤龄等纂，咸丰六年（1856）纂，民国十八年（1929）铅印本，收入成文华南 9。

石窟一征。黄钊撰，宣统元年（1909）刊本，台北：学生书局影印。

四　惠州府部分

惠州府志。邓抡斌等纂，光绪七年（1881）刊本，收入成文华南 3。

归善县志。陆飞等纂，乾隆四十八年（1783）刊本，收入成文华南 63。

永安县三志。赖朝侣纂，道光二年（1822）纂，民国十九年（1930）刊本，收入成文华南 178。

海丰县志。史本等纂，乾隆十五年（1750）纂，民国二十年（1931）铅印本，收入成文华南 10。

海丰县志。林光斐等纂，同治十二年（1873）纂，民国二十年（1931）铅印本，收入成文华南 10。

陆丰县志。王之正等纂，乾隆十年（1745）刊本，收入成文华南 11。

龙川县志。勒殷山等纂，嘉庆二十三年（1818）刊本，1981 年，台北龙川县志续编编纂委员会。

和平县志。徐延翰等纂，嘉庆二十四年（1819）纂，民国二十三年翻写油印本。

五　漳州府部分

漳州府志。沈定均等纂，光绪三年（1877）刊本，1965 年，台南文献会影印。

南靖县志。王宝序等纂，乾隆四十二年（1777）刊本。

平和县志。昌景天等纂，康熙五十八年（1719）纂，光绪十五年（1889）刊本，收入成文华南 91。

诏安县志。秦炯等纂，康熙三十三年（1694）刊本。

六　汀州府部分

汀州府志。李绂等纂，乾隆十七年（1752）纂，同治六年（1867）刊本，收入成文华南 75。

长汀县志。刘国光等纂，光绪五年（1879）刊本，收入成文华南 87。

宁化县志。李世熊等纂，同治八年（1869）重刊本，收入成文华南 88。

上杭县志。丘复等纂，民国二十七年（1938）刊本，1981 年台北上杭同乡会影印。

武平县志。赵良生等纂,康熙三十八年(1699)刊本,1980年台北武平同乡会影印。

明溪县志。廖立元等纂,民国三十二年(1943)刊本,收入成文华南235。

连城县志。邓光瀛等纂,民国二十七年(1938)刊本,收入成文华南239。

七　其他地区

韶州府志。单兴诗等纂,同治十三年(1874)刊本,收入成文华南2。

南雄直隶州志。戴锡纶等纂,道光四年(1824)刊本,收入成文华南60。

赣州府志。陈观西等纂,道光二十八年(1848)刊本,收入成文华中100。

南安府志。石景芬等纂,同治七年(1868)刊本,收入成文华中268。

重修凤山县志。王瑛曾等纂,乾隆二十八年(1763)纂,台湾文献丛刊本。

恒春县志。屠继善等纂,光绪二十年(1894)纂,台湾文献丛刊本。

云林县采访册。倪赞元等纂,光绪二十年(1894)纂,台湾文献丛刊本。

＊"成文华中、华南"为成文出版社"中国方志丛书"简称,后附数字为其编号。

"学生方志"为学生书局"新修方志丛刊"简称,后附数字亦为其编号。

研究成果

尹章义

1985《闽粤移民的协和与对立——以客属潮州人开发台北以及新庄三山国王庙的兴衰史为中心所作的研究》,《台北文献(直)》74:1～28。

1990《台湾移民开发史上与客家人相关的几个问题》,《客家杂志》8:64～78。同时刊于《辅仁历史学报》2:77～94。

王世庆

1972《民间信仰在不同祖籍移民的乡村之历史》,《台湾文献》23～3:1～38。

王焜泉

1979《松源人膜拜的"松源王公"》,《梅州文献汇编》第九辑,第245～247页。

仇德哉编著

1983《台湾之寺庙与神明(四)》。台中:台湾省文献委员会。

白长川

1984《苏澳开拓史考》,《台湾文献》35～4:171～212。

何联奎

1955《台湾省通志稿·人民志·礼俗篇》。台中:台湾省文献委员会。

余亦民

1990《也谈台南三山国王庙》,《客家杂志》7:91。

吴金夫

1996《三山国王文化透视》。汕头:汕头大学出版社。

吴瀛涛

1969《台湾民俗》。台北:进学出版社。

贝闻喜、杨方笙主编

1999《三山国王丛谈》。北京：国际文化出版公司。

李柏林

1989《梅州史迹纵览》。广州：广东人民出版社。

李新魁

1987《广东闽方言形成的历史过程》，《广东社会科学》87～3：119～124，87～4：142～150。

邱彦贵

1992《三山国王是台湾客属的特有信仰？——粤东移民原居地文献考察的检讨》，《中央研究院台湾史田野研究通讯》23：66～70。

1995《嘉义广宁宫二百年史（1752—1952）勾勒——一座三山国王庙的社会史面貌初探》，《台湾史料研究》6：69～89。

1997《宜兰溪北地区的三山国王信仰——自传说看历史性的族群关系论述》，收入《"宜兰研究"第二届国际学术研讨会论文集》，第266～293页。宜兰：宜兰县立文化中心。

2001《新街三山国王与五十三庄：管窥北港溪流域中游的一个客家信仰组织》，第38页，宣读于"第一届云林研究学术研讨会"，斗六：云林科技大学。

林伦伦

1991《也谈粤东方言的形成及其有关问题——兼与黄苏先生商榷》，《广东社会科学》91～4：72～77。

林嘉书、林浩

1992《客家土楼与客家文化》。台北：博远出版公司。

林衡道

1963《员林附近的"福佬客"村落》，《台湾文献》14～1：153～158。

1980a《荷婆仑三山国王庙》，《台湾文献》31～1：99～100。

1980b《永靖乡的古迹》，《台湾文献》31～1：101～106。

1980c《埔心乡的古迹》，《台湾文献》31～2：78～83。

1981《三山国王庙》，《台湾胜迹采访册》第六辑，第243～244页。

周宗贤

1983《清代台湾民间的地缘组织》，《台湾文献》34～2：1～14。

施振民

1975《祭祀圈与社会组织——彰化平原聚落发展模式的探讨》，《中研院民族所集刊》36：191～206。

洪惟仁

1987《消失的客家方言岛——现在开始拯救还不迟》，《客家风云杂志》3：13～17。

洪丽完

1988《清代台中地方福客关系初探——兼以清水平原之三山国王庙兴衰为例》，收入

《台湾史研究论文集》，第 133 ~ 185 页。

南洋客

1990《泮坑公王保外乡》，《客家人》创刊号：60。

奚淞

1990《粤东客家人的守护神——三山国王》，《汉声》24：100 ~ 101。

徐俊鸣、徐晓梅

1984《古代梅县市发展过程初探》，《岭南文史》84 ~ 1：26 ~ 40。

袁家骅等

1989《汉语方言概要》（第二版）。北京：文字改革出版社。

连景初

1973《三山国王庙》，《台湾风物》23 ~ 1：38 ~ 42。附刊国分直一 1948《三山国王庙》。

张振兴

1985《闽语的分区（稿)》，《方言》85 ~ 3：171 ~ 180。

1989《闽语的分布和人口》，《方言》89 ~ 1：54 ~ 59。

张淦宏

1976《梅县太平乡简介（二)》，《梅州文献汇编》第三辑，第 112 ~ 116 页。

1977《梅县所属乡镇区划名称对照表》，《梅州文献汇编》第四辑，第 19 页。

张宝义

1979《梅县饶塘乡简介》，《梅州文献汇编》第九辑，第 86 ~ 89 页。

许嘉明

1975《彰化平原福老客的地域组织》，《中研院民族所集刊》36：165 ~ 190。

陈春声

1994《地方神明正统性的创造与认知——三山国王来历故事分析》，收入《潮州学国际研讨会论文集》，郑良树主编，第 145 ~ 160 页。广州：暨南大学出版社。

1996《三山国王信仰与台湾移民社会》，《中研院民族所集刊》80：61 ~ 114。

陈春声、陈文惠

1993《社神崇拜与社区地域关系——樟林三山国王的研究》，《中山大学史学辑刊》2：90 ~ 106。

陈拱初

1978《陆丰乡土谈片》，《中原文化丛书》第二集，第 33 ~ 40 页。

陈国强

1992《惠安崇武的民间寺庙与信仰》，收入《惠东人研究》，第 180 ~ 203 页，福州：福建教育出版社。

陈运栋

1978《客家人》。台北：联亚出版社。

曾玉昆

1984《高雄市各庙宇及各庙主神的分类研究与各寺庙的沿革小志》,《高雄文献》18/19：269～355。

1985《盐埕区的拓殖与发展考》,《高雄文献》22/23：187～225。

曾景来

1938《台湾宗教と迷信陋习》。台北：台湾宗教研究会。

叶文程

1992《惠东大崈人的民间宗教》, 收入《惠东人研究》, 第59～170页, 福州：福建教育出版社。

程志远

1986《梅南胜境与三山国王的由来》,《客家风采》第二辑, 第141～143页。

1989《泮坑公王保外乡》,《梅州风采——嘉应文学》(总) 57/58：82。

梅州市地名委员会编

1989《广东省梅州市地名志》。广州：广东省地图出版社。

黄苏

1990《粤东方言的形成及其有关问题的探测》,《广东社会科学》90～2：170～176。

黄雪贞

1987《客家话的分布与内部异同》,《方言》87～2：81～96。

黄荣洛

1990《鹿港的三山国王庙》,《客家杂志》6：8～10。

1991《客家人移垦台湾的守护神——三山国王和阴那山惭愧祖师》,《客家杂志》18：14～20。

詹伯慧

1990《广东境内三大方言的相互影响》,《方言》90～4：265～269。

杨国鑫

1988《台湾的三山国王庙初探》,《三台杂志》18：44～49。

1990a《彰化县客家调查》,《客家杂志》6：11～18。

1990b《南投客家之旅》,《客家杂志》6：19～27。

董同龢

1959《四个闽南方言》,《中研院史语所集刊》30本下：729～1042。

铃木清一郎

1934《台湾旧惯冠婚葬祭と年中行事》。台北：台湾日日新报社。

熊正辉

1987《广东方言的分区》,《方言》87～3：161～165。

台湾总督官房调查课

1928《台湾在籍汉民族乡贯别调查》。台北：台湾时报印行。

刘佐泉

1991《客家历史与传统文化》。开封：河南大学出版社。

刘枝万

1961《南投县风俗志宗教篇稿》。南投：南投县文献委员会。

刘还月

1991a《苍茫暮色王爷影——台湾客家人信仰的三山国王》，《国文天地》72：103～106。

1991b《台湾的客家民俗》，收入徐正光主编《徘徊于族群和现实之间：客家社会与文化》，第78～101页，台北：正中书局。

潘自莲译，J. L. Watson 原著

1988《神明标准化：华南沿海地区天后之提倡（960～1960）》，《思与言》26～4：59～87。原作"Standardizing the Gods：The Promotion of T'ien Hou（Empress of Heaven）Along the South China Coast，960－1960" In D. Johnson & Others eds. Popular Culture in Late Imperial China. Berkeley：University of California Press，1985.

增田福太郎

1935《台湾本岛人の宗教》。东京：财团法人明治圣德纪念学会。

蔡英元

1986《河婆地方志略》，收入蔡俊举等编《河婆风采》，第51～63页，香港：奔马出版社。

蔡相辉

1989《台湾的祠祀与宗教》。台北：台员出版社。

蔡俊举

1986《客家源流》，收入蔡俊举等编《河婆风采》，第35～50页，香港：奔马出版社。

蔡俊举、张志诚、刘瑶

1986《河婆风采》。香港：奔马出版社。

郑志明

1990《台湾的宗教与秘密教派》。台北：台原出版社。

谢剑

1981《香港的惠州客家社团——从人类学看客家文化的持续》。香港：香港中文大学出版社。

谢雪影

1935《潮梅现象》。汕头：汕头时事通讯社。

颜章炮

1991《台湾民间的守护神信仰》，《厦门大学学报》91～2：97～102。

罗香林

1933《客家研究导论》。兴宁：希山书藏。

1950《客家源流考》，收入《香港崇正总会三十周年纪念特刊》。

罗滨

1990《庇民垂万古，骑虎镇三山——"三山大王"神话及有关诗文》，收入嘉应诗社主编《兴宁风物诗话》第二集，第54~63页，梅州：嘉应诗社。

饶宗颐

1965《清以前潮志纂修始末》，收入《潮州志汇编》附录，香港：龙门书店。

Hansen, Valerie

1990 Changing Gods in Medieval China, 1127 – 1276. New Jersey：Princeton University Press.

责任编辑：吴孟显

近二十年来大陆学者三山国王研究之检讨

陈贤波[*]

摘　要：大陆学者对三山国王信仰的研究在 20 世纪 80 年代末 90 年代初陆续展开，蔚成气候。本文通过翻检近 20 年来大陆学者有关三山国王研究的主要成果，探讨这项研究得以产生、发展的话语背景和学术关怀。笔者认为，在大陆地区，三山国王研究的起步是 20 世纪 80 年代民间宗教文化热和对台交流的政治文化背景促成；不少参与其中的地方文史学者一开始存在明显的"三山国王起源情结"，虽然引起了这项研究的风气，但也存在较机械地运用神话学、民俗学理论知识的弊病，至今在学术史上具有影响力的论述尚不多见。笔者认为，在目前的情况下，有必要努力将三山国王信仰真正置于区域社会文化的脉络中，开展具有深度的区域的、社区的、个案的研究，注重新资料（特别是民间文献）的发掘，进行跨区域比较研究，如此才能期待在史料扩充和视野拓展上有所提升。

关键词：三山国王　粤东　民俗研究　区域社会史

一　引言

三山国王信仰是主要存在于广东省东部韩江流域（包括潮州和客家地区）最为重要的民间神信仰之一。一般认为，所谓"三山"指的是今揭西县河婆镇西面的三座高山——明山、巾山和独山。其中，巾山的山麓建有三山国王祖庙，匾额曰"明贶庙"，奉祀三尊王爷雕像。当地每年正月初二至廿四三山国王派指挥大使和木坑公王为"特使"出游河婆六约，巡乡压邪，祈佑五谷丰登。这项"三山国王祭典"在 2007 年被广东省政

---

* 陈贤波，1980 年生，广东省社会科学院历史研究所副研究员。本文原刊《潮学研究》新一卷第一期，2010 年 12 月，第 77～94 页。初稿曾发表于"三山国王信仰与民间合作交流"学术研讨会（台湾彰化县，2009 年 10 月 24 日），得到潘朝阳教授、黄挺教授等前辈学者的指正；韩山师范学院吴榕青教授提供了资料蒐集的重要线索；《潮学研究》编辑林晓照博士修正了原文的不少错漏，谨此一并致谢！

府批准为"第二批省级非物质文化遗产"①。由于三山国王信仰在马来西亚等东南亚华人地区，尤其在台湾岛内拥有广泛信众，至今前来揭西三山国王祖庙谒祖进香的团队络绎不绝。因此，三山国王信仰与福建湄洲广为人知的妈祖信仰一样，②都具有加强和发展海内外民间交流的特别意义。

尽管三山国王信仰源自粤东，但大陆学者（到目前为止，主要仍是本地籍学者）对这一民间神信仰的研究却要迟至 20 世纪 80 年代末 90 年代初才陆续展开，蔚成气候。通过翻检近 20 年来大陆学者有关三山国土研究的主要成果，本文探讨这项研究得以产生、发展的话语背景和学术关怀。③笔者的结论是，在大陆地区，三山国王研究的起步是 20世纪 80 年代民间宗教文化热和对台交流的政治文化背景促成；不少参与其中的地方文史学者一开始存在明显的"三山国王起源情结"，虽然引起了这项研究的风气，但也存在较机械地运用神话学、民俗学理论知识的弊病，至今在学术史上具有影响力的论述尚不多见。笔者认为，在目前的情况下，有必要努力将三山国王信仰真正置于区域社会文化的脉络中，开展具有深度的区域的、社区的、个案的研究，注重新资料（特别是民间文献）的发掘，进行跨区域比较研究，如此才能期待在史料扩充和视野拓展上有所提升。

二 两岸民间交流与三山国王研究的缘起

在大陆地区，三山国王研究的真正兴起可以 1992 年 10 月 4 日至 6 日在揭西县城河婆召开"首届三山神学术研讨会"（或称"三山祖庙学术研讨会"）为标志。这次研讨会由汕头大学教授吴金富、揭阳县志办公室主任贝闻喜倡议召开，与会者逾 50 人，主要是来自广州及汕头、揭阳、潮州等地的学者，提交论文计 21 篇。当时旅居马来西亚和泰国的华人学者张肯堂、李少儒虽因故未能到会，也分别寄来了会议论文。④

这次研讨会的会议消息及部分论文先后发表于《人民日报》海外版、连载于《汕头特区晚报》、《汕头大学学报》和《韩山师专学报》等国家和地方性报刊。事后，由潮汕历史文化研究中心和揭西县三山祖庙管委会合作，将研讨会论文和相关历史文献收集整理成《三山国王丛谈》，列入"潮汕文库"之一，于 1999 年公开出版。⑤这是迄今为止大陆唯一的三山国王研究论文集。⑥

---

① 《广东省人民政府关于批准并公布广东省第二批省级非物质文化遗产名录的通知》（粤府〔2007〕57 号），http://www.gd.gov.cn/govpub/zfwj/zfxxgk/gfxwj/yf/200809/T20080916_ 67025.htm。

② 有关妈祖信仰在海外和台湾传播影响的情况，参见李天锡《妈祖信仰在华侨中传播的原因及其启示》，《世界宗教研究》1988 年第 3 期；李玉昆：《妈祖——海峡两岸人民共同信仰的海神》，载杨德金编《妈祖研究资料汇编》，福建人民出版社，1987，第 113～135 页。

③ 至于台湾地区的三山国王研究，由来已久，有其自身的学术脉络。笔者拟日后另文探讨。基本的研究书目，可见林美容编《台湾民间信仰研究书目（增订本）》，台北，南港："中央研究院"民族学研究所，1997。

④ 吴金富、刘逸、刘道桌：《首届三山神学术研讨会综述》，《汕头大学学报（人文科学版）》1992 年第 4 期。

⑤ 贝闻喜、杨方笙主编《三山国王丛谈》，国际文化出版公司，1999。

⑥ 除了这本论文集外，有关三山国王研究的专书，还有吴金夫的《三山国王文化透视》（汕头大学出版社，1996）以及贝闻喜的《潮汕三山国王崇拜》（广东人民出版社，2006）。

有关"首届三山神学术研讨会"召开的背景，杜经国在《三山国王丛谈·序》中说得很清楚："河婆三山国王祖庙于 1984 年重建，营造经年，庙宇修葺一新，吸引许多海外华人和港澳台同胞纷纷前来朝拜，从 1989 年至 1992 年 9 月，仅台湾三山国王庙寻根问祖组团前来瞻仰进香的即达 56 个，人数达 3000 人以上"。因此，"为探索三山祖庙的历史文化渊源，增强中华民族凝聚力，促进山区旅游业的建设，揭西县委、县政协根据有关学者倡议"召开了此次研讨会。① 由此可知，海外华人特别是台湾信众大规模谒祖进香的风潮是其中重要的推力。

事实上，早在海外华人和台胞大规模到揭西谒祖进香之前，一些细心的外籍中国研究者已经注意到这座三山国王祖庙的存在和价值。目前可知最早造访三山国王祖庙的外籍学者，当数现任麦吉尔大学东亚系教授丁荷生（Kenneth Dean）。由于丁荷生的短暂访问，一些地方学者有机会从他那里获知了有关海外和台湾三山国王信仰的情况。已故黄朝凡先生回忆道："由于潮州人长期陆续地向台湾移民，现在台湾的三山国王庙有 200 多座。美国历史学硕士、厦门大学博士生丁荷生（Kenneth Deav），曾于 1986 年 4 月 4 日，在有关部门人员的陪同下，访问三山祖庙。笔者当时曾会见丁氏，据称，他去台湾访问后，发现众多的三山神庙，就寻到河婆来，他正在想写一篇论三山神的博士论文。"② 在当时对台交流并不频密的情况下，地方学者黄朝凡对台湾拥有"200 多座"三山国王庙的知识显然得自丁荷生教授口述。值得重视的是，这些零碎的有关外面世界的知识让越来越多的本地人意识到三山国王祖庙的重要性。正因如此，海外和台湾岛内拥有众多的三山国王庙这一事实本身常常成为后来许多讨论三山国王信仰研究价值的最基本理由之一。

自 1987 年 11 月台湾民众获准赴大陆探亲后，台湾各地三山国王信众返乡探亲的热潮很快就兴起了。据说在 1987～1988 年 2 月间，先后有多个三山国王庙组团造访粤东，但均未如愿找到祖庙。直到 1988 年 3 月 6 日，宜兰县冬山乡振安宫"探亲团"造访揭阳，终于"拔得头筹"与霖田祖庙成功接洽，迎回三尊神像。台湾《中国时报》1988 年 3 月 21 日地方综合新闻报道称："（冬山讯）在政府开放大陆探亲全省各地的妈祖庙抢回湄洲'探亲'热之后，全省各地的三山国王庙也展开回广东省潮州'探亲'较劲，均未如愿找到揭阳县霖田祖庙，但宜兰冬山乡的振安宫拔得头筹，并将在廿九日迎回三尊祖庙神像。据振安宫人员表示，由该宫管理委员会主任委员陈添财率领的廿六人'探亲团'在三月六日启程，已经到过揭阳县霖田三山国王祖庙。振安宫人员透露，去年八月以来花莲护国宫、斗六顺天宫、屏东林边三山国王庙、嘉义庆宁宫、丰原德惠宫、埔里奉天宫，均向振安宫索取霖田祖庙的资料，但振安宫并未施给最详细的地址。又说花莲护国宫甚至在去年八月企图派出探亲团到霖田去，但未找到祖庙。而冬山振安宫系 303 年前有 38 名人士随郑成功来台，并奉神像来台，便在宜兰冬山建庙。振安宫计划在三月廿九日三神像返台

① 杜经国：《三山国王丛谈·序》，载贝闻喜、杨方笙主编《三山国王丛谈》，国际文化出版公司，1999，第 1～2 页。
② 黄朝凡：《论三山祖庙》，载贝闻喜、杨方笙主编《三山国王丛谈》，第 48 页。其中对丁荷生的身份和英文名称的书写明显有误，但此处征引仍照原文书写。

时，举行迎神会。并在四月十一日举行过火仪式。"① 当时一波又一波进香团的到来，祖庙也正在紧锣密鼓的重建装潢之中，其中一个重要的资金来源就是台湾信众的捐助，短短3年间已达30多万元人民币之多。② 其实，即便是新建庙宇正殿三山国王塑像右侧墙壁上的《三山国王历史》，也是祖庙理事会主事者根据到访的台湾信众提供的《台湾神仙传》的相关内容编写而成的，有明显的"台湾色彩"。③ 据杨国鑫在1988年6月的采访资料称，霖肇宫管委会在1988年3月间三人小组到揭阳县霖田祖庙考察。他们带了霖田宫的相关资料。黄先生笑着说："大陆祖庙的资料很少，他们都要照台湾的霖肇宫所保留的资料，因为大陆祖庙在'文化大革命'时被红卫兵破坏殆尽，现在想到台湾的三山国王庙将来进香，就已着手重建，我们去的时候已完成一半了，这与湄洲的妈祖庙是相类似的。"④

对于地方政府和本地许多学者来说，20世纪80年代末三山国王进香热以及越来越频密的对外、对台交流活动，表明三山国王祖庙是"海外华人祖籍的象征"和"家国情怀的寄托"，三山国王研究因此被赋予"加强与海外潮人的联系，直接为开放改革服务"和"促进祖国的统一"的特别意义。正因如此，我们就不难理解，很多这类研究性论文的开篇，都要提到海外和台湾三山国王信仰的广泛来强调这项研究的合理性，而不是首先从民间宗教文化信仰的学术史之问题意识出发的。当日倡议召开研讨会的贝闻喜曾撰文描述"三山神"在马来西亚和台湾的影响，他开篇就指出这样一个事实："我国华侨和台湾同胞，多半是闽粤两省的移民，潮汕因地域毗邻关系播迁东南亚各国和台湾的人数最多。他们漂洋过海、远离祖居、赤手空拳在异地谋生，历尽艰辛、吉凶未卜，总是期望得到神明的庇佑作为他们的精神支柱，因此，当他们梯山航海、离乡背井的同时也带去了当地的神像或香火在移民地设坛建庙，诚心奉祀，并历代相传。"⑤ 类似的表述不胜枚举。他又指出，"为了弘扬中华民族文化，保存地方名胜古迹，积极开发旅游事业，霖田祖庙发祥地揭西县于1984年开始对祖庙进行全面修复，并确定为重点文物保护单位，现工程接近竣工，除按原貌全部修复外，加设招待所、停车场。开辟专线公路直通县城，庙房由原盖普通陶瓦全部改为琉璃瓦，庙门原来的石门改为花岗岩水磨石板，几十尊神像皆聘名师塑造，整座雕梁画栋，金碧辉煌，雄伟壮观，更胜旧貌。……修复中的霖田祖庙，迎来了成千上万国内外游客，远自泰国、新加坡、文莱、印度尼西亚、香港、澳门等地的归侨游客络绎不绝，特别是来自马来西亚的华侨和台湾同胞为数最多，他们一批批地前来寻根问

---

① 1988年3月21日《中国时报》，地方综合新闻报道，转引自杨国鑫《台湾的三山国王庙初探》，载贝闻喜、杨方笙主编《三山国王丛谈》，第148~158页。
② 黄朝凡：《论三山祖庙》，载贝闻喜、杨方笙主编《三山国王丛谈》，第48页。
③ 《三山国王历史》中有关三山国王来历的故事称："三位国王乃昔日忠义护国安民三勇士：一姓连，号曰清化，即大国王；二姓赵，号曰助政，即二国王；其三姓乔，名惠威，即三国王。前后曾救过隋开国君主杨坚及隋朝末年恭帝侗二位圣驾，被封为开国驾前大将军及大元帅。"
④ 杨国鑫：《台湾的三山国王庙初探》，载贝闻喜、杨方笙主编《三山国王丛谈》，第148~158页。
⑤ 贝闻喜：《潮州三山神的由来及其对马来西亚、台湾等地的影响》，《韩山师专学报》1993年第1期。

祖、参拜神圣、迎接香火，诚意感人。"① 可见三山祖庙的全面修复既是海外归侨游客和台湾信众进香所推动的，反过来也成为促进这一民间文化交流形式的动力。

除上述政治文化大环境的因素外，单从学术传统本身而言，我们也要注意到，事实上，20 世纪 80 年代大陆地区民俗学研究的重新勃兴和地方历史文化研究的提倡，也是早期三山国王研究背后的一股潜流动力。

众所周知，民间宗教信仰一直是中国民俗学研究最为重要的内容之一。20 世纪 20 年代民俗学发端之初，顾颉刚、江绍原、容肇祖等前辈学者陆续开展了一系列具有奠基意义的民间宗教信仰调查研究。北京大学《歌谣》周刊、中山大学《民俗》周刊及民俗学丛书都先后大量刊载了全国各地民间信仰的文章。② 经历了数十年的"中断"后，1979 年 12 月，顾颉刚、白寿彝、容肇祖、钟敬文等八位民俗学界泰斗联名发表《建立民俗学及有关研究机构的倡议》，③ 标志着民俗学在大陆重新勃兴。受此激励，当时国内民间文化研究者开始广泛讨论民俗学的重建问题，议题之一就是恢复对民间宗教信仰的调查研究，破除以往一概视之为"迷信行为"的观念。④ 就刚刚起步的三山国王研究而言，许多成果实际上有意无意之间都以民俗学为方法，将它视为民间风俗习惯的一种，重在探讨神祇的性质、特点、功能及其产生发展情况，具有朴素的民俗学研究色彩。本地有名的学者蔡起贤在"首届三山神学术研讨会"上就呼吁说："这样的会议，它不仅是研究三山古庙的神的历史，还应该说为研究潮汕民俗学打开一个新局面，当此大力弘扬中华民族文化，研究潮汕历史文化的时刻，民俗学的研究是一个重要的门类，不研究潮汕民俗，很难获得真正潮汕文化的实质"。⑤ 吴金夫在《三山国王面面观》中也说："三山祖庙这一事象，属民俗文化，它具有地区性，又属地域文化，它和南迁移民及古老的中原文化又有密切的联系。所以也是移民文化。"⑥ 他们比较集中地表达了从民俗学角度研究乡土历史文化的旨趣。

由于一般研究者更多的是从彰扬乡土历史文化出发，在三山国王研究的起步阶段，能够自觉地与国际上民间宗教信仰研究的学术主流进行对话的还是凤毛麟角。正因为这样，回过头看，陈春声在 1992 年提交给"首届三山神学术研讨会"的专题论文《社神崇拜与社区地域关系——樟林三山国王的研究》就格外引人注目。

在该文中，陈春声开宗明义地说："近几十年来，中外学者对广东、福建、台湾、香港新界等地的一系列历史人类学研究表明，在南中国，乡村庙宇往往是社区地缘关系的最重要标志和象征。近年来我们在粤东古港樟林进行多次实地调查，发现当地居民对

---

① 贝闻喜：《潮州三山神的由来及其对马来西亚、台湾等地的影响》，《韩山师专学报》1993 年第 1 期。
② 有关中国民俗学的发展情况，参见王文宝《中国民俗学发展史》，辽宁大学出版社，1987；〔美〕洪长泰：《到民间去：1918～1937 年的中国知识分子与民间文学运动》，董晓萍译，上海文艺出版社，1993。
③ 顾颉刚等：《建立民俗学及有关研究机构的倡议》，《民间文学》1979 年第 12 期。
④ 吴真：《民间信仰三十年》，《民俗研究》2008 年第 4 期。
⑤ 蔡起贤：《从三山神的历史说起》，载贝闻喜、杨方笙主编《三山国王丛谈》，第 10～15 页。
⑥ 吴金夫：《三山国王面面观》，《汕头大学学报（人文社会科学版）》1993 年第 1 期。

三山国王的崇拜和祭祀与该社区的历史发展和内部地域关系有密切的联系",樟林是"清代广东最重要的近海帆船贸易口岸之一",也是"韩江流域较早向海外移民的据点和著名侨乡"。因此,他认为开展樟林民间宗教活动的研究,"对揭示潮汕传统文化的形成及特质,具有一定的典型意义"。作者在开篇的注释还特别提到英国学者王斯福(Stephan Feuchtwang)刚刚面世的有关中国民间宗教信仰的著作 *The Imperial Metaphor*: *Popular Religion in China*。① 可知作者的出发点固然是潮汕历史文化,但强调的却是借鉴国际学术界民间宗教信仰研究,从三山国王崇拜去了解社区内部结构和地域社会变迁。民间信仰是讨论的对象但绝非终极关怀。关于这种研究取向,我们以下再讨论。令人遗憾的是,陈春声的研究在当时未能引起足够的共鸣。在普遍关心三山国王起源和性质的背景下,这项标题为"社神崇拜与社区地域关系"的研究仍然被认为是说明三山国王庙性质的例证。例如在介绍这次学术会议情况的综述中,是这样介绍的:"陈文惠、陈春声在《社神崇拜与社区地域关系》一文中,以澄海樟林三山国王庙为例,认为各社区的国王宫是社庙,是社神崇拜。"② 兴许是未能亲睹原文,谢重光发表于1996年的《三山国王信仰考略》也轻易地转引了这则研讨会综述的说法,并进一步延伸为"在澄海县,'各社区的(三山)国王宫是社庙,是社神崇拜'。以今况古,可以更清楚认识历史上粤东地区三山国王确实扮演着社神的角色"③。类似的误读反衬出早期研究者之间的学术对话仍十分贫乏。

三 文献资料的鉴别和运用

文献资料的鉴别和运用,直接决定了研究结论的推导。在大陆学者有关三山国王研究的论著中,最为重要的几则文献资料,分别是唐陈元光《神湖州三山神题壁》(收入闽南《颖川陈氏族谱》附载之《龙湖集》,1990年漳州市历史研究会及厦门鹭江出版社曾刊行《龙湖集》)、元刘希孟《潮州路三山明贶庙记》(明初收入《永乐大典》中,潮州地方志多有抄录)以及明盛端明《三山明贶庙记》(光绪《潮阳县志》有录,乾隆年间修建的台南三山国王庙也有碑文抄载)。围绕这些文献资料的作者、时代、内容和价值的鉴别,研究者中争议颇大,构成了三山国王研究的一个重要面向。

陈元光正史无传,地方史志和民间传说称其官至唐朝岭南行军总管,有平定闽粤、开设州县之功,被誉为"开漳圣王"。④ 在据称为陈元光诗集《龙湖集》被"发现"之后,

---

① 陈春声这篇文章最早提交给研讨会,参见贝闻喜、杨方笙主编《三山国王丛谈》,第81~96页,该文1994年也收入《中山大学史学集刊》第二辑,广东人民出版社,1994,第90~106页。王斯福的著作虽然在学术界早已广为流传,但直到2008年在大陆地区才有中文译本《帝国的隐喻:中国民间宗教》,赵旭东译,江苏人民出版社,2008。

② 吴金富、刘逸、刘道献:《首届三山神学术研讨会综述》,《汕头大学学报(人文科学版)》1992年第4期。

③ 谢重光:《三山国王信仰考略》,《世界宗教研究》1996年第2期。

④ 周贤成:《陈元光家世考》,《东南学术》1991年第5期;赵志群:《开漳圣王文化源流初探》,《福建论坛(人文社会科学版)》2008年第S3期。

其中的《神湖州三山神题壁》很快就成为论证潮州三山国王信仰起源的"证据"。由于该诗中明确提到"孤随不尊士，幽谷多豪英，三山亦隐者，韬晦忘其名"，"岭表开崇祠，辽东建神帜"及"独山峰耸阁，中谷水鸣琴。明山卉水翳，遥林云雾深"等，与三山国王的来历故事和地名吻合，在没有考辨诗文真伪的情况下，吴金夫认为："诗的标题说明这祖神是来自湖州的三山神。因隋朝不尊重士族，迫使一些士族从湖州地区来到岭东隐居，并创建了'祖祠'"，断言"岭东许多移民的老祖宗根源就在这太湖地区"，"来自太湖的远祖神，成为岭东的开山祖神了。"①

事实上，《全唐诗》未见陈元光这首诗作。② 《龙湖集》的出版者也在《后记》中说明"至于某些篇章是否有后人伪托，我们没有稽考"，可知已经引起不少地方文史学者的怀疑。如福建学者谢重光就从《龙湖集》中出现的犯讳、名物及职官制度等方面的错误考定其为伪作，并推断作伪的时间大致在明万历之后。③ 不过，即便自己已鉴别《龙湖集》系明代以后的伪作，谢重光仍然相信其中的《神湖州三山神题壁》应是《祀潮州三山神题壁》的传写之讹："'潮'字因形近讹为'湖'字，'神'字可能是衍字或'祀'字等形近字之讹"，说的是潮州的三山国王无疑，因此他批评"有人因这一字之讹而把三山神与浙江的湖州和江苏的太湖扯在一起，是毫无根据的捕风捉影之举"④。

一般认为，《神湖州三山神题壁》确为陈元光所作，但正确标题应为《祀潮州三山神题壁》。因为相信"陈元光距肇迹于隋的三山神庙仅百年左右，时近事鲜，对考究三山神的历史渊源来龙去脉，陈元光诗中所言应该是最可信的"，一些地方学者还不遗余力地对诗文逐首注释。⑤ 其实，要为三山国王信仰找到更确切的文献记录，并不必过于倚重真实性备受质疑的《龙湖集》。陈春声发现《宋会要辑稿》卷一二三《礼二十》中即有《三神山神祠》条，谓："三神山神祠在潮州，徽宗宣和七年八月赐庙额明贶"。⑥ 可知三山国王信仰在潮州已经有广泛信众和影响力，因此早在北宋末年就得到朝廷册封赐额。宋代以"会要所"负责编撰本朝会要，但一直未公开刊行。现存《宋会要辑稿》乃清嘉庆年间徐松辑录于《永乐大典》，所以这条记载长期未为人熟知，加上 20 世纪 80 年代末 90 年代初《宋会要辑稿》流传不广，一般研究者难以得见，自然也谈不上征引研究了。

除了陈元光的《神湖州三山神题壁》，元刘希孟《潮州路三山明贶庙记》是目前

---

① 吴金夫：《三山国王面面观》，《汕头大学学报（人文科学版）》1993 年第 1 期。
② 据陈阿涓统计，现存《龙湖集》的 54 首诗作中计有 7 首收入《全唐诗》及其续编和补遗。参见陈阿涓《陈元光与〈龙湖集〉》，《福建教育学院学报》2008 年第 5 期。
③ 参见谢重光《〈龙湖集〉的真伪与陈元光的家世和生平》，《福建论坛（人文社会科学版）》1989 年第 5 期；谢重光：《再论〈龙湖集〉是后人伪托之作》，《福建论坛（人文社会科学版）》1991 年第 4 期。
④ 谢重光：《三山国王信仰考略》，《世界宗教研究》1996 年第 2 期。
⑤ 贝闻喜、陈惠国：《释陈元光〈祀潮州三山神题壁〉诗三首》，《汕头大学学报（人文社会科学版）》1992 年第 4 期；王治功、翁奕波：《试述粤东"三山国王神"》，载贝闻喜、杨方笙主编《三山国王丛谈》，第 1~9 页。
⑥ 陈春声：《地方神明正统性的创造与认知——三山国王来历故事分析》，载《潮州学国际研讨会论文集》，暨南大学出版社，1994，第 145~160 页。

讨论三山国王神明来历最为重要的依据。刘希孟应潮州路总管王元恭之请，于元至顺三年（1332 年）根据民间传说，比较完整地讲述了三山国王"肇迹于隋，显灵于唐，受封于宋"的故事。在首届三山神学术研讨会上，黄九育对府志和县志中收录的这份庙记进行了比较分析，初步阐述了其学术价值。他甚至呼吁"广为印行《明贶庙记》，并把它镂刻成碑立于庙里显眼之处，实为当务之急，以使更多的人了解祖庙的历史，并从而提高祖庙的旅游观赏价值"①。后来正式出版《三山国王丛谈》，这篇庙记也与前述陈元光诗文一起作为"有关历史记载"附录进去。不过，对于许多地方文史学者来说，刘希孟的《潮州路三山明贶庙记》比较让人瞩目的内容是神话的色彩，如开篇讲述三神人出于巾山之石穴，受命于天，托灵显圣等等就引起研究者的注意。刘天一对此深信不疑，他在《"三山国王"由来初探》中认为："有许多地方的主要山峰，都曾被当做地方保护神加以崇拜，并伴之流传着许多美丽而神奇的民间神话传说故事，而传说中的巾山、明山、独山，有三位神人，后来演变为'三山国王'，由自然神而演变为社会神，这是合乎当时人们的理解能力和心理状态，也合乎人们'造神'的发展规律。"② 由于得见海外归侨赠与的各类同乡会特刊，阅读了其中有关马来西亚蕉赖三山国王庙中《三山国王的历史记述》（以下简称《记述》）（其中称，巾山、明山、独山三位国王，是昔日忠义护国安民的三位勇士，前后曾救过隋朝开国君主杨坚和隋末恭帝杨侗，被封为开国驾前大将军及大元帅，但三人神仙骨骼，视荣华富贵非永久之福，乃星夜挂印留书退隐。归化后又显灵于唐宋，救过宋太祖赵匡胤，受封为大王、二王、三王等），贝闻喜认为，"对三山神的由来之说，刘记多神话色彩"，《记述》比较可信，理由是"三山神与其他地方一样初出现时是人而不是神，他不但护国有功，而且爱民庇民，生时受地方人民拥戴，死后人民仍以神明奉祀，期望这位地方英豪勇士能化神庇佑他们"③。对此，蔡起贤转引了《记述》，也呼应说后者"似比较可信"，但他同时又发现，《记述》乃后起之作，反倒比前作的内容更加详尽，因而"虚构可疑的成分也就越多"④。可见，围绕这类富于神话色彩的传说故事，研究者一开始就陷入了辨别真伪的陷阱。在缺乏时空序列的文献资料的情况下，类似的解释分析往往泥足深陷，难以验证。

陈春声并未纠缠于刘希孟记述的有关神人的传说故事本身，他注意到这位官僚士大夫如何合理化一个地方神明的正统性。他指出，在刘希孟的笔下，三山国王的正统性主要来自韩愈的祭祀和宋代皇帝的册封。⑤ 由于在潮州地区自宋代以后韩愈逐步被塑造成地方开

---

① 黄九育：《元代刘希孟的〈明贶庙记〉是研究三山祖庙历史的主要依据》，载贝闻喜、杨方笙主编《三山国王丛谈》，第 66~75 页。
② 刘天一：《"三山国王"由来初探》，载贝闻喜、杨方笙主编《三山国王丛谈》，第 50~56 页。
③ 贝闻喜：《潮州三山神的由来及其对马来西亚、台湾等地的影响》，《韩山师专学报》1993 年第 1 期。
④ 蔡起贤：《从三山神的历史说起》，载贝闻喜、杨方笙主编《三山国王丛谈》，第 10~15 页。
⑤ 陈春声：《正统性、地方化与文化的创制——潮州民间神信仰的象征与历史意义》，《史学月刊》2001 年第 1 期。

化的象征，韩愈拜祭过三山神这一"事实"本身使三山国王的正统性有了重要依据。[①] 与陈春声一样，蔡起贤也注意到《永乐大典》收录韩愈《祭界石神文》题下注云"或言即三山国王"，但他认为韩愈祭神时山神尚未得国王封号，由于界石神即后来的三山国王，所以"韩愈那篇祭文对增长三山神的声价，我以为不亚于他给大颠的影响"[②]。不过，究竟"界石神"是否就是后来的三山国王尚难以考证，即便是《永乐大典》的记载也只是十分谨慎的"或言"，可知《永乐大典》的收录者也不敢断言。那么，究竟是由于韩愈祭祀"三山神"才扩大了这一地方神明的影响力，还是后来的文人士大夫有意将韩愈祭祀的"界石神"与三山国王联系起来，使其更有文化正统性呢？对此，陈春声认为，由于韩愈在潮州地区的广泛影响，《祭界石神文》是被"呈献到三山国王座下，这一联系使三山国王的正统性有了文化上的依据"[③]。

至于明盛端明的《三山明贶庙记》，一开始是作为"反面教材"，地方文史学者黄九育拿它与《潮州府志》和《揭阳县志》中刘希孟的《明贶庙记》对比过，他发现明礼部尚书、海阳县进士盛端明在参与修撰府志时修改了刘希孟的《明贶庙记》，其中添加了一段被作者认为"有油水格格不入之感"的议论，怀疑盛端明本人所写的庙记"由于没有实质内容而没有入选志内"[④]。对比之下，盛端明的《三山明贶庙记》确实是辗转抄袭刘希孟的《明贶庙记》无疑，对于我们了解大陆原乡三山国王的来历故事固然意义不大，但对于了解台湾三山国王信仰的传播却另有价值。陈春声指出，事实上完成于乾隆九年（1744 年）的台南三山国王庙记的来源正是盛端明的《三山明贶庙记》，尽管抄袭错漏，但"这是第一个把大陆原乡带有士大夫色彩的关于三山国王的解释介绍到台湾移民社会的文献"，并且这一文献的后半部分又被载入陆续面世的《台湾县志》和《凤山县志》中，造成后来不少台湾研究者长期沿用这一版本故事。

四 研究的主题：三山国王信仰的由来和性质

在三山国王研究的起步阶段，正是依据上述比较有限的几则文献资料，特别是陈元光《神湖州三山神题壁》和刘希孟《潮州路三山明贶庙记》，再辅以相关地方传说故事和调查资料，大陆学者（主要是地方文史工作者）探讨的主题，往往就是三山国王的由来和性质。

---

① 有关韩愈在潮州受尊崇的情况，饶宗颐先生有精辟论述，参见饶宗颐《宋代莅潮官师与蜀学及闽学——韩公在潮州受高度崇敬的原因》，载黄挺编《饶宗颐潮汕地方史论集》，汕头大学出版社，1996，第 394～398 页；韩愈的潮州事迹，参见黄挺、陈占山《潮汕史（上册）》，广东人民出版社，2001。
② 蔡起贤：《从三山神的历史说起》，载贝闻喜、杨方笙主编《三山国王丛谈》，第 10～15 页。
③ 陈春声：《三山国王信仰与台湾移民社会》，《中央研究院民族学研究所集刊》第 80 期（1996 年 4 月），第 61～114 页。
④ 黄九育：《元代刘希孟的〈明贶庙记〉是研究三山祖庙历史的主要依据》，载贝闻喜、杨方笙主编《三山国王丛谈》，第 66～75 页。

以陈训先的研究为例，① 我们或可比较清楚地看到相关研究的推演路径。由于判断刘希孟《明贶庙记》对"'三山国王'神祇的创造始末——名称、由来、性质、演变、地位及其社会功能，均作了多视角、多层次和全方位的一个完整序列的详细论述"，作者指出，第一，"三山国王"是我国昆仑山"三字头"神话体系的一种推演。这是因为"三山国王"中含有"三"、"山"、"国"，因此"它的名称源自'人神不分'的时代，是从'三苗国（族）'和'三神山（族）'的名字中各取一字的联称"。第二，"三山国王"是山、石信仰和枫树崇拜文化结合的产物。这是因为，刘希孟《明贶庙记》中提到神人出于"石穴"，"其地有古枫树，降神之日，上生莲花"，而"'石穴'是黄河文化的象征，'枫树'是诞生苗人领袖的妈妈树，是三苗文化的标帜"，因此，既然上面已经认定三山国王来自"三苗国（族）"，那么顺理成章的，"刘希孟对这两个细节的刻意强调绝非怪的无稽，而是隋代先民牢记祖根的一种手段。"第三，三山国王是"自然神"和"社会神"演化迭合的"多料神"。上面说过，"三山国王"是山、石信仰的产物，乃自然神无疑；兼之它被赋予"爱民"、"忠君"的思想，"人为地按照鬼魂的原则，把地上的社会关系搬到天上，构成一整套等级森严的神系统并公开号召顶礼膜拜的'神明'、'圣明'"，因而也称为"人神"。在其他类似的描述中，三山国王是"山岳神和社会神的混合体"，其论证的思路大体与之相同。②

姑且不论由"三"、"山"、"国"等字眼推演三山国王的信仰起源与古三苗族有密切联系是否妥当，后来张应斌的研究又补充了另一个"发现"，即"三山国王神与内陆山地民族——土家族的三王神有某种联系"。据他所言，湘鄂土家族信奉的三王神，又称大、二、三神，既是山神又是王神，"土家族的三王神与三山国王在数学结构上，在既是山神又是王神的功能结构上均相同"，更重要的是三山国王与土家族三王神的白、红、黑三种脸谱也相同，因此作者进一步推出"它们之间有文化上的亲缘关系"③。同样地，张应斌试图结合人类学的文化传播观点，以今潮州和客家地区畲民作为蛋人南迁的证据，认为古史传说中原本生活在湘鄂地区的蛋人把三山神带到粤东，是为三山国王的起源，但依然难脱推测猜度的窠臼，正如周建新所言："且不说畲族是否是南迁的武陵蛮之后，仅就蛋民的渊源"而言，目前学术界也是说法不一，未有定论。如果单从蛋民的宗教信仰来看，东南沿海内河一带的蛋民并没有信仰三山神以及三山国王的历史。蛋民普遍信仰的神明是佛祖、妈祖以及'圣人公'。信仰是深层次的文化因素，积淀很深且难以消除，仅从这一点上，关于三山国王与湘鄂的三王神有着亲缘关系的说法就很难站住脚。"④ 有意思的是，既然三山国王的起源和性质如此扑朔迷离，文献资料如此缺乏难辨，周建新批评以往的学

---

① 陈训先：《论"三山国王"》，载贝闻喜、杨方笙主编《三山国王丛谈》，第 16 ~ 25 页。

② 黄国汉：《霖田祖庙是封建社会——宋代封禅名山的产物》，载贝闻喜、杨方笙主编《三山国王丛谈》，第 26 ~ 30 页。

③ 张应斌：《"三山国王"的文化渊源和历史过程——兼论客家在客居情景中的文化认同》，《嘉应大学学报》1999 年第 4 期。

④ 周建新：《粤东地区三山国王信仰的起源、特征及其族群意象》，《广西民族研究》2006 年第 1 期。

者过于武断，但他自己还是觉得"对于这一主题的探讨仍有继续的必要"。在他看来，三山国王信仰的起源和发展过程主要经历了两个阶段，一是"山神—自然神阶段"；二是"王神—世俗神阶段"，依然重复之前的讨论话题。

值得注意的是，这些研究中常常出现的字眼和词汇，往往就是民俗学、神话学或人类学的基础知识。如陈训先讨论"三字头"神话体系中所谓"国"、"民"、"山"，直接依据的只是袁柯的《中国神话传说辞典》。张应斌的论文中征引的理论依据是人类学家弗雷泽的《金枝》。周建新的论文声称要"结合人类学的理论，在检视以往相关研究成果的基础上"进行研究，但其中提到涂尔干、本尼迪克特和特纳的研究，却都是转引自王铭铭、潘忠党主编的《象征与社会：中国民间文化的探讨》一书。[①] 窃以为，若要循此研究路径，无论是史料的扩充还是研究者自身理论素养的提升，目前的三山国王研究实有进一步加以反思的必要。

五　区域社会文化史的视野

在越来越多地提倡"眼光向下"，注意文献分析和实地调查相结合的区域研究普遍趋势下，民间宗教信仰也日益成为区域社会文化史研究的一个重要内容。中外学者对传统中国民间宗教信仰的研究，或从宗教文化的角度，揭示了"大传统"宗教和"小传统"宗教的区别及相互关系；或从社会历史文化的角度，考察了在社区历史发展中各种社会关系在民间宗教仪式中的表现。[②] 将某一地区性的民间宗教信仰置于特定区域社会文化脉络中，揭示其得以产生、发展的渊源脉络，类似的做法表达了一种更具社会整体感的研究关怀。

早在1992年有关樟林三山国王研究的论文中，陈春声指出：

> 以往国内关于民间宗教的研究，往往偏重于神祇起源的追溯和有关传说真伪的考辨。关于樟林三山国王的研究，也许可以说明，传统中国的民间宗教活动，实际上也是地方社会生活的一部分，神祇的信仰、神庙的兴建、庙际关系等等都直接、间接地反映了地域社会的性质、结构、内部关系和外部环境及其变迁。对有关传说真伪的考辨固然重要，但更重要的是要揭示其社会历史文化内涵。

因此，他又进一步呼吁："民间宗教的研究应成为中国社会史研究的重要内容。在现

---

① 王铭铭、潘忠党主编《象征与社会：中国民间文化的探讨》，天津人民出版社，1997。
② 相关情况参见王铭铭《社会人类学与中国研究》第五章《象征与仪式的文化理解》，广西师范大学出版社，2005，第132～164页；王健：《近年来民间信仰问题研究的回顾与思考：社会史角度的考察》，《史学月刊》2005年第1期。

阶段，大力提倡小社区的田野调查是十分必要的。"①在陈春声与郑振满主编的《民间信仰与社会空间》的导言中，作者进一步宣称："吸引众多的研究者去关注民间信仰行为的更重要的动机，在于这种研究在揭示中国社会的内在秩序和运作'法则'方面，具有独特的价值和意义。"②说得更直白一些，三山国王信仰只不过是了解地方社会与文化"结构过程"的一个切入口而已，③是研究的起点，并非目的。这在更深刻的学术层面上与地方文史学者的工作区分开来，回应的是更大的学术共同体所共同关心的问题。陈春声的三山国王研究属于更大范围的"华南社会史研究计划"的一部分，在目前大陆地区的民间宗教研究还处于很初步的阶段，他和一批有着共同旨趣的华南研究者后来陆续发表的系列研究成果，特别注意区域的、社区的、个案的研究，关心民间信仰所表达的百姓关于王朝国家的观念、神祇崇拜与地方社会变迁之间的关系、乡村庙宇与家族组织、村落关系等议题，提倡田野调查和文献分析相结合的研究风格，代表了这项研究趋势的前沿，在理论方法和新资料发掘上具有提示的意义。④

在目前的情况下，探讨三山国王的起源、性质、特征和功能的研究已经不多见，近年不少青年研究者陆续发表有关三山国王的论文，常常就是社区的、个案的研究成果，也不乏一些与周边神祇的比较分析，其主要资料来源往往也是实地调查所得。⑤虽然一些研究有意标榜"历史人类学"，但能够自觉地与学术主流对话，提出新见解的成果仍嫌不足，多数情况下贡献仅在于补充了地方性的知识而已。这或许不只是三山国王信仰研究本身的困境，也是大陆地区民间信仰研究普遍存在的难题。

六 小结

回顾近 20 年来大陆学者的三山国王研究，我们或可看出这项研究呈现出如下四个脉络或趋势：

（一）问题意识由比较现实政治文化的考虑到较为纯粹的学术研究；

（二）研究内容由主要着眼于神祇本身的由来、性质、功能到更多关注神祇所在地域的社会文化背景；

（三）资料运用上从早期侧重考辨有限的文献资料到更多地利用实地调查材料；

---

① 陈春声：《社神崇拜与社区地域关系——樟林三山国王的研究》，载贝闻喜、杨方笙主编《三山国王丛谈》，第 81～96 页。

② 陈春声、郑振满：《民间信仰与社会空间·导言》，载陈春声、郑振满主编《民间信仰与社会空间》，福建人民出版社，2003，第 1～9 页。

③ 有关"结构过程"的解析，可见刘志伟《地域社会与文化的结构过程——珠江三角洲研究的历史学与人类学对话》，《历史研究》2003 年第 1 期。

④ 除了上文征引的文章外，尚有《三山国王信仰与清代粤人迁台——以地缘认同的研究为中心》，载《台湾史研究论文集》，华艺出版社，1994，第 1～21 页；《三山国王信仰与清代粤人迁台——以乡村与国家的关系为中心》，载《地域社会与传统中国》，陕西人民出版社，1996，第 118～128 页。

⑤ 如周建新《客家民间信仰的地域分野：以许真君与三山国王为例》，《韶关学院学报》2002 年第 1 期；郭新志：《历史人类学视野中的"三山国王"信仰》，《韶关学院学报》2008 年第 10 期。

（四）理论方法上从深受宗教学、神话学、民俗学影响到更侧重历史人类学的方法。

最后也许需要指出的是，正如本文开篇所言，三山国王研究的缘起与台湾关系莫大，但至今两岸学界在此领域有深度的学术对话仍寥寥无几。事实上，早在 1996 年 3 月揭西县出版的《揭西文史》第 11 辑曾特别选载了台湾学者有关三山国王研究的 9 篇文章，并刊载了邱彦贵所撰的《台湾研究三山国王文章目录》。三山国王的原乡信仰与其在移民社会的演变，可能是未来展开两岸区域比较研究的一个面向。

责任编辑：吴孟显

粤东三山国王崇拜的起源与演变

卢　颐[*]

摘　要：三山国王崇拜是粤东地区乃至岭南地区历史悠久的民间崇拜之一。粤东三山国王崇拜应起源于中原王朝进入粤东之前土著越人的山神崇拜。从三山国王崇拜发展的历史进程来看，中原移民与粤东本地神三山国王的关系经历了一个从认同到改造，到最后两者融合的过程。

关键词：三山国王　粤东　起源　演变

　　三山国王崇拜是粤东地区乃至岭南地区历史悠久的民间崇拜之一。本文所探讨的粤东地区，特指广东省东部五个地级市：汕头、潮州、揭阳、梅州、汕尾。所谓"三山"，指粤东揭西县河婆镇的三座高山，名曰巾山、明山和独山。据《宋会要辑稿》和元朝编修官刘希孟《明贶庙记》、明《永乐大典》、清《潮州府志》、《潮阳县志》、《韩江见闻录》等书所载，三山国王神"肇迹于隋，显灵于唐，受封于宋"。有关三山国王的历史文献流传下来的还有韩愈贬潮后所作的《祭界石神文》等。

　　三山国王在粤东民间诸神中享有尊贵的地位，深刻影响着民众的精神世界，规范和制约民众的观念与行为。粤东三山国王崇拜的起源和演变过程，隐含着岭南文化中的民间崇拜对中原文化的吸收与融会。三山国王崇拜在明清时期传播到台湾、东南亚等地，20 世纪以来已被海峡两岸民众视为两岸同根同源的象征。通过对三山国王这一富有粤东特色的区域性神灵进行考察，对于深化岭南民间崇拜研究、促进海峡两岸民众的文化交流具有重要的意义。

---

*　卢颐，1981 年生，汕头职业技术学院讲师，历史学硕士。本文原载于《南方职业教育学刊》2011 年第 2 期。

一　粤东三山国王崇拜的起源

据 1994 年德国汉学家傅吾康教授的实地考察，他认为三山国王崇拜的起源"当与中原王朝进入本地之前古越人的山神崇拜有关"①。谢重光教授也提出："最早信仰这一神灵的主体是属于百粤系统的粤东土著居民，三山国王这一神灵是由这些土著居民创造出来的。"② 笔者认为这两种看法是正确的。

粤东地区在中原封建王朝尚未进入之前正是越人的活动区域。越人可以区分成为许多的族群，例如南越、西瓯、闽越、骆越等。因为越人族群复杂而且众多，因此又称之为百越或百粤。生活在此区域的土著越人由于长期居住在深山老林、野兽出没之地，所以创造出三山神作为自己村落、部落的保护神。潮州境内的土著居民畲族是越人的后裔，据有关著作记载，至今潮州凤凰山畲族的某些古村落依然保留着崇拜、供奉三山国王的习俗，如碗窑、李工坑、凤坪三个畲族村。以凤坪村为例，三山国王宫有三身老爷雕像：中间坐福主公王，左边坐白沙公王，右边坐赤沙公王，雕像材料用樟木雕刻，表面镀金。上面横匾中间画骑狮国王，右方画骑虎国王，左方画骑龙国王，称"三山国王"。碗窑村每年正月都要举行迎送三山国王神的仪式，还把三山国王神置于必须迎送的诸神之首。③ 三位国王分别为骑狮、骑虎、骑龙，体现出生活在山区的畲族在三山神庇护下征服自然的勇气和愿望。由此我们可以推断土著越人存在山神崇拜的信仰习俗。粤东三山国王崇拜应起源于中原王朝进入粤东之前土著越人的山神崇拜。

汉武帝元鼎六年（公元前 111 年），汉朝平定南越国，将粤东地区纳入国家版图。两晋南北朝时期，有少量分散的中原移民随晋朝南移进入粤东地区，中原文化在粤东地区的影响逐渐扩大。唐代以前，中央政权的统治虽已涵盖了这一区域，但对这一区域的开发还很不够，中原移民移居这一区域的数量不多，分布比较零散，中原文化在这里的影响也很薄弱。

二　粤东三山国王崇拜的演变

（一）隋唐时期

粤东一带至迟在隋代就出现僚人，称"蛮僚"，是百越的一支遗裔。《隋书》卷八十二列传第四十七载："南蛮杂类，与华人错居，曰蜒，曰獽，曰俚，曰獠，曰㐌，俱无君

---

① 陈春声：《正统性、地方化与文化的创制——潮州民间神信仰的象征与历史意义》，《史学月刊》2001 年第 1 期，第 124 页。
② 谢重光：《三山国王信仰考略》，《世界宗教研究》1996 年第 2 期，第 102 页。
③ 潮州市社会科学界联合会：《凤凰山畲族文化》，海天出版社，2006，第 208 页。

长，随山洞而居，古先所谓百越是也。"① 唐代开始，中央政权加强了对东南区域的经营，几次重大的开拓行动取得了显著的成效，加之经济、文化发展重心向东向南移动，中原、江淮的人口大量移民赣闽粤，中原文化也就以前所未有的广度和深度向这一区域传播。到唐朝时，粤东当地的土著僚人仍然以十分强劲的力量与中原王朝对抗，甚至双方发生武装冲突。唐高宗武后时期，朝廷派遣陈政、陈元光父子镇压泉潮间的蛮僚啸乱，中原王朝和当地土著进行了大规模的较量。虽然最后朝廷取得了平叛的胜利，但是僚人仍然只有少数被同化，保留强大的力量而不易管辖。为使当地土著诚心归顺朝廷，以认同当地民间信仰来促进民族融合、稳定唐朝在粤东地区的统治，是一种很好的策略。对于南移的中原移民来说，要在异乡站稳脚跟并生存下去，也需要认同异地文化及其神灵。但认同异地神灵也需要得到朝廷代表的认可。

唐宪宗元和十四年（819年），韩愈因谏迎佛骨触怒了皇帝，被贬到粤东的潮州任刺史。在韩愈上任期间，潮州秋雨绵绵，致使当地农业生产歉收。韩愈关心民间疾苦，代表老百姓向三山神祷告。等到雨过天晴，五谷丰收，韩愈又命令下属祭拜答谢神恩，并上《祭界石神文》。其文如下：

> 惟封部之内，山川之神，克庥于人。官则置立室宇，备具服器，奠馐以时。淫雨既霁，蚕谷以成。织妇耕男，忻忻衎衎。是神之庥庇于人也，敢不明受其赐。谨选良月吉日，斋洁以祀，神其鉴之。尚飨。②

韩愈以朝廷命官、儒学宗师的身份尊奉三山神，便可视为朝廷代表对粤东土著三山神崇拜的正统性的初步确认，赋予了三山神以官方认可的意义。韩愈入乡随俗，为南移的中原移民做了榜样。因为三山神经过韩愈的祭祀，中唐以后中原移民消除了对三山神的排斥心理，先后认同、接纳了三山神崇拜并虔诚供奉。

（二）宋元时期

关于三山神受朝廷册封的记载，最早见于《宋会要辑稿》。《宋会要辑稿》卷一二三六中之"三神山神祠"条载："三神山神祠在潮州，徽宗宣和七年八月赐庙额明贶。"③从这一文献来看，三山神受册封的时间应是北宋后期。

宋代的三山神祠不仅是民间信仰的活动场所，而且也成为地方武力出征的誓师场所，具备了军事行动大本营的功能。如《东里志》载：

> 宋帝昺祥兴元年秋八月，斧头老起兵勤王。少保右丞相信国公文天祥，自循州趋

---

① 魏征等撰《隋书》，卷82《列传·南蛮》，中华书局，1973，第1831页。
② 曾楚楠：《韩愈在潮州》，文物出版社，1993，第165页。
③ 徐松：《宋会要辑稿》卷1236《三神山神祠》，中华书局，1957。

潮募义勇，讨陈懿，诛刘兴。军威稍振，于是豪杰响应，大埕乡豪斧头等，选集精锐，会于三山国王庙，将赴募潮阳，杀异议者，遂整众行。①

在三山神祠武装誓师，也寄托了在战斗中得到三山国王神显灵帮助的希望。

由于粤东民众虔诚奉祀三山神形成了普遍和独特的民风民俗，更加速了三山国王崇拜的传播。600 年前的元代已是"潮之三邑（潮阳、海阳、揭阳），梅惠两州，在在有祠"②。在现存文献中，"三山国王"一词最早出现于元朝编修官刘希孟所写的《明贶庙记》，该文记录了三山国王显灵的传说：

> 世传当隋时，失其甲子，以二月下旬五日，有神三人出于巾山之石穴，自称昆季，受命于天，镇三山，托灵于玉峰之界石，庙食于此。其地有古枫树，降神之日，上生莲花，绀碧色，大者盈尺，咸以为异。乡民陈其姓者，白昼见三人乘马而来，招己为从，忽不见。未几，陈遂与神俱化。众尤异之，乃周爱咨谋，率巾山之麓，置祠合祭。前有古枫，后有石穴，昭其异也。水旱疾疫，有祷必应。既而假人以神言，封陈为将军。赫声濯灵日以益著，人遂共尊为化王，以为界石之神。……宋艺祖开基，刘铔拒命，王师南讨，潮守侍监王某赴愬乎神，天果雷电以风，铔兵败北，南海以平。逮太宗征太原，次城下。忽观金甲神人操戈驰马突阵，师逐大捷，刘继元以降。凯旋之夕，见于城上云中曰：潮州三山神。乃诏封明山为清化盛德报国王，巾山为助政明肃宁国王，独山为惠威弘应丰国王。赐庙额为"明贶"。敕本部增广庙宇，岁时合祭。明道中复加封广灵二字，则神大有功于国亦，尚矣！……潮之三邑，梅惠二州，在在有祠。远近人士，岁时走集，莫敢遑宁。自肇迹于隋，显灵于唐，受封于宋，迄今至顺壬申，赫赫若前日事。呜呼盛哉！……则神之庙食于是邦，舆山为砺，与海同流，岂徒日捍我一二邦，以修。③

在《明贶庙记》记载的民间传说中，三山国王因为庇护宋太祖而有功于国，受到朝廷册封，从此由土里土气的山神升格成为地位高贵的国王。民间传说将三山国王与北宋皇帝联结在一起，从而使三山国王神取得了正统、合法的地位。中原移民按照儒家忠君爱民的思想对三山国王神进行改造，将其塑造成为一个护国庇民的"新三山国王"。

（三）明清时期

三山国王崇拜在明、清两朝更加兴盛，与粤东民众的关系发展到融合的阶段。从明朝起，各地乡村纷纷建庙，基本一社一宫，并且祀奉为"地头神"④。明代中叶以来，中央

---

① 陈天资纂修，王琳乾辑订万历《东里志》，广东饶平县地方志编纂委员会办公室，1990，第 65 页。
② 陈树芝纂修雍正《揭阳县志》卷 7，广东潮州地方志办公室，2003 年翻印本，第 315 ~ 316 页。
③ 刘希孟：《明贶庙记》，收入吴颖纂修顺治《潮州府志》卷 12，广东人民出版社，1996 年影印本，第 1387 ~ 1392 页。
④ 蔡汉炎：《揭阳民俗故事》，中国文联出版公司，2003，第 97 页。

政府衰落，地方社会动荡加剧，盗寇活动频繁，出现了全国性的群盗蜂起的局面。粤东地区一带也不例外，草寇极多，祸害百姓。崇祯初年，潮州山区的匪贼多次发动民变。[①] 据《韩江见闻录》载，三山国王神多次显灵庇护民众，击败来寇：

> 里中父老传其逸事云：前明兵乱时，三王尝显身御寇，寇数败。每夜寇将至，则见有一异人，高丈余，立树杪传呼，英风四捲，若有阴兵之助，寇惮之。他夕，寇阴谋先秽其树，伏人树下，俟见异人至，仆焉，则三王神像也，毁之。然寇仍畏神余威，不敢大加害里中。[②]

在明代，政府为了加强对地方的统治和巩固皇权，把社会教化的职能交付于与里的建制相合的社，社庙担起社会教化与育民的重任。据《东里志》载，明代澄海三山国王庙是乡约、社学两大教化体系的基地。如《风俗志·乡约》载："近奉都察院勘合，令府州县置立乡约，选年高有德之人，立为约长。每月定以会期，联以约束，申明礼法，德业相助，过失相规，礼俗相交，患难相恤。如蓝田乡约之规。东里旧有乡约，通一方之人，凡年高者，皆赴大埕三山国王庙演行，以致仕陈大尹和斋、吴教授梅窝为约正。"[③] 又如《学校志·社学》载："嘉靖初魏庄渠督学广东，欧阳石、江铎继立，令各乡立社学，延师儒，东里即三山国王庙为大馆，请乡贤陈恬斋、陈和斋为师，每以朔望考课，次日习礼习射。当时文教翕然兴起。惜二公去而此举遂废云。"[④] 正因为三山国王神在粤东地区的权威地位，使得三山国王庙成为国家推行教化政策和地方举行公共事务的重要场所。

粤东在明、清两代经济、文化日益发达，与海外的交往也比较密切，也因地域的毗邻关系，迁移到台湾地区及东南亚各国的人数最多。三山国王崇拜这一独特的文化现象也随着粤东移民漂洋过海遍及台湾、广传海外，传播到马来西亚、印尼、泰国、新加坡等国。移民在定居地设坛建庙，把故乡的神明作为精神支柱，诚心奉祀、顶礼膜拜、代代相传。

三　小结

粤东三山国王崇拜应起源于中原王朝进入粤东之前土著越人的山神崇拜。目前越人的后裔畲族保存下来的一些民族崇拜存在山神崇拜因素。由于这一崇拜逐渐被进入粤东社会的中原移民所接纳，随着土著居民或者外迁或者被汉化，崇拜的主体也潜移默化地发生了变化。三山国王经过唐朝时期韩愈的祭祀、宋代朝廷的赐封，元朝时成为遍布粤东地区的民间崇拜。民间流传的三山国王护国庇民的传说将三山国王塑造成为粤东地区的社会神。明清时期三山国王崇拜在粤东地区达到了兴盛，并随着粤东移民漂洋过海、广传海外。三

---

① 林添、蔡琼红辑编《宋、元、明、清潮州民变资料》，潮汕历史文化研究中心，2002，第94页。
② 郑昌时著，吴二持校注《韩江闻见录》卷1，上海古籍出版社，1995，第21～22页。
③ 陈天资纂修，王琳乾辑订万历《东里志》，第96页。
④ 陈天资纂修，王琳乾辑订万历《东里志》，第107页。

山国王神因为在粤东地区的神圣地位，被封建政府授予了社会教化的职能，三山国王庙作为地方社庙成为了国家推行教化政策的重要基地。

从三山国王崇拜发展的历史进程来看，中原移民与粤东本地神三山国王的关系经历过了一个从认同、接受到改造，到最后两者融合的过程。首先，当中原移民进入粤东地区之后，第一需要是在粤东站稳脚跟并生存下去，通过认同当地民间崇拜来促进民族融合、减少民族对立是一个有效的途径。其次，中原移民并不是照搬当地土著的民间信仰，而是按照儒家伦理改造三山国王神，通过显灵护驾的传说塑造出一个忠君爱民的"新三山国王"。最后，当改造过程完成，三山国王神已经完成符合儒家文化的标准，并成为封建政府社会教化的工具，汉人也就成为了三山国王崇拜的信徒主体。

责任编辑：陈景熙

潮汕民间石敢当信仰之调查研究

——以潮州老城区及汕头鮀浦地区为例

林　瀚　吴榕青[*]

摘　要： 石敢当是我国带有民族性的民俗事象，它在一定程度上反映了中国民间信仰文化的一个侧面。该文通过对潮汕地区现存石敢当的调查，发现潮汕地区作为石敢当信仰的典型区域，其种类多样，尺寸及置立时间亦与文献记载有别，而且从石敢当的规格、凿制、仪式等角度考察都有其特殊性。同时，它与符箓信仰、风水观念及泰山信仰之间亦存在着密切的关系。

关键词： 石敢当　潮汕　镇宅　风水观念　泰山信仰

行走在潮汕古建筑间的巷道上，会不时发现镌刻着"石敢当"或"泰山石敢当"字样的石碑竖立于墙角或房宅转角处，或嵌在墙中，以迎着路道、河川、他人宅角及野田荒地。它"以碑石、文字、符号、动物图像和人形雕刻，展现其作为镇物的功能追求，并往往以民俗艺术的形式隐藏着深层的宗教观念"[①]。

一　学术史回顾及研究思路

关于石敢当信仰的研究，近年经海内外学者实地调查及多学科互证研究已取得较多成果。[②]

---

[*] 林瀚，1986 生，在泉州海外交通史博物馆工作。吴榕青，1942 生，韩山师范学院中文系副教授。本文原刊载于《韩山师范学院学报》2010 年 10 月第 31 卷第 5 期。

[①] 陶思炎：《石敢当与山神信仰》，《民族艺术》2006 年第 1 期，第 47 页。

[②] 主要成果有：〔日〕窪德忠：《台湾的石敢当信仰》，李大川译，《民俗研究》1992 年第 3 期；鲁宝元：《石敢当——日本冲绳所见中国文化留存事物小考》，《唐都学刊》2003 年第 1 期；蒋铁生、吕继祥：《泰山石敢当研究论纲》，《民俗研究》2005 年第 4 期；陶思炎：《石敢当与山神信仰》，《民族艺术》2006 年第 1 期；蒋铁生：《泰山石敢当习俗的流变及时代意蕴》，《泰山学报》2006 年第 2 期；叶涛：《泰山石敢当源流考》，《民俗研究》2006 年第 4 期；胡晓慧：《温州民间石敢当信仰习俗调查》，《民俗研究》2007 年第 2 期；叶涛：《泰山石敢当》，浙江人民出版社，2007。

综合目前国内外学者关于石敢当的研究可以看出，研究角度既有宏观的比较，也有微观的个案考察，从不同层次、不同视角——诸如考源、流变、民俗内涵以及国内外各地区的个案分析等对其进行广阔而深入的探讨。目前学界对石敢当的研究地域主要集中在北方，对南方尤其是潮汕地区则尚未进行深入的探究。

潮汕地区的石敢当信仰相当普遍，本文拟就以潮州老城区和汕头鮀浦地区为调查地，以"石敢当"为基本考察对象，以史志记载和调查实证为依据，将神话传说和民间民俗信仰结合起来，通过个案分析对这一民俗信仰的内涵作进一步探讨，分析石敢当信仰与灵石崇拜、符箓秘文图示，以及与风水观念中的镇宅民俗、泰山信仰的关系，并探究它的功能及演变过程。希望本文从区域史的角度，能对这一民俗事象作一有益的补充。

二 调查区域现存石敢当的分析

通过对街巷的走访调查，笔者初步掌握了调查地石敢当的基本情况。从所调查的街巷记录中发现，在潮州老城区，石敢当主要集中在上、下西平路，打银街及宋厝巷附近。而在鮀浦地区，则分布在蓬洲所城内老屋建筑群之间，以蓬洲大街为主要街道，附近街巷拐角处多有之，不过分布得较为零散。像笔者的家乡莲塘村现存石敢当主要分布在西巷、旗杆巷与四方井（地名）之间。通过对石敢当的调查，笔者初步确定其材质，测量其规格尺寸并进行拍照，对石碑的置立方式和方位予以如实记录。同时，笔者还对石敢当在民间社会中的变体及"类石敢当"镇物（石人、石狮、八卦刻石等）进行记录。当然，由于时间短绌，笔者对所调查区域内各街巷或有遗漏，这有待以后更进一步的调查补充。

在这次调查中，共发现镌刻有"石敢当"等字样的95块，其中潮州老城区37块，鮀浦地区58块；另外，还有无字石敢当23块。其他"类石敢当"65处。其规格、材质、置立方位见表1。

表1 石敢当分类一览表

规格	材质	置立的方位
高度:18厘米至118厘米，以36厘米上下居多；宽度:10厘米至56厘米，以15厘米左右居多；厚度:一般在7厘米左右。	绝大部分是用花岗岩，少部分用玄武岩，极少数用大理石、水泥、红色方砖等制成的。	平嵌在墙中的占绝大多数，倚立在墙脚的次之，凸嵌、凹嵌的则较少。其选择多是因地制宜，没有特别的规定，不过一般都是置立于三岔路口、道路拐角处，为路煞所射，即所谓的"凶向"所在。

在调查中，位于蓬洲所城文祠巷内的石敢当最大，高118厘米，宽56厘米，厚12厘米，不过这一石敢当是平放于地面闲置不用的。据附近居民介绍，这一块石敢当因房屋改建不知如何处置，就闲置于院中，这也是此次调查所发现的唯一一块被废置的石敢当。

研究区域里的石敢当大体可以分为三类，第一类为只刻文字，其中绝大多数的刻字是

"石敢当"①，约占 39.8%；其次是"泰山石敢当"，约占 31.4%。第二类在文字的基础上饰以图案，约占 9.3%。第三类则无任何文字，约占 19.5%。

第一类为只刻字，没有饰以其他图案，这类石敢当在潮汕民间占绝大部分，如在调查中，只刻"石敢当"三字的有 47 块。刻"泰山石敢当"五字的有 37 块，其中"泰山"二字横写的有 19 块，竖写的有 18 块，其置立有以青砖围之，并施以朱漆、青漆的，还有大理石的；"太山石敢当"有 3 块，"太山"二字横写 1 块，竖写 2 块，而且在调查中还发现有以一石块为底座，作为排放供品的祭台；还有"山石敢当"、"喃无呵石敢当"等字样的，不过较为少见。

第二类为镌刻纹饰图案的，不过占的比例不大，现择要分类分析如下：

（1）长方体石碑，上额镌刻着先天八卦图。通过饰以八卦符号，增加石敢当镇邪驱魅的法力。

（2）在石碑上镌刻着兽首的，如虎首纹、饕餮纹，其造型或阔嘴圆鼻，或怒目獠牙，或吐舌咧嘴，造型夸张，图案化明显。《风俗通义•祀典》载："'画虎于门，鬼不敢入'，'虎者，阳物，百兽之长也。能执抟挫锐，噬食鬼魅。今人卒得恶遇，烧虎皮饮之。击其爪，亦能辟恶。此其验也。'"②古人认为虎是一种祥瑞，能够避邪，将其装饰石敢当，便能增加石敢当的法力。

（3）在石敢当的外部增加辟邪物，以加强制煞法力。这在潮州南涧池巷三横尽头中表现得非常突出，为了挡住"巷射"③，这户人家在石敢当下方摆放着一半蹲的石狮，房屋大门以八卦门为之，同时在门楣上挂一八卦牌，在屋顶置一仙人掌，形成一强大的制煞"共同体"。在潮州宋厝巷和平里中，也有类似的情况出现，最上嵌着一灰绿岩石狮，中间平嵌一"来龙进宝"④石碑，最下在墙脚倚立一花岗岩"石敢当"。在潮州灶巷 22 号侧壁平嵌一"紫薇拱照、一善"的石碑，其中"紫薇拱照"四字自右向左镌书着，"一善"二字在其下方竖写着，而在正下方即厝脚处，则凸嵌一"泰山石敢当"石刻。

潮汕地区每年都会受到台风的影响，故石敢当还有"镇风"的作用，其与置于屋顶的"风狮爷"抵御风患的作用相类。在潮州蔡厝巷与下东平路交界处的一户人家，在屋顶竖一方形红砖，上镌"山海镇九天应元雷声普化天尊"，用以抵住路冲的压力，并与墙脚凹嵌的"泰山石敢当"共同制住"巷射"，同时有制风的作用，据称这些还有"改风水"的作用。

第三类为无字石敢当。另外，还有"山海镇"、"来龙进宝"、"奎木狼星君镇宅"、"紫薇拱照"、"一善"、"麒麟到此"、"姜太公在此"、"南无阿弥陀佛"、"嗡嘛呢呗咪

---

① 极少数铭文为"太山石敢当"、"喃无呵石敢当"、"山石敢当"。

② 刘永明：《增补四库未收术数类古籍大全：堪舆集成》，江苏广陵古籍刻印社，1991，第 15773～15774 页。

③ 房屋为巷道、大路所冲射，其路形似箭，民间谓之"巷射"、"路冲"。

④ 陈进国所做的研究，认为作为日常镇宅符，这些也并非专门用以克服个体或家庭的生命危机，有时更多的是作为凝聚屋场龙神或龙气的一种手段，以强化定居空间的安全感和追求好命运的期望。除有八卦符的用法外，还提到"来龙进宝"等字，亦生动地反映了民间对风水龙脉的强烈的保护意识。参见陈进国《信仰、仪式与乡土社会：风水的历史人类学探索》（上册），中国社会科学出版社，2005，第 360 页。

吽"等，有的还根据敕令的符篆书写样式刻在石上，笔者将这些功能与石敢当相类，用以镇妖、辟邪、制煞、除秽的碑石，归为"类石敢当"一类，但由于篇幅所限，在此不展开论述。

三 关于石敢当的制作、立碑仪式与祭祀方式

民间在制作和使用"石敢当"时，通常有一套约定俗成的规矩和禁忌。在古代，凡凿"石敢当"和立"石敢当"都须择日进行。如明代《灵驱解法洞明真言秘书》提到"石敢当"的造作之法及立碑仪式：

> 高四尺八寸，阔一尺二寸，厚四寸，埋入土八寸。凡凿石起工，须择冬至日后甲辰、丙辰、戊辰、庚辰、壬辰、甲寅、丙寅、戊寅、庚寅、壬寅，此十二日乃龙虎日，用之吉。至除夜，用生肉三片，祭之。新正寅时立于门首，莫与外人见。凡有巷道来冲者，用此石敢当。[1]

此段文字为我们描述了石敢当的式样、刻碑、立碑日期及其作用。其所选定的时辰为辰、寅之间，亦希望以时间的民俗意义增强其符镇的效果。清福州高衡士撰《相宅经纂》卷四亦载：

> 高四尺八寸，阔一尺二寸，埋入土八寸，上凿虎头，再凿"泰山石敢当"五字。凡有街道来冲者，用此制之。凿石起工，须择冬至后六辰六寅龙虎日，用之则吉。至除夕，以生肉三片祭之，新正寅时竖立，莫令外人见之为妙。[2]

这则材料则向我们明确介绍了石敢当上附的图像为一虎首。"石敢当"一般为矩形石碑，其规格多据《鲁班经》型制。但在实际生活中，各地的"石敢当"尺寸大小不一，样式也有多种，据笔者所调查到的潮汕石敢当，绝大多数并不符合《鲁班经》所记载的"标准"尺寸。在时间上，并没确定一定要在冬至后，也不可能都选定在冬至后的十二个辰寅日。在农村，一般是在建房前，先问过地理先生，让他根据家里人的生辰八字，选一个与家庭成员相合的日子，在建房过程随着墙体的夯筑竖立上去，从中可窥见文本的记录与现实的差异，这也体现生活中的一种变通。

在调查中，莲塘村一位四十多岁的洪姓村民告诉笔者他所了解到的石敢当制作事宜。他在很小的时候就注意到石敢当的刻字，发现刻字既有"石敢当"，又有"泰山石敢当"，之所以有"泰山"二字，应是取"泰山压顶"之意，以此来增加石敢当的法力，

---

① 午荣：《新镌京版工师雕斫正式鲁班经匠家镜》，海南出版社，2003，第306页。
② 刘永明：《增补四库未收术数类古籍大全：堪舆集成》，第15773～15774页。

有的石敢当上还附以八卦刻纹。访谈中他还透露，石敢当的刻字一般都不准确，经常是要么"敢"字缺了一画，要么"石"字多了一点。据说这是匠人们为了防止那些被吓跑的鬼怪找上自己算账，减少石敢当对自身的伤害才故意这样做的。凿制石敢当的场所一般选在废弃茅厕里，在凿制前还要念诀（一般是由地理先生教的，不然在凿制石敢当时会伤到自己），完成后要用干净的白布包住石敢当，另外用一红布将凿制的工具和凿制过程中穿的衣服包紧，换另一套衣服后才能从茅厕中出来。现在一般情况下是没什么石匠愿意制作石敢当的，因为石匠们一般都认为石敢当有制煞的功用，普通人法力不够，会抵挡不住石敢当的法力，因而会在制作之后伤到自己。他说他一个当石匠的朋友，就是在凿制石敢当后，当年运气很差，一整年做什么事都不顺心，后来去问村里的算命先生，在念了几句诀术、祭拜神灵后才没事。他那石匠朋友说，以后就是给再多的钱也不凿制石敢当了。①

笔者父亲的同事则告知，他小时候曾听其村里的老秀才说过石敢当的凿制场地的问题，一般选在废弃的"东司"（即农村中露天的茅厕，现已较少见）内，因为农村流传着"东司神"（厕神）最煞，但现在由于用地紧张、环境卫生问题等，茅厕逐渐减少，为了保证石敢当的法力，可以找男童在制成的石敢当上撒尿，因为他们相信童子尿也可增加石敢当的煞力。② 从原来厕神的法力转借，到如今的以童子尿代之，这应该是一种煞力的转移。

一个曾经当过石匠的亲戚告诉笔者，在他当石匠的十几年时间里，虽没凿制过石敢当，不过他曾听一些比他年纪稍大的石匠说，在潮汕地区，技艺高的匠人一般是不愿凿制的，只有一些做粗工者才会勉强应雇，但工钱要比普通的凿石高出几倍。凿制前要先拜过"老爷"，换上衣服后才到茅坑里凿制，而且在凿制过程中是不可以说话的，怕惊动到神灵。在石料的选材上，一般就地取材，以花岗岩为主，玄武岩次之。解放前需求量可能会多一些，不过现在少了。③

笔者还就石敢当的置立事宜向做风水先生的亲戚进行询问，他告诉我，对于如何摆设"泰山石敢当"，要与家人的时日（生辰八字）相合，一般选择在有煞力的"龙虎日"。如有家庭成员与"龙虎日"相冲者（属狗者与龙日相冲，属猴者与虎日相冲），该成员在置立当日回避，同时烧一些纸钱化解一般就没什么问题了。作为安神煞类的符镇法，由于传统观念认为后遗症较大，现在风水师及石匠一般较少使用。④ 笔者在调查中还了解到用废弃的石臼或石磨也可以挡煞。

石敢当既然是压煞摄灾的神物、镇物，也就具有威慑力和带有神秘的色彩。人们对它敬而远之，而又寄托虔诚的希望，似乎很矛盾，笔者将在文章后部分从风水观念及心理探究的角度对之进行分析。

① 口述史料：HDH，2009 年 3 月 14 日，莲塘村。
② 口述史料：XHW，2008 年 11 月 3 日，大场村。
③ 口述史料：HMC，2009 年 1 月 27 日，莲塘村。
④ 口述史料：CJQ，2009 年 1 月 30 日，莲塘村。

在调查中，笔者曾就石敢当的祭拜问题问过许多自家宅外竖立着石敢当的人家，大部分人告诉笔者，石敢当竖立时一般会照地理先生或算命先生的交代进行一定的仪式，之后一般就不用祭拜了。但笔者在春节的时候，经过一座祠堂，在其屋脚的"泰山石敢当"前看到几根残存的香梗和化为灰烬的纸钱。询问方知，每次祭祖（时年八节和"做公忌"）的时候，阿婆总会对之进行简单的祭拜仪式：三支香，十二扎平安钱，供品随心意而定，在一些小的节日可以不用供品，祝语与"拜老爷"时相似，大略如"保佑阖家平安，子孙做事顺利"之类，而且在农历年底和正月十五一定是会供石敢当的。① 在潮州下西平路笔者也发现石敢当有祭拜的痕迹，这说明现在潮汕地区仍有部分人家信仰并祭供着石敢当。

在调查中笔者还发现几块石敢当互相钳制的现象，甲家立了一块石敢当，乙家也立了一块石敢当把煞气挡回去，丙家斜对着甲家，看到乙家立了一块石敢当，也仿效着在墙脚立了一块，甲家见此情景，又挂了一面八卦镜化解对面乙、丙两家石敢当的压力。同时还出现了中西信仰互相包容的情况，如在郑厝内（莲塘村地名），巷尾立着"太山石敢当"，而其旁边房屋门楣上正写着"我主耶稣基督"的话语。

四　有关"石敢当"的史志记载及民间传说

目前见到的最早将"石敢当"三字组合在一起的记载，见于西汉元帝时黄门令史游撰写的《急就章》："师猛虎，石敢当，所不侵，龙未央"，颜师古作注。颜氏认为，石是姓，敢当为所向无敌意。明杨慎在《升庵集》卷四十四中就对石敢当"为人说"提出质疑，认为石敢当本《急就章》中虚拟人名，本无其人也。这一观点是符合史游《急就章》本意的。翻检史书，只知五代时期有一勇士名为石敢，并无石敢当其人，《旧五代史·高祖纪上》② 和《新五代史·汉本纪·第十》③ 中对此均有记述。经叶涛考证，认为这"很可能是《急就章》中由'石敢当'三字在介绍姓氏时引起的，它为后人将其附会为人名提供了渊源，更由于'石头'的坚硬本性，'敢当'二字又含有'所向无敌'之意，为后人把石敢当附会为勇士的勇悍形象埋下了伏笔。"④

宋王象之《舆地纪胜》一书中有"石敢当碑"条，记录了早在唐代，福建就已将"石敢当"当做镇宅的风水器物。其文载：

> 庆历中，张纬宰莆田，再新县治，得一石铭。其文曰："石敢当，镇百鬼，厌灾殃；官吏福，百姓康；风教盛，礼乐张。唐大历五年（770）县令郑押字记。"今人

---

① 口述史料：LP，2009 年 3 月 14 日，莲塘村。
② 薛居正等撰《旧五代史·汉书一·高祖纪上》，中华书局，1976，第 1322 页。
③ 欧阳修撰《新五代史·汉本纪·第十》，中华书局，1974，第 99 页。
④ 叶涛：《泰山石敢当源流考》，《民俗研究》2006 年第 4 期，第 179 页。

家用碑石书曰"石敢当"三字镇于门，亦此风也。①

从中可以窥见，当时基层士绅就已试图通过利用风水符镇的方法来设定公共空间的象征意义，并对地方社会及文化秩序进行干预。明黄仲昭修撰的《八闽通志》亦有相似的记录，不同的是其描述更为细致：

> 庆历四年（1044），秘书丞张纬出宰莆田，再新县中堂，其基太高，不与他室等，治之使平，得一石铭长五尺，阔亦如之，验之无刊镂痕，乃墨迹焉。其文曰："石敢当，镇百鬼，厌灾殃。官吏福，百姓康。风教盛，礼乐张。唐大历五年四月十日县令郑押字记。"并有石符二枚具存。②

这是中国"石敢当"最早的文物发现，同时文字还是书写在石碑上的，它被认为是从器物层面反映了风水观念在早期乡土社会的逻辑延续和扩展。③ 在宋代，"石敢当"还与佛教信仰、祖先崇拜等联系在一起。在福州于山顶的碑廊中，至今仍保留着一方从附近高湖江边村的泗州佛亭边出土移置的"石敢当"，它高约80厘米，宽53厘米，横书"石敢当"，直书："奉佛弟子林进晖、时维绍兴载，命工砌路一条，求资考妣生天界"，为福建现存最早的石敢当。④ 笔者在调查中发现的"喃无呵石敢当"（位于莲塘村旗杆巷），这也明显地表现出民间把佛道两教的意象组合在一起的现象。同时，石敢当还经历了从地下到地上的移置过程。

宋施青臣在《继古蘽编》中写道：

> 余因吴民之庐舍，街衢陌直冲，必设石人，或植石片，题镌"石敢当"以寓厌禳之旨，亦有本也。⑤

元陶宗仪在《南村辍耕录》卷十七中，专辟"石敢当"条，对当时流行的石敢当习俗予以考证：

> 今人家正门适当巷陌桥道之冲，则立一小石将军或植一小石碑，镌其上曰"石敢当"，以厌禳之。按西汉史游《急就章》云："石敢当。"颜师古注曰："卫有石碏、石买、石恶，郑有石制，皆为石氏；周有石速，齐有石之纷如，其后以命族。敢

---

① 王象之：《舆地纪胜》卷135《福建路兴化军》，中华书局，1992，第3872页。
② 黄仲昭：《八闽通志》卷八十六《拾遗》，福建人民出版社，1991，第1022页。
③ 陈进国：《信仰、仪式与乡土社会：风水的历史人类学探索》（上册），第60页。
④ 林国平、彭文宇：《福建民间信仰》，福建人民出版社，1993，第88页。笔者顺此线索，于2009年10月及2012年4月到碑廊记录并拍照。
⑤ 陶宗仪：《说郛》（四库全书文渊阁本），卷二十四。

当，所向无敌也。"据所说也，则世之用此，亦欲以为保障之意。①

虽然这两则材料主要描述的是古吴地的风俗情况，但从中我们可以窥见，至晚在宋元时期，石敢当已由唐代的地下埋置转为地上的置立，同时文字也由墨写改为镌刻。

清赵古农在《石敢当论》中，提及粤人信仰石敢当的习俗，这也是笔者所看到的对广东地区石敢当信仰的最早记录，其文载：

> 石敢当者，不知何神，亦不知始自何时。而粤之妇人、老媪事之惟谨，且加其号曰"泰山石敢当"，殊不可解也。往往于岁时以香烛礼之。或其家有疢疬夭，礼者辄向虔祷，愈则酬之。凡乡里巷通衢要路之处，每立石焉。予恒因其名，揣其义，以不解解之也。盖粤人信形家，言路当冲者有煞，谓泰山之石尚敢当之，何煞之不可当耶？此名所由立，义所由取欤。至妇人老媪，从而媚之，则粤尚鬼之意耳。昔昌黎题木居士诗云：偶然题作大居士，自有无穷求福人。然则木与石等，又何异乎？考粤多榕树，榕之下，人每拾怪石供其前，岁久榕根缠绕之，则又以为榕神在是，亦此类也。吾一言以蔽之，曰淫祀，淫祀无福。夫石言于晋，有冯之使言者；石陨于宋，有陨之而化者。斯石也，介耶，坚耶，节然具严严之威耶，似未足以当之，而厝粤人于泰山之安也。是亦一水流神之类而已。彼《封神传》所载云云，出于稗官野史之手，直可存而不论也。②

这一史料，分析了清代时广东地区石敢当的信仰状况并对之进行探究，认为与粤地尚鬼遗俗有关，且与崇榕之俗相类。时至今日，潮汕民间仍有崇石拜榕的习俗。至于附会《封神传》的记载，赵古农认为此乃稗官野史之类，直可存而不论。然而潮汕地区对此却有更为详细的记录，在方烈文主编的《潮汕民俗大观》一书中，有"泰山石敢当"与"姜子牙在此"条，载：

> 潮人风俗，在村庄中较险要地方或路头，常立下一块直竖小石碑，上面刻着"泰山石敢当"五个字，意在抵挡邪煞，保护乡人及过路人平安。……潮人对《封神榜》姜子牙故事，家喻户晓，都知道姜子牙助周伐纣，驱魔挡邪，功劳大，法力强，最后众驱邪者由他封了神，而他却没有自封为神，不做官，不受禄，宁愿在人间驱邪挡煞保护百姓，人们很信仰他，立他来抵挡邪煞。③

关于石敢当所指，乡里老辈人则认为姜子牙是石敢当的本名。老辈人说姜子牙灭殷

---

① 陶宗仪：《南村辍耕录》，中华书局，1959，第206页。
② 转引自陈进国《信仰、仪式与乡土社会：风水的历史人类学探索》（上册），第63页；具见（清）黄艾庵《见道集》（清光绪二十九年福州道学院刊本），卷七"石敢当"条，第8~9页。
③ 方烈文：《潮汕民俗大观》，汕头大学出版社，2000，第223页。

后，按部下的功绩多寡册封神位，而排到自己时可做的官都没有了，便自立为石敢当，继续斩妖除魔。这或许是民众认为各路神仙皆由他所封，姜子牙是封神之神，所以姜太公来到，诸神退位并可驱除一切邪鬼。但笔者认为此说应该是与《封神榜》的流传有关，后经附会演绎而成这一传说，乡里人把姜子牙当做石敢当还有可能是把"姜太公在此"与"石敢当"糅合在一起的结果。

五 关于石敢当信仰的几个问题

明清以后，用"石敢当"镇宅或镇巷陌桥道之要冲颇为盛行。德国人勒温在运用心理场的理论分析建筑空间的联系时就提出，在遇到建筑或环境的变化或对人的阻碍会让人产生心理紧张程度的变化。在交错的巷道形成的夹角的存在，必然会对心理场产生一系列的影响。20 世纪 20 年代，王成竹撰有《关于石敢当》一文，指出："就石敢当三字字义讲，盖即石可当其冲也。故镇于庐舍，墙隅街衢巷尾门前直冲之处也"[1]。据邓尔雅调查："粤俗随地有泰山石敢当石刻。大抵其地有鬼物为祟，或堪舆家以为形势而弗利居民，借此当煞气耳"[2]。在对潮汕"石敢当"的调查中，它作为镇煞驱邪、禁压不祥、捍卫家门平安的神圣象征物，其内涵，笔者认为可从以下几方面进行剖析。

（一）潮汕石敢当与符箓信仰

陈进国指出："在漫长的社会变迁过程中，道教符咒的形式与内容已基本融入到中国基层民众的日常生活结构之中，促进了民间社会文化的多元整合。""石敢当"通常被古代堪舆家视作维持某一特定空间秩序的神圣象征物，与早期灵石崇拜遗俗及道教镇宅法术有着密切的关系。符箓是巫师使用的一种具有神秘力量的图式，在道教活动中，符箓具有至高的法力和神圣性。李叔道说："符箓，道家秘文也，符者屈曲作篆籀及星雷之文；箓者素书，记诸天曹官属吏佐之名。符箓谓可通天神，遣地祇，镇妖驱邪，故道家受道，必先受符箓。"[3] 符箓正是在语言——咒，和文字——符的结合交融下产生其所谓的法力的，并为信奉它的人所接受。当"石敢当"被赋予道教的制煞法力时，便融入到符箓体系中。常任侠就曾指出："其书文字者，亦以文字为符箓耳"。在语言学中，咒、符的所指——语义和字义（字音）都是"事物"的心理再现，反映了相关的思想或观念，而并非事物本身。[4] 在潮汕地区的阳宅符镇中，亦有直接以符箓秘文刻于石上者。符箓所针对的对象，是现实中并不存在的鬼怪。我们知道"鬼"虽然是一种虚幻的存在，但对于相信它

---

① 原载于《民俗》86~89 合刊，1929 年 12 月，转引自吕宗力、栾保群《中国民间诸神》，河北教育出版社，2001，第 331 页。
② 邓尔雅：《石敢当》，载国立中山大学语言历史学研究所编《民俗·神的专号》（第 41、42 期合刊），民国十八年 1 月 9 日，第 81 页。
③ 李叔道：《道教大辞典》，浙江古籍出版社，1987，第 503 页。
④ 陈春艳、陈军川：《符号、语言与语言灵物崇拜》，《西安联合大学学报》2004 年第 6 期，第 58 页。

存在的人来说，其作用是真实的，这种真实感必然导致一种焦虑。正是这种焦虑，构成了驱鬼巫术的生理—心理基础。就此刘黎明在《宋代民间巫术研究》一书中引用马林诺夫斯基的学说进行了分析。① 正是为了寻求一种心理上的平衡，使石敢当得以广泛地传播。

（二）潮汕石敢当与风水观念中的镇宅民俗

有学者认为："方位，从来都不只是物理学空间的坐标尺度，而是凝结着情感和价值的符号，吉凶祸福之所系，生死存亡之所在。"② 石敢当作为风水意识的"物化"和最"初级"的符号，以自身被赋予的某种力量，在建筑与环境之间进行着某种"对话"。

符镇法在中国古代风水术中属于形势宗，其注重的是对自然地理、生态等因素的辨识和选择及相应的处理方法。潮汕地区笃信风水，对阴宅、阳宅都极看重，镇邪驱魅的做法亦相当普遍，石敢当就因其特性得以被广泛运用于阳宅符镇中。《阳宅十书》上讲：

> 修宅造门，非甚有力之家难以卒办。纵有力者，非迟延岁月亦难遂成。若宅兆既凶又岁月难待，惟符镇一法可保平安。③

面对各种所谓犯煞的情形，民间所用的制煞法竟有 11 种名号：

> 一名瓦将军，一泰山石敢当，一兽头牌，一天官福板，一姜太公到山，一黄飞虎将军，一山海镇，一倒镜，一九天应元雷声普化大将军，一铨篱，一吉竿。④

在《共有的住房习俗》一书中，也列举了 11 种镇宅法。⑤ 从功能上分，符镇有两种，一种是方位符镇，一般设在宅中凶位，如道路、房角、屋脊直冲的方位以及宅前屋后不合理法之处。另一种是时间符镇，在动土修造时若遇凶日，则可设立文字图案符镇，以求逢凶化吉。《阳宅十书》中"路直路冲"条断曰：此屋若有大路冲，定主家中无老公。残疾之人真是有，名为暗箭射人凶。⑥ 对此，人们普遍认为石敢当是镇压凶地之物，只要在宅脚、三岔路口等方位竖立一"石敢当"，就能达到"驱魔除疫，防邪止煞"的目的。

符镇之法虽属风水中无奈的下策，但对于居者而言，借此摆脱那种进退维谷的尴尬境地，也是对现实中不如人愿的一种弥补。石敢当的这种心理功能，对于个人心理来说是一

---

① 刘黎明：《宋代民间巫术研究》，巴蜀书社，2004，第 206 页。
② 叶舒宪、司南：《〈山海经〉方位与占卜咒术传统》，《广西民族学院学报》2003 年第 5 期，第 19 页。
③ 佚名：《阳宅十书》，重庆出版社，1994，第 286 页。
④ 午荣：《新镌京版工师雕研正式鲁班经匠家镜》，第 305 ~ 315 页。
⑤ 李斌：《共有的住房习俗》，社会科学文献出版社，2007，第 143 ~ 145 页。
⑥ 佚名：《阳宅十书》，第 211 页。

种慰藉，对于群体心理来说，则起到一种心理认同的作用，从而达到社会整合的功能。[①] 石敢当信仰在一定程度上满足了民众的心理需求，符合民众祈福禳灾等现实利益的基本诉求。

（三）石敢当与泰山信仰

对于在石敢当前冠以"泰山"二字的原因，马昌仪、刘锡诚解释说：民间把泰山与石敢当联系起来，与汉以来把泰山作为"治鬼之山"的观念有关。……既然泰山是"治鬼之山"，泰山神也就是治鬼之神，泰山自然就具有禁压不祥之意，把治鬼的泰山与治鬼的石敢当联系在一起也就是很自然的了。[②] 在数千年的历程中，泰山完成了其神灵化和人格化的过程。泰山有无量的神威不言而喻，后来在碑文"石敢当"前冠以"泰山"二字，就演变为今日习见的"泰山石敢当"。

叶涛通过收藏于台北"中央研究院"傅斯年图书馆中金代的泰山石敢当拓片，证明早在宋金时代便出现了泰山石敢当，这和泰山信仰的发展与演变的历史，以及泰山信仰在整个中国社会文化发展中所占有的重要历史地位是相吻合的。有关"石敢当"与"泰山"的渊源关系亦如其所言："作为中国山岳崇拜代表的泰山信仰，与灵石崇拜代表的石敢当，在'山'与'石'这两种互相联系的观念方面，本来就有十分容易结合在一起的基础；在宋代泰山信仰十分盛行的背景下，在历史发展过程中所逐渐具备的通天、求仙、泰山治鬼、地狱观念、平安吉祥等固有内容，与石敢当的驱邪压殃镇鬼等文化内涵，自然就融合在了一起。"[③] 可以说，石敢当的内涵的丰富化与形式的多样化是时间纵向延续和空间横向传播交叉互动的产物。

六　结语

潮汕地区作为石敢当信仰的典型区域，地处东南沿海，自古即以"信巫鬼，重淫祀"[④] 而闻名，各类巫术活动在文化表象下得以广泛流行和长期传承，也使得这里的民众因巫风的世代熏染而在心底被深深地植入了传统的巫术观念。同时，中国传统文化中原本就缺乏强烈的宗教意识，潮汕地区在闽粤古风的影响下，就社会中下层的普通民众而言，对其影响最深的还是长期传承的各类原始信仰，它们往往掺杂着巫、道、佛三者，并将三者一概视为天人之媒介、鬼神之代表，并予以同等的尊崇，这也就是为什么在调查中的本属道家俗信的"石敢当"上还有"喃无呵"等佛教真言的原因。

石敢当作为一种镇宅物，它以有形的器物表达着无形的观念，同时构建着一种和谐的

---

① 祥贵：《崇拜心理学》，大众文艺出版社，2001，第 255 页。

② 马昌仪、刘锡诚：《石与石神》，学苑出版社，1994，第 48 页。

③ 叶涛：《泰山石敢当源流考》，《民俗研究》2006 年第 4 期，第 176～177 页。

④ 李书吉修，蔡继绅等纂《澄海县志》，台北成文出版社，1967，嘉庆二十年刊本，第 70 页。

住房秩序。作为一种文化符号的载体，它暂时消除了人们在日常生活中产生的焦虑感和不确定感。作为文化象征和风俗符号，它凝聚了乡民的一种心智和情感，同时也是一种艺术与生活的创造。根据目前调查潮汕地区中石敢当的遗存情况，正反映着这一风俗的持久传承。无论是区域社会历史的研究还是民间信仰文化的研究，这都是一个值得关注的方面，同时也有待我们进行更为深入的探究。

责任编辑：欧俊勇

十九世纪中叶香港三位潮州
男传道的巡游布道

摘　要：陈孙、陈兑和李员这三位潮州籍传道员的日记很好地保存在莱顿大学汉学院郭士立藏书（Gützlaff Collection）中。日记详细记载了他们于 1852 年农历四五月间在香港岛和长洲岛的日常工作、巡游布道和听众的回应（包括积极的回应和辛辣的讽刺和反驳），是研究两次鸦片战争之间、太平天国运动刚刚兴起这段时期华洋互动的珍贵史料。通过对这三份日记进行文本分析，本文试图回答这样一个重要的学术问题：19 世纪中期在西方传教士圈子中毁誉参半的"话题人物"郭士立（Karl Gützlaff）的"自传"策略是如何被中国传道员加以实践的？本文也力图体现清代在条约体制下，西方传教士和中国传道员之间"指导者—代理人"这样微妙的关系。

关键词：潮州传道员　十九世纪中期　香港　郭士立

　　1844 年，郭士立（Karl Gützlaff）在香港成立了名为汉会（Chinese Union）的宣教机构，其理念是中国的亿兆斯民皈依基督教不能依靠外国传教士，中国的基督徒自身必须承担这个帝国的宣教工作，[①] 因此重用华人传道员，务求最短的时间内将福音传播给最多人，[②] 而外国传教士主要负责培训这些中国传道员。这种宣教方法是否有效？自汉会成立后，这个问题在当时的传教士和后来的差会历史学者当中引起了激烈的争论。Herman Schylter、Jessie G. Lutz[③]、

---

*　蔡香玉，1981 年生，广州大学"广州十三行研究中心"助理研究员，香港中文大学崇基学院荣誉副研究员，中山大学历史系广州口岸史研究基地兼职研究员。本文系 Ellen Xiangyu Cai，"The Itinerant Preaching of Three Hoklo Evangelists in Mid-19th-Century Hong Kong"，Itinerario（International Journal on the History of European Expansion and Global Interaction），2009（3）. 中文版首次全文发表，摘要曾发表于香港建道神学院主编《基督教与中国文化通讯》第 58 期，2012 年 6 月，第 10～15 页。

① Lutz，"Karl Gützlaff's Approach to Indigenization：The Chinese Union"，269.
② 罗家辉：《基督教早期在华传播模式——郭士立与汉会再研究（1844～1851）》，第 8 页。
③ Herman Schlyter，*Karl Gutzlaff als missionar in China*，Lund：C. W. K. Gleerup，1946.
　　Lutz，"Karl Gützlaff's Approach to Indigenization：The Chinese Union"，269 – 291；*Hakka Chinese Confront Protestant Christianity*；"A profile of Chinese Protestant Evangelists in the Mid-nineteenth Century"，67 – 86；*Opening China*，215 – 258.

李志刚、吴义雄、刘绍麟和苏精①等学者在研究汉会的历史时，均对这一传教方法进行评估，如郭士立的宣教思想，汉会的建立和发展，以及它面临的危机，等等。凭借充分的教会档案，Lutz 的研究成功最为丰硕②，涉及郭士立从 1849 年到 1850 年的欧洲之旅。郭士立暂时的离港给予他汉会的同事倒戈的机会。巴色会的韩山明（1819~1854）联合在港其他差会的传教士，对汉会的运作展开调查听证，最终导致了汉会在 1852~1853 年间分崩离析。郭士立如何想到利用中国信徒本身进行布道？他如何设法维持汉会这一机构？Lutz 的研究清楚地回答了这两个问题。虽然在郭士立生前，他的"自传"（self-propagation）理念因汉会成员的欺骗行为而蒙羞，其理念却由其他差会的传教士所继承下来。正如罗家辉所说，"汉会成员虽有作假行为，汉会传教的各种报道也不无夸大之处，不过不能以郭士立报大分数，而抹杀其已得之分数"③。但仍有一个问题尚不清晰：中国的传道员是如何独立地开展宣教工作的？这是 Lutz 近年来一直关心的问题。④

她在 *Hakka Chinese Confront Protestant Christianity* 一书中研究 8 位客家传道员的自传，这一开拓性的著作让我们能一瞥中国传道员在 19 世纪 50 到 60 年代期间的日常生活。但她所使用的文献是间接性叙述：有三份自传是传教士的德语译本，一些传记是巴色会传教士所撰，而其他传道员的人生经历却由"当时巴色会零散的档案缀补而成"⑤。正如 Lutz 所提醒的，"对这些传记要小心进行解读。在大多数情况下，我们透过两个透镜观察它们：传教士的翻译和校订，传道员对往事的追溯。"⑥ 由于缺少早期当地助手的第一手资料，⑦ "自

---

① 李志刚：《郭士立牧师在港创立之福汉会及其对太平天国之影响》，载《基督教与近代中国文化论文集》，台北：宇宙光出版社，1989，第 59~84 页。吴义雄：《开端与进展》，第四章"郭士立与汉福会"。刘绍麟：《郭士立与福汉会》，《香港华人教会之开基：1842~1866 年的香港基督教会史页》，香港：中国神学研究院，2003，第 184 页。苏精：《郭实猎与其他传教士的紧张关系》，载《上帝的人马：十九世纪在华传教士的作为》，香港：基督教中国宗教文化研究社，2006。

② 罗家辉对这些学者研究有具体的评价，见罗家辉《基督教早期在华传播模式——郭士立与汉会再研究（1844~1851）》，第 10 页。

③ 罗家辉对这些学者研究有具体的评价，见罗家辉《基督教早期在华传播模式——郭士立与汉会再研究（1844~1851）》，第 11 页。

④ 2006 年，Jessie G. Lutz 点明中国基督教史尚待探讨的诸多课题便有中国的传道员和教员（Chinese evangelists and catechists），见 Timothy Man-kong Wong, "An Interview with Jessie Gregory Lutz: Historian of Chinese Christianity", *International Bulletin of Missionary Research*, Vol. 30, No. 1. p. 40。

⑤ Lutz, *Hakka Chinese Confront Protestant Christianity*, 9.

⑥ Lutz, *Hakka Chinese Confront Protestant Christianity*, 10.

⑦ 罗家辉引用了两份汉会材料反映了汉会传道员的日常工作，一份是 1850 年 11 月的集体信函，内容是："郭先生到来，开设汉会，广集门徒，讲解圣经，宣传真理，每早七点钟，齐集祈祷，教人知罪，九点钟，又同福潮兄弟解诵福音；每晚四点钟，齐集讲解毕，选同兄弟四五人，同往各铺户，并附近乡村，宣讲福音，送派书本。"另一份是李荣华在 1851 年五月十三至二十日一周的传教工作，"十三日礼拜四日，奉先生之命，往淡水各处派书。十四礼拜五日，收拾行李，往至沙田下，遇风雨，无渡开头，仍在沙田下宿。十五礼拜六日，另请渡过海，到沙鱼涌宿。十六日礼拜日，清早祈祷毕，后拾行李，起程至淡水墟，即至翁新家处宣道，男女老少，均皆听道乐从，派新遗诏五本，小书十五本，后同翁新往大和街围仔何先生书馆传道，派圣书二本，小书五本，至晚回家，后至同福神天。十七礼拜一日，祈祷毕，后至李道仪与他同往隆胜街、三胜街、大鱼街，位育堂曾先生宣道，派新遗诏二本，十八礼拜二日，到张三贵先生书馆宣道，派圣书二本，（转下页注）

传"的方法在中国人皈依基督教的作用尚不能得到确切和可靠的估定。

所幸，陈孙、陈兑和李员这三位潮州籍传道员详细的布道日记很好地保存在莱顿大学汉学院郭士立藏书（Gützlaff Collection）中。这为我们提供了难得的机会考察这三位男传道的巡游布道和与他们的听众之间的互动。他们由美国北浸信会传教士粦为仁（William Dean）所指导。在 1860 年汕头开埠前的 10 多年，他们在香港及其周边地区活跃布道。根据高柏先生（Koos Kuiper），他们的日记可能被当做样本寄回给荷兰的捐款人，以便为中国差会募集到财政支持。他的观点有如下事实作为依据：荷兰是女传教士 Lumina G. M. van Medenbach Wakker[①] 的祖国，她是美国北浸信会约翰生（John W. Johnson）的第二任妻子。约翰生在陈孙日记封面上的题字也是一个重要的证据。[②] 这三本日记记载了咸丰二年（1852 年）四月十三日到五月二十四日，共 42 天的布道活动，仅有五月十四日这一天失记。陈孙和陈兑所记日期大部分重叠（共 26 天）；作为陈兑的助手，李员记载他与陈兑一起的活动（三本日记条目的分布情况可见表 1）。这些日记让我们可以管窥这三位传道员的分工与合作，他们如何开展巡游布道，从听众处又得到怎样的回应。

本文以华人传道员在基督教传播中的作用为核心，试图回应如下四个问题：第一，潮州传道员运用怎样的宣教方法？Lutz 已经提到"汉会成员根据他们自己的理解解释基督教义，运用他们自己的隐喻和词汇……"；他们"运用一对一的对话方法，强调叙述和礼仪，而非教义的讲授。叙述和礼仪这些特点在中国民间宗教中非常突出，因此新宗教的信息和概念是在已有的知识背景中被理解"[③]。那么，潮州传道员是否也使用汉会传道员同样的布道方法？他们与汉会的关系如何？第二，潮州人在香港的布道网络，其实际范围究竟如何？李榭熙声称潮汕传道使用"他们的家庭和同乡网络将其亲戚和朋友引入教会"[④]，Lutz 也

（接上页注⑦）后与伊共往竹高围、圣堂围，后同往大埔赵先生书馆传道，派圣书一本，小书五本，又到孙先生书馆宣道，派圣书一本，小书五本，往到各处，讲论天国之真理，人人信服其道，能替万人赎罪，救人灵魂永生，感化世工，人人虔拜神天矣。十九礼拜三日，祈祷毕，后拾行李往沙鱼涌搭渡。二十礼拜四日，至沙田下登岸，饭后起程，一路平安，均蒙上帝耶稣圣神三位之鸿恩庇佑矣，谨此呈上郭牧师大人钧鉴，门生李荣华谨禀行为"，选自《汉会众兄弟宣道行为》。但二则材料的记叙都非常简略。

① 感谢高柏先生告知 R. G. Tiedemann 所编的 Lumina Geertruida Maria van Medenbach Wakker 传记。In 1850, the Rotterdam Ladies' Association for the Mission in China (Nederlandsch Vrouwen-Hulpgenootschap ten behoeve der Zending in China te Rotterdam) sent Lumina Wakker to China with Karl Gützlaff, who was returning to the East after his whirlwind tour of Europe. She arrived in China on 20 January 1851, at Hong Kong. Her work in Gützlaff's Mission in Hong Kong was, however, very short. She subsequently married John W. Johnson (1819 – 1872) on 3 April 1851 and became a member of the South China Mission of the American Baptist Missionary Union, as teacher and missionary wife. Principal stations include Hong Kong (1851 – 1858); Swatow, Guangdong (1860 – 1872). Following her husband's death in 1872, Lumina Johnson returned to the Netherlands and engaged in raising funds for the China mission. She did return to the China mission some time later. She left China for the last time in 1885. According to Lida Ashmore, this Mrs. Johnson from Holland was the second wife of Mr. John Johnson. The first Mrs. Johnson died of a brief illness in Hong Kong in June 9, 1848. See Lida Ashmore, The South China Mission of the American Baptist Foreign Mission Society, 178.

② Mr. Kuiper, who has been able to identify John W. Johnson's handwritings, pointed this out to me. According to Heleen Murre-van de Berg, the handwriting is of typical American style, and John W. Johnson was an American.

③ Lutz, *Opening China*, 215.

④ Lee, *The Bible and the Gun*, 29.

表1　1852年农历四五月间三位潮州传道员日记条目的分布情况

四月	十三	十四	十五	十六	十七	十八	十九	二十	二十一	二十二	二十三	二十四	二十五	二十六	二十七	二十六	二十九	三十
陈孙	√	√		√	√	√	√	√		√	√	√	√	√	√	√	√	√
陈兑		√	√	√	√	√	√	√	√							√	√	√

五月	一	二	三	四	五	六	七	八	九	十	十一	十二	十三	十四	十五	十六	十七	十八	十九	二十	二十一	二十二	二十三	二十四
陈孙	√	√	√	√	√	√	√	√	√															
陈兑	√	√	√	√	√	√	√	√	√	√														
李员															√	√	√	√	√	√	√	√	√	√

有同样的观点。[1] 这种观点是否属实，仍有待检验。第三，美国北浸信会是如何通过潮州传道员在长洲岛上建立教会？汤绍源（Lancelot S. Tong）点明香港岛的"潮语事工得以发展迅速，操潮语的中国助手肯定是关键所在"[2]。但由于缺少资料，这些潮州传道员在19世纪中叶以来所起的作用无法进行估量。第四，这三名潮州籍传道员19世纪中叶在香港的布道经历是否独立于外国传教士？这三份日记能否为殖民时代初期的华洋关系带来新的理解？

日记作者的身份

在暹罗的潮州侨民中工作多年后，1842年，随着香港的开埠，粦为仁将传教工作转移到香港。他在群带路[3]建了潮人教会，这条路是英国人在香港岛西北面开辟的第一条大道。1847年，约翰生受派到香港协助粦为仁，因此，正是他俩的名字出现在李员的日记中，被称为"圣差"。[4] 除了这两位男传教士外，还有约翰生新娶的妻子，女传教士Lumina Wakker。

粦为仁和约翰生与郭士立有很亲密的私人关系。1838年，当粦为仁的传教点仍在暹罗，他在郭士立澳门的家中遇见了由伦敦的Society of the Promotion of Female Education in the East派到中国工作的Theodosia Ann Barker。两人很快就坠入爱河，结婚后Barker跟随粦为仁回

---

① Lutz, *Hakka Chinese Confront Protestant Christianity*, 10. See also her article："The Dutch Foundation of the Gützlaff Mission" and her book：*Opening China*.

② 汤绍源：《上世纪遗事——从长洲教会的开发说起》，李金强、汤绍源、梁家麟主编《中华本色——近代中国教会史论》，香港：建道神学院，2007，第279页，注释16。

③ 根据罗家辉的说法，"群带路"是早期来港华人对香港的代称。依据是汉会成员王元深有云："道光廿一年冬，英人在香港岛北，群带路地面，始行辟地，离香港湾十余里，内地洋务事，仍未开禁，凡至群带路者，谓之通番，拘之受罚，时人畏之，凡来群带路者，皆诡言往长洲香港，日久成习，遂名群带路为香港"；见王元深《圣道东来考》，第15页。转引自罗家辉《基督教早期在华传播模式——郭士立与汉会再研究（1844～1851）》，第17页，注释72。李金强教授告知最早的潮人教会在街市（Bazaar），即现在香港岛上环的歌赋街（Gough）。

④ 粦为仁（William Dean）被称为"怜牧师"，高柏先生（Koos Kuiper）告知"怜"一字在闽南语中发音为"Din"，正是"Dean"的对音，而潮州话是闽南话的一个分支，在东南亚一带，潮州话常受名闽南方言的影响。约翰生（John W. Johnson）被称为"约翰圣差"。

到暹罗工作。Barker 师从郭士立学汉语，并有编撰的宣教小册子《以来者言行纪略》传世，署名为"为仁者之女"①。1843 年，舞为仁夫妇二人迁到香港工作，与郭士立的居所隔街相望。遗憾的是，Barker 不久便感染天花而逝。1848 年，约翰生偕妻子到港协助舞为仁传教。约翰生夫人半年后染急病去世，约翰生三年后娶了荷兰籍的女传教士 Lumina Wakker 为妻。Wakker 是受鹿特丹妇女宣道会②派遣，于 1851 年 2 月随同郭士立来到香港协助汉会的工作。但那个时候的汉会已经行将瓦解，Lumina Wakker 与约翰生结婚后，便成为美国北浸信会的一分子。舞为仁和约翰生的夫人均出自郭士立一系，再加上郭士立在来华传教士圈子中的号召力，他的诸多传教理念不可避免地将对舞为仁和约翰生产生或多或少的影响。

在岭东浸信会的教友名录中，③ 我们能得到陈兑、陈孙、李员和他们家庭成员的一些信息。他们均来自潮州府，于香港受洗。陈兑来自普宁县光南村，1843 年当其 37 岁之时受洗。陈孙来自澄海县南洋村（也称莲阳），1844 年 30 岁时入教。他的妻子张金和女儿陈遂心分别在 1848 年和 1859 年受洗，前者时年 30 岁，后者 18 岁。陈孙的岳母谭桂于1854 年当其 25 岁之时受洗。④ 李员 1844 年当其 32 岁之时受洗，10 年之后，其妻徐月凤受洗，时年 21 岁。因此当 1852 年这三份日记记载之时，只有陈兑、陈孙和他的妻子张金以及李员是信徒。陈兑的妻子帮助他在长洲岛的妇女当中传教，但没有资料证明她是一名基督徒。当 1856 年，第二次鸦片战争开战，陈孙和李员这两个家庭受约翰生的派遣返回潮州，协助英国长老会的宾为邻（William C. Burns）布道。陈兑和他的儿子陈时珍也于19 世纪 70 年代回到他的家乡定居布道。

在他们成为传道员之前，陈兑是一名从事苦力贸易的买办。⑤ 陈孙常在海丰县东州坑一带捕鱼。李员的职业无考。由于他们入教的原因没有完全弄清楚，因此尚不能确定他们是否为"食教者"。作为传道，陈兑和李员向差会定期领取薪金，而陈孙的工资则由苏格兰爱丁堡布里斯托街（Bristo）的浸信会发给。⑥

当这三份日记记载的 1852 年，在香港的美国北浸信会内部的分工已现雏形：男传教士舞为仁和约翰生负责香港岛群带路的潮人教会，指导培训传道员陈孙、陈兑、李员等到新界、长洲一带布道；女传教士约翰生夫人开设了小学，教授男女小童。⑦

---

① "女"的含义不是"女儿"，而是"女人"、"妻子"之意，"为仁者之女"即是"为仁者的女人、妻子"，见为仁者之女（Theodosia）纂：《以来者言行纪略》（History of Elijah），道光二十九年（1849 年）重镌。同样的语法可见舞为仁注释的《旧约•创世纪》，他称夏娃即亚当的妻子为"女"："因其由男人取出，故称之为女"。见为仁者纂《传世纪注释》，咸丰元年（1850 年）镌。

② The Dutch name is Nederlandsch Vrouwen-Hulpgenootschap ten behoeve der Zending in China te Rotterdam, according to R. G. Tiedemann.

③ 《岭东浸信会历史特刊》，第 29 页。

④ 谭桂比她的"女儿"张金小 11 岁，她很可能是张金的后妈。

⑤ Lee, *The Bible and the Gun*, 26.

⑥ Lee, *The Bible and the Gun*, 29.

⑦ *China*：*Verzameling van stukken betreffende de prediking van het evangelie in China en omliggende landen* [China: Collection of the pieces concerning the preaching of the gospel in China and the surrounding countries]，*Vierde deel* [the fourth volume]，1854. 239.

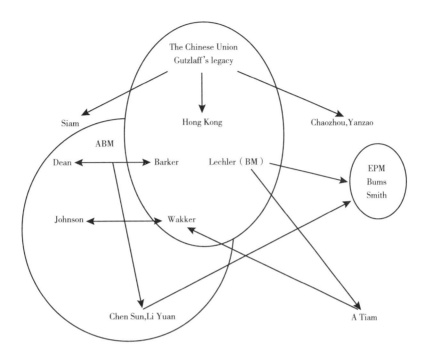

图 1   美国浸信会、英国长老会与郭士立汉会在暹罗、
香港和潮州各传教点的关系图（1860 年以前）

长洲的布道环境

由于陈孙负责的传教点的具体方位缺载，他对其巡游之所的记录也过于简单，只笼统地提到在"各学老①铺"或"各铺头"布道，关于他所在的传教环境，其日记中没有任何具体信息。但根据美国北浸信会的档案，此地极可能是位于九龙一带的土瓜湾。所幸，陈兑详细记下了他走访的地点，这使得我们能重构他工作的环境——长洲岛。

长洲岛的形状像一个哑铃，位于香港岛的西南面，两岛相距 10 海里。② 它属于香港最大的行政区新界，1898 年被英国租借。因此，在 1852 年，长洲尚未开放给外国传教士。然而，由于该岛的方位极具战略性：它位于澳门和香港的航路中间，这两地是当时西方人在虎门口外合法的居住地；长洲也位于从广州经粤东沿海北上的航路上，同时位于闽粤地区到东南亚的贸易和移民的海路上，因此被舜为仁选定为宣教扩展的理想地点，陈兑受他派遣到此布道。根据蔡志祥的人类学考察，该岛大部分人口为疍民，时至今日，该岛的经济仍然以渔业及其相关行业为主（见 1950 年的照片）。1851 年 1 月爆发太平天国运

① "学老"也叫"福佬"，是广府人对福建人和讲类似方言的潮州人的称呼。在陈孙的日记中特指潮州人。
② Choi, "Reinforcing Ethnicity," 105.

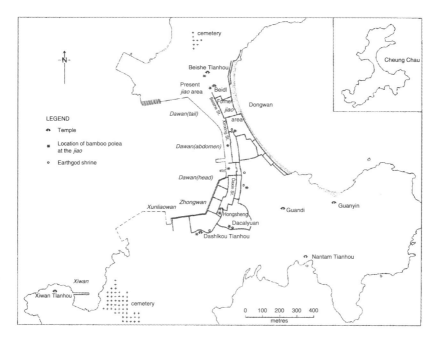

图 2 长洲（借用自蔡志祥 1995 年的文章）

动，来自广东省的大批难民避难于此，很可能导致该岛人口的迅速增长。① 正是在这一地理和历史背景下，陈兑在此开展他的布道工作。

陈兑经常走访的四个地方是：湾尾、湾肚、中湾和东湾，均位于长洲岛中部狭长的低地。除东湾以外，其他三地均为集市所在。湾尾主要被来自惠州（特别是海丰和陆丰两县）和潮州的移民所占据，② 他们讲相似的潮州方言。陈兑经常走访鱼铺和其他店铺，例如合兴糖铺③、华利酒铺④、元兴造船铺⑤、纸料铺⑥和打钓铺⑦。他也走访潮馆⑧——潮州人的会馆以及义祠⑨——其功能是祭祀和寄放客死此地的人的棺椁骨殖。

湾肚由广布于珠三角地区的广府人占据。福德社（亦称福德庙）⑩ 和书房⑪位于此处，它们均具有文化、社会和政治功能。这一带是长洲老街市所在，即使在今天，它仍然是该

---

① Choi, "Reinforcing Ethnicity," 105.
② Choi, "Reinforcing Ethnicity," 108.
③ 陈兑日记，四月二十三日、五月初八日。
④ 陈兑日记，四月二十三日。
⑤ 陈兑日记，四月二十七日，五月初八、初九日。
⑥ 陈兑日记，五月初六日。
⑦ 李员日记，五月十八日。
⑧ 陈兑日记，四月二十七日，五月初九、十一日。
⑨ 陈兑日记，五月十一日。
⑩ 陈兑日记，四月十七日、五月初十日。
⑪ 陈兑日记，五月初十日。

图 3　长洲（KITLV 特藏部所藏，1950 年）

岛的商业中心。[1]　在一些特别的节日，传统的戏剧会在福德庙上演。例如四月十七日至二十一日的太平清醮[2]，福德庙夜以继日的潮剧表演严重干扰了陈兑的布道工作。

东湾一带是许多渔船的停泊之所。渔人们有时会聚在沙滩上，听巡游至此的陈兑讲道。他们会恭敬地向陈兑打招呼："先生来此处讲道"[3]，"先生又来讲理"[4]，或"先生来分册"[5]。陈兑点头回应，并开始布道。当渔人们没有在沙滩聚集时，陈兑则挨家挨户地登上每艘船布道并分发小册子。

因此长洲是一个福佬和本地这两个不同族群混居的社会。在陈孙的日记中我们也可探知这样一个多族群的布道环境，因为他特别留意并清楚地记下其学生所属的族群：通常是四或五名福佬学生和七至八名本地学生上他的课。在他的同事万先生[6]的班上，福佬和本地学生人数一样多。陈孙也提到一位广府传道员协助他做主日布道，可以推知参与礼拜的

---

① Choi Chi-cheung, "Reinforcing Ethnicity," 108.
② 参见蔡志祥对太平清醮的研究。Choi Chi-cheung, "Reinforcing Ethnicity"。
③ 陈兑日记，四月二十四日。
④ 陈兑日记，五月初一日。
⑤ 陈兑日记，四月二十四日。
⑥ 他受雇于粦为仁，是陈孙的同事。

有广府人。我们有理由推断，在这样族群混居的社会，福佬传道员可以跨越方言的界限，同时在福佬和广府慕道者中进行布道。虽然学生中广府族群的人数超过福佬，这三位潮州传道员总是对后者给予特别关注：作为一个潮州人，陈孙经常先提及潮州籍学生的人数，这反映了他自身的族群认同意识。

如何使用圣经和传道小册子

当每天上午在书房带领学生完成晨祷之后，传道员便回到祈祷所接待临时的访客，如水手[①]或士兵[②]。之后，他们便带上各种传教小册子，到潮州人开的各铺户和渔船巡游布道。在这种短时间的接触中，口头布道扮演了重要的角色，因此方言的掌握极为重要。其听众多为来自潮州和惠州沿海一带讲闽南方言的福佬。以陈兑为例，他谈话的对象多为来自潮州府、惠州府的海丰县和归善县，只有封荫余和刘庶文分别来自东莞和新安县，在这两县主要流行的是广府方言。客家方言也很流行，因为不少客家人也居住于此。陈兑与封荫余对话时用的是广府还是客家方言？这个问题目前尚不清楚，但陈兑劝他到其"礼拜堂同拜一神，为耶稣门生，望灵魂进神国享永福"[③]。

传道员在晨祷、晚祷和主日礼拜的布道主要以圣经为本。在日记记载的这一个多月，陈孙和陈兑每天都根据使徒行传布道。这是粦为仁帮他们定下的布道计划，而传道员能自由决定在什么时候和如何开展这个布道计划。陈孙通常在晨祷中将使徒行传的经文读给5或6名慕道者听。但他没有具体提及他在晚祷中所使用的经文。所参加晚祷的人数他偶尔提及，平均为6名，但四月二十五日达17人之众。而五月初五的端午节那晚，没有一人参加晚祷，可见这些慕道者仍受民间风俗、传统节日的强烈影响。

陈兑的晨祷吸引了大约30来位慕道者，其中包括了22或23名学生。他们在一起阅读经文，学生们还须背诵十诫。平均有16位慕道者参加晚祷，其中有一半识字。所有的慕道者首先齐声念使徒行传，接着由识字的那几位轮流念，每人念一到两节，[④]然后由陈兑进行讲解。最后众信徒向上帝祈祷，晚祷由此结束。这样的礼拜程序与汉会传道员主持的程序相仿："反复诵读上帝的祈祷文，使徒的信条和十诫，并讲述具有道德教化作用的圣经故事，这种方式非常受欢迎。"[⑤] 但是否如 Jessie Lutz 所说，传道员强调叙述和礼仪的训导——这是中国民间宗教的主要特色——而不是教义的传授，这三份日记所提供的信息不足以印证她的这一观点，因此仍有待进一步探讨。

陈孙、陈兑和李员均分发教会小册子。陈孙没有明确提到他分发的小册子的题名，但陈兑在好几处提及。四月二十四日，当他在东湾的渔人中散发小册子，一位听者执《奉

---

① 李员日记，五月二十日。
② 李员日记，五月十九日。
③ 陈兑日记，五月十三日。
④ 李员日记，五月二十日、廿四日。
⑤ Lutz, *Opening China*, 215.

劝真假人物论之序》让他讲解。两天之后，陈兑送《真道入门》一书给算命先生黄鸣鹤。四月三十日，他给以买药为生的信徒徐顺赞送去一册《华番和合通书》。前两份小册子的作者正是粦为仁。《奉劝真假人物论》于 1845 和 1847 年在宁波两度出版，1849 年在香港再版。《华番和合通书》是一本中西对照的年历，并附有天文、世界地理、清朝各省及广东省行政区划的介绍，以及简明的基督教教义，如十诫等。这份小册子从 1843 年起便在香港逐年出版。①

19 世纪中叶已有数个新约圣经的中译本，陈孙、陈兑和李员使用的是什么版本，我们尚不得而知。② 目前可以确定的是，他们使用的使徒行传均由群带路印书馆刊行。虽然粦为仁已在 1850 年刊印了由他注解的旧约创世纪，但在日记所载的这一个月，他们没有提到旧约圣经的使用情形。通过分发和讲解粦为仁编撰的这些小册子，这些华人传道员在西方传教士和当地的文盲或半文盲之间扮演着中间人的角色，帮助他们消弭语言沟通上的障碍。因为即使西方传教士能够阅读和书写汉字，方言口语的掌握对大部分传教士来讲仍然是一个难点。在此顺带说明，美国北浸信会所使用的旧约和新约圣经全部用汉字刻印，在他们 1860 年进入潮州府后，这些汉字圣经仍继续使用。他们没有采用英国长老会在厦门、汕头和台湾所推行的方言罗马字这套识字方案，因此也没有采用以方言罗马字印刷的圣经和神诗。③ 虽然巡游布道者所遇见的听众大部分不识字，后者仍经常在返乡之前向前者索取各种小册子带回家，④ 或者在省亲归来之际，应乡中先生或秀才的要求向传道员索取。⑤

日记中有证据显示，传道员并没有盲目分发这些小册子。他们只发给那些诚心向他们索取的人。汉会的一个致命的丑闻是，一些中国传道员将圣经和小册子倒卖给印书坊，后者又将它们重新卖给西方传教士。在这点上，陈兑和陈孙都比较可靠和尽职。每发一本小册子，陈孙都不忘叮嘱接书者："此是圣书，即是药方，能得医人灵魂。……惟此圣书，由救主而来，凡在万国人，有信此圣书，必定永生。倘若有人不信此圣书，必定受苦。"⑥ 陈兑也叮嘱道："此册是真道理，尔等宜细心看。"⑦ 当一位听众向他索要厚的小册子（因为从实用的角度来讲，普罗大众认为厚的小册子比薄的更好），陈兑不忘提醒他们："此册欲小心看。四页册之道，即能救人之灵魂进神国。如无小心看之，百叶无益。"众人则

---

① Wylie, *Memorials of Protestant Missionaries to the Chinese*, 86 – 87, 100. Also mentioned by Koos Kuiper, see *List of Chinese Works by Early* 19*th-century Protestant Missionaries Kept in the Sinological Institute*, Leiden University (21 – 7 – 2008), unpublished.

② 李榭熙提示他们使用的很可能是郭士立的圣经译本。

③ 参见 1875 ~ 1922 年间美国浸信会和英国长老会出版的圣经目录。Spillett, *A Catalogue of Scriptures in the Languages of China and the Republic of China*, 198 – 205.

④ 陈兑日记，四月二十八日。当天三位海丰籍渔人莫龙、仁发、会（"会"为人名，其姓缺载）在回乡前向陈兑讨册，陈兑分给每人三册，小册子题名不清楚。根据马福的陈述，吴水伯回乡，曾向人出示他带回的小册子，见陈兑四月二十七日日记。

⑤ 陈孙日记，四月廿七日。亦见陈兑日记，五月初一、初四日。

⑥ 陈孙日记，四月廿三日。

⑦ 陈兑日记，五月初一日。

回应道："是也"。①

　　根据 1850 年 11 月汉会成员的一封集体信函，郭士立的日常工作是"广集门徒，讲解圣经，宣传真理，每早七点钟，齐集祈祷，教人悔罪，九点钟，又同福潮兄弟解诵福音；每晚四点钟，齐集讲解毕，选调兄弟四五人，同往各铺户，并附近乡村，宣讲福音，送派书本"。陈兑与陈孙的工作正是以此为模板，与汉会传道员李荣华的布道活动极为相似。②可证粦为仁继承了郭士立的"自传"理念和布道方法。

布道的要点

　　作为陈兑的助手，李员在他的日记中只记载陈兑单方面的布道，我们很难得知布道者和听众之间的互动。但是陈孙和陈兑详细记载了他们与听众之间的对话。李员所记陈兑的布道内容都比较笼统，通常包含了基督教的所有基本教义，正如他五月二十日所记：

> 后有十数潮州人，系行船之人，来礼拜堂。吾等请他众位食茶之后，即时讲论神天父系全能之神，为天下万国之大主宰，功劳至大，爱人行善，恨人行恶。又恨人服事各样柴神、偶像、菩萨，欲人服拜独一真活神。因世人之心向恶，服事人手所作之假神，偕欲落地狱受永苦。天父系慈悲之神，不忍世人沉沦，受永苦。天父不但不忍，并赐耶稣救世主，由天降世，为人传此福音之道，劝人悔改，来信耶稣，服拜真神，丢弃人手所作之假神，将来可享天堂永福耳。③

　　上述布道词清楚展示了布道的几个要点：对"上帝"和"耶稣"概念的解释；享受天堂永福之利；对崇拜柴神和菩萨等行为的批判；劝人悔罪；等等。那么围绕这些要点，传道员与听众之间的互动如何？

1. 对"上帝"的解释

　　听众通常对"上帝"的名字心存好奇。来自归善县的陈协龙问神何名，陈兑答曰："名耀华"。协龙要求他将神之名写下，以便他能牢记。陈兑便在发给他的小册子上写下"耀华"二字。④

2. 对"耶稣"的解释

　　当平海钓艚船的渔人拜访陈孙，欲听道理，想得知耶稣是何等人。陈孙对他们说："世间无一人可比耶稣……故因天父之子无所不能、无所不知、无所不在，所以是真神独生之爱子，来降世受苦，被人轻忽。后被恶人钉死十字架，三日复活，至四十日升天堂，

---

① 陈兑日记，五月十一日。
② 参见第 571 页注释 7。
③ 李员日记，五月二十日。
④ 陈兑日记，四月二十二日。

在天父右手之位"。讲毕，众人答曰："耶稣明白是耀华之子，不论何事能得为之。"①

当陈兑劝人信耶稣，有人提出"耶稣无肉身"的质疑。陈兑回应道："耶稣降世，成肉身。"②

3. 批判崇拜柴神和菩萨的行为

与陆丰碣石港钓鱠船的渔人一同到陈孙处听道理，名亚明光③曰："万物由神天主意，唐人不识敬畏神天，指有敬畏天地、父母及各样菩萨。每年服事。"陈孙对亚明光说："天地亦是死物，即汝等个④船，汝船主不造船，汝等无船。天父不造天地，无天地，岂不是死物乎。教汝等可识，服事是无益。"众人曰："是有理。"⑤

陈兑到长洲岛上一屋布道，有老夫妇二人，夫姓张名义。陈兑劝他不拜菩萨。其妇曰："菩萨能保佑人。"陈兑说："菩萨不能讲话，有一年，遇大风。吾见外国人船，十破无一；唐人船，十破有九。有菩萨之船反破，可见不能保人。船破而菩萨浮海，且不能保己。"妇曰："此又是也。"陈兑请其明日来拜神，老妇人答应了。⑥

当谈到观音⑦和关爷⑧时，陈兑告诉听众他们均是假神。当听取了陈孙对假神的批判后，来自平海的渔人亚山说："在世间各样事欲弃绝，每年不用废此钱银。从前不知耶稣道理，每年神明生，时期八节，废有多钱银。今日不用使此钱银，此事可得平安。"⑨陈孙肯定了亚山的话。

4. 礼拜上帝的方式

听众中有些人对礼拜上帝的方式感兴趣。当一位名为钟安的渔人询问陈兑应如何崇拜上帝时，他说："不用香烛，只用专心。每日在船，或在山，皆可拜。或到处，有耶稣门生，则宜与其同拜神。"钟安又问："如何求之？"陈兑说："神面前认罪，感谢神恩，求神可怜。"⑩当有人问他："拜神何处可拜？"陈兑说："神无所不在，不论船中山上家内皆可拜。"⑪

5. 遇到辱骂时保持克制

陈兑总是敦促慕道者徐保受洗。当徐保告诉他："吾去裙带路拜神，人讲⑫吾。"陈兑

---

① 陈孙，四月十三日。

② 陈兑，五月初十日。

③ "亚"同"阿"，是闽南方言中加在人名前的发音词。通常是"阿"加人名的最后一个字，如日记中的"亚山"、"亚友"、"亚华"。但是日记中也不乏"亚"加整个名字（两个字），如"亚明光"、"亚成付"、"亚六伯"、"亚时伦"等。

④ "个"在潮州方言中表示所属关系，即是现代汉语中的"的"。

⑤ 陈孙，四月十五日。

⑥ 陈兑日记，四月二十五日。

⑦ 陈兑日记，与吴罐的对话，原文为"观音娘"，四月二十七日。

⑧ 陈兑日记，四月三十日。

⑨ 陈孙日记，四月十四日。

⑩ 陈兑日记，四月二十九日。

⑪ 陈兑日记，五月初八日。

⑫ 潮州方言"讲"是"批评"、"指摘"、"说三道四"之意。

劝他要忍耐。① 这一对话揭示了基督教传入中国初期，与教会有瓜葛的人都遭受非信徒的辱骂和迫害。

积极的回应

在一个月内，陈兑似乎成功地引导算命先生黄鸣鹤成为一名慕道者。以下是陈兑与黄鸣鹤对话的内容。

四月十六日：

> 即来二归善人，一姓黄名鸣鹤，系教书人。谓愚曰："先生提拔吾。"愚曰："吾不能提拔人，惟耶稣能提拔人。吾只传耶稣之福音，劝人拜神仁爱。"即讲道。其喜听。分册三本。愚又曰："尔可每日来讲论"。

二十五日：

> 到顺赞兄卖药处，有一卜卦先生，姓黄名鸣鹤。愚请其明日来拜神，答曰："明日吾专心欲去拜神。"愚曰："有实专拜神，依靠耶稣者，将来得享天国永福。"鸣鹤曰："尔专心。"愚曰："耶稣命其门生到普天之下，传此福音。"

二十六日安息：

> 朝，出街请人拜神，回礼拜堂，有黄鸣鹤同三海丰人来拜神。愚分《真道入门》册一本，叫鸣鹤每日读之。其喜受。……又到街，见鸣鹤，劝其学主道。答曰："欲学主道。"愚曰："学其道，顺其教者，将来得享天国永福。"

五月初四：

> 出街到顺赞兄卖药处。鸣鹤在边卦命。愚谓鹤曰："尔上日为何无来拜神？"答曰："有病。"愚曰："专心服事神者，将来可得永福。"

五月十二日：

> 到顺赞卖药处，又到鸣鹤卦命处，见鸣鹤作竹系灯。愚曰："尔此礼拜日，为何不去拜神？"答曰："有病。"愚曰："不竭力事神者，必不能进神国。"鹤答曰："吾坚心拜神，吾识道理。"愚曰："神之道理，至深，惟耶稣全识。世人知多少而已。"

---

① 陈兑日记，四月二十七日。

五月十三日：

> 带册出街，鸣鹤专心拜神，丢卜卦事，为耶稣门生兄弟。鹤欣喜。愚又曰："尔每晚何不来同拜神？"答曰："吾住湾尾，到礼拜堂甚远。思另租一寓所，近礼拜堂，每晚可拜神。"

我们可将陈兑与黄鸣鹤之间的互动分为三个阶段：①传道员确定潜在的发展对象；②加强布道，向其灌输基督教义；③给发展对象思考的空间，只给予补充性的说服。从黄鸣鹤的角度来看，他偶然遇到基督教，经过一番思想斗争后，他最终决定要接纳这一新的信仰。让我们更详细地考察这一辩证的互动过程。

黄鸣鹤来自香港岛之北的归善县①。他识字，因此当陈兑第一次遇到他时，误以为他是一名教书先生。九天之后，陈兑才了解到他的真正职业是一名算命先生，这种职业在中国传统社会很受歧视。以这样一种落拓的职业为生，黄鸣鹤向陈兑寻求帮助的初衷便在情理之中：他向陈兑谋求社会地位的提升，这反映了普通人确实希望通过加入教会以得到一些世俗的好处。陈兑也提到一位渔人胡五向他要钱，作为入教的前提条件。② 这样的误解在当时颇为流行，使得香港潮人教会会规的第一款不得不明确规定："凡人欲信仰耶稣入圣会，切勿希望依赖圣会可得利益也，或就有工事俸禄也"③。尽管陈兑拒绝了鸣鹤的要求，他还是将其视为潜在的发展对象。因为如果成功将其皈依，识字的鸣鹤将能胜任传道员一职，是教会发展初期急需的人才。因此陈兑送他三本小册子，希望他每天到祈祷所与他讨论。

四月底的几次见面展示了陈兑对鸣鹤进行强化布道。陈兑提出入教的好处是"将来得享天国永福"，而没有鸣鹤期待中的物质利益，这多少让他有点失望。但他还是对陈兑的布道表示出兴趣，不时表现出对陈兑掌握真道的羡慕。因此陈兑与他经常保持联系，并送他《真道入门》一书。

从五月初四日到十三日，我们能见到鸣鹤内心的挣扎：他以生病为理由避开两次主日崇拜；当陈兑找他时，他仍继续编竹系灯，试图逃避与陈兑交谈。但陈兑看出了鸣鹤内心的挣扎。在进行了一个星期的强化布道后，他留给鸣鹤空间仔细思考。他只问鸣鹤这样的问题："为何不来拜神？"这样以守为攻的说服在鸣鹤身上产生了积极的影响。五月十三日，鸣鹤表示希望入教，但他仍然有一个借口："吾住湾尾，到礼拜堂甚远。"但他考虑"另租一寓所，近礼拜堂，每晚可拜神"。

陈兑关于黄鸣鹤的记录到此结束，故事接下来如何发展，我们不得而知。因为受洗入教有时只是通往个人信仰转变的第一步，弃绝和态度的摇摆在此后的任何阶段均有可

---

① 相当于现在的惠阳一带。
② 陈兑日记，与胡五的对话，四月二十七日。
③ 为仁者撰《奉劝真假人物论》，附录公会规，第 11 页。

能。① 这同样适用于尚未受洗的鸣鹤。不管鸣鹤最终入教与否，我们可以看到在教会发展初期，为了壮大传道员的队伍，识字的人更受传教士和传道员的欢迎。在了解了积极的回应后，接下来让我们探讨传道员遭遇到那些消极的回应。

消极的回应

诚如许多学者所说，中国传道员经常通过亲属关系发展信徒，"亲属关系通常是基督教社区扩张的决定因素"，"皈依基督教主要通过家庭、宗族和亲属这些关系进行"②。诚然，亲戚通常是传道员最容易触及的人群，但他们并非总能成功地被劝说改信基督教。陈孙和他的三伯之间的对话为此提供了一个好例子。

四月十八日：

> 愚辞别而回礼拜堂，同三伯会集。愚劝三伯："汝得耀华之恩典有久，不肯悔罪，信耶稣此道理。"三伯答曰："吾早晚自己在床有拜耶稣及天父。"愚曰："汝有专心赖耶稣及天父，吾等心有欢喜。"言谈之间，三伯辞别回。

四月二十二日：

> 既至三伯之屋，同集。愚劝三伯阖家，俱是老幼欢喜。愚又曰："久久劝汝不肯信耶稣，来为门生，汝听道理是何益？凡人不顺神真道理，就是身乃污。"三伯答曰："吾所以有多事不合神道，故因未敢信服此道，亦未敢为耶稣门生。"愚又再曰："汝每日有多不合神道，宜当谨慎、醒悟。"另多言劝之，毕。

四月三十日：

> 又至三伯之屋。劝三伯阖家，早晚宜当求天父，及吾主保护，每日，汝等专心敬畏天父，及吾主教汝等行善，实行悔改，来为耶稣门生，可希望天堂得福耳。三伯答曰："吾心欲专敬畏吾救世主，被世俗诱惑，不能顺救世主之命。"愚又曰："正欲每日谨慎，服事耶稣，心可得平安。"讲毕，同祈祷毕，愚辞别而回。

尽管三伯经常声称他"早晚自己在床有拜耶稣及天父"，他也常到礼拜堂与陈孙聊天（第一次对话发生在礼拜堂），但他仍顽固地拒绝皈依基督教，借口是他行事诸多不合基

---

① Lutz, *Opening China*, 218.
② Lutz, *Opening China*, 223; Lutz, "The Dutch Foundation of the Gützlaff Mission in China," 247; Lutz, *Hakka Chinese Confront Protestant Christianity*, 10.

督教义。虽然三伯一家老小多乐意听陈孙讲道，那也只是向他们的亲戚陈孙表示礼貌的一种方式。与他人交往时掩饰自己的真实感受，避免冒犯他人，与他人产生冲突，这是在华人社会中处世的一条黄金守则。

根据三位传道员的记录，可以总结出中国人拒绝皈依基督教的诸般理由：

1. 自身的不良行为

三伯给出的正是这个理由。当陈孙和陈兑试图说服那些吸食鸦片、赌博和说谎的人信教，他们也是用此借口加以拒绝，尽管他们承认传道员苦口婆心地劝他们向善是对的。①

2. 迁延

当传道员请人到礼拜堂做礼拜时，不少人经常回应道："我改天再去"，但从不定下一个确切的日期。②

3. 忙于生计

人们通常会说他忙于自己的生计，例如捕鱼、种菜等，无暇到礼拜堂做礼拜。③

4. 年老

老年人通常以年老为借口逃避信教。④

5. 贫穷

人们通常会说："吾是贫，若不贫，即欲去拜神。"⑤ 他们期望信教能改变他们贫穷的状况。⑥ 当传道员指出他们的这种错误想法，不愿意入教便是自然的结果。

6. 不识字

不识字也是人们拒绝入教的借口之一。⑦

7. 祖宗和柴神崇拜

正如下面的例子所示，祖宗崇拜是传道员面临的一大挑战：

> 听了陈孙的布道后，亚成付曰："听此道理，处公祖不可服事，此事难离。耶稣教人不拜公祖及父母难以哉。"愚对众人曰："耶稣教人欲仁爱，父母在世宜当服事，是为人。欲衣、欲食、或缺食身体死。倘若父母过世，在阴间，是为灵魂。灵魂不用食物，汝等服事何益哉？"⑧

在另外一个例子中，陈品对陈兑说："欲唐人丢弃柴神难矣。"陈兑反驳道："人有所

---

① 陈孙日记，在哩照之屋，四月十六日；陈兑日记，在福德庙，五月十日。
② 陈兑日记，四月二十三日、五月十三日。
③ 陈兑日记，四月二十九日，五月初四日、初十日。
④ 陈兑日记，四月二十五日，五月初十日。
⑤ 陈兑日记，五月初四日。
⑥ 陈兑日记，四月二十七日、五月初十日。
⑦ 陈兑日记，五月初七日。
⑧ 陈孙日记，四月十七日。

不能，神则无所不能。神能使天下万国人尽丢假神。"①

　　然而陈兑遇到的最大挑战来自徐福，他是慕道者徐保之弟。下面这段话展示了他连续向陈兑提出四个非常尖刻的问题：

　　　　徐保之弟徐福曰："唐人有贤人，为大官者，皆拜菩萨，无拜神天。"愚曰："为官者，未知拜神，是未得神之恩典。"福曰："耶稣至今一千余年，为何唐人未知？"愚曰："耶稣至今虽有一千余年，在此十年，唐山五港，方有多外国先生到来传其真道。"福曰："惟尔三四人信之。"愚曰："今之信者数百人，不止四人。"福曰："唐人多，而不外零②百人信之，何益？"愚曰："救一人灵魂，胜于万金。且一人能教十，十能教百，将来可教全地。如妇人有些酵母，藏于三斗面中，将来可发全酵。"福之兄徐保曰："勿听其多言。"愚曰："传道不怕人驳问。先时使徒，被人打者甚多，何况驳问乎！"③

　　这些对话反映出徐福的反驳主要集中在事实层面，即是基督教在当时尚不流行，而不是集中在信仰层面。徐福之兄徐保是一名慕道者，与信徒徐顺赞和慕道者黄鸣鹤是近邻，但是徐福并没有因其兄的慕道而对基督教怀有好感，反而显示出强烈的恶感。如同三伯之例，此例也反映了通过家庭成员和亲属关系进行传教并不总是行得通。

　　陈孙与陈兑都遭遇了不少冷嘲热讽。陈孙劝人信耶稣，可望死后灵魂得天堂之永福。话音刚落，有人回应道："在生有福就足，至死后灵魂之福不能见。"对此陈孙只能无奈地说："汝等不信耶稣此道理，告何益哉？"④

　　当捕鱼人对他辛勤的布道和殷切的教诲冷漠处之时，一向耐心的陈兑愤怒了：

　　　　带册出街，到湾尾，见有捕鱼（舟亚）船二十余只，在海边沙上。愚遂每只到讲理，分册二十三本。见有一人，自说系四川人，在船写符。愚谓渔人曰："吾劝尔拜独一神。捕鱼或多或少，由神主意⑤。人或生或死，亦神主意。符不能保人。"一人答曰："信其有。"愚曰："此符用钱，尔即信其有。吾分尔许多免钱书，尔则不信其有。"⑥

结　　论

　　至此，我们对三位潮州传道员1852年农历四五月间在香港周边的布道活动有了一个

---

① 陈兑日记，五月初一日。
② "零百人"潮语是"几百人"之意。
③ 陈兑日记，五月初二日。
④ 陈孙日记，在哩照之屋，五月初六日。
⑤ 潮州方言中"主意"是"决定"之意。
⑥ 陈兑日记，五月十二日。

生动而清晰的了解，现在到了回应本文总论部分提出的那四个问题的时候了。这三位潮州传道员在西方传教士和中国老百姓之间起着媒介的作用。尽管当时的传教士不少能够阅读和书写汉字，用方言布道只有少数人能够做到，因此在日常的布道中，这三名潮州传道员确实起着很大的作用。粦为仁和约翰生继承了郭士立汉会培训传道员和慕道者的方法，以及利用华人传道员自传的理念。在巡游布道的过程中，华人传道员与听众的对话揭示出他们"根据自己的理解，援用自己的比喻与词汇来解释基督教义"，一如汉会的传道员所为，以使得基督教义得以在中国的语境中被理解。① 无论在布道方法或教义的解释上，粦为仁给予潮州传道员很高的自主性，但这种自主性是建立在其严格的管理之上：粦为仁定下每个月的布道计划和所依据的圣经经文；潮州传道员详细记录下每天的布道活动，并每月一次到粦为仁所在的群带路潮人教会向他报告工作上的进展，并同时接受教会管理和教义等方面的培训。与郭士立相比，粦为仁和约翰生裁汰了汉会管理中存在的弊端，够得上是认真和合格的传教士。

李榭熙声称香港的潮州传道员利用"他们的家庭或同乡之间的网络，将亲戚和朋友引入教会"，这样的说法在很大程度上是正确的。但从日记中反映出，这三位潮州传道员的传教网络不仅局限于此。从陈孙与哩照②、陈兑与徐顺赞之间紧密的关系，我们看到由于方言上的相似，潮州传道员能够向来自惠州府的海丰、陆丰和归善县的人布道。③ 正如汤绍源所说，讲潮州话的传道员为长洲岛教会的蓬勃发展作出很大的贡献，④ 因为美国浸信会的传教报告⑤和陈兑、李员的日记揭示了陈兑对长洲岛布道工作的重要贡献。用汤绍源的话说，陈兑是潮人教会中的灵魂人物。⑥ 但潮州传道员的布道网络还跨越了族群的界限，触及到广府这一在香港周边地区占主导地位的族群。中文的圣经和小册子的出版使得这种跨越方言和族群的沟通成为可能。基于这样宽广的布道网络，我们要重新评估潮州传道员在广东东部沿海地区传教活动中的影响。

有相关资料证实这几位传教士和潮州传道员均在暹罗、香港和潮州等地传教。⑦ 当英国长老会的宾为邻（William Burns）和施饶理（George Smith）到潮州传教，约翰生将陈

---

① Lutz, *Opening China*, 215.

② 哩照来自海丰县，陈孙经常去他店中布道，他两次提及店中之人"有人讲闲话，亦有人食鸦片，有人赌博"，这很可能是一处猪仔行。见陈孙日记四月十六日，五月初六、初八日。

③ 封荫余来自东莞县，刘庶文来自新安县，这两县流行广东和客家两种方言，见陈兑日记五月十三日。

④ 当时在长洲工作的还有美南浸信会的传道员，如广府人许有章，见其于 1849 年正月初四日写给"花旗贵国大圣会总理大牧师暨列位尊先生"的报告。参见王庆成《清代西教在华之环境——康雍乾道咸朝若干稀见文献考释》，《历史研究》1997 年第 6 期，第 49～50 页。

⑤ 这些报告的标题是：Minutes of the Thirty-sixth Annual Meeting of he General Managers of the Baptist General Convention for Foreign Missions Together with the Thirty-sixth Annual Report, New York, Boston: Press of John Putnam, 1844. 见汤绍源《上世纪遗事——从长洲教会的开发说起》，第 277 页，注释 4；第 279 页，注释 16。

⑥ 见汤绍源《上世纪遗事——从长洲教会的开发说起》，第 279 页，注释 16。

⑦ 在传教士一方，William Dean 在暹罗和香港工作，John W. Johnsons 在香港和汕头工作，而 William Ashmore 在暹罗、香港和汕头三地工作。在传道员一方，陈孙、陈兑、李员和胡得曾在香港和潮州地区工作。见《岭东嘉音：岭东浸信会历史特刊》，第 2 页；《岭东浸会七十周年纪念特刊》，第 4 页；Lee, *The Bible and the Gun*, chapter 2: The Return of the Overseas Chinese Christians, 21–42.

孙和李员派回潮州作为他们的助手。① 因此，有理由相信，英国长老会也采用了美国浸信会传道员的"自传"的布道方法。英国的潮惠长老大会在 1881 年首度提出的"自管（自立）、自养和自播（传）"的理念就是明证。② 因此，通过了解这三位潮州传道员在香港周边的布道，我们能够想象他们之前在暹罗以及之后在潮州地区的布道工作。由于在华南沿海地区的广府人、客家人和潮州人有着相似的贸易、移民网络和方言体验，这几位潮州传道员的布道经历对其他族群的传道员有重要的参考作用。

　　1852 年潮州传道员自主的布道和外国传教士定期（每月一次）的教导并没有体现传教士/帝国主义者/殖民者和当地人/受保护者/被殖民者这样的刻板分类，而是展示了当地人和传教士之间一种相对平等的合作关系。为了确保传教站的稳定发展和有效的口头布道，外国传教士认识到与当地人合作的重要性。可见将传教士与帝国主义和殖民主义联系在一起的历史话语（discourse）也是后来逐渐形成的，在此有必要简明地追叙其形成过程。何飞亚提出"从 1860 年开始，新殖民主义的活跃因素在中国非常重要，它为东亚和世界其他殖民地提供了相关的联系"③。在中国的情景中，清政府在 1860 年将大部分重要的口岸向西方商人和传教士开放。从那时起，中国的仇外情绪不断地酝酿积累，④ 终于在 1900 年的义和团运动中爆发，愤怒的拳民杀死了数百名外国传教士和几千名中国基督徒。将传教士们贴上帝国主义和殖民主义的标签始于 1919 年的新文化运动，并在中国民族主义情绪高涨的 20 世纪 20 年代得到加强，1966～1976 年十年"文革"期间，这一标签又再次重现。⑤ 正如何飞亚指出，"考虑到殖民遭遇（colonial encounters）的不断变化和多样性，殖民者和被殖民者之间关系的性质既不清晰，也不绝对稳定"⑥。本文为 1852 年在香港的潮州传道员和外国传教士之间这种不稳定的关系提供了一个绝佳的个案。

责任编辑：陈景熙

---

① 宾为邻 1856 年来潮州，施饶理则是 1860 年。
② 潮惠长老大会记事册，1881 年 6 月 8 日；胡卫清：《近代潮汕地区基督教传播初探》，《潮学研究》2001 年第 9 期。
③ Hevia, *English Lessons*, 21.
④ See Cohen, *China and Christianity*.
⑤ Cohen analyzed the Boxer as myth in three periods: the New Cultural Movement before the May Fourth Movement in 1919, the anti-imperialism movement in the 1920s, and the Cultural Revolution in 1966 – 76. It was just in these periods that missionaries received severe criticism and was marked the label of imperialism. See Cohen, *History in Three Keys*, Part III, *The Boxer as Myth*.
⑥ Hevia, *English Lessons*, 19.

草创时代德教的建构与演变

陈景熙[*]

摘　要： 德教是发源于 20 世纪三四十年代的广东省潮汕侨乡，广泛流布于今日泰国、新加坡、马来西亚等国及中国香港、台湾地区的新兴的世界性华人宗教。1949年之前本土德教的创始与早期发展史，至今基本上仍是令人遗憾的学术空白。笔者以个人所得各种德教文献为材料，探求草创时代德教体系的建构及演化问题。

关键词： 德教　草创时代　建构　演化

引言：学术史、 问题与研究材料

20 世纪 90 年代初，饶宗颐在《何以要建立潮州学》的宏文中，曾指出：

> 潮人在经济活动之成就与侨团在海外多年拓展的过程，为当然主要研究对象。[①]

近年来，饶宗颐更多次强调潮汕侨乡的民间文书"侨批"的"媲美徽学"的资料价值，以推动潮汕侨乡与海外华人社会的研究。

繇是，潮汕侨乡与海外华人社会之间在宗教信仰领域的互动，也是潮州学畛域内一方值得求索的学术领域。

---

* 陈景熙，1972 年生，华侨大学华侨华人研究院硕士生导师，中国社会科学院世界宗教研究所博士后。本文原载饶宗颐主编，泰国华侨崇圣大学中华文化研究院、清华大学国际汉学研究所、中山大学中华文化研究中心、香港大学饶宗颐学术馆联合主办《华学》第九、十合辑，上海古籍出版社，2008，第 1299 ~ 1322 页。节略版载《汕头大学学报》（社会科学版）2007 年第 12 期，第 62 页。

① 饶宗颐：《何以要建立"潮州学"？——潮州学在中国文化史上的重要性》，载饶宗颐主编《潮学研究》第一辑，汕头大学出版社，1993，第 1 页。

德教是一种发源于 20 世纪三四十年代的广东省潮汕侨乡，广泛流布于今日泰国、新加坡、马来西亚等国及中国香港、台湾地区的新兴的世界性华人宗教，宣称以五教（儒、释、道、基督、伊斯兰）圆融为教旨，以举办慈善事业和扶乩活动为主要活动方式。目前境外经所在国政府合法注册的德教会组织超过 200 个。德教是凝聚海外华人社会，振兴传统道德的重要的海外华人宗教组织。

对于德教，陈志明、苏庆华、郑良树、郑志明、林悟殊及中国社科院宗教研究所的诸位前辈，都曾撰文研究德教在当代东南亚地区的发展与分布，间或涉及近十年来海外德教组织在中国大陆的寻源活动。而与此同时，正如林悟殊教授所指出的："从一九三九到一九四九年这十年，各阁的活动情况，吾人所知不多，尚有待深入发掘资料。"1949 年之前本土德教的创始与早期发展史，至今基本上仍是令人遗憾的学术空白。

笔者不揣浅陋，谨以个人所得各种德教文献为材料，探求草创时代德教体系的建构及演化问题。

惟愿以此拙文，抛砖引玉，就正于饶公暨学界诸位尊长，并敬颂饶公九十华诞之庆。

一　德教经典的产生

1. 紫香阁的请仙师咒

法国巴黎第十大学社会人类学系傅莫溯博士（Ph. D. Bernard Formoso）的助手徐苑小姐，在陪同傅博士采访被当代德教界，特别是紫系德教会认作德教第一阁的紫香阁杨氏之后，曾在调查日记中写道：

> 后来在宗族的书房里发现咒文，大家就念咒文，同时看谁能在念咒文以后写出乩文来，只有两个人成功了。一个是杨瑞德，另一个人是杨的朋友。[1]

所谓"宗族的书房"，也就是紫香阁原址、潮阳和平英西港杨氏的书斋"杏花草庐"，而"杨的朋友"，其实是杨瑞德的族亲、紫香阁副乩手杨汝侯；[2] 至于咒文，据紫香阁后人提供的文本，全文为（由于尚无可资对校的别本，原文可能存在形、音讹误之处，均一概照录）：

> 敢请师符真需，
> 云遍下坡，兵肌玉符，
> 草车于处，紫车东途，

---

① 徐苑：《有关德教的调查日记》，网络资源，载潮学网·潮学论坛，http：//www. chxw. net/cgi – bin/topic. cgi? forum = 18&topic = 29&show = 25。

② 口述史料：杨瑞德二子杨树荣等，2006 年 4 月 14 日，潮阳和平英西港。

　　愿排并悟，瞻仰云途，

　　聪明锐智，云水超超，

　　敢请仙照，独然行邀，

　　议论府界，雪里云霄，

　　我奉太上老君丁，急急如律令！①

　　在调查中，杨瑞德后人回忆说，从 1939 年到 1949 年之间，紫香阁鸾台一直以这篇道教风格的请乩咒文召请"老仙师"降鸾，而今日海外德教会统一持诵的《德教心典》，紫香阁后人是通过 20 世纪 90 年代中期开始到该阁寻源的海外德教组织才第一次接触到的。②

　　这大致表明了草创时代紫香阁自始至终保持以咒语感召乩仙而展示灵验的民间鸾堂性质不变，以及该阁对于当年本土德教会的一体化运动的疏远态度。

　　与之形成对照的，是潮阳达濠岛上的从德善堂原由私家鸾坛演变而来，在甲申年（1944 年）五六月间又与此前成立于当地的德教紫豪阁合二为一。③ 并体之前，从德善堂鸾台持诵的请师咒，据回忆："拜请法师大峰公，妙造虹桥显神通。……急急如律令！"云云，而合并后则统一采用紫豪阁所念诵的《德教心典》。④

　　2.《德教心典》、"十德"、"六大信条"与《德教根荄下意识真义》

　　德教通用经典《德教心典》，简称为《德典》、《心典》、《典》。在其本文中又称为《教典》、《圣典》。关于《德教心典》的诠释，目前所见的有詹天眼⑤、王昌波⑥、施渭澄⑦、黄夏年⑧等的解读文本。

　　虽然在今日的德教界内部，言及德教经典，或将"道典"、"释典"、"儒典"、"耶典"、"回典"等均全行纳入，或将德教赞化系中流布的吕祖"受真主意旨"降于马来西亚赞化阁的鸾墨称为《德典前典》。⑨ 不过，从草创时代至于当代的各国各派系德教会中，唯一受到共同尊崇的还是《德教心典》。

　　关于《德教心典》的出现，我们目前能依据的史料只有"清阳二掌"马贵德、李怀德的回忆录《德教根源》：

---

　① 口述史料：杨瑞德二子杨树荣等，2006 年 4 月 14 日，潮阳和平英西港。

　② 口述史料：杨瑞德二子杨树荣等，2006 年 4 月 14 日，潮阳和平英西港。

　③ 陈景熙：《1940 年代达濠紫豪阁与德教的发展与建构——近代潮汕侨乡与东南亚地区文化互动的个案研究》，载赖宏主编《第六届潮学国际研讨会论文集》，澳门潮州同乡会，1995。

　④ 调查材料——调查对象：李明典，现年 86 岁，达濠从德善堂坛生，紫豪阁录文，调查时间：2006 年 7 月 13 日。

　⑤ 詹天眼：《德教心典释义》，香港德教紫和阁公司，时间不详。

　⑥ 王昌波：《德教心典说什么》。

　⑦ 施渭澄：《德教圣典的领会》，载《泰国德教会紫真阁成立五十周年金禧纪念特刊》，泰国德教会紫真阁，2001。

　⑧ 黄夏年：《缕缕清香　虔感至灵——德教〈心典〉介绍》，《世界宗教文化》2002 年第 2 期。

　⑨ 李光照：《如是我闻"铭阳"——吕祖·联谊·圣典》，载黄鹤《德教文集》，紫真阁，1995。

　　壬午（一九四二年）陈君德荧、陈君立德，与贵德暨诸善信，设鸾于汕市潮安街，奉师命颁名紫和阁，由协天阁关平主裁，亲主阁务，……此为潮汕德教之第三阁也。……并于是年五月廿二日，诸佛仙尊降鸾，颁赐《德教心典》经文，至今颁发海内外，万民虔诵，化民醒世，日益光大。①

　　林悟殊教授认为："吾人观该心典，不过是几首用于宗教仪式的礼赞文。"② 具体分析该典，可以发现，《心典》全文346字，共分四段：祝香辞、起赞、经文、收经辞。据黄夏年先生研究："第二段是赞扬圣人的功德，更重要的是提出了德教的宇宙观与世界观。……第三段是《心典》的精髓，即是正式的经文。……进入了介绍德教的慈悲观、人生观、伦理观和修行观。"③ 有意思的是，在《心典》形而上的第二、三段之间，却夹有如下六句：

　　　　奉请东方木德星君，

　　　　奉请南方火德星君，

　　　　奉请中央土德星君，

　　　　奉请西方金德星君，

　　　　奉请北方水德星君，

　　　　奉请德德社诸佛仙真。

　　詹天眼指出，如此多番拜请的目的是"乞赐鉴格也"④，而黄夏年也指出，这几句"表达了德友要与上天圣人沟通的愿望，……据德教会人士介绍，这一段如果不是扶乩，就不用念了"⑤。换言之，这几句实际上是鸾台请乩的召请辞；《心典》的全文结构，体现了德教对于明清以来鸾堂宗教运动的继承与发展。

　　《德教心典》问世后，除在紫和阁得到持诵外，据书面或口头的回忆材料，紫雄⑥、紫豪⑦二阁也是如此；在德教文献中，紫清⑧、紫阳⑨、紫豪⑩、紫垣⑪、紫宗⑫、紫星⑬、

① 马贵德、李怀德：《德教根源》，载李光照编《德教起源》，泰国德教会紫真阁，1997，第59页。

② 林悟殊：《泰国潮人德教信仰考察》，《星暹日报》2002年6月25日。

③ 黄夏年：《缕缕清香　虔感至灵——德教〈心典〉介绍》，《世界宗教文化》2002年第2期。

④ 詹天眼：《德教心典释义》。

⑤ 黄夏年：《缕缕清香　虔感至灵——德教〈心典〉介绍》，《世界宗教文化》2002年第2期。

⑥ 吕一潭：《汕头紫雄阁的回忆》，载刘禹文、吕一潭《寻源记（1）》，德教寻源史源委员会，1998。

⑦ 口述史料：达濠从德善堂坛生、紫豪阁录文李明典（1920年生），2006年7月13日，汕头镇邦街李氏寓所。

⑧ 明德社：《竹桥初集》，载刘玉波《潮汕鸾文集粹》，马来西亚：紫瑞阁，1998，第10页。

⑨ 《竹桥初集》，第11页。

⑩ 《竹桥初集》，第15页。

⑪ 《竹桥初集》，第21页。

⑫ 《竹桥初集》，第35页。

⑬ 《竹桥初集》，第61页。

紫英①、紫原②、紫梅③等阁的乩文及紫澄阁主持人的文章④中，都引用或化用过《心典》语句。潮阳金浦乡紫梅阁对于《心典》的传播，尤为积极：

> 其时德业盛况，蓬勃于乡。乡民日至阁诵《德教心典》者，络绎不绝。其乡明德学校教师，每当放假，必率学生到阁诵典，并时加解释《心典》意义。⑤

由上，壬午年（1942年）《德教心典》的问世，反映了早期德教会由鸾堂向制度性宗教的发展方向，而随后的传播则是各德教会一体化趋向的一种形式。

今日的德教界中，要求德生们遵行的准则，有所谓的"十章八则"，各德教会出版的特刊往往将"十章八则"悬诸卷首。"十章"即："孝、悌、忠、信、礼、义、廉、耻、仁、智。""八则"指："不欺，不伪，不贪，不妄，不骄，不怠，不怨，不恶。"⑥

按诸草创时代德教乩文，"十章"的来源即甲申年（1944年）十月廿四日（12月9日）紫阳阁鸾台上，由清阳二掌执柳的乩文中的所谓"十德"：

> 夫德者理也，理加于父母则为孝，加于君王则为忠，加于兄弟则为悌，加于朋友则为义，加于行止则为礼，加于事物则为信，加于百业则为智，加于职工则为廉，加于情欲则为耻，加于博爱则为仁。此忠孝仁义、礼智廉耻以及信悌十德之所生也。斯十德扩之，则千德万德；合之，则一德而已。以此教人，是即总称德教也。⑦

而"八则"最早出现在草创时代乩文中的相关表述，是紫梅阁甲申年（1944年）闰四月十五日（6月5日）鸾墨：

> 今有所劝慰于众生者，应心存善德，屡行不欺不伪不贪不妄不骄不怠六大信条，自有余庆之享受。⑧

引文中的六大信条，显然来自上揭马贵德协助下成立的汕头紫和阁所扶鸾现世的《德教心典》，即《心典》经文中的"是故有诸行藏，不欺不伪，不贪不妄，不骄不怠，尘世无魅，无侵损相害，无是非讼扰"。

甲申年五月廿四日（1944年7月14日），紫梅阁乩文又称"本教以不贪不妄为信

---

① 《竹桥初集》，第66页。
② 《竹桥初集》，第69页。
③ 《竹桥初集》，第71页。
④ 吴澄德：《竹桥初集跋》，载《竹桥初集》，第75页。
⑤ 《竹桥初集》，第74页原注。
⑥ 华方田：《流传于东南亚华人中的新兴宗教——德教的历史与现状》，《世界宗教文化》2002年第2期。
⑦ 《竹桥初集》，第38页。
⑧ 《竹桥初集》，第71~72页。

条"，云云。

此后，在乙酉年二月十四日（1944 年 3 月 27 日）紫阳阁扶乩中，鸾墨又曰：

> 不贪不妄不欺不伪不骄不怠之信条，正为吾教相贯之理。苟昧而失检其行，小之则防（妨？）自身行止，大之则损大体，演进毁教害民，可不慎哉！[①]

紫梅阁的主持者为郑德民（苑民），[②] 目前所能读到的该阁最早的乩文即上引甲申闰四月十五日鸾墨。该阁的创立也得力于马贵德、李怀德等人的推动，并由马、李执柳。[③] 而后来德教在香港的扬教，马贵德、郑苑民二人就合作立下了首功。

> 丁亥（1947 年）季秋，贵德与潮汕各德友，在港之盘含道，虔设鸾座，庆祝柳师尊圣诞，恭请降训，遂有紫苑阁之创。[④]
> 乩分之后，清掌马贵德即来香港集潮汕之德友与郑苑民等前贤成立紫苑阁……，组织香港德教总会，奠定香港德教发展的基础。[⑤]

因之，今日海外德教界奉为圭臬的"十章八则"，其雏形是甲申年间在李怀德、马贵德等所执柳的紫阳、紫梅二阁的鸾墨中最早提出的，而当时的"十德"、"六大信条"后来的发展成为当代德教界共遵的章则，迨与李、马最先在中国香港、新加坡、马来西亚传教，"奠定香港德教发展的基础"，"为星马写下德教的新旅程"[⑥]，关系甚大。

值得注意的是，草创时代的德教会，李怀德、马贵德在甲申年（1944 年）十月、十一月间，还曾在紫阳阁执柳扶出了一部德教文献：《德教根荄下意识真义》（又名《德教根荄》、《德教意识》）。

据《竹桥初集》第 40 页原注记载：

> 计自十月廿四日（1944 年 12 月 9 日）至十一月初一日（1944 年 12 月 15 日），一连七天，柳师降著道学八十一章，名之为《德教根荄下意识真义》。虽云七天，实只四十九小时而成。是时适马君贵德、李君怀德、黄君秉德三人，俱得稍暇，于是趁此机以完成此部文字。由李马二君执乩，黄君记录。是书内容将道经原义参合近代世道，作诚意正心修身齐家治国平天下之教材。阳阁前经刊行于世矣。[⑦]

---

① 《竹桥初集》，第 53 页。
② 《竹桥初集》，第 74 页原注。
③ 口述史料：达濠从德善堂坛生、紫豪阁录文李明典（1920 年生），2006 年 7 月 13 日，汕头镇邦街李氏寓所。
④ 马贵德、李怀德：《德教根源》。
⑤ 吕一潭：《潮汕德教仅存的紫垣阁》，载刘禹文、吕一潭《寻源记（1）》，第 11 页。
⑥ 吕一潭：《潮汕德教仅存的紫垣阁》。
⑦ 《竹桥初集》，第 40 页原注。

马贵德、李怀德也曾回忆说：

> 甲申季秋，柳师尊特将道祖原著《道德经》八十一章演绎，改编为五言句之《德教意识》一书，教化德子，至今颁行海内外，重版再版，刊印流传不辍。[1]

这部由《道德经》改编而来的降乩经文，在当年曾出现过计划将其刻成石经形式的乩谕。甲申年十一月十四日[2]（1944 年 12 月 28 日），紫垣阁扶乩。鸾墨中勖勉阁长张祥耀年老留名时即云：

> 本阁之创，于今得观厥成，固诸生之精诚，亦汝阁长倡卒之有方也。然而年老矣，得毋思留名、留利孰重哉？《德教根荄》八十一章，拟由天生手书，凿留岩石，以观大成，以为三生石之呼应。如斯美举，你生愿任否？万世流芳，子孙共睹，并为全国佳传，岂不懿哉！[3]

"如斯美举"，从乩文、回忆录、口述史料等看来，最后并未实施。而虽然在半个世纪前马、黄二位的笔下，该书"至今颁行海内外，重版再版，刊印流传不辍"，但在今日的德教界中，却似乎销声匿迹了。个中原委，有待探求。

二 "德教"概念的提出

1. 紫香阁"扶老仙师"

德教的研究者在追溯德教创立的经过时，通常引述的是《德教根源》第一节：

> 近世德教会的发展，肇始于岭东潮阳县和平区英西港乡，当己卯（1939 年）年间，该地善子杨瑞德等，因鉴中日战乱，炮火弥漫全国，人民流离失所，为祈祷战争早息，地方安宁，虔设香案，祷告上苍，并以其家藏珍存之柳乩（扶乩之柳枝）密祝祷请仙佛降鸾训诲，焚香顶礼历月，诚以格天，蒙杨筠松师尊，柳春芳师尊，降笔谕示，末劫当头，生灵涂炭，惟有立善积德，方能渡人渡己，特勉诸子立下宏愿，创设紫香阁于杨君家中，乩谕宣扬道德，醒化人心，并为邻近乡人赠医疗疾，施赈恤难，以及一切救济事业，造福地方，善誉日彰，所有示乩事迹，显赫昭著，极为邑人所歌颂，仅经年而名播邻县，奠定德教复兴之根苗，此潮汕德教原始之第一阁也。[4]

---

[1] 马贵德、李怀德:《德教根源》。

[2] 《竹桥初集》误作甲申年六月十四日。据上下乩文改正。

[3] 《竹桥初集》，第 42 页。

[4] 马贵德、李怀德:《德教根源》。

另者，在今日的德教内部，也存在如下说法：

> （杨瑞德等人）请得杨筠松及柳春芳二位师尊降鸾，……并颁布以德名教，紫香名阁。①

不过，据杨瑞德哲嗣杨树荣先生的回忆，当年紫香阁并无"德教"之名，而是径称为"扶老仙师"：

> 当时很多英西港人在潮州城。我祖上在潮州城的东门开了家"瑶珍茶庄"，另外还有一家"德裕丰纸行"。我爸十几岁起就到茶庄里帮忙。到了日本仔侵略中国，沦陷后，亲人们都回家。在家里无事就在扶老仙师，扶乩的人很多，你来扶，我也来扶，结果扶着我爸和汝侯。②

杨树荣先生等紫香阁杨氏后人的回忆中还指出，直至 20 世纪 90 年代中期海外德教展开中原寻源活动，"寻参"紫香阁之前，杨氏后人甚至还未尝听闻有"德教"之名。

那么，草创时代德教的内部，作为宗教类型名称的"德教"概念是何时出现的？

2. "德教"及相关概念

虽然，《德教根源》在记载汕头紫和阁时，称壬午年（1942 年）五月廿二日该阁扶出的经文名曰《德教心典》③。不过，一来有关《德教心典》产生经过的具体资料，至今尚未取得；二来直至甲申年正月十八日（1944 年 2 月 11 日），紫和阁创办人之一马贵德主持并执乩的紫清阁扶乩的鸾墨，还是自称为"普门"、"佛门"④，而不见有"德教"之名。

在草创时期的德教史上，"德教"一词的最早出现，据笔者管见，是在甲申年三月十五日（1944 年 4 月 7 日）德教第五阁庵埠紫阳阁的乩文之中。在这份由李怀德执乩而扶出的鸾墨中，协天大帝关平的乩文称："关心德教走凡间，平步青云寄沙盘。"⑤

由此以降，草创时代的德教乩文中，作为宗教名词的"德教"概念多次出现。

甲申年闰四月十八日（1944 年 6 月 18 日）紫豪阁"与耶教士说德教宗旨"的乩文中，宣称"德教无派别"并演绎了"德教的宗旨"⑥。

甲申年（1944 年）六月初一日，葛州紫垣阁创立当日的乩文也宣称："创恢德教皆崇本，阁立紫垣万古辉"⑦。

---

① 李光照：《近代德教的剖解》，载《泰国德教会紫真阁成立五十周年金禧纪念特刊》，泰国德教会紫真阁，2001，第 259 页。
② 口述史料：杨瑞德二子杨树荣等，2006 年 4 月 14 日，潮阳和平英西港。
③ 马贵德、李怀德：《德教根源》。
④ 《竹桥初集》，第 10 页。
⑤ 《竹桥初集》，第 12、13 页。
⑥ 《竹桥初集》，第 15 页。
⑦ 《竹桥初集》，第 21 页。

在后来的紫垣阁乩文中，又两次出现"德教"一词。

甲申年六月十四日（1944 年 8 月 2 日）："为推德教创紫垣。"① 甲申年十二月初九日（1945 年 1 月 22 日）："唯德教作依皈。"②

又，甲申年十月廿四日（1944 年 12 月 9 日），紫阳阁扶乩，柳师以设问方式，提问："德教岂是新之宗教？"

与此同时，还存在着对德教自我尊称的"圣教"一词。

甲申年三月十五日（1944 年 4 月 7 日）紫阳阁乩文："三嘱竹桥协心业，五催圣教今后伸。"

甲申年闰四月二十日（1944 年 6 月 10 日）紫豪阁"醒世连环诗"鸾墨："立德崇本皈圣教，济渡群民渡自身。"③

另外，还有德教人士对德教的一般自称："本教"、"吾教"、"德门"。

甲申年五月廿四日（1944 年 7 月 14 日）紫梅阁降乩云："本教以不贪不妄为信条。"④

乙酉年二月十四日（1945 年 3 月 27 日）紫阳阁乩文指出："不贪不妄不欺不伪不骄不怠之信条，正为吾教相贯之理。"⑤

乙酉年二月十六日（1945 年 3 月 29 日）紫阳阁乩文："今日紫阳同参契，不失德门广才罗，有望此心无懈怠，共倡善业订美窝。"⑥

在上述紫垣阁成立乩文中，还同时出现"吾教"一词，又规定了德教信徒的教条、义务及名称"德生"：

> 诸生既入吾教，当须德化家庭，由近及远，敬重古礼，履行不欺不伪不贪不妄不骄不怠六大信条，以求赤身古朴，悟道觉真，则不特自身之福，亦一家一乡一县之幸也。其各勉之哉。诸生今后，应皆（该？）有神交之义务，宜本亲爱之精神，互相合作，互相往来，红白相通，急难相济，庶可称为德生也。⑦

综上所述，甲申年三月以降，"德教"作为宗教名词业已产生，同时出现相关的若干概念。换言之，由此开始，在紫阳、紫豪、紫垣、紫梅等马贵德、李怀德引领下的紫阁集团，开始希望从意识形态方面，将发源于和平紫香阁的"念佛社"、"佛门"、"普门"云云的带有佛教色彩的鸾坛组织，发展建构成新兴的宗教组织。

不过，笔者发现，乩文中"德教"概念的某些具体语境，又反映出"德教"一词的

---

① 《竹桥初集》，第 42 页。
② 《竹桥初集》，第 46 页。
③ 《竹桥初集》，第 18 页。
④ 《竹桥初集》，第 72 页。
⑤ 《竹桥初集》，第 53 页。
⑥ 《竹桥初集》，第 57～58 页。
⑦ 《竹桥初集》，第 23～24 页。

复合义项。譬如：

> 创恢德教皆崇本，阁立紫垣万古辉。①
> 际此浩劫当头，宁无深感人心不古，德教凌夷，沙淘恶类之惨耶？……都在自醒迷途，力行正向，共恢德教圣学。②

在如是上下文中，"德教"又是古已有之，有待恢复的行为对象。这一义项的详细表述，可见诸甲申年十月廿四日（1944 年 12 月 9 日）紫阳阁乩文中对"德教"的解释：

> 《孝经·天子章》，有德教加于百姓，行于四海，此即德教之证明也。……斯十德扩之，则千德万德，合之则一德而已，以此教人，是即总称德教也。至于以德教为宗教者，此宗教两字之解说，宗者，宗旨也，教者，教化也，以德教为宗旨而教化天下，是即德教之所以为宗教也。（五教）是皆德之分支……德教之源，远在天地开辟之始而发生，……故孔氏实为德教蒐集之功臣，只以生于周末春秋战乱之世，德教沦亡之时，大道不行，因失其称耳。《孝经·天子章》……诗云：……康诰曰：……帝典曰：……是皆以德教民之征，为德教由来已久之验也。③

按上，"德教"除了指"德生"们所皈依的宗教外，又指"圣人以神道设教"④、"以德教民"。而"以德教民"之"德"，又是"由来已久"、"远在天地开辟之始而发生"的，却在当年乩坛下诸坛生看来是已经"凌夷"了的传统道德。

近代潮汕民间宗教界闻人詹天眼曾谓：

> 原夫"德教"二字，虽屡见于经书。惟以前之言"德教"，系属以德教民之义，并未尝肯定为名词。而今日之德教，乃成为道佛孔耶回五教共同之名词。⑤

而综合上文，至少在草创时代，"德教"二义是并存不悖的。唯其如此，《德教根源》评价紫香阁的创立，称"奠定德教复兴之根苗"的同时，又云："此潮汕德教原始之第一阁也"⑥。这也正是郑志明教授所分析的：

> 德教介于传统宗教与新兴宗教之间。所谓传统宗教是指其极力维护华人的文化传

---

① 《竹桥初集》，第 21 页。
② 《竹桥初集》，第 57~58 页。
③ 《竹桥初集》，第 37~40 页。
④ 《竹桥初集》，第 23~24 页。
⑤ 詹天眼：《德教释义》第 6 页 "一 德教之由来"。
⑥ 马贵德、李怀德：《德教根源》。

统，基础华人神道设教的信仰宗旨，融合了儒释道的精神教养，发扬了民间信仰的济世善行。所谓新兴宗教是指其热烈宣教弘法的宗教运动，从华人旧有的宗教生态中注入了师尊慈悲为怀的救劫使命。[1]

三 组织形态的建设

1. 创阁人、主持人、乩手

据郑志明教授的研究，今日的海外德教会在组织形态上，"采用阁务与乩务分开的制度，扶鸾的乩手只负责传真神意，不参与世俗性阁务的运作。阁务是否能顺利运作，仰赖阁长、副阁长与干部们的全心投入，与董事会的全力支持。"因而产生了"绅权"、"神权"分立而又相互结合的运作机制。[2]

与之可资对照的是草创时代德教的内部组织形态。表1是目前可考其创立时间及有关人物的草创时代德教组织的一览表。

表1 草创时代德教组织一览表

阁名	阁址	创阁时间	创阁人	主持人	乩手	资料来源
紫香阁	潮阳和平	己卯年（1939年）	杨瑞德	杨瑞德	杨瑞德、杨汝侯、杨荣楚	《德教根源》、调查材料
紫清阁	潮阳棉城	庚辰年（1940年）春月	马贵德	马贵德	马贵德	《德教根源》、《竹桥初集》
紫和阁	汕头市	壬午年（1942年）	陈德荧、陈立德、马贵德	陈德荧、陈立德		《德教根源》
紫澄阁	澄海县城	壬午年（1942年）	紫和阁友	吴淑瑜（澄德）		《德教根源》
紫阳阁	潮安县庵埠	甲申年（1944年）二月十五日（3月9日）	李怀德	李怀德	李怀德、马贵德	《德教根源》、《竹桥初集》
紫雄阁	汕头市区	甲申年（1944年）三月（3月24日—4月22日）	马贵德、李怀德、张德昭、陈德端	张德昭、陈德端	陈德端、马贵德	《汕头紫雄阁的回忆》
紫豪阁	潮阳达濠	甲申年（1944年）闰四月十一日（6月1日）	李怀德、马贵德、萧德史、吴醉樵（德天）	吴醉樵（德天）	李怀德、马贵德、萧德史、蔡新田、林世昌	调查材料、《紫豪阁简介》
紫梅阁	潮阳金浦	甲申年（1944年）闰四月十五日（6月5日）之前	郑苑民（德民）	郑苑民（德民）		《竹桥初集》
紫垣阁	潮阳葛洲	甲申年（1944年）六月初一日（7月20日）	李怀德、马贵德、萧德史、张祥耀、张德樵	张祥耀、张德樵	李怀德、马贵德、萧德史、蔡新田、林世昌、张祥耀	《竹桥初集》、《潮汕仅存的紫垣阁》

---

[1] 郑志明：《泰国德教会的发展》，载《宗教论述专辑》第五辑，2003。
[2] 郑志明：《东马德教会的发展》，《世界宗教学刊》2004年第3期，第87页。

在以上九个紫阁中，除紫和阁、紫澄阁、紫梅阁的乩手有待考证外，其余七阁的创阁人、主持人（相当于今日德教会中的阁长）都存在兼任乩手的现象。因之，草创时代的德教，在组织形态上，所谓的"绅权"、"神权"之间，在人事上并不存在严格的区分。

同样值得注意的是，在草创时代，在潮汕本土乃至于向香港、新加坡传教的"清阳二掌"马贵德、李怀德，他们同时具备创阁人、主持人、乩掌的一种以上角色及相应扬教方式，在"后草创时代"初期，仍然为一些积极扬教的德教人士（如在泰国扬教的黄是山、李世焕、陈洽藩①）所承袭。

2. 收录阁生（德生）、义子

草创时代的潮汕德教会，在组织建设上的另一方面，是各阁的收录阁生。

收录阁生的做法发轫于紫香阁，在"潮阳和平紫香阁念佛社"名义印行的《念佛带归果证》上，落款即是："阁生杨瑞东、曾述三、詹益芳、赖达三识。"②

其中的"杨瑞东"，杨瑞德后人称即"杨瑞德"的本名，杨创紫香阁后易名"瑞德"。德教会的阁生，又称德生、德子，"德生是参加德教的人士得到各阁的主坛师受录为门生后的称呼。"③ 受录为德生的德教人士的"德号"，通常是将原名中的一字易为"德"字。这份《念佛带归果证》当系创阁初期、德号制度尚未建立前的印刷品。

由杨瑞德建立起来的德号制度，在德教系统内一直沿用到了今日。而收录阁生（德生）的做法，在草创时代的甲申年（1944 年）开始，被发展为十八阁生制度。

甲申年二月十五日（1944 年 3 月 9 日），李怀德遵当年正月十八日（2 月 11 日）紫清阁柳师乩谕创立紫阳阁于潮安县庵埠，《竹桥初集》在著录当日的鸾墨后，附注云："是日创阁，并收录阁生十八名。"④

甲申年闰四月十一日（6 月 1 日），在李怀德、马贵德、萧德史等临濠扬教的德教人士的策划下，达濠名士吴天斧（字醉樵，入教后改名德天）成立了紫豪阁。五六月间（6 月 21 日~8 月 18 日）吴醉樵接任从德善堂理事长后，合并从德善堂与紫豪阁。⑤ 据吴醉樵哲嗣吴幼樵回忆，当时"也录收十八德生，皆系从德善堂之善士"⑥。

同年六月初一日（7 月 20 日）创阁的紫垣阁，同样是在李怀德、马贵德、萧德史等人的推动下成立的。在创阁当日的乩文及有关的回忆录中，并无十八阁生之说，但半年后的乙酉年正月初九（1945 年 2 月 21 日）的德教联谊活动中，却也出现了"阁生十八"之目：

是年原系柳师嘱王君（家和）于正月初九日赴三界岭拜天恩，并嘱濠葛二阁各派阁生十八人，同是日齐集三界庙参拜，以求两乡今后永订和之义。是日天雨，两乡

① 郑志明：《泰国德教会的发展》，载《宗教论述专辑》第五辑，2003。
② 潮阳和平紫香阁念佛社：《念佛带归果证》，汕头同平路友会印务局承印，时间不详。
③ 马贵德：《德教讲述》，载李光照《德教起源》，泰国德教会紫真阁，1997，第 205 页。
④ 《竹桥初集》，第 10 页。
⑤ 口述史料：达濠从德善堂坛生、紫豪阁录文李明典（1920 年生），2005 年 6 月 7 日，汕头镇邦街李氏寓所。
⑥ 吴幼樵：《紫豪阁简介》，载刘禹文、吕一潭《寻源记（1）》，第 15 页。

遵谕前往。①

虽然笔者并不了解"十八阁生"制度的运作机制及数理含义，但窃以为，将杨瑞德创制的收录阁生（德生）的做法推演至此的，是紫阳、紫豪、紫垣三阁的共同的乩手李怀德。

在德教内部被尊称为"阳掌"的李怀德的初次与德教会结缘，在甲申年正月十八日（1944 年 2 月 11 日）"清掌"马贵德执柳的紫清阁鸾台中。李本人后来在《德教根源》一文中追忆说：

> 甲申孟春十八良辰，怀德因慕玄探奇，赴棉而参紫清阁之鸾，师以时缘已至，德教将兴，命创紫阳阁于潮安龙溪区。②

不过，正月十八当日的乩文中，仅提到："李生家舍，宜设阁自修，定名紫阳，由本师柳为主坛，并派成和童子为守坛，由生主持乩务，当择二月望日创之"③ 一句。因此，紫阳创阁的收录十八阁生并非"乩谕"，而是李氏的个人创制。而他的变革、推动十八阁生制度，看来和他本人及当年德教系统内部，对于李氏发展德教的期许不无干系。甲申年十月廿四日（1944 年 12 月 9 日），李怀德、马贵德执柳的紫阳阁乩文中，开门见山地强调："孟春十八之缘，转移德业之机，于今十月，泰召和顺。"④

此外，杨瑞德创立紫香阁时，据其后裔回忆，与收录阁生同时进行的，还有收录"义子"一节，即收录了一批与杨瑞德的子侄辈年龄的小儿为紫香阁炉下义子，每位义子的名字中的一字，被易为杨瑞德几个儿子名字中共用的"荣"字。而这种做法，据笔者目前所知，并不为后起的其他德教会所接受，这代表着发展中的德教组织对于紫香阁凡例的有所扬弃。

3. 奉乩谕创阁扬教

奉乩谕创阁扬教，是德教创立新阁的一种传播方式，即以乩谕的方式指示某些德生在某时某地成立新阁，并指定阁名。

这一扬教传统，起源于草创时代的潮汕本土，奉谕创阁于己宅者，主要是"清阳二掌"马贵德、李怀德。而其开端就是马贵德奉紫香阁乩谕创立紫清阁。

按马贵德本人的记述：

> 庚辰（一九四〇年）春月，贵德因事赴和平，获参紫香之缘，即奉师命，回归

---

① 《竹桥初集》，第 49 页原注。
② 马贵德、李怀德：《德教根源》。
③ 《竹桥初集》，第 10 页。
④ 《竹桥初集》，第 37 页。

棉城，创紫清阁于南薰乡之家舍。……此为潮汕德教之第二阁也。①

另据当年紫香阁录文杨华春的回忆（着重号为笔者所加）：

（紫香阁）香火鼎盛，建阁仅经年时光，临近乡绅名流皆聚集鸾台，聆受教益，马贵德前贤便是因参紫香圣坛，柳师以"紫气东来寄瑞枝，清虚妙景订菩提。阁立南薰阳光好，德被人间贵及时。"经此一诗的启示，马君顿悟，而创紫清阁。②

上引紫香阁乩诗中即嵌入了阁名、阁址、德号。

德教历史上与马贵德并称"清阳二掌"的李怀德，其创阁经过也是如此：

甲申（一九四四年）孟春十八良辰，（李）怀德因慕玄探奇，赴棉而参紫清阁之鸾，师以时缘已至，德教将兴，命创紫阳阁于潮安龙溪区（今潮安县城庵埠镇）——此为潮汕德教之第五阁也。③

按诸当日紫清阁乩文，与李怀德同时同地参鸾并受录为德生的，尚有潮阳棉城人萧德史：

李生家舍，宜设阁自修，定名紫阳，由本师柳为主坛，并派成和童子为守坛，由生主持乩务，当择二月望日创之。汝史生亦如之，即名紫道阁。务宜忍静而修养之，乃可悟道订因矣。④

据《德教根源·潮汕其他各阁》，紫道阁后来也奉谕成立了。⑤
除此之外，澄海紫星阁也是奉乩谕成立的：

迫至乙酉（1945年）春初，师命创紫星阁于澄海周祖祠后之星墩，以广扬教化，参鸾者有当地慈善好德人士数十人。⑥

有些新阁的成立，奉乩谕创阁扬教者是在勉励其拓展德业的含义模糊的乩文的激励下，主动传教创立新德教会。
汕头紫和阁的成立经过，据参与创阁者马贵德的说法：

---

① 马贵德、李怀德：《德教根源》。
② 陈国谦、吕一潭：《潮阳和平英西港紫香阁故迹介述》，载刘禹文、吕一潭《寻源记（1）》，第6页。
③ 马贵德、李怀德：《德教根源》。
④ 马贵德、李怀德：《德教根源》。
⑤ 马贵德、李怀德：《德教根源》。
⑥ 马贵德、李怀德：《德教根源》。

　　壬午（1942），陈君德荧、陈君立德与贵德诸善信，设鸾于汕头潮安街，奉师命颁名紫和阁。①

　　按叙述的次序，看来是在未有明确的创阁鸾谕之前即先行设新鸾台，而后在该鸾台获得颁名的乩谕。

　　紫和阁成立后的重大举措，除了扶出《德教心典》外，就是创立了紫澄阁：

　　壬午（1942）紫和阁德友奉命赴澄，倡组紫澄阁于在城寄德轩，由宿儒吴澄德君主持。②

　　创立紫澄阁者，很可能包括了马贵德，在丙戌年（1946年）仲夏，马就曾代表紫澄阁前往香港广州募捐。③

　　除紫澄阁外，紫雄阁、紫豪阁的成立也是源于上述资深德生的主动传教。

　　甲申年三月（1944年3月24日～4月22日），在马贵德、李怀德的推动下，紫雄阁创立于汕头市区。

　　在清阳二掌（马贵德、李怀德）策助下，由张德昭、陈德端二君担纲，再创紫雄阁于中马路镇华里。④

　　自清阳二阁创后，潮汕德教根荄已订，亦德业展拓之期，经清阳二掌策助下，甲申三月，再创紫雄阁于汕头之镇华里，张君德昭、陈君德端对于德教推行，尤为热诚。……此为潮汕德教之第六阁也。⑤

　　同年闰四月十一日（6月1日），在李怀德、马贵德、萧德史等临濠扬教的德教人士的策划下，紫豪阁成立：

　　紫豪阁创于甲申年（一九四四年）闰四月十一日，当时紫阳创阁刚二月，李怀德、马贵德、萧德史等德长遵师示，临濠宣扬德教，训化民人皈从正觉。⑥

　　综上，与德教南传密切相关的紫清、紫和、紫澄、紫阳、紫雄、紫豪诸阁，都是马贵德、李怀德等热诚扬教的德生，奉乩谕而创阁的。唯其如此，这一方式传承至今，成为德

① 马贵德、李怀德：《德教根源》。
② 马贵德、李怀德：《德教根源》。
③ 马贵德、李怀德：《德教根源》。
④ 吕一潭：《汕头紫雄阁的回忆》。
⑤ 马贵德、李怀德：《德教根源》。
⑥ 吴幼樵：《紫豪阁简介》。

教扬教的传统做法。

4. "三生"与异姓金兰

在草创时代德教扬教过程的文献中，"三生"是个值得注意的词语。就其本义而言，殆即乙酉年五月初三日（1945年6月12日）澄海紫星阁乩文中所言的：

> 三生有缘证禅机。……三生有缘指觉迷。过去未来现在体，便是普门比丘尼。……挤挤生徒称比丘，参道明理将名修，因果总是三世定，能悟原处智识周。①

指称的是"过去未来现在"之类的时间概念"三世"。

在德教历史上的"三生"，如果在草创时代潮汕地区的时空中寻求其典证，则应该是来自达濠紫豪阁设于青云岩十八石洞的鸾台的西南方的"三生石"。

"三生石"的得名，来自石上的摩崖题刻：

> 按十八石洞山神，乃张翁祥耀之族叔。名兆熺，字紫垣，号士真，原籍甲江，故称甲江老叟，前清举人，寓葛洲乡，……又于十八石洞大岩石上题"三生"二大字，旁并题诗一首云："山水留名亦凤因，一时翰墨百年新。扫苔他日摩残碣，尽是三生石上人。"盖老叟真可称为山林逸士也，故其殁后，为该山神。②

刻石时间虽无明确的文献记载，石刻本文也略而不提。然该石落款"林璧轩刊石"，参照十八石洞"民国六年林璧轩并识"落款的"景濂"石刻③，以及"戊午（1918）清明后一日"张兆熺题诗石刻④，大致可推断"三生石"刻石时间在1917～1918年间。

这首摩崖题诗，在甲申年初，马贵德、李怀德、萧德史等因为往来潮阳棉城、汕头市、潮安庵埠三地，与必经之地达濠结缘，结识了张兆熺生前的好友张祥耀、吴醉樵之后，⑤给这些资深德生、乩掌留下了深刻印象，以至于后来在草创时代德教乩文集《竹桥初集》中，出现格律体乩诗的33次鸾会，竟然有17次鸾会的乩诗都是步张兆熺三生石题诗的原韵（其中1次是五绝，16次是七绝），所占比例超过了50%。最早出现步韵乩诗，是甲申年三月十五日（1944年4月7日）的紫阳阁鸾墨。而此时，正处于马、李、萧等开始在达濠传教的阶段。

至于在草创时代德教乩文中，最早出现"三生"二字的，就是甲申年（1944年）六月初一日（7月20日）紫垣阁创阁时，已归道山的张兆熺所降的乩文（着重号为笔者所加）：

---

① 《竹桥初集》，第59～60页。
② 《竹桥初集》，第23页。
③ 李科烈主编《海国风光第一山》，广东旅游出版社，1999，第76页。
④ 李科烈：《海国风光第一山》，第78页。
⑤ 口述史料：达濠从德善堂坛生、紫豪阁录文李明典（1920年生），2005年6月7日，汕头镇邦街李氏寓所。

二十年前订神交，忘着叔侄弄雪樵，天斧吾亦曾相许，醉把墨盂当鼓敲。

几多墨迹遗故人，戊午旷淡三生因，十八洞前相携手，于今再逢吾是神。①

所谓的"叔侄"指张兆熺与紫垣阁主持人张祥耀，"樵"、"天斧"、"醉"，指紫豪阁的主持人吴天斧（以字"醉樵"行）②。换言之，乩文中的"三生"，或许已经语含双关，暗指二张与吴，二人一神。由于当日乩文中尚有李怀德之先翁寄乩，口述史料中又指紫垣阁是在清阳二掌及萧德史的推动下成立，早期多为清阳二掌执乩，③因此当日扶乩当为马贵德、李怀德执柳。

此后，在甲申年十一月十三日（1944年12月27日）④、甲申年十二月初七日（1945年1月20日）⑤、甲申年十二月初九日（1945年1月22日）⑥的紫垣阁鸾台上，以及甲申年十一月廿五日（1945年1月8日）汕头紫宗阁⑦鸾台上扶出的乩文，都出现了"三生约"、"三生石上订希夷……三生石上见亲亲……祥耀闾里进朝约，醉樵林泉托吾身"、"三生在上订葛阳"、"回计世间几多春，寄迹尘器总有因，三生夙缘成素愿，醉酒当歌吾是真"、"十八洞前，同订三生夙愿"等词句。甲申年十二月初七日（1945年1月20日），紫垣阁扶乩时，张兆熺的乩文更约定张祥耀、吴醉樵日后同唱和三百首，作《三生集》：

三生在上订葛阳，十八洞前论短长，……假以时日，著作《三生集》一书，由垣与尔及醉同唱和，人神同集如何？要尔同一留名。本书要三百首始成编也。⑧

丙戌年（1946年）冬、丁亥年（1947年）春，张祥耀、吴醉樵相继逝世后，又有乩文总结道："了结三生石上缘，三生石上学佛道。"⑨

"三生"一词双关义项的另一种表述，出现于李怀德的紫阳阁的乩文中。

甲申年十一月初一日（1944年12月15日），在紫阳阁鸾台上，马贵德、李怀德、黄秉德三人扶毕《德教根荄下意识真义》之后，柳师鸾墨中又赋诗（着重号为笔者所加）：

百世道学三生传，太上贵德寻渊源，秉怀能得执中理，留存芳誉千秋传。
……三生有缘才相会，异县同途便同乡。……七日有约成夙愿，三生缘上修道篇。⑩

---

① 《竹桥初集》，第22页。
② 萧德史：《吴翁醉樵行述》，丁亥年（1947年）秋作，癸酉年（1993年）吴国强幼樵抄件。
③ 口述史料：达濠从德善堂坛生，紫豪阁录文李明典（1920年生），2005年6月7日，汕头镇邦街李氏寓所。
④ 《竹桥初集》，第42页。
⑤ 《竹桥初集》，第44页。
⑥ 《竹桥初集》，第45页。
⑦ 《竹桥初集》，第43页。
⑧ 《竹桥初集》，第44页。
⑨ 吴幼樵：《紫豪阁简介》附"十八石洞简介"，载刘禹文、吕一潭《寻源记（1）》，第18页。
⑩ 《竹桥初集》，第41页。

乩文中嵌入的"贵德"、"秉、怀"数字，暗示此三位德生就是"异县同途"、"有缘才相会"、传"百世道学"的"三生"。

乙酉年二月初七日（1945年3月20日），李、马、黄三人奉乩谕往和平紫香阁参鸾之后（详下），紫阳阁鸾墨中两次提及参鸾的三生。

乙酉年二月十四日（1945年3月27日）："和平道上三生因。"①

乙酉年二月十六日（1945年3月29日）："一段香缘三生结（《竹桥初集》原注：香缘即紫香阁之缘）。"②

要之，紫阳阁鸾墨中的"三生"，除"三世"之意外，又指代马贵德、李怀德、黄秉德三人。

除三生因缘外，草创时代德生间关系，尚有奉乩谕结为异姓金兰者。

甲申正月十八日（1944年2月11日），马贵德执柳的紫清阁鸾台，柳师降鸾，收参鸾的李怀德、萧德史（学史）为徒，并命二人同结兄弟：

> 萧生与李生，有一段先因，俱与佛门有关。今天此会，本师即为两生之师，宜参拜，并同结异姓兄弟，共参佛门，同订善果可也。③

而按萧德史撰《吴翁醉樵行述》："予与李君怀德，奉先圣降鸾示，与先生谱证金兰。"④

由是，萧、李、吴三人后来又奉乩示结为异姓金兰，实则是另一种德教"三生"关系。

如上三种"三生"关系，连环相扣，构成了一个由马贵德、李怀德、黄秉德、萧德史、吴醉樵、张祥耀等德教精英组成，涉及紫清、紫阳、紫道、紫豪、紫垣、紫和、紫澄、紫雄等草创时代主要德教会的德教核心集团。

5. 三阳德友齐集共祭与紫香寻源

甲申年（1944年）开始，随着新阁的逐步创立、核心集团的形成，各德教会之间的关系明显密切，体现于开始出现了集合活动。

甲申年五月十三日（1944年7月3日），是紫雄阁主坛师尊"关少帝圣诞"⑤。是日，来自三县（潮阳、澄海、潮安）一市（汕头）的德生齐集紫雄阁参鸾。这是迄今可考的第一次德教聚会：

> 同年五月十三日，召集三县一市德子，齐集紫雄阁，恭聆圣训。孔夫子云"吾道一以贯之"义，而释正反动静之深机，三圣颁行德教，敕命清阳二阁，共负发扬大任。⑥

---

① 《竹桥初集》，第53页。
② 《竹桥初集》，第57页。
③ 《竹桥初集》，第10页。
④ 萧德史：《吴翁醉樵行述》。
⑤ 《竹桥初集》，第20页原注。
⑥ 马贵德、李怀德：《德教根源》。

三个多月后的甲申年八月廿七日（10月13日），紫阳阁召集潮汕各阁德子及庵埠当地士商，在该地桃源宫（一名道祖庙），首次举行秋祭道祖太上老君仪式。① 当晚请鸾，柳师讲解道经，并与吴醉樵和词。②

乙酉年二月十五日（1945年3月28日），紫阳阁春祭道祖于庵埠道祖庙（桃源宫），三阳阁友同临参祭。李、柳、济、张（兆�熺）、八仙、何诸师降鸾，柳师预言"三千日劫"将届，"木鸡唱晓"。本次鸾会持续两天。③

在这类宗教性的集体活动中，在"宣讲圣道"④、"为德教创下崇仰圣德之先声"⑤ 的同时，在德教界内部，一体化趋向进一步加强，而紫雄、紫阳、紫清三阁的中心地位，清阳二掌马贵德、李怀德"共负发扬大任"的领军，则得到了宣示。

在草创时代德教的发展与建构中，值得瞩目的还有，乙酉年二月初七日（1945年3月20日）李怀德、马贵德、黄秉德三人奉乩谕赴和平紫香阁参鸾的活动。紫香参鸾7日后，二月十四日紫阳阁降乩称："和平道上三生因，寻到根源订柳春。"⑥

9日后，二月十六日（1945年3月29日）紫阳阁乩文又提到此事：

> 同心同德同道途，参神参佛参真如，一段香缘三生结，百世明本恢圣图。……一段香缘三生结，同超寿域庆善余。（《竹桥初集》原注：香缘即紫香阁之缘。）⑦

对于此次参鸾的缘由，《竹桥初集》的解说是："盖其地为柳师发源之处焉"⑧。在笔者看来，所谓的"寻到根源"，目的是为了"百世明本"，也就是草创时代的德教在发展当中建构自身历史，集合同德，以求绵延永久的一次重要举措。而在此过程中，寻源当事人李、马、黄三生在德教界的影响力也得到了增强。

四 活动方式的演化

1. 扶乩仪式的演变

诚如华方田先生指出的："扶乩是德教主要的宗教活动，是德教得以创立与发展的中心环节。"⑨ 不过，具体观之，紫香阁扶乩仪式与后起诸阁并不完全一致。

---

① 马贵德、李怀德：《德教根源》。
② 《竹桥初集》，第33页。
③ 《竹桥初集》，第55页。
④ 《竹桥初集》，第20页原注。
⑤ 马贵德、李怀德：《德教根源》。
⑥ 《竹桥初集》，第53页。
⑦ 《竹桥初集》，第57页。
⑧ 《竹桥初集》，第53页。
⑨ 华方田：《流传于东南亚华人中的新兴宗教——德教的历史与现状》，《世界宗教文化》2002年第2期。

　　紫香创阁于己卯年（1939），是日寇侵华，潮汕烽火弥漫，天灾人祸的劫运中，杨氏宗亲前辈诚心斋戒请鸾，以救民难。仙佛悲天悯人，挽救世运，降鸾宣化。

　　杨柳二师创德教紫香阁，为潮汕第一紫阁。并以治病、赈施为首任。前后仅数年时光，德声远播。据杨华春德兄的忆述（杨德兄是当年紫香阁录文），杨祖师神威显赫，常执符、令咒、剑镇慑邪魔。故于数年间治好神经病患者二百余例。华佗祖师则处理内外科，咸皆药到病除，故纵横百里病者皆仰慕祖师威灵妙药，拜求医治者日众。师圣临鸾，除落马诗，或指示阁务外，较少文字因缘，多以救灾恤贫，施医为主。诗文宣教较他阁为少。但香火鼎盛，建阁仅经年时光，邻近乡绅名流皆聚集鸾台，聆受教益。[①]

德教会鸾台上出现"落马诗"、"指示阁务"二类鸾墨，是从草创时代直至于今日的各德教会的普遍现象。上引有关紫香阁的回忆录提示的是，紫香阁鸾台"多以救灾恤贫，施医为主"，特别是展示"镇慑邪魔"的显赫神威。而草创时代的其他德教会则多结"文字因缘"、以"诗文宣教"。这方面不论是后来"乩分扬教"于香港、星马的乩谕发出阁紫垣阁，还是向泰国输出德教的紫雄阁，都大同小异。

紫垣阁方面，1947 年出版于新加坡的德教乩文集《竹桥初集》，在该阁乩文之后概括说：

　　盖诸祖师每于降坛说法，有关于四书、五经、道经、孝经、前汉书及各类经史者，必欲取书令一阁生朗诵，然后指问各人，由各人各述其概义，嗣由师再以大义申说之，每有余兴，辄出题教作诗，作后由师逐人斧正，并步韵相和，萧君德卿、德史、林君月樵、德东、张君祖泽、庄君德元等，俱曾与祖师对吟，亦乩坛上之陶情逸兴也。[②]

紫雄阁当年德生吕一潭先生，1998 年在香港回忆说：

　　紫雄阁是关主裁主坛，平时阁务多是白云师尊署理，成凡师兄守坛。……每逢有大庆典，吕祖师、杨柳二师必临鸾指示，好似教务主任一样严肃。

　　白云师尊、吴孟吾师尊多数联袂莅鸾，文笔博雅，有时常一题命各人皆学写四句打油诗或俚辞皆可。……一次白师出对：志士存心，士心成志。吴老（原注：吴卓卿德兄）对曰：仙人归山，山人非仙。白师尊给八十分，赏珍珠红酒一杯。[③]

---

①　陈国谦、吕一潭：《潮阳和平英西港紫香阁故迹介述》。
②　《竹桥初集》，第 52 页。
③　吕一潭：《汕头紫雄阁的回忆》。

综上，紫香阁之后的草创时代的其他紫阁鸾台，更重视的是"于沙盘上作不言之教"（澄海紫星阁乙酉年五月十九日乩文）[1]，从而达到"以神道设教"、"欧风美雨各安俗，……重新恢复旧圣德，把定善果策群民。笔乩寓意愿共勉，……壁落隳风同肩起"（紫垣阁甲申六月初一日乩文）的目的，即以扶乩活动宣教，力求复兴传统道德。

2. 明德学校、明德善社的出现

在草创时代的德教乩文中，"明德"是一个体现德教宗旨的关键词。紫豪阁甲申年（1944 年）闰四月十八日（6 月 8 日）柳师乩文直接指出：

德教之宗旨，在实行大学之道，在明明德，在新民，在止于至善。[2]

甲申年（1944 年）十月廿四日（12 月 9 日）紫阳阁乩文中，柳师以提问后讲解的方式，强调了人与神圣的区别，在于：

未明德与不明德者，即凡夫俗子。能明德与明明德者，即贤人君子。能溶化于德而薰和于德者，即神佛之俦也。[3]

从庚辰年（1940 年）开始，紫清、紫澄、紫梅、紫阳、紫垣等本土德教会在"以沙盘作不言之教"的同时，也在澄海县城、潮阳金浦、葛洲等地开设以"明德"冠名的学校。

最早出现的，是马贵德于紫清阁开办的明德补习学校。

庚辰（一九四〇年）春月，贵德因事赴和平，获参紫香之缘，即奉师命，回归棉城，创紫清阁于南薰乡之家舍，……后得当地知名之士，协力策进，而举办明德补习学校，宣讲道德，提倡古风，诚有足纪。[4]

另一家开办明德学校的德教会，是紫澄阁：

壬午（1942 年）紫和阁德友奉命赴澄，倡组紫澄阁于在城寄德轩，由宿儒吴澄德君主持，……阁务日形发展，且有明德学校之设，培育英才，宣扬道德。[5]

紫澄阁的主持人吴澄德（淑瑜）在《竹桥初集》跋语中也提到：

---

[1]　《竹桥初集》，第 61 页。
[2]　《竹桥初集》，第 14 页。
[3]　《竹桥初集》，第 37 页。
[4]　马贵德、李怀德：《德教根源》。
[5]　马贵德、李怀德：《德教根源》。

余也幼读诗书，未曾出而问世，长居讲席，又觉所学之皆非，于是从事道德之学，力求性命之书，垂二十年矣。近得先师乩谕，创设明德学校于澄海邑内，日以宣扬圣道为责志。①

紫澄阁的开设明德学校，看来或与主持人的"宿儒"、教师身份及"从事道德之学"的夙愿有关，但也是上述德教会宣教立德宗旨的体现，是扶鸾宣教的延伸。

另者，紫梅阁所在的潮阳金浦乡也有明德学校。虽然据现有材料，我们尚不了解该校是否以紫梅阁或其主持人郑苑民的名义设立，但按《竹桥初集》的记载，该校学生俨然也是紫梅阁德生：

紫梅阁创于潮阳金浦乡，由郑君德民所主持，…其乡明德学校教师，每当放假，必率学生到阁诵典，并时加解释《心典》意义，以导正学生之心基，便（使？）成为优秀之国民，此即教其本立而大道生之义焉。②

德教会与善社结缘，最早可以追溯到癸未年（1943年）饥荒时期成立于达濠的从德善堂，与甲申年（1944年）闰四月十一日（6月1日）成立的紫豪阁，在甲申年五六月间的合并。而以德教会出面倡设善社的乩谕，最早则是在紫阳阁鸾台上扶出的。

乙酉年（1945年）六月十三日（7月21日），紫阳阁扶乩，柳师降鸾，咏诗指出时机将急转，劝人应慷慨解囊，组织善社，以作匡时之助。

危机已迫还未醒，悭嗇不拔一毛财，朱门肉臭野荤骨，忍心劫情不动哀。……
静肃夜情，紧张世态，风云与时令并变，局势共环境转移，……善念独得，静境光明绵绵。③

在这篇被《竹桥初集》编者拟名为"警惕人心 劝组善社"的乩文扶出后，奉乩谕组织善社的紫澄阁将善社命名曰"明德"："继有明德善社之成立，办理救济事业，不遗余力。"④

该善社的善款则由黄德梧和"清掌"马贵德向旅居省港的澄海人士劝募而来的。《德教根源》对此有较详细的记载：

丙戌（1946年）仲夏，地方饥馑，师命黄君德梧与贵德乘轮赴香穗，向邑人劝募善款，归后举办施粥历期一月有余，每日受赈领食六七千人。当地名医，亦奉师召

---

① 吴澄德：《竹桥初集跋》。
② 《竹桥初集》，第74页原注。
③ 《竹桥初集》，第62页。
④ 马贵德、李怀德：《德教根源》。

前赴负责赠医施药。其成绩之伟大，潮汕人士咸皆称许，嗣后自建紫澄阁坛址，及明德善社医务所，发展救济工作，成绩斐然。①

同一时间，"阳掌"李怀德也为紫垣阁筹创了明德善社：

> 丙戌（1946 年）仲夏，怀德奉师命赴葛洲，为紫垣阁筹创明德善社，与葛洲、东湖、澳头三乡之善众联络，经月余之策筹而成立，举行施棺赠葬，并聘欧阳勋臣医师，轮流巡回三乡，负责诊病赠医施药事宜。②

草创时代上述德教会的兴办学校、善社，把德教的活动方式由鸾台形态进一步拓展到了兼具扬鸾、办学、赈济三种功能，使德教会成为集宗教组织、教育单位、慈善机构三种社会角色于一身的新型社会组织。

同样值得指出的是，黄德梧、马贵德的奉乩谕前往香港、广州为紫澄阁募集善款，在丙戌年（1946 年）紫垣阁"乩分扬教"的朕兆、乩示出现之前，把德教会的影响地域扩展到了潮汕本土之外。特别是在香港的劝募，更是草创时代后期德教由潮汕本土走向香港、东南亚地区的扬教先声。

3. 从"善化乡人"到"德教行于五洲"

草创时代的德教会，就其在影响范围方面的目的及效果而言，均局限于小地域的乡、县。

紫香阁，除降鸾驱邪外，

> 为邻近乡人赠医疗疾，施赈恤难，以及一切救济事业，造福地方，善誉日彰，所有示乩事迹，显赫昭著，极为邑人所歌颂，仅经年而名播邻县。③

潮汕德教第二阁紫清阁在庚辰年由马贵德创立于其在潮阳棉城己宅之后，"指迷化世，香火之旺，邑人咸知。"④

其他的德教紫阁中，据文献显示，紫梅阁"德业盛况，蓬勃于乡"⑤、"德化于乡"⑥。

紫豪阁甲申年（1944 年）闰四月二十日（6 月 10 日）乩文亦言：

> 雨洗濠城化新民，德遍潮邑福万人，

① 马贵德、李怀德：《德教根源》。
② 马贵德、李怀德：《德教根源》。
③ 马贵德、李怀德：《德教根源》。
④ 马贵德、李怀德：《德教根源》。
⑤ 《竹桥初集》，第 74 页原注。
⑥ 马贵德、李怀德：《德教根源》。

休休能悟圣贤理，满目锦绣总是春。①

甲申年六月初一日（7月20日），葛洲创立紫垣阁之日的乩文则开宗明义地宣称：

> 本坛之创立，都在善化乡人。……诸生既入吾教（如依照六大信条行事）……则不特自身之福，亦一家一乡一县之幸也。②

此外，"甲申年继紫垣之创，又组织明德善社。达濠紫豪阁也组织从德善社。与葛洲、东湖、澳头三乡联成一系以施医、赠药、施棺、助葬、恤贫为己任，一都之地已是德化。"③

然而，从乙酉年开始，以马贵德、李怀德等为中心的德教集团开始遵奉有关乩谕向潮汕本土之外扬教。

乙酉年清明节（1945年4月5日），开始发出了海外扬教的乩谕。

> 是岁清明节，师忽示星马暹越德业，有待怀德之联络，香岛德教，犹须贵德与张子德泽，暨凤缘诸子前赴宣扬等示。④

丙戌年（1946年）秋，紫垣阁乩分扬教的朕兆出现后，清阳二掌开始实践海外扬教，李怀德、张德樵赴越南，为紫垣阁明德善社劝募善款。三个月后，李怀德转赴新加坡。秋，张德泽赴香港。

> 是时清阳二掌在紫垣阁执乩，师绘竹图廿幅之后，乩突分裂为二，诸人戚然。师曰，此应阁长之不祥，亦清阳二掌离别，分道扬教之征耳。
> 旋怀德与张君德樵奉师谕派赴越南，……。怀德旅越住居西贡三月，募捐任务已告完妥，故转渡星洲。今日星马德教之宣扬，自乙酉（1945年）师已先示，实亦玄音所寄也。而张君德樵，亦于任务完毕后买棹回梓。……至张子德泽，同年秋季赴香。⑤

翌年（1947年），马贵德在香港成立潮汕本土之外的第一个德教会紫苑阁，进而在香港逐步扩大德教影响力。

---

① 《竹桥初集》，第17页。
② 《竹桥初集》，第23页。
③ 吕一潭：《潮汕德教仅存的紫垣阁》。
④ 马贵德、李怀德：《德教根源》。
⑤ 马贵德、李怀德：《德教根源》。

贵德亦于翌岁丁亥（1947年）春初，从商前往炉峰，（与张德泽）日夕时相过从，并与潮汕旅港诸德友聚缘，故有虔念设鸾，而成今日香港德教会之机构。①

丁亥（1947年）季秋，贵德与潮汕各德友，在港之盘含道，虔设鸾座，庆祝柳师尊圣诞，恭请降训，遂有紫苑阁之创。是时得当地仁翁善长之协助，进而有香港德教会之成立，为海外德教奠下基石，展开光荣之史略，历年发扬善务，举办赠医施药，冬令施赠棉衣，设立德教学校，以及各项福利地方事业，会员普遍港九各地，而紫兰阁、紫因阁、紫蓉阁、紫香阁，亦先后创立。德教旗帜，张扬于炉峰岛上，已为港民所钦仰矣。②

清掌李怀德则在新马地区开拓德教信仰区域：

（李怀德）回归星洲后，即筹创星洲紫新阁。1954年春于马六甲创设紫昌阁，峇林紫英阁，为星马写下德教的新旅程，也应乩分二路之朕兆。③

至于泰国一路，则以紫雄阁德生林德悟（修悟）于丁亥年奉德教香火至曼谷设立紫辰阁为开端：

当时的德教事业，各阁经济困难。林修悟德长便是在这种环境下，奉请白云师尊的香火往泰国发展。终于"信约不违心愿"，在佛国播下德教根苗，发展至今日的宏观。④

二次战争结束，交通恢复，泰国华侨林子德悟，归梓省亲，因参汕头紫雄阁之鸾，受录德门，丁亥（1947年）归暹后，奉谕创紫辰阁于泰京。⑤

在海外扬教已然展开，而国内烽火重燃、局势日渐变化的情况下，紫雄阁、紫豪阁⑥鸾台上分别发出了封鸾、停止活动的乩谕，"并谕将积存乩书，部分选择投寄星洲，收入《竹桥集》，其余于坛前焚化。"⑦

丁亥年冬月⑧（1947年11月13日~1948年2月9日），草创时代德教最重要的文献——乩文集《竹桥初集》，以"明德社"的名义出版于新加坡。当时值清掌李怀德在新加坡积极扬教的阶段，而马来西亚高级拿督、紫瑞阁阁长刘玉波先生重刊《竹桥初集》

① 马贵德、李怀德：《德教根源》。
② 马贵德、李怀德：《德教根源》。
③ 吕一潭：《潮汕德教仅存的紫垣阁》。
④ 吕一潭：《汕头紫雄阁的回忆》。
⑤ 马贵德、李怀德：《德教根源》。
⑥ 口述史料：达濠从德善堂坛生、紫豪阁录文李明典（1920年生），2005年6月7日，汕头镇邦街李氏寓所。
⑦ 吕一潭：《汕头紫雄阁的回忆》。
⑧ 抄本《竹桥初集》序跋均作于"丁亥九月"，而林廷玉题词则为"丁亥冬月"。

时也在序言中提到李怀德昔年曾赠其一册的旧事。所以，笔者以为，《竹桥初集》很可能即李氏主持编印的。

书中序言表明，此时德教集团的扬教、宣教已经开始以世界为怀了：

> 茫茫苦海，以德动天，免遭劫数，犹竹桥之可渡迷津，故名曰：《竹桥集》。同人等以该集有益于人心世道，因募集捐款，出版以公诸同好。愿阅者广为传播，使德教行于五洲，化干戈为玉帛。①

结语：草创时代德教的历史阶段总结

据上，窃以为，草创时代的德教历史，大略可分为三期：

第一期，从 1939 年紫香阁的创立到甲申年紫阳阁成立之前，是德教的初步发展时期。

在这一阶段，由杨瑞德创立于潮阳和平的杨氏鸾堂紫香阁念佛社，其收录阁生、赐予德号、乩谕传教等做法，通过马贵德及第二期的李怀德而传承至今。马贵德奉乩谕成立紫清阁，推动成立了紫和阁、紫澄阁，开创了紫阁兼设明德学校的先例。更重要的是，假借紫和阁鸾台促成了《心典》的问世，推动早期德教会由鸾堂向制度性宗教发展，并开启了德教会一体化的进程。

第二期，从甲申年紫阳阁成立到乙酉年清明之前，是德教积极推进组织形态建设的时期。

本期之中，李怀德奉紫清阁乩谕而成立紫阳阁是德教史上的一个重要节点。紫阳创阁之后，马、李"清阳合掌"推动紫雄、紫豪、紫垣、紫梅等新阁的成立。以紫和阁、紫雄阁为中心，组织三县一市德教会集体宗教活动，推动一体化进程。以"三生"之缘，缔结德教核心集团。以乩文形式阐述"德教"概念、章则，力求将德教建设为介于传统宗教与新兴宗教之间的宗教组织。通过寻源活动建构德教历史，凝聚德教集团，以求德教的持续发展。

第三期，从乙酉年清明到丁亥年冬（1947 年 11 月～1948 年 2 月），是德教的德业转移、开始海外扬教时期。

乙酉年清明（1945 年 4 月 5 日），海外扬教乩谕发出。丙戌年（1946 年）秋，紫垣阁乩分扬教朕兆出现。清阳二掌等资深德生开始海外扬教，丁亥年成立"海外德教第一阁"②香港紫苑阁；同年，紫雄阁德生创紫辰阁于泰国，草创时代德教文献《竹桥集》结集出版于新加坡。与此同时，本土德教会开始封鸾。德教从潮汕侨乡走向了东南亚华人社会。

责任编辑：林立

---

① 马醒民：《竹桥初集序》，抄本《竹桥初集》第"甲一"页。
② 郑良树：《德教的草创与南播》，《南洋商报》1981 年 5 月 24 日。

附　　录

潮汕历史文化研究中心
青年委员会活动纪略（2012）

青年委员会秘书处

青委会 2012 年会

2012 年 8 月 24 日，潮汕历史文化研究中心青年委员会 2012 年会暨第一期学术讲座在龙湖宾馆举行，华侨大学华侨华人研究院硕士生导师、中国社科院博士后陈景熙博士受聘为青委会主任委员。

潮汕历史文化研究中心青委会成立于 2000 年 6 月，由时任汕头大学副校长、现任韩山师范学院院长林伦伦教授担任主任委员。近期，潮汕历史文化研究中心新一届理事会决定重新构建属下组织机构青年委员会，面向海内外征集中青年研究人才，开展一系列以研究潮汕文化为主题的学术活动。经资格审查，截至 2012 年 8 月 23 日，共有 91 名海内外热心人士被吸收为潮汕历史文化研究中心青年委员会委员。

潮汕历史文化研究中心理事长、汕头市原政协主席罗仰鹏，汕头大学副校长翁小波教授，韩山师范学院院长林伦伦教授，汕头市政协副主席谢铿教授等领导，青年委员会诸位委员出席本次年会。罗仰鹏理事长、翁小波教授、林伦伦教授、陈春声教授（书面致辞）、陈景熙博士先后在年会上致辞。2012 年会及首期讲座的举办，得到了汕头市龙湖区委、区政府的鼎力支持。

青委会将通过持续召开学术年会、举办学术讲座、编辑出版《潮青学刊》、组织学术考察等活动，以及网络平台互动的形式，团结联系海内外潮人青年团体和青年学者，开展文化交流传播活动，推动潮汕历史文化研究工作的规范化、国际化、可持续化纵深发展。

第一期学术讲座

2012 年 8 月 24 日上午，在 2012 年会结束后，青委会在龙湖宾馆举行第一期学术讲座，本期讲座分上、下午两场。

　　首场讲座邀请创会主任、韩山师范学院院长林伦伦教授作题为《如何申报课题与撰写论文》的学术演讲。从事潮学研究数十年，曾承担过 14 项省部级纵向课题的林教授，在丰厚的科研经验的基础上，金针度人，有条不紊地向青年委员们介绍了申报科研课题的具体操作方式，从选题、搜集资料、撰写论文、投稿等系统流程的角度，向青年委员们传授撰写并发表规范化学术论文的操作能力。

　　次场讲座邀请现届主任、华侨大学华侨华人研究院硕士生导师、中国社科院世界宗教研究所博士后陈景熙博士，作题为《海外华人文化传承与华人宗教传播——泰北德教会创建考》的学术报告。陈博士以华人宗教传播对于海外华人文化传承的功能意义为问题意识，运用历史人类学、民间历史文献学的研究方法，整理、分析通过田野调查从潮汕本土、泰国北部等地搜集到的文献资料，系统梳理泰北德教会创建的历史过程，揭示德教等海外华人宗教在海外华人社会传播的过程中，运用海外华商关系网络，根据侨居地"语境"重构华人宗教体系，传承华人伦理道德的具体机制。

　　学术讲座中，林伦伦教授、陈景熙博士先后与听众进行了互动讨论。

第二期学术讲座

　　2012 年 10 月 13 日，青委会假座汕头职业技术学院金园校区举行第二期学术讲座。邀请青委会委员、中山大学历史学博士、荷兰莱顿大学哲学博士、广州大学"广州十三行研究中心"研究人员蔡香玉女士主讲学术报告《抽纱与潮汕教会的发展》。

　　在讲座中，精通多种欧洲语言的蔡博士，从中外文化交流史的角度，运用宏富的外文历史资料，辅以国内历史文献，图文并茂地清晰梳理了在近代华南社会史背景下，抽纱工艺依托西方基督教的潮汕传教活动而传入潮汕地区，并在基督教社会势力的经营下，在本地落地生根，发展成为外向型的地方特色轻工业的具体历史过程。

　　蔡博士还与听众就潮汕抽纱的流传、抽纱与潮绣等本土工艺的关系、抽纱的传播与教会的关系、潮汕抽纱发展与衰落的原因等问题，进行了长达 1 个小时的互动探讨，学术气氛浓烈，与会者均深感受益匪浅。

　　本期讲座得到了汕头职业技术学院的鼎力支持，潮汕历史文化研究中心陈汉初副理事长、青委会汕潮揭三市委员、汕头职业技术学院师生等数十人出席了本期讲座。

第三期学术讲座

　　2012 年 11 月 6 日上午，潮汕历史文化研究中心青年委员会假座龙湖翰苑会议厅举办第三期学术讲座，恭请德国慕尼黑大学哲学博士，全国人大常委，中国社会科学院学部委员、世界宗教研究所所长，中国宗教学会会长，国务院学位办哲学学科委员，中央政治局授课学者卓新平教授主讲《全球化的宗教与中国文化战略——对中国宗教问题的思考》学术讲座。

卓教授介绍了国际学术界对宗教全球化的研究，指出不同文化圈的宗教都有全球扩散的趋势，对宗教必须加以全球性的思考。

卓教授宏观地介绍了世界宗教文化区域的分布及其全球化发展脉络。提出在人类社会的转型时期，这些宗教文化区域会发生相应的变化，并出现互渗或交融现象。因此，世界宗教与民族宗教的区分在当代社会只能相对而言。受世界政治发展的影响，人类各文化区域在不断分化或整合，缩小或扩大，对外排拒或吸纳。在这一过程中，各地的宗教也会出现相应的变化、发展。对应全球化的变化，宗教的演进已出现了复杂格局；面向全球化的宗教图景，中国也必须有文化战略方面的考量和深思。

卓教授对于当前的中国宗教境况，作了深入的思考，提出在世界近现代历史进程中，许多国家在经历其从中古、近代到现代社会的转型时都没有根本抛弃和否定其文化传统中的宗教因素，而是将之有机结合进新的社会结构之中，成为其文化传承和社会建构的重要精神支撑，为普通民众提供心理保障的底线，为其对外扩展准备必要的软实力。中国作为当代国际社会中负责任的、和平崛起的大国，在面临国内外有关问题并需要作出理性决策时，对于这些经验，都应该认真研究和有所借鉴。

卓教授的讲座，眼界恢弘、材料丰富，面对当下思考深邃而富于前瞻性，一再博得听众的热烈掌声。

本期学术讲座得到汕头市龙湖区委区政府、汕头职业技术学院的鼎力支持，潮汕历史文化研究中心罗仰鹏理事长暨中心诸位同仁，青年委员会汕潮揭三市委员，潮汕地区天主教、基督教、佛教、道教、善堂有关人士，汕头职业技术学院学生，共200多位听众出席了本期讲座。

第四期学术讲座

2012年12月16日青委会礼请新加坡国立大学博士生导师李志贤教授于潮州市"颐陶轩潮州窑博物馆"主讲学术讲座《香茶水的信仰网络：新加坡潮人善堂宗教仪式的观察》。

李教授以新加坡潮人善堂"取香茶水"的民间宗教仪式为例，运用生动具象的田野调查资料，辅以各善堂出版物和其他文献，考察和诠释新加坡潮人善堂如何在现实生活中，通过以崇奉大峰祖师信仰为中心形成一种隐性的商业行为，建构了一个跨区域的善堂信仰网络。

随后，参加讲座的各位委员就感兴趣的问题向李教授提问，双方进行了热烈的互动。

潮州市"颐陶轩潮州窑博物馆"，"潮州王伉传统文化研究会"，潮州市侨联主席杨锡铭先生，潮州市慧如图书馆陈贤武委员等潮州市文化机构暨文史界知名人士，热情支持本期讲座，向主讲嘉宾及每位听众，各赠送一批潮汕历史文化书籍。来自汕头、潮州、揭阳三市的青年委员三十多人参加了本期讲座。

《潮青学刊》文稿格式

一 来稿正文格式

1. 来稿请依题目、作者、摘要、关键词、正文之顺序撰写。摘要以 300 字为限，关键词 3 至 5 个。

2. 正文每段起首缩排二字，独立成段之引文，不加引号，左边缩排二字，引文每段起首仍缩排二字；紧随独立引文之下段正文起首是否缩排，视其与引文之关系而定。

3. 句子中标点使用中文全角符号。除破折号、删节号各占两格外，其余标点符号各占一格。

4. 注释采用插入脚注方式，注释符号用①、②、③标示，注释号码单页起。

5. 正文中数字一般用阿拉伯数字，但具体情况应考虑前后文决定。

例：二十多人，三十上下，上百人。

朝代年份用中文数字，其后以圆括号文内注释公元年份。

例：康熙十五年（1676 年）。

二 注释格式

（一）引用近现代文献

1. 引用专书：作者，《书名》，出版者，出版年份，页码。

若没有出版地、出版者、出版年份，则注明"出版地不详"、"出版者不详"、"出版日期不详"。

例：郑振满：《明清福建家族组织与社会变迁》，湖南教育出版社，1992，第 156 ~ 159 页。

2. 引用论文集、文集文章：作者，《篇名》，论文集编者，《论文集名称》（出版地：出版者，出版年份），页码。

例：宫崎市定：《宋代宫制序说》，载佐伯富编《宋史职官志索引》，京都大学东洋史研究会，1963，第 16 ~ 22 页。

引用文献作者和文集编者相同时，后者可以省略。

例：唐振常：《师承与变法》，《识史集》，上海古籍出版社，1997，第 65 页。

3. 引用期刊论文。

（1）以时间单位出版的刊物：作者，《篇名》，《刊物名称》，年份，卷，期，页码。

例：汪毅夫：《试论明清时期的闽台乡约》，《中国史研究》2002 年第 1 期，第9 ~ 25 页。

（2）按卷期为单位出版的刊物：作者，《篇名》，《刊物名称》，卷，期（年份），页码。

例：张兆和：《中越边境跨境交往与广西京族跨国身份认同》，《历史人类学学刊》第 2 卷第 1 期（2004 年 4 月），第 130 ~ 131 页。

（3）引用期刊的刊名与其他期刊相同，应标注出版地点以示区别。

例：费成康：《葡萄牙人如何进入澳门问题辨证》，《社会科学》（上海）1999 年第 9 期，第 17 ~ 35 页。

4. 引用刊载于报纸的文章：作者，《篇名》，《报纸名称》，发表时间，版次。

例：郑树森：《四十年来的工作小说》，《联合报》1989 年 8 月 11 日，第 27 版。

5. 引用会议论文：作者，《篇名》，X 会议论文，会议地点，年份。

例：中岛乐章：《明前期徽州的民事诉讼个案研究》，国际徽学研讨会论文，安徽绩溪，1998 年。

6. 引用未刊学位论文：作者，《篇名》，X 士学位论文，大学及具体院系，年份，页码。

例：李丰楙：《魏晋南北朝文士与道教之间的关系》，博士学位论文，台湾政治大学中文所，1978，第 192 页。

7. 引用未刊手稿、函电、私人收藏等，标明作者、文献标题、文献性质、收藏地点和收藏者、收藏编号。

例：

陈序经：《文化论丛》，手稿，南开大学图书馆藏。

《蒋介石日记》，毛思诚分类摘抄本，中国第二历史档案馆藏。

《陈云致王明信》，1937 年 5 月 16 日，缩微胶卷，莫斯科俄罗斯当代文献保管与研究中心藏，495/74/290。

《傅良佐致国务院电》，1917 年 9 月 15 日，中国第二历史档案馆藏，北洋档案 1011 ~ 5961。

8. 采用作者访谈整理的口述史料，标明"口述史料"、访谈对象姓名身份及其出生年份，访谈时间、地点。

例：

口述史料：达濠从德善堂坛生、紫豪阁录文李明典（1920 年生），2005 年 6 月 7 日，汕头镇邦街李明典寓所。

9. 采用作者收集整理的碑刻材料，标注"碑刻材料"：置立时间、置立者《碑刻名称》，目前位置，抄录时间。

例：

碑刻材料：甲戌年（1934）江亢虎《饶山天洞》，汕头市礐石风景区汕头慈爱善堂，2012 年 8 月 30 日陈嘉顺抄录。

10. 采用互联网文献，标注"互联网文献"：资料署名《资料名称》，网站名称，上传时间，网址。

例：

互联网文献：潮汕历史文化研究中心《潮汕历史文化研究中心征集青年委员会委员启事》，潮人网，2012 年 8 月 2 日，http：//www. chaorenwang. com/channel/whdt/showdontai. asp？nos = 341。

（二）引用古代文献

1. 采用影印版古籍，请标明影印版本信息。

例：王鸣盛：《十七史商榷》卷 12，乐天书局，1972 年影印广雅书局本，第 1 页。

2. 古代文集的标注方式。

（1）别集：先列书名，再列篇名。

例：蓝鼎元：《鹿洲初集》卷 12《大埔县图说》，收入《近代中国史料丛刊》续辑第 403 册，文海出版社，1976 年影印光绪六年版，第 897 页。

（2）总集：先列文章作者（文集的名称看需要再考虑是否列出），再列总集作者以及总集名。

例：陈一松：《为恳天恩赐留保宪臣以急救民疏》，收入冯奉初《潮州耆旧集》卷 19，香港潮州会馆，1980 年影印光绪三十四年版，第 336 页。

3. 古籍中的部类名如下标注：

例：赵尔巽等撰《清史稿》卷 345《列传·永保》，中华书局，1977，第 11166 页。

4. 正史中人物传之附传可标注为：

例：《魏书》卷 67《崔光传附崔鸿传》。

5. 引证编年体典籍，通常注出文字所属之年月甲子（日）。

例：《资治通鉴》卷 2000，唐高宗永徽六年（655 年）十月乙卯。

6. 一些古籍的版本可以直接通过某丛书来反映，可省去具体出版情况。

例：朱熹：《家礼》（《文渊阁钦定四库全书》版），卷 1，第 1 页。

（三）引用英文文献

基本规范同于中文注释。

作（编）者姓名按通常顺序排列，即名在前，姓在后。作者为两人，两人姓名之间用 and 连接。

编者后加 ed. ，两人以上的加 eds. 。

期刊名称和书名使用斜体标注，论文和文章用引号＂＂标注，主标题与副标题之间用冒号相隔。

页码方面，单页标注 p. ，多页标注 pp. 。

1. 专著的引用格式。

Kenneth N. Waltz, *Theory of International Politics*, McGraw-Hill Publishing Company, 1979, p. 81.

Hans J. Morgenthau, *Politics among Nations*：*The Struggle for Power and Peace*, Alfred A. Knopf Inc. , 1985, pp. 389 – 392.

2. 编著的引用格式。

David Baldwin, ed. , *Neorealism and Neoliberalism*：*The Contemporary Debate*, Columbia University Press, 1993, p. 106.

Klause Knorr and James N. Rosenau, eds. , *Contending Approaches to International Politics*, Princeton University Press, 1969, pp. 225 – 227.

3. 译著的引用格式。

Homer, The Odyssey, trans. *Robert Fagles*, Viking, 1996, p. 22.

4. 论文的引用格式。

Robert Levaold, "Soviet Learning in the 1980s," in George W. Breslauer and Philip E. Tetlock, eds. , Learning in US and Soviet Foreign Policy, Westview Press, 1991, p. 27.

Stephen Van Evera, "Primed for Peace：Europe after the Cold War," *International Security*, Vol. 15, No. 3, 1990/1991, p. 23.

Nayan Chanda, "Fear of Dragon," *Far Eastern Economics Review*, April 13, 1995, pp. 24 – 28.

5. 报纸的引用格式。

Rick Atkinson and Gary Lee, "Soviet Army Coming apart at the Seams," *Washington Post*, November 18, 1990.

6. 政府出版物的引用格式。

Central Intelligence Agency, Directorate of Intelligence, *Handbook of Economic Statistics*, US Government Printing Office, 1988, p. 74.

7. 会议论文的引用格式。

Albina Tretyakava, "Fuel and Energy in the CIS," paper delivered to Ecology '90 conference, sponsored by the America Enterprise Institute for Public Policy Research, Airlie House, Virginia, April 19 – 22, 1990.

8. 学位论文的引用格式。

Steven Flank, *Reconstructing Rockets*：*The Politics of Developing Military Technologies in Brazil, Indian and Israel*, Ph. D. dissertation, MIT, 1993.

9. 互联网文献的引用格式。

Astrid Forland, "Norway's Nuclear Odyssey," The Nonproliferation Review, Vol. 4, Winter 1997. http：//cns. miis. edu/npr/forland. htm.

10. 转引文献的引用格式。

F. G. Bailey, ed. , *Gifts and Poisons*：*The Politics of Reputation*, Basil Blackwell, 1971, p. 4, quote from Paul Ian Midford, *Making the Best of a Bad Reputation*：*Japanese and Russian Grand Strategies in East Asia*, Dissertation, UMI, No. 9998195, 2001, p. 14.

三　注释说明

1. 中文书名、期刊名、报纸、剧本的符号为《》；论文篇名、诗篇为《》。学位论文采用《》。

2. 撰著在作者姓名之后加冒号表示。如果是"编"、"主编"、"编著"、"整理"、"校注"、"校点"等其他责任形式，不加冒号。

例：京族简史编写组编《京族简史》，广西民族出版社，1984，第 84 页。

3. 两个或三个责任方式相同的责任者，用顿号隔开；有三个以上时，只取第一责任者，其后加"等"字。

例：

徐寿凯、施培毅校点《吴汝纶尺牍》，黄山书社，1992。

许毅等：《清代外债史论》，中国财政经济出版社，1996。

4. 责任方式不同的责任者，用逗号分开，译著的翻译者、古籍的点校者、整理者可按此例。

例：欧阳兆熊、金安清：《水窗春呓》，谢兴尧点校，中华书局，1984，第 192 页。

5. 书名原有的补充说明等文字，应放在书名号之内。

例：任继愈主编《中国哲学发展史（先秦）》，人民出版社，1983。

6. 非公元纪年的出版时间应照录，其后加公元纪年，1949 年后用公元纪年。

例：陈恭禄：《中国近代史》，商务印书馆，民国二十四年，1935。

7. 引用图书版权页中表示版本的文字（如"修订本"、"增订本"等）应照录。

例：蔡尚思、方行编《谭嗣同全集》（增订本），中华书局，1981。

8. 引证书信集、文件汇编及档案汇编中的文献，应标注原始文献形成的时间。

例：蔡元培：《覆孙毓修函》，1911 年 6 月 3 日，载高平叔、王世儒编注《蔡元培书信集（上）》，浙江教育出版社，2000，第 99 页。

9. 同一本书只需在第一次出现时标明版本，以后若用同一版本则可省略版本信息。

《潮青学刊》征稿启事

1. 《潮青学刊》由潮汕历史文化研究中心主办，潮汕历史文化研究中心青年委员会承办。

2. 本刊主要发表潮汕历史文化研究中心特约研究员、青年委员会委员研究潮汕历史文化的学术成果，以及新近出版的潮汕历史文化研究专著的书评，同时欢迎国内外学术同人踊跃赐稿。

3. 本刊为学术年刊，由社会科学文献出版社公开出版。

4. 本刊实行匿名评审制，所有发表之论文均须经两名或以上评审人审阅通过。

文稿中请勿出现任何显示作者身份之文字。

5. 本刊发表论文稿件一般不超过 1 万字。书评稿件不超过 3000 字。稿件正文及注释体例，请遵照《〈潮青学刊〉文稿格式》。

6. 来稿请注明篇名、作者姓名、所属机构、职称、通信地址、电话、电子邮件等联络资料，并附摘要约 300 字及关键词 3 至 5 个。

7. 来稿请通过电子邮件，以附件形式提供 word 文本稿件。

投稿邮箱：liksbox@126.com   抄送   jingxi_ chen@ vip. 163. com

8. 本刊不设稿酬，来稿一经采用刊登，作者将获赠该期学刊。

9. 来稿文责由作者自负。

图书在版编目（CIP）数据

潮青学刊. 第 1 辑/陈景熙主编. —北京：社会科学文献出版社，
2013.4
　ISBN 978 - 7 - 5097 - 4403 - 1

　Ⅰ.①潮…　Ⅱ.①陈…　Ⅲ.①文化史 - 潮州市 - 文集 ②文化史 -
汕头市 - 文集　Ⅳ.①K296.5 - 53

中国版本图书馆 CIP 数据核字（2013）第 049313 号

潮青学刊（第一辑）

主　　编／陈景熙

出 版 人／谢寿光
出 版 者／社会科学文献出版社
地　　址／北京市西城区北三环中路甲 29 号院 3 号楼华龙大厦
邮政编码／100029

责任部门／社会政法分社（010）59367156　　责任编辑／黄金平　关晶焱
电子信箱／shekebu@ ssap. cn　　　　　　　责任校对／丁立华　刘玉清
项目统筹／王　绯　　　　　　　　　　　　责任印制／岳　阳
经　　销／社会科学文献出版社市场营销中心（010）59367081　59367089
读者服务／读者服务中心（010）59367028

印　　装／三河市尚艺印装有限公司
开　　本／787mm×1092mm　1/16　　　　印　张／40
版　　次／2013 年 4 月第 1 版　　　　　　彩插印张／0.5
印　　次／2013 年 4 月第 1 次印刷　　　　字　数／908 千字
书　　号／ISBN 978 - 7 - 5097 - 4403 - 1
定　　价／168.00 元